edition suhrkamp 2731

Kaffee, Baumwolle, Erdöl, Kautschuk: kaum eine Ware, die nicht quer über die Weltmeere verschifft wird. Zwischenhändler sind die treibende Kraft dieser Warenwirtschaft. Lea Haller legt nun erstmals eine detaillierte Geschichte des Transithandels vor, der einen gewaltigen Teil der globalen Wirtschaft ausmacht. Sie zeichnet nach, wie die Schweiz seit Mitte des 19. Jahrhunderts zu einem »Global Hub« wurde, über den heute schätzungsweise ein Viertel des weltweiten Rohstoffhandels abgewickelt wird, und sie zeigt, wie sich zentrale Techniken und Institutionen der Globalisierung herausbildeten: von Terminbörsen über internationale Schiedsgerichte bis hin zu Steuerprivilegien für multinationale Konzerne.

Lea Haller, geboren 1977, ist Historikerin. Als Postdoc und Branco Weiss Fellow arbeitete sie an der ETH Zürich, der Sciences Po Paris, der Harvard University und der Universität Genf. Seit 2018 ist sie Redaktorin für das Magazin *NZZ Geschichte*.

Lea Haller

Transithandel

Geld- und Warenströme im
globalen Kapitalismus

Suhrkamp

edition suhrkamp 2731
Erste Auflage 2019
Originalausgabe
© Suhrkamp Verlag Berlin 2019
Alle Rechte vorbehalten, insbesondere das der Übersetzung,
des öffentlichen Vortrags sowie der Übertragung
durch Rundfunk und Fernsehen, auch einzelner Teile.
Kein Teil des Werkes darf in irgendeiner Form
(durch Fotografie, Mikrofilm oder andere Verfahren)
ohne schriftliche Genehmigung des Verlages reproduziert
oder unter Verwendung elektronischer Systeme
verarbeitet, vervielfältigt oder verbreitet werden.
Satz: Satz-Offizin Hümmer GmbH, Waldbüttelbrunn
Druck: Druckhaus Nomos, Sinzheim
Umschlag gestaltet nach einem Konzept
von Willy Fleckhaus: Rolf Staudt
Printed in Germany
ISBN 978-3-518-12731-5

Inhalt

1. Wohin die Reise führt

Der Handel mit Massengütern ist bis heute ein äußerst wichtiger Teil des Welthandels und des internationalen Wirtschaftssystems, und dieser Warenhandel im großen Maßstab bleibt vielleicht der zentrale Schauplatz, an dem die Widersprüche des globalen Kapitalismus beobachtet werden können.

Arjun Appadurai[1]

Dieses Buch beleuchtet den Aufstieg des Welthandels. Es untersucht den Wandel des Geschäfts im Zuge technologischer Entwicklungen und politischer Krisen. Und es erzählt die Geschichte einer kapitalistischen Wirtschaft, in der Verkäufer und Käufer nicht auf wundersame Weise im wertfreien Raum eines sich selbst regulierenden Marktes zueinanderfinden, sondern erst durch Vermittlung überhaupt in Erscheinung treten. Zwischenhändler organisieren die globale Warenwirtschaft. Sie kaufen Waren, bezahlen sie, versichern sie, verschiffen sie, verkaufen sie wieder und schlagen daraus Profit. Haben sie ihren Firmensitz in einem Drittstaat, handelt es sich um einen chronisch unterbelichteten Bereich der globalen Wirtschaft: Transithandel.

Schätzungsweise ein Fünftel bis ein Viertel des gesamten weltweiten Rohstoffhandels wird heute über die Schweiz abgewickelt. Eine im Auftrag des Bundesamts für Umwelt durchgeführte Pilotstudie berechnete für das Jahr 2017 für 15 Rohstoffe gar einen Anteil von 42 Prozent.[2] Bereits im 19. Jahrhundert hatte der Kleinstaat einen gigantischen Transithandel; er übertraf den Import und Export der Schweiz um ein Vielfaches. Als Vermittler zwischen Produzenten und Abnehmern in verschiedenen Weltregionen organisierten die Schweizer

Handelsfirmen den Warenhandel völlig unabhängig von ihrem Domizilland. Sie lieferten japanische Seide, indische Baumwolle, westafrikanischen Kakao und zahlreiche andere Rohstoffe in alle Welt – nach Europa, Russland, Amerika und Asien. Hier lässt sich also über einen langen Zeitraum beobachten, was im ausgehenden 20. Jahrhundert allgemeine Praxis geworden ist: dass Unternehmen ihren Firmensitz und ihr Geschäft trennen.

Auf den ersten Blick scheint eine solche Trennung von Nachteil zu sein. Wenn das Management und der rechtliche Sitz einer Firma weit entfernt vom Einkauf und Verkauf der gehandelten Waren liegen, vervielfachen sich die Kontroll- und Übersetzungsprobleme. Man braucht Personal und Lagerhäuser im Ausland. Die Währungsrisiken und Zahlungsmodalitäten, ja die ganze Logistik werden komplizierter. Die multinationalen Unternehmensstrukturen hatten aber auch Vorteile. Unter sich verändernden rechtlichen, technologischen und geopolitischen Bedingungen entstanden gerade im stark mit der Weltwirtschaft verflochtenen Kleinstaat immer wieder ideale Bedingungen für ein kapitalintensives Geschäft im Weltmaßstab. Die Schweiz war nicht nur eine Globalisierungsgewinnerin im Kräftespiel der Großmächte. Sie war ein Motor der weltwirtschaftlichen Expansion. Und sie ist ein Paradebeispiel dafür, dass die Geld- und Warenströme dieser Welt nicht parallel verlaufen.

Auch beim von nationalstaatlichen Interessen völlig losgelösten globalen Warenhandel waren die wirtschaftlichen Verhältnisse immer politisch bedingt. Um einen vorteilhaften Rechtsrahmen zu schaffen, scheuten Regierung, Diplomaten, Kaufleute und Juristen weder Kosten noch Mühen. Als am 20. Dezember 1862 in Marseille der britische Dampfer Euxine in See stach, befand sich unter den 45 Passagieren auch eine Schweizer Delegation mit Reiseziel Yokohama. Aimé Humbert, der für die Mission verantwortliche Gesandte, hatte von der Regierung den Auftrag gefasst, für die Schweiz einen Freundschafts- und Handelsvertrag mit dem japanischen Kaiserreich abzuschließen – als siebtes Land nach einer Reihe von Großmächten.[3] Die Japanmission müsse »mit namhaften Geschenken ausgerüstet auftreten«, hieß es vorab in einem Kreisschreiben an die Kantone. Für Bücher, Karten, Waffen, Kleider, Häuser- und Schiffsmodelle, Naturalien und Erzeugnisse »des schweizerischen Gewerbsfleißes« rechnete man mit einem Aufwand von 40 000 Schweizer Franken, die Kosten für die ganze diplomatische Mission wurden mit 100 000 Franken veranschlagt (teuerungsbereinigt wären das heute etwa 1,3 Millionen Franken oder 1,1 Millionen Euro).[4] Drei plombierte Kisten wurden direkt nach Singapur verschifft. Den für den Kaiser bestimmten Chronomètre de marine hatten die Reisenden im Handgepäck dabei.[5]

Als Sekretär mit an Bord war der junge Kaufmann Caspar Brennwald; er gründete später in Yokohama mit einem Compagnon die Handelsfirma Siber & Brennwald. Der Delegierte Aimé Humbert, der mit diplomatischer Unterstützung Hollands die fast ein Jahr dauernden Verhandlungen mit dem Taikun und den japanischen Honoratioren führen würde, war seinerseits Sohn eines Uhrmachers aus La Chaux-de-Fonds und Mitglied der staatsgesinnten Radikalen Partei, er saß im Ständerat (der kleinen Kammer des Parlaments) und war Präsident des Uhren-Exportverbands Union Horlogère. Humbert war überzeugt, dass man die staatlichen Institutionen den wirtschaftlichen Interessen anpassen müsse und nicht umgekehrt. Die Bestimmungen in Artikel 41 der Schweizer Bundesverfassung, die festlegten, dass bei Abschluss von Verträgen mit nichtchristlichen Staaten den Vertragspartnern nicht volles Gegenrecht in Bezug auf die Niederlassung eingeräumt werden könne (eine Einschränkung, an der ein Handelsvertrag mit Persien gescheitert war), seien obsolet und gehörten abgeschafft. In Bezug auf Japan seien sie ohnehin »gänzlich ohne praktische Bedeutung, da voraussichtlich niemals Japanesen sich in der Schweiz niederlassen werden«.[6]

Japan, das seine Grenzen nach Jahrhunderten der Isolation auf militärischen Druck der USA zögerlich öffnete, erlaubte seinen Vertragspartnern die Eröffnung von Handels-Comptoirs in den Hafenstädten. Alle anderen blieben vom japanischen Markt ausgeschlossen oder mussten ihre Interessen von einer akkreditierten Firma vertreten lassen. Es war die Zeit der »ungleichen Verträge«, wie sie später genannt wurden, da die Beamten des Shōgunats den westlichen Großmächten mit Blick auf die drohende Kulisse amerikanischer Kriegsschiffe in der Bucht von Edo (dem heutigen Tokio) eine Reihe von Sonderrechten einräumten. So unterstanden die Ausländer nicht japanischem Recht, sondern der Gerichtsbarkeit ihrer Konsulate, sie profitieren von niedrigen Importzöllen, und sie erhielten das Recht, in Japan zu missionieren, ohne dass entsprechende Gegenrechte eingeräumt worden wären.

Humbert, der die große Bedeutung der japanischen Handelskonzessionen erkannte, hatte deshalb an einer beratenden Sitzung im Dezember 1860 für ein Engagement des jungen Schweizer Bundesstaates in Fernost plädiert. »Japan ist nämlich ein an einer Menge werthvoller Produkte sehr reiches Land«, hatte er argumentiert. »Edle und unedle Metalle (namentlich Silber und Kupfer), Steinkohlen, Thee, Seide, Häute, etc. etc. bilden seine hauptsächlichsten Ausfuhrartikel; dann liefert es einige Fabrikate, z. B. Lakwaaren, Porzellan, usf., die für Europa passen.« Zuweilen fänden dort sogar europäische Industrieprodukte einen Markt, der in Zukunft noch »einer außerordentlichen Ausdehnung« fähig sei. Wegen des großen kulturellen Unterschieds zwischen Japan und Europa deckten die Europäer in Japan ihren Lebensbedarf zum Teil mit Waren aus China, zum Teil sogar aus Europa, »an welche Verhältnisse sich dann wieder, wie überhaupt in ganz Ost-Asien, ein lebhaftes Handelsgeschäft knüpft«.[7]

Was Humbert 1860 skizzierte, war eine rigorose Umgestaltung der Wirtschaftsbeziehungen. Ab Mitte des 19. Jahrhunderts wurden zuvor relativ kleinräumig organisierte wirtschaftliche Netzwerke zunehmend in einen globalen Warenhandel integriert. Die Levante, Afrika, Indien, Japan und Südostasien wurden Absatzmärkte für europäische Industrieprodukte. Und wo Schiffe beladen mit Textilien, Papier, Tapeten, Uhren, Werkzeugen, Metallwaren und Maschinen hinfuhren, kamen sie bald mit Rohstoffen zurück – mit Edelmetallen, Baumwolle, Wolle, Seide, Kautschuk, Palmöl, Grafit, Kakaobohnen, Getreide, Saaten, Tee und Kaffee. Ein neuer Begriff kam auf: die »internationale Arbeitsteilung«.

Politische und wirtschaftliche Räume

Dass industrialisierte Länder durch Tausch ihrer Fabrikate auf dem Weltmarkt in den Besitz von Rohstoffen aus nichtindustrialisierten Ländern kommen sollten (und umgekehrt), dass dieser Gütertausch der natürlichen Disposition der verschiedenen Völker entspreche, und dass der freie Warenhandel dem Wohl aller diene, darüber herrschte im 19. Jahrhundert weitgehend Konsens. Die »internationale Arbeitsteilung« sei die »nothwendige Voraussetzung unserer heutigen Weltcultur«, hieß es etwa beim deutschen Verein für Socialpolitik.[8] Auch aufseiten der Industriellen fand man: »Je rascher und vollkommener ein Staat sich in diese internationale Arbeitsteilung hineinfügt, [...] desto vorteilhafter wird sich der internationale Wirtschaftsverkehr für ihn gestalten, desto grösser wird seine wirtschaftliche Übermacht in der Weltwirtschaft werden.«[9] Der Austausch von Rohstoffen und Gütern ermögliche ein Wohlstand generierendes System gegenseitiger Abhängigkeit, oder wie der deutsche Wirtschaftstheoretiker Friedrich List schrieb: »Aus dem Tausch von Manufacturproducten der gemäßigten gegen die Agriculturproducte der heißen Zone (Colonialwaaren) entsteht hauptsächlich die kosmopolitische Theilung der Arbeit und Kräfte-Conföderation, der großartige internationale Handel.«[10]

Differenzen gab es nur bei der Wirtschaftspolitik. Adam Smith, der Doyen der klassischen Nationalökonomie, hatte argumentiert, dass sich ein Land von vornherein auf die Herstellung jener Güter beschränken soll, die es am besten und günstigsten produzieren kann, und jene Güter importieren soll, die in anderen Ländern am günstigsten hergestellt werden. Einfuhrzölle und Ausfuhrprämien behinderten nach seinem Verständnis eine wohlstandsfördernde Arbeitsteilung und schadeten nicht nur dem Land mit einem Exportüberschuss, sondern auch jenem mit einem Importüberschuss.[11] Das Geschäftskapital eines Landes suche sich »sozusagen von selbst den Einsatz, der am vorteilhaftesten für das Land ist«.[12]

Friedrich List hingegen argumentierte 1841, Schutzzölle seien durchaus legitim, bis die Industrialisierung in einem Land derart fortgeschritten sei, dass die Güterproduktion im freien Spiel der Kräfte mit der Industrie hochentwickelter Länder konkurrieren könne. Er wehrte sich gegen den »Kosmopolitismus« britischer Prägung und forderte eine lenkend eingreifende Wirtschafts- und Zollpolitik.[13] Schutzzölle verteuerten zwar zu Beginn die Industriegüter, im Laufe der Zeit ermöglichten sie allerdings den Aufbau einer funktionierenden inländischen Industrie.[14] Der Vorsprung, den Eng-

land in Industrie und Handel erlangt habe, dürfe keine
»durch geeigneten Territorialbesitz, Nationalkraft und Intelligenz zur Manufacturproduction berufene Nation« davon abschrecken, die »Manufactur-Suprematie« Englands
in die Schranken zu weisen.[15]

List hatte mit dem Recht auf Schutz und Förderung der
inländischen Industrie selbstredend die nachholenden westlichen Nationalstaaten im Sinn und nicht etwa die Länder
der südlichen Hemisphäre. Länder, die agrarische Rohstoffe
exportierten, standen für ihn auf der untersten Stufe der
wirtschaftlichen Entwicklung. Durch Ausfuhr von Rohstoffen könne eine arme Nation wohl »im Anfang der Civilisation« ihren Ackerbau heben, »aber noch nie hat sich dadurch
eine große Nation zu Reichthum, Civilisation und Macht erhoben«, hielt er fest. Umgekehrt sei gerade der Rohstoffim-
port aber zentral für den Fortschritt der Industrienationen:
Rohstoffe dienten nicht bloß als »Productivstoffe oder Nah-
rungsstoffe«, sondern hauptsächlich auch als »Reizmittel«
für die industrielle Produktion.[16] Sie waren also, in Lists Verständnis, nicht nur eine materielle Voraussetzung, sondern
gleichsam der Motor für technologische Innovation.

Während die Wirtschaftspolitik Gegenstand kontroverser
Theorien war, sah man die »internationale Arbeitsteilung«
als naturgegeben an. Jedes Volk setze sein »Naturkapital«
selbstverständlich da ein, wo es angesichts der Umstände
günstig sei, schrieb ein deutscher Kulturhistoriker 1856.[17]
Man war sich zwar uneinig, inwiefern der globale Gütertausch nach dem Prinzip des Freihandels organisiert werden
sollte oder wie stark die einzelnen Nationen ihren Import
und Export durch Zölle und Begünstigungen regulieren sollten, um im Konkurrenzkampf zu bestehen. Klar war hingegen, dass einem Land, das aufgrund seiner natürlichen Aus-
stattung nur Rohstoffe exportierte, keine Schutzmaßnahmen

zugestanden wurden. Im Gegenteil: Viele dieser Länder wurden im Zuge des europäischen Imperialismus mit Waffengewalt »unter Schutz« gestellt.

England verwaltete Ende des 19. Jahrhunderts den indischen Subkontinent, Ceylon (heute Sri Lanka), Hongkong, Malaysia und Singapur – hinzu kam eine Reihe von Protektoraten. Die Holländer besaßen Niederländisch-Indien (Indonesien), Frankreich kontrollierte Vietnam, Kambodscha und Laos. Im Winter 1884/85 fand in Berlin auf Einladung von Reichskanzler Otto von Bismarck die Kongokonferenz statt. Die Kongoakte, das Schlussdokument der Konferenz, war die Grundlage für die europäische Kolonisierung Afrikas. Sie hielt unter anderem fest, dass nur jene Macht das Recht auf Erwerb einer Kolonie habe, die diese dann auch tatsächlich in Besitz nehme. Dem kamen die imperialen Mächte lückenlos nach: Zwischen 1885 und 1914 wurde fast der gesamte afrikanische Kontinent unter den europäischen Kolonialmächten aufgeteilt.[18] In Asien verfolgte auch Japan, das sich nach seiner wirtschaftlichen Öffnung Mitte des 19. Jahrhunderts schnell industrialisierte, eine imperialistische Politik. 1895 nahm es Formosa (heute Taiwan) in Besitz, 1910 annektierte es Korea, 1931 besetzte es die Mandschurei, und während des Zweiten Weltkrieges fielen Französisch-Indochina, Niederländisch-Indien, Malaysia, Singapur, Borneo, Hongkong, die Philippinen und zahlreiche Inselgruppen im Pazifik unter japanische Herrschaft.[19]

Das Paradox des Imperialismus des 19. Jahrhunderts liegt darin, dass der Nord-Süd-Handel als naturgegeben angesehen und gleichzeitig mit aller zur Verfügung stehenden Technik-, Finanz- und Staatsgewalt überhaupt erst hergestellt wurde. Der damals erfundene und bis heute gängige Begriff der »internationalen Arbeitsteilung« täuscht darüber hinweg, dass der globale Güteraustausch nie in einem koordinativen Sinn arbeitsteilig organisiert war, und schon gar nicht zwischen souveränen Nationen. Auch und gerade eine dezidierte Freihandelsnation wie England strebte nach einer umfassenden Kontrolle über die »internationale Arbeitsteilung«. Es gehöre zu Englands Staatsmaximen, so List, »die Versorgung der Colonien und unterworfener Länder mit Manufacturwaaren dem Mutterlande ausschließlich vorzubehalten, dagegen aber denselben ihre Rohstoffe und besonders ihre Colonial-Producte vorzugsweise abzunehmen«.[20]

Die imperialen Mächte Europas beeilten sich, dem englischen Beispiel zu folgen. Ein deutscher Afrikaforscher schrieb 1892, Deutschland habe bisher vor allem zur Erweiterung der geografischen Kenntnisse fremder Erdteile beigetragen, »während England es sich angelegen sein ließ, ein Stückchen herrenloser Erde nach dem andern als Kolonie in Besitz zu nehmen«. England investiere seine überschüssigen Kapitalien in seinen überseeischen Gebieten und ziehe jährlich etwa »eine Milliarde Zinsen« daraus. Ganz Europa versorge es mit Rohstoffen von dorther. Deutschland hingegen gingen durch Auswanderung »ungeheure Summen an Kapital und Arbeitskraft unwiederbringlich ans Ausland verloren«. Lange habe es gedauert, ehe man zu der Überzeugung gelangt sei, »dass das einzige Mittel zur Erhaltung derselben in Erwerbung von Kolonien bestand«.[21]

Die achtziger Jahre des 19. Jahrhunderts waren, wie der Globalhistoriker Jürgen Osterhammel schreibt, das »Schwellenjahrzehnt« der globalen Neuordnung. Immer mehr europäische und nordamerikanische Großunternehmen erschlossen ausländische Märkte, und es fand in großem Stil ein Kapitalexport nach Übersee statt. Die Durchsetzung von Dampfschiffen im Hochseeverkehr und die telegrafische Verkabelung aller Kontinente verursachten einen »Verdichtungssprung« der Weltwirtschaft.[22] Schiffe stellten als »Go-Betweens« die globalisierte Welt durch Mobilisierung von Waren, Wissen und Menschen erst her.[23] Mit Schiffen verlegte man auch die ersten Telegrafenkabel im Meer. Und die Telegrafie wiederum war, dem Historiker Roland Wenzlhuemer zufolge, ebenso sehr ein Instrument imperialer Kontrolle, wie sie den Handel beförderte und es den Briten ermöglichte, zuvor schwer zugängliche Regionen für den Export von Waren und Kapital zu erschließen. »In einem imperialen Setting ist es fast unmöglich, zwischen territorialen und ökonomischen Interessen, zwischen administrativen und finanziellen Absichten zu unterscheiden.«[24]

Das ist die Kontrastfolie, sozusagen der wirtschaftspolitische und geistesgeschichtliche Resonanzraum dieses Buches: Das große Ziel der imperialistischen Staaten war es, den politischen und den ökonomischen Raum in Übereinstimmung zu bringen. Die »internationale Arbeitsteilung«, also der globale Austausch von Rohstoffen, Industrieprodukten, Kapitalinvestitionen und Zinsen, sollte so weit wie möglich staatlich kontrolliert werden. Staatsmacht und Wirtschaft waren direkt aufeinander bezogen, Kapitalismus und Imperialismus gingen in der zweiten Hälfte des 19. Jahrhunderts eine enge, reziproke Verbindung ein. »Indem wir die kapitalistischen Motive des modernen Imperialismus uns vergegenwärtigen, bestimmen wir gleichzeitig die Bedeutung des Imperialismus für die Entwicklung des Hochkapitalismus«, schrieb Werner Sombart 1927. Man habe damals die Idee einer »freischwebenden Konkurrenz von Einzelwirtschaften« aufgegeben zugunsten einer starken Staatsgewalt – nicht nur im Inneren, sondern vor allem auch »im Verkehr mit dem Auslande«, wo der Staat erst zu seiner »formidablen Größe« erwachsen sei.[25]

Etwas ging allerdings sowohl beim kolonialistischen Projekt als auch in der Historiografie über den New Imperialism gern vergessen: Nicht Staaten handeln mit Waren, sondern Unternehmen. Nicht Länder exportieren oder importieren Waren, sondern Handelshäuser. Und diese Handelshäuser hatten zwar irgendwo ihren Firmensitz; niemand schrieb ihnen allerdings vor, ausschließlich oder bevorzugt den eigenen Heimmarkt zu beliefern. Auf der Ebene der wirtschaftlichen Akteure erweist sich die »internationale Arbeitsteilung« als viel fragmentierter und komplexer, als die Geschichte des europäischen Imperialismus suggeriert. Dass die größtmögliche Kongruenz von wirtschaftlichem und politischem Raum von Vorteil – ja gar die unabdingbare Voraussetzung – für wirtschaftlichen Erfolg sei, war eine Illusion; wenn auch eine Illusion mit weitreichenden sozialen und politischen Folgen.

Kaufleute, Zwischenhändler, Reeder, Bankiers, Börsenmakler, Lageristen, Diplomaten und Analysten: Sie waren die Architekten der »internationalen Arbeitsteilung«. Sie reisten in die Ferne, investierten Kapital, kauften Waren, verschifften sie und verkauften sie in einer anderen Ecke der Welt wieder – nach Möglichkeit mit Profit. »Letztlich basiert der Kapitalismus nicht nur auf Institutionen und Regeln, und auf Machtverhältnissen, sondern auch auf Kapitalisten«, so der Wirtschaftshistoriker Patrick Fridenson.[26] Diese kaufmännischen Unternehmer agierten nicht immer entlang imperialer Strukturen. Die neuen Formen territorialer Macht über Ressourcen, die in den letzten Dekaden des 19. Jahrhunderts aufkamen, wirkten nicht exkludierend. Wenn die Kongruenz von politischem und ökonomischem Raum ein Vorteil war, dann konnte dieser Vorteil nicht konsequent nationalisiert werden, das heißt, er kam allen zugute, die sich privat an der wirtschaftlichen Expansion beteiligten. Um diese Protagonisten ausfindig zu machen, reicht es nicht, den Armeen, den Schiffen und den Warenströmen zu folgen. Man muss auch dem Kapital folgen.

Follow the money

Zahlreiche im globalen Handel tätige Handelsfirmen waren nicht Importeure oder Exporteure, sondern Zwischenhändler. Domiziliert in Drittstaaten, betrieben sie Welthandel im wahrsten Sinn des Wortes: Sie vermittelten Waren zwischen entfernten Märkten. Um staatliche Grenzen kümmerten sie sich wenig oder besser gesagt: Die Grenzüberschreitung war Kern ihres Geschäfts.

Transithandel (*merchanting trade*) ist sozusagen die höchste Steigerungsform einer globalisierten kapitalistischen Wirtschaft.[27] Völlig losgelöst von nationalen Interessen und mit einem Minimum an personellem Aufwand am Hauptsitz wurden und werden in aller Welt Geschäfte abgewickelt. Transithandel ist internationaler Zwischenhandel, das heißt Ein- und Ausfuhr zwischen verschiedenen Ländern durch Dritte, oder wie es ein Betriebswirtschaftler formulierte: Der Transithandelsbetrieb »schaltet sich in den Warenverkehr zweier fremder Volkswirtschaften ein bzw. stellt durch seine Aktivität eine vorher nicht existente Marktverbindung zwischen dritten Volkswirtschaften her«.[28] Beim Transithandel erhalten die Käufer die Ware direkt aus dem Ursprungsland, bezahlen sie aber an die Handelsfirma in einem Drittstaat, die sie ihrerseits beim Produzenten bereits bezahlt hat. Waren und Kapital nehmen also unterschiedliche Wege: die Waren den direkten, das Geld den triangulären. Aus Sicht des Landes, in dem solche Handelsfirmen ihren Sitz haben, handelt es sich dabei um einen Dienstleistungsexport.

Die Schweiz ist ein Paradebeispiel einer mächtigen Dienstleistungsnation in diesem Sinn. Als kleines Land im Herzen Europas, das über keine nennenswerten Rohstoffvorkommen verfügt, keinen direkten Zugang zum Meer hat, nie eigene Kolonien besaß und nie eine imperialistische Politik verfolgte, wies sie bereits im 19. Jahrhundert einen bedeutenden Zwischenhandel auf und wurde an der Wende ins 21. Jahrhundert zur weltweit größten Drehscheibe des globalen Rohstoffhandels. Das Domizil des Stammhauses einer Transithandelsfirma sei für den Transithandel »an sich unwesentlich«, hieß es 1947 im *Handbuch des Bank-, Geld- und Börsenwesens der Schweiz*. Es habe sich aber gezeigt, dass die Schweiz zu den Staaten gehöre, die sich »für den Sitz von Transithandelsfirmen eignen«.[29] Für das Warengeschäft mochte der Sitz der Firma an sich unwesentlich sein. Für den Zahlungsverkehr und die ganze Organisation des Geschäfts spielte er aber, wie wir sehen werden, eine nicht unerhebliche Rolle.

Beim Transithandel kommen die Waren nicht in das Land, in dem der Transithändler seinen Sitz hat, Transithandel ist also zu unterscheiden von der Wiederausfuhr (dem Re-Export). »Die Rohstoffe werden über die Welthandelsplätze London, Amsterdam, Hamburg, Bremen, Antwerpen, Genua, Triest gehandelt und lediglich der Kopf dieser Unternehmen ist schweizerisch«, schrieben die Transithändler 1938 erklärend ans Handelsregister in Bern. »Ihre Ware transitiert nicht durch die Schweiz, sondern ihre Ware wird im Welthandel verschifft und verkauft.«[30] Ein Wirtschaftshistoriker formulierte es so: Schweizerische Transithandelsfirmen »kaufen in den Ländern A, B, C usw. und verkaufen in den Ländern X, Y, Z. Ihre Ware transitiert beispielsweise von Indien nach England, Deutschland usw., während der Ertrag zum größten Teil der Schweiz zufließt.«[31] Der Transithändler bemüht sich folglich auch nicht wie der Importeur um die Beschaffung von Rohwaren für die heimische Industrie. »Dem

Transithandel ist der Handel weit mehr Selbstzweck«, hielt ein Staatswissenschaftler 1958 fest. »Dank seiner Organisation ist dieser Handelszweig befähigt, die Nachfrage- und Angebotssituation außerhalb seines Domizillandes zu übersehen und gewinnbringend auszunützen. Er kann auf weltweiter Basis als Transmission der Vorteile nationaler Spezialisierung und internationaler Arbeitsteilung wirken.«[32]

Für die Schweiz handelte es sich also um eine rein statistische Durchfuhr, wobei die Statistik, die diese Art von Handel hätte messen können, lange Zeit nicht existierte und bis heute schwer zu erstellen ist. Da die Waren beim internationalen Zwischenhandel nie in das Domizilland der Handelsfirma kommen, werden sie dort zollrechtlich auch nicht erfasst. Dienstleistungen blieben in den Außenhandelsstatistiken unsichtbar, man ist für Zahlen auf die Selbstdeklaration der Firmen angewiesen. Bis in die Nachkriegsjahre hat man sich nicht einmal dafür interessiert bzw. es gab keine Grundlage für eine systematische Erhebung. Die Schweizerische Nationalbank erstellt erst seit 1947 eine Leistungsbilanz.[33]

Erste Zahlen zum Transithandel liegen dennoch bereits aus der Zwischenkriegszeit vor. 1934 führte Fritz Mangold, Professor für Statistik an der Universität Basel und Leiter des Schweizerischen Wirtschaftsarchivs, eine systematische Umfrage unter den Schweizer Transithandelsfirmen durch. Es war eine Auftragsarbeit der Branche selbst: Mit der Enquête Mangold wollten die Firmen im Kontext der weltweiten Wirtschafts- und Finanzkrise auf ihre prekäre Lage aufmerksam machen. Mangold wies auf die große Wissenslücke hin, die sich um diesen Wirtschaftszweig auftat. »Es ist seltsam, dass der schweizerische Handel, welcher Art er auch sein mag, in allen wirtschaftswissenschaftlichen Darstellungen der Schweiz über der Landwirtschaft, der Industrie usw.

vernachlässigt oder bloß in einer Erläuterung unseres Warenverkehrs mit dem Auslande abgetan wird.«[34] Selbst in Julius Landmanns *Die schweizerische Volkswirtschaft* von 1925 fehle eine Darstellung des Handels. Die Betriebszählung von 1929 habe immerhin zwischen Groß- und Kleinhandel unterschieden. Es gebe allerdings eine Form des Großhandels, die auch die Betriebszählung nicht erfasst habe: den Transithandel.

In mühsamer Kleinarbeit förderte Mangold ein gigantisches Geschäft zutage. Aufgrund der ausgefüllten Fragebogen berechnete er für das Börsencrash-Jahr 1929 Erträge aus dem Transithandel von 39,7 Millionen Franken und für 1930 noch von 34 Millionen Franken (ein Franken entspricht heute etwa 88 Cent). In den Jahren 1924 bis 1928 seien die Erträge wesentlich höher gewesen. Man müsse natürlich berücksichtigen, dass die Firmen selbst ihm die Daten über ihren Betrieb ausgehändigt hätten. Direkte Einsicht in die Geschäftsbücher hatte Mangold nicht. Aber selbst wenn die errechneten und geschätzten Beträge um einige Millionen heruntergesetzt würden, verblieben Aktivsaldi, »von denen weder Dr. [Traugott] Geering noch die übrigen Herren, die Zahlungsbilanzen für die Schweiz aufgestellt haben, eine Ahnung hatten«.[35] Die Branche müsse den Vergleich mit anderen Erwerbszweigen nicht scheuen. An die Zahlungsbilanz lieferten der Verkehr mit elektrischer Energie 21 Millionen, das Versicherungsgeschäft 22 Millionen, die internationalen Transporte 30 Millionen, der Veredelungsverkehr 37 Millionen, und nur das Bankengeschäft gleich viel wie der Transithandel: 40 Millionen Franken.[36]

Im Jahr 1929 hatten 56 befragte Transithandelsfirmen insgesamt 157 Millionen Franken Eigenkapital investiert (im Vergleich: die Seidenindustrie 123 Millionen, die Uhrenindustrie 117 Millionen). Den übrigen Kapitalbedarf deckten die Firmen mit Bankkrediten, in erster Linie mit Rembours-krediten zur Rohstofffinanzierung (also Wechselkredite mit Warenbelehnung).[37] Die Bankumsätze von 53 befragten Firmen lagen 1929 bei über einer Milliarde Franken und 1930 noch bei 963 Millionen, wobei diese Zahlen, wie Mangold betonte, Minima darstellten und infolge sinkender Rohstoffpreise und der Abnahme des Handels im Vergleich zu früheren Jahren »sehr stark« abfielen.[38] Für das Jahr 1929 berechnete er für 58 Firmen einen Bruttoumsatz von 984 Millionen Franken; für 1930 noch 872 Millionen Franken. Teuerungsbereinigt wären das heute etwa 6,2 (1929) bzw. 5,6 Milliarden Franken (1930). In den Jahren vor dem Börsencrash seien die Umsätze deutlich höher gewesen. »Nach Mitteilungen einzelner Firmen müssten für die vorhergehenden Jahre mindestens 450 Millionen Franken zugezählt werden […]. Darnach würden die Bruttoumsätze in den Jahren 1923-1929 um 1,3-1,4 Milliarden Franken betragen haben, und die Ausgaben wären demzufolge auch wesentlich größer gewesen.«[39] Teuerungsbereinigt ist man dann bei etwa neun Milliarden Franken pro Jahr.

Der Ökonom Emil Gsell, der 1955 die nächste Erhebung unter Transithändlern durchführte, veröffentlichte keine Angaben zu den Einnahmen – die man nun lieber verschwieg – und bezifferte nur den Umsatz der Branche: Er betrug damals hochgerechnet rund fünf Milliarden Franken, gleich viel wie der Umsatz der gesamten Exportindustrie.[40] Zwischen 1947 und 1989 stiegen die Einnahmen aus dem Transithandel um den Faktor zehn (wenn man der Zahlungsbilanz der Schweizerischen Nationalbank vertraut).[41] Das große Wachstum kam nach der Jahrtausendwende: Zwischen 2001 und 2011 stiegen die Einnahmen von 1,2 Milliarden auf zwanzig Milliarden Franken. Im Gegensatz zum Finanzsektor setzte sich das Wachstum beim Transithandel auch nach der Finanzkrise von 2008 fort, und 2010 überholte der Transithandel den Bankensektor bei den Einnahmen aus dem Dienstleistungsexport.[42]

Was nach einem kometenhaften Anstieg aus dem Nichts aussieht, dürfte in der Tat der zweite Teil einer U-Kurve sein. Um diesen Wirtschaftszweig zu verstehen, müsse man in die Zeit vor dem Ersten Weltkrieg zurückgehen, sagte Georges André, Inhaber der Lausanner Getreidehandelsfirma André & Cie., 1946 in einem Referat, »in diese glückliche Epoche des freien Waren-, Kapital- und Personenverkehrs«.[43] Der schweizerische Transithandel wuchs zwischen 1880 und dem Ersten Weltkrieg rasant, Schweizer Firmen gehörten damals international zu den Schwergewichten. Die Umsätze blieben auch in den zwanziger Jahren auf hohem Niveau. Erst mit der globalen Finanzkrise und den politischen Maßnahmen, mit denen man den Außenhandel in den frühen dreißiger Jahren gegen die Abwertung ausländischer Währungen abzusichern versuchte, sanken sie. Viele Firmen machten Verluste oder gingen gar Konkurs. Die Krise führte zu einem Rückgang des Transithandels in der Schweiz, wobei global aufgestellte Unternehmen ihre Geschäftstätigkeit einfach zunehmend an ausländische Tochterfirmen delegierten. Auch die Kapitalverkehrskontrollen der Nachkriegszeit erschwerten das Geschäft, bis neue Institutionen wie die 1951 geschaffene Europäische Zahlungsunion zu einem erneuten Wachstum der Branche führten. Der von der Schweiz aus getätigte Transithandel stieg nun kontinuierlich, zunächst verhalten, nach dem Ende des Kalten Krieges und im Zeitalter des globalen Finanzkapitalismus dann exponentiell – ein Wachstum, das vor allem auf den Zuzug ausländischer Unternehmen zurückging.

Für viele Rohstoffe ist die Schweiz der größte Handelsplatz. Nach neuesten Berechnungen beträgt der Weltmarktanteil beim Rohöl 40 Prozent, beim Weizen ebenfalls 40 Prozent, beim Zucker 45 Prozent, beim Kaffee 55 Prozent und bei den Metallen 60 Prozent.[44] Etwa 500 in der Schweiz niedergelassene Unternehmen sind im Rohstoffhandel tätig.[45] Ein Börsengang ist für Handelsfirmen bis heute nicht zwingend erforderlich, solange Banken mit gewaltigen Summen ihr Geschäft finanzieren. Selbst die Genfer Firma Mercuria, die kleinste der fünf großen Schweizer Rohölhändler (Vitol, Glencore, Trafigura, Gunvor, Mercuria), benötigt Kreditlinien von über 50 Milliarden Dollar, an denen sich zahlreiche internationale Banken beteiligen.[46]

Der Nichtregierungsorganisation Public Eye (damals noch Erklärung von Bern) kommt das Verdienst zu, erstmals auf das gigantische Ausmaß dieses Sektors hingewiesen zu haben. Da sich verschiedene Rohstofffirmen nach der Finanzkrise auf den globalen Finanzmärkten kapitalisierten und in der Folge einen offiziellen Jahresbericht veröffentlichen mussten, konnte sie Zahlen ermitteln, die zuvor nicht greifbar waren. In *Rohstoff: Das gefährlichste Geschäft der Schweiz* nahm das Autorenkollektiv die Branche unter die Lupe und lancierte eine öffentliche Diskussion zu den Risiken, die mit der enormen Konzentration im Rohstoffsektor einhergehen.[47] 2012 widmete die Schweizerische Nationalbank dem Transithandel erstmals ein eigenes Kapitel in ihrem Jahresbericht zur Zahlungsbilanz und bestätigte das starke Wachstum nach der Jahrtausendwende. 2013 verfasste das Eidgenössische Departement für auswärtige Angelegenheiten, das Außenministerium der Schweiz, im Auftrag des Bundesrates einen *Grundlagenbericht Rohstoffe*. Der Grund für die bedeutende Stellung der Schweiz im weltweiten Rohstoffhandel, heißt es darin, sei in der »langen Tradition dieses Sektors hierzulande« sowie in einem »für Unternehmen *aller* Sektoren günstigen Umfeld« zu sehen.[48] Beide Aussagen gilt es im Folgenden zu differenzieren.

Bis Ende 2014 wurden die Einnahmen aus dem Transithandel gemäß den internationalen Richtlinien als »Einnahmen aus dem Export von Diensten« verbucht. Ab dem Berechnungsjahr 2015 passte die Schweizerische Nationalbank die Leistungsbilanz dem neuen Standard des Internationalen Währungsfonds (IWF) an und erfasst nun die Differenz aus Käufen und Verkäufen aus dem Transithandel als »Nettoausfuhr von Waren«. Die Anpassung zeugt vom Willen, tatsächlich zu erfassen, was von wem woher gekauft und wohin verkauft wird, den physisch nicht stattfindenden Transit also statistisch zu simulieren. Der Transithandel bleibt aber ein Dienstleistungsexport. Man misst also nicht Warenströme, sondern Gewinne und Verluste in der Schweiz domizilierter Unternehmen.

Historiografische Unsichtbarkeit

Angesichts der Primärfunktion des globalen Handels für die Industriemoderne sind wir erstaunlich schlecht über ihn informiert. Die Zeit ab Mitte des 19. Jahrhunderts wurde wirtschaftshistorisch vor allem mit Blick auf die industrielle Produktion untersucht. Es existiert eine umfangreiche Literatur über die großen Industrien, über Fabrikationsabläufe und administrative Routinen, die rechtliche und soziale Absicherung der Arbeiterschaft, das Zusammenspiel von Forschung und Entwicklung, die Automatisierung der Produktion und die Konjunkturen staatlicher Wirtschaftspolitik.[49] Ein Grund dafür mag darin liegen, dass Geschichte eher das Sichtbare als das Unsichtbare reflektiert. Sie habe sich, wie David Edgerton schreibt, mehr um die Arbeiter gekümmert, weniger um die bürgerliche Elite; mehr um die Fabriken, weniger um das Kapital.[50] Wenn die Geschichte des globalen Handels untersucht wurde, dann vorwiegend für die Frühe Neuzeit. Ab dem 19. Jahrhundert scheint der Handel nicht mehr interessant gewesen zu sein, ganz als ob das Verschieben von Waren mit dem Ausbau des Transportwesens zum vernachlässigbaren Automatismus geworden wäre.

Über den globalen Transithandel wissen wir so gut wie nichts. Das ist insbesondere für die Wirtschaftsgeschichte der Schweiz, wo der Transithandel seit 150 Jahren zu den großen Wirtschaftszweigen gehört, bemerkenswert. Wenn der Schweizer Handel untersucht wurde, dann als Außenhandel. Die Außenhandelsstatistiken gehören in der Schweiz zu den wenigen lückenlos geführten nationalen Statistiken: Daten über den Import und Export gehen bis ins Jahr 1884 zurück. Offizielle Daten über andere Formen der internationalen Wirtschaftsverflechtung wurden erst viel später erhoben;[51] entsprechend generierten sie auch kaum historische Untersuchungen.[52] Das Referenzwerk für die Geschichte des Transithandels in der Schweiz ist bis heute *Der schweizerische Grosshandel in Geschichte und Gegenwart* von Isaak Iselin, Herbert Lüthy und Walter Schiess aus dem Jahr 1943.[53]

Außerhalb des Schweizer Kontexts stammen Untersuchungen zum globalen Handel vorwiegend aus der Geschichte des Imperialismus, aus der Theoriebildung zum Nord-Süd-Konflikt und aus der wirtschaftsgeografischen Forschung zu globalen Wertschöpfungsketten. Sie alle haben bei vielen Verdiensten allerdings auch strukturelle Defizite. Der imperialismuszentrierte Zugang bleibt in einem Narrativ verhaftet, das von den damaligen Akteuren zwar mit Verve vertreten wurde, das aber zu keiner Zeit mit den tatsächlichen Wirtschaftsverhältnissen übereinstimmte, und mit dem man insbesondere die Kontinuitäten über das imperiale Zeitalter hinaus verpasst.[54] Ein Kleinstaat wie die Schweiz, in dem man nie auf eine Konvergenz zwischen wirtschaftlichem und politischem Raum hinarbeitete, rückt dabei gar nicht erst ins Blickfeld.

Auch Zentrum-Peripherie-Modelle sind kaum geeignet, den Dienstleistungsexport von Drittstaaten zu erfassen. Die Dependenztheorie verfestigte in den sechziger Jahren ein bipolares Modell, das die Welt analog zu den Theoretikern des 19. Jahrhunderts in Industriestaaten und rohstoffexportierende Länder einteilte, im Gegensatz zu diesen aber nicht mehr optimistisch davon ausging, dass die »internationale Arbeitsteilung« überall zu Wohlstandsgewinnen führe, solange jedes Land mit den Waren handelt, bei denen es einen komparativen Kostenvorteil hat, sondern darlegte, dass der Gütertausch langfristig zugunsten der Industrienationen ausfalle.[55] Bei aller empirischen Evidenz wurden die Mängel der Dependenztheorie bald offensichtlich: Zahlreiche Industrienationen exportierten auch Rohstoffe oder exportierten zwar Industriegüter, wurden aber nicht reich damit, während es durchaus rohstoffexportierende Nationen gibt, die ihrerseits reich wurden. Institutionelle, politische und soziale Unterschiede wurden in der Dependenztheorie nivelliert.

Als Antwort auf diese Mängel lenkte man die Aufmerksamkeit in den achtziger und neunziger Jahren weg von den einzelnen Staaten und hin zu den konkreten Warenflüssen. Nicht mehr nationale Wirtschaften, die sich irgendwie zu einer globalen Wirtschaft zusammenfügen, standen nun im Fokus, sondern »Warenketten« oder »globale Wertschöpfungsketten«.[56] Der von den beiden Sozialhistorikern Immanuel Wallerstein und Terence Hopkins entwickelte Commodity Chain Approach ist ein streng sequentielles Modell, bei dem Gewinne im Wertschöpfungsprozess zuverlässig von Orten an der Peripherie in die hochindustrialisierten Zentren verschoben werden. Den zentralen Beobachtungsrahmen bilden die einzelnen »Knotenpunkte« einer Warenkette, die – so die Theorie – aufgrund von Kostenvorteilen an bestimmten Orten entstehen. Eine kompetitive Konkurrenz definiert die eigene Position im »Weltsystem« und implizit auch die Position aller anderen.[57] Hopkins und Wallerstein sprachen von »Kette und Schuss« (*warp and woof*).[58] Das Gewebe, das daraus entsteht, muss man sich höchst ungleichmäßig gewoben vorstellen: Zentren erlangen im Gegensatz zu Peripherien und Semiperipherien – die dritte Kategorie sollte die duale Dependenztheorie durchbrechen und erweitern – eine dauerhaft bessere Position im Welthandelssystem.

Allerdings hat auch der Commodity Chain Approach Nachteile. Der Blick auf die Warenketten verstellt den Blick auf die Kapitalströme, die nicht zwingend parallel zu diesen verlaufen. Die Warenkette und ihre Knotenpunkte stellt man sich zudem als angebots- oder nachfragegetrieben vor, womit man einem positivistischen Wirtschaftsverständnis huldigt. Und die Vorstellung eines kompetitiven Konkurrenzkampfes um Positionen geht davon aus, dass es das natürliche Ziel der Akteure sei, ihre Stellung zu verbessern (*up-* und *downgrading* innerhalb der Kette). Schließlich verkennt der systemtheoretische Zugang die nicht linearen und von zahlreichen nichtökonomischen Faktoren abhängigen Handlungskontexte der globalen Wirtschaft. Wallerstein, der sich an Karl Polanyi anlehnte, überging damit ein zentrales Motiv von Polanyis Wirtschaftstheorie, nämlich dessen Kritik an einem Abstrahieren (einer »Entbettung«) der ökonomischen Strukturen von ihren sozialen und politischen Kontexten, was in der Vorstellung verselbständigter Marktmechanismen mündet.[59]

Obwohl Wallerstein und Hopkins betonen, dass das *inter-*

state system der »internationalen Arbeitsteilung« historisch gewachsen sei und aus zahlreichen Bausteinen bestehe, »einschließlich Diplomatie, die Vorschriften betreffend Exterritorialität, die Protokolle, in denen zwischenstaatliche Rahmenabkommen ausgestaltet werden, und die zahlreichen staatenübergreifenden Institutionen«, interessieren sie sich nicht primär dafür, sondern halten fest: »Vor allem aber ist das zwischenstaatliche System eine Matrix der gegenseitigen Anerkennung der (beschränkten) Souveränität aller Staaten, eine Struktur, die den Schwächeren (mehr oder weniger) von den Stärkeren aufgezwungen wird«.[60] Wer »Macht hat«, diktiert gegen unten die Preise. Dienstleister in Drittstaaten kommen in diesem hegemonialen System nicht vor. »Dienstleistungen sind der *missing link* in der Forschung zu globalen Warenketten«, stellten die Ökonomin Eileen Rabach und die Soziologin Eun Mee Kim bereits 1994 fest.[61]

Erst wenn man nicht nur den Warenströmen, sondern auch den Kapitalströmen folgt, und wenn man die Rolle des Vermittlers in den Blick nimmt, der aus einem Drittstaat heraus globale Geschäfte tätigt, rückt ein gigantischer Sektor der globalen Wirtschaft in den Blick, der sonst unsichtbar bleibt: der Dienstleistungsexport. Mit statistischen Daten lässt sich der Transithandel historisch weder beziffern noch verstehen. Man kann jedoch Verfahren und die Beziehungen untersuchen, die ihm zugrunde liegen, und zwar nicht nur die Beziehungen nach außen, in die Welt, sondern auch die Beziehungen nach innen – zu politischen Entscheidungsträgern, zu Interessenverbänden und Juristen.

Sozial- und Wirtschaftshistoriker fokussieren seit Längerem auf die starke wirtschaftliche Verflechtung der Schweiz. Was man heute *small*, *open economy* nennt, ist in Wirklichkeit ein expansives Unterfangen, »klein« mit Blick auf die Wirtschaft somit ein trügerischer Begriff.[62] »Die schweizerischen Auslandskaufleute bilden fast überall einen nur quantitativ kleinen Kreis von sehr erheblichem wirtschaftlichem und sozialem Gewicht«, schrieb der Soziologe Richard Behrendt bereits 1932. In Ägypten und Indien stehe ein erheblicher Teil des Baumwollanbaus unter Schweizer Einfluss, in Argentinien die politisch bedeutsame Elektrizitätsindustrie, und auch andernorts sei der Einfluss von Schweizern beachtenswert – »zwischen der Skylla des nordamerikanischen und der Charybdis des englischen Imperialismus bietet sich hier die enge, aber solide Insel der schweizerischen politischen Indifferenz«.[63]

Entsprechend den Berechnungen des Wirtschaftshistorikers Paul Bairoch hatte zwischen 1913 und 1938 kein Land der Welt einen höheren Kapitalexport pro Kopf als die Schweiz.[64] In der Gesamtsumme war das Auslandskapital zwar geringer als dasjenige von Großbritannien, Frankreich, Deutschland und den USA,[65] aber die Schweiz mischte als Wirtschaftsmacht bei den Großen mit. Einen Grundstein dafür legte der Handel mit dem umliegenden Europa seit der Frühen Neuzeit. Kapital aus diesem Handel wurde im späten 18. Jahrhundert in die Gründung von Industriebetrieben investiert, was zu einer starken Außenhandelsverflechtung führte, vorab mit Luxusprodukten im Textilbereich. Während der napoleonischen Kriege verboten Frankreich und später auch Italien die Einfuhr von Baumwollgewebe aus der Schweiz. Da sich die Schweizer Industriellen nicht auf einen genügend großen Heimmarkt abstützen konnten, blieb ihnen nur das Erschließen neuer Märkte in Übersee.

Entfernte Absatzmärkte spielten also eine entscheidende Rolle für die frühe Industrialisierung der Schweiz.[66] In der ersten Hälfte des 19. Jahrhunderts absorbierten Länder des globalen Südens ein Drittel der Schweizer Exporte. Die Schweiz sei, so die Historiker Thomas David und Bouda Etemad, »vielleicht das einzige Land der ›entwickelten Welt‹, welches seine industrielle Revolution erfolgreich verwirklicht hat, indem es sich auf ferne Absatzmärkte stützte«.[67] In der zweiten Hälfte des 19. Jahrhunderts ging der Export nach Übersee (also in Länder, die man später »Dritte Welt« nennen würde) zwar etwas zurück, und im 20. Jahrhundert oszillierte er noch zwischen 8 und 22 Prozent. Die Schweiz blieb aber pro Kopf der Bevölkerung weltweit an der Spitze beim Export von Industriegütern in den globalen Süden und übertraf damit sämtliche Kolonialmächte.[68]

Zu diesem Güterexport kam ein namhafter Kapitalexport hinzu. In kein anderes Land des globalen Südens investierte die Schweiz nach dem Zweiten Weltkrieg so viel wie in den belgischen Kongo: von 1945 bis 1967 insgesamt 240 Millionen Franken in fest verzinste Staatsanleihen. Anleihen hatte die Schweiz auch in den niederländischen Antillen (63,9 Millionen), in Argentinien (30,5 Millionen), Peru (97,4 Millionen), Portugal (26 Millionen) und Spanien (39 Millionen). Zahlreiche sogenannte »Entwicklungsländer« hatten zudem bei Schweizer Banken Kredite aufgenommen und zahlten für dieses Kapital jährliche Zinsen von bedeutendem Ausmaß.[69]

Richard Behrendt sprach 1932 angesichts der enormen wirtschaftlichen Verflechtung von einem Schweizer Imperialismus.[70] Auch der Politologe Roland Ruffieux argumentierte 1983, die internationalen Beziehungen der Schweiz seien von einem ökonomischen Imperialismus geprägt gewesen – er sprach von einem »colonialisme oblique« (einem quer verlaufenden Kolonialismus) privater Investoren und Financiers.[71] Andere sprachen von einem »sekundären Imperialismus«, einem »Business-Imperialismus« oder einem »impérialisme feutré« (einem gedämpften Imperialismus). Thomas David und Bouda Etemad haben vorgeschlagen, von »wirtschaftlichem Opportunismus« zu sprechen.[72] Das Ringen um einen adäquaten Begriff steht symptomatisch für die Erkenntnis, dass die Schweiz auf wirtschaftlicher Ebene auf eine Weise mit der Welt verflochten war, die weit über eine Imprägnierung mit kolonialistischem Gedankengut und eine Beteiligung an den imperialistischen Manövern der Großmächte hinausging.[73]

Staatliche Akteure und zahlreiche Schweizer Unternehmer hatten handfeste Interessen in Übersee – sowohl in kolonialisierten wie auch in nichtkolonialisierten Ländern, und sowohl vor, während und nach dem Zeitalter des europäischen Imperialismus. Statt von einer »kolonialen« oder »postkolonialen Schweiz« zu sprechen (womit man vor allem auf kolonialistische Praktiken, Werte und Symbole zielt), oder von einem »schweizerischen Imperialismus« (was eine offizielle Machtpolitik suggeriert), geht es mir hier viel grundsätzlicher um das Verhältnis von politischen und ökonomischen Räumen. Gestützt auf die Institutionen und den Rechtsrahmen einer Nation tätigten Transithändler globale Geschäfte. Das bedeutet nicht, dass ihr Aktionsradius die ganze Welt abdeckte. Aber im Gegensatz zu Unternehmen, die vor allem in einem lokalen, regionalen oder nationalen Markt tätig sind, war und ist die Grenzüberschreitung eine Grundoperation ihres Geschäfts.

Der Transithandel lässt sich folglich nur mit einem transnationalen Zugang erfassen.[74] Ist die Nation also einfach eine Art Zwischenstufe zwischen dem Regionalen und dem Globalen? Tatsächlich haben Historiker – mit Rückgriff auf Jacques Revels Begriff der *jeux d'échelles* (Skalenspiele) – von »nested scales« gesprochen, von ineinander verschachtelten Größenordnungen und einer Interdependenz zwischen lokalen, regionalen, nationalen und transnationalen Aspekten.[75] Der englische Begriff ist allerdings etwas unglücklich, da er dazu verleitet, die einzelnen Ebenen als gefestigte Parameter anzusehen. Ein solches Babuschka-Prinzip widerspricht sowohl der Logik alltäglicher Erfahrung als auch der Vielschichtigkeit historischer Ereignisse. Es suggeriert eine Hierarchie zwischen den verschiedenen Stufen, dabei müsste man eher Relationen unterschiedlicher Reichweite untersuchen.[76] Die Historikerin Patricia Clavin hat es so formuliert: Transnationale Geschichte ist die Geschichte von Menschen, die Verbindungen herstellen.[77] Man müsste ergänzen: Sie ist die Geschichte von Menschen, die die Möglichkeitsbedingungen für das Herstellen von Verbindungen gestalten.

Wie ein Unternehmen, so ist auch eine Nation ein zu einem bestimmten Zeitpunkt installierter und kontinuierlich modifizierter Sinn-, Handlungs- und Rechtszusammenhang, der in einem bestimmten Verhältnis zu lokalen und transnationalen Entwicklungen steht. In vielen Hinsichten war der nationale Rahmen für die hier untersuchten Transithandelsfirmen irrelevant. In bestimmten Bereichen – und sie nehmen im Laufe des 20. Jahrhunderts nicht ab, sondern zu – ist die Nation aber von Bedeutung, da hier die rechtlichen, steuertechnischen und außenpolitischen Rahmenbedingungen für global agierende Firmen geschaffen wurden. Die Soziologin Saskia Sassen schrieb 1999, eines der zentralen Merkmale der Rolle des Staates gegenüber der globalisierten Wirtschaft sei es, die Schnittstelle zwischen nationalem Recht und ausländischen Akteuren zu verhandeln, seien diese nun Firmen, Märkte oder supranationale Organisationen. Das Resultat dieses Verhandelns nenne man gewöhnlich »Deregulierung« – ein problematischer Begriff, da er lediglich den Rückzug des Staates aus der Regulierung seiner Wirtschaft fasse, statt seine konkrete Gestaltungsmacht.[78]

Nicht einmal die neoliberalen Denker – darunter prominent die Mitglieder der von Friedrich August von Hayek 1947 ins Leben gerufenen Mont Pèlerin Society – hatten je vor, den Staat oder die gesellschaftlichen Regeln, auf denen alles Wirtschaften basiert, abzuschaffen. Die »Globalisten« (wie Quinn Slobodian sie nennt) wollten die Regeln in erster Linie umbauen. Nicht mehr Vollbeschäftigung war ihr Ziel, sondern Wachstum.[79] Der Titel des Buches von Hayek, das die britische Premierministerin Margaret Thatcher in den späten siebziger Jahren an einem Meeting der konservativen Partei mit den Worten »Das ist es, woran wir glauben!« auf den Tisch schlug, lautet bezeichnenderweise *The Constitution of Liberty* (dt.: *Die Verfassung der Freiheit*).[80] Eine Verfassung ist ein verbindlicher Rechtsrahmen. Es ging um die Änderung des Rechtsrahmens, nicht um seine Abschaffung.

Die Idee einer »freien Wirtschaft«, die sich autonom entfalten würde, wenn man erst einmal alle politischen Interventionen einstellt, ist eine Chimäre.[81] Mehr noch: »Die Wirtschaft« oder »der Markt« als abstrakte Sphären existieren nicht.[82] Auch in ihrer freisten Form war die kapitalistische Wirtschaft immer ein präkonfigurierter, organisierter Raum. Das gilt für die Globalisierungsphase ab 1880 und den europäischen Imperialismus genauso wie für den Protektionismus der Zwischenkriegszeit, den Multilateralismus der Nachkriegszeit und den Finanzkapitalismus des späten 20. Jahrhunderts. Es ist schwer zu entscheiden, wie viel »Markt« und wie viel »Politik« in einem Geschenk an den japanischen Kaiser, einem bilateralen Handelsvertrag, einem

Obligationenrecht, einem Bankkredit, einer Schürfkonzession oder einem Steuerprivileg vorhanden sind. Die Vermutung, die diesem Buch zugrunde liegt, lautet: Es ist mehr Politik – und das heißt: mehr aktive Gestaltung –, als wir gemeinhin annehmen.

Nicht nur Handelsrestriktionen, Kontingente und Kapitalverkehrskontrollen, sondern auch ein weitgehend ungehinderter Transfer von Waren und Kapital basieren auf juristischen und technologischen Instrumenten und auf einem erfinderischen politischen Handeln, das diese Möglichkeit erst installiert hat. Die Veränderungen im globalen Handel betreffen also weniger die Frage nach der »Reinheit« des Marktes – die Frage, wie »frei« der Markt spielte oder wie stark er politisch reguliert und eingeschränkt wurde –, sondern die Frage, welche spezifische Form der organisierte Kapitalismus im Zusammenspiel von privaten Beziehungen, gesetzlichen Bestimmungen, technologischen Verfahren, asymmetrischer Information und geopolitischen Umwälzungen zu unterschiedlichen Zeiten angenommen hat.

In einer global verflochtenen Weltwirtschaft betreibt jede Nation mit ihrem Rechtskanon und ihrer Außenpolitik auch Wirtschaftspolitik und umgekehrt. Untersucht man diesen Prozess nicht als »Deregulierung«, sondern als fortlaufende Regulierung einer Schnittstelle, lohnt es sich, eine Langzeitperspektive einzunehmen. Die Nation erscheint dann nicht mehr als gefestigter Container, sondern eher als eine Art Prozessor, der – von den Beteiligten immer wieder neu »programmiert« – fortlaufend die nationalen Rahmenbedingungen für die transnationalen Kapitalströme definiert.

Der Staat, diese »kollektive Fiktion«,[83] ist also keine stabile Voraussetzung. Er ist der abstrakte Begriff für das Zusammenspiel unterschiedlicher politischer Kräftefelder, für die Summe der Handlungen von Funktionsträgern, die in seinem Namen agieren und damit auch den Möglichkeitsraum für wirtschaftliches Handeln definieren. Konkrete Akteure trafen in konkreten Situationen Entscheidungen. Sie waren die Schöpfer globaler Waren- und Finanzströme und gleichzeitig ihrerseits ein Produkt der gesellschaftlichen und geopolitischen Konstellationen, innerhalb derer sie agierten. Es gilt, und das ist eine der großen Schwierigkeiten der historischen Forschung, den zeitgenössischen Protagonisten weder zu viel noch zu wenig Gestaltungsmacht zuzutrauen.

Die Geschichte nicht rückwärts schreiben

Geschichte ist, nach Aristoteles, eine Erzählung darüber, was Menschen getan und erlitten haben. Isaiah Berlin verallgemeinerte das einmal radikal: Geschichte ist, was Historiker tun.[84] Historische Ereignisse existieren nie und für niemanden unmittelbar, das heißt, es gibt keine singulären, isoliert zu betrachtenden historischen Tatsachen. Alles, was geschehen ist, ist nur mittelbar (durch überlieferte Quellen) zugänglich und wird aus einer bestimmten Perspektive (einer Problematisierung) erst als »Tatsache« konstruierbar. Die Arbeit der Historikerin besteht salopp gesagt darin, das von Menschen ganz unterschiedlich erlittene und handelnd gestaltete Chaos vergangenen Lebens unter Begriffe zu ordnen. Das Resultat dieser Arbeit ist eine Erzählung, ein Narrativ.[85]

Mein Narrativ über den Aufstieg und Wandel des Welthandels in der Moderne und über die Nichtkongruenz von Geld- und Warenströmen deckt einen langen Zeitraum ab. Es reicht, in der Terminologie Eric Hobsbawms, vom »Zeitalter des Kapitals« über das »Zeitalter des Imperialismus« bis zum »Zeitalter der Extreme«. Die Perspektive gleicht einer Filmkamera mit Schwenkfunktion und variierendem Zoom:

Das Panoramabild wechselt mit Nahaufnahmen, die einordnende Analyse mit erzählenden Passagen. Ich bin exemplarisch vorgegangen, nicht systematisch, und ich habe mich bemüht, die Ereignisse immer wieder in einen größeren Zusammenhang einzuordnen. Dazwischen liegen die Lücken – Weggelassenes, Angedeutetes und nicht berücksichtigte alternative Blickwinkel. Ich erhebe keinen Anspruch auf Kohärenz in Bezug auf einen einzelnen Rohstoff, eine einzelne Firma, eine Nation oder eine Kolonie, geschweige denn auf den Welthandel insgesamt. Ich beleuchte einen Wirtschaftszweig: den Transithandel eines eng mit der Welt verflochtenen Kleinstaates.

Die Quellenlage ist höchst fragmentiert. Infolge der großen Transformation des Sektors und der Geschäftsaufgabe verschiedener Handelshäuser sind in den vergangenen Jahren einzelne Firmenarchive zugänglich geworden, so das Archiv der Firma Volkart, das Archiv der Basler Handelsgesellschaft und das Archiv der Firma Desco von Schulthess. Ebenfalls Zugang hatte ich zu den Unternehmensarchiven von Diethelm & Co., Ed. A. Keller und Siber Hegner, die heute zur Holding Diethelm Keller Siber Hegner (DKSH) gehören. Das Archiv des Lausanner Getreidehändlers André & Cie. hingegen wurde nach der Abwicklung der Firma, die 2001 in Konkurs ging, vernichtet,[86] und die nach wie vor im Baumwollhandel tätige Winterthurer Firma Reinhart pflegt die in der Branche traditionelle Unnahbarkeit. Im Wirtschaftsarchiv in Basel ist dafür das Archiv des 1934 gegründeten Verbands Schweizerischer Transit- und Welthandelsfirmen zugänglich.

Methodisch liegt diesem Buch eine schlichte, aber nicht triviale Überzeugung zugrunde: Ideen, also kollektive Vorstellungen und Begriffe über die Welt, prägen gesellschaftliche Institutionen und gesellschaftliches Handeln (und damit auch wirtschaftliches Handeln). Umgekehrt fördern bestimmte soziopolitische Verhältnisse bestimmte diskursive Traditionen und Deutungsweisen. Beide – Ideen und Taten – sind in ihrem historischen Kontext zu verstehen und nicht als Vorläufer einer Entwicklung, die wir uns in der Retrospektive zwar als Kontinuum imaginieren können, die für die zeitgenössischen Protagonisten aber völlig unabsehbar war und immer auch anders hätte verlaufen können.

Gerade Wirtschaftswissenschaftler sind der Verlockung ausgesetzt, Geschichte »rückwärts« zu schreiben. Die Suche nach einer Erklärung für den Reichtum oder die Armut von Nationen steht beispielhaft für diese Tendenz. Man fokussiert auf reich gewordene Nationen und sucht dann in ihrer Vergangenheit nach den entscheidenden Parametern, die zu diesem Reichtum geführt haben. Das Resultat neigt leicht zu einem Determinismus, in dem die Präsenz oder Absenz einer Anzahl Bedingungen zu Reichtum oder Armut führt, in einem Prozess, der sich scheinbar schlüssig von der Vergangenheit in die Gegenwart entfaltet.[87]

Der Historiker Herbert Butterfield hat diese Art Geschichtsschreibung »the whig interpretation of history« genannt.[88] Wer in die Vergangenheit schaut, um retrospektiv zwischen reaktionären (*tory*) und progressiven (*whig*) Kräften, zwischen den Bösen und den Guten, zwischen den Erfolgreichen und den Abgehängten zu unterscheiden, wer also im Wissen darum, wie es schließlich herausgekommen ist, Richter spielt, bezieht die Vergangenheit unbotmäßig auf die Gegenwart. Dagegen helfe nur ein Hineindenken in die zeitgenössischen Vorstellungs- und Handlungsrealitäten: »Die grundlegende Voraussetzung aller Versuche, die Menschen der Vergangenheit zu verstehen, muss der Glaube sein, dass wir in gewissem Maß in Vorstellungswelten eindringen können, die anders sind als unsere.«[89]

Das heißt, die Historikerin muss – wie die ins Ausland reisenden Kaufleute – zuerst fremd werden, um dort, in der Fremde einer vergangenen sozialen und politischen Realität, die Dinge in ihrer zeitspezifischen Relation und Relevanz zu verstehen versuchen. Die Frage nach dem *single most important factor* für Wachstum, Wohlstand und Erfolg führt in die Irre. Nie ist ein einzelner Faktor oder eine einzelne Branche für historischen Wandel verantwortlich, sondern immer das ganze Setting – oder in den Worten Butterfields: »Es ist nichts weniger als die Gesamtheit der Vergangenheit, mit ihrer Komplexität an Bewegungen, ihrem Gewirr von Problemlagen und ihren verschlungenen Interaktionen, welche die Gesamtheit der komplexen Gegenwart hervorgebracht hat«.[90] Der wirtschaftliche Wachstumsprozess ist zudem keineswegs spannungsfrei. Wachstum tendiert zur Destabilisierung von Strukturen, wie der Wirtschaftshistoriker Hansjörg Siegenthaler festgehalten hat, es verändert das gesellschaftliche Gefüge und tangiert politische Machtverhältnisse. Wenn man angesichts dieses Destabilisierungspotenzials dennoch den Begriff »Wachstumsgesellschaft« verwenden möchte, dann als »soziales System, das dazu neigt, strukturelle Störungen wachstumsträchtig zu beheben«.[91]

Dieses Buch liefert also keine Erklärung dafür, wieso die Schweiz so reich geworden ist. Damit würde man sowohl den Handelssektor überbewerten als auch eine deterministische Logik der Entwicklung unterstellen. Die lange Tradition des Schweizer Transithandels beruht auf einem umfassenden Wandel sämtlicher Parameter, mit Ausnahme dieses einen: der Nichtkongruenz von Geschäftssitz und Geschäft. Die große Frage ist: Wie kann man aus diesem »Stoff der Geschichte«, der, wie Paul Veyne schrieb, eine »sehr menschliche und wenig ›wissenschaftliche‹ Mischung von materiellen Ursachen, von Zwecken und Zufällen« ist, ein Narrativ fabrizieren? Wie findet man die Fabel, dieses »Stück Leben, das sich der Historiker nach seinem Geschmack herausgreift und in dem die Tatsachen ihre objektiven Zusammenhänge und ihre relative Bedeutung haben«?[92] Wie misst man die Distanz ab zwischen dem aktuellen Transithandelsland Schweiz und einer Reihe disparater und auf nicht triviale Art miteinander verknüpfter Ereignisse, die ihm vorausgegangen sind? Die Geschichte des Schweizer Transithandels handelt weder von heroischen Taten noch von wirtschaftlichen Automatismen. Sie handelt von einem grenzüberschreitenden Kapitalismus, der das hervorgebracht hat, was man seit etwa 1900 »Weltwirtschaft« nennt.

2. Kaufleute und Investoren

Der internationale Handel ist für die Schweiz nicht zufällig von herausragender Bedeutung. Und die Schweiz ist nicht zufällig von herausragender Bedeutung für den internationalen Handel. Schon ein kurzer Blick in die Geschichte des Landes verdeutlicht, dass die Schweiz stets auf den Handel mit anderen Weltregionen angewiesen war und dass umgekehrt die Entwicklung des Handels wesentlich von eidgenössischen Besonderheiten profitierte: von Söldnerkompanien und Durchmarschrechten (die mit Handelsprivilegien aufgewogen wurden), von Staatsanleihen und privatem Investitionskapital, von der politischen Neutralität, von Steuerprivilegien und von der Unversehrtheit durch Kriege. Früh entstand in der Schweiz ein besonderer Schlag Mensch: der Kaufmann.

Autarkie war für das Land, das keine nennenswerten Rohstoffe besitzt und von dessen Territorium sich gerade einmal acht Prozent als Siedlungsfläche eignen,[1] nie eine Option. Seit der Frühen Neuzeit bestanden Handelsbeziehungen mit dem umliegenden Europa. Importiert wurden Getreide und Salz, zu den Ausfuhren gehörten Käse und Vieh.[2] Das Hauptexportprodukt aber waren Söldner – der einzige Rohstoff, der in der armen Gegend im Überfluss vorhanden war. Die in fremden Diensten stehenden Reisläufer waren nicht nur eine Einnahmequelle für arme Familien, sie dienten den eidgenössischen Kantonen im Ausland auch als Sicherheit. Der Solddienst war eine frühe Form von Dienstleistungsexport, und damit jener Form von transnationalem Geschäft, mit der das Land noch heute seine Zahlungsbilanz ausgleicht.

Die Offiziere der Schweizer Söldnertruppen kamen aus

sogenannten »regimentsfähigen« Familien und profilierten sich in fremden Diensten meist für eine politische Karriere nach ihrer Rückkehr. Die Söldner rekrutierte man aus armen Bauersfamilien. Obwohl ihre Auslagen für die Uniformen relativ hoch waren, kehrten viele mit kleinen Gewinnen in die Heimat zurück. Zweifellos am meisten profitierten vom Soldgeschäft aber die Militärunternehmer, die beträchtliche private Vermögen anhäuften. Sie sicherten sich für die Vermittlung von jungen Männern in fremde Heere oft auch lukrative Gegengeschäfte. So handelte der Walliser Großunternehmer Kaspar Jodok Stockalper (1609-1691) als Tauschgeschäft zu seinen Söldnerkompanien im Ausland den Salzpreis herunter und konnte so den regionalen Salzhandel monopolisieren.[3]

Eine Klausel des als »Ewiger Frieden« bezeichneten Friedensvertrages von 1516 sicherte den Schweizer Kaufleuten in Frankreich zudem eine Befreiung von jeder Neuerung der Zölle zu. Bis Ende des 18. Jahrhunderts legten sie diese Klausel im Sinne einer vollständigen Zoll- und Steuerfreiheit aus. »Wenn die Schweizer den französischen Unterthanen in allen Rechten und Vortheilen gleichgestellt sein wollten, so waren sie doch keineswegs geneigt, deren Pflichten auf sich zu nehmen«, schrieb ein Historiker 1881. Sie beanspruchten »vollkommene Exemption von allen Arten von Steuern und Auflagen«, mit ausdrücklicher Betonung, »dass der Vertrag allgemein auf alle Waaren ohne Unterscheidung laute«.[4] In Frankreich waren Schweizer Söldner und Kaufleute außerdem vom Droit d'aubaine des Ancien Régime ausgenommen, das es dem König erlaubte, die Güter verstorbener Fremder auf seinem Territorium zu konfiszieren. Via Frankreich handelten Schweizer Kaufleute mit Spanien und dem gesamten spanischen Kolonialreich. »In den Messen von Beaucaire trafen schweizerische und spanische Kaufleute zusammen, und im Freihafen von Marseille sammelte sich eine Kolonie schweizerischer Kaufleute, für die der Handel mit dem spanischen Reich die Hauptaufgabe war«, so Isaak Iselin, Herbert Lüthy und Walter Schiess.[5]

Zu diesem expansiven Handel kam ein grenzüberschreitender Geldverkehr hinzu. Das Kapital, das in Form von Pensionen für vermittelte Söldnertruppen in die Schweizer Kantone floss, das Glaubensflüchtlinge aus Frankreich und Italien mitbrachten und das Privatleute im Handel erwirtschafteten, wurde bereits in der Frühen Neuzeit zu einem großen Teil wieder im Ausland angelegt. Auch die Regierungen von Bern, Freiburg, Solothurn, Zürich und Schaffhausen betrieben einen regen Kapitalexport, dessen Zinsen in die jeweiligen Staatskassen flossen. Als Deutschland nach dem Westfälischen Frieden von 1648 die letzte große Zahlung leisten musste, waren die helvetischen Orte die letzten Geldgeber Europas – die *lender of last resort*.

Man sehe bereits Mitte des 17. Jahrhunderts eine scheinbar so moderne Erscheinung, schrieb der österreichische Ökonom Julius Landmann: »die Schweiz als Kapitalexporteur und als Vermittler im internationalen Kapitalienverkehr«. Im 18. Jahrhundert sei die Schweiz neben England und Holland eines der wichtigsten »Akkumulationszentren des freien Kapitals« geworden. »Von des Kaisers Majestät in Wien und den Königen von Frankreich und England bis zu den kleinsten deutschen Duodezfürsten, deutschen und französischen Städten, waren alle öffentlichen Gewalten des 18. Jahrhunderts Schuldner der schweizerischen Kantone. Von der Bank von England bis zu indischen Plantagegesellschaften gab es im 18. Jahrhundert kaum eine größere kollektive Kapitalbildung, an der schweizerische Kantonsregierungen nicht beteiligt gewesen wären.«[6]

Profite im Transatlantikhandel

Auch Investitionen in den Handel waren eine Möglichkeit, Geld anzulegen. Bevor sich die Preise auf den internationalen Märkten durch die zunehmende technologische Vernetzung anglichen, ging der Gewinn aus dem Handel vorwiegend auf die geografische Arbitrage zurück, also das Ausnutzen von Preisdifferenzen zwischen verschiedenen Orten auf der Welt. Der Überseehandel des 16. und 17. Jahrhunderts war ein Handel mit Luxusgütern für eine kaufkräftige Oberschicht: Seide, Gewürze, Tabak, Tee, Kaffee und Edelsteine. In der Forschung galt dieser Fernhandel lange als vernachlässigbar im Vergleich zur Binnenwirtschaft. Zu Unrecht, wie der Historiker Fernand Braudel mit Verweis auf die Gewinnmargen vorrechnete: »Ein Kilogramm Pfeffer, das im Erzeugerland Indien dem Wert von 1-2 Gramm Silber entspricht, steigt in Alexandria auf den Preis von 10-14, in Venedig von 14-18 und in den europäischen Verbraucherländern von 20-30 Gramm Silber. Der Fernhandel wirft also allein schon deshalb unfehlbar ungeheuren Profit ab, weil er die Preise zweier weit voneinander entfernter Märkte manipuliert, zwischen deren Angebot und Nachfrage nur durch seine Vermittlung eine Verbindung zustande kommt.«[7]

Mit den frühen Manufakturbetrieben vor allem im Baumwollgewerbe nahm die Nachfrage nach Rohstoffen aus entfernten Ländern zu. Ab dem späten 17. Jahrhundert wurden Europa, Afrika, Nord- und Südamerika sukzessive in einen kapitalistischen Warentausch integriert, der sich ins Hinterland ausdehnte und in dem auch die »Ware« Mensch als Rohstoff gehandelt wurde.[8] Unternehmer und Finanzinstitute aus ganz Europa beteiligten sich als Aktionäre an der Ausrüstung von Sklavenschiffen oder schickten als Reeder eigene Schiffe auf den Weg. Die Schiffe wurden in Europa mit

Seidenballen, bedruckten Baumwollstoffen (Indiennes) und Manufakturwaren beladen, mit Scheren, Besteck, Krügen, Glasperlen, Porzellanwaren, Branntwein, Dolchen, Gewehren, Schießpulver und Blei. An der afrikanischen Westküste wurde die Ware gegen Sklaven getauscht, die aus ihren Dörfern verschleppt worden waren. Dann begann die verlustreiche Transatlantikfahrt. Unter Deck litten und starben die an Ketten und in Käfigen zusammengepferchten Menschen; ein Verlust von 10-15 Prozent der Fracht war einkalkuliert, die Ladung war versichert. In Brasilien, der Karibik und an der amerikanischen Südstaatenküste wurden die Sklaven an Plantagenbesitzer verkauft und die Schiffe mit Rohstoffen aus der Neuen Welt für die europäischen Märkte beladen: Baumwolle, Zucker, Tabak und Kaffee.[9] Man spricht vereinfachend vom Atlantischen Dreieckshandel. Der Handel mit Asien war allerdings ebenfalls ins Sklavengeschäft eingebunden: Aus Asien stammten hochwertige Baumwolltücher und Kaurimuscheln, die in Afrika als Währung eingesetzt wurden, und nach Asien ging ein großer Teil des Münzsilbers aus den amerikanischen Kolonien.[10]

1944 stellte der karibische Historiker Eric Williams in *Capitalism and Slavery* erstmals die These auf, der Sklavenhandel habe die europäische Entwicklung des 18. und 19. Jahrhunderts maßgeblich geprägt und die industrielle Revolution erst ermöglicht. Am Beispiel Englands zeigte er, wie die Profite im Sklavenhandel, die im Dreiecksgeschäft erworbenen Kenntnisse und die billige Rohstoffausfuhr mit den nachgelagerten Industrien zusammenspielten.[11] Die enge Verbindung zwischen billigen Rohstoffimporten und Industrialisierung lässt sich auch für die Schweiz nachweisen: Im 18. Jahrhundert importierte die Schweiz in absoluten Zahlen zeitweise mehr Baumwolle als England, wobei der Import aus dem östlichen Mittelmeerraum zunehmend vom

Import aus der Neuen Welt abgelöst wurde, wo Baumwolle von Sklaven angebaut wurde. Diese Baumwollimporte hatten einen dynamisierenden Effekt auf die industrielle Entwicklung des Landes. Baumwolle war auch die Grundlage der Schweizer Indienne-Druckerei.[12]

Aber nicht nur die Schweizer Industrie war in den Sklavenhandel eingebunden. Auch Schweizer Kaufleute beteiligten sich direkt am transatlantischen Geschäft. Viele Schweizer Kaufleute gründeten im 17. und 18. Jahrhundert Niederlassungen im Ausland, vor allem in den großen Hafenstädten Frankreichs. Gegenüber ihren Geschäftspartnern waren sie dort zwar grundsätzlich im Nachteil. Die Geschäfte wurden von einer kleinen Oberschicht aus Handel, Bankwesen und Industrie dominiert, die enge Kontakte zu Beamten und politischen Machthabern pflegte, »und nur wer zu der verhältnismäßig kleinen ›Clique‹ gehörte, wusste Bescheid, wer dieses oder jenes Geschäft vermitteln oder sabotieren könnte«, wie der Journalist und Diplomatensohn Lorenz Stucki 1968 schrieb. Zu dieser Clique gehörten die Schweizer Händler in der Regel nicht. »Der normale Schweizer hatte (und hat) wenig Begabung, solche Verhältnisse zu durchschauen, und war viel zu plump, in diesem Spiel erfolgreich mitzuspielen – erst recht, wenn er ohne Kenntnis angereist kam, um einen Handel unter Dach zu bringen. Auf hundert oder tausend ortsansässige Auslandschweizer aber gab es fast sicher einen, der sich mit Ausdauer und geschäftlicher Tüchtigkeit die nötigen Beziehungen zu schaffen wusste. […] Und wo gab es keine tausend Auslandschweizer?«[13]

Die Außenseiterrolle und die Nichtexistenz einer Großmacht im Rücken brachten nicht nur Nachteile mit sich, sondern auch kaufmännische Flexibilität. »Bis 1848 gab es überhaupt keine Schweiz«, so Stucki. »In Petersburg oder

Amsterdam, Lissabon oder New York traten sie als Basler, Zürcher, Toggenburger auf; kein Einheimischer konnte sich darunter etwas vorstellen, und so war es kein Problem, selbst in den erbittertsten Kriegen immer auf der richtigen Seite zu stehen und in Frankreich jeden Engländer, in England jeden Franzosen auszustechen und womöglich auf jeder Seite einen Sohn oder Neffen der Firma zu haben.«[14] Die Schweizer Kaufleute traten nicht im Namen nationaler Interessen auf, sie waren nicht staatlich protegiert und sie organisierten sich im Ausland nie dauerhaft. Gerade dadurch, dass der schweizerische Handel des 17. und 18. Jahrhunderts kein Institut zur Förderung der schweizerischen Industrie und Landeswohlfahrt, sondern »in vollkommener Sachlichkeit« Waren- und Kapitalvermittler zwischen den Ländern gewesen sei, dass er im Wirtschaftskrieg der Merkantilstaaten nicht selbst als Agent eines schweizerischen Merkantilstaates, sondern »parteilos als Privatunternehmen« aufgetreten sei, habe er die zahllosen wirtschaftlichen Barrikaden des merkantilistischen Zeitalters zu überwinden vermocht, so Iselin, Lüthy und Schiess.[15]

Dass Söhne aus reichen Kaufmannsfamilien sich mit ihrem eigenen Geschäft selbständig zu machen versuchten, entsprach im 18. Jahrhundert gängiger Praxis. Was für den Erfolg zählte, war etwas väterliches Startkapital. So zog beispielsweise Christoph Burckhardt, Sohn des Basler Kaufmanns Christoph Burckhardt-Merian, mit Familienkapital in die bretonische Hafenstadt Nantes. Dort angekommen, änderte er seinen Namen in Christophe Bourcard und gründete die Handelsfirma Bourcard, Fils & Cie. Das Unternehmen agierte als eine Art Tochtergesellschaft von Christoph Burckhardt & Cie. in Basel. Geld kam auch von der Firma Merian, in deren Auftrag Bourcard mit Baumwolle, Kaffee und anderen Kolonialprodukten handelte.[16] Bourcard baute ein weitreichendes Handelsnetzwerk auf, er hatte Geschäftspartner in den französischen Atlantikhäfen, pflegte Kontakte zu den wichtigsten Messeplätzen in Deutschland und handelte mit Kaufleuten in Norditalien, im Habsburgerreich, in Skandinavien, auf der Iberischen Halbinsel, in Russland und der Levante.[17]

Entgegen dem Trend in den Manufakturbetrieben spezialisierten sich die Großkaufleute auch in der immer ausdifferenzierteren kapitalistischen Wirtschaft des 17. und 18. Jahrhunderts nicht. Nicht durch Konzentration auf ein Produkt oder eine Gegend, sondern im Gegenteil durch eine dauernde Erweiterung der Einkaufs- und Verkaufsgebiete und ein breites Sortiment versuchten sie immer wieder neu Monopolstellungen zu erringen. »Die rationale Arbeitsteilung wirkt sich demnach also unterhalb der Stufe des Großkaufmann aus«, hielt Braudel fest. Sie bringe eine »unabsehbare Schar von Ladengehilfen, Kommissionären, Maklern, Kassierern, Versicherern, Spediteuren hervor«, darunter auch jene »Armateure«, die seit dem Ende des 17. Jahrhunderts in La Rochelle und anderen Hafenstädten für die Ausrüstung der Schiffe sorgten – »kurzum lauter für den Kaufmann aufgrund ihrer Spezialisierung und Erfahrung sehr wertvolle Hilfskräfte«.[18] Der Kaufmann selbst hingegen blieb Generalist. Er handelte mit Waren aller Art und Herkunft. Wenn sich die Gelegenheit bot, übernahm er auch die Rolle des Versicherers, des Reeders, des Bankiers oder Kommissionärs.

Bourcard handelte mit rohen und bedruckten Baumwolltüchern aus Indien, Musselinen aus St. Gallen, Handschuhen aus Grenoble, Seide aus China, mit Taschentüchern, Kaffee, Uhren, Papier und Bordeauxweinen. In seinen Lagern fanden sich außerdem Warenpakete aus hochwertigen Baumwollstoffen, Glasperlen, Manufakturwaren und Waffen, die an der afrikanischen Westküste gegen Sklaven getauscht wurden. Auch der Kauf von Aktien an Sklavenschiffen bot lukrative Gewinne. Hochrechnungen zufolge waren Schweizer Unternehmen direkt oder indirekt an der Deportation von 172000 Sklaven beteiligt.[19] Bourcard investierte auch noch in Sklavenschiffe, als die Zeichen der Zeit sich längst zu ändern begannen. Seit der Französischen Revolution wurde die Sklaverei nicht mehr nur von einigen wenigen Aufklärern angeprangert. 1807 verabschiedete das britische Parlament den Slave Trade Act und schaffte damit den Sklavenhandel im britischen Empire ab (der innerafrikanische Sklavenhandel und die Sklavenarbeit auf den Plantagen in Südamerika, in der Karibik und in den Südstaaten der USA bestanden jedoch weiter fort). Infolge unternehmerischer Fehlinvestitionen, veränderter wirtschaftlicher Bedingungen und mangelnder politischer Weitsicht manövrierte Bourcard sein Unternehmen in den Ruin. 1815 nahm er sich das Leben.[20]

Bourcard und sein Vater Christoph Burckhardt-Merian waren typische Vertreter der Marchand-Banquiers des ausgehenden 18. Jahrhunderts.[21] Bourcard pflegte enge Kontakte zu internationalen Handelshäusern in den großen Handelsstädten Europas, und er importierte Rohstoffe, insbesondere Baumwolle für die Indienne-Manufakturen, nach Frankreich und in die Schweiz. Er verfügte über die nötigen Kontakte und den nötigen familiären Hintergrund für dieses Geschäft. »Um als Kaufmann voranzukommen, ist eine Voraussetzung ausschlaggebend: Man muss seine Laufbahn schon auf einem gewissen Niveau beginnen«, so Braudel.[22] Senkrechtstarter waren im Handel selten. Dabei bedeutete Geld weit mehr als nur Investitionskapital: »Geld bedeutet auch gesellschaftliches Ansehen und beschert seinem Besitzer Bürgschaften, Privilegien, Begünstigungen und Schutz.«[23] Fehlendes Vermögen war im Handel gleichbedeutend mit einer fehlenden Versicherung.

Geld konnte insbesondere auch die Form von Kredit annehmen, ein unerlässliches Werkzeug des Großkaufmanns. Man müsse das Geld im Handel wie eine regelrechte Ware betrachten, schrieb der französische Ökonom Anne Robert Jacques Turgot 1770; eine Ware, deren Preis – der Zins – sich wie der Preis jeder anderen Ware verändere, je nach dem Verhältnis von Angebot und Nachfrage: »[E]r steigt, wenn es mehr Kreditnehmer und weniger Kreditgeber gibt; er sinkt hingegen, wenn mehr Geld zur Ausleihe im Angebot ist als nachgefragt wird«.[24] Neben diesem verzinsten Kredit basierte der Handel auf einem unverzinsten Kredit – auf einer Art Anleihe, die dadurch entstand, dass jeder dem anderen Zahlungsaufschub gewährte. Eine kaufmännische Bilanz enthielt neben den Lagerbeständen immer ein Aktivvermögen aus Schuldforderungen und ein Passivum an Schulden. Alles hing davon ab, zwischen beiden das Gleichgewicht zu wahren, »keineswegs jedoch, auf diese Kreditformen zu verzichten, die unter dem Strich eine gewaltige Summe ergeben und das Geschäftsvolumen aufs Vier- bis Fünffache erweitern können«, wie Braudel schrieb.[25]

Kredite in Form von Zahlungsaufschüben wurden nicht nur anderen Kaufleuten gewährt, sondern auch dem produzierenden Gewerbe. Vor dem Eisenbahnbau waren Investitionsmöglichkeiten rar. Eine Möglichkeit, überschüssiges Kapital zu investieren, entstand in der Schweiz mit dem Aufstieg der Indienne-Druckerei und der Uhrenindustrie. Hugenottische Flüchtlinge, die nach der Aufhebung des Edikts von Nantes (des »Toleranzedikts«) ab 1685 aus Frankreich in den Jurabogen eingewandert waren, hatten nicht nur Kapital, sondern auch technisches Know-how mitgebracht. Da ihnen die angestammten Handwerksberufe verwehrt waren, betätigten sie sich als Etablisseure, die Komponenten für Uhren herstellten, oder investierten in den Zeugdruck.

Die Indienne-Manufakturen, die in Neuenburg, Biel, Basel, im Aargau, in Zürich, im Thurgau und in Glarus entstanden, erlebten nach 1759, als Frankreich seine Märkte öffnete, ihre größte Blüte.[26] Auch Burckhardt gab schweizerischen und elsässischen Manufakturbetrieben langfristige Kredite und vertrieb umgekehrt ihre Produkte. Zwischen dem Handelshaus und dem protoindustriellen Gewerbe entstand so eine Art reziproke Symbiose, wobei die Impulse vom Handel ausgingen.

Die frühe, dezentrale Industrialisierung, die einer ländlichen und mobilen Bevölkerung Beschäftigungsmöglichkeiten bot, basierte vorwiegend auf Kapital, das im internationalen Handel erworben worden war. Der Handel des 18. Jahrhunderts war also kein Anhängsel der Industrie, er vertrieb nicht als nachgelagerte Instanz Manufakturwaren, sondern umgekehrt: Die Manufakturbetriebe wurden oft mit Kapital aus dem internationalen Handel gegründet und ihre Produktion wurde mit Handelskapital vorfinanziert.[27] Bis zur industriellen Revolution des 19. Jahrhunderts wurden die exportorientierten Industrien der Schweiz von Kaufleuten gegründet (oder den Zünften entrissen) und meist auch von ihnen geleitet. Die Betriebe boten ihnen eine Möglichkeit, diversifiziert Geld anzulegen. Das kaufmännische Wissen trug wesentlich zur Konkurrenzfähigkeit der frühen Industrie bei: »Die Kaufleute, die stets von den Absatzmöglichkeiten des Marktes, nicht von den vorhandenen Produktionstraditionen ausgingen, hielten die Exportgewerbe in ständiger Wachheit.«[28]

Vom Handel zur Industrie

Erst infolge der technischen Umwälzungen im späten 18. und frühen 19. Jahrhundert verschob sich der Schwerpunkt vom Handel zur Produktion. Neu gegründete Industrieunternehmen wurden nun zum Taktgeber des Handels. Es war eine Revolution aus der Not: Wegen der Mechanisierung der Spinnerei in England brach der Preis von Baumwollgarn Ende des 18. Jahrhunderts radikal ein. Das betraf auch die mit Abstand bedeutendste Verlagsindustrie der Schweiz: Innerhalb weniger Jahre verloren fast 100 000 Handspinner ihre Arbeit.[29]

1801 wurde in der Schweiz die erste mechanische Baumwollspinnerei gegründet und die Heimarbeit so durch Billiglohnarbeit ersetzt. Das große Wachstum der neuen Produktionsform setzte fünf Jahre später ein: Napoleons 1806 verfügte Kontinentalsperre, eine gegen England gerichtete Wirtschaftsblockade, schädigte den Schweizer Überseehandel empfindlich, ermöglichte dafür aber eine Expansion der Schweizer Industrie. Märkte, die zuvor von England beliefert worden waren, konnten nun mit industriell gefertigten Garnen und Baumwolltextilien aus der Schweiz bedient werden.[30] Entsprechend schwer wog der Zusammenbruch der Kontinentalsperre – diesmal nicht für den Handel, sondern für die Industrie. Nach 1815 brach die von der Blockade aufgestaute englische Massenproduktion von Baumwolltextilien »durch die geborstenen Dämme des Kontinentalsystems«.[31] Hinzu kam, dass Deutschland und Frankreich, die bisherigen Hauptabnehmerländer der Schweizer Textilindustrie, als Reaktion auf die englische Massenware zu einem rigiden Protektionismus übergingen und ihre Märkte mit hohen Einfuhrzöllen schützten.

Die Schweizer Textilfabrikanten mussten auf neue Absatzmärkte im Orient und in Übersee ausweichen und sich dort gegen England behaupten. »Die Schweiz pflegt vornehmlich Handelsbeziehungen mit entfernten, nicht mit benachbarten Ländern«, wie ein britischer Abgeordneter und Kaufmann 1836 auf einer Reise durch die Schweiz feststellte.[32] Fast unbeobachtet und ohne jede staatliche Protektion hätten sich die Schweizer Manufakturwaren ihren Weg auf alle Märkte der Welt gesucht, wie entfernt oder scheinbar unerreichbar sie auch scheinen mögen.[33] Das war nur dank niedrigen Löhnen möglich. Ohne Rücksicht auf soziale Kollateralschäden stürzten sich die Schweizer Industriellen in einen rigorosen Konkurrenzkampf. Es seien, so Iselin, »unvorstellbare Opfer ganzer Arbeitergenerationen an Kraft und Gesundheit« erbracht worden, »Frauen- und Kinderarbeit bis 14 und mehr Stunden täglich zu niedrigsten Löhnen in Fabriken, deren hygienische Zustände erschreckend waren«.[34] Die Unternehmer, die die industrielle Produktion vorantrieben, rekrutierten sich weitgehend aus der gewerblichen Ober- und Mittelschicht der Kleinstädte, zu einem geringeren Teil auch aus dem Stadtbürgertum. Viele waren zuvor als Verleger oder Händler tätig gewesen. Im Kanton Glarus waren 75 Prozent der Tuchdruckerei-, Spinnerei- und Webereiunternehmer von ihrer Herkunft her Verleger, Drucker oder Kaufleute.[35]

Der Konkurrenzkampf reduzierte die Zahl der Spinnereien, während gleichzeitig die Zahl der Spindeln wuchs; der Großbetrieb setzte sich durch. Die Mechanisierung des Spinnens ersetzte die frühere Handspinnerei von Heimarbeitern. Noch schwerer traf die Mechanisierung des Webens die Handweber von Zürich, St. Gallen, Appenzell und Glarus. »Verzweifeltes Festhalten am noch so geringen Erwerb spricht aus dem hartnäckigen Durchhungern der Glarner Handweber, die durch billige und lange Arbeit der ganzen

Familie sich noch bis in die 40er Jahre der Konkurrenz des mechanischen Webstuhls entgegenstemmten, bis auch die unterste Grenze des Existenzminimums unterschritten war.«[36] Nachher blieb ihnen nur noch die Emigration. Allein im Jahr 1845 wanderten 500 Glarner, fast ein Sechzigstel der ganzen Bevölkerung, nach Amerika aus.

Für die Unternehmer zahlten sich das Durchhungern, das Ende der Heimarbeit und die Entvölkerung ganzer Landstriche langfristig aus. Ab Mitte des 19. Jahrhunderts erlebte die schweizerische Exportindustrie eine nie dagewesene Konjunktur. Die Textilindustrie erreichte um 1870 ihren Höhepunkt.[37] Um sich auf dem Weltmarkt zu behaupten, spezialisierte man sich auf Qualitätsarbeit, bei der die Rohstoffpreise gegenüber dem Wertzuwachs durch die Verarbeitung nicht ins Gewicht fielen. Industriezweige, die mit unqualifizierter Arbeit auskamen, wurden zunehmend ins Ausland verlegt. Bei der Produktion hochwertiger Industriegüter spielten Mittel- oder Kleinbetriebe eine größere Rolle als Großbetriebe, die eher für Massen- und Serienproduktion taugen. Und hier nun kam dem Handel wieder eine besondere Rolle zu: Da kleine Betriebe keine eigenen Abteilungen für die Beschaffung der Rohstoffe und den Absatz ihrer Erzeugnisse aufbauen konnten, übernahmen Handelsfirmen diese Aufgabe.[38]

Ein weiterer Grundstein für den späteren Aufstieg des Handels war der Aufbau eines schweizerischen Bank-, Kredit- und Versicherungswesens. Mit dem Bau der Eisenbahn ab Mitte des 19. Jahrhunderts entstand auch in der Schweiz ein großer Kapitalbedarf. Die größten Investoren waren zunächst ausländische Banken, vor allem die beiden französischen Großbanken Crédit Mobilier und Rothschild. Um die starke französische Beteiligung an den helvetischen Infrastrukturprojekten einzudämmen, gründeten Schweizer Industrielle und Politiker unter der Leitung von Alfred Escher 1856 die Schweizerische Kreditanstalt (SKA). Das Gründungskapital betrug 15 Millionen Franken, drei Millionen davon wurden zur öffentlichen Zeichnung ausgegeben. Schon am ersten Morgen herrschte vor der Wohnung im Kleinen Tiefenhof am Paradeplatz, wo die neue Bank mit sechs Angestellten ihre Tätigkeit aufnahm, ein tumultuöser Andrang. Am dritten Zeichnungstag waren statt drei Millionen über 218 Millionen gezeichnet. Die Leute hatten vorschriftsgemäß zehn Prozent des Betrages in bar oder Wertschriften mitgebracht, so dass die Zimmer der Bank mit Münzen, Gold und Wertpapieren gefüllt waren.[39] Der Großandrang und die 72-fache Überzeichnung zeigt: Erstens herrschte Mitte des 19. Jahrhunderts ein unerschütterlicher Glaube an den industriellen Fortschritt. Und zweitens gab es in der Schweiz eine Menge brachliegendes Kapital.

Bereits ein Jahr nach der Gründung der SKA (heute Credit Suisse), 1857, wurde in Zürich die Schweizerische Export-Gesellschaft gegründet. Gemäß ihren Statuten verfolgte sie den Zweck, den Absatz schweizerischer Industrieprodukte zu fördern, indem sie junge Kaufleute ausbildete, sie ins Ausland – namentlich nach Übersee – sandte und ihnen dort mit Kapital zur Gründung von Kommanditgesellschaften die Errichtung von Handelshäusern ermöglichte. In den ersten Jahren ihres Bestehens förderte die Gesellschaft in dieser Weise die Gründung von Handelshäusern in Saloniki, Täbris, Aleppo und Bagdad, Valparaíso, Natal (Brasilien), Kalkutta, Bombay und Schanghai. Die jungen Handelsunternehmen konnten allerdings vom Verkauf Schweizer Exportprodukte nicht leben. Sie begannen folglich, auch mit Industrieprodukten anderer europäischer Länder sowie mit den Produkten ihres Gastlandes zu handeln. So entwickelte sich ein internationaler Handel mit Manufakturwaren, Seide, Rohbaumwolle, Wolle, Oliven- und Sesamöl, Reis, Gummi und anderen »Kolonialprodukten«.[40]

Nach einem glänzenden Start erlag die Schweizerische Export-Gesellschaft 1870 allerdings der Baumwollkrise. Die Handelsgesellschaft in St. Gallen, die ähnliche Ziele verfolgt hatte, war bereits 1866 liquidiert worden. Auch die 1858 von rund fünfzig Uhrenindustriellen in La Chaux-de-Fonds gegründete Union Horlogère, die – um den Zwischenhandel auszuschalten – in Singapur und Yokohama Kontore eröffnet hatte, war kurzlebig und beendete ihre Expansionsoffensive wegen fehlender Nachfrage bereits 1864 wieder.[41] »Der Grundgedanke dieser Initiativen war zweifellos richtig«, urteilten Iselin, Lüthy und Schiess 1943. Besser als irgendwelche »Vertreter« und Agenten im Ausland sei der dort wirklich ansässige und heimisch gewordene Großkaufmann, der zum Gastland nicht nur geschäftliche, sondern auch enge persönliche Beziehungen unterhalte. Die Schweiz brauche »Auslandschweizer, die im fremden Land ihre Lebensaufgabe sehen und die Weltverbundenheit der Schweiz verkörpern«.[42] Die reinen Export-Gesellschaften seien dafür der falsche Ansatz gewesen. Die industrielle Produktion der Schweiz sei trotz aller Diversität zu beschränkt, als dass das Land auf dem Export seine Position in der globalen Wirtschaft hätte aufbauen können. Die Grundlage eines selbständigen Auslandshauses müsse »im fremden Lande selbst und nicht in der Schweiz liegen«.[43]

Nur selten hat der Exporthandel zum Transithandel geführt. Häufiger entstand der Transithandel aus dem Importgeschäft (so beim Basler Wollhandelshaus Fürstenberger), und noch häufiger wurden Transithandelsfirmen unabhängig von der heimischen Industrie gegründet. »Gerade dadurch, dass er nicht als Instrument des Exports entstand, kam der schweizerische Welthandel in die Lage, der schweizerischen Industrie unschätzbare Dienste zu leisten«, so Iselin.[44] Ein selbständiger Kaufmann, der im fremden Land als bedeutender Einkäufer auftrete und mit dem Markt verwachsen sei, könne dort Absatzmöglichkeiten für schweizerische Produkte ausfindig machen, die kein Exportagent entdecken würde. »Durch den Transithandel kamen schweizerische Textilien aller Art, Apparate, Maschinen, Lastautos, Zähler, Uhren, Reißzeuge, Präzisionsapparate, Chemikalien und pharmazeutische Produkte, Parfümerien, Farben, Leim, Gelatine usw. in alle Welt; selbst Fabrik- und Bahnbauten sind durch ihn unserer Industrie vermittelt worden.«[45]

Für die Transithändler war das ein bloßes Nebengeschäft, sie kümmerten sich in erster Linie um den Einkauf und Verkauf von Rohstoffen aus Übersee. Wenn eine Transithandelsfirma der Schweizer Industrie im Ausland Absatzmöglichkeiten erschließen konnte, dann meist, weil sie dort im Gegenzug Waren übernahm, die sie nicht in die Schweiz, wohl aber in Drittländern verkaufen konnte. Eine Transithandelsfirma hat beispielsweise einer Schweizer Maschinenfirma einen Auftrag für den Bau eines Kraftwerks vermitteln können, weil sie in der Lage war, für den dreifachen Betrag Produkte des Auftragslandes abzunehmen und nach anderen Ländern weiterzuverkaufen, »ohne den schweizerischen Markt durch diese enorme Warenmenge zu belasten«.[46] Nur Transithandelsfirmen verfügten über die für solche Gegengeschäfte notwendige Elastizität.

Auch die Historikerin Angela Hauser-Dora unterscheidet zwischen dem frühen Exporthandel und den Mitte des 19. Jahrhunderts unabhängig von der Industrie entstehenden Welthandelsfirmen. Der Exporthandel entstand meist auf Initiative von Industriellen. In der Uhrenindustrie beispielsweise fand bereits um 1800 eine Trennung zwischen Produktion und Handel statt. Auch der Glarner Handel entwickelte sich ausgehend von der Produktion: Glarner Exporthäuser mit Niederlassungen in England, Russland, Norwegen, Spanien und im Orient handelten mit Tuchwaren, die in der Region hergestellt wurden. Entscheidende Impulse für diesen Handel gingen von einer jungen Kaufmannsgeneration in der Ostschweiz, in Zürich und Winterthur aus, den Zentren des Baumwoll- und Seidenhandels.[47] Ab Mitte des 19. Jahrhunderts veränderten sich die Verhältnisse allerdings grundlegend. Mit dem verbesserten Transportwesen, dem Ausbau des Bank- und Versicherungswesens und dem Entstehen von internationalen Warenbörsen entstanden die ersten, von Anfang an als Großhandelshäuser konzipierten Unternehmen.[48] Sie standen nicht im Dienst der Industrie und wurden nicht von ihr angeregt, sondern hatten ihr gegenüber einen autonomen Status. Man sprach später von einer »Ergänzungsfunktion«.[49]

Die Industrialisierung ging mit einer neuen wirtschaftlichen Ordnung einher. Es war der Übergang von einem vorindustriellen, korporatistisch organisierten Handelskapitalismus, der von Verlegern (*marchands-fabricants*), Handelsbankiers, Großhändlern und einigen Gewerbetreibenden dominiert wurde, hin zum individualistischen, exportorientierten Industriekapitalismus, und zu wirtschaftlichen Interessengruppen, die an die Stelle der alten Zünfte traten.[50] Parallel dazu entwickelte sich der Schweizer Welthandel, einerseits in Form von Exportgesellschaften, andererseits als unabhängiger Wirtschaftszweig – als Transithandel. In den vier Jahrzehnten vor dem Ersten Weltkrieg stieg der Außenhandel der Schweiz mit überseeischen Gebieten kontinuierlich und insbesondere in den letzten Jahren vor Kriegsbeginn wuchs seine Bedeutung rasant. Insgesamt war der Handel mit Übersee ausgeglichener, also weniger krisenanfällig als der Gesamthandel.[51] Entfernte Exportmärkte bildeten eine stabile Stütze der Schweizer Wirtschaft. Auch wenn keine Zahlen vorliegen, kann man davon ausgehen, dass der Transithandel, der Kauf und Verkauf von Waren außerhalb der Schweiz, sich analog entwickelte.

Der Welthandel ist also nicht auf die schweizerischen Außenhandelsbeziehungen zurückzuführen, er war mehr als eine Fortführung des Import- und Exportgeschäfts mit anderen Mitteln. Ein Abhängigkeitsverhältnis bestand, wenn schon, in umgekehrter Richtung: Der Transithandel konnte mit seiner exklusiven Information und seinen über viele Jahre aufgebauten internationalen Netzwerken nebenbei auch der heimischen Industrie Absatzmöglichkeiten vermitteln. Die im Ausland eingekauften Rohstoffe mussten die Transithändler aber auch im Ausland absetzen können, sie konkurrierten auf den globalen Märkten also direkt mit den Importeuren der großen Industrieländer. Im Unterschied zu den Handelsdynastien des 18. Jahrhunderts kauften sie nicht mehr nur bei anderen Kaufleuten ein, sondern begannen, durch Zweigniederlassungen, Einkaufs- und Verkaufsorganisationen im Landesinneren die ganze Warenkette zu kontrollieren.

Die Welthandelsfirmen

Die Schweizer Handelsfirmen haben alle eine unterschiedliche Geschichte und waren in unterschiedlichen Weltregionen tätig. Die »Kaufmannsklasse« war nicht homogen. Die Wirtschaftshistorikerin Béatrice Veyrassat sprach von einem *milieu fluide* mit offenen Rändern, in dem die soziale Mobilität sowohl nach oben wie nach unten führen konnte.[52] Gemeinsam war den Unternehmen, dass sie von jungen Männern aus protestantischen, in der Regel ländlichen Bürgersfamilien gegründet wurden, die im globalen Handel eine Aufstiegsmöglichkeit sahen. Mit der Regeneration – und gesamtschweizerisch mit der Bundesverfassung von 1848 – galt in der Schweiz zwar die politische Gleichberechtigung der Landschaft und der Stadt, es gab also keine »Vorrechte des Ortes« mehr.[53] Den Söhnen des ländlichen Bürgertums war der Besuch der städtischen Schulen Mitte des 19. Jahrhunderts allerdings noch nicht erlaubt, weshalb zum Beispiel Salomon Volkart das Landknabengymnasium und anschließend eine private Handelsschule in Horgen besuchte (das Hünische Institut), bevor er nach Indien ging.[54]

Zu den großen Schweizer Welthandelsfirmen, die im 19. Jahrhundert entstanden oder ihr Geschäft damals global ausweiteten, gehörten Unternehmen wie das Basler Wollhandelshaus Simonius, Vischer & Co., die Missions-Handlungs-Gesellschaft (ab 1928 Basler Handelsgesellschaft), die in Nyon gegründete und 1919 nach Lausanne verlegte Getreidehandelsfirma André & Cie., die beiden Winterthurer Firmen Gebrüder Volkart und Paul Reinhart & Cie., die auf Asien spezialisierten Unternehmen Siber & Brennwald (später Sibner Hegner), Diethelm & Co., Ed. A. Keller & Co. sowie das Seidenhandelshaus Sulzer Frizzoni (ab 1928 Charles Rudolph & Co., ab 1950 Desco von Schulthess).[55] Das wohl älteste Schweizer Handelshaus, die Basler Wollhandelsfirma Simonius, Vischer & Co., hatte unter dem Namen Fürstenberger bereits 1719 einen Eintrag im Basler Ragionenbuch. Bis Mitte des 19. Jahrhunderts handelte die Firma ausschließlich mit Wolle aus Nord- und Süddeutschland, aus dem Elsass, aus Frankreich, Italien und Ungarn; ihr Absatzgebiet erstreckte sich auf die Schweiz, Deutschland und das Elsass. Ab 1850 erfolgten erste Käufe von Überseewollen auf der Londoner Wollbörse und eine Expansion des Absatzmarktes.[56]

Ebenfalls Sitz in Basel hatte die Basler Handelsgesellschaft. Sie entstand 1859 als Missions-Handlungs-Gesellschaft aus der Basler Mission. Die Missionshandlung (wie sie kurz genannt wurde) belieferte die Missionsstationen in Westafrika und Südindien mit europäischen Waren und betrieb im Gegenzug einen Großhandel mit Palmöl, Kakao, Kautschuk, Baumwolle und anderen Kolonialwaren. Sie war die erste europäische Handelsgesellschaft, die sich in Westafrika nicht nur an der Küste niederließ, sondern im Hinterland Handelsstationen errichtete und damit eine direkte Konkurrenz für die afrikanischen Zwischenhändler wurde.[57] In Britisch-Indien, wo die zum Christentum übergetretenen Hindus als »Ungläubige« aus dem indischen Kastensystem fielen und damit ihre Existenzgrundlage verloren, entstanden missionseigene Fabrikationsbetriebe, um den Leuten Arbeit und Verdienst zu geben: eine mechanische Werkstätte, sieben Ziegeleien und drei Webereien mit Annexbetrieben (Färbereien, Schneidereien, Trikotwirkerei, Stickerei) und Filialen, die von nicht ordinierten Missionaren geleitet wurden und 1913 einen jährlichen Reingewinn von 250000 Franken erwirtschafteten. Zusammen mit dem Personal in Afrika beschäftigte die Gesellschaft 1913 insgesamt 4610 Leute in den Missionsgebieten, dazu etwa 100 Europäer.[58]

Sitz in Winterthur hatte das Handelshaus Paul Reinhart & Cie., das 1788 als Geilinger & Blum gegründet worden war. Die Firma betrieb zunächst Handel mit europäischen Baumwollgarnen und Tuchwaren, die sie vor allem nach Kleinasien exportierte. Ab Mitte des 19. Jahrhunderts wurde ein Agenturgeschäft mit Rohbaumwolle aus den USA und aus Ägypten aufgebaut, das schnell zum Haupterwerbszweig wurde. Die Firma tätigte Großkäufe in den USA, Ägypten, Brasilien, Argentinien, Mexiko und Haiti, im belgischen Kongo, in Ost- und Westafrika, Kleinasien und Persien, hatte Vertreterorganisationen in ganz Europa und existiert heute noch.[59]

Am Beispiel des Winterthurer Handelshauses Volkart, das in der Zwischenkriegszeit zu einer der weltweit größten Baumwollhandelsfirmen wurde, lässt sich der Aufstieg des Transithandels besonders gut illustrieren. Im November 1844 reiste Salomon Volkart nach Indien, das sich wegen der innereuropäischen Zollschranken und dem Niedergang des Levante-Handels als potenzielles Absatzgebiet für Textilwaren anbot. Auftraggeber für seine Reise waren die Baumwoll- und Seidenfirma Hüni & Fierz in Horgen und die Baumwollfirma Johannes Hürlimann in Richterswil, die rund um den Zürichsee mechanische Spinnereien und Rotfärbereien betrieb. Salomons jüngerer Bruder Johann Georg absolvierte bei Hüni & Fierz in Horgen eine kaufmännische Lehre, reiste 1847 ebenfalls nach Indien und trat dort eine Stelle im deutschen Handelshaus Wattenbach, Huschke & Co. an. Als die beiden Teilhaber Huschke und Wattenbach sich trennten, verlor Johann Georg seine Arbeitsstelle, worauf die Volkart-Brüder 1851 eine eigene Handelsfirma gründeten: die »Gebrüder Volkart« mit Sitz in Winterthur und Bombay.[60]

Volkart war die erste Firma, die sich im direkten Handel zwischen Indien und dem europäischen Festland etablierte.[61] Einem Unternehmen in Marseille hatte Salomon Volkart bereits kurz nach der Firmengründung die Lieferung von 1800 bis 2000 Ballen indischer Baumwolle angeboten, »die erste Zufuhr, die von Bombay aus directe nach Marseille gebracht würde«, wie er festhielt.[62] Zu Beginn hatte die Firma gerade einmal fünf Mitarbeiter. Im Büro in Winterthur saßen Salomon Volkart und seine Frau Emma und kümmerten sich um den Vertrieb der Rohstoffe in Europa und um den Export von europäischen Industriewaren nach Indien. In Bombay sorgte Johann Georg zusammen mit einem britischen Angestellten für den Verkauf europäischer Güter im Bazar und den Einkauf der auf Kommissionsbasis bestellten indischen Waren. Bereits im ersten Betriebsjahr stellte er den ersten Inder ein: Der Parse Cowasjee Jehangir Jussawala wurde Leiter des Insurance Departments und kümmerte sich um die Vertretung des Hamburger Versicherungsunternehmens Agrippina in Indien, die Volkart gegen eine Provision von drei Prozent der vermittelten Policen übernommen hatte.[63] 1860 waren in Indien neun Europäer für Volkart tätig, dazu kamen indische Angestellte sowie Kooperationen mit indischen Zwischenhändlern, Brokern und Financiers auf Vertragsbasis. In Winterthur stellte Salomon Volkart ab 1857 Angestellte und Lehrlinge ein, da er und seine Frau die Arbeit nicht mehr allein bewältigen konnten.[64]

Sukzessive eröffnete Volkart in Indien Zweigniederlassungen: 1857 in Colombo, von wo die Firma nach der Eröffnung des Sueskanals das erste Dampfschiff auf direktem Weg nach Triest schickte, 1859 in Cochin, 1861 in Karachi, 1876 in Tellicherry und 1888 in Madras.[65] Die Zweigniederlassung in Cochin exportierte vorwiegend Kokosnussöl, Kokosbast, Kaffee, Zimt, Pfeffer, Perlen, Holz und Fischöl, die Niederlassung in Colombo exportierte Kaffee und Tinnevelly-Baumwolle, die qualitativ beste Baumwollsorte Südindiens. Das Zweighaus in Karachi, das Volkart bei Ausbruch des amerikanischen Bürgerkrieges eröffnete, führte Rohbaumwolle, Wolle und Ölsaaten aus.[66] 1875 wurde eine Niederlassung in London eröffnet und 1894 in einen zweiten Hauptsitz umgewandelt.[67] 1919 entstand mit japanischer Beteiligung eine Tochtergesellschaft in Osaka (die Nichizui Trading Company), 1920 wurden die Volkart-Niederlassungen in Bremen und New York eröffnet.[68] Mit dem Ausbau des indischen Eisenbahnnetzes wurde der direkte Einkauf in den Produktionsgebieten erheblich vereinfacht: In den zwanziger Jahren eröffnete Volkart rund hundert Einkaufsagenturen auf dem Subkontinent und umging damit den indischen Zwischenhandel. 1921 beschäftigte die Firma 240 europäische und 1400 indische Angestellte, dazu etwa 4000 indische Taglöhner. 1934 hatte die Firma bereits 2667 Angestellte, dazu 5150 Taglöhner, insgesamt 7817 Personen.[69] Das Zweighaus in Bombay führte – auch das gehörte traditionell zur Aufgabe Schweizer Kaufleute in Übersee – ehrenamtlich das schweizerische Konsulat in Bombay, bis es 1932 in ein Berufskonsulat umgewandelt wurde.

Andere Kaufleute verschlug es nach Südostasien. 1871 begann der Thurgauer Wilhelm Heinrich Diethelm im holländischen Handelshaus Hooglandt & Co. in Singapur zu arbeiten, das seit 1867 britische Kronkolonie war. 1887 übernahm er die Firma und nannte sie in Diethelm & Co. um. Diethelm handelte vor allem mit Tuchwaren; zum Hauptsitz in Singapur kamen Niederlassungen in Zürich und Bangkok hinzu. Der ebenfalls aus dem Thurgau stammende Eduard Anton Keller gründete 1887 als Zwanzigjähriger ein Handelshaus auf den Philippinen: die Ed. A. Keller AG. Die erste Niederlassung befand sich in Escolta, Manila, und wurde später nach Makati City verlegt.[70] Mehrere Schweizer Kaufleute waren in Japan tätig, das ab 1860 ein Absatzmarkt für europäische Industrieprodukte wurde. Das Hauptexportprodukt war Rohseide. Die ersten Schweizer Seidenhändler in Japan arbeiteten für deutsche und englische Handelshäuser, so Hermann Siber, Sohn eines Zürcher Seidenfabrikanten, der im Londoner Handelshaus Fred Huth & Co. tätig war, oder der Zürcher Fritz Abegg, der 1862 bei der Handelsfirma Groesser & Co. in Nagasaki einstieg.[71] 1864 unterzeichnete die Schweiz nach langen Verhandlungen mit Japan einen Handels- und Freundschaftsvertrag. Mitglied der damaligen

Schweizer Delegation unter dem Gesandten Aimé Humbert war Caspar Brennwald, ein 24-jähriger Kaufmann aus Männedorf, der gleich in Yokohama blieb und zusammen mit Hermann Siber die Handelsfirma Siber & Brennwald gründete (später Siber Hegner).[72]

Eine weitere Familienfirma, André & Cie., wurde 1877 von Georges R. André in Nyon gegründet und später nach Lausanne verlegt. Sie war im Großhandel mit Getreide, Mehl, Saatgut und Trockenfrüchten tätig, expandierte schnell und spezialisierte sich im 20. Jahrhundert vor allem auf Geschäfte mit Russland, den Ostblockstaaten und Südamerika. Nachdem der Bundesrat am 9. April 1941 mit einem auf Kriegsnotrecht basierenden Bundesbeschluss eine Gesetzesgrundlage für die Schweizer Flagge zur See geschaffen hatte, gründete André & Cie. unter dem Namen Suisse Atlantique auch eine eigene Reederei.[73] 1990 war die Firma eine der fünf größten Getreidehandelsfirmen weltweit, mit einem geschätzten Reingewinn von sechs Milliarden Dollar jährlich. 2001 musste sie infolge Insolvenz Konkurs anmelden. Das Geschäft wurde liquidiert; heute existiert nur noch die Reederei mit Sitz in Renens.[74]

In den Anfängen glichen die kaufmännischen Unternehmen ethnografischen Studienreisen. Geschäftsmöglichkeiten sondierte man nicht am Schreibtisch, sondern auf Expeditionen ins Landesinnere. Am 15. Mai 1864, ein gutes Jahr nach seiner Ankunft in Japan, ritt Caspar Brennwald mit seinen Landsleuten Fritz Abegg und Johannes Müller von Yokohama nach Hachiōji. Von Kindern und einer neugierigen Bevölkerung umringt, unternahmen sie einen Spaziergang durch die Stadt, deren Wohlstand ins Auge fiel: »Eine einzige breite, enorm lange Straße bildet die Stadt, die japanischen Häuser sind da weit hübscher u. grösser als in Yokohama u. eine ganze Menge öffentlicher Häuser zeichnen sich durch Eleganz u. Größe besonders aus«, schrieb Brennwald in sein Tagebuch. Der Reichtum stammte von den Seidenmanufakturen der umliegenden Provinz: »Wir begaben uns auch in die Campagne wo [wir] in den Bauernhäusern wieder die gleiche Seidenzucht sahen wie in Kisso, die Seidenzwirnereien, Spinnereien, Webereien etc. sind alle in höchst primitivem Zustande. So sahen wir z. B. wie in einem Hause 4 Mädchen die cocons abspannen, indem dieselben mit den Händen die Fäden von den cocons zogen, welche in einem eisernen Becken voll Wasser über mäßigem Kohlenfeuer von Zeit zu Zeit mit zwei Stäbchen umhergerührt wurden u. die Fäden auf einen kleinen Haspel wanden.«[75] Es war eine kaufmännische Reise an den Ursprung, vorbei am ganzen Zwischenhandel, dahin, wo die Ware herkam.

Auch Salomon Volkart erwarb sein Wissen durch Augenschein und im direkten Kontakt mit den Produzenten. Nachdem er 1845 die Seidenwebereien von Poonah besichtigt hatte, schrieb er an den Seidenfabrikanten Heinrich Fierz nach Horgen, die Leute begnügten sich mit wenig, arbeiteten aber »sehr wohlfeil und nehmen sich auch die Zeit, um die Arbeit schön zu liefern«.[76] Wer als Kaufmann verschiedene Sprachen beherrschte, war im Vorteil. »Er soll englisch und italiänisch neben dem französisch studiren«, schrieb Salomon Volkart an Fierz, bei dem sein Bruder in der Lehre war.[77] Auch das Erlernen der Sprachen der Exportländer wurde in der Firma später groß geschrieben. »Sprache ist der Schlüssel zu Geschichte, Tradition, Religion und Sitten«, hieß es 1921 in der firmeneigenen Zeitschrift, den *V. B. News*, »und von all diesen Dingen gute Kenntnisse zu haben sollte die Ambition jedes Europäers sein, der nach Osten geht, um seine Karriere voranzubringen.«[78] Volkart schickte die europäischen Mitarbeiter in Kurse, bezahlte Sprachlehrer und honorierte bestandene Sprachtests mit einer Preissumme. Der

Großteil der Mitarbeiter auf dem indischen Subkontinent lernte Hindustani (Urdu), Tamil oder das mit dem Tamil verwandte Malayalam, auch Singhalesisch, Telugu und das in Südindien verbreitete Kanaresisch.[79]

Für den Ein- und Verkauf der Waren setzte Volkart auf eine enge Zusammenarbeit mit indischen Brokern. Verkaufs-Broker vermittelten europäische Ware gegen eine Kommission an lokale Abnehmer und koordinierten zukünftige Bestellungen.[80] Einkaufs-Broker vereinbarten mit den Rohstoffverkäufern Preis und Lieferbedingungen, die den Aufträgen von Volkart entsprachen, und erhielten dafür einen kleinen Lohn sowie eine Beteiligung an allen Einkäufen, die sie vermittelten. Sobald ein Deal zustande kam, ging der europäische Kaufmann ins Lager des Verkäufers und markierte dort mit einem Stempel diejenigen Kaffeesäcke oder Baumwollballen, die dem vereinbarten Qualitätsstandard entsprachen.[81]

Bis in die siebziger Jahre des 19. Jahrhunderts erhielten indische Lieferanten in der Regel einen Vorschuss auf den zu erwartenden Kaufpreis von bis zu achtzig Prozent des Warenwertes. Der Großteil des Firmenkapitals von Volkart wurde in solche Kredite investiert.[82] Aufgrund der bescheidenen Kapitalbasis der Firma lieh sich Volkart aber bereits im Gründungsjahr Geld bei indischen Guarantee Brokern, sogenannten »Shroffs«, die Geschäfte zwischen indischen Produzenten und europäischen Handelsfirmen vermittelten und vorfinanzierten. Die meisten dieser Shroffs waren Parsen, eine aus Persien eingewanderte, in Indien fremde und ethnisch abgeschlossene soziale Gruppe von Kaufleuten. Der Guarantee Broker von Volkart hinterlegte für von ihm vermittelte Exportgeschäfte hohe Garantiesummen bei der Firma. Sobald Volkart die Ware verkaufte, musste sie ihm die Vorschüsse zurückbezahlen.[83]

Diese Kaufmannskunst und das Vermögen der indischen Broker wurden in den Familien weitervererbt. So trat 1912 ein Mr S. Pararajasingam in den Dienst von Volkart ein, nach dem Tod seines Vaters, der seinerseits vierzig Jahre lang Import-Broker der Firma gewesen war.[84] Jeder, der mit dem alltäglichen Geschäftsleben in Indien vertraut sei, wisse aus Erfahrung, was für eine wichtige Rolle der Broker darin spiele, hieß es 1922 in den *V. B. News*. Er sei die zentrale Figur, um die herum das tägliche Geschäft organisiert werde, die Verbindungsperson zwischen der europäischen Firma und den lokalen Händlern.[85] Die Finanzkraft des Brokers stand an erster Stelle. Nicht minder wichtig waren sein Talent, seine Erfahrung und sein Charakter. Seine Qualifikationen und seine Integrität sicherten ihm das Vertrauen und die Wertschätzung der Handelsfirmen. Blind vertraut wurde aber nicht. Volkart holte bei indischen Banken regelmäßig Informationen über die finanziellen Verhältnisse ihrer Broker ein.[86]

Die enge Zusammenarbeit mit lokalen Kaufleuten und Financiers galt nicht nur in Indien als Königsweg. Bei der Seidenhandelsfirma Charles Rudolph & Co. hielt man fest, in Schanghai sei die »wichtigste Person nach dem Chef« der chinesische »Comprador«. Er war der Vermittler zwischen der Firma und den oft weder Englisch noch die Lingua franca, das »Pidgin English«, sprechenden chinesischen Kaufleuten, Händlern und Spinnern. Der Comprador war in der Regel ein angesehener, wohlhabender chinesischer Kaufmann. Er stellte die chinesischen Angestellten der Firma ein, die ihm direkt unterstanden und für die er in vollem Umfang haftete. »In den ersten Jahren war der Comprador der Garant nicht nur für diesen Stab, sondern sogar für sämtliche chinesischen Bedienten im Hause«, wie eine Firmenchronik festhielt.[87] Der erste Comprador der Firma war Yang Hae

Tza. Er kaufte teilweise auf eigene Rechnung ein, teilweise als Agent im Auftrag von Charles Rudolph und anderen ausländischen Firmen. Da er nicht dauernd anwesend sein konnte, hatte er einen ständigen Vertreter im »Comprador room«, ferner arbeiteten als »First Silkboy« sein Sohn Yang Chi Liang und als Shroff sein zweiter Sohn Yang Pa To für die Firma.[88] In Japan war der »Banto« der wichtigste japanische Angestellte der Firma. »Die fremden Kaufleute verkehren also hauptsächlich mit ihm und müssen zu diesem Zwecke die japanische Sprache beherrschen.« Im Gegensatz zum anpassungsbereiten Chinesen verlange der Japaner, »dass man mit ihm seine Sprache spricht, was dem Fremden hier insofern leichtfällt, als das Japanische etwas weniger schwer zu erlernen ist als das Chinesische«.[89]

Das dichte Einkaufsnetz, das die Handelshäuser mit Hilfe einheimischer Kaufleute und Broker in Übersee aufbauten, diente nicht nur dem Ausschalten des lokalen Zwischenhandels, sondern auch dem Handel mit einer mindestens so wichtigen Ware im Rohstoffgeschäft: mit Information. Die Agenturen von Volkart schickten laufend Berichte über Wetter, Aussaat, Zustand und Wachstumsentwicklung der Pflanzen nach Winterthur sowie Produktesamples nach Bombay.[90] Je grösser die Firma über die Jahrzehnte wurde, desto umfangreicher wurden auch die Informationen. 1952 wies Volkart alle Einkaufsagenturen an, zusätzlich zu den laufenden telegrafischen Orientierungen wöchentlich, jeweils am Freitag, aktuelle Preislisten und Warenmuster an die Verkaufsagenturen zu schicken. Einmal monatlich war ein umfassender Bericht fällig, mit Angaben zu Wetter und Pflanzen, lokaler und ausländischer Nachfrage, Preisbewegungen, Regierungsmaßnahmen, allgemeinen Bemerkungen zur Konkurrenz, zum Inlandgeschäft und zum Exportbusiness, mit Exportstatistiken und einem Ausblick auf die zukünftige

Entwicklung.[91] Mit dem firmeneigenen *Cotton Bulletin* stellte man den Mitarbeitern eine übersichtliche Kurzversion aller Berichte zur Verfügung.

Der Handel der Frühen Neuzeit war eine Expansion in die Breite gewesen. Der Transithandel, der im 19. Jahrhundert entstand, war hingegen eine Expansion in die Tiefe: Die Firmen vermittelten direkt zwischen den Produzenten im indischen, japanischen oder westafrikanischen Hinterland und den Käufern aller Welt, sie inspizierten die Waren vor Ort, verhandelten in englischer, spanischer, arabischer oder französischer Sprache mit den Abnehmern und organisierten von der Finanzierung über die Lagerung, die Versicherung und den Transport die gesamte Warenwirtschaft zwischen »Angebot« und »Nachfrage«.

3. Auswanderung ohne Kolonien

Die Zeit zwischen 1860 und dem Ersten Weltkrieg war von zwei großen Bewegungen geprägt: der Konsolidierung der europäischen Nationalstaaten und dem New Imperialism, also der politisch-militärischen Expansion ebendieser Nationalstaaten in den globalen Süden. Beide Prozesse waren miteinander verschränkt.[1]

Hans-Ulrich Wehler hat den preußischen Imperialismus Bismarcks als pazifistisch motivierten »Sozialimperialismus« beschrieben, der durch staatliche Interventionen die Wachstumsstörungen und Absatzschwierigkeiten des Hochkapitalismus auszugleichen versuchte. Die herrschenden Eliten hätten die »Dynamik der Wirtschaft und der sozialen und politischen Emanzipationskräfte in die äußere Expansion zu leiten« versucht, um »von den inneren Mängeln des sozialökonomischen und politischen Systems abzulenken«.[2] Ziel sei eine innenpolitische Integration der Klasseninteressen gewesen, und damit eine Verhinderung von Demokratisierungsprozessen. Kurz: Imperialismus als Garant für den innenpolitischen Status quo.[3] Demgegenüber haben verschiedene Historiker die transnationalen Aspekte des Imperialismus in den Vordergrund gestellt.[4] Der Unterschied zwischen kontinentalen und seegestützten Imperien werde überbetont, so Jürgen Osterhammel. Sobald die »Stützpunktkolonien« der Seemächte zu »Beherrschungskolonien« erweitert worden seien, hätten sich Kontrollprobleme gestellt, die jenen der kontinentalen Imperien glichen.[5]

Doch noch das dezentralste aller Imperien, in dem die *indirect rule* galt und in dem die Kolonien – wie Indien – über ein gut organisiertes Steuersystem die Kosten der Fremdherrschaft selbst finanzierten, also aus eigenen Mitteln für den britischen Verwaltungs- und Militärapparat aufkamen, funktionierte nach der Logik der »internationalen Arbeitsteilung«. Da der indische Markt mit politischen Methoden für britische Exporte offengehalten wurde und Indien ein langfristiges Handelsbilanzdefizit aufwies, das einen großen Beitrag zum Ausgleich der britischen Zahlungsbilanz leistete, war das »Kronjuwel« des britischen Imperiums während des halben Jahrhunderts vor dem Ersten Weltkrieg »alles andere als ein Verlustgeschäft«, wie Osterhammel schreibt.[6] Er widerspricht damit der Forschung aus den achtziger Jahren, die aufzuzeigen versuchte, dass das britische Empire ein großer Akt der Geldverschwendung und unter dem Strich verlustreich gewesen sei.[7] »Das Empire nutzte der britischen Wirtschaft, ohne dass diese von ihm abhängig gewesen wäre.«[8]

In diesem Umfeld agierten auch die Schweizer Handelsfirmen. Ohne je eigene Kolonien zu besitzen, war die Schweiz vielfach in die wirtschaftliche und militärische Expansion der Großmächte eingebunden. Schweizer Ingenieure und Kaufleute machten Geschäfte in Übersee und Schweizer Geografen, Naturforscher und Missionare beteiligten sich an kolonialistischen Projekten. Schweizer Handelsunternehmen exportierten Rohstoffe aus kolonialisierten und anderen strukturschwachen Regionen und Schweizer Banken finanzierten kolonialistische Unternehmungen im globalen Süden. Vier Schweizer Banken gaben zwischen 1888 und 1901 Anleihen für den belgischen König Leopold II. heraus, mit denen dieser seine Privatkolonie, den Kongo-Freistaat, finanzierte, wobei Schweizer auch das viertgrößte Kontingent seiner Kolonialbeamten stellten.[9] Der Genfer Jurist Gustave Moynier, der erste Präsident des Roten Kreuzes, war begeistert von den Forschungs- und Kolonisationsplänen Leopolds II. und gründete zusammen mit Geografen eine Schweizer Sektion dessen Association Internationale Africaine.[10]

Zu den Schweizer Dienstleistungen gehörte auch soldatische Knochenarbeit. Knapp 8000 Schweizer dienten zwischen 1814 und 1914 in der holländischen Kolonialarmee für Niederländisch-Indien, der Koninklijk Nederlands Indisch Leger (KNIL).[11] Im Dezember 1859 schrieb der Schweizer Konsul für Rotterdam, Ferdinand Koch, in einer Depesche an Bundesrat Stämpfli, dass die Anwerbung von Schweizern für die Ostindisch-holländischen Kolonialtruppen »immer noch starken Fortgang nimmt, so dass man annehmen kann, dass wöchentlich 50 à 60 Mann und noch mehr im Depot ankommen«. Rekrutiert wurden die jungen Männer – Koch spricht von 17- bis 19-Jährigen – vor allem in Bern und Genf. »Von diesen werden wohl wenige zurückkommen. Fieber, Cholera, Dissenterie ist ihr Loos und werden die meisten in kurzer Zeit weggerafft.«[12]

Demografisch war die Schweiz lange Zeit ein Auswanderungsland. Die Auswanderung betraf alle Bevölkerungsschichten, sie reichte von Armutsmigration über proletarische Soldatenarbeit und die Teilnahme an Infrastruktur- und Forschungsprojekten bis zu den Auslandsreisen der kaufmännischen Eliten.[13] Durch die Präsenz Schweizer Kaufleute, Bankiers, Handwerker und Söldner in anderen europäischen Ländern war die Schweiz in alle militärischen Konflikte, wirtschaftlichen Wandlungen und geistigen Strömungen Europas eingebunden. Ein Großteil dieser Emigration hinterließ kaum Spuren. Agenten vermittelten Auswanderungswillige gegen eine Gebühr in die USA, nach Brasilien oder Argentinien, wo ihnen eine rosige Zukunft versprochen wurde, die selten eintrat. Es werde »mit hunderten unserer Landsleute und Mitbürger« ein Geschäft getrieben, »das nicht viel besser ist als Negerhandel«, schrieb die überforderte Schweizer »Hülfsgesellschaft« in Rio de Janeiro 1856 nach Bern. Sie bat den Bundesrat, Maßnahmen zu ergreifen gegen Agenten, die nicht hielten, was sie den Leuten versprachen, »sei es aus Unwissenheit, sei es aus Habsucht«.[14] Besonders nach der Wirtschaftskrise der siebziger Jahre gingen die Auswanderungsziffern steil nach oben. Zwischen 1881 und 1890 wanderten knapp 100000 Schweizer aus; 1910 lebten zwischen 300000 und 400000 Schweizer im Ausland.[15] Erst im 20. Jahrhundert, und verstärkt nach dem Zweiten Weltkrieg, wurde die Schweiz auch ein Einwanderungsland.

Immer wieder kam die Frage auf, ob und wie man diese Auswanderung steuern könnte. Insbesondere von radikaldemokratischer Seite gab es verschiedene Vorstöße zugunsten einer offiziellen Schweizer Kolonialpolitik, sie wurden von liberaler Seite aber zuverlässig abgewehrt. Die Schweiz verfügte schlicht nicht über die militärischen Ressourcen, um sich aktiv am europäischen Kolonialismus zu beteiligen. 1885 behandelte der Bundesrat eine Motion von Nationalrat Friedrich Salomon Vögelin, die darauf abzielte, den Artikel 34 der Bundesverfassung, der den Geschäftsbetrieb von Auswanderungsagenturen der Aufsicht und Gesetzgebung des Bundes unterstellte, im Sinne einer »direkten legislatorischen und materiellen Beteiligung des Bundes beim Auswanderungs- und Kolonialwesen« zu revidieren.[16] Vögelin, ein ausgebildeter Theologe, der in Zürich einen Lehrstuhl für Kultur- und Kunstgeschichte innehatte, war Anhänger der radikaldemokratischen Bewegung und 1875 als erster Arbeitervertreter in den Nationalrat gewählt worden. Die Forderung einer aktiven Kolonialpolitik kam also nicht aus der liberalen oder konservativen Ecke, sondern von einer Partei, die sich gegen das etablierte Bürgertum richtete und den Ausbau direktdemokratischer Volksrechte, Staatsmonopole, eine interventionistische Politik und soziale Reformen forderte.

Die Behandlung des Vorstoßes fiel ins Ressort des liberalen Bundesrats Numa Droz, Vorsteher des Handels- und Landwirtschaftsdepartements. Sein Departement kam zum Schluss, eine Revision des Artikels 34 der Bundesverfassung sei nicht angezeigt. Den Grundsatz der Bundesbehörde, sich darauf zu beschränken, auswandernde Staatsangehörige bestmöglich zu schützen, ohne selbst eine aktive Auswanderungs- oder Kolonialpolitik zu betreiben, wollte Droz auf jeden Fall beibehalten. »Mit der Beteiligung an Kolonisationsunternehmungen würde der Bund eine Verantwortlichkeit übernehmen, der er unter Umständen absolut nicht gerecht werden könnte«, schrieb er zuhanden seiner Bundesratskollegen. Er begründete diese Haltung infrastruktur- und wirtschaftspolitisch. Alle Nationalökonomen seien sich einig, »dass, um zu kolonisieren«, ein Staat »ein Küstenland sein und also auch eine Flotte haben« müsse. »Ohne eine solche wird eine Kolonie früher oder später sich dem Einfluss des Mutterlandes vollständig entziehen«, so Droz. »Dass durch Anlegen von Kolonien der Handel und die Industrie des Mutterlandes belebt werden, hat sich fast immer als Illusion erwiesen; der Handel ist kosmopolitisch und kauft und verkauft, wo ihm das Absatz- resp. das Bezugsgebiet am günstigsten zu sein scheint und keineswegs aus patriotischen Motiven.«[17]

Diese liberale Haltung spiegelte die Erfahrung einer stark mit dem Ausland verflochtenen Wirtschaft, deren wichtigste Grundlagen private Geschäftsbeziehungen und zwischenstaatliche Verträge und Abkommen waren. Wie gegenüber Auswanderungswilligen sahen sich die Bundesbehörden auch gegenüber den Handelsfirmen als Dienstleister, nicht als Promotoren. Die Schweiz war ein schwacher Staat. Sie verfügte weder über die finanziellen noch die militärischen Mittel – von einer Flotte nicht zu reden –, um ihre politischen und wirtschaftlichen Interessen im Ausland mit Gewalt durchzusetzen. Diese auf Subsidiarität und Verhandlung setzende Politik im Schatten der imperialen Mächte erwies sich auf lange Sicht für Schweizer Kaufleute als Vorteil. In den Kolonien der anderen waren die strukturellen Unterschiede zu britischen, französischen oder holländischen Handelsfirmen ohnehin gering, da an der Peripherie auch die »starken« Staaten schwach waren.

Dass der schweizerische Kolonialismus keinen offiziell anerkannten Charakter hatte, ärgerte Leute wie den Zürcher Botaniker und Afrikareisenden Hans Schinz, der 1904 eine Schrift über den »Anteil der Schweiz an der Erschließung und Erforschung Afrikas« verfasste.[18] Es schmälerte aber nicht den Enthusiasmus für Investitions- und Erschließungsprojekte. In der Zwischenkriegszeit waren eurafrikanische Ideen en vogue, die eine Integration des europäischen und afrikanischen Wirtschaftsraums propagierten, und großtechnische Projekte wie das Staudammprojekt des Geopolitikers Herman Sörgel, mit dem durch Absenkung des Mittelmeerspiegels eine direkte Eisenbahnlinie von Rom nach Kapstadt hätte gebaut werden sollen.[19] Nach dem Zweiten Weltkrieg waren zahlreiche Schweizer Ingenieure für Schweizer Firmen in Asien, Afrika und Südamerika tätig, und im Rahmen der »technischen Hilfe« realisierten Schweizer Unternehmen Infrastrukturprojekte im globalen Süden. Die Devise blieb immer dieselbe: »Als neutraler Kleinstaat hat die Schweiz politische Einflüsse und Gesichtspunkte abzulehnen«, wie es 1962 in einem Grundlagenpapier der Eidgenössischen Finanzverwaltung zur Entwicklungshilfe hieß. »Investitionen in Entwicklungsländern sollten vielmehr nach wirtschaftlichen Kriterien getätigt werden.«[20]

Im Gegensatz zu Ingenieuren, die im Ausland meist projektgebundene, befristete Aufträge hatten, war die langjährige Präsenz in einer Weltregion das grundlegendste Kapital der Transithandelsfirmen. Wenn sie junge Kaufleute ins Ausland schickten, ging es ihnen also nicht nur darum, sie dort Erfahrungen machen zu lassen, die man nach ihrer Rückkehr verwerten konnte, sondern sie versuchten sie für eine dauerhafte Auslandskarriere zu gewinnen. »Eine gute Personalkontinuität ist von außerordentlicher Bedeutung für den Erfolg des Auslandspostens«, so Emil Bammatter. »Es braucht den Auslandschweizer, der sich nicht mehr als Fremder fühlt, sondern durch persönliche Beziehungen mit seinem Gastland verbunden ist.«[21] Für einen solchen unbefristeten Aufenthalt an einem anderen Ort der Erde entschied sich, wer zuhause keine vergleichbar attraktive Verdienst- und Aufstiegsmöglichkeit sah. Bis zum Zweiten Weltkrieg fanden sich problemlos junge Männer, die ihr Glück in der Fremde suchen wollten. Erst in der Nachkriegszeit bekamen die Transithandelshäuser zunehmend ein Personalproblem.[22]

Bürgerliche Elite

Geleitet wurden die Handelshäuser von Vätern und Söhnen. Die Rechtsform der einzelnen Unternehmen mochte sich unterscheiden, aber sie waren fast ausnahmslos Familienfirmen.[23] Sie waren in der Regel nicht börsennotiert und von generationenübergreifenden Besitz- und Führungsverhältnissen geprägt, das heißt, sie wurden vererbt. Das Firmenkapital und die Führungsfunktion blieben in der Unternehmerfamilie.[24] »Es fällt auf, dass eine verhältnismäßig große Zahl von Inhabern sich in den Betrieben betätigt, und zwar wirklich aktiv«, schrieb Fritz Mangold 1935, »dass sie ferner Wert darauf legen, ihre bedeutenden Abnehmer von Zeit zu Zeit selbst zu besuchen, dass sie als Kollektivteilhaber oder Inhaber von Einzelfirmen oder Kommanditgesellschaften mit ihrem ganzen Vermögen für ihren Betrieb haften, wie die bekannten Privatbankiers in Basel, Genf und Zürich.«[25] Dass die Transithändler sich eine solche Rechtsform gaben, ist angesichts ihres großen Kapitalbedarfs und der hohen Waren- und Bankumsätze erstaunlich – man würde erwarten, dass sich in dieser Branche vor allem Aktiengesellschaften finden. Bei der Aktiengesellschaft war das Grundkapital in Aktien zerlegt, es konnte an der Börse gehandelt und auf andere übertragen werden. Die Inhaber einer Einzelfirma, die Gesellschafter einer Kollektivgesellschaft oder die Komplementäre einer Kommanditgesellschaft hafteten dagegen unbeschränkt mit ihrem Privatvermögen.

Umso wichtiger war für sie die Generationenfrage. Im 19. Jahrhundert war das Erbrecht in den einzelnen Kantonen im Privatrecht geregelt. Die Erbfolge war gemäß dem napoleonischen Code civil zwischen den erbberechtigten Geschwistern egalitär; Ausnahmeregelungen gab es nur im bäuerlichen Erbrecht, wo – um den Hoferhalt zu sichern – eine ungleiche Erbverteilung unter den Geschwistern möglich war. Legitime Erben waren die Blutsverwandten, und zwar Mädchen und Jungen, je nachdem auch Adoptivkinder, und der überlebende Ehepartner. Dieses Erbrecht war gesellschaftlich progressiv, wirtschaftlich allerdings immer auch eine Bedrohung: Familienfirmen drohte beim Generationenwechsel die Zerstückelung. So sprach sich zum Beispiel der Ingenieur und Soziologe Frédéric Le Play 1864 vehement gegen die staatlich verordnete Erbteilung aus. Sie mache die Ehen steril, sichere den Mädchen ein Erbe zu, das diese gar nicht benötigten, und entziehe dem Familienvater die Möglichkeit, per Testament die guten Talente zu fördern, mit Augenmaß zu strafen und zu belohnen, und damit einerseits das Familienerbe wirtschaftlich klug zu verwalten, andererseits langfristig Tugend und Fleiß in der Gesellschaft zu fördern. Die Erbteilung habe einen gesellschaftszersetzenden Charakter: »Es liegt im Wesen der erzwungenen Teilung, dass sie alle Klassen zerrüttet, für die sie gilt.«[26]

Die Popularität der Aktiengesellschaft im 19. Jahrhundert ist als Reaktion gegen diese im Code Napoléon festgeschriebene Erbteilung zu verstehen.[27] Im Gegensatz zur besitzkonservierenden Familienfirma ermöglichte die Aktiengesellschaft unterschiedlich große Anteile an einer Firma und eine Kontinuität der Teilhaber über die Generationen hinweg. Ein Grund dafür, dass die Transithändler trotz ihres großen Kapitalbedarfs nicht die Rechtsform der Aktiengesellschaft wählten, war die Verwaltung von geschäftsrelevanter Information. Mit dem Kapital wurde auch das Wissen an die nächste Generation weitergegeben und innerhalb einer bürgerlichen Schicht von Industriellen und Unternehmern per Heirat der Töchter mit den Söhnen der anderen (oder umgekehrt) in einem engen sozialen Milieu erhalten. Man versteht die Geschichte der Schweizer Wirtschaftselite deshalb nicht, wenn man die Frauen ausblendet.[28]

Töchter waren bis spät ins 20. Jahrhundert zwar grundsätzlich vom Geschäft ausgeschlossen. Sie erhielten als Kompensation Geld oder Immobilien, oder sie wurden stille Teilhaberinnen der Firma, hatten also keine Mitsprache- und Entscheidungsrechte. Erbten sie Kapital, konnten sie es durch Heirat aber in ein anderes Unternehmen einbringen. Nicht dass die Ehen arrangiert gewesen wären! Geheiratet wurde aus Liebe. Allerdings immer standesgemäß, oder wie der Historiker Albert Tanner schrieb: in einer »Mischung von Rationalität und Emotionen«.[29] Entsprechend der traditionellen bürgerlichen Eheanbahnung übernahm dabei der

Mann den aktiven Part und sah sich nach einer geeigneten Frau um, »was allerdings nicht heißt, dass bürgerliche Töchter und ihre Eltern nicht auch aktiv an den Fäden zogen und Netze woben, mit denen neue eheliche Verbindungen gestiftet wurden«.[30] Die Heirat war das Ziel aller respektablen bürgerlichen Liebe, mit ihr wurde ein Mann erst zum Mann, eine Frau erst zur Frau. Die Ehe sicherte die Weitergabe der spezifisch bürgerlichen Kultur an die nächste Generation und die Bewirtschaftung des Familienvermögens über die Zeit hinweg.

Im Gegensatz zu den Männern konnten die Frauen nicht frei über ihr Vermögen verfügen. Verheiratete Frauen unterstanden dem Verfügungsrecht ihrer Männer und für nichtverheiratete Frauen gab es in den Kantonen bis weit ins 19. Jahrhundert eine Geschlechtsvormundschaft, die nur an gewissen Orten sukzessive abgeschafft und schließlich 1881 durch ein Bundesgesetz aufgehoben wurde.[31] Nur per Gerichtsentscheid konnten nicht verheiratete Frauen die »freie Mittelverwaltung« erhalten und mit ihrem Vermögen Handel treiben oder ein Geschäft führen. Allerdings wurden sie auch dann weiterhin von einem Vormund beraten, der verpflichtet war, einzuschreiten, falls die Frau mit ihren Entscheiden ihr Vermögen gefährdete – risikoreiche Geschäfte, wie sie Männer im internationalen Handel tätigten, waren undenkbar. 1876 gab es im Kanton Basel-Stadt 1447 Vormünder für Frauen, die ein Vermögen von 37 Millionen beaufsichtigten, was gemessen am Wert auf dem damaligen Liegenschaftsmarkt etwa der heutigen Summe von 1,5 Milliarden Franken entspricht.[32] Angesichts des eingeengten Entscheidungsspielraums vermögender Frauen war deren vernünftigste Art, Kapital zu investieren, die Heirat.

An der Winterthurer Handelsfirma Geilinger & Blum, der späteren Paul Reinhart AG, lassen sich die Erbfolge, die patrilineare Weitergabe des Unternehmens und das Einheiraten weiblichen Kapitals paradigmatisch nachvollziehen. Christoph Blum, Stadtrichter in Winterthur, und Johann Caspar Geilinger, Rechenmeister, Münzprüfer und Großrat, gründen die Firma 1789 als Baumwollgarn- und Tuchwarenhandel.[33] 1800 stirbt Geilinger, und Blum führt die Geschäfte allein weiter, bis dessen Enkel Johann Caspar Reinhart in die Firma eintritt. Dieser Johann Caspar heiratet 1823 Anna Dorothea Künzli, die Nichte Blums, die dieser an Kindesstatt aufgezogen hat. Als Blum 1830 stirbt, wird Anna Alleinerbin; die Firma und alle Liegenschaften bleiben in der Familie.[34]

Nur zwei Jahre später, 1832, stirbt Anna dreißigjährig und lässt ihren Mann mit dem Handelshaus und vier kleinen Kindern zurück. Johann Caspar stürzt sich in die Arbeit, tätigt größere Investitionen und baut das Geschäft mit Kleinasien aus. Er beteiligt sich bei Bonnal et fils in Smyrna (heute Izmir, damals der wichtigste Handelsplatz des Osmanischen Reichs) und gewährt der Firma einen unlimitierten Kredit für Tucheinkäufe.[35] Als er von risikoreichen Spekulationen seiner Geschäftspartner hört, sperrt er den Kredit, doch es ist bereits zu spät. 1846 bleiben die Zahlungen seiner Schuldner aus. Er schickt seinen ältesten Sohn Theodor nach Kleinasien, um rechtliche Schritte einzuleiten und sein Geld zurückzuerhalten. Die Mission misslingt allerdings, und der junge Mann kommt 1847 in Smyrna ums Leben. Johann Caspar Reinhart verliert sein gesamtes Vermögen.

Die Firma wäre bankrottgegangen, hätte er nicht bereits 1835 ein zweites Mal geheiratet. Seine zweite Ehefrau Bertha Juliana rettet das Unternehmen mit ihrem Privatvermögen und ermöglicht ihrem Mann, das Geschäft völlig neu auszurichten: Reinhart baut nun ein Agenturgeschäft für Rohbaumwolle aus den USA und Ägypten auf. Er schickt seinen

Sohn Paul (den Erstgeborenen aus der Ehe mit Bertha) als Baumwollhändler nach South Carolina und Alexandria und macht ihn 1859 zum Teilhaber. Dieser Paul heiratet 1867 Ida Sulzer, Tochter des Winterthurer Großindustriellen Johann Jakob Sulzer.[36]

Von den anderen drei Söhnen aus der Ehe mit Bertha sterben zwei jung, Theodor aber macht eine genauso gute Partie: Nach einem Studium der Rechtswissenschaften und einer kaufmännischen Ausbildung im Geschäft des Vaters arbeitet er bei seinem Halbbruder Louis in Le Havre, besucht Kuba und die Baumwollfelder in Texas und tritt schließlich ins Handelshaus Volkart ein. 1876 heiratet er Lilly Volkart, die Tochter des Baumwollbarons Salomon Volkart. Die Heirat von Theodor Reinhart und Lilly Volkart ist eine gigantische Fusion unternehmerischen Kapitals. Nachdem sein Bruder Georg 1861 in Indien verstorben war, hatte Salomon Volkart die Firma mit familienfremden Partnern weitergeführt, 1875 zog er sich aber aus dem operativen Geschäft zurück und wurde stiller Teilhaber (Kommanditär). 1879, drei Jahre nach der Heirat mit Lilly, wurde dafür sein Schwiegersohn Theodor Teilhaber. Als Salomon Volkart 1893 stirbt, wird Lilly Erbin eines umfassenden Vermögens. 1912 kann ihr Mann den letzten außerfamiliären Teilhaber auszahlen. Nun stehen die Reinharts nicht nur an der Spitze des Handelshauses Geilinger & Blum, das 1889 in Paul Reinhart & Cie. umbenannt wurde, sondern – mit einem anderen Familienzweig – auch der Spitze von Volkart.[37]

Die Familienfirma war nicht einfach ein archaisches Unternehmensmodell, auch wenn im 20. Jahrhundert neu gegründete Firmen mit großem Kapitalbedarf zunehmend die Unternehmensform der Aktiengesellschaft wählten. Christof Dejung hat argumentiert, dass die offensichtlichen Nachteile der Einzel-, Kollektiv- oder Kommanditgesellschaft –

namentlich das hohe Risiko infolge unbeschränkter privater Haftung – durch einen großen Vorteil aufgewogen werden: Vertrauen. Sowohl innerhalb der Firma wie auch zwischen der Firma und ihren Lieferanten und Kunden sei »Vertrauenskapital« von zentraler Bedeutung gewesen.[38] Familienfirmen seien ideal geeignet, solches Vertrauenskapital zu bilden und zu erhalten und damit die Transaktionskosten zu senken.[39] Stabilisierende Funktion gegen innen dürfte dabei auch gehabt haben, dass die männlichen Familienmitglieder als Aktionäre in den Verwaltungsräten von Industrie und Banken saßen, häufig politische Ämter innehatten und die Söhne und Töchter dieser überschaubaren bürgerlichen Elite sich gegenseitig heirateten. Der Familienkapitalismus war bis ins frühe 20. Jahrhundert prägend für die Struktur der koordinierten Wirtschaft der Schweiz.

Handlungsbrüder und Missionsbräute

Eine der größten Schweizer Handelsfirmen war auf dem Papier zwar keine Familienfirma, jedoch eine Familie im Geiste – ein ebenbürtiges Geschäftsmodell. 1859 stellte die Basler Mission ihre Geschäftstätigkeit in Übersee unter ein eigenes Dach und gründete die Missions-Handlungs-Gesellschaft. Die Geschäftsleitung lag bei der Mission, das Kapital stammte von einigen wenigen Basler Bürgersfamilien, man sprach von einem »Privatverein wohlwollender Freunde«.[40] Die Mission selbst war 1815 gegründet worden. Sie schulte in pietistischer Gesinnung junge Männer für die Arbeit im »Reich Gottes« und schickte sie zu Einsätzen in Afrika und Asien, wo sie die »Heiden« bekehren und den neuen »Heidenchristen« durch Vorbild und Predigt einen frommen und leistungsorientierten Lebenswandel beibringen sollten.

Wie kam es zu dieser Fusion zwischen Pietismus und Geschäftssinn? Nach bescheidenen Anfängen im 18. Jahrhundert waren zwischen etwa 1800 und 1840 an verschiedenen Orten Erweckungsbewegungen entstanden: das *Second Great Awakening* in den USA, der *Evangelicalism* in Großbritannien, der *Réveil* unter den französischsprachigen Protestanten sowie verschiedene pietistische Bewegungen im deutschsprachigen Mitteleuropa und in Skandinavien. London und Basel wurden zu Zentren mit starker Ausstrahlung. Eine treibende Figur war Johann August Urlsperger, ein deutscher lutherischer Theologe mit pietistischer Gesinnung, der es sich zum Ziel setzte, einen orthodoxen Lehrbegriff direkt aus dem göttlichen Wort abzuleiten und diese reine Lehre gegen unstatthafte Neuerungen, gegen den Deismus (der zwar von einer göttlichen Schöpfung der Welt ausging, darüber hinaus aber nicht an ein lenkendes Eingreifen Gottes und an Wunder glaubte) und den Rationalismus zu verteidigen. Ihm schwebte eine Verbindung von frommen Personen aus unterschiedlichen Ständen vor, die durch Wort und Tat gemeinsam an der Festigung wahrhaft christlicher Gesinnung arbeiten und so der Freigeisterei entgegenwirken sollten.

Um 1780 gründete Urlsperger in Basel die Deutsche Gesellschaft von Freunden und Liebhabern christlicher Wahrheit und Gottseligkeit (kurz: Christentumsgesellschaft), die bald zu einem Sammelbecken bibelgläubiger Kreise wurde. Erster Sekretär wurde der Württemberger Theologe Carl Friedrich Adolf Steinkopf. Da die Gesellschaft schnell wuchs, stellte er Christian Friedrich Spittler, gelernter Stadtschreiber und Sohn eines ebenfalls nach Basel ausgewanderten Württemberger Pfarrers, als Gehilfen ein. 1815 gründete Spittler, der inzwischen die Leitung des Sekretariats übernommen hatte, mit Gleichgesinnten die Evangelische Missionsgesellschaft (Basler Mission).[41]

Für die Pietisten war die Reformation unvollendet geblieben; nach der Reformation der Lehre gelte es, auch eine Reformation des Lebens durchzuführen. Unter Frömmigkeit verstanden sie eine sichtbar gelebte Religion, keine gelehrte Theologie. Religion erschöpfte sich also nicht im wöchentlichen Kirchenbesuch und der Einhaltung einschlägiger Regeln, sondern prägte als von tiefem Glauben durchdrungene Lebenspraxis sämtliche Aspekte des Alltags. Die Bezeichnung »Pietisten« war pejorativ; die Pietisten selbst bezeichneten sich als »wahrhaft Fromme«, als »Kinder Gottes« oder »Knechte Gottes« und redeten sich gegenseitig mit Bruder oder Schwester an.[42] Die Lehre wich von der lutherischen Dogmatik nicht wesentlich ab. Ein Unterschied bestand lediglich in der chiliastischen Lehre (Millenarismus), der Erwartung eines tausendjährigen Reichs Christi, das dem Ende der Welt vorausgehe.[43] Da die Pietisten das Reich Gottes in naher Zukunft erwarteten, galt es, dieses in unermüdlichem Einsatz zu befördern und andere von der Gnade Gottes zu überzeugen – einer Gnade, die einem ausschließlich durch die persönliche »Bekehrung« und »Wiedergeburt« zuteilwerde. Nicht nur Theologen und Pfarrer, auch evangelikal gesinnte Juristen, Lehrer und Kaufleute verstanden ihren Beruf deshalb als »Gottesdienst«. Wenig erstaunlich kommt in pietistischen Selbstzeugnissen nicht Individualität zum Ausdruck, sondern »das Wirken Gottes im eigenen Leben«.[44]

Dieses Wirken richtete sich im frühen 19. Jahrhundert zunehmend auf die »innere Mission« (in der Heimat) und die »äußere Mission« (in Übersee). Ziel der von Spittler gegründeten Mission war »die Ausbreitung der wohltätigen Zivilisation«.[45] Die Bekehrung der Heiden war nur ein Teil des Konzepts. Zentrales Motiv war der Wille, aus Gesellschaften, die bisher vor allem Sklaven exportiert hatten, Gesellschaften freier Menschen zu machen, was gemäß allgemeiner

Überzeugung am besten durch den Übergang zu einem modernen Warenhandel zu bewerkstelligen war. Statt ein Zwischenglied im transatlantischen Dreieckshandel zu sein, sollten die tropischen Länder zu Rohstofflieferanten werden und Cash Crops exportieren. Es ging bei der Mission in Afrika also auch um die Idee einer Wiedergutmachung: Nach der britischen Abolition des Sklavenhandels wollte man die afrikanischen Gesellschaften in einen legitimen Welthandel einbinden, bei dem sie sich durch den Verkauf ihrer Ressourcen – im Sinne der »internationalen Arbeitsteilung« – ein Auskommen und damit einen Lebensstil nach westlichen Vorstellungen verschaffen konnten.

Die Missionsgesellschaft suchte denn auch nicht in erster Linie Pfarrer und geistliche Laien, sondern kräftige Handwerker und Landwirte für die Mission. Bis zum Ersten Weltkrieg stammte der Großteil der ausgesandten Missionare aus dem süddeutschen Raum. Sie stellten ihr Leben vollständig in den Dienst des Missions- und Zivilisationsprojekts, viele starben bereits kurze Zeit nach ihrer Ankunft in Afrika. Die operative Leitung (das »Komitee«) setzte sich hingegen aus vermögenden Basler Bürgern zusammen. Nikolaus von Brunn, Pfarrer zu St. Martin und ein Abkömmling aus dem Basler Patriziat, wurde erster Präsident. Samuel Merian-Kuder, ein Kaufmann aus der Merian-Dynastie, wurde Kassier. Als erster Aktuar amtete Lukas Wenk-Zäslin, auch er altes Basler Bürgertum (sein Vater war Ratsherr), Gemeindehelfer und später Pfarrer in Riehen. Weitere Gründungsmitglieder waren Carl Friedrich Spittler, ursprünglich Kaufmann und wie oben ausgeführt Sekretär der Christentumsgesellschaft, der aus dem Basler Patriziat stammende Simon Emanuel La Roche-Bernoulli, Pfarrer zu St. Peter in Basel, sowie Friedrich Lachenal-La Roche, Professor der Philosophie und Mathematik.[46]

Der Historiker Jon Miller bezeichnete das damalige Komitee als »endogames Netzwerk«. Es habe sich bei der jeweiligen Zusammensetzung um eine Selbstrekrutierung gehandelt. Entscheidendes Merkmal der Missionsorganisation war, wie bei den säkularen Handelsfirmen, die familiäre Herkunft.[47] Die multiplen verwandtschaftlichen Beziehungen innerhalb des Komitees werden bereits durch die Doppelnamen von Mitgliedern wie Preiswerk-Burckhardt, Preiswerk-Lindner, Preiswerk-Imhoff, La Roche-Bernoulli, Le Grand-La Roche, Lachenal-La Roche oder Ryhiner-Christ, Zellweger-Ryhiner, Christ-Socin etc. deutlich. »Innerhalb des 19. Jahrhunderts tauchen immer wieder die altbekannten Namen in neuer Kombination auf«, so die Anthropologin Dagmar Konrad. »Die Aufnahme neuer Mitglieder, die sich in aller Regel wiederum aus diesem Umfeld rekrutierten, basierte auf dem einstimmigen Beschluss des Komitees. Unter diesen Aspekten erscheinen die Komiteetreffen als ›Familientreffen‹ des Basler Großbürgertums. Es handelte sich um eine ›geschlossene Gesellschaft‹.«[48]

Der strukturelle Unterschied zwischen den bürgerlichen Industrie- und Handelsdynastien und der Missionshandlung war bis auf die christliche Rhetorik gering. Bei beiden gab es eine hierarchische Firmenstruktur, wobei die Differenz zwischen dem Basler Leitungsgremium der Mission (das ab 1859 auch der Missionshandlung vorstand) und dem »Fußvolk« auf den Missionsstationen noch ausgeprägter war als bei anderen Handelsgesellschaften. Während bürgerliche Kaufleute ihr Handwerk bei verschiedenen Handelshäusern im Ausland lernten, um sich später allenfalls selbständig zu machen oder das Familiengeschäft zu übernehmen, war sowohl die horizontale wie die vertikale Mobilität innerhalb der Basler Mission gering. Die Missionare stammten größtenteils aus Bauern- und Handwerksfamilien aus dem süddeutschen Raum, sie blieben der Mission ein Leben lang treu und dienten meist am selben Ort. Das Komitee in Basel hatte vom Geschehen in den Missionsstationen hingegen wenig Ahnung und war für alle Entscheidungen auf die Korrespondenz der dort tätigen Missionare angewiesen.

Auffällig ist die Kontinuität zwischen den alteingesessenen Basler Handelsdynastien, die zur Zeit des Dreieckshandels zu ihrem Vermögen gekommen sind, und den Unterstützern der Mission. 1858 vermachte der kinderlos gebliebene Christoph Merian-Burckhardt, Sohn des Großkaufmanns gleichen Namens (und Ehemann der Margaretha Burckhardt, Tochter eines Seidenbandfabrikanten), der Basler Mission testamentarisch die für damalige Zeiten enorme Summe von 200 000 Schweizer Franken.[49] Das scheint weniger ein Ablasshandel gewesen zu sein für Verstrickungen der eigenen Familie in die Sklavengeschäfte des 18. Jahrhunderts, als vielmehr eine standesgemäße Investition in das Geschäftsmodell der Zukunft. 1859, ein Jahr nach dem Legat von Christoph Merian-Burckhardt, wurde die Missionshandlung gegründet.

Der Schritt war dringend nötig. Bereits 1852 hatte man für die Missionsindustrien in Indien eine einheitliche Leitung geschaffen, die »Industriekommission«.[50] Auch in Westafrika hatte sich aus der Einfuhr europäischer Güter und der Rückfracht agrarischer Rohstoffe, namentlich Palmöl und Palmkerne, ein reges Import-Export-Geschäft entwickelt, das die Missionare zunehmend überforderte. 1854 hatte das Komitee den Missionskaufmann Hermann Rottmann nach Christiansborg entsandt, damit er ihnen die Spedition und die Versorgung der Missionsstationen mit Lebensmitteln abnehme. Die finanziellen Risiken, die mit dem Handelsgeschäft einhergingen, wollte die Mission aber nicht länger tragen. Die Gründung der Handlungsgesellschaft als »finanziell von der Mission ganz unabhängige, aber doch in ihrem Organismus lebende selbständige Aktiengesellschaft« schaffte juristisch Handlungsspielraum. Zum Legat von Christoph Merian-Burckhardt kam eine Beteiligung der Mission von 30 000 Franken hinzu (der »Überrest einer Summe, die ein Basler Herr an den Bau des neuen Missionshauses eingetragen hatte«), und mit der Zeit fielen der Mission durch Schenkung, Erbschaft oder Ankauf weitere Anteile zu. Der Gewinn aus dem Handel wurde zuerst für die Verzinsung des Aktienkapitals verwendet (es war zu 6, ab 1881 zu 5 Prozent verzinst), der ganze darüber hinaus anfallende Gewinn ging an die Mission.[51]

Die neue juristische Körperschaft brachte neue Terminologien und neue administrative Verfahren mit sich. Die Missionsmitglieder, die nicht mehr nach Übersee geschickt wurden, um geistliche Arbeit an den »Heiden« zu leisten, sondern um als Kaufleute im Dienst der Mission und der globalen Märkte tätig zu werden, wurden »Handlungsbrüder« genannt. Sie unterschieden sich abgesehen von ihrer Aufgabe nicht von den geistlichen Missionaren. Alle Missionare waren männlich und bei Eintritt in den Missionsdienst unverheiratet. Erst nachdem sie zwei Jahre lang im betreffenden Missionsgebiet gelebt und gearbeitet hatten, durften sie an die Mission eine Bitte um Heiratserlaubnis richten. Die Modalitäten einer eventuellen Vermählung waren im »Verlobungsparagrafen« bis ins Detail geregelt. »Wünscht ein Angestellter sich zu verheiraten, so hat er dazu die Erlaubnis der Handlungsleitung einzuholen, und den Namen der Person, um die er anzuhalten wünscht, bekannt zu geben, damit Erkundigungen über sie durch den Inspektor oder dessen Stellvertreter eingezogen werden können«, hielt das Komitee fest.[52]

Da die Suche nach einer passenden Partnerin fern von der

Heimat schwer war und Mischehen aus Missionssicht um jeden Preis verhindert werden mussten, wurde die Mission – falls die Missionare nicht auf privater Basis eine geeignete Kandidatin fanden – als Kupplerin tätig, eine Aufgabe, der sie widerwillig, aber pflichtbewusst nachkam. In Frage kamen junge Frauen aus pietistischen Kreisen in der Heimat, oft die Schwestern von anderen Missionaren oder von Freunden der Mission. Hinweise auf potenziell heiratsfähige lieferten nicht selten die Familien selbst. Kam eine Verlobung zustande, ließen die »Missionsbräute« alles hinter sich und reisten in die Fremde, um dort die Gehilfin eines Mannes zu werden, den sie in der Regel noch nie gesehen hatten.[53] Im Gegensatz zu den bürgerlichen Handelsdynastien brachten diese Frauen bei der Missionshandlung nicht Kapital in die Firma, sondern ihre Arbeitskraft.

Wirtschaftliche und gesellschaftliche Ordnung

Der Betrieb von Werkstätten in Übersee, der Handel mit Verbrauchsartikeln aus Europa sowie der Handel mit agrarischen Rohstoffen war für die Basler Mission intrinsischer Bestandteil des Missionswerks. »Die evangelische Mission unter den Heidenvölkern hat nicht nur den Beruf und die Aufgabe, die Seelen der Menschen für das Himmelreich zu gewinnen, sondern sie will ihnen auch eine Erzieherin zur praktischen Lebensarbeit sein« – so formulierte man es 1884 in der hauseigenen Broschüre *Industrie und Handel der Basler Mission.* Dieses ganz praktische Erziehungsansinnen führte dazu, dass die Mission »auf ihren indischen und afrikanischen Arbeitsfeldern neben der Predigt- und Schulthätigkeit, Sammlung und Leitung von heidenchristlichen Gemeinden, auch das ökonomische Gebiet der Industrie und des Handels ihrem Missionsorganismus einzugliedern« begann.[54] Die Missionshandlung operierte von Anfang an in diesem Spannungsfeld von moralischen Überlegungen und Gewinnorientierung.[55] Bekehrung, Erziehungsgedanke und das Einbinden der »Heidenchristen« in die missionseigenen Betriebsstrukturen waren der Treiber für die wachsende Geschäftstätigkeit.

Das hatte vor allem in Indien weitreichende soziale Konsequenzen. Hindu, die zum Christentum übertraten, wurden aus ihrer Kaste gestoßen und komplett von der Mission abhängig. »Mit der Kaste verlieren sie ihre früheren Freunde und Versorger, oft auch Hab und Gut, ihren Kredit, Verdienst, Aussicht auf Anstellung, Arbeit und alles, was damit zusammenhängt. Der ausgestoßene Handwerker hat seine ganze Zunft, der Bauer sein ganzes Dorf, der Pächter seinen Pachtherrn, der Sohn seinen Vater, ja seine ganze Familie gegen sich«, hieß es 1884 in *Industrie und Handel*. »Vielfach sind Übergetretene oder solche, die erst den Schritt thun wollen, durch Verfolgung genötigt, alles dahinten zu lassen und sich in die schützenden Arme der Missionare zu werfen.«[56] All den Verstoßenen (die sich in nüchternem Kalkül bei der Mission vermutlich einfach ein besseres Auskommen ausrechneten) lediglich Almosen zu verteilen kam für die Mission nicht in Frage. Den »Brotlosen« sei Arbeit und dadurch Verdienst zu verschaffen.[57] Man löste also die sozialen Probleme, die man selber verursacht hatte, indem man gegenüber den »Heidenchristen« nicht als Gönner, sondern als Patron auftrat. »Wenn Leute von dem Heidentume zu Christo sich bekehren wollen […], so erlauben wir ihnen, die Kaste zu brechen und verhelfen ihnen zu einem Obdach im Missionsgehöfte und zu einer Beschäftigung, womit sie sich ihr Brod verdienen können, sei es Landbau oder sonst ein Gewerbe. Das wird Colonisation genannt«, erklärte ein Missionar 1859.[58]

Bis 1884 entstanden in Indien elf »Etablissements«, die konvertierte Christen und Taufbewerber beschäftigten: drei Webereien, sechs Ziegeleien, eine mechanische Werkstätte und eine speziell dem Missionsbetrieb dienende Buchdruckerei. Sie dienten nicht nur der Beschäftigung der »Heidenchristen«, sondern sollten auch erzieherisch wirken. Durch Anleitung, Ordnung und Aufsicht, tägliche Morgen- und Abendandachten und Seelsorge wurden die Menschen »unter christlichen Einfluss gestellt«.[59] Es war eine Art Rundumpaket. Die Mission strebte die religiöse, sittliche und ökonomische Hebung der Hindu nach ihren moralischen Vorstellungen an und förderte damit gleichzeitig das eigene Unternehmen. »Die Arbeiter, aus der Trägheit, Energielosigkeit und Armut herausgehoben, kommen dadurch nach und nach in den Besitz von eigenen Häuschen und Gärtchen.« Durch die missionseigenen Ersparnis- und Krankenkassen hatten sie eine minimale Absicherung im Krankheitsfall (einen »Notpfennig«), zugleich beförderten diese sozialen Einrichtungen den Bestand »eines christlichen Gemeinwesens gegenüber der heidnischen Kaste«.[60] Hergestellt wurde also nicht mehr und nicht weniger als eine neue gesellschaftliche Ordnung.

In Afrika lagen die Verhältnisse etwas anders. War in Indien der Übertritt zum christlichen Glauben für die Verarmung und darauf folgende enge Anbindung der Menschen an die Mission verantwortlich, attestierten die Missionare der afrikanischen Bevölkerung von vornherein Kulturlosigkeit und stellten die Ausbildung der »Heidenchristen« dezidiert in den Dienst der eigenen Bedürfnisse. »Das höchst ungesunde Klima der Goldküste ließ es als dringende Notwendigkeit erscheinen, eingeborne Arbeiter in Holz und Eisen zur Herstellung besserer Wohnungen heranzuziehen, die die kulturlosen Zustände des Landes in keinerlei Weise boten.« Den Europäern war es kaum möglich, im heiß-feuchten Klima körperliche Arbeit zu verrichten. Da sie auf einen halbwegs europäischen Lebensstil dennoch nicht verzichten wollten, schulten sie die Schwarzen als Zimmerleute, Säger, Schreiner, Wagner, Schlosser und Schmiede, »wodurch zugleich den Europäern die nötigsten und für sie ungesunden Arbeiten abgenommen werden konnten«.[61]

Die Mischung aus ökonomischer und moralischer Indienstnahme der Fremden war ein Geschäftsmodell, das scheinbare Widersprüche problemlos in sich vereinte: die finanzstarke bürgerliche Leitung in Basel, die pietistische Aufopferung und der Eifer der ausgesandten Missionare, der selbstgerechte Glaube an einen höheren Auftrag, das Aufbauen globaler Geschäftsstrukturen durch das Zerstören bestehender Sozialstrukturen und das unbedingte Vertrauen auf höhere Macht und Fügung. Misserfolg wie Erfolg wurden als »Zeichen« Gottes gedeutet und als Ansporn für ein noch dezidierteres Engagement gewertet. So schrieb Eduard Preiswerk – Mitgründer des Basler Börsenvereins, des Handels- und Industrievereins sowie Mitinitiant der Handelskammer, ab 1863 Mitglied des Komitees der Basler Mission und ab 1864 Leiter der Missionshandlung[62] – über das Geschäftsjahr 1865, es sei ein in vielfachster Beziehung sorgenvolles Jahr gewesen. Immerhin sei aber das Geschäftsergebnis erfreulich. Man bleibe »von der Gewissheit durchdrungen, dass alle unsere Erfolge lauter Barmherzigkeit und Gnade sind und dass des Herrn Treue doch immer dahin zielt, uns durch alle Widerwärtigkeiten und Beschädigungen, die er zulässt, in Ihm fester zu gründen und Sein Werk zu Seines Namens Ehre weiter hinauszuführen.«[63]

Zu den Widrigkeiten, mit denen die Missionshandlung konfrontiert war, gehörten in erster Linie Krankheiten, von denen die Brüder in Afrika »teils abwechselnd, teils sogar gleichzeitig« zu kämpfen hatten. Hinzu kamen politische Unruhen. Die Machtverhältnisse zwischen dem Basler Unternehmen, den britischen Kolonialbeamten und der lokalen Bevölkerung waren komplex und ließen auf allen Seiten Handlungs- und Deutungsspielraum offen.[64] An der Goldküste gab es 1865 eine Auseinandersetzung zwischen zwei Stämmen, die der britische Befehlshaber nicht zu schlichten vermochte, im Gegenteil, nachdem seine Männer auf einen Stamm geschossen und mehrere Leute getötet hatten, zogen sich die Briten auf ihre zwei Kriegsschiffe zurück und überließen den Schutz des Eigentums der Europäer in Ada den Zivilisten. Bruder Lindenmann brachte den größten Teil des Warenlagers der Missionshandlung »unter Gefahr seines Lebens« nach Christiansborg in Sicherheit. »Dieser Vorfall, wo eine beträchtliche Warenmenge auf plötzliche Weise einem erbitterten Stamme hätte preisgegeben bleiben können, bildete für uns ein Zeichen, dass wir neben allem Vertrauen auf den Schutz und die Bewahrung unseres königlichen Helfers angewiesen seien, auch ferner einen Teil des Nutzens, der bei günstigem Geschäftsverlauf aus dem hohen Risiko entspringt, zur Vermehrung des Reservefonds zu verwenden.«[65] Auch das also ein Zeichen Gottes: Ohne militärische Unterstützung der britischen Besatzungsmacht wollte man in Zukunft nicht mehr auskommen.

Die dritte Schwierigkeit war wirtschaftlicher Art. Während in Afrika die vermehrte Konkurrenz den Baumwollpreis in die Höhe trieb, sanken Anfang 1865 die Verkaufspreise in Europa so stark, »dass wir uns nicht nur in der Folge im Einkauf größerer Posten gehemmt fühlten, sondern dass sogar einige schwimmende Partien zum ersten Mal seit dem Betrieb dieser Branche mit namhaftem Verlust verkauft werden mussten«. Kompensiert wurden die Verluste mit dem guten Geschäftsgang mit anderen Waren, insbesondere mit dem Absatz europäischer Industrieprodukte in Indien und Afrika. 1865 schickte die Handelsgesellschaft für eine halbe Million Schweizer Franken Waren aus England und aus der Schweiz nach Indien und Afrika (vor allem Garne für die missionseigenen Webereien in Indien). Aus der Geschäftstätigkeit in Übersee flossen Rimessen von über 300 000 Franken nach Basel, hinzu kam der Erlös aus Palmöl- und Goldstaub-Sendungen.[66]

»Wenn Sie nun die vorstehend erwähnten Ereignisse zusammenfassen und dabei erwägen, dass trotz Arbeitsunfähigkeiten und Krankheiten, trotz Kriegsunruhen, Brand und Diebstahl, trotz Preisabschlag und Liquidationsverlusten das finanzielle Resultat doch hinter keinem der früheren Jahre zurücksteht, so werden Sie einerseits die Beschämung mitfühlen, die wir über unsern Kleinmut empfanden und andererseits unsere Freudigkeit teilen, in Gottes Namen wieder einen Schritt weiter zu gehen«, resümierte Preiswerk. Konkret geplant waren Investitionen in den Ausbau der Station in Ada Fo an der Mündung des Flusses Volta, wo die Waren aus dem Landesinnern in Empfang genommen und nach Europa verschifft wurden.[67] 1912 stellte man zufrieden fest, dass in Indien, wo man hauptsächlich unter den unteren Kasten tätig war, die »arm, kraftlos, gleichgültig, bettelhaft und faul« seien, geordnete Arbeit und Verdienstmöglichkeiten geschaffen worden seien. Auch der »bedürfnislose und darum indolente Neger« sei mit der Zeit »eifrig und regsam« geworden, »und wir erleben es zur Zeit der Ernte, dass Arbeitsleistungen auf den Pflanzungen und in den Faktoreien verrichtet werden, die nicht nur an europäische Tätigkeit heranreichen, sondern diese vielfach übertreffen«.[68] Der geistliche Zweck und der »Erziehungsfaktor« der Missionshandlung sorgten, bei allen Schwankungen, für ein stetig wachsendes Geschäft. Ende 1911 waren in Westafrika 46, in Indien 28 Europäer beschäftigt. Ein Vielfaches davon machten die Einheimischen aus, die »im Dienst der kaufmännischen und industriellen Geschäfte« standen. In Westafrika arbeiteten 647 und in Indien 3583 Personen, total 4230 Arbeiter und Angestellte für die Missionshandlung.[69]

Wirtschaftliches Wachstum war nie das deklarierte Ziel der Missionshandlung gewesen. Die »Handlungsbrüder« hatten weder einen »Businessplan«, noch verdienten sie privat an ihren Geschäften. Trotzdem war die Missionshandlung äußerst erfolgreich und profitabel. Als die missionseigenen Industriebetriebe in Indien und die Handlungsgesellschaft in Westafrika immer größer wurden und nicht mehr in das enge Korsett der Mission passten, löste das beim Mutterhaus in Basel eine Krise aus. Gingen Mission und Geschäft in den sechziger Jahren des 19. Jahrhunderts noch scheinbar widerspruchsfrei Hand in Hand, wurde ihr Zusammenspiel um die Jahrhundertwende zunehmend zum internen Politikum. Konnte man es sich erlauben, dass gewisse Kaufleute nicht gerade einen christlichen Lebenswandel an den Tag legten, wenn sie dafür gute Kaufleute waren und dem Missionsauftrag somit indirekt dienten? Wie autonom sollten die Händler agieren dürfen? Und konnte man noch mit gutem Gewissen behaupten, die schnell wachsenden Gewinne seien bloß ein unvermeidliches Nebenprodukt der Arbeitsbeschaffung in den Missionsgebieten, während die Missionshandlung längst zu einem Schwergewicht der Branche angewachsen war? Eine Reform schien unvermeidlich, scheiterte jedoch immer wieder an konservativen Kräften.

Während die einen für eine Entflechtung von Mission und Handlungsgesellschaft plädierten, sahen andere darin die unnötige Konzession an eine profitgesteuerte Verweltlichung des ganzen Unternehmens. Man müsse nicht die Strukturen anpassen, sondern an die Gesinnung der Kaufleute appellieren, oder wie ein Missionskaufmann 1908 ans Komitee in Basel schrieb: »Die große Mehrzahl der Afrikanischen Missionare schätzt unsere Factoreien als einen werthvollen Missionszweig, weil dieselben, recht betrieben, den neben Landbau besonders auf Handel angewiesenen Afrikanern den Beweis erbringen, dass christliche Grundsätze auf dem Gebiet des Handels durchgeführt werden können.« »Recht betrieben« heiße: von Kaufleuten betrieben, die sich »in der Gewissheit ihrer Gotteskindschaft in Gottes Dienst gestellt haben«, die ihr Leben »nicht niedrig auffassen«, die fest im Auge behielten, »dass der Zweck ihrer Arbeit ein geistlicher sein und bleiben muss«, und deren Hauptlebensinteresse – neben der »sittlichen Hebung eines Volkes« – darin bestehe, »dass ihrer etliche selig werden«.[70] Es folgten jahrelange, zermürbende Diskussionen um eine Entflechtung. 1917 wurde die Missionshandlung schließlich, unter dem Druck der Briten, juristisch von der Mission getrennt. Elf Jahre lang behielt sie noch ihren Namen und wurde erst 1928 in Basler Handelsgesellschaft umbenannt.[71]

Freie Schifffahrt

Erfolg im Welthandel war Mitte des 19. Jahrhunderts strukturell und geopolitisch bedingt, das macht gerade die Missionshandlung deutlich, die das Kaufmännische nie in den Vordergrund stellte und am eigenen Erfolg zuweilen bitter litt. Die nötigen Ingredienzien waren verfügbares Kapital aus einer finanzkräftigen Oberschicht, das Hinausgehen in die Welt und der Aufbau eines hierarchischen, straff geführten Unternehmens, das regionale Ausfälle und Preisschwankungen durch geografische Diversität und Warenvielfalt ausgleichen konnte. Sowohl die säkularen Handelshäuser als

97

auch die Missionshandlung waren ein Produkt bürgerlichen Kapitals, bürgerlicher Expansion und Vernetzung.

Zu diesen »inneren« Faktoren kamen äußere Umstände hinzu. Der Aufstieg des Schweizer Transithandels wurde durch die Abkehr von merkantilistischen Prinzipien begünstigt. Die Firmengründung von Volkart erfolgte unmittelbar nach Abschaffung der englischen »Navigationsakten« im Jahr 1849, eine gesetzliche Änderung, die den direkten Verkehr zwischen Europa und den englischen Kolonien ermöglichte.[72] Die Navigationsakten – so die falsche, aber gebräuchliche deutsche Übersetzung – waren eine Serie von Gesetzesbeschlüssen aus dem 17. Jahrhundert, die die englischen Handelsgesellschaften privilegiert hatten, indem sie den Zwischenhandel ausschalteten. Der Import außereuropäischer Güter nach England war britischen Schiffen vorbehalten, die Einfuhr europäischer Güter britischen Schiffen und solchen des Herkunftslandes.

Wie wichtig die Aufhebung der Navigation Acts für die Gründung von Volkart war, ist in der Literatur allerdings umstritten. Sowohl in firmeneigenen Geschichten als auch in der Geschichte zum schweizerischen Großhandel von Iselin, Lüthy und Schiess wird ein direkter Zusammenhang zwischen der Abschaffung dieses merkantilistischen Handelsmonopols und der Firmengründung hergestellt.[73] Mit Verweis auf Jakob Andereggs Firmengeschichte führt Christof Dejung demgegenüber ins Feld, dass es ab den vierziger Jahren des 19. Jahrhunderts in Indien mindestens ein Dutzend Handelsfirmen mit deutschen, französischen, schweizerischen oder amerikanischen Teilhabern gegeben habe.[74] Das Monopol der British East India Company sei zu diesem Zeitpunkt längst gebrochen gewesen. Die Ansicht, die Gründung von Volkart sei erst durch die Aufhebung der Navigation Acts ermöglicht worden, entbehre jeder Grundlage, die Schifffahrtsgesetze hätten sich zu dieser Zeit nur noch auf den Atlantik bezogen, also auf den Verkehr mit den britischen Kolonien in Nordamerika und der Karibik.[75]

Tatsächlich war die Situation aber bis zur endgültigen Abschaffung der Navigation Acts einigermaßen komplex. Ab 1822 wurden zwar verschiedene Lockerungen und Modifikationen vorgenommen.[76] Die Verordnung von 1825 begann aber immer noch mit einer langen Liste von Waren – Bauholz, Bretter, Masten, Salz, Pech und Teer, Talg, Harz, Hanf und Flachs, Johannisbeeren, Feigen, Pflaumen, Olivenöl, Getreide, Pottasche, Zucker, Wein, Essig, Branntwein und Tabak –, die nicht von Europa nach England eingeführt werden durften, außer in englischen Schiffen oder in Schiffen desjenigen Landes, aus dem die Waren stammten.[77] 1833 wurde die Liste erheblich erweitert. Salz, Pech, Harz, Pottasche, Zucker und Essig verschwanden zwar, dafür wurden Wolle, Gerberstrauch (Sumach), Färberröte (Krapprot), Schwefel, Eichenrinde, Vanille, Kork, Orangen, Zitronen, Leinsamen, Raps und Kleie aufgenommen.[78] Da in den damaligen Segelschiffen Stückgut aller Art und Herkunft verladen wurde, erschwerte die beliebig scheinende Liste deutschen, niederländischen oder französischen Schiffen den Import von Waren nach England erheblich.

Entscheidend aber waren die Bestimmungen für die Überseegebiete. Die ursprünglichen Navigation Acts hatten den Import von asiatischen, afrikanischen oder amerikanischen Waren nach England via europäische Häfen oder in nichtbritischen Schiffen komplett verboten. Nichteuropäische Waren durften, mit wenigen Ausnahmen, nur in britischen Schiffen oder in Schiffen von Ländern, aus denen die Ware stammte, nach England importiert werden. Ein portugiesisches Schiff durfte zwar spanischen Wein via Lissabon nach England fahren, ein US-amerikanisches Schiff aber keinen kubanischen

Zucker von New York aus. Kolonialwaren durften nicht über europäische Häfen geführt werden, nicht einmal in britischen Schiffen. Die Regel, dass nichteuropäische Güter nicht aus europäischen Häfen kommen durften, und zwar nicht einmal auf britischen Schiffen, wurde beibehalten.[79] Britisch war ein Schiff, das in England registriert war, von einem britischen Kapitän befehligt wurde und dessen Mannschaft mindestens zu Dreivierteln aus britischen Matrosen bestand.[80]

Was sich 1825 änderte, waren die Einschränkungen von Exporten aus den überseeischen Gebieten. Die Kolonien durften ihre Güter nun dahin verkaufen, wo sie wollten, und sie durften Güter von überall her importieren. Auch diese grundsätzliche Handelsfreiheit unterlag allerdings diversen Einschränkungen. Die Kolonien durften Waren nur in britischen Schiffen oder in Schiffen des Herstellungslandes (nicht des Exportlandes) importieren. Das heißt, Schweizer Industrieprodukte durften grundsätzlich nur auf Schweizer Schiffen nach Indien gelangen. Voraussetzung für den Export von Waren aus den Kolonien war, dass das Destinationsland England reziproke Rechte garantierte, das heißt, falls das Land selber Kolonien hatte, England dort entsprechende Privilegien einräumte, und falls es – wie die Schweiz – keine Kolonien hatte, in sämtlichen Handelsangelegenheiten die Meistbegünstigungsklausel anwandte, das Prinzip der *most favoured nation*.[81] Für Schweizer Kaufleute, die nicht auf eine eigene Flotte zurückgreifen konnten, und die infolge der vergleichsweise kleinen inländischen Industrie auch ausländische Güter aus Europa exportierten, waren das denkbar schlechte Voraussetzungen.

Mit der Aufhebung der Navigation Acts 1849 wurde die Position von Transithändlern massiv verbessert. Ein kompliziertes Regelwerk mit Sonderverordnungen entfiel. Salomon und Johann Georg Volkart bauten ab 1851 in Europa ein Agenturnetz auf und verschifften auf Kommissionsbasis gefärbte Garne, bedruckte Stoffe, Seife, Papier, Uhren, Maschinen und andere europäische Konsumgüter nach Indien. Parallel dazu bemühten sie sich um den Export von agrarischen Rohstoffen nach Europa: Baumwolle, Tee, Öle, Kaffee, Kakao, Gewürze und Kautschuk. Volkart beschaffte die Baumwolle in Indien zunächst über indische Makler und Zwischenhändler, baute aber bald eine eigene weitverzweigte Einkaufsorganisation auf. Volkart-Agenten kauften die Baumwolle direkt bei lokalen Händlern, anschließend wurde sie mit firmeneigenen Maschinen entkörnt, in der »Volkart-Presse« gepresst und nach Europa verschifft.[82] Der Export lohnte sich, obwohl Schweizer Kaufleute noch 1855 in Indien einen Einfuhrzoll von fünf Prozent auf aus England eingeführten Waren sowie zehn Prozent auf Waren aus anderen Ländern bezahlten.[83]

Globale Rohstoffkrise

Wenige Jahre später profitierte Volkart von einem weiteren geopolitischen Großereignis: dem amerikanischen Bürgerkrieg (1861-65). Der Sieg der Nordstaaten über die Südstaaten, der auf amerikanischen Plantagen zum Verbot der Sklaverei führte, löste die erste globale Rohstoffkrise aus.[84] Die mit der Industrialisierung rasant gewachsene Baumwollverarbeitung Englands war auf stete Rohstofflieferungen angewiesen. Bereits im Vorfeld des amerikanischen Sezessionskrieges waren die Baumwolllieferungen aus den USA ins Stocken geraten. In den Jahren 1836 und 1837 konnten die amerikanischen Exporteure wegen Ernteeinbußen nicht die gewünschte Menge liefern und auch in den Jahren 1854 bis 1856 gab es einen Nachfrageüberhang. Als in den USA der politische Druck gegen die Sklaverei zunahm, wurden auch die Industriellen im britischen Lancashire nervös. »Wir müssen uns nicht mit dem Problem der Nachfrage beschäftigen, sondern mit dem des *Angebots*«, hieß es 1860.[85]

Die europäischen Industrienationen suchten fieberhaft nach Möglichkeiten, in der Rohstofffrage mehr Autarkie zu erlangen und setzten große Hoffnungen auf Bezugsquellen in Indien und Afrika: »[D]er allgemeine Eindruck scheint zu sein«, so James A. Mann, der 1860 ein Buch über den indischen Baumwollhandel publizierte, »dass die Ressourcen aus Indien, wie jene aus Afrika, sobald sie erschlossen worden sind, auf unseren Märkten erfolgreich mit denen aus den Vereinigten Staaten konkurrenzieren können, und uns mit Warenmengen versorgen werden, die nicht nur unsere unmittelbare Nachfrage befriedigen, sondern auch jede zukünftige Nachfragesteigerung über einen langen Zeitraum hinweg.«[86] 1857 gründeten Industrielle in Manchester zum Zweck der Erschließung außeramerikanischer Baumwollimporte die Cotton Supply Association.[87]

James Mann war überzeugt, dass Indien die Kapazität habe, doppelt so viel Baumwolle zu exportieren wie die USA. Gleichzeitig sah er das Land als Abnehmer für britische Industriegüter, insbesondere für in Lancashire produzierte Baumwolltextilien.[88] Um eine »Arbeitsteilung« in diesem Sinn voranzutreiben, seien wissenschaftlich-technische Investitionen zu tätigen, insbesondere in die Bewässerung und in den Ausbau der Transportwege. Es sei eine privatisierende Landreform nötig und eine Reorganisation des Steuersystems. Der Baumwollhandel müsse von den Steuern befreit werden, die Arbeit dagegen besteuert werden: »Wir in England, das eher eine Manufaktur- denn eine rohstoffproduzierende Nation ist, haben erkannt, dass es von Vorteil ist, Rohstoffe von den Steuern zu befreien, weil die Beschäftigung von Menschen im Handel, zu dem diese Steuerbefreiung indirekt beiträgt, den Verlust mehr als kompensiert.«[89] Durch ein Zusammenspiel administrativer Anreize und juristischer Zwänge sollte die Wirtschaft Indiens, das bis zur britischen Industrialisierung weltweit der größte Exporteur hochwertiger Baumwolltextilien gewesen war, sukzessive auf den Rohstoffexport umgestellt werden.

Mit Ausbruch des amerikanischen Bürgerkrieges 1861 wurde das Ansinnen umso dringlicher. Der Sezessionskrieg, der lange Zeit vor allem als amerikanisches Ereignis untersucht wurde, hatte direkte Auswirkungen auf die globale Wirtschaft. Infolge der Seeblockade der Nordstaaten brachen die Baumwolllieferungen aus den Südstaaten ein und damit der Nachschub für die mit Abstand wichtigste Industrie Europas. Es folgte die erste globale Rohstoffkrise.[90] Wie tiefgreifend die Krise werden und wie sehr sie die Produktions- und Handelsverhältnisse der Welt verändern würde, war den zeitgenössischen Protagonisten zunächst nicht bewusst. An den einigermaßen dilettantischen Bemühungen der britischen Regierung und der Cotton Supply Association, nun den Baumwollexport aus Indien und Ägypten anzukurbeln, wird der unerschütterliche Glaube an die Selbstregulierungskräfte des Marktes evident. Man nahm an, dass nach ein, zwei Jahren Baumwollkrise (*cotton famine*) die Preise ein Niveau erreichen würden, bei dem die Exporte aus Indien von selbst stimuliert würden.

Leute, die die Situation aus eigener Anschauung kannten, bemühten sich, diesen optimistischen Glauben zu korrigieren. Der aus Liverpool stammende liberale Politiker Samuel Smith stellte 1863 konsterniert fest, dass trotz des beträchtlichen Handels zwischen England und seiner Kronkolonie eine völlige Unkenntnis der indischen Anbaubedingungen und Handelsmöglichkeiten bestehe. In keinem anderen Bereich sei die öffentliche Meinung in England durch Falschnachrichten so sehr fehlgeleitet worden wie betreffend die Baumwolllieferungen aus Indien.[91] Man hoffte stillschweigend, dass Indien einfach in die Lücke springen würde, da es ja eine lange Baumwollanbautradition habe und die Baumwolle wohl bloß wegen der abgelegenen Anbaugebiete und der hohen Transportkosten bisher nicht in großem Stil exportiert worden sei. Man nahm also an, dass Anbau und Export schlicht eine Frage der Preise seien, und dass, wenn nur ein genügend hoher Preis bezahlt werde, die Transportprobleme umgehend gelöst und unsagbare Mengen nach Europa verschifft würden.

Ernüchterung trat ein, als Indien auch nach zwei Jahren freiem Markt mit hohen Baumwollpreisen den britischen Erwartungen nicht nachkam. 1861 wurde zwar fünfzig Prozent mehr Baumwolle exportiert als im Jahr zuvor, allerdings war das nicht der Effekt eines gestiegenen Baumwollanbaus, sondern man hatte einfach die Lager geleert. 1862 brachen die Lieferungen, trotz doppelt so hohen Preisen, wieder ein.[92] Dennoch herrschte noch immer der Glaube vor, dass Indien England zu Hilfe eilen werde. Eisenbahnen, verbesserte Vertragsbedingungen oder sonst irgendeine Kraft würden, so die allgemeine Überzeugung, die schlafenden Ressourcen wecken, die irgendwo vorhanden sein mussten. Tatsächlich war der indische Baumwollanbau aber längst auf ein bescheidenes Maß gesunken, da die landeseigene Textilindustrie im Niedergang begriffen war, seit Indien Baumwollstoffe aus England importierte.[93] Die Transportkosten seien vernachlässigbar und kein Hinderungsgrund für größere Exportmengen, gab Samuel Smith zu bedenken. Es werde bereits alle verfügbare Baumwolle im Landesinneren an die Küste transportiert für den Export. Mehr werde Indien nicht exportieren, England könne von dieser Seite keine Entlastung erwarten.[94]

Zwischen 1861 und 1862 brachen die englischen Exporte von Baumwollprodukten um fast die Hälfte ein. Da in den Jahren vor dem amerikanischen Bürgerkrieg eine Überproduktion stattgefunden hatte, profitierten die englischen Spinnereien und Webereien langfristig von der *cotton famine*, da sie die liegen gebliebene Ware ab 1863 zu höheren Preisen absetzen konnten.[95] Die Quantität der Ausfuhr nahm zwar ab, gleichzeitig stiegen aber die Preise. Industrielle, die den zwischenzeitlichen Absatzschock überbrücken und später zu unerwartet hohen Preisen verkauften konnten, profitierten ebenso von dieser Entwicklung wie Broker, die auf Rechnung der Kunden Baumwolllieferungen vermittelten, und Spekulanten, die an der Börse auf sinkende oder steigende Preise wetteten.[96] »Das waren großartige Zeiten, Zeiten des Aufschwungs, als Baumwoll-Broker in ihren Kutschen oder zu Pferd in die Firma herunter kamen«, erinnerte sich P. E. J. Hemelryk, Gründungsmitglied der Liverpool Cotton Association, Ende des Jahrhunderts.[97]

In Indien, Ägypten und Togo wurde nun auch mit Regierungsunterstützung der Anbau von Baumwolle und anderen Cash Crops auf großen Plantagen vorangetrieben, wobei die europäischen Kolonialisten mitunter ehemalige amerikanische Sklaven als Experten engagierten, sich also um einen Know-how-Transfer von den USA in den globalen Süden bemühten.[98] Der von den Briten in Indien forcierte Rohstoffanbau läutete dort einen Prozess der Deindustrialisierung ein. Die »alte indische Industrie« habe unter englischer Herrschaft »eine Rückbildung« erfahren, hieß es in der Schweiz 1953 in einer kleinen Schrift für Auswanderer und Kaufleute. »England hatte begreiflicherweise kein Interesse daran, dass seine Kolonie z. B. Textilwaren auf die Weltmärkte oder gar nach England brachte; vielmehr setzte es seine Macht dazu ein, dass englische Fabrikate in Indien abgesetzt werden konnten.«[99]

Mit ihrem Erschließen des indischen Baumwollmarkts standen die Volkart-Brüder auf einmal im Zentrum des Geschehens. In den frühen sechziger Jahren des 19. Jahrhunderts gehörte Volkart zu den größten der gut dreißig Handelsfirmen, die Baumwolle aus Bombay verschifften. 1859/60 exportierte das Winterthurer Unternehmen 56 000 Ballen Baumwolle aus Indien. Während des amerikanischen Bürgerkrieges waren es durchschnittlich 98 000 Ballen pro Jahr – fast doppelt so viel –, und die Preise für indische Baumwolle stiegen zu dieser Zeit bis auf das Dreifache gegenüber den Jahren vor 1861. Entsprechend stiegen auch die Gewinne der Filialen.[100] Um möglichst hochwertige Baumwolle konstanter Qualität zu bekommen, schickte Volkart während des amerikanischen Bürgerkrieges erstmals Angestellte ins Landesinnere zum Baumwolleinkauf.[101] Als mit dem Eisenbahnbau der Transport über weite Distanzen erleichtert wurde, trieb die Firma den Direkteinkauf weiter voran und eröffnete zahlreiche Einkaufsagenturen.

Die Agenturen kauften verschiedenste Waren ein, von Kokosbast über Kaffee und Saaten bis zu Gewürzen, vor allem aber Rohbaumwolle. Sie lagen meist in der Nähe einer Sammelstelle an der Eisenbahnlinie, wo Baumwolle aus den umliegenden Dörfern angeliefert und zwischengelagert wurde. Zusammen mit der griechisch-britischen Firma Ralli Brothers gehörte Volkart an diesen Sammelstellen zu den Haupteinkäufern von Baumwolle.[102] Auf einem Diagramm der Einkaufs- und Verkaufsorganisation, das die Firma zu ihrem 75. Jubiläum erstellte, waren die beiden Firmensitze in Winterthur und London als Zentrum eines globalen Netzwerkes von Zweigniederlassungen und Handelsposten (sogenannten Faktoreien) eingezeichnet. »Die ganze Organisation offenbart sich uns gleichsam als ein ausgedehntes Spinngewebe, in dessen Mittelpunkt Winterthur steht. […] Hier laufen die Fäden der Einkaufsstellen einerseits und der Verkaufsstellen anderseits zusammen, und von hier aus wird der Ankauf und Verkauf reguliert und finanziert.«[103] Nach links führten Fäden zu den Niederlassungen in Colombo, Cochin und Karachi, Tellicherry, Tuticorin, Madras und Kalkutta, die ihrerseits die Waren von zahlreichen Einkaufsposten im Landesinneren bezogen. Nach rechts kam man zu den Tochtergesellschaften in Hamburg, Bremen, Schanghai, Osaka und New York, von denen Linien zu Verkaufsagenturen in 18 europäischen Ländern, in Afrika, China, Japan, Argentinien, den USA und Kanada führten.

Die Verdichtung der Handelsnetzwerke an der Peripherie erfolgte parallel zum Ausbau der interkontinentalen Kommunikations- und Verkehrsverbindungen. Die Zunahme des Welthandels ab 1860 war geprägt von einem rasanten Infrastrukturausbau und von neuen Techniken der Globalisierung – von Eisenbahnen, Dampfschiffen, Telegrafie und den damit verbundenen administrativen und juristischen Verfahren. Sie beschleunigten den globalen Handel nicht nur, sondern veränderten ihn auch. 1865 wurde die Telegrafenverbindung zwischen Bombay und Europa in Betrieb genommen. Das erste Kabel nach Bombay brachte – eine Ironie der Geschichte – die Nachricht vom Ende des amerikanischen Bürgerkriegs.[104] Ein neues Zeitalter brach an.

4. Techniken der Globalisierung

Das Ende des Sezessionskrieges brachte nicht nur das Ende der Sklaverei auf den großen Plantagen im Süden mit sich, sondern auch eine neue Zollpolitik. Schien in Europa, angeführt von England, die Ära des Freihandels angebrochen zu sein, lebten jenseits des Atlantiks protektionistische Ideen auf. Während man in Europa Zollschranken abbaute und den freien Handel förderte, führten die USA während des Bürgerkrieges höhere Zölle ein, um ihre Kriegskosten zu decken. Die Baumwolle exportierenden Südstaaten hatten sich zwar für den freien Handel eingesetzt, aber die Nordstaaten strebten Schutzzölle an, um ihre noch junge Industrie gegen die britische Konkurrenz zu schützen. Nach dem Krieg behielten die USA die Zölle aus industriellen Interessen bei, ja erhöhten sie bis Ende des Jahrhunderts noch.

Ähnlich wie die USA hatte auch das russische Kaiserreich zur Deckung der Kosten seines Krieges gegen das Osmanische Reich (1877-78) Zölle eingeführt und diese zu einem Hochschutzzollsystem ausgebaut. Das 1871 gegründete Deutsche Reich wurde seinerseits Erbe des Zollvereins; in den achtziger Jahren des 19. Jahrhunderts wurden (mit Ausnahme der Freihäfen) auch Hamburg und Bremen in die Zollgrenzen verlegt. Zunächst setzte man die liberale Handelspolitik des Zollvereins bzw. des Norddeutschen Bundes noch fort. Die Wirtschaftskrise von 1873 führte jedoch dazu, dass die Industriellen Schutzzölle forderten, und 1879 schwenkte man auch in Deutschland auf eine protektionistische Politik ein. Dasselbe in Frankreich, das seine Zölle nach der Niederlage im Deutsch-Französischen Krieg erhöhte und 1892 zu prohibitiven Zollsätzen überging.[1]

Diesen nationalstaatlichen Abschottungstendenzen zum Schutz der eigenen Landwirtschaft und Industrie stand ein schnell wachsender globaler Handel gegenüber, dessen Transaktionskosten im Gegensatz zu den Zöllen abnahmen. Die Eisenbahn- und Frachttarife sanken. Die Telegrafie erlaubte das Übermitteln von Information über weite Distanzen. Durch Handelsbeziehungen, internationale Kapitalströme und die Wanderungsbewegungen von Arbeitern, Unternehmern und Kolonialisten wurden Weltgegenden, die wirtschaftlich zuvor relativ unabhängig voneinander waren, so eng aneinandergebunden wie nie zuvor. Sinkende Transportpreise und neue Kommunikationstechnologien waren die Grundbedingung für den Aufschwung des globalen Handels nach 1880. Sie führten allerdings nicht einfach zu einer steigenden Frequenz und einem reibungsloseren Ablauf, zu einer modernen Logistik und einem größeren Handelsvolumen, sondern vor allem auch zum Aufstieg neuer Akteure, zu einer Konzentration im Frachtgeschäft, zu neuen administrativen Verfahren und zu neuen handelsrechtlichen Normen.

Die Umbrüche, die mit dem Aufkommen dampfbetriebener Schiffe, mit der Telegrafie und mit neuen internationalen Institutionen einhergingen, waren immer wieder mit der Frage verbunden, ob und wie sich Abläufe im globalen Geschäft verbindlich standardisieren ließen. Die Antworten auf dieses Standardisierungsproblem kamen aus Gründen der Souveränität der einzelnen Staaten weniger aus der Theorie denn aus der Praxis. Vor dem Ersten Weltkrieg existierte keine internationale Handelskammer, erst 1919 wurde die International Chamber of Commerce, die Internationale Handelskammer, mit Sitz in Paris gegründet und damit eine institutionalisierte Plattform geschaffen, um Standardisierungsfragen zu behandeln.

Das Handelsrecht (und damit das Gesellschafts-, Bank-, Wertpapier-, Kapitalmarkt- und Börsenrecht) war Sache der Nationalstaaten. Frankreich hatte seit 1807 den Code de commerce, die deutschen Staaten verabschiedeten 1861 ihr Allgemeines Deutsches Handelsgesetzbuch und in der Schweiz trat 1881 das Obligationenrecht in Kraft. In diesem über 300 Seiten starken Konvolut wurden unter anderem die Verbindlichkeiten des Vertrags geregelt, die Zahlungsmodalitäten und das Verhältnis zwischen Schuldner und Gläubiger, der Kauf und der Tausch, das Spiel und die Wette, die verschiedenen Gesellschaftsformen und der Umgang mit Wechseln und anderen indossablen Papieren (sogenannten »Ordre-Papieren«, Lagerscheinen, Warrants oder Ladescheinen).[2] Dieser rechtlichen Rahmung des Wirtschaftslebens innerhalb der einzelnen Staaten stand ein präzedenzloses Wachstum des globalen Handels gegenüber, dem ein übergeordneter Rechtsrahmen fehlte. Durch Staatsverträge für Post (1874), Telegrafie (1865), Gewichte und Masse (1875) und Eisenbahn (1890) bemühte man sich immerhin, das Transport- und Kommunikationswesen zwischenstaatlich kompatibel zu machen.[3] Gleichzeitig entstanden ein praktisches Wissen und neue Techniken rund um den Handel und die Spedition, die Ende des 19. Jahrhunderts Gegenstand einer eigenen Disziplin wurden: der Handelslehre.

Während das *Allgemeine Handels-Lexicon* von 1849 noch eine enzyklopädisch geordnete Informationssammlung zu allen möglichen Waren, Ländern, Begriffen und Funktionen war (von Ammoniakgummi über Bankaktien bis Stockholm),[4] erschienen gegen Ende des Jahrhunderts erstmals praxisorientierte Lehrbücher für den Kaufmann. Rudolf Sonndorfer, Direktor der Wiener Handelsakademie, publizierte 1889 eine umfassende Einführung in den internationalen Warenhandel: *Die Technik des Welthandels.*[5] Das Buch erläuterte im Detail die Verfahren und Konventionen der Warenklassifikation, des Zahlungsverkehrs und des Gütertransports. 1899 erschien in Berlin der *Leitfaden in die allgemeine Handelslehre* von Max Behm; er wurde 1914 in erweiterter Fassung zum zehnten Mal wiederaufgelegt.[6] Behm behandelte das Registraturwesen im Kontor, das Postwesen, den Güterversand, das Zollwesen, das Geldwesen, den Wechsel, den Verkehr mit Bankinstituten, die Buchführung, den Effekten- und Börsenverkehr sowie Einrichtungen und Funktionen wie das Handelsregister, den Prokuristen und die Handelsgesellschaft. Das Spezialwissen, über das ein Kaufmann Ende des 19. Jahrhunderts verfügen musste, fing bereits mit der Frage an, ob es sich lohnt, eigene Schiffe zu betreiben, oder ob man besser Frachtraum chartert.

Schiffe, Frachtbriefe und Ladescheine

Bevor die britische African Steamship Company 1852 einen Schiffsbetrieb zwischen Liverpool und der afrikanischen Westküste aufnahm, wurde der Personen- und Warenverkehr zwischen Afrika und Europa mit Segelschiffen bestritten. Eine einfache Fahrt dauerte mehrere Monate. Die Fahrt nach Indien und Südostasien war vor der Eröffnung des Suezkanals 1869 bedeutend länger, die Handelsroute für indische Baumwollstoffe oder japanische Seide führte ums Kap Horn. Hatten Schweizer Handelsfirmen eigene Segelschiffe, mussten sie, da die Schweiz keinen Seehafen hatte, im Ausland registriert werden. 1789 gründete der Winterthurer Jacques Bidermann in Brüssel die Société Maritime Suisse, eine Kommanditgesellschaft, die sich im Überseehandel mit bedruckten Baumwollstoffen betätigte. Der Großteil des Kapitals kam von Schweizer Textilkaufleuten und Financiers aus Genf, Basel und Winterthur. Mehrheitsaktionäre waren die Firmen Jacques Rabaud & Cie., eine Reederei in Marseille, und das Textilunternehmen Senn, Bidermann & Cie. mit Sitz in Paris.

Die Société Maritime Suisse florierte, bis der Handel mit Indien wegen des französisch-englischen Seekrieges von 1793 einbrach und dem Unternehmen im revolutionären Frankreich die *Terreur* unter Robespierre zu schaffen machte. Rabaud wurde in Marseille als Gegenrevolutionär hingerichtet, »und Direktor Bidermann, ein in Genf eingebürgerter Winterthurer, die Seele des Unternehmens, verbrachte während der Schreckensherrschaft mehr Zeit im Gefängnis, als er dem Geschäfte widmen konnte«, wie die *Neue Zürcher Zeitung* (NZZ) schrieb.[7] Die indischen Faktoreien der Gesellschaft wurden von England beschlagnahmt. Ein Schiff havarierte, die Ladung wurde auf der Île de France geborgen, war aber nicht mehr verwertbar. 1796 blieb nur noch die Liquidation, die sich in langwierigen Prozessen bis 1806 hinzog. Die Anleihen konnten in sechs Jahresraten zurückbezahlt werden, die Aktionäre sahen jedoch bloß einen kleinen Teil ihres Geldes wieder und verloren 78 Prozent ihrer Einlagen. »Die stolzen Schiffe der ›Société Maritime Suisse‹ sind dem Umstand zum Opfer gefallen, dass sie in einer kritischen Zeit nicht den Schutz einer heimatlichen Seemacht genießen konnten«, resümierte die *Neue Zürcher Zeitung*.[8] Die Nichtexistenz einer Schweizer Flagge zur See sollte bis zum Zweiten Weltkrieg immer wieder ein Thema werden; sie wurde schließlich 1941 per Notrecht eingeführt und im September 1953 im Rahmen eines Bundesgesetzes über die Seeschifffahrt geregelt.[9]

Ab Mitte des 19. Jahrhunderts stieg die Anzahl der im Ausland registrierten Schiffe Schweizer Handelsfirmen. Das erste Schiff der Volkart Brothers baute R. C. Rickmers in Bremerhaven; es wurde auf den Namen Winterthur getauft, in Hamburg registriert und von der Reederei E. Ringel in Hamburg unter Hamburger Flagge geführt. Als zweites Schiff nahm Volkart die Ida Ziegler in Betrieb (ihr Flaggschiff), als drittes die President Furrer.[10] Mit zunehmendem Handelsvolumen wurden aber vor allem Schiffe gechartert. Für den Warentransport nach Nordeuropa charterte Volkart bis in die achtziger Jahre des 19. Jahrhunderts Segelschiffe, da die Frachtpreise für Dampfschiffe auf langen Strecken vergleichsweise hoch waren.[11] Die Eröffnung des Sueskanals beförderte dann den Dampfschiffbetrieb auf der Asienroute, unter anderem weil die Strecke für Segelschiffe wegen der berüchtigten Windstille im Roten Meer unattraktiv war. Mit der Eröffnung des Sueskanals sank die Reisedistanz zwischen Bombay und London um gut 44 Prozent, die Fahrt nach Marseille um knapp 60 Prozent und jene nach Triest um 65 Prozent.[12]

Ab den späten siebziger Jahren des 19. Jahrhunderts nahmen verschiedene Dampfschifffahrtsgesellschaften den Routinebetrieb zwischen Indien und Europa auf. Bei ihnen konnten die Handelsfirmen Frachtraum buchen. Gleichzeitig übernahmen die großen europäischen Handelsfirmen im Ausland oft die Vertretungen für die Reedereien. Volkart vertrat Anfang des 20. Jahrhunderts in Indien unter anderem die Hamburg-Amerika Linie, die Deutsche Dampfschiffsgesellschaft Hansa, die Swedish East India Steamship Company, die spanische Compañía Transatlántica und die italienische Navigazione Generale Florio Rubattino.[13] Die Kooperation zwischen den Handelsunternehmen und den Reedern war für beide Seiten interessant: Den Handelsfirmen brachte das Mandat ein stetes Einkommen, das im Kontrast zum volatilen Rohstoffgeschäft stand, und die Reeder hatten nicht nur eine Grundauslastung durch den Warenexport der betreffenden Firmen, sondern konnten auch auf deren ortsspezifisches Know-how zurückgreifen.

Auch die Missionshandlungsgesellschaft betrieb früh eigene Segelschiffe. Ihr Heimathafen war Bremerhaven, dort wurden die Schiffe beladen und dorthin fuhren sie mit der Rückfracht aus Afrika zurück. Den Anfang machte der kleine Schoner Palme, der 1866 eingeweiht wurde und bis 1869 im Dienst der Mission stand. Während des Deutsch-Französischen Krieges wurde das Schiff 1870 von den Franzosen gekapert und erst nach langen Verhandlungen als schweizerisches Eigentum wieder herausgegeben. Es wurde altershalber verkauft. An seiner Stelle nahm die Mission drei weitere Schiffe in Dienst: die Asante, die Eintracht (die bei den Kapverdischen Inseln verloren ging) und die Agnes. Die Asante war mit ihrer eisernen Schale das modernste Schiff von allen. Neben den eigenen Seglern nutzte die Missionshandlung für das Afrikageschäft die englischen Dampferlinien zwischen Liverpool und der afrikanischen Westküste, und ab den achtziger Jahren vor allem die deutsche Schiffsverbindung, mit der die eigenen Schiffe obsolet wurden. »Wenn sich auch die eigenen Fahrzeuge bezahlten, so wurden sie doch durch die schnellere und bequemere Dampferverbindung, die sowohl die englische wie die inzwischen (1883) eingetretene Woermann-Linie mit Hamburg herstellte, überflüssig, und nach und nach verkauft«, hieß es 1912 in den *Mitteilungen über Handel und Industrie*.[14] Die Hamburger Woermann-Linie von Adolph Woermann, dem damals größten Privatreeder der Welt, wurde zum zuverlässigen Kooperationspartner für den Warenverkehr mit Westafrika.

Auf dem Volta, über den die Waren aus dem afrikanischen Hinterland an die Küste transportiert wurden, betrieb die Missionshandlung zunächst ebenfalls eigene Schiffe, darunter den Pionier, der seetüchtig genug war, die Fahrt von Europa nach Westafrika selbständig zurückzulegen. Als 1904 von den in Westafrika ansässigen Firmen die Volta-Transport-Kompanie gegründet wurde, die sämtliche Schiffe übernahm, konnte die Missionshandlung auch hier auf den Betrieb eigener Schiffe verzichten. Transportiert wurden jahrzehntelang Palmöl und Palmkerne, später auch Kautschuk. Nach 1900 wurde Kakao von der Goldküste zum großen Exportschlager: 1911 produzierte das Land vierzigtausend Tonnen. Weil mit dem Export von Cash Crops gleichzeitig die Kaufkraft der eingeborenen Bevölkerung stieg, stiegen auch die Importe von europäischen Industriewaren. Die Briten (1874 wurde das heutige Südghana zur Kronkolonie erklärt) bauten 1907 eine Eisenbahnlinie zwischen der Hafenstadt Sekondi und Tarkwa, die später durch den Goldminendistrikt bis nach Kumasi verlängert wurde, und eine zweite Linie von Accra ins Urwaldgebiet im Landesinneren. Für das Erreichen der Produktionsgebiete, die mit der Bahn nicht erschlossen wurden, betrieb die Missionshandlung ab der Jahrhundertwende Motorwagen, mit denen die Waren von den einzelnen Geschäftsfilialen und Marktplätzen im Landesinneren an die Küste gefahren wurden.[15]

Überall auf der Welt wurden die versandfertigen Waren zu Colli geordnet und verpackt. Das einzelne Collo wurde mit einem Signum, einer Nummer sowie dem Namen des Zielhafens, nach dem die Sendung verschickt werden sollte, versehen. Das Signum diente dazu, die Colli zu unterscheiden. Es sei nicht üblich, die Adresse des Empfängers auf das Collo zu setzen, »denn hieraus könnte die Konkurrenz Nutzen ziehen«, so der *Leitfaden der allgemeinen Handelslehre*.[16] Das wichtigste Dokument war das Begleitpapier: bei Warensendungen per Bahn der Frachtbrief, beim Gütertransport zur See der Ladeschein. Auf dem Frachtbrief wurden Signum, Nummer, eine kurze Inhaltsangabe, die Adresse des

Empfängers und das Bruttogewicht der Sendung verzeichnet. Auch eine Versicherung des Warenwerts, eine Nachnahme oder ein Vorschuss konnten darauf vermerkt werden.

Im Überseeverkehr übernahm der Ladeschein – das Konnossement – die Funktion des Frachtbriefes. Normalerweise wurden drei Exemplare ausgestellt, eines für den Absender, eines für den Schiffsführer und das dritte für den Empfänger, wobei die Anzahl der Kopien auf dem Papier vermerkt waren. Der Frachtbrief enthielt den Namen des Verladers, den Namen und die Nationalität des Schiffes, den Namen des Kapitäns, den Bestimmungsort, die Bezeichnung und Nummerierung der verladenen Colli, deren Inhalt, Bruttogewicht und Raummaß, den Namen des Empfängers oder den Vermerk »an Ordre«. Der Besitzer des Konnossements konnte dann jemanden legitimieren, über das Gut zu verfügen, indem er – durch Indossament – seine Rechte an eine mit Namen bezeichnete Person übertrug, wobei der Frachtbrief bei der Weitergabe rückseitig giriert wurde.[17]

Das Konnossement erfüllte zahlreiche Funktionen. Aufgrund des Signums ließ sich der Eigentümer der Ware ermitteln. Es diente als Quittung dafür, dass der Schiffsführer eine bestimmte Anzahl Colli mit einem bestimmten Bruttogewicht zur Beförderung übernommen hat. Es hatte Vertragsfunktion und enthielt den Frachtsatz, also den Beförderungspreis pro Gewichtseinheit. Es legitimierte zum Empfang der Ware, war also eine Urkunde. Mehr noch, »es ist in vielen Fällen gleichbedeutend mit der Ware selbst, es kann zediert, giriert oder indossiert werden, d. h., es ist übertragbar, es kann lombardiert (verpfändet) werden, es kann schließlich, wie die Ware selbst, verkauft werden«.[18] Konnossemente waren stempelpflichtig, das heißt, sie wurden – in der Regel vom Spediteur der absendenden Firma – gegen eine Gebühr abgestempelt und unterzeichnet.

Jedes Seehandelsschiff musste außerdem ein vom Kapitän unterschriebenes Manifest über die geladenen Waren mitführen. Das Manifest enthielt den Namen und die Größe des Schiffes, seinen Heimathafen, die Namen der Orte, wo die Waren geladen und für die sie bestimmt waren, die Zahl der Packen, Kisten, Ballen oder anderer Behältnisse, die sich auf dem Schiff befanden, deren Gewicht, die Menge und Art der geladenen Waren, den Schiffsproviant und die persönlichen Effekten der Mitreisenden. Aufgrund des Manifests wurde im Bestimmungshafen die Zollabfertigung durchgeführt. Grundlage für das Manifest war das Ladebuch, das der Steuermann über die verladenen Waren führte. Der Verlader erhielt seinerseits vom Steuermann einen Ladeschein (*receipt*), der die empfangenen Waren bestätigte. Mit dem Ladeschein konnte der Verlader wiederum beim Kapitän die Unterzeichnung des Frachtbriefes einfordern.

Der Warentransport und die Handänderung von Gütern wären undenkbar ohne diese Praxis des Dokumentierens, Beglaubigens und Quittierens. Die Lagerscheine, Ladescheine, Frachtbriefe, Manifeste, Deklarationen und Charterverträge, die den internationalen Güterverkehr regelten und begleiteten, waren nicht bloß Mittel zum Zweck, sondern trugen ihrerseits zu einer Standardisierung der Abläufe und des kaufmännischen Wissens bei. »Waren und ihre epistemische und mediale Repräsentation sind im Fernhandel a priori miteinander verknüpft«, so die Historikerin Monika Dommann. »Die Frage, wie Transportketten erzeugt, stabilisiert und koordiniert wurden, zielt auf eine Historisierung jener Praktiken, die so selbstverständlich sind, dass sie nicht mehr wahrgenommen werden, sobald sie funktionieren.«[19]

Problematisch wurde es dann, wenn die enge Verknüpfung zwischen Papieren und Waren scheiterte. Die internationalen Frachtpapiere wurden zwar von allen gemäß Usus ausgefüllt, abgestempelt, verstanden und weitergereicht, sie waren aber in keine geregelte Rechtspraxis eingebunden. Es gab – und gibt bis heute – keine internationalen Standards, die die Haftbarkeit rund um den Warentransport verbindlich festlegen würden. Bei wem wollte man seine Rechte einfordern, wenn irgendetwas schiefging, wenn das, was auf einem Papier deklariert war, nicht mit dem übereinstimmte, was als Colli geliefert wurde?

Das Problem der Gerichtsbarkeit

»Das Problem der reinen Konnossemente und der Garantiebriefe ist uralt«, hieß es 1929 in der Vierteljahrsschrift *Internationale Wirtschaft*. »Es hat alle internationalen Konferenzen zur Verzweiflung gebracht.« Die von der Internationalen Handelskammer herausgegebene und in drei Sprachen erscheinende Zeitschrift verwies auf die Arbeit einer internen Kommission, den »Ausschuss für Seetransporte«, der sich mit der Frage der Haftbarkeit im internationalen Handel beschäftige. An Mut habe es nicht gefehlt, als man sich zur nochmaligen Prüfung dieser Frage entschloss. Die Kommission ging pragmatisch vor und ließ das Problem von einem Unterausschuss untersuchen, dem zwei Reeder, zwei Bankiers, zwei Versicherer und zwei Kaufleute angehörten. Die heterogen zusammengesetzte Gruppe arbeitete Vorschläge aus, die am Amsterdamer Kongress der Internationalen Handelskammer vom Juli 1929 besprochen werden sollten. Weit reichten die Vorschläge allerdings nicht. »Auf ihre einfachste Formel gebracht, besteht die allen Parteien empfohlene Lösung in der Abwälzung der Verantwortung auf den Käufer und Verkäufer.«[20]

Gab es Probleme zwischen zwei Vertragspartnern aus unterschiedlichen Ländern, waren die Parteien auf sich gestellt. Der Gang an ein Gericht in einem der beiden Länder bedeutete, dass der dort nicht domizilierte Betroffene ein parteiisches Verfahren befürchten musste; gleichzeitig war ein von einem nationalen Gericht gesprochenes Urteil international nur schwer durchzusetzen. Man musste den Weg des *exequatur* nehmen – der inländischen Vollstreckbarkeitserklärung eines ausländischen Urteils. Solche Verfahren anzustrengen war mühsam und kostspielig, und ihr Ausgang war höchst ungewiss, da jedes Land andere Regeln der Berücksichtigung ausländischer Gerichtsurteile kannte.

In den Anfängen der Expansion nach Übersee wurden Streitigkeiten pragmatisch auf diplomatischem Weg geregelt, ohne Gericht. »Ein Handelsgesez existirt, unseres Wissens, in Japan nicht«, hieß es 1865 in einem Bericht des schweizerischen Konsuls in Japan an den Bundesrat. »Hat ein Landesfremder gegen einen Japanesen Klage zu führen, so wendet er sich, durch das Organ seines Konsuls, an den Gouverneur von Yokohama. Zwischen diesen beiden Beamten ist gemeiniglich eine Verständigung bald erzielt, indem sie ihrem Entscheide die Billigkeit zu Grunde legen.« Falls umgekehrt ein Japaner gegen einen Fremden klagen wollte, »so wendet er sich, durch Vermittlung des Gouverneurs, an den Konsul der Nation, welcher der Beklagte angehört, und dieser legt seinem Urtheilspruche die Handelsgesezgebung seines Heimatlandes zu Grunde«.[21] Gerard de Malynes, ein Merkantilist des 17. Jahrhunderts, schrieb bereits um 1622, der Kaufmann ziehe das Gesetz der Händler dem staatlichen Gericht vor. Die informelle Methode sei »weder zu grausam in ihrem Stirnrunzeln noch zu parteiisch in ihrem Wohlwollen«.[22] Zivile Gerichtsverfahren hätten die Geschäfte auf lange Zeit blockiert, und sie waren in lokalen Strukturen verankert, die der Weltläufigkeit des Handels widersprachen, weshalb die global agierenden Kaufleute sie nach Möglichkeit mieden.

Dass eine außergerichtliche Regelung unter Gentlemen in komplizierten Fällen nicht mehr funktionierte, liegt auf der Hand. Im frühen 20. Jahrhundert wurde als Alternative das private Schiedsgericht (*arbitration*) institutionalisiert. Es ist bis heute eine zentrale Institution der globalisierten Märkte und seit den siebziger Jahren massiv ausgebaut worden. Wenn sich zwei Parteien, die in unterschiedlichen Ländern Sitz haben, nicht einig sind über die Umsetzung von Vertragsbedingungen, wählen sie in der Regel diesen Weg statt den Gang an ein offizielles Gericht in einem der beiden Länder oder einem betroffenen Drittstaat. Entweder wählen die beiden Konfliktparteien je für sich einen Schiedsrichter, die sich ihrerseits dann auf einen dritten Schiedsrichter verständigen, der das ad hoc gebildete Schiedsgericht präsidiert. Alternativ können sich die Kläger an ein spezialisiertes Forum wenden, wie sie heute an zahlreichen Finanz- und Handelsplätzen existieren.[23]

Die Schiedsgerichte dreier Schweizer Handelskammern – der Chambre de commerce, d'industrie et des services in Genf, der Zürcher Handelskammer und der Handelskammer beider Basel – gehörten zu den weltweit ersten Anbietern internationaler Schiedsgerichte bei wirtschaftlichen Streitfällen. Die Basler Handelskammer publizierte bereits 1869 Schiedsregeln. Die Zürcher Handelskammer bot ab 1911 Dienstleistungen für die außergerichtliche Einigung an.[24] In ihrer ersten Schiedsgerichtsgerichtsordnung hieß es, der Zweck des neu geschaffenen Schiedsgerichts sei es, »bei geschäftlichen Streitigkeiten unter Kaufleuten und Industriellen, von denen wenigstens die eine Partei Mitglied der Kaufmännischen Gesellschaft Zürich oder eingetragener Besucher der Zürcher Freitagsbörse ist, mit möglichster

Raschheit endgültiges Recht unter den Parteien zu schaffen und dadurch die Anrufung der ordentlichen Gerichte entbehrlich zu machen«.[25] Schiedsgerichte übernahmen die Funktion eines Gerichts, sie legten die Verfahrensregeln fest und stellten die administrative Infrastruktur zur Verfügung. Vor allem garantierten sie Vertraulichkeit. Die Urteile, die oft Geschäftsgeheimnisse betrafen, wurden (und werden) nicht öffentlich gemacht.[26]

Schiedsgerichte sind, wie die Historikerin Claire Lemercier und der Wirtschaftswissenschaftler Jérôme Sgard schreiben, eine typische Institution der globalisierten Welt: Private Akteure verfügen über große normative Autonomie. Die Regeln und Verfahren, auf die sie zurückgreifen, haben weitgehend extraterritorialen Charakter, wobei dennoch nicht völlig auf die rechtlichen Durchsetzungsmittel der Staaten verzichtet wird.[27] Auf dem fünften Kongress der Internationalen Handelskammern, der 1912 in Boston stattfand, meinte ein Mitglied der Britischen Handelskammer: »Kaufleute sind sich der begrenzten Handlungsfähigkeit von Politikern und Diplomaten völlig bewusst, und dass die Handelswelt ihre Geschicke selbst in die Hände nehmen muss.« Man müsse über die alltäglichen Fragen nachdenken, inklusive der Organisation des Friedens, denn man könne wohl mit Recht behaupten, dass die wirtschaftliche Schiedsgerichtsbarkeit die wichtigste Diele in der Plattform des weltweiten Friedens und der weltweiten Solidarität sei.[28]

Nach dem Ersten Weltkrieg nahm die Institutionalisierung transnationaler Kooperation in wirtschaftlichen Belangen Form an. Die 1919 in Paris gegründete Internationale Handelskammer (ICC) publizierte 1922 erstmals verbindliche Schieds- und Schlichtungsregeln – das Règlement de conciliation et d'arbitrage – und stellte ein internationales Schiedsgericht zur Verfügung.[29] Die Handelskammern von

Zürich und Genf waren Mitglieder des Swiss Arbitration Committee der Internationalen Handelskammer. Sie boten für die ICC Schiedsgerichtsdienstleistungen an, stellten auf Anfrage Schiedsgutachter und Experten und berieten ihrerseits ihre Mitglieder entsprechend den Regeln der ICC. Im Juni 1959 trat schließlich das New Yorker Übereinkommen über die Anerkennung und Vollstreckung ausländischer Schiedssprüche in Kraft. Alle unterzeichnenden Staaten garantieren sich gegenseitig, Urteile aus Schiedsgerichten in anderen unterzeichnenden Staaten ohne weitere Gerichtsverfahren durchzusetzen. Meist ist ein solches staatliches Durchsetzen allerdings gar nicht nötig, da die Verliererpartei den Schiedsspruch anerkennt und die Buße oder Wiedergutmachung bezahlt.

Private Schiedsverfahren sind bis heute eine Schatteninstitution, in der eine juristische Elite hinter verschlossenen Türen Verteidiger und Richter stellt, Verfahren durchführt und Urteile fällt. Die Schiedsgerichte haben sich im Laufe der Zeit gewandelt – von einer erlauchten Gesellschaft alter Männer mit tadellosen Leistungsnachweisen und einer unbestechlich-neutralen Haltung hin zu einem technokratischen Betrieb mit hochspezialisierten Dienstleistungsangeboten.[30] Die Verfahrenskosten sind massiv gestiegen. Für die Kläger ist das Risiko von Schiedsverfahren hoch, für Anwälte und Schiedsgerichte werden Millionensummen bezahlt. Sie werden deshalb nur bei komplexen Fällen angestrebt. Wenn irgend möglich, versuchen die Handelsfirmen ihre Rechte auf bilateralem Weg und mittels informeller Diplomatie durchzusetzen.

Die Kontinente werden verkabelt

Zum Ausbau der Schifffahrtslinien kam in der zweiten Hälfte des 19. Jahrhunderts eine Revolution der Kommunikation über weite Distanzen hinzu, die ebenfalls weitreichende juristische Implikationen hatte. Aufbauend auf den Forschungsarbeiten von Michael Faraday zur elektromagnetischen Induktion, baute man in den dreißiger Jahren des 19. Jahrhunderts die ersten elektromagnetischen Telegrafen; der von Samuel Morse 1837 konstruierte Schreibtelegraf wurde zum Goldstandard des 19. Jahrhunderts. Die von einem Operateur versandte Mitteilung hieß telegrafische Depesche; 1852 schlug ein Amerikaner vor, sie kurz »Telegramm« zu nennen.[31] Der Aufbau einer interkontinentalen Telegrafeninfrastruktur war ein staatenübergreifendes Großprojekt. 1865 fand in Paris der erste internationale Telegrafenkongress statt, an dem Vertreter aus zwanzig Ländern die grenzüberschreitende Telegrafie regelten und standardisierten. Als Einheit des Tarifs legte man zwanzig Worte fest. An der zweiten Konferenz 1868 gründete man ein internationales Telegrafenbüro mit Sitz in Bern.[32]

Anleitungen zum Verfassen von Telegrammen wurden Teil der Betriebs- und Handelslehre. 1899 schrieb Max Behm in seinem *Leitfaden der allgemeinen Handelslehre*: »Telegramme können in den Briefkasten gelegt oder an Telegraphenboten gegen 10 Pf. Zuschlag abgegeben werden. Meist werden sie am Schalter eingeliefert, hierbei erfolgt die Abfertigung außer der Reihe. Deutliche Schrift ist dringend erforderlich; die Aufschrift soll stets in derjenigen Sprache ausgedrückt werden, die im Bestimmungslande gesprochen wird, oder Französisch.«[33] Ein Telegramm war vergleichsweise teuer, bezahlt wurde pro Wort. Von der technischen Elimination physischer Distanz profitierten deshalb in erster Linie das

Militär, die Regierungen, die Nachrichtenagenturen und der Handel. Die Kürze wurde mit Geschwindigkeit belohnt. Dennoch steht die Telegrafie nicht nur für einen quantitativen, sondern vor allem für einen qualitativen Wandel der Verhältnisse: Sie trennte die Kommunikation erstmals vom Warentransport. Und sie wirkte, einmal davon losgelöst, auf höchst effektive Weise auf diesen zurück.

Die Kommunikation über Telegrafenkabel machte es möglich, Preise für Rohstoffe fast ohne Verzögerung vom Ursprungsland an die Destinationen und die großen Handelsbörsen zu übermitteln. Als 1865 die telegrafische Verbindung zwischen Europa und Indien in Betrieb genommen wurde, hatte das unmittelbare Auswirkungen auf die Geschäftsabläufe. Die Firmen gingen dazu über, Preislisten ihrer Waren zu führen und diese nach Europa zu telegrafieren. Die Verkaufspreise beruhten auf den aktuellen Marktpreisen in Indien; sämtliche Spesen, Transportkosten und Wechselgebühren waren inbegriffen.[34] Damit stieg die Konkurrenz zwischen den Handelsfirmen. Das Kommissionsgeschäft, die bisher gängige Handelsart, kam fast vollständig zum Erliegen.[35]

Bis in die siebziger Jahre des 19. Jahrhunderts hatten die Kaufleute im Auftrag ihrer europäischen Käufer gegen eine Kommissionsgebühr von rund fünf Prozent Waren *at best possible* eingekauft, also auf Vertrauensbasis in bestmöglicher Qualität. Die Käufer mussten für ihre Bestellungen eine Bankgarantie des voraussichtlichen Preises vorlegen. Diese Bankgarantie war die einzige Sicherheit, die die Handelsfirma hatte, falls dem Käufer irgendetwas zustieß, bevor die gezogenen Wechsel der Zweighäuser in Indien von der Bank in Europa akzeptiert wurden. Die Kredite waren *clean*, das heißt, sie ermächtigten die betreffende Einkaufsagentur, sechs Monate vor der definitiven Bezahlung der bestellten

Ware, Wechsel zu ziehen und diese zum aktuellen Tageskurs an eine der lokalen indischen Banken zu verkaufen. Sobald die Ware verschickt wurde, wurde eine Rechnung in Rupien erstellt, die auch alle Frachtkosten plus fünf Prozent Kommission enthielt. Dann wurde ein weiterer Wechsel gezogen für die Summe, die über den Wareneinkauf hinausging.[36]

Mit der Telegrafenverbindung nach Europa, die eine unmittelbare Preistransparenz ermöglichte, wurde es allerdings zunehmend schwierig, Banksicherheiten zu bekommen für Waren, die in unabsehbarer Qualität erst in einem halben Jahr geliefert wurden. Käufer waren auch nicht mehr bereit, Bestellungen in Rupien aufzugeben. Bestellungen in britischen Pfund wurden nun üblich, französische Handelsfirmen lieferten gegen Franc nach Frankreich.[37] Die neuen Verhältnisse führten zu einem weitreichenden Wandel des ganzen Geschäfts. Einige in London und Bombay ansässige Firmen, die zunehmend Mühe hatten, Aufträge zu erhalten, überlegten sich, statt die Käufer auf lange Sicht an Bestellungen zu binden, diesen die Freiheit zu lassen, Ware dort zu kaufen, wo ihnen eine Firma ein passendes Angebot machte.

Sukzessive wurde der ganze Handel von der Nachfrage- auf die Angebotsseite umgestellt. Ging eine Handelsfirma dazu über, Preislisten für von ihr angebotene Waren nach Europa zu telegrafieren, übernahm sie das alleinige Exportrisiko und konkurrierte nun direkt mit allen anderen Anbietern gleicher oder ähnlicher Waren auf dem Weltmarkt. Die Folge war, dass die Kunden das Geschäft nicht mehr vorfinanzieren mussten, sondern die Ware erst bezahlten, wenn sie am Bestimmungsort eintraf. Das ganze Geschäftsrisiko lag bei der Handelsfirma, die, um die nötige Liquidität zu haben, nun ihrerseits vermehrt auf Bankkredite angewiesen war.[38] Bei Volkart war man dieser Umkehrung der Geschäftslogik gegenüber skeptisch eingestellt. Abseits zu stehen wäre allerdings unmöglich gewesen. Welcher Käufer wollte noch das Risiko für eine Warensendung übernehmen, wenn einem andere Firmen vorgefertigte Angebote machten? Widerwillig entschied die Geschäftsleitung, einen Versuch zu starten mit eigenen Waren- und Preislisten.[39]

Mit der zunehmenden telegrafischen Verkabelung des Landesinneren nahm auch die Kommunikation zwischen den firmeneigenen Agenturen zu. In Indien führte das exzessive Telegrafieren von Volkarts Zweigniederlassungen 1920 zu einem Zirkular des Mutterhauses, in dem »das viele unnütze und unökonomische Telegraphieren in Indien« gerügt und eine bessere Verwendung des »General Code« nach Sir Francis J. Bolton verlangt wurde, in dem allgemeingültige Kürzel für die Geschäftskorrespondenz definiert waren. »Trotz seiner Fehler, die durch die Kriegsverhältnisse verursacht worden sind, enthält dieser Code zahlreiche, gerade für unser Geschäft nützliche Phrasen, so über Taktik, Markt etc.«[40] Der General Code, seit 1871 der Standard-Code in der Geschäftstelegrafie, sorgte für Sparsamkeit bei den Wörtern und für Effizienz. Dem standen ein Aufwand beim Codieren und mögliche Verständnisprobleme beim Empfänger gegenüber. So hielt die Geschäftsleitung von Volkart wiederum fest, »dass mit dem Codifizieren nicht zu weit gegangen werden soll, denn in vielen Fällen kommt es darauf an, dass eine Depesche rasch abgeht und nicht, dass einige Worte gespart werden«.[41]

Die Telegrafie veränderte auch die Kommunikation zwischen den Handelsfirmen und den Rohstoffbörsen sowie zwischen den Börsen untereinander. Sie ermöglichte es, Aufträge sofort auszuführen und aktuelle Kurse einer Börse ohne wesentliche Zeitverzögerung an andere Börsen zu übermitteln. 1921 schrieb ein Volkart-Mitarbeiter, dass er in Japan von einem Spinner einmal gefragt worden sei, wie lange es dauere, einen Auftrag auszuführen, und was für eine Maschinerie dafür in Gang gesetzt werden müsse. Der erste Teil der Frage sei nicht so leicht zu beantworten, so der Kaufmann. In einem breiten und aktiven Markt könne ein Kauf- oder Verkaufsauftrag für 20000 Ballen Baumwolle in drei Minuten ausgeführt werden; in einem kleinen und flauen Markt könne es zehn Minuten dauern, um nur 1000 Ballen zu kaufen oder zu verkaufen. Der Mechanismus hingegen sei in beiden Fällen derselbe: »Wenn ein Kabel mit einem Auftrag eingegangen, übersetzt und im Büro geprüft worden ist, wird die Bestellung über unsere private Verbindung umgehend in den Börsensaal übermittelt, und der Angestellte, der für unser Telefon zuständig ist, schreibt zum Beispiel ›buy 10 Oct. mkt‹ auf einen Zettel, was soviel bedeutet wie ›Kauf zehn Verträge, also 1000 Ballen, mit Marktlieferung im Oktober‹, dann gibt er den Zettel einem Botenjungen, der genau weiß, in welcher Ecke des ›Rings‹ er den Broker findet, der den Auftrag ausführen kann. Dieser Broker kauft die 1000 Ballen – vielleicht von einem, vielleicht von verschiedenen Verkäufern – und schreibt auf den Originalbeleg den Preis, den er bezahlt, übergibt den Beleg wieder dem Botenjungen, der zu unserem Telefon rennt und das Büro sofort über die Ausführung des Auftrags orientiert, das ihn codiert und telegrafisch weiterleitet.«[42]

Unterschiedliche Handelsplätze wurden mit dem Ausbau der Telegrafie kurzgeschlossen, die Geografie verlor an Bedeutung, lokale Preisschwankungen wurden zunehmend eingeebnet. Zeitgenössische Beobachter verknüpften mit der Telegrafie deshalb die Hoffnung auf mehr Transparenz an den Märkten. Die meisten Geschäftsleute waren sich einig, dass der Telegraf Spekulation und Manipulation einschränken werde, die beide auf asymmetrischer Information und Unsicherheiten im Markt basierten. In *DeBow's Review*, einer

verbreiteten Zeitschrift aus New Orleans, die dem »landwirtschaftlichen, kommerziellen und industriellen Fortschritt« gewidmet war, hieß es 1854, der Telegraf habe das
»cotton and stock gambling« um 95 Prozent reduziert.[43]
Als nach Verlegung des Atlantikkabels die telegrafischen
Nachrichten über Preise und telegrafisch übermittelte Käufe
zunahmen, erhielt allerdings die gegenteilige Meinung Auf-
trieb: dass damit auch die Spekulation zunehme – eine Spekulation, die nicht mehr auf geografischer Arbitrage beruhte, sondern auf steigenden oder sinkenden Kursen.

Grund dafür war, dass der Telegraf die Termingeschäfte
beförderte. Die schnelle telegrafische Kommunikation, die
Börsennotierungen bereits am Folgetag in den Zeitungen
publik machte, erlaubte es den Händlern, Kaufverträge abzuschließen, lange bevor die Ware geliefert wurde. Der deutsche Nationalökonom Gustav Cohn schrieb 1868 in seinem
Buch *Die Börse und die Spekulation*: »Den oft in einer Stunde mehrmals sich ablösenden Botschaften der Telegraphen
würde es nun kaum genügen, dass zu jedem besondern Ab-
schlusse eine längere Besprechung und Verhandlung über
die mancherlei Bedingungen vorgenommen würde, noch
weniger sind die Geschäfte, welche aus Anlass jedes Tele-
gramms geschlossen werden, auf die gerade *bereit liegenden*
Papiere oder Waaren zu beschränken; schnell, wie der elek-
trische Funke springt, drängen die Geschäfte zum Vollzu-
ge.«[44] Bei Termingeschäften verpflichteten sich die Vertrags-
parteien, eine Transaktion zu einem bestimmten Preis nicht
sofort zu tätigen (als Kassageschäft), sondern zu einem festgelegten Zeitpunkt in der Zukunft. Termingeschäfte konnten für Wertpapiere, Staatsanleihen und Rohstoffe abgeschlossen werden, also bei standardisierter Ware und einem
voraussehbaren, stereotypen Ablauf des Geschäfts, bei dem
sich nur der Preis im Laufe der Zeit verändert, so dass das

Termingeschäft je nach Fluktuation der Preise zugunsten oder zulasten des Käufers ausfällt.

Ein formeller Markt für Termingeschäfte bildete sich zur Zeit des amerikanischen Bürgerkrieges heraus, als Preissprünge und überhitzte Märkte den Händlern das Kalkulieren erschwerten – von hohen Gewinnen bis zu exorbitanten Verlusten war auf einmal alles möglich. Ab 1863 konnten Baumwollhändler bei der Liverpool Cotton Brokers' Association ein Standardformular bestellen für Verträge über zukünftige Lieferungen.[45] Wer einen Futures-Vertrag abschloss (also einen Terminkontrakt), konnte sicher sein, zum vorbestimmten Zeitpunkt den abgemachten Preis zu erhalten, egal, ob die Preise auf dem »Spotmarkt« (dem Markt für das Kassageschäft, bei dem prompt geliefert wird) inzwischen gefallen oder gestiegen waren. Den Rohstoffhändlern garantierten Termingeschäfte also Absatz und Kalkulationssicherheit. Der Nachteil war, dass sie, falls die Preise bis zum vereinbarten Termin in der Zukunft markant stiegen, ihre Ware zu billig verkaufen mussten.

Dieses Risiko ließ sich mit einem Differenzgeschäft zwar nicht eliminieren, aber zumindest abfedern. Ein Differenzgeschäft bedeutet, dass jemand einen Futures-Kontrakt kauft, sich aber lediglich verpflichtet, am Ende die Differenz zwischen dem im Voraus festgelegten Futures-Preis und dem aktuellen Marktpreis zu bezahlen, ohne physische Ware zu liefern. Die Händler schlossen also beispielsweise einen Futures-Vertrag auf Lieferung ab, zu einem bestimmten Preis am Stichtag. Gleichzeitig sicherten sie sich für eine vergleichbare Warenmenge mit einem Differenzgeschäft ab. Falls die Preise stiegen, verloren sie mit dem »Kassa-Geschäft«, da sie, verglichen mit den hohen Preisen, die nun gezahlt wurden, in der Vergangenheit einen zu »billigen« Futures-Preis festgelegt hatten; gleichzeitig gewannen sie aber mit dem Differenzgeschäft. Umgekehrt galt, dass sie, wenn sie die Ware zu einem unüblich hohen Preis verkaufen konnten, anderswo aber ein Differenzgeschäft auf ähnliche Ware abgeschlossen hatten, für diesen Vertrag die Differenz zum Marktpreis bezahlen mussten, also Geld verloren. Man nennt dieses Abfedern von Risiken im physischen Warengeschäft durch Differenzgeschäfte *hedging*.

Der Rohstoffhandel ist großen Preisschwankungen ausgesetzt. Auch dass man im Welthandel Geschäfte auf Termin abschließt – für Waren, die zum Zeitpunkt des Geschäftsabschlusses noch gar nicht verfügbar sind –, sorgt für Unsicherheit. *Hedging*-Operationen etablierten sich als Technik, um den Güteraustausch über entfernte Distanzen und zwischen entfernten Terminen zu erleichtern und gegen Preisfluktuationen abzusichern. Das Hedgen wurde deshalb auch als Handelsversicherung, als »Trade Insurance«, bezeichnet. Heinrich Wachter, Geschäftsleitungsmitglied von Volkart, erläuterte die Funktion dieser Risikoabsicherung 1946 so: »Gehen wir davon aus, dass ein überseeischer ›Shipper‹ oder, wie wir deutsch sagen *Ablader*, auf Wunsch seiner Kundschaft ein Ernteprodukt verkaufen muss, das noch nicht gewachsen ist und vielleicht fünf oder mehr Monate später eingebracht wird und erst dann gekauft werden kann. Er sucht Schutz, um sich vor allfälligem Verlust auf der spätern Eindeckungsmöglichkeit zu bewahren. Diesen Schutz erhält er weitgehend durch Kauf eines Terminkontraktes, dessen Quantum, Qualität und Lieferzeit möglichst nahe der von ihm verkauften Ware entsprechen. Steigt der Markt, so wird er für die auf den Ablieferungstermin einzukaufende Ware mehr bezahlen müssen als den Preis, zu dem er verkauft hat. In diesem Falle wird er aber auf dem Hedge ungefähr gleich viel verdienen, als er auf dem Vorverkauf der Ware verliert, da ja anzunehmen ist, dass die Preiskurven für effektive Ware und Terminkontrakte weitgehend parallel laufen.«[46]

Umkehrt konnte sich ein Händler, der Ware kaufte, für die er im Moment noch keinen Absatz fand, durch Verkauf eines entsprechenden Quantums auf Termin vor dem Preiszerfall schützen. Fiel der Marktpreis, so musste er die Ware später mit Verlust verkaufen. Er machte dafür aber einen entsprechenden Gewinn auf dem Terminkontrakt. Nicht nur die Großhändler, auch ihre Kunden und die direkt einkaufenden Fabrikanten sicherten sich mit Terminkontrakten gegen Marktrisiken ab, wobei sie es in der Regel vorzogen, Terminkontrakte »auf Abruf« (auf *call*) abzuschließen, das heißt, den Preis und die Zahlung nicht auf ein bestimmtes Datum festzulegen, sondern innerhalb einer vereinbarten Zeitspanne zu fixieren.[47]

Dass Händler sich mit dem Kauf und Verkauf von Terminkontrakten auf steigende oder sinkende Preise einließen, statt ihre Ware einfach zum bestmöglichen Preis zu verkaufen, leuchtete nicht allen ein. Ein in New York tätiger Volkart-Kaufmann erzählte 1922 folgende Anekdote: Er hatte in Texas 100 Ballen Baumwolle eingekauft und ging, da er das Risiko eines Preisrückgangs fürchtete, zu einem lokalen Banker, den er bat, 300 Dollar für ein Differenzgeschäft an seinen Broker in New Orleans zu überweisen, um das Geschäft an der Börse zu »hedgen«. Zuerst weigerte sich der Banker der Kleinstadt, dem das Differenzgeschäft offensichtlich suspekt war. Dann telegrafierte er die Order aber doch und der Volkart-Händler verkaufte einen Futures-Kontrakt gegen seinen Baumwolleinkauf. Er konnte nun wieder ruhig schlafen. Einige Tage später erhielt er ein Kaufangebot für seine Baumwolle in der Höhe von einem Dollar pro Ballen. Er sagte den Verkauf sofort zu und kaufte gleichzeitig den Futures-Kontrakt zurück. In der Zwischenzeit war der

Marktpreis an der Börse um 1 Cent pro Pfund gestiegen. Glücklich über seinen Handel, ging er zum lokalen Banker und unterbreitete ihm die Zahlen: 600 Dollar Profit im Kassageschäft (*on spots*), 500 Dollar Verlust mit dem Futures-Kontrakt, macht 100 Dollar Reingewinn. Der Banker ließ ihn wissen, er halte es für eine Schande, auf diese Art, durch Börsenspekulation (*gambling on the board*), Geschäfte zu machen.[48] In der nächsten Saison habe der Banker seine Meinung allerdings bestimmt geändert, so der Volkart-Mitarbeiter, »als Baumwolle-Futures den höheren Profit verzeichneten, und Kassaverkäufe den Verlust«.[49]

Amateurspekulanten

Bei Differenzgeschäften an der Börse konnten sich auch Leute am Handel beteiligen, die nicht real an einer Warenlieferung interessiert waren, sondern lediglich auf sinkende oder steigende Preise spekulierten. Grundsätzlich war gegen solche Geschäfte nichts einzuwenden, da sie zum normalen Betrieb gehörten und den am Warenhandel Beteiligten erlaubten, ihre Geschäfte abzusichern. Die Spekulation war aber verpönt, ja sie stand unter dem Verdacht, durch ihre Irrationalität den Markt zu verzerren. »Einen Unterschied zwischen Börsenspiel und Speculation zu machen, ist sehr schwierig«, hieß es 1884 in einem Lehrbuch für Kaufleute. An der Börse gebe es eine Menge »Tagesspeculanten, d.h. solche, welche auf die Cursschwankungen des Tages speculiren; daher entstehen selbst in höchst unbelebten Zeiten allerlei Cursbewegungen herauf und herunter, die sonst planlos und rein von der Willkür dictirt erscheinen«. Man müsse diese »Börsenspieler« unterscheiden in solche, die spielen, um davon zu leben, und in solche, die freiwillig ihren Lebensberuf darin suchen, »mit andern Worten: in kleine und große Speculanten«.[50] Wenn das reine Börsenspiel auch vielfach angefochten werde, sei der Akt an sich dennoch völlig legitim, es könne also nicht darum gehen, »jemandem das Recht zu verbieten, Börsenpapiere auf Zeit zu kaufen, mag es auch nur des Differenzgewinnes wegen sein«.[51]

Auch Gustav Cohn vertrat die Ansicht, dass Differenzgeschäfte keinesfalls mit der Wette oder dem Spiel gleichzusetzen seien, denn bei Wette und Spiel handle es sich nicht um wirtschaftliche Arbeit, während jedes Geschäft der Börse, egal in welcher Form es getätigt werde, unmittelbar in den Warenhandel eingreife. Alle Termingeschäfte werden offiziell auf Lieferung geschlossen und es ist juristisch nicht zu unterscheiden zwischen jenen Käufern, die am Ende tatsächlich ihr Lager mit Baumwolle füllen, und jenen, die nur am Differenzgeschäft interessiert sind. »Jeder Kauf und jeder Verkauf übt dieselbe Wirkung auf den Gang der Preise aus, gleichviel, ob der Käufer, der Verkäufer ein Differenzgeschäft machen will oder nicht«, so Cohn, »und erst wenn nachgewiesen wäre, dass die eigentlich oder im engeren Sinne auf Differenzen Spekulierenden schlechter spekulieren als die andern, die man ihnen oft als wahre Kaufleute entgegenhält: dann, aber nur dann, dürfte man sie von dem Anspruch auf Produktivität eher ausschließen als jene.«[52]

Sowohl der Händler, der mit einem Futures-Vertrag seine Risiken im Warengeschäft abfederte, als auch der Spekulant, der auf sinkende oder steigende Preise wettete, nahmen nach Cohn dieselbe Funktion im Handel wahr, nämlich Preisfluktuationen auszugleichen. Spekulation gehöre also zum seriösen wirtschaftlichen Handeln und sei abzugrenzen vom leistungslosen, einer irrationalen Logik folgenden Spiel. »Das Spiel veranstaltet Zufälle, die dem einen nehmen, was sie dem andern geben, während die Spekulation umgekehrt die Zufälle, die im wirtschaftlichen Leben störend hereinzubrechen pflegen, aufzuheben tendiert, indem sie ihr Eintreten vorher berechnet.«[53] Noch einen Schritt weiter ging der Ökonom und Soziologe Pierre-Joseph Proudhon, der die Spekulation in einem Börsenratgeber als vierten Produktionsfaktor neben Arbeit, Kapital und Tausch ansah und die Effektenbörse als mächtigen Mechanismus zur Kapitalallokation verstand.[54]

Die Zunahme von Geschäften an den Sekundärmärkten machte es aus Legitimationsgründen nötig, zwischen einer echten wirtschaftlichen Tätigkeit und dem Nicht-Ökonomischen, dem »Außen« der Wirtschaft, zu unterscheiden.[55] Zur Zeit vor den großen Warenterminbörsen war der Kaufmann selbst als höchst fragwürdige Figur angesehen worden, da er nicht unmittelbar zur Wertschöpfung beitrage: »Der Commissionsreisende hat Alles gethan, ist alles gewesen und am Ende thut er nichts und ist nichts«, hieß es 1841 in einer satirischen Schrift.[56] Mitte des 19. Jahrhunderts gehörte der Kaufmann hingegen zur »ernsthaften« Wirtschaft, während der Spekulant die Grenzfigur am Rande war und in rhetorischen Volten vom Nicht-mehr-Ökonomischen abgegrenzt werden musste.

Die rasante Zunahme der Spekulation auf Termin war einer kleinen Maschine geschuldet: 1867 entwickelte der Telegrafenoperateur Edward A. Calahan den ersten telegrafischen Börsenticker. Der Tickerapparat war eine Art telegrafischer Drucker, der aktuelle Börsenkurse auch außerhalb der Börse zugänglich machte. Wer über einen Ticker verfügte, dem wurden sie laufend auf ein Band ausgedruckt – nicht im Morsecode, sondern alphanumerisch. Die Aktien wurden mit dreistelligen Buchstabenkürzeln der jeweiligen Firma identifiziert, unter der Aktie befand sich der Kaufpreis.

Den Namen hatte das Gerät vom tickenden Lärm, das es erzeugte, weshalb es unter einer schalldämpfenden Glasglocke montiert wurde. Eine Rolle mit 32 Zeichen rotierte permanent durch alle Buchstaben und Ziffern, die Druckgeschwindigkeit der ersten Ticker betrug etwa 210 Anschläge pro Minute. An der Börse sammelten Botenjungen die aktuellen Kurse und übermittelten sie an die telegrafische Sendezentrale. Dort stand ein Transmitter, mit dem sie an die Tickerapparate im ganzen Land weitergeleitet wurden.[57]

Das Revolutionäre am Börsenticker war, dass er nicht mehr *point-to-point* funktionierte, also keine fixierten Sender- und Empfängeradressen mehr hatte, sondern einen anonymen Kreis von Empfängern bediente. Wer über ein entsprechendes Gerät verfügte, verfügte auch über die Information. Der Börsenticker war das erste Echtzeit-Massenmedium. Er vervielfältigte Informationen maschinell und machte Börsenkurse auch für nicht akkreditierte Broker verfügbar. Die Preiskommunikation über den Ticker führte zu einer Standardisierung der Finanzkommunikation und zu einer dramatischen Zunahme des Börsenhandels. Im Gegensatz zu den Kurslisten in Zeitungen ermöglichte der Ticker eine präzedenzlose Steigerung der Geschwindigkeit der Wirtschaftskommunikation. Die Teilnehmer sahen diesen Markt immer weniger als einen Ort an, an dem handfeste Dinge gehandelt wurden, sondern als einen kontinuierlichen Fluss von Kursnotierungen, oder wie der Historiker David Hochfelder schreibt: »Von Märkten, die auf Informationen beruhten, wurden sie immer mehr zu Märkten für den Handel *mit* Informationen.«[58]

1905 verfügten 23 000 US-Büros über einen Börsenticker.[59] Auch das 1920 eröffnete Büro von Volkart in New York hatte selbstverständlich einen Tickerapparat, über den die Baumwollkurse der nahen Börse laufend mitverfolgt wurden. Auf einem Bild, das Volkart in der hauseigenen Zeitschrift *V. B. News* veröffentlichte, posiert die siebenköpfige Belegschaft um den Schreibtisch des Managers Max Greeven, der lässig auf dem imposanten Bürostuhl sitzt – zu seiner Rechten der griffbereite Sprechapparat und die Sekretärin (eine Miss E. Burkhardt mit gezücktem Stift), auf der anderen Seite des Tisches, etwas erhöht auf einem Büromöbel, das wie ein Sockel wirkt, der Börsenticker unter der Glasglocke, dessen laufendes Band sich wie ein Wasserfall in einen Papierkorb ergießt.

Der Ticker konnte in Brokerbüros, Hotels, Saloons, Restaurants und Bucketshops öffentlich beobachtet werden. So wie die Nachricht über den Börsencrash von 1929 über Radio verbreitet und der Kollaps 1987 live auf CNN verfolgt wurde, so wurde die Wirtschaftskrise von 1873 auf dem Tickerband gelesen. Für die Börsen stellte die Veröffentlichung der Preise eine Herausforderung dar: Die Einbindung des Börsenhandels in das sich ständig ausweitende Kommunikationsnetz der Telegrafie bedrohte ihre Exklusivität. Dennoch wurde die Popularisierung in den Börsenhandbüchern um 1900 meist begrüßt. Man sprach zwar von »Amateurspekulanten«, argumentierte aber, dass mit dem Ticker eine Demokratisierung des Handels verbunden sei. »Nichts könnte im Grundsatz demokratischer sein als die Art und Weise, wie das Geschäft heute läuft«, hieß es 1914 in einer Publikation zur Börse.[60]

Der unprofessionelle oder semiprofessionelle Aktienbesitzer wurde durch den Ticker unabhängig, nicht zuletzt von unzuverlässigen Informationsquellen und Betrügern. Das hatte einen Transparenzeffekt: Die Veröffentlichung von Preisen auf dem Tickerband wurde als Schutz vor »unökonomischer« und »intransparenter« Preismanipulation angepriesen. Eine Manipulation des Marktes durch einzelne betrügerische Financiers war erschwert. »Nie war die Spekulation so skrupellos und schädlich wie in der Zeit vor der Erfindung dieses Apparats«, hieß es.[61] Wenn es auch nicht weniger Spekulation gab, so sei sie immerhin demokratischer und transparenter geworden. Demokratisiert worden sind allerdings auch die Verluste, und sie schädigten die Kleinanleger deutlich mehr als die Großspekulanten.

Friedrich Glaser, der 1908 eine vielbeachtete Abhandlung über die Börse publizierte, machte diese Ambivalenz der behaupteten »Demokratisierung der Spekulation« am Börsenkrach von 1873 deutlich. Die Gründung von Spekulationsbanken habe zum Versuch geführt, »die gesamte Menschheit mit dem bourgeoisen Geiste der Spekulation zu evangelisieren«.[62] Nie sei die Breitenwirkung der Börsengeschäfte derart offensichtlich geworden wie in der Zeit vor dem Wiener Börsenkrach, als zahlreiche neue »Maklerbanken« gegründet worden seien, welche die »kaum gedruckten Aktienballen übernahmen und dem Publikum unter den Schlagworten ›Demokratisierung der Börse‹ und ›Popularisierung der Spekulation‹ das Differenzspiel erleichterten«. Ein erfahrener Börsenbesucher habe freilich schon damals von der »Encaillierung der Börse« gesprochen, und in der Tat biete der ganze Verlauf des Wiener Krachs ein »typisches Bild der weite Volkskreise in Mitleidenschaft ziehenden Spekulationskrisis«.[63] Die Vorstellung einer Demokratisierung der Spekulation ist also mit Vorsicht zu genießen. Weder der Börsenticker noch die Digitalisierung des Börsengeschäfts seit den achtziger Jahren haben, wie Jakob Tanner feststellte, zu einer Demokratisierung des Reichtums geführt, »im Gegenteil lief gerade die Ausweitung der Partizipationschancen an den Finanzmärkten [...] mit einer stärkeren Ungleichheit in der Vermögensverteilung einher«. Einerseits sei die Inklusionstendenz der Börse nie breitenwirksam geworden, andererseits sei die Vermögensperformance bei kleinen Anlegern noch nie besonders gut gewesen.[64]

Vorsicht ist auch gegenüber dem Topos vom gierigen und windigen Spekulanten geboten, der sich um 1900 nahtlos in den Diskurs um Neurasthenie, Dekadenz und zivilisatorischen Niedergang fügte. »Die dem Börsenmann anscheinend ganz besonders eigentümliche Vergnügungssucht, die ja eben nichts weiter als die Resultante seines auf tausend Schwankungen gestellten Daseins und seiner beständig ineinanderlaufenden, niemals einen sorgenfreien Abschluss gestattenden Tätigkeit ist, zeigt gerade in konzentrierter Form die diesem Zeitalter der Erregbarkeit unentbehrliche Neigung, Reize auf Reize zu häufen«, schrieb Glaser um 1908. »So mag mancher Spekulant die Beschleunigung, Steigerung und Intensivierung des ganzen Daseins, die der kapitalistischen Kultur eigen ist, in seinem eigenen Wesen aufs ausgesprochenste repräsentieren.«[65]

Niemand hat die kapitalistische Wirtschaftsweise des 19. Jahrhunderts und die Gefühlskorruption des Spekulanten in düstereren Bildern beschrieben als Honoré de Balzac. Sein 1834 publizierter Roman *Eugénie Grandet* handelt von einem geldbesessenen Geschäftsmann, dessen Drang zur Spekulation sämtliche menschlichen Gefühle überdeckte. Er mutierte zum Tier: »In Geldgeschäften hielt Monsieur Grandet es mit dem Tiger und der Boa constrictor: er verstand es, sich zu ducken, stillzuhalten, seine Beute lang anzusehen, sich auf sie zu stürzen; dann öffnete er den Rachen seiner Börse, verschlang eine Ladung Taler und legte sich ruhig nieder, wie die Schlange, die verdaut, ungerührt, kalt, planmäßig.«[66] Das sagt freilich mehr über den Zeitgeist der frühen dreißiger Jahre des 19. Jahrhunderts aus als über das Wesen des Spekulanten. Theodor W. Adorno schrieb 1961 über Balzac: »Wo die paranoide Phantasie überwuchert, ist er denen verwandt, welche die Formel des über den Menschen waltenden gesellschaftlichen Schicksals in Machenschaft und Verschwörung von Bankiers und Finanzmagnaten in Händen zu halten wähnen.« Reaktionär daran sei nicht die konservative Grundhaltung, »sondern seine Komplizität mit der Legende vom raffenden Kapital«.[67] Die Wahrheit sei, schrieb der amerikanische Autor William Clarkson van Antwerp 1913, dass jede Investition spekulativ sei; es gebe zwar graduelle Unterschiede, aber keine Wesensunterschiede. Ihr praktischer Effekt unterscheide sich nicht groß vom Glücksspiel.[68] Der Historiker Alexander Engel hat argumentiert, dass die Debatten um die Differenzgeschäfte eine Frage nach Spiel oder Ernst der Trader gewesen seien. Und ob ein konkretes Differenzgeschäft Spiel oder Ernst ist, lässt sich der Transaktion eben gerade nicht ansehen.

Die Frage der Spekulation war letztlich eine juristische Frage. Das deutsche Reichsoberhandelsgericht war 1872 der Auffassung, dass »reine« Differenzgeschäfte, bei denen die Parteien schon bei Vertragsabschluss eine physische Lieferung ausschlossen, als Glücksspiel zu qualifizieren und Klagen auf Erfüllung abzuweisen seien. Für Spiele und Wetten galt seit Langem, dass aus ihnen keine einklagbare Verbindlichkeit resultierte, nach dem Motto: Spielschulden sind Ehrenschulden. Im deutschen Börsengesetz von 1896 wurde gleichzeitig aber die Gültigkeit von Börsenterminsgeschäften festgehalten. Um die Wende zum 20. Jahrhundert setzte sich bei den Gerichten die Auffassung durch, dass man bei Börsengeschäften bis zum Nachweis des Gegenteils grundsätzlich eine Lieferintention (bzw. im Hinblick auf das *hedging* einen ernsten Geschäftszweck) vermuten dürfe. Der Gegenbeweis war kaum zu erbringen. Mit diesem juristischen Pragmatismus kapitulierte man faktisch vor dem Problem der Scheidung von Börsengeschäften in ernsthaftes Wirtschaften und spielsüchtigen Kasino-Kapitalismus.[69]

Geld verschieben

Noch schwieriger zu standardisieren als das Frachtgeschäft, die Gerichtsbarkeit und der Börsenhandel waren die grenzüberschreitenden Finanztransaktionen.[70] Der internationale Zahlungsverkehr wurde zu einem Knackpunkt der staatenübergreifenden Konventionen. Während die Kommissionen für Transporte, Postwesen, Telegrafie und Telefonie der Internationalen Handelskammer auf bestehende öffentlich-rechtliche Strukturen und eine Tradition der internationalen Kooperation zurückgreifen konnten, blieb der Zahlungsverkehr bis in die Zwischenkriegszeit ein widerspenstiger Gegenstand. Die Banken waren in nationalen Regelsystemen verankert und pflegten ihre eigenen Kulturen. »Länder dazu zu bewegen, ihre Handelsgepflogenheiten zu ändern oder aufzugeben, ist stets eine äußerst schwierige Angelegenheit, selbst wenn diese für ihre Staatsbürger eine Quelle permanenter Schwierigkeiten sind, wenn sie Zahlungen ins Ausland tätigen oder von dort erhalten«, hieß es 1926 im *Journal of the International Chamber of Commerce*.[71]

Vor der internationalen Banküberweisung und vor Einführung von Debit- und Kreditkarten war der Wechsel das Zahlungsmittel der Wahl im internationalen Zahlungsverkehr. »Der Wechsel gehört zu den wichtigsten Einrichtungen, die im kaufmännischen Leben bestehen«, so Max Behm in seinem *Leitfaden der allgemeinen Handelslehre*.[72] Als schuldrechtliches Wertpapier enthielt er eine Zahlungsanweisung des Ausstellers an den »Bezogenen« oder an einen von diesem per Indossament berechtigten Dritten (»Remittent«). Der Wechsel war also übertragbar. Ein Wechsel, der »an Order« gestellt oder giriert, also auf jemand anderen übertragen wird, heißt »Tratte« oder »Rimesse«. Ein »gezogener« (akzeptierter) Wechsel wird vom Bezogenen unterschrieben – er heißt »Akzept«.

Der Wechsel war im Hochmittelalter aufgekommen und erlaubte bereits damals den bargeldlosen Zahlungsverkehr, was angesichts der zahlreichen im Umlauf befindlichen Münzen, deren Fälschungsanfälligkeit und den drohenden Raubüberfällen auf Reisen den Handel vielfach erleichterte. Kaufleute, die Geldbeträge ins Ausland zu bezahlen hatten, zahlten den Wert in inländischen Münzen bei einem Wechsler ein und erhielten dafür eine Urkunde, in welcher der Wechsler einen Geschäftsfreund an dem betreffenden Ort beauftragte, den Gegenwert des eingezahlten Betrags in der dortigen Währung an einen Dritten auszuzahlen. Einige Wechsler unterhielten im Ausland Filialen, so das Florentiner Wechslerhaus Jacopo & Caroccio, das in Avignon, Brügge, Brüssel, Paris, Siena, Peruggia, Rom, Neapel und Venedig vertreten war.[73] In der Frühen Neuzeit entwickelte sich der Wechsel dann immer mehr zu einem Wertpapier. Grundlage dafür war das Indossament, also die Möglichkeit, die Rechte zur Einlösung auf einen anderen Begünstigten zu übertragen oder sie gar per Blankoindossament jedem Inhaber des Wechsels zuzugestehen.

In der Moderne übernahmen die Geschäftsbanken das Ausstellen und Einlösen von internationalen Wechseln, wobei deren unterschiedliche Handhabe gelernt sein wollte. »Es gibt Wechsel, die an einem bestimmten Tage fällig werden, z. B. am 15. März 1914«, schrieb Max Behm, »solche Wechsel heißen Präziswechsel; ferner gibt es Wechsel, die eine bestimmte Zeit nach dato, d. h. nach dem Tage der Ausstellung, fällig werden, dies sind Datowechsel. Ferner gibt es Sichtwechsel, d. h. Wechsel, welche bei Sicht, d. h. wenn der Bezogene sie zu Gesicht bekommt, wenn er sie sieht, fällig sind; diese Art Wechsel wird in der Regel nicht akzeptiert. Dann gibt es noch Zeit-Sichtwechsel, d. h. Wechsel, welche eine bestimmte Zeit nachdem der Bezogene sie gesehen hat zahlbar werden; solche Wechsel müssen stets akzeptiert werden, da erst aus dem Akzept der Verfalltag hervorgeht.«[74] Bezüglich des Ortes der Zahlung unterschied man Platzwechsel, also Wechsel, die am eigenen Ort zahlbar waren, und Versandwechsel oder Distanzwechsel, die andernorts zahlbar waren.

Im 19. Jahrhundert war die »Bill on London« (der »Londoner Wechsel«) der Goldstandard des internationalen Zahlungsverkehrs. Über London wurden die Zahlungen nach Übersee abgewickelt. Britische Banken waren auch als erste europäische Banken in den asiatischen Märkten tätig.[75] Alle britischen Wechselbanken hatten Sitz in London, mit Ausnahme der Hongkong and Shanghai Banking Corporation, die ihren Hauptsitz in Hongkong hatte und in London eine Zweigniederlassung. Ab den siebziger Jahren des 19. Jahrhunderts eröffneten zahlreiche europäische Banken ebenfalls eine Niederlassung in London, zuerst der Comptoir d'Escompte de Paris (1867), dann der Crédit Lyonnais (1870), die Société Générale (1871) und die Deutsche Bank (1873). Bis Ende des Jahrhunderts hatten alle großen Banken eine Niederlassung in London, 1913 insgesamt 23 ausländische Banken.[76] Die wichtigsten Aussteller von »Bills on London« waren die Exporteure in Übersee – lokale oder dort etablierte europäische Handelsfirmen –, die Forderungen an europäische Käufer hatten. Käufer von Tratten waren typischerweise lokale Importeure europäischer Waren, aber auch alle anderen Schuldner gegenüber Europa, wie Käufer von Wertpapieren, die an der London Stock Exchange gelistet waren.[77]

In den siebziger Jahren des 19. Jahrhunderts gab es einen Wettbewerb zwischen den Wechselbanken um Wechsel, die von guten, renommierten Firmen gezeichnet waren – sowohl als Aussteller als auch als Bezogene. In dieser Konkurrenz um die Handelsfinanzierung mischten auch Schweizer Banken mit. Ihr Aufstieg im internationalen Geschäft vollzog sich parallel zum Aufstieg des Transithandels in der Schweiz. Dank lokalen Kredithäusern gelang es Firmen wie Volkart, sich im Europa-Geschäft von der Finanzierung über England zu emanzipieren. Besonders im Hinblick auf die Finanzierung ihrer Importe nach Indien schaffte es die Firma, die Londoner Banken zu umgehen.[78]

Auch Volkart machte zwar häufig von »Bills on London« Gebrauch, in den Büchern tauchten aber früh auch Schweizer Banken auf, so die Schweizerische Kreditanstalt (später Credit Suisse), die Bank in Winterthur, der Schaffhauser Bankverein und die Banque Commerciale Genevoise, wobei die drei Schweizer Großbanken – Schweizerischer Bankverein, Schweizerische Bankgesellschaft und Schweizerische Kreditanstalt – im Laufe der Zeit Hauptkreditgeber wurden. In einem einzelnen kleinen Land konnte mit wachsendem Geschäft allerdings nicht genügend Kapital aufgenommen werden. Volkart arbeitete in der Zwischenkriegszeit auch mit der Lloyds Bank, der Midland Bank, der British Italian Bank Corporation, der Banque Belge pour l'Etranger, der Guaranty Trust Company of New York, der Imperial Bank of India und anderen global tätigen Finanzgesellschaften zusammen.[79]

Diese Banken pflegten einen je unterschiedlichen Umgang mit Wertpapieren. Bereits die Definition eines Schecks wurde in den einzelnen Ländern unterschiedlich gehandhabt. Klar war: Ein Scheck ist ein Wertpapier, das eine Zahlungsanweisung zuhanden einer Drittperson (dem Begünstigten oder Remittenten) auf Sicht, also gegen Vorlegen des Papiers, enthält. Musste der Bezogene aber zwingend ein Kreditinstitut sein, wie in der angloamerikanischen Geschäftswelt Usus, oder konnte er irgendeine Person sein, bei dem der Zeichnende eine bestimmte Summe hinterlegt hatte, wie man es auf dem europäischen Kontinent handhabte? Musste der Zahlungsempfänger auf dem Scheck namentlich erwähnt sein oder konnte das Bezugsrecht auf den jeweiligen Träger übertragen werden? Und falls das Bezugsrecht übertragbar war – was generell der Fall war –, konnte der nicht namentlich erwähnte Träger den Scheck für einen bestimmten Zahlungsempfänger indossieren?

Die größten Differenzen betrafen die Gültigkeit von Schecks und die mit ihnen verbundenen Bürgschaften. Ein Scheck hatte zwar die Funktion von Bargeld, er war in der Praxis aber – im Gegensatz zu Geld – kein unanfechtbarer Rechtstitel mit konstantem Wert. Gemäß amerikanischer Gepflogenheit musste ein Scheck innerhalb einer »angemessenen Zeit« (*reasonable time*) vorgelegt werden; danach taugte er zwar noch als Schuldanerkenntnis, aber nicht mehr als Wertpapier. In Europa war man strikter und legte in der Regel einen Zeitrahmen fest, innerhalb dessen der Scheck eingelöst werden musste.[80]

Nach der Jahrhundertwende wurden verschiedentlich Anläufe genommen, den transnationalen Zahlungsverkehr zu vereinheitlichen. Das Thema stand 1912 am Kongress der nationalen Handelskammern in Boston auf der Traktandenliste und wurde 1914 in Paris erneut diskutiert.[81] Auch die Regierungen nahmen sich des Problems an und verabschiedeten 1912 auf der International Conference on Bills of Exchange eine entsprechende Konvention, deren Umsetzung allerdings am Ausbruch des Ersten Weltkrieges scheiterte.[82] Nach dem Krieg nahm sich die Internationale Handelskammer des Problems an. Da eine Vereinheitlichung der unterschiedlichen Praktiken nicht realistisch war, vor allem nicht unabhängig von einer Regulierung der Wechsel selbst, schlug das Komitee, das sich mit der Problematik auseinandersetzte, 1925 vor, einen zusätzlichen internationalen Scheck zu lancieren und dafür einheitliche Rahmenbedingungen festzulegen – ein Vorschlag, der schließlich scheiterte, da man das System, wenn schon, vereinfachen und nicht verkomplizieren wollte.[83]

Die Bemühungen um eine transnationale Koordination globaler Technologien des Handels wichen in den zwanziger Jahren allgemeiner Ernüchterung. Der Erste Weltkrieg, in den die politischen Entscheidungsträger 1914 wie Schlafwandler geschlittert waren,[84] hatte nicht nur Elend und Schrecken mit sich gebracht, sondern auch eine Fortifikation nationaler Grenzen. Dabei hatte es vor dem Attentat von Sarajevo durchaus Stimmen gegeben, die vor dem explosiven Gemisch warnten, das sich im Zuge der ersten Globalisierungsphase zusammengebraut hatte. Man konnte zwar versuchen, die »internationale Arbeitsteilung« in einem kolonialistischen Rahmen zu »nationalisieren«, die kaufmännische Praxis und die Techniken der Globalisierung führten die Idee allerdings ad absurdum. Alle waren mit allen vernetzt. Banken und Handelshäuser hatten überall ihre Filialen. Preislisten, Bestellungen, Börsenkurse, Zahlungsanweisungen gingen rund um die Welt. Eine imperialistische Expansion bei gleichzeitig nationalistischer, vom Autarkiegedanken geleiteten Besitzakkumulation der großen Mächte brachte die paradoxe Situation mit sich, dass man diejenigen, mit denen man wirtschaftlich aufs Engste verflochten war, als die *anderen*, die potenziell zu bekämpfenden Feinde ansah.

5. Die große Illusion

1910 erschien ein Buch auf dem Markt, das sich im Kern um das Verhältnis von politischen und ökonomischen Räumen drehte: *The Great Illusion*.[1] Es wurde in 25 Sprachen übersetzt und über zwei Millionen Mal verkauft, ein Bestseller innerhalb kürzester Zeit. Sein Verfasser, der britische Publizist Norman Angell, wurde später Mitglied der Exekutivkommission des Völkerbundes und erhielt 1933 den Friedensnobelpreis – heute ist er so gut wie vergessen. Angell formulierte ein wirtschaftspolitisches Argument gegen den Krieg und gegen die imperialistische Expansion. Er argumentierte, militärische Macht und wirtschaftlicher Reichtum hingen in keiner Weise zusammen, wobei er kleine, wirtschaftlich erfolgreiche Länder wie die Schweiz als Beweis für seine These anführte. Implizit war sein Buch somit eine Verteidigungsschrift für die Nichtkongruenz von politischem und ökonomischem Raum. Besser als es irgendein Schweizer Politiker oder Transithändler hätte formulieren können, benannte Angell die Macht des Kleinstaates: Sie basiere auf Interdependenz statt Rivalität und auf einer strikten Trennung zwischen politischer Kontrolle und wirtschaftlichen Aspirationen.

Angell, 1872 als jüngstes von sechs Geschwistern in einem kleinen Marktflecken in der Grafschaft Lincolnshire in England zur Welt gekommen, las seit seiner Jugend, was er an anregenden Denkern finden konnte: den amerikanischen Aufklärer Thomas Paine, Voltaire, die Agnostiker und Freidenker Robert Ingersoll und Charles Bradlaugh, Walt Whitman, Aldous Huxley sowie die Evolutionsbiologen Herbert Spencer und Charles Darwin.[2] Mit zwölf Jahren las er John

Stuart Mills *Über die Freiheit* – eine Lektüre, die ihn fürs Leben prägte. Von Mill habe er gelernt, dass kein übergeordnetes Dogma von vornherein festlegen könne, was gut und was böse sei, dass die Denk- und Diskussionsfreiheit folglich nicht bloß ein Recht sei, das man den Menschen aus demokratischen Gründen zugestehen müsse, sondern eine intellektuelle und gesellschaftspolitische Notwendigkeit. Nur durch fortwährendes Zweifeln, Erforschen, Überprüfen und Argumentieren könne eine Gesellschaft herausfinden, wie sie sich politisch am besten organisieren soll.[3] Diesem Gedanken blieb Angell ein Leben lang treu. Er trat dezidiert gegen Meinungen an, die ihren Wahrheitsanspruch aus einer dogmatischen Tradition ableiteten und setzte an die Stelle von Konventionen das unvoreingenommene, vernünftige Argument.

Nach der Elementarschule besuchte Angell das Lycée in Saint-Omer in Nordfrankreich und anschließend eine Wirtschaftsschule in London. Er studierte in Genf und gab dort eine englische Zeitschriftschrift heraus, wanderte mit 17 Jahren in die USA aus, wurde Knecht, Cowboy, Bewässerungsgrabenausheber, Weinpflanzer, Briefträger und schließlich Reporter für den *St. Louis Globe-Democrat* und den *San Francisco Chronicle*. 1898 kehrte er nach Europa zurück. Er wurde Mitherausgeber des *Daily Messenger* in Paris und arbeitete als Korrespondent für verschiedene amerikanische Zeitschriften. 1903 erschien sein erstes Buch, ein Plädoyer für eine rationalistische Politik, und 1905 wurde er Herausgeber der europäischen Ausgabe von Lord Northcliffes *Daily Mail*.[4] Angell war ein großer Kenner der europäischen Politik und hatte früh Einblick in unterschiedliche Spielarten national-chauvinistischer Weltsicht. Beunruhigt über die politischen Tendenzen in Europa publizierte er 1909 *Europe's Optical Illusion*, das 1910 in erweiterter Fassung unter dem Titel *The Great Illusion* erschien und ihn über Nacht berühmt machte. Die Presse und zahlreiche Persönlichkeiten aus Politik, Wissenschaft und Kultur zeigten sich noch Jahre nach der Erstauflage begeistert.

»Kein Werk politischen Denkens hat in den letzten Jahren die Welt, die das politische Geschehen kontrolliert, mehr in Aufregung versetzt«, hieß es in der britischen Zeitschrift *Nation*. Man verglich den Autor, dessen Stil in der zeitgenössischen politischen Literatur seinesgleichen suche, mit keinem Geringeren als Jonathan Swift. Auch der *Boston Herald* sparte nicht mit Lob: »Dieses Buch wird Epoche machen. Jeder, der sich auch nur im Geringsten für den Fortschritt der Menschheit interessiert, sollte es lesen.« Die *New York Times* nannte *The Great Illusion* »ein Buch voller wahrer Ideen«, und der Journalist, der es für die *Chicago Evening Post* besprach, stand bestürzt vor seinem eigenen Leseeindruck. Angells Abhandlung sei ein revolutionäres Werk höchster Wichtigkeit, eine komplette Zertrümmerung herkömmlicher Vorstellungen über internationale Politik. Er verglich *The Great Illusion* mit dem epochalen Werk *Über die Entstehung der Arten* von Charles Darwin, wobei er gleichzeitig an seiner eigenen Urteilskraft zweifelte: Angells Buch sei von derart überzeugender Konsequenz und habe derart weitreichende politische Implikationen, dass man als Leser ungläubig nach der Schwachstelle des Arguments suche: »Wieder und wieder geht man die Argumente durch, versucht, den Irrtum in ihnen zu finden. Da man keinen findet, blickt man verwundert in die Zukunft, in die das Buch seinen bedeutungsschweren Schatten wirft.«[5]

Zahlreiche Intellektuelle schlossen sich dem Lob an. Der französische Schriftsteller Anatole France schrieb, man könne über die Gedanken in *The Great Illusion* nicht genügend nachdenken. Würde das Schicksal der Menschen durch Vernunft entschieden, so der Arzt, Sozialkritiker und Zionist Max Nordau, dann wäre der Einfluss eines solchen Buches auf die Weltpolitik von herausragender Bedeutung. Der Nobelpreisträger für Chemie Wilhelm Ostwald machte sich Angells Argumente gleich zu eigen: »Von der ersten bis zur letzten Zeile drückt *The Great Illusion* meine eigenen Ansichten aus.«[6] Selbst kritische Leser attestierten dem Buch das Potenzial, die öffentliche Meinung zu beeinflussen. »Wer einmal den kleinen, untersetzten, scharf blickenden und mit der ruhigen und unerschütterlichen Dialektik des gebildeten Engländers begabten Mann hat argumentieren hören«, so der deutsche Ökonom Hermann Levy über Angell, der gewinne die Überzeugung, dass es ihm gelingen werde, »eine Bewegung hervorzurufen, die in Zukunft die Auffassung weiter Kreise über die Beziehungen von Krieg und Weltwirtschaft umformen, zumindest stark beeinflussen kann«.[7]

Angells Argumentation war so einfach wie bestechend: Die technologische Vernetzung und die wirtschaftliche Globalisierung der letzten Jahrzehnte hätten dazu geführt, dass die Interessen der einzelnen Staaten derart miteinander verknüpft seien, dass eine kriegerische Aggression eines Staates einem anderen gegenüber unweigerlich ihm selbst schaden müsse. Die Vorstellung, dass militärische Aufrüstung und das Streben nach weltpolitischer Dominanz im Einklang mit den eigenen wirtschaftlichen Interessen stünden, entspreche einem völlig überholten Wirtschaftsbild. Viele Politiker glaubten – zu Unrecht –, dass eine Nation notwendigerweise auf militärische Macht und territoriale Expansion setzen müsse, um die besten wirtschaftlichen Bedingungen für ihre Bürger zu schaffen, »dass der relative Wohlstand einer Nation weitgehend von ihrer politischen Macht bestimmt wird; dass, da die Nationen in Konkurrenz zueinander stehen, der Vorteil letztlich auf der Seite der großen Militärmacht liegt und der Schwächere vor die Hunde geht, wie in anderen Formen des Überlebenskampfs«.[8]

Diese Engführung von militärischer Macht und wirtschaftlicher Macht, von politischem und ökonomischem Raum, stellte Angell radikal in Frage. Seine Kernaussage: Die politischen und die wirtschaftlichen Grenzen eines Landes fallen nicht in eins. Militärische Macht sei sozial und wirtschaftlich gesehen nutzlos, sie stehe in keinerlei Beziehung zur Prosperität eines Landes. Keiner Nation sei es möglich, sich den Wohlstand eines anderen Landes durch Gewaltanwendung anzueignen. Wohlstand basiere in der hochentwickelten westlichen Welt nicht mehr auf physischer Macht und physischem Besitz, sondern auf Kredit und Warentausch, und diese funktionierten transnational.

Unterwerfe man ein Land und konfisziere dessen wirtschaftliche Einrichtungen, würden Kredite und Handelsverträge obsolet, der Wohlstand werde unterminiert und die Wirtschaft kollabiere, was wiederum dem Eroberer schade. Nicht nur die Binnenwirtschaft leide, auch zahllose wirtschaftliche Beziehungen über die Grenzen hinweg seien betroffen, mit völlig unabsehbaren globalen Auswirkungen. Damit das nicht passiere, dürfe bei einer Eroberung das feindliche Eigentum nicht angetastet werden, womit die ganze Eroberung ökonomisch gesehen sinnlos werde – ein Nullsummenspiel. Man gewinnt mit einer Annexion Land, Bürger und deren Produktionsmittel, die Firmen bleiben aber in der Hand der Eigentümer, die zwar steuerpflichtig werden, wobei der Steuerertrag wiederum in die Infrastruktur und die Verwaltung der hinzugewonnenen Territorien fließt, oder mathematisch ausgedrückt: »Eroberung in der modernen Welt ist ein Prozess der Multiplikation mit x, bei dem man durch Teilung durch x am Ende wieder die Ausgangszahl erhält.«[9]

Die Prosperität der Kleinen

In kleinen, wirtschaftlich starken Ländern sah Angell den Beweis für seine These, dass militärische Schwäche nicht mit wirtschaftlicher Schwäche einhergehen müsse, sondern im Gegenteil ein Vorteil sein könne. Die Handelsfirmen und die Produzenten kleiner Länder konkurrierten erfolgreich mit jenen mächtiger Staaten. Schweizer und belgische Kaufleute drängten englische Kaufleute in den britischen Kolonien aus dem Markt. Norwegen habe, im Verhältnis zu seiner Bevölkerung, die größere Handelsflotte als Großbritannien.[10] Besitz, Prosperität und Wohlstand einer Nation hingen in keiner Weise von ihrer politischen Macht ab, sonst müsste die Wirtschaftsleistung der kleinen und politisch machtlosen Staaten deutlich unter jener der großen Nationen liegen, was nicht der Fall sei – im Gegenteil. »Die Bevölkerungen von Staaten wie der Schweiz, Holland, Belgien, Dänemark oder Schweden sind in jeder Hinsicht so wohlhabend wie die Einwohner von Staaten wie Deutschland, Russland, Österreich und Frankreich. Das Pro-Kopf-Vermögen ist in den kleinen Ländern oft sogar höher als dasjenige der großen Nationen.«[11]

Es frage sich also, ob politische Macht überhaupt je zum wirtschaftlichen Vorteil werden könne. Obwohl England Kanada »besitze«, werde der englische Kaufmann vom Schweizer Kaufmann, der Kanada nicht »besitze«, aus dem kanadischen Markt verdrängt.[12] Dass man die Wirtschaft eines unterworfenen Territoriums nicht kontrollieren könne, gelte selbst für Kolonien. Die Handelsbeziehungen mit eigenen Kolonien unterschieden sich in keiner Weise vom Handel mit jedem beliebigen anderen Land. Ökonomisch gesehen, so Angell, würde England gewinnen, wenn es sich formal von seinen Kolonien trennen würde; ihr »Verlust« würde nichts an den wirtschaftlichen Tatsachen ändern, abgesehen von den eingesparten Kosten für ihre Verteidigung.[13]

Grund dafür, dass man mit Armee und Marine den Handel anderer Länder weder zerstören noch erobern könne, ohne sich in hohem Ausmaß selbst zu schaden, sei die hochvernetzte, globalisierte und arbeitsteilige Wirtschaftswelt und die damit einhergehende Verschachtelung der Interessen. Das Postwesen, die schnelle Verbreitung von Wirtschafts- und Finanzinformationen durch die Telegrafie, generell die unglaubliche Zunahme der Kommunikationsgeschwindigkeit habe die Wirtschaftszentren des Westens in eine historisch einmalige Abhängigkeit voneinander gebracht. Die wirtschaftliche Interdependenz habe eine derartige Komplexität erreicht, dass eine Störung in irgendeinem Bereich nicht nur die direkt Involvierten schädige, sondern auch zahllose andere, von denen man geglaubt hatte, sie hätten damit überhaupt nichts zu tun. Eine Störung in New York bringe umgehend eine finanzielle und wirtschaftliche Störung in London mit sich, und zwinge die Londoner Finanzleute, mit ihren Kollegen in New York zusammenzuarbeiten, um der Krise ein Ende zu setzen, »nicht aus altruistischen Gründen, sondern aus Gründen des wirtschaftlichen Selbstschutzes«.[14] Rauben, Verteidigen und Horten seien in einer global vernetzten Welt völlig anachronistische Wohlstandsillusionen.

Nicht einmal durch Versklavung der Bevölkerung des eroberten Landes könne ein Mehrwert für das angreifende Land geschaffen werden, denn wo wäre all der erwirtschaftete Wohlstand, wo wären die Dividenden und der Profit, wenn man den Leuten den Konsum, das Geldausgeben und das Investieren verbieten würde?[15] Eroberer seien ökonomisch impotent.[16] Folgerichtig zerstörten die Großmächte – zu ihrem eigenen Vorteil – auch nicht den Handel der kleinen Nationen, »und dem holländischen Bürger, dessen Regierung keine militärische Macht besitzt, geht es so gut wie dem deutschen Bürger, dessen Regierung eine Armee von zwei Millionen Männern besitzt, und es geht ihm einiges besser als dem russischen, dessen Regierung eine Armee von etwa vier Millionen unterhält«.[17] Dasselbe bei der Bonität. Die Staatsanleihen des machtlosen Belgiens notierten an den Börsen deutlich höher als jene des mächtigen Deutschlands und noch viel höher als jene des russischen Imperiums. Am höchsten notierten die Staatsanleihen Norwegens, das bis 1905 über gar keine Armee verfügte. »All das bringt das Paradox mit sich, dass der Wohlstand einer Nation umso weniger gesichert ist, je besser er militärisch geschützt wird.«[18]

Man könne nicht davon ausgehen, dass die kapitalistischen Finanzleute aus hehren altruistischen Gründen in politisch schwache Länder investierten. Die einzigen Erwägungen des Bankiers seien Profit und Sicherheit. Und der Bankier sei zum Schluss gekommen, dass die Staatsfonds von Nationen ohne Verteidigung sicherer seien als die Staatsfonds hochaufgerüsteter imperialistischer Staaten. Sein Finanzwissen habe ihn gelehrt, dass Vermögenswerte in der Moderne nicht konfisziert werden können.[19] Wäre die Doktrin einer militärisch geschützten Wirtschaftsmacht wahr, würde kein Investor auch nur einen Dollar in eine verteidigungslose Nation stecken, »aber, weit davon entfernt, erachten sie eine schweizerische oder holländische Investition als sicherer als eine deutsche, und sind der Ansicht, dass wirtschaftliche Unternehmungen in einem Land wie der Schweiz, die von einer Armee von wenigen tausend Männern verteidigt wird, vom Sicherheitsstandpunkt aus Unternehmungen vorzuziehen seien, die von zwei Millionen der weltbesten Soldaten protegiert werden«.[20]

Angell verwarf Carl von Clausewitz' berühmtes Diktum,

der Krieg sei eine Fortsetzung der Politik mit anderen Mitteln. Kriege seien eine Folge irrationaler Instinkte; eine aufgeklärte Politik hingegen müsse die realen eigenen Interessen im Blick haben.[21] Auch auf sozialdarwinistischer Ebene finde man keine Argumente für eine nationalistische und imperialistische Politik. Niemand könne anderen die eigene Kultur oder die eigenen Ideale aufzwingen, allein schon aufgrund der Tatsache, dass keine Nation »eine« Kultur oder »ein« Ideal verkörpere. Der Einwand, man müsse die Vorstellung einer einheitlichen Nation verteidigen, da – wie ein Kritiker schrieb – der Staat die Verkörperung all dessen sei, was all seine Bürger als wahr, schön und richtig ansehen, entspreche schlicht nicht den Tatsachen. Kein Staat verkörpere eine homogene Konzeption von irgendetwas, sondern im Gegenteil eine Anzahl oft widersprüchlicher Vorstellungen davon, was wahr, schön und richtig sei.[22] Die Staatsgrenzen deckten sich in keiner Weise mit ethischen, moralischen oder religiösen Überzeugungen, die – wie die wirtschaftlichen Netzwerke – quer zu den politischen Grenzen verliefen. Keine Nation sei homogen: »Es existiert keine britische Sitte, die der französischen oder deutschen Sitte, Kunst oder Wirtschaft entgegenstehen würde.«[23]

Suche man nach einer Übereinstimmung kultureller und ethischer Interessen, dann seien gesellschaftliche Schichten über alle Grenzen hinweg ihre Träger. Diese Klassifikation durch Schichten (*classification by strata*) bedinge, dass Rivalität in der Moderne in erster Linie auf Klasseninteressen basiere, nicht auf staatlichen Grenzen. Sowohl die Vertreter des Kapitals als auch die Arbeiterbewegung organisierten sich folgerichtig transnational.[24] Die Vorstellung, der Machtkampf zwischen einzelnen Nationen sei Teil der Evolutionsgesetze, basiere auf einer tiefgreifenden Fehldeutung der biologischen Analogie.[25] Ein Staat sei keine Person.[26] Wer sich einem simplen Patriotismus hingebe und an eine »unveränderliche menschliche Natur« glaube, die aus nationalistischen oder moralischen Überzeugungen »schon immer« Krieg geführt habe, negiere die historische Entwicklung.[27] Es sei aus psychologischen Gründen zwar nicht möglich und auch nicht erstrebenswert, allen Menschen der Erde ein gleiches Maß an Freundschaft und Zuneigung entgegenzubringen. Auch die Probleme internationaler Diplomatie könnten nicht bei einer Art internationalem Picknick gelöst werden. Patriotismus sei aber nicht die Lösung für die Unmöglichkeit universeller Freundschaft, im Gegenteil: Gerade der Patriot zeige oft eine ausgeprägte Abneigung gegenüber einer großen Zahl seiner Mitbürger.[28]

Solche Argumente gegen eine imperialistische und nationalistische Politik blieben innerhalb der Wirtschaftswissenschaften nicht unwidersprochen. Wenn man nach dem Nutzen territorialer Erweiterung und nach Kolonialbesitz frage, müsse man in Rechnung stellen, dass zwischen Mutterland und Kolonie eine enge wirtschaftliche Verflechtung bestehe, die selbst bei einer sich völlig autonom entwickelnden oder unabhängig gewordenen Kolonie eine Sonderbeziehung garantiere, schrieb Hermann Levy 1913 im *Weltwirtschaftlichen Archiv*. Industrie- und Handelsunternehmen aus anderen Ländern könnten damit nicht konkurrieren: »Die Vorstellung von der freien und gleichen Konkurrenz des Ausländers mit dem ›Mutterländer‹ auf Kolonialmärkten ist eine Fiktion.«[29] Hätte Levy eine Ahnung gehabt von den Gewinnen, die Schweizer Unternehmen im Transithandel generierten, ohne sich auf eigene Kolonien stützen zu können, hätte er diese Einschätzung wohl vorsichtiger formuliert.

Angells Votum für Frieden und militärische Abrüstung unterschied sich fundamental vom Pazifismus bürgerlicher Reformbewegungen, für die der Friede ein soziales Anliegen neben anderen war. Die Kreise, die sich in den um 1900 gegründeten Friedensgesellschaften engagierten, hatten enge Verbindungen zur Antisklaverei- und Antialkoholbewegung, sie setzten sich für eine Verbesserung der Volksschule ein und für eine Verbesserung der Lage der Arbeiter. Oft basierte ihr humanitäres Engagement auf einer religiösen Gesinnung.[30] Diese Pazifisten sahen das Gebot der Nichtaggressivität als moralische Notwendigkeit an. Ein damit verbundener potenzieller Schaden müsse als Preis für höhere Werte in Kauf genommen werden, ja in christlich-pazifistischem Fatalismus nahm man notfalls gar den eigenen Untergang in Kauf. In diesem Verständnis waren die aggressiven Großmächte immer die Gewinner, wenn auch nur die Gewinner einer materialistischen Interessenpolitik – moralisch gehörten sie zu den Verlierern.[31] Mit Realpolitik hatte diese Haltung entsprechend wenig zu tun, weshalb Politiker höchstens Freizeit- und Gesinnungspazifisten waren. Selbst Baron Karl von Stengel, der deutsche Delegierte auf der ersten Haager Friedenskonferenz im Jahr 1899, war der Meinung, dass jede Großmacht danach streben müsse, größtmöglichen politischen Einfluss zu erlangen, weil die wirtschaftliche Macht letztlich von der politischen Macht abhängig und die größtmögliche Beteiligung am Welthandel für jede Nation von zentraler Bedeutung sei.[32]

Der Unterschied zwischen einem Pazifisten und einem Verfechter von Realpolitik (als den sich Angell verstand) war intellektueller Natur. Tatsächlich stehe der moralisch argumentierende Pazifist einer Verbesserung der politischen Umstände eher im Weg, als dass er sie befördere, so Angell. Die guten Intentionen des Pazifisten und Weltverbesserers seien vergleichbar mit den hehren Motiven religiöser Dogmatiker, die mit großer Ernsthaftigkeit die Denk- und Redefreiheit auszumerzen versucht hatten. Fortschritt sei historisch gesehen aber noch nie von guten Intentionen gekommen, sondern immer von harter Kopfarbeit.[33] Angell behauptete nicht, militärische Aufrüstung oder Nichtaufrüstung sei der einzige oder gar wichtigste Faktor nationalen Wohlstands. Sein Anliegen bestand lediglich darin, zu zeigen, dass die Sicherung von Wohlstand von anderen Faktoren abhänge, dass politische oder militärische Macht weder ein Hindernis noch ein Garant wirtschaftlicher Prosperität seien, und dass die bloße Ausdehnung des verwalteten Territoriums in keinerlei Zusammenhang zum Wohlstand derjenigen stehe, die es bewohnen.[34] »Wer die Macht einer Nation mit der Größe ihrer Armee und Marine verwechselt, verwechselt das Scheckbuch mit dem Geld.«[35]

In der Ausgabe von 1913 – mitten in dem, was man später den zweiten Balkankrieg nannte – fügte Angell seinem Buch einen Nachtrag hinzu, in dem er nochmals dezidiert an die Vernunft appellierte. Wenn Europa es schaffe, im Namen gemeinsamer Interessen gemeinsam zu handeln, werde eine Lösung des Konflikts möglich sein. Solange die landläufige Doktrin europäischer Staatsführung aber von tradierten Illusionen dominiert werde, werden die Staaten nicht zur Kooperation fähig sein.[36] Am 28. Juni 1914 wurde in Sarajevo der österreichische Thronfolger Erzherzog Franz Ferdinand von einer serbisch-nationalistischen Untergrundorganisation ermordet. Das Motiv: eine Abspaltung Bosnien-Herzegowinas von Österreich-Ungarn und eine Vereinigung der Südslawen unter Führung Serbiens. Einen Monat später, nach der deutschen Zusicherung bedingungsloser Unterstützung, erklärte Österreich-Ungarn Serbien den Krieg. Russland, das panslawische Visionen hatte, unterstützte Serbien, Frankreich bekräftigte seinerseits die Französisch-Russische Allianz, also das Defensivbündnis mit Russland. Am 1. August 1914 erklärte Deutschland Russland den Krieg, zwei Tage später auch Frankreich. Da die deutschen Streitkräfte bei ihrem Angriff auf Frankreich die Neutralität Belgiens und Luxemburgs verletzten, trat am 4. August auch die belgische Garantiemacht Großbritannien in den Krieg ein.

Vier Jahre später waren zwanzig Millionen Menschen tot und nochmals so viele verletzt. Europas Wirtschaft lag am Boden, der Welthandel war auf einen Bruchteil der Vorkriegszeit geschrumpft und eine lange Ära der Globalisierung zu Ende. Mit der Unterzeichnung des Versailler Vertrags im Frühjahr 1919 wurde der Völkerbund institutionalisiert und gleichzeitig Deutschland die alleinige Kriegsschuld attestiert. Deutschland wurde zu Gebietsabtretungen und zu hohen Reparationszahlungen an die Siegermächte verpflichtet. Wirtschaftliche Sanktionen, Hyperinflation, eine rasante Abwertung der D-Mark und die Ressentiments gegen einen Vertrag, den viele Menschen als demütigend und ungerechtfertigt empfanden, förderten wiederum jene patriotischen Leidenschaften, die sukzessive zum Aufstieg der Nationalsozialistischen Deutschen Arbeiterpartei, zum Antisemitismus als Schuldzuschreibungsventil, zur Wahl Hitlers als Reichskanzler und zum Zweiten Weltkrieg führten.[37]

Als sich während des Ersten Weltkrieges abzeichnete, dass die Situation unlösbar verstrickt war, sprach sich Angell für den Kriegseintritt der USA aus. Er entwickelte Ideen für einen Völkerbund mit gemeinsamer Sicherheitspolitik und setzte sich nach dem Krieg für eine Revision des Versailler Vertrags zugunsten Deutschlands ein. 1919 wurde er, trotz seiner Abneigung gegen ein politisches Amt, Mitglied der britischen Labour Party und deren außenpolitischer Berater. Von 1928 bis 1931 gab er die Zeitung *Foreign Affairs* heraus, 1931 wurde er in England geadelt und 1933 erhielt er, wie bereits erwähnt, den Friedensnobelpreis. Angells Argumente konnten die zwei größten Katastrophen des 20. Jahrhunderts nicht verhindern. Er selbst war sich bewusst, dass der Lauf der Dinge nicht von rationalen Argumenten abhing, sondern von den Vorstellungen, die sich die Entscheidungsträger von der Welt machten (so irrational diese auch sein mögen), und von der Überzeugungskraft dieser Vorstellungen für breite Bevölkerungsschichten. Das bedeutete wiederum, dass auch die pragmatische und nicht territorial-expansive Wirtschaftspolitik der neutralen Kleinstaaten zu einem höchst riskanten Geschäft werden konnte.

Im Kräftefeld der Großmächte

In der Schweiz handelte die wirtschaftliche und politische Elite längst nach Angells Maxime. Sie hatte sich nie der Illusion hingegeben, den ökonomischen und den politischen Raum des Kleinstaates in Übereinstimmung bringen zu müssen. Man unterschätzte allerdings sowohl die Macht nationalistischer und kriegsaffiner Kräfte in Europa als auch die Macht der eigenen transnationalen Verflechtung. Als sich die europäischen Großmächte 1914 in einen zerstörerischen Krieg stürzten, war das Land denkbar schlecht vorbereitet. In der Politik fehlte ein Bewusstsein dafür, dass wirtschaftliche Abhängigkeit vom Ausland im Krisenfall nicht nur ein Nachteil, sondern ein Vorteil sein könnte – ein »Stabilitätsfaktor und Überlebensgarant«, wie Jakob Tanner schreibt.[38]

Was zunächst nach einer kurzen wirtschaftlichen Durststrecke aussah, entwickelte sich schnell zu einer manifesten Krise. Unmittelbar nach Kriegsausbruch sandte der Bundesrat eine Neutralitätserklärung an alle wichtigen Staaten des Kontinents, rief gleichzeitig die militärische Mobilmachung aus und besetzte die Grenzen mit Truppen. Am 3. August 1914 trat das Parlament seine Macht panikartig an die Exekutive ab, die damit allerdings nicht umzugehen wusste. Eine Fehleinschätzung der Situation, mangelnde Koordination auf Bundesebene, Lebensmittelknappheit und Versorgungsengpässe führten zu einer Notlage, die sich 1918 im Landesstreik entlud. Während die Aktien von Rüstungsunternehmen und ihrer Zulieferfirmen stiegen, global tätige Handelsunternehmen florierten und auch die Bauern wegen der gestiegenen Nahrungsmittelpreise Profite machten, forderten die von der Krise hauptsächlich betroffenen städtischen Arbeiter und Arbeiterinnen soziale Reformen und mehr politische Rechte.[39]

Seit Gründung des Bundesstaates hatte die Schweiz eine liberale Versorgungspolitik verfolgt. Der Bund gestaltete die Tarife so, dass Güter möglichst frei zirkulieren und Grundnahrungsmittel jeweils zum niedrigsten Preis importiert werden konnten. Der Deutsch-Französische Krieg von 1870/71 hatte erstmals die Schattenseite dieser Abhängigkeit vom Ausland gezeigt: Da die Eisenbahnlinien links und rechts des Rheins im Kriegsgebiet lagen, gab es Transportschwierigkeiten beim Import über Basel. Sowohl Deutschland als auch Frankreich schränkten ihre Exporte ein und unterstellten die Lieferung von Grundnahrungsmitteln und Brennstoffen in die Schweiz dem Verbot des Warentransits, also der Nichtwiederausfuhr.[40] Von einer Versorgungskrise war man allerdings weit entfernt. Die Problematik wurde als ausschließlich kriegsbedingt angesehen. 1891 entschied der Bundesrat, Getreidelager anzulegen, um in kritischen Zeiten die Verpflegung der Armee sicherzustellen. Die Lager wurden vom Militär verwaltet, ihr Bestand richtete sich nach der Truppenstärke, nicht nach der Zivilbevölkerung.[41] Vorstöße aus Arbeiterkreisen und von Bauernverbänden, der Staat solle den Getreidehandel dauerhaft kontrollieren, scheiterten an der liberalen Wirtschaftspolitik, die unter Versorgungssicherheit in erster Linie die Verfügbarkeit von günstigem Getreide verstand.

Tatsächlich wurde Getreide dank der Globalisierung des Handels gegen Ende des 19. Jahrhunderts immer günstiger. Hatte man Getreide in der frühen Phase des Bundesstaates noch aus Frankreich, Deutschland und Italien importiert, so verschoben sich die Bezugsquellen mit der Erschließung Osteuropas in die Donauländer und ab den achtziger Jahren des 19. Jahrhunderts nach Übersee: Russland, Nordamerika und Argentinien wurden die Kornkammer der Schweiz.[42] Da der Börsenterminhandel es möglich machte, Geschäfte für zukünftige Lieferungen abzuschließen, wurde die Lagerhaltung minimiert, ein Prozess, der mit der Just-in-time-Produktion und den Methoden des *scientific management* in der Logistik in den zwanziger Jahren noch voranschritt.[43] Während Staaten und private Importeure bei der Lagerhaltung sparen konnten, mussten die Großhandelsfirmen ihrerseits immer liefern können. »Das leistungsfähige Handelshaus wird immer Ware haben müssen, ganz unabhängig davon, wie die Markt- und Preislage beurteilt wird«, schrieb Heinrich Wachter, Geschäftsleitungsmitglied von Volkart, 1946. Der Großhandel müsse in der Lage sein, jederzeit Angebote machen zu können. »Dazu ist ein working stock unentbehrlich und die damit verbundenen Risiken müssen in Kauf genommen werden.«[44]

Bei Ausbruch des Ersten Weltkrieges hatte der Selbstversorgungsgrad in der Schweiz einen historischen Tiefstand erreicht. Ab 1915 wurde die Einfuhr von Getreide, Reis und später Zucker sukzessive unter staatliches Monopol gestellt. Im Zentrum der Kriegswirtschaft stand die Garantie der Nichtwiederausfuhr gegenüber den Kriegsparteien, was unabhängige Kontrollinstanzen für die jeweiligen Kriegsparteien notwendig machte. Im Oktober 1915 wurde die Société

Suisse de Surveillance Economique gegründet; sie wurde alleinige Importeurin gegenüber der Entente. Für den Import aus Deutschland und Österreich-Ungarn wurde die Schweizerische Treuhandstelle für Überwachung des Warenverkehrs geschaffen, die dem Politischen Departement (das Schweizer Außenministerium, heute Eidgenössisches Departement für auswärtige Angelegenheiten EDA) unterstellt war. Im Kompensationsverkehr mit den Mittelmächten bot die Schweiz vor allem Milchprodukte und Schlachtvieh an und erhielt im Gegenzug Kohle, Saatkartoffeln, Dünger, Baumwolle, Stahl, Chrom und Eisen.[45]

Mit dem Kriegseintritt der USA 1917 und der verstärkten Wirtschaftsblockade gegen die Mittelmächte geriet die Schweiz zunehmend unter Druck. Insbesondere die französischen Blockadebehörden hofften, dass mit amerikanischer Unterstützung die Kontrolle der neutralen Staaten verschärft werden könne, um die Blockade effizienter zu machen. Mitte Mai 1917 unterzeichnete die Schweiz ein Abkommen, mit dem sie die Ausfuhr von Vieh nach Deutschland auf 30000 Stück limitierte und den Käse und Butterexport nach Deutschland reduzierte. Als Gegenleistung erhielt sie die für die Vieh- und Milchwirtschaft benötigten Futtermittel.[46] Die logistischen Engpässe der Alliierten führten allerdings dazu, dass es für die Schweizer Importeure immer schwieriger wurde, überhaupt Frachtraum zu chartern.

Um Abhilfe zu schaffen, gründete man die Zentralstelle für auswärtige Transporte, deren Aufgabe die Bereitstellung von Frachtraum, Schiffen und Hafenanlagen für den Schweizer Außenhandel war. Ihr Vorsitzender wurde Alexandre Cailler, Schokoladenfabrikant, Nestlé-Verwaltungsrat und freisinniger Nationalrat. Der Bund beteiligte sich außerdem an der Gründung der Union Maritime S.A., die mit einem Grundkapital von sechzig Millionen Franken ausgestattet wurde, das je zur Hälfte vom Bund und von den Importeuren aufgebracht wurde. Die Union Maritime charterte 28 belgische Schiffe für die Dauer von zwei Jahren, verlor jedoch bei diesem Unterfangen ihr gesamtes Kapital.[47] Im Juli 1917 verhängten die USA einen Exportstopp für Getreide in die Schweiz, um den Handel der Schweiz mit den Mittelmächten zu unterbinden.[48] Im selben Jahr verschärfte Deutschland die Bedingungen für seine Kohlelieferungen, die ab sofort nicht mehr mit Käse, sondern mit Krediten erkauft werden mussten.

Umgehend schickte man den Winterthurer Industriellen Hans Sulzer als Gesandten mit einer Delegation nach Washington, mit dem Ziel, die Lebensmittel- und Rohstoffzufuhr aus den USA zu sichern. Es war ein schwieriges Unterfangen, da die engen wirtschaftlichen und kulturellen Verflechtungen mit Deutschland – unter anderem eine offen deutschlandfreundliche Presse – an der Zuverlässigkeit der schweizerischen Neutralität zweifeln ließen. Die offiziellen diplomatischen Verhandlungen Sulzers mit den amerikanischen Behörden wurden von der Schweizer Delegation, darunter prominent der Genfer Wirtschaftshistoriker William Rappard, durch Presseartikel und Propagandaarbeit ergänzt.[49] Am 31. August 1917 konnte Sulzer dem Departement für auswärtige Angelegenheiten mitteilen, dass US-Präsident Woodrow Wilson neuerdings versichere, er verstehe die schwierige Lage »voll und ganz«, und betone, »er sei stets bereit, der Schweiz nach Möglichkeit zu helfen«.[50] Wilsons gute Gesinnung änderte allerdings nichts an der Embargoliste, und die Situation blieb angespannt. Die große Zahl kaum koordinierter Verordnungen und Beschlüsse des Bundes, das Subsidiaritätsprinzip (dass also der Bund nur diejenigen Aufgaben übernimmt, welche die Kraft der Kantone übersteigen) und die zögerliche Rationierung von Lebensmitteln führten zu einer rasanten Teuerung und einer zunehmenden Lebensmittelknappheit.

Der Erste Weltkrieg war nicht nur ein unerbittlicher Material- und Abnutzungskrieg in den Schützengräben, sondern auch ein weltweiter Wirtschaftskrieg. Ziel der Kriegsparteien war der größtmögliche Schutz der eigenen Volkswirtschaft bei gleichzeitiger Schwächung der Wirtschaft des Gegners. Mit der britischen Seeblockade wurden das deutsche Kaiserreich und Österreich-Ungarn von der Versorgung abgeschnitten. Das traf die Schweizer Transithandelsfirmen hart, sie verloren wichtige Märkte. Deutschland reagierte auf die von der britischen Seemacht installierte Blockade mit einem U-Boot-Krieg, dem neben feindlichen Kriegsschiffen auch neutrale Handelsschiffe und Passagierdampfer zum Opfer fielen.

Liquiditätsprobleme

Nicht nur der Bund und die privaten Importeure, sondern auch die Schweizer Transithändler wurden vom Krieg völlig unvorbereitet getroffen. »Im Juli des Jahres 1914 war ich mit meiner Frau in Paris, um ein Pferd zu kaufen«, berichtet Georg Reinhart in seinen Lebensaufzeichnungen. »Schon damals fielen uns die zahlreichen militärischen Posten längs der Bahnstrecke auf. Wir waren kaum vierzehn Tage zu Hause, als der große Krieg ausbrach.«[51] Sein Vater habe zwar seit Langem von der Möglichkeit, ja Wahrscheinlichkeit eines Krieges gesprochen, in den alle Völker Europas verwickelt würden. Er aber habe sich nicht vorstellen können, dass die »Kulturnationen« Europas mit Waffengewalt übereinander herfallen würden, und noch viel weniger, dass ein solcher Krieg vier Jahre lang in derart bestialischer Weise geführt werden würde. Am 1. August 1914 verabschiedete Reinhart sich von seinem Kutscher und seinem Gärtner, die in Deutschland einrücken mussten, mit einem »Auf Wiedersehen im Spätherbst!«.[52] Eine Kriegsdauer von mehr als einigen Monaten hielt er »schon der Kosten wegen für unmöglich«.[53]

Der Krieg hatte schnell desaströse Auswirkungen auf den Transithandel. Post und Telegrafie ins Ausland waren während der ersten Kriegswochen komplett unterbrochen. »Mit unseren überseeischen Filialen konnten wir uns nicht verständigen«, so Reinhart.[54] Große Warensendungen blieben irgendwo liegen. Volkart hatte bei Kriegsausbruch in Indien 52 500 Ballen Baumwolle auf Lager, 34 500 Ballen waren bereits verschifft worden, ohne dass von den Käufern in Europa eine Zahlung eingegangen wäre, und 40 000 Ballen warteten in Europa auf ihre Auslieferung. Insgesamt waren 127 000 Ballen Baumwolle im Wert von einer Million Pfund blockiert.[55] Auch von der Basler Handelsgesellschaft lagerten zu Beginn des Krieges »in verschiedenen Häfen und europäischen Handelsplätzen Waren, die nicht mehr verschifft werden konnten«.[56]

Blockiert waren auch die Gelder. In einer Aufzählung der wichtigsten Daten der Volkart-Firmengeschichte heißt es unter dem Eintrag zum 1. August 1914 lakonisch: »Das Bargeld verschwindet aus der Zirkulation.«[57] Die europäischen Banken waren seit Kriegsausbruch geschlossen, Kredite wurden zurückgezogen, Wechsel konnten nicht mehr diskontiert werden und Bankguthaben wurden nicht mehr oder nur in kleinsten Raten ausbezahlt. »Nicht nur die ausländischen, sondern auch die schweizerischen Banken zogen rücksichtslos ihre uns bis dahin gewährten Kredite zurück«, so Georg Reinhart.[58] Der transnationale Zahlungsverkehr, dieses unabdingbare Pendant zum globalen Warenhandel, kam völlig zum Erliegen. Volkart hatte aber Verbindlichkeiten in London, die Reinhart erfüllen wollte, um nicht in den Verdacht der Zahlungsunfähigkeit zu kommen.[59] Die Firma war nicht in finanzieller Not, sie hatte im Geschäftsjahr 1913/14 einen Rekordgewinn von über fünf Millionen Franken erwirtschaftet.[60] Es gab schlicht ein Liquiditätsproblem. Nach Kriegsausbruch fuhr Reinhart deshalb mit seinem Generalprokuristen zur Schweizerischen Nationalbank in Zürich, um die Wertschriften seiner ganzen Familie zu verpfänden. Die Nationalbank verpflichtete sich, »den Gegenwert in Gold durch einen Kurier nach London zu schaffen und uns so zu ermöglichen, unsere fälligen Schecks zu bezahlen«.[61]

Der Krieg legte den globalen Warenhandel weitgehend lahm. Wer sich bisher der Illusion hingegeben hatte, Wirtschaft habe mit Politik nicht viel zu tun, wurde eines Besseren belehrt. »Gegen alle Auffassung, die man bisher in Europa vom Kriege gehabt hatte, wurde jetzt jeder Angehörige einer feindlichen Macht, wurden ganz besonders Kaufleute als Gegenstand der Kriegführung behandelt, und in einer Reihe von Ländern wurde das Eigentum der ›alien enemies‹ ohne weiteres dem Beuterecht unterworfen«, schrieb ein in St. Gallen lehrender Ökonom 1918.[62] Am 5. August 1914 verbot England jeden Handel mit dem deutschen Kaiserreich, am 12. folgte das Verbot für Österreich-Ungarn. Die Alien Enemies (Winding up) Ordinance ordnete ausdrücklich die Vernichtung aller Bücher, Papiere, Rechnungen und Urkunden des Feindes an. »So erfolgten denn fast überall in den mit Deutschland und Österreich-Ungarn im Kriege stehenden Ländern die Unterdrückung der Handelsniederlassungen der Feinde, die Beschlagnahme ihrer Vermögen, die Zwangsliquidation der Firmen, Versteigerungen der Liegenschaften und des Mobiliars, die Aufhebung der von feindlichen Staatsangehörigen erworbenen Patente, die Ungültigkeitserklärung der von ihnen geschlossenen Verträge.«[63]

Unklar war zunächst allerdings, was mit »Deutschland« gemeint war. Firmen, die in Deutschland niedergelassen waren? Firmen, die von Deutschen geführt wurden? Oder gar Firmen, die an Deutschland lieferten? War die Nationalität der Teilhaber, die Herkunft des Geschäftsführers, der Ort des Hauptsitzes oder das Betätigungsfeld der Firma entscheidend? Am 22. August 1914 erließ Englands Finanzministerium eine offizielle Erklärung, in der präzisiert wurde, dass entscheidend sei, wo der ausländische Händler seinen Sitz habe und seine wirtschaftliche Tätigkeit ausübe, nicht, welche Nationalität er habe, und dass folglich nichts dagegen einzuwenden sei, wenn eine britische Firma mit einem deutschen oder österreichischen Händler, der auf neutralem oder britischem Territorium niedergelassen sei, Geschäfte tätige. Diese Erlasse wurden mit der Trading with the Enemy Proclamation vom 9. September 1914 widerrufen.[64] Als Feind galt nun »jede Person oder Körperschaft, welcher Nationalität auch immer, die im feindlichen Land niedergelassen ist oder dort Geschäfte tätigt«.[65] Analoge Verlautbarungen der britischen Kolonien und Dominions folgten. Nach ihrem Kriegseintritt im April 1917 schlossen sich auch die USA der Wirtschaftskriegsführung an und begannen »feindliche« Firmen zu konfiszieren.[66]

Die Verbote des Handels mit dem Feind lösten Verunsicherung aus und führten zu zahlreichen Gerichtsverfahren. So wurde in England 1915 der Präzedenzfall einer britischen Firma behandelt – der Continental Tyre and Rubber Company –, die in einem Londoner Firmenregister eingetragen war. Die Aktien waren, bis auf eine, in der Hand von Deutschen, die gesamte Geschäftsleitung bestand aus Deutschen, der Manager hingegen war ein eingebürgerter Brite. Die Geschäfte wurden von London aus geführt. Den Fall vor Gericht gebracht hatte der britische Autohersteller Daimler, an den die Continental Tyre and Rubber Company Autoreifen lieferte. Daimler wusste nicht, ob die Zahlungen an die Firma unter die Trading with the Enemy Act fielen. In erster Instanz wurde entschieden, dass die Verträge gültig seien und eine Zahlung getätigt werden könne, ohne dass Daimler wegen Handels mit dem Feind angeklagt werde. Das Berufungsgericht stützte diese Haltung. Es könne nicht bestritten werden, dass die Klägerpartei gesetzeskonform in England gegründet worden sei. Bereits vor Kriegsausbruch habe sie Geschäfte im Vereinigten Königreich getätigt, sie habe sich vertraglich verpflichtet, Ware zu liefern und habe sie geliefert, und sie sei bis Kriegsausbruch selbstverständlich berechtigt gewesen, an den Fälligkeitsdaten Zahlungen entgegenzunehmen. Hatte sich der Charakter der Firma etwa verändert, nur weil bei Kriegsausbruch alle Aktionäre und Geschäftsführer ausländische Feinde wurden? Anerkanntermaßen sei es vor dem Krieg eine britische Firma gewesen. Sie bleibe also eine britische Firma, ungeachtet des Domizils ihrer Aktionäre oder Geschäftsführer.[67]

Vier Richter waren jedoch anderer Ansicht. Einer von ihnen argumentierte, das künstliche juristische Ding namens Firma, das unter der britischen Aktiengesetzgebung geschaffen worden sei, sei zwar eine juristische Person, die völlig unabhängig von den beteiligten Gesellschaftern existiere – das werde nicht bezweifelt. Andererseits könne es diese Firma aber ohne Gesellschafter nicht geben. Unternehmen habe keine physische Existenz und könne deshalb auch weder Freund noch Feind sein: »Es existiert nur in der Anschauung des Rechts. Es hat weder Körper, Körperteile noch Leidenschaften. Es kann keine Waffen tragen und nicht Krieg führen. Es ist weder loyal noch disloyal. Es kann nicht Verrat üben. Es kann weder Freund noch Feind sein.«[68] Dieses virtuelle Gebilde namens Firma habe seinen legalen Sitz in England. Aber bis auf einen seien alle Aktionäre und sämtliche Mitglieder der Geschäftsleitung in Deutschland wohnhafte Deutsche. Sie hätten, im Gegensatz zur Firma, Gedanken, Wünsche oder Intentionen.

Das Oberhaus des britischen Parlaments stützte diese Minderheitensicht und hob das erstinstanzliche Urteil auf. Es machte geltend, dass eine Firma sehr wohl ihren Status ändern könne. Die Frage nach der Kontrolle sei relevant: »My Lords, ich denke, dass die Analogie in der Kontrolle zu finden ist, eine Idee, die – wenn auch nicht sehr geläufig im Recht – von entscheidender Bedeutung ist und in Kaufmanns- und Finanzkreisen sehr gut verstanden wird.«[69] Das Handeln der Organe einer Firma – der Direktoren, Manager, Sekretäre und so weiter – sei das Handeln der Firma und es könne dieser Firma definitiv feindlichen Charakter geben. Das erstinstanzliche Gerichtsurteil wurde daraufhin aufgehoben und die Continental Tyre and Rubber Company zur feindlichen Firma erklärt, an die keine Zahlungen geleistet werden durften.

Die Definition des Feindes

Was man bei Personen juristisch definieren konnte – ihre Nationalität qua Geburtsort oder Familienherkunft –, war bei Firmen schwer festzustellen. Niederlassung, Firmensitz, Direktion, Management, Eigentümer und Betrieb sind bei multinationalen Unternehmen in der Regel über mehrere Länder verteilt. Juristen mühen sich bis heute mit der Frage nach der nationalen Zugehörigkeit von derart abstrakten Gebilden wie Unternehmen ab. »Es gibt kein einziges rechtliches Beurteilungskriterium, mit dem man die Nationalität eines Unternehmens feststellen könnte«, so der Historiker

Geoffrey Jones. Im internationalen Recht seien die Regeln betreffend die Nationalität von Unternehmen alles andere als geklärt, denn das Konzept der Nationalität habe sich fast ausschließlich in Bezug auf Personen entwickelt.[70]

Mit dem Übergang zur Frage nach der Kontrolle wurde die »Nationalität« der Firma vom Handelsregister gelöst und an den Inhabern festgemacht. Entsprechend klagten die Inhaber im Konfiskationsfall nicht mehr im Namen der Nationalität eines Unternehmens, sondern im Namen ihrer eigenen Nationalität. Die Neutralität der Schweiz wurde nun zur harten Währung.

Mehrere Schweizer Kaufleute und Handelsfirmen – darunter die Ed. A. Keller mit Sitz in Manila – hatten zum Beispiel Anteile an einem Syndikat mit Namen El Oriente, zu dem eine von den Amerikanern konfiszierte belgische Tabakfabrik mit Plantagen in Manila gehörte und eine weitere in Hongkong, die der Konfiskation durch die Briten bedroht war. Hauptbeteiligter und Gründer des Tabakkonzerns war Carl Ingenohl, ein naturalisierter Belgier mit deutschen Wurzeln. Von insgesamt 1400 Firmenaktien waren 240 in den Händen von Schweizern, 295 gehörten Deutschen. Ein Schweizer Beteiligter, der Zürcher Walter Edelmann, verlangte in Washington mit Verweis auf seine Nationalität die Rückgabe seiner Anteile. Von den 1400 Aktien der Firma besitze er 20, »und in diesem Verhältnis möchte ich Sie bitten, das oben genannte Eigentum an mich freizugeben, als dessen Besitzer und als Bürger der Schweiz«.[71] Eine Auszahlung von Anteilen war allerdings keine leichte Sache. El Oriente war inzwischen an den Tabakfabrikanten Walter E. Olsen verkauft worden. In Manila wirkte Otto Gmür, ein Kaufmann aus St. Gallen und gleichzeitig Schweizer Honorarkonsul, vermittelnd zwischen den Schweizer Teilhabern, Carl Ingenohl in Antwerpen und den amerikanischen Behörden. Die Schweizer Regierung sagte ihrerseits zu, den Schutz der Schweizer Aktien zu übernehmen.[72]

Nachdem Ingenohl von den Amerikanern als Belgier anerkannt worden war, schaltete sich auch die belgische Diplomatie ein. Ingenohl war anscheinend der Meinung, dass die Kaufsumme nicht anteilmäßig auf die vorherigen Eigner verteilt werden könne, sondern dass ein bestimmter Betrag sein Eigentum betreffe, wegen Vorschüssen und Rimessen (gezogenen, aber noch nicht akzeptierten Wechseln). »Es wäre mir demnach lieb«, schrieb er an Edelmann, »wenn von Seiten der Schweizer mein Claim unterstützt würde.«[73] Ingenohl hoffte, dass man in Bern nicht nur auf Rückgabe des Schweizer Eigentums plädierte, sondern auf eine Kompensation für die Beschlagnahmung der ganzen Firma, wonach er dann für das Auseinanderdividieren der einzelnen Guthaben zuständig wäre. Tatsächlich baten die betroffenen Schweizer Kaufleute die schweizerische Gesandtschaft in Washington, mit der belgischen Gesandtschaft Hand in Hand zu arbeiten und in erster Linie das Ziel zu verfolgen, dass Ingenohl die ganze strittige Summe ausbezahlt werde, und erst in zweiter Linie, »falls sie nicht reüssiren, den Anteil der Schweizer pro rate für direkte Auszahlung zu reklamieren«.[74]

Der Alien Property Custodian, der Feindvermögensverwalter in Washington, entschied allerdings zunächst, dass nur die jeweiligen Anteile des belgischen sowie der Schweizer Beteiligten ausbezahlt werden sollten, während die deutschen Anteile »unter Sequester« behalten würden.[75] Es wurden »Nationalitätsausweise der sämtlichen schweizerischen Associé« erbeten, die die Schweizer Teilhaber umgehend nach Washington schickten.[76] Schließlich wurde aber doch der ganze Betrag an Ingenohl ausbezahlt, der seine Gläubiger nun seinerseits hinhielt, weil er erst noch herausfinden wolle, welche Steuern er in Belgien bezahlen, welche Summe er also zurückbehalten müsse. Er verbat sich jedes Drängen und drohte, die Schweizer bekämen, wenn sie ihn in die Verzweiflung trieben, »noch sehr lange kein Geld & schließlich sehr wenig heraus«.[77] Da war den Beteiligten längst klar, dass es ein Fehler gewesen war, den ganzen strittigen Betrag nach Belgien auszahlen zu lassen in der Hoffnung, dass die Angelegenheit so schneller erledigt werden könne. Die Auszahlung zog sich Jahre hin. Ingenohl wollte damit nicht nur sich selbst bevorteilen, sondern auch die deutschen Teilhaber schützen, die selbst vier Jahre nach dem Krieg noch nicht ausbezahlt werden konnten. »Der Krieg hat die Menschen in erster Linie in Nationen verteilt«, schrieb er in die Schweiz, und dadurch »kommen die deutschen Teilhaber die vor dem Kriege nur Teilhaber wie alle anderen waren zu kurz«.[78]

Die Maßnahmen im Kontext des Trading with the Enemy Act stellten einen Bruch mit bis dahin gültigen internationalen Abkommen dar – der Pariser Seerechtsdeklaration von 1856 oder den kriegsvölkerrechtlichen Regelungen der Haager Konvention von 1907. Und sie veränderten grundlegend das Verhältnis zwischen Politik und Ökonomie.[79] Ziel des britischen Wirtschaftskrieges war, Deutschland und seine Verbündeten vom Handel, von der Rohstoffzufuhr und insgesamt vom »Weltverkehr« abzuschneiden. Damit gerieten auch die neutralen Länder unter Druck, die wirtschaftlich mit den Mittelmächten verbandelt waren. Lange Zeit hatte man Neutralität als Synonym für Passivität gedeutet.[80] Nun versuchte die Schweizer Wirtschaftselite das Neutralitätsdispositiv zu ihren Gunsten zu verwenden, um den neuen Herausforderungen zu begegnen. Während des Ersten Weltkrieges erhielt die Nationalität von Firmen zentrale Bedeutung. Ein Aspekt, der in der global agierenden, kosmopolitischen Handelsbranche zuvor kaum relevant und auch nicht erwähnenswert gewesen war, wurde zum aktiv bewirtschafteten Signum.

Das war eine neue Situation. Vor dem Ersten Weltkrieg war die nationale Ambiguität multinationaler Unternehmen die Norm gewesen, nicht die Ausnahme. Die Periode ab Mitte des 19. Jahrhunderts hatte eine kosmopolitische Bourgeoisie hervorgebracht.[81] In einem unternehmerischen Milieu, das keine Kapitalverkehrskontrollen kannte und in dem Firmen weltweit Kapital aufnehmen konnten, habe sich oft eine Diskrepanz zwischen den Nationalitäten der Firmeneigner und der Unternehmensführung ergeben, so Geoffrey Jones. Selbst wo die Investitionen relativ kleinräumig auf eine Region begrenzt waren, wurden oft in aller Selbstverständlichkeit nationale Grenzen überschritten.[82]

Nach 1914 wurde dieser kosmopolitische Kapitalismus durch nationale Firmenidentitäten ersetzt. Es wurde auf einmal wichtig, als »lokale« Firma wahrgenommen zu werden.[83] Das hieß nicht, dass die Firmen ihr globales Geschäft geändert hätten. Aber der neue Fokus auf die Nationalität eines Unternehmens, der Wille, seine Struktur, sein Kapital, seine Führung und seinen Sitz unter dem Aspekt der Nationalität zu lokalisieren, führten dazu, dass die Unternehmen begannen, sich durch Aktienverkäufe, Zusammenlegungen, Personalentscheide und Sitzverlegungen, die »korrekte« Nationalität zurechtzulegen oder nicht opportune Aktienmehrheiten geheim zu halten. »Eine Anzahl Firmen wurde zu ›migrierenden‹ multinationalen Unternehmen«, so Geoffrey Jones, »oder zu Firmen, die ihre Nationalität in Bezug auf den Ort der Aktiengesellschaft, den Firmensitz oder die Staatsangehörigkeit der Anteilseigner änderte.«[84]

Für viele Schweizer Transithändler war der Krieg, trotz zahlreicher Einschränkungen, unter dem Strich profitabel. Die wirtschaftlichen Verhältnisse verschoben sich zwar, alte Handelsbeziehungen wurden gekappt, dafür erhielt man anderswo Zugang zu neuen Märkten. Die multinationalen Unternehmen stellten auf Expansionskurs um und erhöhten während des Krieges ihre ausländischen Direktinvestitionen.[85] Volkart profitierte von einem starken Anstieg des Baumwollpreises, der die steigenden Kosten für Frachtraum und Transport – eine Folge der knapper werdenden Tonnage – bei Weitem wettmachte.[86] Asien industrialisierte sich zunehmend, nachdem die Importe aus Europa wegfielen. Besonders in Japan und Indien entwickelte sich eine innovative Textilindustrie, mit der die Nachfrage nach Baumwolle stieg. Indische Baumwolle wurde nun direkt auf dem Subkontinent abgesetzt. Volkart exportierte außerdem indische Baumwolle nach Japan und belieferte umgekehrt Indien mit japanischen Konsumgütern.[87] War Volkart bis zum Ersten Weltkrieg vor allem auf Britisch-Indien ausgerichtet gewesen, wurde die Firma mit dem Krieg zu einem wirklich global agierenden Unternehmen.[88]

Auch bei der Zürcher Seidenhandelsfirma Charles Rudolph & Co. erinnerte man sich mit Genugtuung an den Kriegsaufschwung: »Der Kriegsausbruch brachte eine Menge unerwarteter Komplikationen und unüberwindbar erscheinende Schwierigkeiten, aber nach und nach, wider Erwarten, die besten Zeiten in der Geschichte der Firma.« Eine kriegsbedingte Verknappung des Angebots bedeutete steigende Preise. Es sei der Firmenleitung gelungen, »die Konjunktur auszunützen«.[89] Zu Beginn des Krieges konnte Seide aus Ostasien überhaupt nicht mehr nach Europa verschifft werden.

Die deutschen Dampfer flüchteten in neutrale Häfen, wo die Ladung monatelang liegen blieb. So hatte die Firma Rudolph (damals noch Sulzer, Rudolph & Co.) im Juli 1914 etwa 300 Ballen Seide aus Japan auf den deutschen Dampfer Prinz Eitel Friedrich verladen. In Schanghai erhielt der Kapitän bei Kriegsausbruch Order, nach Tsingtau zu fahren, wo alle Fracht gelöscht, teilweise gar zu Verteidigungszwecken verwendet wurde – man baute daraus Verschanzungen.[90] Ein Mitarbeiter der Yokohama-Niederlassung von Rudolph erhielt den Auftrag, nach Tsingtau zu fahren, wo er die Ware der Firma sicherstellen konnte. Geschadet hat das der Firma nicht. »Die eingetretenen Verspätungen wirkten sich schließlich sehr glücklich aus, indem die dadurch entstandene Verknappung des Angebotes höhere Preise lösen ließ, nachdem anfänglich zu Kriegsbeginn eine Baisse eingetreten war.« In Europa verhielt sich die Kundschaft korrekt. »Die Lyoner Käuferschaft anerkannte ohne weiteres die Unverletzlichkeit der laufenden Kontrakte.« Sie bezahlten also den bei Lieferung viel höheren Preis.[91]

Der Trading with the Enemy Act zwang Schweizer Unternehmen allerdings zu einer rigorosen Säuberung ihrer Arbeitnehmerschaft, ihrer Unternehmensstruktur und ihrer Kundschaft von allem, was von ihren Kunden als »Feind« angesehen wurde. Unmittelbar nach Kriegsausbruch verbot die britische Regierung allen im Empire niedergelassenen Firmen den Handel mit den Mittelmächten. Beim Export von Waren aus den britischen Kolonien mussten die Handelsfirmen den Käufer und den Bestimmungsort angeben. Die Geschäftsleitung von Volkart zeigte nach Kräften Kooperationsbereitschaft. Obwohl große Chargen für Abnehmer in Deutschland und Österreich bestimmt waren, hielt sich das Unternehmen an die Bestimmungen – man wollte nicht Gefahr laufen, dass sämtliche Filialen im britischen

Empire liquidiert wurden.[92] Die Angestellten wurden nachdrücklich ermahnt, in ihrer Korrespondenz Diskussionen über den Krieg und politische Fragen strikte zu unterlassen.[93] Oft genügten kleine Verfehlungen oder nur schon ein Verdacht, um eine Firma auf die schwarze Liste zu bringen und schwere Sanktionen auszulösen.

Während Volkart relativ glimpflich davonkam, hatten andere Firmen den Ernst der Lage falsch eingeschätzt. Die Missionshandlungsgesellschaft schien vom Kriegsausbruch zunächst unbeeindruckt. Die britische Regierung anerkannte, dass die Gesellschaft »technisch und rechtlich schweizerisch« war.[94] Bereits im November 1914 mussten die deutschen Angestellten die Goldküste allerdings verlassen, worauf sich die Missionshandlung bemühte, »die Lücken draußen so gut es ging durch schweizerische Kaufleute auszufüllen«.[95] Im Geschäftsbericht für das Jahr 1914 gab man der Hoffnung Ausdruck, dass die zahlreichen Veränderungen, »die durch Internierung von Angestellten und andere Ursachen« entstanden, provisorischer Natur seien. Die enge Kopplung an die Mission schien für die Firma von Vorteil zu sein. »Wir haben unsere Betriebe auch nach Ausbruch des europäischen Krieges fortführen können, da die indische Regierung offenbar kein Interesse daran hätte, unsere Arbeit, die so vielen Eingeborenen zugute kommt, zu erschweren«, hieß es.[96] In Mitleidenschaft gezogen wurde einzig die Niederlassung in der deutschen Kolonie Kamerun, die kurz nach Ausbruch des Krieges zum Kriegsgebiet wurde. Frankreich und England kämpften dort gegen die deutschen Schutztruppen, im September 1914 wurde die Hafenstadt Duala eingenommen und im Februar 1916 kapitulierte die letzte deutsche Einheit.[97] Mit der Besetzung Dualas durch die Engländer und Franzosen musste die Missionshandlung ihre Betriebe schließen. Nicht nur die deutschen, auch die Schweizer Angestellten wurden des Landes verwiesen.[98]

Insgesamt lief das Geschäft der Missionshandlung im ersten Kriegsjahr gut. Personelle Ausfälle und Lieferverbote an die Mittelmächte konnten durch Preissteigerungen und höhere Nachfragen in anderen Ländern kompensiert werden. Die Kakaolieferungen nach Deutschland aus den britischen Kolonien waren zwar nicht länger möglich, dafür lieferte man mehr Kakao an Frankreich und an Schweizer Fabrikanten.[99] Die Rechnungsabschlüsse verzögerten sich etwas. Die Rechnung schloss aber immer positiv und Ende 1914 konnte der Mission ein Reingewinn von knapp 400 000 Franken überwiesen werden.[100] Je länger der Krieg dauerte, desto ungemütlicher wurde die Situation allerdings. »In unseren Geschäften an der Goldküste machte sich der Mangel an ortskundigen Mitarbeitern fühlbar. Die jungen Schweizer, welche wir als Ersatz für internierte deutsche Angestellte aussandten, müssen sich erst in die ihnen neuen Verhältnisse des afrikanischen Geschäftslebens einleben.« Es fehlte an Leuten, man arbeitete überall mit reduziertem Personal.[101]

Das Personalproblem war aber nur das kleinere Übel. Der Trading with the Enemy Act beraubte die Missionshandlung sukzessive ihrer Bewegungsfreiheit. Im Herbst 1915 wurden die indischen Geschäfte der Kontrolle des Büros in Basel entzogen und der Aufsicht eines indischen Regierungsbeamten unterstellt. Die Einnahmen der indischen Industrien mussten direkt der Mission und später dem National Missionary Council in Indien ausbezahlt werden. Wegen der engen Verbindung zwischen der Missionshandlung und der Mssion, die ihrerseits ihre historische Verbindung mit Deutschland nicht lösen konnte oder wollte, musste die Handlungsgesellschaft die finanzielle Unterstützung der Mission von Basel aus komplett sperren. »Der britischen Regierung hat die von jeher bestandene Selbständigkeit nicht genügt«, so Präsident Wilhelm Preiswerk rückblickend, »sie verlangte vielmehr eine in jeder Beziehung vollständige Trennung.«[102]

Trotz den »recht ungünstigen Bedingungen« und dem Verlust des Indiengeschäfts konnte die Handelsgesellschaft der Basler Mission auch im Jahr 1915 einen Reingewinn überweisen, der den Betrag aus dem Vorjahr sogar noch übertraf: 470 000 Franken.[103] Im Frühling 1916 reiste Preiswerk nach London, um mit den zuständigen britischen Behörden zu verhandeln. Resultat war eine Vereinbarung, die den Fortbestand der Handelsgesellschaft sicherte, dem Komitee in Basel jedoch die Kontrollfunktion entzog. Die Missionshandlung richtete in London eine Filiale ein, die im dortigen Handelsregister eingetragen wurde. Sie übernahm ab 1. Juli 1916 unter den Auspizien der Briten den Geschäftsverkehr mit den Niederlassungen in Übersee, inklusive die damit zusammenhängende Rechnungsführung.[104] Das Büro in Basel hatte noch die Funktion einer beratenden Instanz ohne Entscheidungsbefugnis.[105] Auf den Fortgang der Geschäfte hatte diese drastische Umstrukturierung zunächst keinen Einfluss. Für das Jahr 1916 war der Gewinn nochmals höher als im Vorjahr: 491 000 Franken.[106] Die Gewinne brachen erst 1917 ein, wobei auch in diesem Jahr die übliche Dividende von fünf Prozent ausbezahlt werden konnte, da die Handelsgesellschaft Lager liquidierte und Waren, die ursprünglich für die Verschiffung nach Afrika bestimmt waren und in verschiedenen europäischen Häfen lagerten, anderweitig verkaufen konnte.[107]

Im Missionshaus in Basel war zu dieser Zeit ein gewisser Herr Urech als Englischlehrer angestellt, der im Nebenamt als Spitzel der britischen Regierung tätig war. Er fehlte in kaum einer Bibelstunde und berichtete alles, was im Missionshaus vor sich ging, umgehend ans britische Konsulat.

Durch ihn vernahm die britische Regierung, dass in den Kriegsgebetsstunden anscheinend für den Sieg Deutschlands gebetet wurde, was das Verständnis für die »Neutralität« der Schweizer nicht gerade steigerte. 1917 erhielt die Missionshandlung ein Schreiben der britischen Regierung, in dem sie als Hilfswerkzeug der von Deutschen geleiteten Basler Mission bezeichnet wurde, begleitet von der dezidierten Aufforderung, dafür zu sorgen, dass die Deutschen auch aus der Missionsleitung entfernt werden.[108]

Um die finanziellen Werte der Missionshandlung zu retten – verwaltete Fonds im Umfang von etwa 2,5 Millionen und Sparkassenguthaben von 800 000 Franken –, wurde diese im November 1917 durch Beschluss der Generalversammlung juristisch von der Basler Mission getrennt (1928 wurde dann auch der Name in Basler Handelsgesellschaft geändert). Die Aktien der Mission im Wert von 250 000 Franken kaufte die Missionshandlung zurück.[109] Die Trennung war ein längst fälliger Schritt, der allerdings nicht mehr viel nützte. Die Briten unterstellten eine Scheintrennung und geheime Absprachen, sie konnten sich nicht vorstellen, dass die Basler Mission definitiv auf eine derart einträgliche Geldquelle wie ihre Handelsgesellschaft verzichten wollte. Im letzten Kriegsjahr wurde die Handlungsgesellschaft von den Briten deshalb de facto eliminiert. »Mit Kamerun, das bekanntlich Kriegsgebiet ist, konnten wir schon lange keinen Verkehr mehr aufrecht erhalten«, hieß es im Jahresbericht 1918. »Mit Indien ist die Verbindung immer mangelhafter geworden, da die Korrespondenz an unsern dortigen Generalagenten ihm häufig gar nicht ausgehändigt wurde. Und an der Goldküste ist die Mitwirkung von Basel an den dortigen Geschäften dadurch ausgeschaltet worden, dass die Lokalregierung der Kolonie die Liquidation unserer Goldküste-Faktoreien beschlossen und sofort in Angriff genommen hat.«[110]

Als auf diplomatischem Weg keine Einsprache erfolgreich war, erhoffte sich die Basler Mission Unterstützung vonseiten britischer Missionsgesellschaften.[111] Die britischen Missionare schlugen sich allerdings auf die Seite ihrer Nation, nicht auf die Seite internationaler Glaubensbrüder, ja sie witterten gar eigene Profitmöglichkeiten. Der Missionshandlung wurden dabei die eigenen Statuten zum Verhängnis, da dort festgehalten war, dass nach Abzug der Spesen sowie fünf Prozent Dividenden für die Aktionäre der Reingewinn nicht näher spezifizierten »Reichsgotteswerken« zur Verfügung gestellt werden müsse. Ein gewiefter britischer Advokat schloss daraus, dass die Missionshandlung eine Stiftung sei, deren Verwaltung problemlos anderen Treuhändern übergeben werden könne, solange der Stiftungszweck gewahrt werde. Am 11. Februar ermächtigte die britische Regierung eine neu gegründete Treuhandgesellschaft, das Eigentum der Missionshandlung an der Goldküste an sich zu nehmen und »stiftungsgemäß« zu verwalten, das heißt, die Gewinne aus den Geschäften für missionarische und philanthropische Zwecke zur Verfügung zu stellen.[112] Am 31. März 1919 wurde das Eigentum der Gesellschaft an der Goldküste in aller Form dem Common Wealth Trust übergeben.[113] Ende 1919 wurden auch die indischen Besitztümer der Missionshandlung konfisziert. Sie kehrte nie mehr nach Indien zurück.[114]

In Afrika jedoch erfand sich die Gesellschaft nochmals neu. 1921 gründete Wilhelm Preiswerk die Union Trading Company International (UTC) als Betriebsgesellschaft für die Goldküste, und die Handelsgesellschaft nahm unter neuem Namen, aber mit gleichbleibendem Personal den Betrieb in Westafrika wieder auf. Im Laufe der zwanziger Jahre wurde nach langwierigen Verhandlungen an der Goldküste beschlagnahmte Eigentum der Missionshandlung restituiert. In

Basel blieb aber das tiefe Gefühl von Unrecht haften; eine kritische Reflektion der eigenen Rolle blieb aus.

Als der Historiker Edgar Bonjour in den späten sechziger Jahren ein mehrbändiges Monumentalwerk zur Geschichte der Schweizer Neutralität verfasste, war Max Preiswerk, der Sohn von Wilhelm Preiswerk und nun Präsident der Basler Handelsgesellschaft, nicht glücklich über dessen Formulierungen. Bonjour sprach von »aktiven« und »passiven« Tugenden der schweizerischen Neutralität – das klang nach Opportunismus.[115] Preiswerk bat einen der Mission nahestehenden Pfarrer um eine unabhängige Stellungnahme. Dieser bemühte sich um ein mildes Urteil. Die Welt sei auf den Ausbruch des Ersten Weltkrieges zwar militärisch gerüstet gewesen, »aber weder psychologisch noch organisatorisch«. Von einem Tag auf den anderen habe man sich einer Situation gegenübergestellt gesehen, für die es keinen Präzedenzfall gab. Wer würde schon von sich behaupten, dass er im »Spannungsfeld zweier Zeiten« immer bis zum Letzten konsequent und widerspruchslos handeln würde?[116] Es könne allerdings nicht geleugnet werden, dass die Basler Missionsleitung 1914 der Versuchung erlegen sei, aus der »Übernationalität« der Basler Mission (Rechtssitz in der neutralen Schweiz, Heimatgemeinde mehrheitlich in Deutschland) eine »bequeme Schaukel« zu machen, und das Gewicht je nach den Umständen auf die eine oder andere Seite zu verschieben.[117]

Neutralität war eine hochdiffizile Angelegenheit – so viel war nach dem Ersten Weltkrieg klar. Geschäft und Gesinnung, Nationalität und Besitz waren fast unentwirrbar miteinander verstrickt, und es gehörte etwas Glück dazu, sich im richtigen Moment mit den richtigen Maßnahmen auf die richtige Seite zu schlagen. Die Nationalisierung multinationaler Unternehmen während des Krieges hatte zur Folge, dass Neutralität zum Distinktionsmittel wurde. Die Unversehrtheit der Schweiz und die nach wie vor gute Kapitalisierung der Unternehmen wurden für die Transithändler nach dem Krieg zum Garant für einen schnellen Wiederaufbau der Geschäfte. »Aufs primitivste musste ganz von vorne begonnen werden, aber die freudige Begeisterung, mit der die wieder zurückgekehrte Swiss Firm empfangen wurde, gab den Leuten Mut«, hieß es in einem Rückblick auf die Tätigkeit der Basler Handelsgesellschaft in Ghana in den späten zwanziger Jahren. Die für Afrika neu gegründete Union Trading Company trieb vor allem den Absatz westlicher Industriegüter in Afrika voran. Ende der fünfziger Jahre führte die UTC in Accra das größte und modernste Warenhaus Westafrikas. »Vom Kragenknöpfli bis zum Cadillac wird so ziemlich alles gehandelt – mit Ausnahme von zwei Dingen, von denen sich das Basler Unternehmen seit 100 Jahren eisern ferngehalten hatte: Waffen und Schnaps.«[118]

6. Profite in einer instabilen Zeit

Die Zwischenkriegszeit war von widersprüchlichen Entwicklungen geprägt. Mit der verkehrstechnischen Vernetzung ab 1860 war eine zunehmende Integration der Rohstoffpreise einhergegangen. Die Preise für Weizen und andere Rohstoffe hatten sich weltweit angeglichen.[1] Dieser langfristige Trend hielt auch in den zwanziger Jahren an; erst nach dem Börsencrash von 1929 begannen die Rohstoffpreise weltweit wieder zu divergieren, infolge einer protektionistischen Wirtschaftspolitik, der Abkehr vom Goldstandard und eines Rückgangs des Welthandels.[2]

Nicht alle teilten allerdings in den zwanziger Jahren die Erfahrung von Stabilität. Amerika stand nach dem Ersten Weltkrieg gestärkt da, Europa geschwächt. Die kriegsgeschädigte europäische Wirtschaft, der Währungszerfall (insbesondere gegenüber den USA) und die amerikanische Zollpolitik machten den europäischen Ländern zu schaffen. Die verkehrstechnische Abschottung Europas während des Krieges hatte die amerikanische und die japanische Industrie gestärkt.[3] Der Wegfall von Russland als Nahrungs- und Rohstofflieferant zog in Europa eine Abhängigkeit von überseeischen Erzeugnissen nach sich, insbesondere von amerikanischem und kanadischem Weizen. »Wenn nur Russland anfangen wollte Getreide zu produzieren, damit die Welt aus der Nahrungsklemme käme«, schrieb ein belgischer Kaufmann im Februar 1920. »Die kriegsführenden Länder, selbst das stolze Albion [England] sind finanziell in die Hände der Yankees gekommen.«[4]

England verlor seine Position als weltgrößter Kapitalexporteur an die USA und London seine Vormachtstellung als größtes internationales Finanzzentrum an New York.[5] Nachdem England lange Zeit als »Löserin der Probleme« und »Vorbild des Fortschrittes« gegolten habe, erscheine es heute als »Land der ungelösten Probleme«, ja »fast als Sanierungsobjekt«, diagnostizierte ein Ökonom 1929.[6] In Deutschland, das den Weltkrieg verloren hatte, war die Wirtschaft von einer hohen Inflation geprägt, die man mit einer restriktiven Wirtschafts- und Finanzpolitik zu bekämpften versuchte. Deutschland und Österreich hatten ihre Kriegsrüstung durch eine Expansion der Papiergeldmenge finanziert, wobei das Geld viel schneller zunahm als die inländischen Goldreserven, mit denen es gedeckt war. 1922 und 1923 erzeugte der Werteverlust Inflationsraten in Millionenhöhe.[7] Von der Inflation war auch der Getreidemarkt betroffen. Wegen des im Vergleich zum Ausland steigenden Preisniveaus zögerten die Getreidehändler die Verkäufe hinaus, was zu einer Knappheit führte. Trotz Rekordernten und allgemein sinkenden Rohstoffpreisen wurde die Versorgung in den Städten prekär.[8]

Die Geldentwertung ging mit einer Hausse an der Börse einher. »Noch nie herrschte in Deutschland, vorab in Berlin, ein derartiger Zudrang zu den Börsengeschäften«, schrieb der Sekretär der Zürcher Handelskammer 1920. Wer konnte, der flüchtete vom Papiergeld in Kapitalanlagen und Wertpapiere in der Hoffnung, so der weiteren Geldentwertung zu entgehen. »Aktien und sonstige Anteilscheine von industriellen Unternehmungen, nebenbei auch Pfandbriefe, wurden von einer beispiellos stürmischen Nachfrage erfasst; selbst Aktien von gänzlich lahmgelegten Unternehmungen stiegen maßlos.« In normalen Zeiten gilt eine Hausse an der Börse als Zeichen für eine gute wirtschaftliche Gesamtlage. Während der »Geldkrisis« war aber gerade das Gegenteil der Fall, wofür in Deutschland die Formel aufkam: »Je schlechter es

uns geht, desto höher steigen die Kurse.«[9] Innerhalb kurzer
Zeit driftete die Bewertung der einzelnen Währungen auseinander. Der Franken und der Dollar waren hoch bewertet,
das Pfund, die Mark und andere europäische Währungen
verloren an Wert. Davon betroffen waren auch schweizerische Auslandsguthaben in Milliardenhöhe.[10] »An die Stelle
eines ineinanderwachsenden weltwirtschaftlichen Organismus, bei welchem steigende Kräftigung eines Teils sogleich
Kräftigung anderer Teile bedeutet, ist Zerklüftung und Dezentralisierung getreten«, schrieb Hermann Levy 1925.[11]

Das war ein radikaler Bruch nach einer relativ langen Sta-
bilitätserfahrung vor dem Krieg. Die Zeit von 1870 bis zum
Ausbruch des Ersten Weltkrieges habe »mannigfache Fortschritte der weltwirtschaftlichen Arbeitsteilung gebracht«,
so Levy. Dazu hätten selbstverständlich auch volkswirtschaftliche Konflikte gehört, »Konflikte freilich, welche überwun-
den werden konnten, ohne dass sich permanente Schädigun-
gen der einzelnen Volkswirtschaften ergaben«.[12] Der aus der
»internationalen Arbeitsteilung« entstehende Konkurrenzkampf habe damals »keine vernichtende, sondern eine vor-
wärtstreibende Wirkung« auf die nationale Produktion ausgeübt. »Aus diesen Erfahrungen heraus konnte Alt-Europa
die Beruhigung schöpfen, dass selbst bei einer rasch fort-
schreitenden Industrialisierung der überseeischen Rohstoff-
und Nahrungsmittelländer der Spielraum für die eigne Er-
zeugung nicht enger zu werden brauchte, vorausgesetzt, dass
die Erzeugungen die Anpassungsfähigkeit und Umstellungs-
fähigkeit auf den veränderten Verbrauch besitzen würden.«[13]
Nach dem Krieg verschoben sich die Außenhandelsziffern
nun zugunsten der überseeischen Länder. Levy sprach von
einer »Enteuropäisierung der Weltwirtschaft«; der Wirtschafts-
und Sozialwissenschaftler Franz Eulenburg von einer »Ent-
thronung Europas«.[14]

Die verbreitete These einer allgemeinen wirtschaftlichen Deglobalisierung in der Zwischenkriegszeit muss also differenziert werden. Nicht alle Erdteile waren gleichermaßen und zum gleichen Zeitpunkt von der krisenhaften Entwicklung des Welthandels betroffen – darauf hat unter anderen Christof Dejung hingewiesen.[15] In den USA, in Kanada und in vielen asiatischen Ländern stiegen die Außenhandelsziffern. Die japanische Industrie, die fast alle europäischen Produkte zu niedrigen Preisen imitieren konnte, hatte 1930 einen Anteil von 11 Prozent aller Importe nach Niederländisch-Ostindien; 1933 waren es bereits 30 Prozent.[16] Der Anteil Europas am Welthandel sank dagegen zwischen 1911 und 1927 von 62 auf 52 Prozent. Bezeichnend ist, dass der große Einbruch den Anteil des innereuropäischen Handels am Welthandel betraf. Er sank von 40 auf 30 Prozent, während der Handel zwischen Europa und den außereuropäischen Ländern mehr oder weniger stabil blieb, auch wenn einzelne Sektoren (wie die Textilindustrie) und einzelne Staaten (wie England) mit einem markanten Exportrückgang zu kämpfen hatten.[17] »Die ›Enteuropäisierung‹ des Welthandels ist demnach ganz entscheidend bedingt durch die Entwicklung des Außenhandels der europäischen Länder untereinander«, wie es 1933 im *Weltwirtschaftlichen Archiv* hieß.[18]

Global agierenden Handelsfirmen waren davon nicht unmittelbar betroffen. Die Auswirkungen der sich verschiebenden Kräfteverhältnisse spürten sie aber sehr wohl. Alte Monopole fielen weg, neue Akteure traten auf den Plan. Britische Zwischenhändler wichen von Indien zunehmend auf Afrika aus: »Afrika wurde zu einem neuen ›Wilden Westen‹ für britische Händler: Hohe Informationskosten und Unsicherheit verschafften den Zwischenhändlern eine neue Palette an Geschäftsmöglichkeiten«, so Geoffrey Jones.[19] Japanische

Handelsfirmen verfolgten ihrerseits einen dezidierten Expansionskurs. Die Firma Nippon Menkwa etwa besaß Ende der zwanziger Jahre acht Niederlassungen in Japan, dreizehn in China, drei in Java, fünf in Indien, dazu Filialen in London, New York, Sydney, Buenos Aires, Bremen, Hamburg, Mailand, Alexandria, Mombasa und vier weiteren afrikanischen Städten.[20] Japanische Firmen kontrollierten nun den Großteil der indischen Baumwollimporte nach Japan und China, aber auch 15 Prozent der Baumwolllieferungen zwischen Indien und Europa.[21]

Auch amerikanische Baumwollhandelshäuser expandierten nun nach Europa. Bis 1914 war der Import von Baumwolle nach Europa von europäischen Firmen kontrolliert worden. Sie besaßen in den großen europäischen Hafenstädten Lagerhäuser, in denen die Ware bis zum Verkauf an die Spinnereien lagerte, und diese Lager dienten wiederum als Sicherheiten für die Kredite, die sie von europäischen Banken bekamen. Bereits vor Ausbruch des Ersten Weltkrieges hatten auch amerikanische Handelsfirmen Lagerhäuser in Europa erworben. Und da Kredite in New York nach dem Krieg relativ günstig waren und die Banken nicht mehr so risikoscheu wie zuvor, expandierten diese Firmen in den zwanziger Jahren schnell in die europäischen Märkte.[22]

Neue Märkte in Asien und Amerika

Die Schweizer Transithändler reagierten auf die veränderten Verhältnisse mit Diversifizierungsstrategien und dem Erschließen neuer Absatzmärkte. Sie gründeten in den zwanziger Jahren gezielt Tochterunternehmen und Verkaufsagenturen in den USA und in den asiatischen Ländern. Volkart eröffnete zwischen 1919 und 1925 Filialen und Tochtergesellschaften in Osaka, Schanghai, Bremen, New York, Kalkutta und Singapur sowie in Indien ein Departement für den Maschinenimport.[23] Es herrschte Goldgräberstimmung. Gehandelt wurde immer noch mit allem, was sich irgendwo einkaufen und irgendwo wieder verkaufen ließ. Im Handelsregistereintrag der 1924 eröffneten Tochtergesellschaft in Schanghai – der Fohka Swiss-Chinese Trading Company – hieß es, Ziel der Gesellschaft sei der Import aller möglichen Güter nach China und der Export einheimischer Produkte aus China, mit allen Geschäften, die sich daran anschließen ließen.[24]

Im August 1921 publizierte Max Greeven, der Manager der neu eröffneten Volkart-Zweigniederlassung in New York, einen Artikel in den *V.B. News*, der von ungebrochenem Optimismus zeugt. Volkart hatte Büros im 17. Stock eines 18-stöckigen Minihochhauses, dem Norton Lilly Building, mitten in Manhattan bezogen, mit Blick auf die Hafeneinfahrt und die Freiheitsstatue auf der einen und den Finanzdistrikt auf der anderen Seite. »Wir finden die Tatsache, dass wir auf die Büros von J.P. Morgan & Co. ›runterschauen‹, sehr inspirierend!«, so Greeven.[25] Die Stadt habe sich seit der Prohibition zwar stark verändert. Ein Geschäftstreffen könne nicht mehr wie in den »guten alten Tagen« beliebig mit einem Cocktail gefeiert werden. Aber auch unter den »Wüstengesetzen und -regulierungen des landesweiten Alkoholverbots« gebe es kluge Leute, die einen kleinen Vorrat an Drinks angelegt hätten.[26] Wichtiger allerdings als die private Minibar war die Nähe zur 1870 gegründeten New Yorker Baumwollbörse, der ältesten Rohstoffbörse der Stadt. Sie lag an der 60 Beaver Street, nur einen Block entfernt.

Auch andere Schweizer Handelsfirmen stellten auf Wachstumskurs um. Diethelm & Co. expandierte nach Vietnam mit neuen Zweigniederlassungen in Haiphong und Hanoi. 1929 eröffnete die Firma ein Büro in Ipoh in Malaysia, dem

Zentrum einer Region mit reichen Zinnvorkommen (es musste 1931 allerdings wieder geschlossen werden), und 1935 eines in Kuala Lumpur.[27] Zudem versuchte die Firma ihr Warenangebot zu diversifizieren, unter anderem durch Akquisitionen. 1928 übernahm sie die von Louis Raeber und Hans Schweizer gegründete Aluminiumhandelsfirma L. Raeber & Co., die Schweizer Aluminiumprodukte der Firmen Lasa und Sigg nach Südostasien vertrieb, insbesondere an die lokale Gummiindustrie. Mit Aluminiumschalen fingen die Bauern die Kautschukmilch von den angeritzten Bäumen auf. Die leichten und robusten Gefäße hatten die schweren und bruchanfälligen chinesischen Steingutkrüge ersetzt, mit denen zuvor gearbeitet worden war.[28] »Wahrscheinlich wäre auch in den Reismühlen und Theefabriken noch ›room for improvement‹«, so Walter Diethelm 1931 über die Diversifikationsstrategie seines Unternehmens.[29]

Die Firma Siber Hegner (ehem. Siber & Brennwald), die in Zürich Büros an der Talstrasse 14 hatte – ebenfalls in unmittelbarer Nähe zu den großen Banken am Paradeplatz und zur Börse –, hatte bereits vor dem Krieg expandiert. 1906 hatte sie eine Filiale in Osaka eröffnet, 1907 eine in Kobe und 1917 eine weitere in Tokio. Mit dem Aufschwung des Ostasienhandels eröffnete sie auch eine Filiale in Schanghai.[30] Nach dem Ersten Weltkrieg hatten die in Japan tätigen Unternehmen allerdings mit einer gewaltigen Naturkatastrophe zu kämpfen, die jegliche Expansionspläne zunichtemachte. Am 1. September 1923 wurde Siber Hegner vom großen Kantō-Erdbeben getroffen, das zwischen 105 000 und 140 000 Todesopfer forderte und die Hafenstadt Yokohama dem Erdboden gleichmachte. Sämtliche Bürogebäude und Lagerhäuser in Yokohama wurden vom Beben und von den Bränden, die es nach sich zog, zerstört. Das Archiv und alle Geschäftsunterlagen wurden verkohlt. 48 japanische Arbeiterinnen, die in einem Lagerhaus Seidenabfälle sortiert hatten, kamen in den Flammen um.[31]

Obwohl die Firma gegen Feuer versichert war, wurde der Schaden von den Versicherungen nicht gedeckt, weil die Brände, die für den Großteil der Zerstörung verantwortlich waren, auf das Beben zurückgeführt wurden und das Erdbebenrisiko nicht versichert war. Lediglich für Exportwaren, die bereits auf dem Weg zum Hafen waren, und für eingeführte Güter, die sich auf dem Weg zu den Lagerhäusern befanden, wurde Ersatz geleistet, da diese unter die Transportversicherung fielen.[32] Zu den immensen Verlusten durch das Erdbeben kam die Zahlungsunfähigkeit einiger großer japanischer Kunden hinzu, so dass die Firma schließlich Verluste von über zehn Millionen Franken verzeichnete. Mit der Unterstützung von Freunden und »dank dem Verständnis namhafter Banken« gelang es den Teilhabern jedoch, die Geschäftstätigkeit wieder aufzunehmen und den Betrieb weiterzuführen.[33]

Dieses Glück hatte Julius Müller nicht, der in Japan 1919 (mit einheimischer Beteiligung) eine Handelsfirma gegründet hatte. Seine Sporen hatte Müller bei Volkart abverdient. Nach dem Besuch der Handelsschule war er in das Winterthurer Welthandelshaus eingetreten und 1908 hatte Volkart ihn nach Indien geschickt, wo er als Baumwolleinkäufer tätig war, das Land bereiste, Hindustani lernte und als Vielbegabter in der Freizeit im Quartett seines Chefs Werner Reinhart Bratsche spielte. 1914, wenige Monate vor dem Ausbruch des Ersten Weltkriegs, wurde er nach Kobe in Japan versetzt, und nach dem Krieg – Müller hatte inzwischen eine Japanerin geheiratet – ernannte Volkart ihn zum Generaldirektor der Niederlassung in Osaka. Müller sah angesichts der japanischen Industrialisierung eine Gelegenheit, nicht nur indische Rohbaumwolle, sondern auch Schweizer

Werkzeugmaschinen nach Japan zu importieren. Er gründete eine entsprechende Abteilung, die unter anderem die Firma Brown Boveri vertrat. Seine Pläne, das Verkaufsprogramm auszubauen, wurden von der Volkart-Direktion in Winterthur aber abgelehnt, worauf er mit 33 Jahren aus dem Unternehmen austrat, um in Japan eine eigene Handelsfirma zu gründen.[34]

Nach dem schweren Erdbeben, das sein junges Unternehmen zerstörte, kehrte er in die Schweiz zurück. 1927 konnte er die in Basel domizilierte Uebersee-Handel AG (UHAG) erwerben, die 1918 gegründet worden war und sich ebenfalls um den Export schweizerischer Werkzeugmaschinen nach Japan bemühte. Für die UHAG waren die geopolitischen Umstände nun günstig. Müller eröffnete je ein Büro in Zürich, Tokio und Schanghai und übernahm die asiatische Vertretung einer Reihe renommierter Maschinenhersteller, darunter Bechler aus Moutier, die automatische Drehbänke herstellte, Kellenberger aus Biel, die auf hydraulische Präzisionsschleifmaschinen spezialisiert war, Mikron, die mit ihren Verzahnungs- und Werkzeugmaschinen die Uhrenindustrie belieferte, die Société genevoise d'instrument de physique, ein Genfer Präzisionsinstrumentenhersteller, der mit der Machine à pointer die erste Werkzeugmaschine mit einer Präzision im Mikrometer-Bereich in Serie hergestellt hatte, und die Firma Starrag aus Rorschach, die mit Fädelmaschinen für die Textilindustrie groß geworden war. Das Hauptgeschäft machte aber auch die UHAG mit Gütern, die sich kontinuierlicher absetzen ließen als die konjunkturabhängigen Werkzeugmaschinen, vor allem mit dem Export von Seide aus China und Japan, mit Saurer-Dieselmotoren und mit Schweizer Uhren, deren Vertrieb nach dem Zweiten Weltkrieg, als sich eine aufstrebende Mittelschicht auf einmal Luxusprodukte leisten konnte, zum neuen Schwerpunkt der Firma wurde.[35]

Überall sieht man in den frühen zwanziger Jahren also dasselbe Muster: Es wurden Tochterunternehmen und Einkaufsagenturen gegründet, man expandierte, insbesondere in Asien, aber auch in Europa und den USA, und Unternehmen, die während des Ersten Weltkrieges beschlagnahmt oder durch eine Naturkatastrophe in der Feuersbrunst zerstört worden waren, wurden mit neuem Kapital neu aufgegleist. Japan verzeichnete eine rasante Industrialisierung. In einem Land, in dem sowohl die Spinnmaschinen als auch die Baumwolle importiert werden mussten, stieg die Anzahl Spindeln so schnell wie nirgendwo sonst. Die Hauptgründe dieses Wachstums waren billige Arbeitskräfte – »cheap hands«, wie ein japanischer Volkart-Mitarbeiter 1924 schrieb – und das Fehlen von Arbeitsmarktregulierungen. Vor allem Frauen waren als Arbeitskräfte im Überfluss vorhanden. Während in Europa der Achtstundentag eingeführt wurde, arbeitete man in Japan bei niedrigen Löhnen in zwei Schichten je elf Stunden pro Tag.[36]

Wer geografisch richtig aufgestellt war, um die neuen Warenströme zu koordinieren, um indische Baumwolle nach Japan und japanische Baumwollprodukte nach China einzuführen, das zum größten Abnehmer von Textilien geworden war, machte in den frühen zwanziger Jahren gute Geschäfte. Auf die Rekordprofite folgte allerdings ein dramatischer Einbruch. Nach 1924 stiegen die weltweiten Lagerbestände von Baumwolle infolge einer Überproduktion, während sich die Baumwollpreise zwischen 1924 und 1929 halbierten.[37] Die Firmen begannen Rohstoffe zu horten in der Hoffnung, sie später zu höheren Preisen wieder verkaufen zu können. Zwischen 1925 und 1929 verdoppelte sich der weltweit gelagerte Weizen. Die Lagerbestände an Zucker, Kaffee und Baumwolle stiegen um mindestens 25 Prozent.[38] Die Umsätze im Rohstoffhandel blieben zwar hoch: Sie »überspringen alle

Vorstellungen selbst der Eingeweihten«, wie Fritz Mangold über die Jahre vor dem Börsencrash schrieb, als 58 Schweizer Firmen geschätzte 1,3 bis 1,4 Milliarden Franken umsetzten.[39] Die Gewinne jedoch brachen ein. Volkart beispielsweise schrieb trotz hoher Umsätze ab 1926 rote Zahlen.[40]

Im Herbst 1929 brachen die Rohstoffpreise definitiv ein.[41] Der Börsencrash – der Schwarze Donnerstag vom 24. Oktober 1929 – löste eine weltweite Wirtschaftskrise aus. »Die im vergangenen Geschäftsjahr so stark ausgeprägte Wirtschaftskrise ist nicht ohne Einwirkung auf die von uns bearbeiteten Gebiete geblieben«, vermerkte die Basler Handelsgesellschaft (wie die Missionshandlung jetzt hieß) im Jahresbericht 1930. »Bis zum Herbst letzten Jahres waren die Ergebnisse und Aussichten für die Niederlassungen an der Goldküste befriedigend. Dann machte sich der starke Rückgang der Produktenpreise und, als Folge davon, eine Erlahmung der Kaufkraft der Eingeborenen fühlbar. Die Preise für das Hauptprodukt Kakao hatten im November 1930 einen nie gesehenen Tiefstand erreicht.« Trotzdem erzielte die Basler Handelsgesellschaft einen Überschuss. Sie konnte wie in den Vorjahren sechs Prozent Dividende auszahlen und 210000 Franken an die »Sachwalter für die besondern statutarischen Zwecke« (sprich: die Mission) überweisen.[42] Die Krise erwies sich aber als hartnäckig. »Das Jahr 1931 wird wohl als eines der schwierigsten bezeichnet werden müssen, auf das die Gesellschaft seit ihrer Gründung zurückblickt«, hieß es ein Jahr später. »Die Preise für die afrikanischen Rohprodukte fielen auf einen nie gesehenen Tiefstand und die Kaufkraft der Eingeborenen wurde damit auf ein Minimum reduziert.«[43]

Gewinnbeteiligung und Krisendiskurs

Bei Volkart brachten die in den zwanziger Jahren zuerst rasant steigenden und dann wieder fallenden Gewinne das heterogene System von Lohnzulagen und Gewinnbeteiligungen der höheren Angestellten in Schieflage. Während bei stetem Wachstum die Zusatzvergütungen, die an höhere Angestellte ausbezahlt wurden, parallel zu den Gewinnen der Firma wuchsen, entstanden in turbulenten Zeiten auf einmal markante Lohnunterschiede.

Die Auszahlung von Gratifikationen entsprach im Handel gängiger Praxis. »Der kaufmännische Angestellte tendiert, seiner Veranlagung als Kaufmann gemäß, im Gegensatz zum Arbeiter und Verwaltungsbeamten, auf eine Remuneration, die neben dem fixen Einkommen eine Zulage einschließt, welche vom Gewinn aus seiner Arbeit irgendwie abhängt«, schrieb Georg Reinhart im November 1923 in einem Exposé.[44] Die jeweils am Jahresende ausbezahlten Zusatzvergütungen, die sich um die Jahrhundertwende noch in sehr bescheidenem Rahmen bewegt hatten, stiegen nach dem Ersten Weltkrieg sprunghaft an. Bonusse richteten sich grundsätzlich nach dem Dienstalter und der Position der betreffenden Angestellten. Junge Angestellte erhielten zunächst fixe, später variable Bonusse. Einzelne Manager von Filialen erhielten hingegen keine Bonusse, sondern Tantiemen, also eine direkte prozentmäßige Beteiligung am Jahresergebnis. Die Tantiemen lagen bei 10 bis 15 Prozent der Bilanz der betreffenden Filiale und sie wuchsen mit steigenden Gewinnen schnell zu fürstlichen Gehältern.

Da in der Regel nicht Qualifikation und Fleiß ausschlaggebend waren für das Besetzen eines Managerpostens, sondern einfach Personal aus der betreffenden Filiale nachrückte, entstand innerhalb der Firma ein Gefühl der Ungerechtigkeit.

In kleineren Filialen rückten relativ unbedarfte Leute auf einmal in Managerposten vor und strichen große Tantiemen ein, während in großen Filialen solche Posten rein rechnerisch für die meisten Angestellten unerreichbar blieben, sosehr sie sich auch anstrengten. Zudem unterschieden sich die Bilanzen der einzelnen Zweighäuser so markant, »dass 5 % auf der Bilanz einer Filiale so viel bedeuten können wie 10 oder 20 % auf der einer anderen«.[45] Wenn an einem Ort die Abteilungschefs mit Tantiemen belohnt wurden, sah Volkart sich genötigt, Leute in ähnlichen Positionen lohnmäßig gleichzustellen, um das Lohnniveau anzupassen. »Dies zog natürlich alle übrigen Gratifikationen mit sich, die bis heute von Jahr zu Jahr eine ständige Verbesserung erfahren haben«, wie Reinhart erklärte.[46]

Die Unzufriedenheit stieg umso mehr, als Angestellte und Manager aus demselben sozialen Milieu stammten und eine ähnliche Karriere hinter sich hatten. Der größte Teil des Volkart-Personals rekrutierte sich aus Lehrlingen, die ihre ganze Laufbahn in der Firma absolvierten. Meist entschied der Zufall, ob jemand in die eine oder andere Abteilung kam und somit bessere oder schlechtere Aufstiegschancen hatte. Aus all diesen Gründen schlug Reinhart vor, die Tantiemen abzuschaffen. Den Einwand, die unmittelbare Gewinnbeteiligung bringe besondere Anstrengung und Ausgabendisziplin mit sich, ließ er nicht gelten. Es gebe Manager, die es trotz Tantiemen mit ihrer Arbeit sehr gemütlich nähmen und nicht die mindeste Initiative entfalteten, während andere, die keine Tantieme, ja nicht einmal einen Bonus erhielten, ihr Bestes gäben. »Es steckt eben jeder in seiner Haut, aus der er nicht heraus kann, und diese Charakteranlage, der den einen zu Taten treibt und den andern zur Bequemlichkeit neigen lässt, ist mächtiger als der Anreiz, durch eine in Aussicht gestellte Gewinnbeteiligung.«[47]

Das Problem der Bonusse und Gewinnbeteiligungen war ein Luxusproblem. Es zeugt von einer guten Geschäftsentwicklung, wirft aber auch ein Licht auf Friktionen, Neid und Ungleichzeitigkeiten innerhalb einer Firma, die in kurzer Zeit zu einem globalen Unternehmen angewachsen war. In einer Rede zum 75. Jubiläum, die Georg Reinhart am 1. Februar 1926 am Mittagsbankett im Casino Winterthur hielt, legte der älteste der Volkart-Teilhaber das Gewicht ganz auf den inneren Zusammenhalt, das Vertrauen zwischen Managern und Angestellten und auf den grenzüberschreitenden Firmengeist. Er sprach vom »Kollektivwillen« aller Mitarbeitenden auf ein gemeinsames Ziel.[48] Der Baugrund von Volkart liege »in einer anspruchslosen, kleinen Stadt, die an Zerstreuungen und Vergnügungen nicht eben viel bietet« und deren Bewohner von jeher an viel Arbeit gewöhnt gewesen seien. Reinhart beschwor die »Ehrenhaftigkeit, Gradheit, Zuverlässigkeit« als ererbte Grundsätze des in die Welt hinausgewachsenen Unternehmens.[49] Es feierten heute »in allen Teilen der Welt einige Tausende von Menschen verschiedener Rasse, Nationalität und Religion das Bestehen ihrer Zusammengehörigkeit unter der einigenden Flagge, die die Initialen V. B. trägt. Japaner, Chinesen, Malayen, Inder, Parsen, Schweizer, Deutsche, Engländer und Amerikaner fühlen sich heute mehr denn je als Teile eines sich über die ganze Erde erstreckenden Organismus, der ohne Rücksicht auf staatliche Grenzen und nationale Eifersüchteleien sein eigenes Leben lebt und seine eigenen Gesetze in sich trägt.«[50]

Was man mit großen Worten bekräftigen muss, versteht sich allerdings meist nicht mehr von selbst. 1926 war nicht nur die Bilanz von Volkart erstmals negativ, sondern es war auch ein Grundvertrauen in die Weltwirtschaft und den inneren Zusammenhalt der Firma geschwunden. Es war ein ernüchterndes Erwachen. »Der Zauber offensichtlicher Prosperität während der Boom-Jahre hat es nicht verfehlt, all den Aposteln, die ›weniger Arbeit und mehr Bezahlung‹ und ähnliche Weisheiten predigten, Zuversicht zu geben«, hieß es im August 1927 in den *V. B. News*. »Die Desillusionierung musste kommen, und sie kam mit einer Rache.«[51]

Auch die indischen Shroffs und Guarantee Brokers waren auf einmal keine verlässliche Kreditquelle mehr. Wie jedes Jahr hatte Volkart auch 1931 bei den lokalen Banken Informationen über das Standing dieser Leute eingezogen und von Verlusten erfahren. Auch wenn diese Verluste Volkart nicht direkt betrafen, beklagte man sich, es sei »heutzutage keine Leichtigkeit, finanzkräftige und absolut zuverlässige Shroffs zu finden«. Es möge ein Mann heute noch sehr reich sein, »in sechs Monaten ist er schon dem Bankerott nahe und das financial standing eines Inder auf nur ein Jahr hinaus zu beurteilen, ist eine totale Unmöglichkeit«.[52] Die Zweigniederlassung in Karachi führte deshalb Unterhandlungen mit der Imperial Bank of India, um zukünftig mit ihr *shroffage arrangements* zu treffen statt mit Shroffs, die auf eigene Rechnung arbeiteten.[53] Die Zusammenarbeit mit der Imperial Bank of India war zu einer attraktiven Alternative geworden, seit diese ihr Filialnetz im Hinterland ausgebaut hatte. Bereits 1928 kündigte Volkart ihrem Shroff Seth Bojhraj, Senior Partner von Tirathdass Lunidaram, an, die Zinsen drastisch zu reduzieren. Als dieser mit den Dumpingpreisen nicht einverstanden war, erklärte man ihm kurzerhand, dass er zu den bisherigen Konditionen nur noch an Orten für Volkart tätig sein könne, an denen die Imperial Bank nicht etabliert sei. »Unsere Absicht war«, hielt man in einem Schreiben nach Winterthur fest, »an Imp[erial] Bank Plätzen die Einkäufe selbst zu finanzieren.«[54]

Mit einem erhöhten Einsatz von Eigenkapital und der Zusammenarbeit mit Banken, die ihr Filialnetz ausbauten, waren die Schwierigkeiten der folgenden Jahre allerdings nicht zu beheben. Mit dem Börsencrash von 1929 und der weltweiten Finanzkrise der frühen dreißiger Jahre kamen die Transithändler in ernsthafte Bedrängnis. »In den gegenwärtigen Krisenzeiten gibt es wirklich nichts anderes als sparen & durchhalten«, schrieb Walter Diethelm im September 1931 an seinen Compagnon Hans Schweizer, der das 1928 akquirierte Tochterunternehmen L. Raeber & Co. leitete. Er sei aber »nicht hoffnungslos pessimistisch« gestimmt, so Diethelm. Wenn auch die Gegenwart nicht als rosig bezeichnet werden könne, so gebe es doch keine Veranlassung, die Flinte ins Korn zu werfen. Mit Konjunkturschwankungen, Krisen und finanziellen Einbußen konnten die Händler umgehen. »Ein Hauptgrund der heutigen Krise ist meiner Ansicht nach die immer weiterschreitende Industrialisierung, der früheren Absatzländer Europas, eine Entwicklung die sich nicht mehr aufhalten lässt und der wir Rechnung tragen müssen«, so Diethelm.[55] Die Firma war der japanischen Konkurrenz im Asiengeschäft direkt ausgesetzt und bemühte sich, Verluste durch das Erschließen neuer Absatzmärkte und eine Ausweitung des Warensortiments zu kompensieren.

Wirklich beunruhigend fand Diethelm nicht den wirtschaftlichen Konkurrenz- und Anpassungsdruck, sondern die allgemeine sozialpolitische Lage. »Man hat das Gefühl in Europa auf einem Vulkan zu sitzen. Am unheimlichsten sind die immer mehr anschwellenden Arbeitslosenheere. Ewig können nen dieselben, besonders in Deutschland, nicht vom Staat unterstützt werden und was dann kommt, kann niemand voraussagen.« Auch wenn er nicht wusste, in welche Richtung die Dinge sich entwickeln würden, war Diethelm klar, dass die gegenwärtige Krise über die Krise eines wirtschaftlichen Konjunkturtiefs hinausging. Seine Einschätzung der

Situation liest sich im Nachhinein geradezu prophetisch: »Mir ist es eine große Frage, ob die gegenwärtige Krise wirklich ähnliche Ursachen hat, wie frühere auch in den letzten hundert Jahren, oder ob es eine Krise des technischen & kapitalistischen Systems, oder, noch tiefer, überhaupt unserer ganzen Weltanschauung ist. Ob da nicht unter furchtbaren Geburtswehen eine alte Welt zu Grund geht und eine neue geboren werden will? Womit ich mit der Neuen nicht etwa Kommunismus oder Sozialismus meine, sondern eine Geistesrichtung, die, da sie erst im Werden ist, noch gar nicht begrifflich begrenzt werden kann.«[56] Das war zwei Jahre vor Hitlers Machtergreifung und acht Jahre vor dem Ausbruch des Zweiten Weltkriegs, der die Art und Weise, wie die westlichen Gesellschaften über sich selbst nachdachten, radikal verändern würde.

Kapitalflucht in die Schweiz

Wie bei allen großen Krisen verstärkten sich in den späten zwanziger Jahren wirtschaftliche, soziale und politische Entwicklungen gegenseitig – auch in der Schweiz. Progressive Kräfte büßten Terrain ein zugunsten konservativer Bewegungen, und die Weltmarktorientierung und forcierte Modernisierung wichen einer geistigen und politischen Abschottung. Bezeichnend dafür war ein »Kampf gegen die Überfremdung« bei gleichzeitiger Verteidigung der »Schweizer Eigenart«. Diese Nationalisierungstendenzen galten nicht nur der Bevölkerungsentwicklung, sondern auch dem ausländischen Kapital. Der Begriff »Überfremdung«, der während des Ersten Weltkrieges aufkam, wurde auch auf die Unternehmen angewandt.[57] Nationalistisch gesinnte Wirtschaftsvertreter publizierten und referierten zur »wirtschaftlichen Überfremdung der Schweiz« und forderten Maßnahmen zu ihrer Eindämmung.[58]

Der nationalistische Überfremdungsdiskurs stand in eigenartigem Kontrast zur realen Entwicklung. Bis vor dem Ersten Weltkrieg war die ausländische Bevölkerung der Schweiz auf rund 600 000 Personen angestiegen, als Resultat einer jahrzehntelangen Einwanderung von Arbeitskräften insbesondere aus Deutschland und Italien. Da viele Zugewanderte während des Krieges in ihre Herkunftsländer zurückkehrten, waren es 1920 nur noch 400 000 Ausländer, eine Zahl, die weiter sank, bis 1941 weniger als 225 000 ausländische Personen gezählt wurden.[59] Statt auf Integration, wie vor dem Ersten Weltkrieg, setzte man in den zwanziger Jahren allerdings zunehmend auf fremdenpolizeiliche Abwehrmaßnahmen. 1925 wurde ein Verfassungsartikel zur Regelung von Aufenthalt und Niederlassung von Ausländern angenommen, und 1931 trat ein entsprechendes Bundesgesetz in Kraft.[60] Die Behörden hatten künftig bei Aufenthaltsbewilligungen sowohl wirtschaftliche Interessen als auch den »Grad der Überfremdung« zu berücksichtigen, was in den folgenden Jahren vor allem die Flüchtlinge zu spüren bekamen.[61] Die Maßnahmen entsprachen der allgemeinen Entwicklung in Europa, das vom freien Personenverkehr der Vorkriegszeit zu einem System rigider Einreisebeschränkungen überging. Eine parallele Entwicklung fand in den USA statt: Die Idee des *melting pot* und der Amerikanisierung von Einwanderern geriet zunehmend unter Druck und 1924 wurde der Immigration Act verabschiedet, ein Gesetz, das die jährliche Immigration aus einem bestimmten Land auf zwei Prozent der bereits in den USA lebenden Einwanderer aus diesem Land beschränkte.[62]

Das hatte Auswirkungen auf die Arbeitsmärkte. »Die Rechtsstellung des europäischen Stellungssuchenden im europäischen und außereuropäischen Ausland ist von der des chinesischen Kulis heute praktisch nicht allzusehr verschieden«, schrieb der österreichische Jurist, Privatbankier und Zeitkritiker Felix Somary 1929, »und es wird noch harte Kämpfe geben, bis man aus diesem Rückfall in die Barbarei zu einem auch in der Praxis anständig gehandhabten Niederlassungsrecht kommen wird.«[63] Während für Personen überall die Einreise- und Niederlassungsbedingungen verschärft wurden, war das Kapital mobiler denn je zuvor. Seit der zweiten industriellen Revolution hatte in den Unternehmen eine starke Kapitalkonzentration stattgefunden – ein Trend, der sich in der Zwischenkriegszeit noch verstärkte. Durch Beteiligungen und Fusionen entstanden verzweigte Konzerne, man gründete Finanzierungsgesellschaften, Holdings und Investment Trusts, die der Vermögensanlage bei möglichst breiter Streuung des Risikos dienten.[64] »Die partiale Organisation der Produktion in Kartellen und Trusts, die Fixierung der wichtigsten Preise, hat die Entwicklung der Warenerzeugung gelähmt, die Aufsaugung der Arbeiterschaft in neuen Industrien und das Ansteigen des Sozialprodukts gehindert«, kommentierte ein Sozialwissenschaftler die neuen Monopole.[65]

Die Kapitalkonzentration überschritt staatliche Grenzen, wobei das Kapital mit Vorliebe in sicheren Ländern wie der Schweiz angelegt wurde. »In der Nachkriegszeit spielt die Überschwemmung mit ausländischem, flüchtigem Kapital eine besondere Rolle«, hieß es 1923 in der Zeitschrift *Die Schweiz*, »ebenso die Gründung sogenannter ›Holding-Gesellschaften‹, die gewaltige ausländische Kapitalien in der Schweiz unter eine Kontrolle und einheitliche Zusammenfassung der Interessen bringen.«[66] Es entstanden Investmentgesellschaften wie die Internationale Petroleum-Union in Zürich oder die Motor-Columbus AG mit Sitz in Baden sowie »Holdinggesellschaften kapitalkonservierender Art (Steuerflucht-Gründungen oder der schweizerische Rechtsanwalt als einziges Verwaltungsratsmitglied)«.[67] Diese Entwicklung hin zu Konzernstrukturen und komplexen Beteiligungen war gegenläufig zur Entwicklung in den USA, wo die Vernetzung zwischen den Unternehmen als hinderlich für eine gesunde Konkurrenz angesehen und bekämpft wurde und infolge der Antitrust-Gesetze (insbesondere seit dem Clayton Antitrust Act von 1914) abnahm.[68]

Beobachter des Zeitgeschehens sahen das Verschieben großer Mengen Reservekapital in reiche Länder mit Besorgnis. »Niemals zuvor, selbst nicht in der Inflationsperiode, hat die Kapitalflucht derartige Dimensionen angenommen«, kommentierte Somary.[69] »Vor dem Krieg gaben die reicheren Länder Anleihen an die ärmeren, England an die Dominions und Südamerika, Frankreich an Russland. Ein dünner Kapitalbach rieselt heute auch noch in gleicher Richtung, aber ein breiter Strom fließt entgegengesetzt, vom ärmeren ins reichere Land.« Inflation und Inflationsfurcht sowie das enorme Anwachsen der direkten Steuern treibe die Reserven der Unternehmer »nach Amerika, Schweiz, Frankreich, in die reichsten Länder der Welt. [...] Die Wirkungen sind viel tiefer als es die öffentliche Meinung realisiert.«[70]

Somary verwies auf Adam Smith, der im späten 18. Jahrhundert schrieb, dass in Holland nur sehr reiche Leute von Zinsen leben können, da der Zinssatz infolge fehlenden Risikos nur eineinhalb Prozent betrage, während in China eine Rate von 12 Prozent nötig sei, um Kapital für Investitionszwecke heranzuziehen. Ähnliches lasse sich gegenwärtig beobachten: »In der heutigen Schweiz – wie in Holland zur Zeit von Smith – ist die Marktrate rund 1 % und ist im letzten Jahrzehnt kaum über 2 % hinausgegangen; aber man braucht nicht bis nach China zu gehen, um eine Prohibitivrate für Investitionen zu suchen. An der Nordgrenze der Schweiz würde sogar der zitierte chinesische Satz von 12 % nicht genügenden Anreiz bieten.« So habe die größte deutsche Bank vergebens versucht, Pfandbriefe in der Höhe von einer Million Pfund, für die außerdem eine Solidargarantie aller Sparkassen Südwestdeutschlands vorlag, gegen einen Nettoertrag von elfeinhalb Prozent Zins loszuwerden – »kein Käufer konnte in der Schweiz gefunden werden«.[71] In instabilen Zeiten ist Kapital äußerst risikoavers. Es fließt in Richtung des größten Vertrauens, auch wenn es dort keinen Profit generiert. Doch 1932 war Vertrauen rar geworden. Somary zitierte einen Freund mit einer Aussage, die symptomatisch war für die Zeit: »Ich hätte es nie für möglich gehalten, dass ein einziger Mensch sich vor so vielen Dingen gleichzeitig fürchten kann wie ich.«[72]

Das in die Schweiz strömende Kapital war nicht von allen gern gesehen. Auch in diesem Bereich gab es wie gesagt Abschottungstendenzen. In Schweizer Wirtschaftskreisen wehrte man sich vehement gegen ausländische Übernahmen, Aktienkäufe und den Zuzug ausländischer Unternehmen. Solange das ausländische Kapital in der Schweiz passiv blieb, war dagegen nicht viel einzuwenden. Man fürchtete allerdings einen »Willen zu wirtschaftlicher Machtentfaltung«, einen »Drang nach Angliederung, Kontrolle und Beherrschung im Domizilland«. Es frage sich, schrieb der Ökonom Paul Gygax, »ob diese riesenhaften, bei uns ruhenden Summen ausländischen Kapitals eines Tages aus ihrer Passivität heraustreten und unser Wirtschaftsleben durchdringen, Fabriken, Bahnen, Etablissements aller Art unter die Botmäßigkeit des ausländischen Kapitals bringen können?«[73]

Im Parlament begannen nach dem Ersten Weltkrieg langwierige Debatten um eine Reform des Obligationenrechts und 1936 wurde eine revidierte Fassung angenommen. Hatte das 1881 institutionalisierte Obligationenrecht der Generalversammlung der Aktionäre noch weitgehende Entscheidungsbefugnisse zugestanden, wurde nun ein »selektiver Protektionismus« im Recht verankert, der den Unternehmen die Möglichkeit einräumte, die Rechte bestimmter Aktionäre einzuschränken.[74] Hauptinstrument für diese Kontrolle war die Vinkulierung von Namensaktien. Vinkulierte Aktien durften zwar ebenfalls übertragen werden, die Aktiengesellschaft konnte aber die Rechte der neuen Inhaber nach willkürlichen Kriterien einschränken, zum Beispiel in Bezug auf deren Nationalität.[75]

Der Aufstieg der Schweiz als Investitionsort, Depot und Drehscheibe für ausländisches Kapital war eine unmittelbare Folge des Ersten Weltkriegs. Die unversehrte Neutralität, die stabilen politischen Strukturen, die höchst moderate Steuerpolitik, und eine Währung, die bereits in den frühen zwanziger Jahren wieder Dollarparität erreichte, zogen gewaltige Kapitalmengen an. Der Historiker Hansjörg Siegenthaler sprach von einer »Neutralitätsdividende«, Sébastien Guex von einer »Sicherheitsdividende«.[76] Der Schweizer Franken emanzipierte sich vom französischen Franc und wurde zur gefragten Reservewährung und zu einem internationalen Zahlungsmittel. Da die Inflation nach dem Krieg in der Schweiz schnell eingedämmt werden konnte, wurde der Schweizer Franken eine der stabilsten Währungen der Welt.[77] Die Rückkehr zur Goldparität 1925 verstärkte diesen Trend. Hinzu kam, dass es in Europa unmittelbar nach dem Krieg – mit Ausnahme von Frankreich – kaum eine fiskalische Kontrolle über die privaten Vermögen gab. 1923 kam der Begriff »Steueroase« auf, ab 1930 sprach man auch von »Steuerparadies«.[78]

In der Schweiz galt die »Schweigepflicht des Bankiers gegenüber den Steuerbehörden«[79], lange bevor das Bankgeheimnis mit dem Bankengesetz vom 8. November 1934 offiziell institutionalisiert und Zuwiderhandlung als Offizialdelikt geahndet wurde.[80] Vor Inkrafttreten des Bankengesetzes sei der Bankier aufgrund anderer gesetzlicher Bestimmungen und »gewohnheitsrechtlich« zu strengstem Stillschweigen angehalten gewesen hinsichtlich »aller Tatsachen und Verhältnisse, die ihm im geschäftlichen Verkehr mit seinen Kunden zur Kenntnis gelangten«, wie es 1947 im *Handbuch des Bank-, Geld- und Börsenwesens der Schweiz* hieß. Das Bankengesetz habe dann lediglich »eine organisch gewachsene Geschäftsübung eines für [die Schweizer] Wirtschaft bedeutenden Berufsstandes anerkannt und deren widerrechtliche Verletzung einer einheitlichen Sanktion unterstellt«.[81] Von einem expliziten »Bankgeheimnis« war auch dann noch nicht die Rede, aber es war klar, dass eine allfällige Weitergabe kundenrelevanter Informationen an die Steuerbehörde ein Strafbestand war.

Die Steuerquote war in der Schweiz, die keinen Wiederaufbau und keine Reparationszahlungen finanzieren musste, grundsätzlich gering. Sie betrug in der Zwischenkriegszeit etwas mehr als die Hälfte der umliegenden Länder und fiel vor allem bei hohen Einkommen sehr niedrig aus.[82] Der Journalist Ernst Nobs, der gut zwanzig Jahre später als erster Sozialdemokrat in den Bundesrat gewählt werden sollte, rechnete 1922 vor, was dem Staat durch die Nichtbesteuerung der im Land deponierten Gelder entgehe: »Eine nur einprozentige Besteuerung dieser gewaltigen ausländischen Steuerfluchtkapitalien hätte im Jahr über 300 Millionen eingebracht, mehr als die gesamten Hochschutzzölle!«[83]

Der Aufstieg der kleinen neutralen Länder – neben der Schweiz auch Holland, Belgien und Schweden – zu bedeutenden Gläubigerstaaten beruhte weniger auf ihrer eigenen Finanzkraft denn auf der Schwäche ihrer großen Nachbarn.[84]

Dass Länder, denen die Macht fehlte, gegenüber zahlungsunfähigen Schuldnern politischen und militärischen Druck auszuüben, zu den großen Financiers aufstiegen, fand Felix Somary höchst bemerkenswert. »Niemals hat die europäische Geschichte politisch so schwache Gläubigerstaaten gesehen«, schrieb er 1929 in seinem Buch *Wandlungen der Weltwirtschaft seit dem Kriege*, »Gläubiger, deren einzige Waffe säumigen Schuldnern gegenüber die Unterlassung der Einräumung weiterer Kredite bildet.«[85] Die ungeheure Bedeutung der politischen Stabilität für die Entwicklung der Wirtschaft werde an der Position der Schweiz besonders augenfällig, so Somary. »Unter den europäischen Ländern an Produktivkräften das ärmste, mit großenteils felsigem und Waldboden und nur einem schmalen Streifen Fruchtgebiet, ohne Kohlen, Mineralien, Textilrohstoffen, ohne Möglichkeit eines breiten Absatzgebietes, hat sich dieses Land zu dem relativ reichsten in Europa entwickelt.« Die internationale Kapitalverflechtung der Schweiz sei viel ausgeprägter als in der Vorkriegszeit, »und die Bewegungen der Kapitalien scheinen für die Zahlungsbilanz wichtiger zu werden als die des Warenverkehrs«.[86]

Neutralität als Geschäftsmodell

Nun trat das von Norman Angell bereits 1910 so plastisch beschriebene Paradox offen zutage: Der neutrale Kleinstaat war ein Geschäftsmodell. Nicht mit politischer und militärischer Macht schützte man Kapital in einer hochvernetzten globalen Wirtschaft, sondern durch Stabilität und durch das Abseitsstehen in Konflikten. Neutralität war allerdings ein höchst schillernder Begriff und ihre wirtschaftliche Bedeutung musste in langwieriger Definitionsarbeit erst geschaffen werden. Die offizielle Schweiz hatte keine vordefinierte Strategie, sondern agierte den Umständen entsprechend pragmatisch.

Außenpolitisch positionierte sich die Schweiz nach dem Ersten Weltkrieg zunächst erfolgreich als Gastgeberin und Vermittlerin für den Völkerbund und andere internationale Organisationen. In eine engere internationale Zusammenarbeit zu investieren schien der richtige Weg, um jene sichere und friedliche Weltordnung zu schaffen, auf die das Land als Drehscheibe globaler Handels- und Finanztransaktionen angewiesen war.[87] Im Februar 1919 schickte der Bundesrat den Siegermächten ein Memorandum zur Neutralität des Landes, zusammen mit einem Entwurf für einen Völkerbundpakt, wie er von US-Präsident Woodrow Wilson anvisiert wurde. Man insistierte auf einer Neutralität, die der Schweiz 1815 am Wiener Kongress zugestanden worden sei, die in der Verfassung stehe, und zu der man sich im August 1914, bei Ausbruch des Krieges, gegenüber den Großmächten unmissverständlich bekannt habe. Die immerwährende Neutralität der Schweiz wurde vom Bundesrat gar als Erbe der Schlacht bei Marignano von 1515 hochstilisiert, diesem militärischen Fiasko gegen das Königreich Frankreich, nach dem sich die Eidgenossenschaft von einer eigenen Großmachtpolitik verabschiedet hatte: »Ihre Friedenspolitik ist die Anwendung eines Prinzips, das am Beginn des 16. Jahrhunderts zur Staatsmaxime erhoben worden ist.«[88]

Dass die Schweiz gleichzeitig aktiv an einer Bündnispolitik mitwirken wollte, empfanden viele als Widerspruch. Auch der Bundesrat erklärte in einer Botschaft vom 4. August 1919, kein Land werde durch die »neue Tatsache des Völkerbundes in den Grundlagen seiner internationalen Stellung so stark berührt« wie die Schweiz. Es könne nicht geleugnet werden, dass »im Bereich der abstrakten Begriffe Neutralität und Völkerbund sich ausschließen«.[89] Neutralität bedeute Friedenserhaltung durch Nichteinmischung, der Völkerbund dagegen wolle den Frieden durch die solidarische Aktion seiner Mitglieder sichern. Dennoch sei die Neutralität weiterhin gerechtfertigt und kein Ausschlusskriterium für eine Beteiligung. Dem schloss sich die Wirtschaftselite an. Die *Neue Zürcher Zeitung* plädierte vehement für einen Beitritt zum Völkerbund. »Sollen uns die noch größern Schwierigkeiten kommender Jahre allein finden und isoliert treffen, ohne Rückhalt an andern Staaten, ohne die Möglichkeit, an Konferenzen zur Verhütung oder Milderung dieser Gefahren mitwirken zu können?« Die wirtschaftlichen Erwägungen sprächen zwingend für einen Beitritt zum Völkerbund. Es handle sich hier um Fragen der nationalen wirtschaftlichen Existenz, um »unsere zukünftige Stellung in der Weltwirtschaft«.[90]

Mit dem Ziel, diese Stellung der Schweiz in der Weltwirtschaft über eine transnationale Kooperation zu garantieren, leistete der Bundesrat Überzeugungsarbeit. Wie alle geschichtlichen Gebilde, so sei auch der Völkerbund nicht bloß ein »nach abstrakten Grundsätzen ausgebautes System«, sondern historisch bedingt. Er stelle einen Kompromiss dar »zwischen der Idee einer vollkommenen Friedensorganisation und den politischen Möglichkeiten der heutigen Stunde«.[91] Man müsse die Lehren aus der Erfahrung des Weltkrieges ziehen. Wenn auch die politische Neutralität während des Krieges nicht verletzt worden sei, so sei man wirtschaftlich doch in hohem Maße betroffen gewesen. Die außerordentlich gesteigerte Entwicklung der weltwirtschaftlichen Beziehungen habe dazu geführt, dass sich der Wirtschaftskrieg nicht auf die betroffenen Kriegsparteien, sondern auch auf die Neutralen ausgewirkt habe.[92]

Als Gegenstück zum »Wirtschaftskrieg« prägte man in

der Schweiz den Ausdruck »wirtschaftliche Neutra [...]
Diese »wirtschaftliche Neutralität« könne über eine [...]
nispolitik viel eher garantiert werden als durch bloßes
seitsstehen im Kriegsfall. Wirtschaftliche Neutralität könne
zweierlei bedeuten, so der Bundesrat: erstens das Recht
des Neutralen, »in seinen wirtschaftlichen und sonstigen finanziellen und persönlichen Verkehrsbeziehungen zu den
Kriegführenden und übrigen Neutralen nicht gestört zu werden«. Zweitens die Pflicht, »seine wirtschaftlichen, finanziellen und persönlichen Beziehungen zu den Kriegführenden
unvermindert aufrechtzuerhalten oder mindestens in bezug
auf Einschränkungen und Leistungen ein grundsätzlich gleiches Maß zu halten« – an diese zweite Definition denke man
namentlich bei der wirtschaftlichen Neutralität.[94]

Damit verschränkte die offizielle Schweiz ihre außenpolitische Neutralität explizit mit wirtschaftlichen Interessen.
Politische Indifferenz wäre dann am Aufrechterhalten wirtschaftlicher Beziehungen mit allen Beteiligten ablesbar. Implizit übertrug man mit dieser Formulierung das Prinzip
der kriegstechnischen Neutralität der Frühen Neuzeit, die
allen Kriegsparteien das Gleiche gewährte und das Gleiche abschlug, auf die Außenwirtschaft in einer globalisierten Welt.
Am 13. Februar 1920 anerkannten die Großmächte in der
Londoner Erklärung die schweizerische Neutralität und ent-
banden den Kleinstaat von jeder Teilnahme an bewaffneten
Konflikten oder militärischen Sanktionen. In der Schweiz
sprach man nun von einer »differenziellen Neutralität«. Am
16. Mai 1920 wurde der Beitritt zum Völkerbund in einer
Volksabstimmung deutlich, wenn auch ohne Enthusiasmus
angenommen.[95] Als Vollmitglied erlangte die Schweiz schnell
eine privilegierte Stellung. Das von Wilson favorisierte Genf
setzte sich gegen Brüssel als Sitz der Organisation durch.[96]

Die Kopplung von kooperativer Partizipation mit einer

wirtschaftlich motivierten Neutralität wurde allerdings schwierig, als der wichtigste Handelspartner Deutschland gegenüber der Staatengemeinschaft zunehmend aggressive Töne anschlug; und sie wurde zum manifesten Problem, als Italien im Oktober 1935 in Äthiopien einmarschierte und Mussolini seine lange gehegten imperialistischen Pläne in die Tat umsetzte. Der Abessinienfeldzug war ein klarer Vertragsbruch gegenüber dem Völkerbund. Italien war auf einmal isoliert, und es stellte sich die Frage nach Sanktionen. In der Schweiz versuchte man es zunächst mit Stillhalten. Bundespräsident Giuseppe Motta ließ im September 1935 vor der Völkerbunddelegation des Landes verlauten, dass der Bundesrat die Frage nach Sanktionen noch nicht erörtert habe, da man aktuell nur über Hypothesen diskutieren könne. Robert Grimm schrieb in der sozialdemokratischen Berner *Tagwacht* sarkastisch, dass »der sonst so redselige Bundesrat Motta sich in Genf als kleiner Staatsmann zu den großen Schweigern geschlagen« habe. »Während nahezu alle andern Staaten sich zu dem italo-abessinischen Konflikt äußerten, weiß man über die offizielle Stellung der Schweiz nichts.«[97] An einer Sitzung Anfang Oktober rang der Bundesrat um eine Haltung. Falls sich die Schweiz, wie es ihre Pflicht wäre, an einer offiziellen Verurteilung der italienischen Aggression beteilige, würde es ihr dann noch möglich sein, sich auf ihre politische Neutralität zu berufen, um bei der Frage der Sanktionen nicht deutlich Stellung nehmen zu müssen?[98] Der politischen Elite war klar, dass die Londoner Erklärung zwar die militärische Neutralität der Schweiz bestätigt hatte, im Gegenzug aber explizit Solidaritätspflichten einforderte, darunter auch die Pflicht, sich an wirtschaftlichen und finanziellen Maßnahmen gegen einen vertragsbrechenden Staat zu beteiligen.

Dagegen bezogen namhafte Schweizer Industrielle umgehend Stellung. Im Oktober 1935 schrieb Emil Bührle, Direktor der Werkzeugmaschinenfabrik Oerlikon und ein erfolgreicher Waffenfabrikant, einen Brief an Bundesrat Hermann Obrecht, den Vorsteher des Volkswirtschaftsdepartements, und redete ihm betreffend Völkerbund ins Gewissen. Bührle wusste, dass der Bundesrat im Rahmen der Sanktionsmaßnahmen über ein Waffenexportverbot nach Italien zu beschließen hatte, und dass im Falle eines solchen Exportstopps »unter dem Gesichtspunkt der absoluten Wahrung der schweizerischen Neutralität« konsequenterweise auch der Waffenexport nach Abessinien verboten werden müsste.[99] Von einem solchen Ausfuhrverbot wären die Werkzeugmaschinenfabrik Oerlikon und die Industrie-Gesellschaft Neuhausen, die seit 1928 im Königreich Abessinien erfolgreich Fuß gefasst hatten, unmittelbar betroffen gewesen.

Italien war als Abnehmer von Schweizer Waffen unbedeutend, Abessinien jedoch seit einigen Jahren eine Exportdestination: »Oerlikon hat in den Jahren 1929 bis 1934 26 Stück 2 cm Waffen mit Munition im Gesamtbetrage von ca. 8 Millionen Franken geliefert und Neuhausen ca. 60 Maschinengewehre«, rechnete Bührle vor. Von Mai bis Dezember 1934 weilten zwanzig junge Abessinier in Oerlikon, um mit der Handhabung der Waffen vertraut gemacht zu werden. Ende Dezember begleitete ein Vertreter von Oerlikon die jungen Leute zurück nach Addis Abeba und verhandelte mit dem Kaiser persönlich »über eine neue Bestellung auf 10 Stück 20 mm Oerlikongeschütze für Tank- und Fliegerabwehr mit 20 000 Schuss Munition«. Diese wurden im Juni 1935 schließlich auch bestellt. Da die Geschütze in Oerlikon nicht vorrätig waren, wurde die Lieferung aus einer großen neuen Serie von 200 Fliegerabwehrkanonen ins Auge gefasst, von der 128 Stück für die Tschechische Republik bestimmt waren. »Für diese Serie haben wir an andere Firmen in der Schweiz

Arbeit bezw. Aufträge im Umfang von annähernd drei Millionen Schweizerfranken vergeben, ferner haben wir unsere Belegschaft auf über 600 Köpfe erhöht, das heißt nahezu verdoppelt«, so Bührle.[100] Diese Aufträge und Arbeitsplätze stünden nun auf dem Spiel.

Auch Gustav Hürlimann, der Verwaltungsratspräsident der Werkzeugmaschinenfabrik Oerlikon, argumentierte in einer Eingabe an Bundespräsident Rudolf Minger mit dem Werkplatz Schweiz und der Erhaltung von Arbeitsplätzen. Die Bedeutung von Waffenaufträgen aus dem Ausland »für weite Kreise der schweizerischen Industrie« werde unterschätzt. Dabei ging es nicht allein um Abessinien, sondern um das Verhindern eines Präzedenzfalls. »Die Erfahrung lehrt, dass die schweizerische Waffenindustrie in den letzten Jahren in erheblichem Umfange nach solchen Ländern geliefert hat, die sich in kriegerischen Verwicklungen befanden oder doch wenigstens davon bedroht fühlten (China-Japan; Columbien-Peru; Bolivien-Paraguay)«, so Hürlimann. »Ein zweiseitiges Ausfuhrverbot würde uns daher jeweils die interessantesten Geschäftsmöglichkeiten abschneiden.«[101] Das Neutralitätsprinzip habe aber noch eine viel weiter gehende Folge: Kriegsmaterial sei ja nicht für den Frieden bestimmt, sondern für den Krieg. Ein Staat, der Kriegsmaterial im Ausland bestelle, sehe sich also mit der Frage konfrontiert, ob er von der betreffenden Fabrik im Ernstfall Nachlieferungen erhalte. Angesichts der rasanten technischen Entwicklung und der beschränkten Lagerfähigkeit von Munition sei das Vertrauen auf die jederzeitige Lieferfähigkeit einer Waffenfabrik essenziell. »Man erinnert sich dabei allgemein an die Haltung der Schweiz während des Weltkrieges, während dessen sie an alle im Kriege befindlichen Mächte mehr oder weniger lieferte und zwar auch ausgesprochenes Kriegsmaterial.«[102] Falls das Neutralitätsprinzip in Zukunft so ausgelegt werde, dass nicht mehr beide, sondern keine der Kriegsparteien – auch nicht der Angegriffene – mit Waffen beliefert werden dürften, stehe der Standort Schweiz für die Werkzeugmaschinenfabrik Oerlikon ernsthaft zur Diskussion.

Das waren handfeste Drohungen. Angesichts wirtschaftlicher Überlegungen war der Bundesrat ab 1935 zunehmend bestrebt, die vollständige Neutralität zurückzuerlangen. Die Trennung zwischen Wirtschaft und Politik hatte sich als Fiktion entpuppt. Arbeitsbeschaffung und Handelsinteressen wurden nun dezidiert höher bewertet als internationale Ideale. Wenn der Völkerbund zu einer Koalition werde, entspreche das nicht mehr den Idealen der Schweiz, so Bundespräsident Motta 1937. Mit Verve beschwor er in einer Rede vor dem Nationalrat die Souveränität des alpinen Schweizers, der eine patriotische Leidenschaft mit dem Willen, ein guter Weltbürger zu sein, verbinde.[103] Das war an Zynismus kaum zu überbieten. Der Neutralitätsbegriff diente Motta als rhetorischer Hebel für die politische Abschottung und das uneingeschränkte Handeln mit allen.

Die Befreiung von sämtlichen wirtschaftlichen Sanktionspflichten war nun das deklarierte Ziel – ein Ziel, das allerdings auf Widerstand seitens der Westmächte stieß. Dennoch wollten sie einen Austritt der Schweiz aus dem Völkerbund nach Möglichkeit verhindern. Nachdem Deutschland und Italien aus dem Völkerbund ausgetreten waren, wäre ein Austritt der neutralen Kleinstaaten einem Prestigeverlust für die Genfer Liga gleichgekommen, und einem Prestigegewinn für die Achsenmächte.[104] Dass es in der Schweiz eine von der deutschlandfreundlichen Wirtschaftselite und von Frontisten angetriebene Bewegung gab, die auf einen Austritt der Schweiz aus dem Völkerbund hinarbeitete, war kein Geheimnis. Motta agierte taktisch. Er setzte die Option eines Austrittes als Druckmittel ein, um eine Rückkehr zur uneingeschränkten Neutralität durchzusetzen, wobei der Bundesrat im Gegenzug das Funktionieren des Völkerbundes auf seinem Territorium garantieren werde.[105] Die Rechnung ging auf. Durch Ratsbeschluss vom 14. Mai 1938 wurde die Schweiz im Völkerbund von sämtlichen Sanktionspflichten befreit.[106]

Das Ende des Goldstandards

Wirtschaftspolitisch erlangte die Schweiz kurz vor Ausbruch des Zweiten Weltkrieges also größtmöglichen Handlungsspielraum und machte sich gleichzeitig als neutraler Dienstleistungs- und Vermittlungsstandort unverzichtbar. Bereits seit dem 19. Jahrhundert war sie Sitz des internationalen Telegraphenvereins (Genf), des Weltpostvereins (Bern) und der Organisation für den internationalen Eisenbahnverkehr (Bern). Seit dem Alabama-Schiedsgericht von 1872, als die Schweiz zwischen den USA und dem Vereinigten Königreich vermittelte (betreffend britischer Schiffslieferungen an die Südstaaten während des Sezessionskriegs), war Genf zu einem Zentrum für die juristische Schlichtung geworden. Auch das Internationale Rote Kreuz mit Sitz in Genf konnte seinen Einfluss gegenüber der Staatenwelt nach dem Ersten Weltkrieg ausbauen. Während des Ersten Weltkrieges war ein Privatunternehmen hinzugekommen, das für den globalen Handel unverzichtbare Dienstleistungen erbrachte: 1915 verlegte die Société Générale de Surveillance ihren Sitz von Paris nach Genf. Die Gesellschaft, die 1878 in Rouen gegründet worden war, ist bis heute der weltweit führende Anbieter von Warenzertifikaten – eine unverzichtbare Institution des globalen Rohstoffhandels. Mitarbeiter in aller Welt prüfen Waren beim Verlad, zertifizieren diese nach internationalen

Standards und garantieren damit den Kunden am Destinationsort die Quantität und Qualität der Lieferungen. 1928 hatte das Unternehmen Büros und Zweigniederlassungen in 21 Ländern.[107]

Auch der Finanzsektor setzte auf die Schweiz: 1930 wurde in Basel die Bank für Internationalen Zahlungsausgleich (BIZ) gegründet, eine Bank der Nationalbanken. Sie koordinierte in den dreißiger Jahren die deutschen Reparationszahlungen an die Alliierten und sollte zur Währungsstabilität beitragen.[108] Die Leiter der großen Zentralbanken und ihre finanztechnischen Spezialisten gaben sich im Grand Hotel und später im Hotel Savoy Univers, von wo aus die BIZ operierte, die Klinke in die Hand. »Es kann gesagt werden, dass seit Gründung der Bank keine Woche vergangen ist, ohne dass wir den Besuch mehrerer Zentralbankvertreter erhalten haben«, hieß es im ersten Jahresbericht.[109] Mit einem Grundkapital von 500 Millionen Franken war sie damals die größte Aktiengesellschaft der Schweiz.[110]

Die liberalsten Handelsbeziehungen und die Beherbergung namhafter internationalen Organisationen nützten allerdings wenig angesichts schwindender Kaufkraft im Ausland, der Entwertung ausländischer Währungen und zahlungsunfähiger Schuldner. Die Schweiz als Drehscheibe für internationales Kapital und internationale Verhandlungen stärkte zwar den Neutralitätsanspruch, nicht aber die Konjunktur. Durch Zölle, Einfuhrquoten und eine kompetitive Währungsabwertung versuchten die einzelnen Staaten nach dem Börsencrash von 1929 ihre eigene Position auf Kosten der anderen zu verbessern. In der Schweiz führten die Unterschiede in den Lohnkosten gegenüber Frankreich, Italien, Ungarn und Polen zu billigen Importen bei stockenden Exporten. Aufgrund der ausländischen Dumpingpreise war die Schweizer Textilindustrie bereits in den dreißiger Jahren nicht mehr konkurrenzfähig. In der Ostschweiz waren die Spinnereien und Kattunwebereien von der Schließung bedroht, worauf der Bund zu ihrem Schutz die Einfuhrzölle erhöhte.[111] Auch die USA errichteten hohe Zollmauern um ihr Wirtschaftsgebiet: 1930 trat der Smoot-Hawley Tariff Act in Kraft, der den US-Außenhandel massiv reduzierte.

In den USA konnte diese Abschottung durch einen flexiblen Binnenmarkt kompensiert werden. Auch wenn sich der große Kontinent von den anderen Ländern zollpolitisch fast abgeschlossen habe, so habe er doch »durch den Umfang seines Territoriums die Möglichkeit zur Ausbildung einer nationalen Arbeitsteilung, die der einer internationalen nicht allzuviel nachgibt«, so Felix Somary.[112] In Europa wären angesichts dieser Entwicklung ein engerer Zusammenschluss und eine wirtschaftliche Kooperation zwischen den Staaten nötig gewesen. Tatsächlich entstand nach dem Ersten Weltkrieg eine aktive paneuropäische Bewegung. Als neutraler Kleinstaat wurde insbesondere die Schweiz zu einem Hotspot für Europakonzepte und zum föderalistischen Vorbild für einen europäischen Staatenbund.[113] Nur eine Einigung nach dem Vorbild der Vereinigten Staaten von Amerika könne Europa vor Kriegen und wirtschaftlicher Misere bewahren, schrieb der Schriftsteller und Politiker Richard Coudenhove-Kalergi, der Gründer der Paneuropa-Union, 1923.[114]

Afrika figurierte in diesen Konzepten als natürlicher Rohstofflieferant für ein geeintes Europa. Politisch und wirtschaftlich bilde Afrika »die tropische Ergänzung Europas«, die »Plantage Europas«, so Coudenhove.[115] Auch Hans Bauer, Mitglied der Direktion des Schweizerischen Bankenvereins und Zentralpräsident der 1934 in der Schweiz gegründeten Europa-Union, machte unmissverständlich klar: »Suchen wir den Begriff Europa in der politischen Perspektive zu erfassen, dann rücken wir vollends über die geographischen

Grenzen des Erdteils hinaus. Dann wird auch Afrika europäisch.«[116] Afrikas Potenzial als wirtschaftlicher »Ergänzungsraum«, als »Produktionsbasis« und als »künftiger Markt« Europas schien immens.[117] Afrika stelle »das raumgebende Tropengelände der abendländischen Staatengesellschaft« dar, so ein führender Kolonialgeograf. Es gelte, aus Europa und Afrika »einen sich in allen wesentlichen Punkten glücklich ergänzenden Wirtschaftsblock zu bilden«. Amerika den Amerikanern, Ostasien den Ostasiaten – »Eurafrika den Europäern!«[118]

Vorstöße zugunsten der Schaffung einer europäischen Staatengemeinschaft waren jedoch chancenlos. Die Hindernisse seien so groß und schwer, »dass vielen auch schon der Gedanke einer Zusammenfassung der Staaten des europäischen Kontinents als eine Utopie erscheinen wird«, wie Somary 1929 schrieb.[119] Die politische Agenda war nationalistisch ausgerichtet, überall wurden Zollschranken errichtet, überall strebte man nach größtmöglicher Autarkie. Der bereits vor der Weltwirtschaftskrise eingesetzte Preiszerfall im Rohstoffsektor setzte sich in den dreißiger Jahren fort.[120] Internationale Organisationen bemühten sich vergebens, angesichts der zahlreichen wirtschaftlichen Problemlagen Gegensteuer zu geben. Sie standen zu sehr unter dem Einfluss einzelner Interessengruppen, um wirklich etwas verändern zu können, und sie hatten keine Befehlsbefugnisse gegenüber der Wirtschaftspolitik der einzelnen Staaten, die in einem übersteigerten Nationalismus nur noch bis zu den eigenen Grenzen blickten. »Von Zeit zu Zeit wird unter Ägide des Völkerbundes ein weltwirtschaftlicher Kongress abgehalten, bei dem die Experten für Verkehrsfreiheit eintreten, aber alle diese Resolutionen verhallen ebenso wirkungslos wie etwa die des Vereins für Sozialpolitik in Stuttgart zugunsten des Freihandels«, so Somary.[121] An diagnostischer Kompetenz fehlte es in den internationalen Gremien nicht – aber an Handlungskompetenz.

Die Internationale Handelskammer organisierte im Mai 1931 einen Kongress in Washington; den sechsten seit ihrer Gründung 1919. Angesichts der weltweiten Wirtschaftskrise war das Interesse ausnehmend groß. Die Zahl der Teilnehmer übertraf alle Erwartungen: 1228 Delegierte aus 37 Ländern reisten an. US-Präsident Herbert Hoover persönlich eröffnete den Kongress mit einer kurzen Ansprache. »Sie sind aus vielen Ländern und zu einer Zeit schwerer Verantwortung in Ihrem eigenen Land gekommen, um an Diskussionen teilzunehmen, die zum Fortschritt der Welt beitragen sollen«, wandte er das Wort an die versammelten Bankiers, Händler, Broker und Beamten. Er appellierte an die Verantwortung der Wirtschaftsvertreter und interpretierte die Krise gleichzeitig als Spätfolge des Ersten Weltkriegs, der weltweit eine Explosion der Rüstungsausgaben nach sich gezogen habe. »Die Rüstungsausgaben der ganzen Welt betragen jetzt fast 5 Milliarden Dollar jährlich; das bedeutet ungefähr 70 % mehr als in der Zeit vor dem Weltkrieg.«[122]

Die Delegierten diskutierten anschließend über ein breites Spektrum von Themen, von den Außenhandelsziffern der einzelnen Nationen über den Eisenbahnbau und die Terminbörsen bis zum internationalen Zahlungsausgleich. Dass man sich in einer Krisensituation befinde, darüber herrschte Konsens. In den Vorkriegsjahren habe der Handel noch politische Grenzen übersprungen und es habe Wohlstand geherrscht, so der britische Reeder und Bankier Alan G. Anderson in einer glühenden Rede vor der Versammlung. »Seit dem Krieg hat sich etwas geändert. Wir sind heutzutage unermesslich reich an allen materiellen Gütern und doch sind wir alle arm. Wir leiden nicht, weil wir zu wenig zu trinken, zu essen oder anzuziehen haben oder weil die Waren teuer sind, sondern weil unsere Lagerhäuser mit preiswerten Waren angefüllt sind, die niemand kaufen will und unsere Häfen mit Schiffen verstopft sind, die niemand chartern will, und unsere Leute überall arbeitslos sind. Etwas in dem verwickelten Mechanismus dieses einfachen zivilisierten Lebens ist aus dem Geleise gesprungen.«[123]

Schuld daran sei die Entwicklung des Handels. »Tatsächlich ist Arbeitsteilung Handel. Jeder tut seine Arbeit gut, jeder dient der Allgemeinheit und durch die Kunst des Handels tauschen wir unsere Waren und Dienstleistungen aus.«[124] Dass es dabei immer wieder zu neuen Kräfteverhältnissen kommt, sah Anderson als normal an. Nicht in der Verschiebung des Welthandels zugunsten der USA sah er die Ursache der aktuellen Krise, sondern in einer nationalistischen Wirtschaftspolitik: »Es existiert kaum ein Handelszweig oder eine Ware, wo die Konkurrenzländer nicht wetteifern, um ihren eigenen Produzenten Geschäfte zu sichern, indem sie den Verkauf anderer Staatsangehöriger einschränken. Haben wir in dem Wettrennen nach dem Reichtum vergessen, dass, um Geschäfte zu machen, jemand kaufen und zahlungsfähig sein muss, dass Handel Tausch ist, dass unser einfaches zivilisiertes Leben nur möglich ist, weil jeder von uns nicht nur angestellt werden, sondern auch anstellen, nicht nur Schulden bezahlen, sondern Bezahlung erhalten will, und dass der Handel der Völker von demselben Gesetz regiert wird«, fragte er in den Saal.[125] Anderson plädierte für das Erlassen von Kriegsschulden und führte das utilitaristische Prinzip des Liberalismus ins Feld: Nur wenn es allen Handelspartnern gut gehe, sei allgemeine Prosperität möglich, das Wohl der anderen müsse einem also mindestens so sehr am Herzen liegen wie das eigene Wohl.

Die Entwicklung ging allerdings in eine andere Richtung. Der Rückgang amerikanischer Auslandsinvestitionen und Kredite zog in Europa – besonders in der Weimarer Republik – Geldknappheit, Deflation, Entlassungen und Massenarbeitslosigkeit nach sich. Wegen der prohibitiv hohen amerikanischen Zölle konnten die europäischen Schuldnerstaaten ihre Schulden nicht mehr mit Exporten abtragen. Was mit dem New Yorker Börsencrash von 1929 begonnen hatte, nahm in den folgenden Jahren katastrophale Dimensionen an. Das Welthandelsvolumen sank in den dreißiger Jahren und in Europa etablierte sich eine protektionistische Zoll- und Handelspolitik.[126] Die USA erzielten Leistungsbilanzüberschüsse, während die Leistungsbilanzdefizite vieler Länder, allen voran Deutschlands, zu einem Abfluss der Goldreserven führten, und schließlich zur Zahlungsschwäche. Drei Viertel des Weltgoldbestandes sammelte sich in den USA an. »Der Präsident der schweizerischen Nationalbank, Prof. Dr. G. Bachmann, hat diese sinnwidrige Ansammlung des Weltgoldes an den Stellen, wo es schon in sterilen Haufen vorhanden war, treffend mit Wasser verglichen, das bergaufwärts fließt«, so Isaak Iselin.[127] Auf die Börsenkrise folgte die Bankenkrise: Infolge des Wertverlusts volatiler Anlagen, der Zahlungsunfähigkeit von Kreditnehmern und eines Runs auf die Banken wurden zahlreiche Banken zahlungsunfähig. In den USA musste ein Drittel der Banken liquidiert werden. Die Deflationspolitik der amerikanischen Notenbank, welche die Geldmenge um etwa dreißig Prozent reduzierte (*great contraction*), verschärfte die Krise.[128]

Im September 1931, wenige Monate nach der Konferenz der Internationalen Handelskammer in Washington, gab England die Parität zum Gold auf und wertete das Pfund ab. Damit brach der Goldstandard, zu dem man nach dem Ersten Weltkrieg sukzessive zurückgekehrt war, zusammen.[129] Mit der Abwertung des britischen Pfunds verloren auch die Reserven an Wert, die viele Länder zu Clearingzwecken in London gehalten hatten.[130] In der Folge lösten sich verschiedene Länder, so die skandinavischen Länder Dänemark, Norwegen und Schweden, ebenfalls vom Gold und koppelten ihre Währungen an das Pfund.[131] Norwegen wollte damit seinen Reedern helfen, deren Schiffe zum Teil mit langfristigen Verträgen in Pfund Sterling gechartert waren und deren Fracht in Pfund Sterling berechnet wurde. Schweden hatte schlicht nicht genügend Goldreserven, um die Kopplung der Krone ans Gold länger zu stützen.[132] Die Niederlande, Belgien, Frankreich und die Schweiz behielten die Goldparität dagegen bei. Der Entscheid der Schweizerischen Nationalbank, den Franken weiterhin an Gold zu koppeln, zeugt von einem stabilen Bankenplatz. Er hatte jedoch negative Folgen: Die Exporte gingen zurück und die Arbeitslosigkeit stieg.

Der Franken habe seinem Vorgänger vor dem Ersten Weltkrieg nur noch »dem Scheine nach« geglichen, hieß es 1946 in einem Rückblick in der Zeitschrift *Außenwirtschaft*; »es fehlten ihm gerade diejenigen Tugenden, die den Schweizerfranken vor 1914 zu einem untadeligen Wertmesser gemacht hatten: Stabilität der Kaufkraft im Innern und richtige, den Kaufkraftparitäten entsprechende Bewertung durch das Ausland«.[133] Der Franken entsprach zwar immer noch 290 Milligramm Feingold, dieses jedoch hatte in der Deflationskrise der zwanziger Jahre und der Weltwirtschaftskrise der dreißiger Jahre etwa einen Drittel seines Wertes eingebüßt. Das allein war nicht weiter schlimm, solange zwischen den großen Industrienationen Kaufkraftparität herrschte. Als sich England am 21. September 1931 vom Goldstandard trennte, wurde dieses Gleichgewicht allerdings vehement gestört. Der Franken sei damals von einer der schwersten Krankheiten befallen worden, die eine Währungseinheit treffen könne: »von der internationalen Überbewertung«.[134] Erst als der Bundesrat im September 1936 eine radikale Abwertung des Schweizerfrankens um 30 Prozent bekanntgab – eine späte, dringend nötige und dennoch damals höchst umstrittene Aktion –, setzte eine langsame Erholung ein. Die Firma Volkart, die ihre Profite in Pfund Sterling machte, erstellte ihre Bilanz in den Jahren 1936 und 1937 kurzerhand in Sterling, um die Abwertungsgewinne in der Schweiz nicht versteuern zu müssen, wogegen sich die Steuerbehörde allerdings wehrte, denn »sonst könnte jedermann nach Belieben in Franken, Dollars, Pfund etc. bilanzieren!«[135] Da die übrigen Goldblockländer ihre Währungen ebenfalls abwerteten, stabilisierten sich die Währungsverhältnisse. Der Schweizer Franken blieb eine starke Währung, ja er vermochte, wie Jakob Tanner schrieb, seinen Ruf als »internationales Transaktions- und Anlagemedium« sogar noch zu verbessern.[136]

Mit der Abwertung des britischen Pfunds im September 1931 war das Vertrauen in die Selbstregulation globaler Märkte allerdings definitiv erschüttert. Der transnationale Zahlungsverkehr geriet aus den Fugen. Und wo auf fremde Währungen kein Verlass mehr ist, stockt auch der Handel. »Die Maschinerie, kraft derer es möglich ist, Waren aus allen Weltgegenden, in denen sie hergestellt werden, in alle Weltgegenden zu befördern, in denen sie nachgefragt werden, läuft unmittelbar Gefahr, zum Stillstand zu kommen«, hieß es im Dezember 1931 in der Zeitschrift *World Trade*.[137] Der Schweizer Delegierte in London machte in einem Schreiben nach Bern klar, dass die Wechselkursverluste grundsätzlich von den Schweizer Exporteuren getragen werden mussten, und nicht von den britischen Importeuren. Die Geschäftsmoral gebiete das Erfüllen von Lieferverträgen, so schlecht die Konditionen auch geworden seien. Es gehe um das Prestige der Schweiz, um den guten Namen des Schweizer Handels im Ausland und um die Fortführung wichtiger wirtschaftlicher Beziehungen. Es gebe in England große Kampagnen zugunsten der Heimindustrie (»Buy British Goods Movement«), es sei also von großer Bedeutung, hier keinen Markt zu verlieren.[138]

Am schwersten getroffen von der Krise waren die Schuldnerstaaten Mitteleuropas: Österreich, Ungarn und Deutschland. Da das Vertrauen in ihre Zahlungsfähigkeit schwand, begannen ausländische Investoren, ihre Bankeinlagen aus diesen Ländern abzuziehen. Die politische Entwicklung in Deutschland beschleunigte diesen Prozess. Bei der Reichstagswahl vom 14. September 1930 war die rechtsradikale NSDAP zweitstärkste Partei geworden. »Namentlich der *fremde* Kapitalist ist ängstlich«, schrieb ein österreichischer Sozialwissenschaftler wenige Monate später, »er wird sich, wenngleich mit Verlusten, rasch zurückziehen, wenn er völlige Vernichtung seines Guthabens befürchtet.«[139]

Im Mai 1931 war die österreichische Creditanstalt bankrott. Die Bankenkrise griff in einem Dominoeffekt auf Deutschland, Ungarn, Polen, Rumänien und die Tschechoslowakei über, deren Gold- und Devisenreserven drastisch zurückgingen. Um die völlige Erschöpfung ihrer Goldreserven und ihrer im Ausland gültigen Zahlungsmittel (Devisen) zu verhindern, stellten goldarme Länder deren Transfer unter staatliche Kontrolle. Die Ausfuhr von Gold und Devisen war in den betroffenen Ländern nun bewilligungspflichtig. Schweizer Unternehmen, die Waren aus Ungarn und Österreich importierten, bekamen auf einmal Probleme, diese zu bezahlen, da die jeweiligen Nationalbanken keine ausländischen Devisen gegen Gold mehr ankauften. Umgekehrt mussten Exporteure befürchten, ihr Geld nicht zu erhalten, da die Rückzahlung von Auslandsschulden in den betreffenden Ländern gestoppt wurde (Devisenausfuhrverbot).[140] Allerorts wendete man sich nun von der Meistbegünstigungsklausel – dem Prinzip der *most favoured nation* – ab, die bisher den Vertragspartnern garantiert hatte, dass sie keine schlechteren Handelsbedingungen bekommen als alle anderen Handelspartner des betreffenden Landes. An ihre Stelle traten bilaterale Abkommen, die den freien Zahlungsverkehr faktisch eliminierten. Die Kapitalströme wurden staatlich kontrolliert. Man tauschte zwar in einer Kompensationslogik noch Waren aus – Getreide gegen Werkzeugmaschinen und Kohle gegen Kriegsmaterial –, jedoch keine Devisen mehr.

War staatliche Handelspolitik bisher gleichbedeutend gewesen mit Zollpolitik, so setzte der Staat nun nicht mehr bloß die Bedingungen fest, unter denen Waren importiert und exportiert wurden, sondern auch den Umfang und die Richtung des Warenhandels.[141] Für die Transithandelsfirmen, deren Geld- und Warenströme nicht parallel verliefen, war diese Entwicklung desaströs. Sie hatten einen Weltkrieg, den Aufstieg Amerikas und Asiens, die Enteuropäisierung des Welthandels, den Börsencrash und die Bankenkrise überstanden. Aber die weltweit um sich greifenden Kapitalverkehrskontrollen trafen sie als Dritte in einem triangulären System im Kern ihres Geschäftsmodells. Der Dienstleistungsexport wurde im zwischenstaatlich geregelten Zahlungsverkehr nicht kompensiert.

7. Die Transithändler organisieren sich

»Die Welt steht am Scheideweg«, schrieb Gates McGarrah, der Präsident der Bank für Internationalen Zahlungsausgleich in Basel, 1933. Sie müsse wählen, »ob die Zukunft sich in der Richtung abgeschlossener nationaler Wirtschaften mit niedrigem Lebensstandard entwickeln soll, oder aber ob wir zu der internationalen Wirtschaft zurückkehren sollen, nach der wir in der Zeit vor und eine Zeit lang auch nach dem Kriege aus einem natürlichen und gesunden Gefühl heraus gestrebt haben«.[1] Zu dieser Zeit stimmten das »natürliche und gesunde Gefühl« und die realen wirtschaftlichen Verhältnisse allerdings längst nicht mehr überein. Die Bedingungen der einzelnen Länder für eine Teilnahme an der »internationalen Arbeitsteilung« hatten sich in wenigen Jahren weit auseinanderentwickelt. Während die Gläubigerstaaten die Preise diktieren konnten, schlitterten die Schuldnerstaaten in die Zahlungsunfähigkeit.

Im Sommer 1933 organisierte der Völkerbund in London eine letzte Weltwirtschafts- und Währungskonferenz, deren Bemühungen, wenigstens noch die Trümmer des alten Systems zu retten, allerdings zum Scheitern verurteilt waren. Für die Schweiz war Bundespräsident Edmund Schulthess nach London gereist. Gemeinsam mit Vertretern aus Industrie und Finanzwelt hatte er im Vorfeld die offizielle Haltung des Landes erarbeitet: eine strikte Ablehnung der Autarkie, größtmögliche Freiheit des Kapital- und Warenverkehrs als Ziel, die Priorität finanzpolitischer Fragen vor handelspolitischen Fragen (also eine Verteidigung protektionistischer Maßnahmen, bis die Währungs- und Finanzprobleme gelöst seien) sowie ein starker Vorbehalt gegenüber der multilateralen Verständigung. Statt die Probleme *in globo* anzugehen, könne die Konferenz allenfalls Direktiven formulieren für bilaterale Verhandlungen zwischen den einzelnen Staaten.[2] Am Ende fanden nicht einmal bilaterale Gespräche statt. In währungspolitischer Hinsicht gingen die Meinungen der Konferenzteilnehmer derart auseinander, dass eine Verständigung unmöglich war. Der britische Ökonom und Politiker Edward Frank Wise hatte den Eindruck, die Konferenz sei »das hoffnungsloseste Unterfangen dieser Art, an dem sich eine britische Regierung seit dem Krieg beteiligt hat«.[3]

Wollte man weiterhin Waren in ein Land exportieren, dessen Währung an Wert verlor und das die Ausfuhr von Devisen staatlich kontrollierte, waren nun pragmatische Lösungen gefragt. Die Schweiz, die in den dreißiger Jahren eine Affinität für den Bilateralismus und eine Abneigung gegen den Multilateralismus entwickelte, war führend bei der Erfindung neuer Methoden des Zahlungsverkehrs. Bereits im Herbst 1931 hatte sie mit Österreich und kurz darauf mit Ungarn die weltweit ersten Verrechnungsabkommen abgeschlossen. Sie sollten eine Fortführung des Warenhandels zwischen den Vertragsländern ermöglichen, ohne dass Geld hin und her geschoben wurde.

Das Abkommen mit Ungarn war schnell abgeschlossen. Die Handelsbilanz der Schweiz gegenüber Ungarn war seit Längerem negativ, das heißt, die Schweiz importierte deutlich mehr aus Ungarn – vor allem Getreide, Malz, Zucker, Wein, Sprit, Pferde und Vieh –, als sie dorthin exportierte. Ungarn hatte also ein großes Interesse am Aufrechterhalten des Handels mit der Schweiz und willigte ein, die Zahlungen nicht mehr über den Transfer von Devisen, sondern über ein Kompensationssystem abzuwickeln (Clearing). Schweizer Importeure bezahlten Waren aus Ungarn von nun an nicht mehr direkt den ungarischen Lieferanten, sondern einer Verrechnungsstelle in der Schweiz, während Schweizer Exporteure ihre Guthaben von ebendieser Verrechnungsstelle erhielten. Dasselbe in Ungarn: Die Guthaben der Exporteure und die Zahlungen der Importeure wurden über eine nationale Clearingstelle kompensiert.

Voraussetzung für diesen »gebundenen Zahlungsverkehr« waren feste Wechselkurse und eine unabhängige Institution in beiden Staaten, die dafür zuständig war, die Guthaben von exportierenden Firmen mit den Auslandsschulden von importierenden Firmen zu verrechnen und die Umverteilung in einem nationalen Kompensationssystem zu organisieren. In der Schweiz übernahm diese Aufgabe zunächst eine Clearingabteilung bei der Nationalbank. Im Oktober 1934 gründete der Bund dann die Schweizerische Verrechnungsstelle mit Sitz in Zürich, deren Vorstand sich aus Vertretern des Bundes und der Wirtschaftsverbände zusammensetzte. Außer den Forderungen der Exporteure wurden aus der Clearingkasse auch die Zinsen von im Ausland angelegten Kapitalien beglichen.[4] Im Idealfall hoben sich die Guthaben aus Exporten und Kapitalerträgen einerseits und die Zahlungen für Importe andererseits gegenseitig auf. Bestand allerdings ein langfristiges Ungleichgewicht, geriet das System aus den Fugen.

Das Verrechnungsabkommen, das die Schweiz mit Österreich abschloss, stand von Anfang an unter einem schlechten Stern. Im Januar 1932 waren bei der Österreichischen Nationalbank bereits gegen vier Millionen Schilling zugunsten Schweizer Gläubiger einbezahlt worden, während in der Schweiz so gut wie nichts an die Exporteure ausbezahlt werden konnte, weil die schweizerischen Importeure österreichischer Waren ihrerseits, entgegen den Bestimmungen des Abkommens, noch kaum etwas an die Clearingstelle einbezahlt hatten. Statt an die Nationalbank überwiesen sie die Beträge entweder direkt nach Österreich oder kauften Schilling billig auf dem florierenden Schwarzmarkt. »Durch dieses wenig solidarische Verhalten der schweizerischen Importeure wird die ansässige Industrie schwer geschädigt«, mahnte der Schweizerische Handels- und Industrieverein (Vorort).[5] Die fehlende Kooperationsbereitschaft der Importeure zeigt, dass zu dieser Zeit niemand ernsthaft glaubte, dass das umständliche und bürokratische Verfahren eine langlebige Institution werden würde. Das Verrechnungsabkommen mit Österreich war als vorübergehende Maßnahme gedacht und auf vorerst vier Monate beschränkt worden. Statt dass man es nach kurzer Zeit wieder aufhob, wurde es allerdings zum internationalen Prototypen.

In den folgenden Jahren entstand ein immer unübersichtlicheres System bilateraler Verträge zwischen allen möglichen Ländern. Die Schweiz schloss nach den Abkommen mit Ungarn und Österreich 1932 Verrechnungsabkommen mit Bulgarien und Jugoslawien ab, 1933 folgten Rumänien, Griechenland und die Türkei.[6] Im Oktober 1933 wurde der Bundesrat offiziell ermächtigt, Maßnahmen zu treffen »zur Bekämpfung der Arbeitslosigkeit, zum Schutze der nationalen Produktion, soweit diese in ihren Lebensbedingungen bedroht ist, und zur Förderung des Exportes«.[7] Weitere Clearingabkommen abzuschließen schien der ideale Weg dafür zu sein. 1934 schloss die Schweiz Verrechnungsabkommen mit Chile und mit dem Deutschen Reich ab, Ende 1935 folgte Italien, 1936 ein einseitig verordnetes Zwangsclearing gegenüber Spanien und ein Abkommen mit Polen, 1938-40 eine Erweiterung des Abkommens mit dem Deutschen Reich auf die annektierten Gebiete (Österreich, Sudetenland, Memelgebiet, die Slowakei, Danzig, das Protektorat Böhmen-Mähren und Elsass-Lothringen), und 1940 kamen Abkommen mit Dänemark, Belgien, den Niederlanden, Norwegen, Frankreich und Finnland hinzu.[8]

Das Abschließen von Clearingverträgen machte Schule. 1943 bezeichnete ein deutscher Autor die Schweiz als »Schrittmacher für die Anwendung des nunmehr fast den gesamten Welthandel umspannenden Clearingsystems«.[9] Bis 1938 hatten 38 Staaten insgesamt 178 Clearingabkommen abgeschlossen im verzweifelten Versuch, einen Außenhandel aufrechtzuerhalten trotz ungleich verteilter Goldreserven und strikter Kapitalverkehrskontrollen.[10] Vor allem im nationalsozialistischen Deutschland sah man Verrechnungsabkommen als probates wirtschaftspolitisches Instrument an. Mit der Clearingstelle »Zentrale Berlin« breitete das Deutsche Reich in den Jahren 1934-39 ein System von Clearingverträgen über ganz Europa aus. »Alle seine Abkommen standen völlig im Dienste national-autarkischer Bestrebungen«, so ein Staatswissenschaftler. »Politische und militärische Erwägungen hatten dabei den Vorrang vor wirtschaftlichen Überlegungen.«[11]

In der Schweiz wurde mit den Clearingabkommen der Import strikt in den Dienst des Exports gestellt. Wenn es seitens der Importeure zu Zahlungsrückständen kam, gab es Exportbeschränkungen oder man verordnete Zwangsimporte zu überhöhten Preisen, um die Exporte der Industrie zu stützten. Im nationalsozialistischen Deutschland war die Methode gerade umgekehrt: Deutschland importierte in großem Umfang Waren aus den Partnerländern, exportierte im Gegenzug aber kaum etwas, worauf sich bei der Clearingstelle in Berlin die Einzahlungen der deutschen Importeure anhäuften. Entsprechend gering waren die Einzahlungen für deutsche Waren bei den Clearingstellen der Partnerländer. Die Bilanzen waren nicht ausgeglichen. Da die Zahlungen in der Regel über die Zentralbank des Vertragslandes liefen, war es naheliegend, dass diese in prekären Fällen – wenn bei einem Exportstopp nach Deutschland zwecks Ausgleich der

Handelsbilanz zuhause Arbeitslosigkeit drohte – die Finanzierung der Defizite übernahm, was eine inflationäre Preissteigerung nach sich zog.[12]

Die Schweiz schloss am 26. Juli 1934 ein Verrechnungsabkommen mit Deutschland ab – und damit mit dem bedeutendsten Abnehmer Schweizer Transithandelsware aus Übersee. Es war der Anfang vom Niedergang des Welthandels in der Schweiz. Was als finanzpolitische Maßnahme zum Schutz der heimischen Industrie gedacht war, wurde für die Transithandelsfirmen in kurzer Zeit existenzbedrohend. Forderungen von Firmen, die Güter weder importierten noch exportierten, sondern Waren direkt aus den Herkunfts- in die europäischen Abnehmerländer lieferten, wurden im gebundenen Zahlungsverkehr nicht berücksichtigt, da sie keinen Einfluss auf die Handelsbilanz hatten.

Für das laufende Transithandelsgeschäft mit Deutschland war zwar ein Konto vorgesehen, dem nach dem Verteilungsschema allerdings von vornherein keine Beträge zufielen. Bei der Clearingstelle waren die Gelder, die in der Schweiz ausbezahlt werden konnten, wegen des Exportüberschusses nach Deutschland notorisch knapp. Die Transithändler figurierten an fünfter Stelle im Verteilschema – sogar die deutsche Reichsbank wurde noch mit monatlich fünf Millionen Devisen bedient, bevor sie mit ihren Forderungen an die Reihe kamen. Gleichzeitig war im Abkommen festgehalten, dass die Transithändler sämtliche Waren, die sie in Deutschland für den Verkauf in Drittländern einkauften, ins schweizerisch-deutsche Clearing einzahlen mussten.[13] Dass bei der Schweizer Clearingstelle ein Ausgleichskonto für den Transithandel grundsätzlich existierte, veranlasste zahlreiche Handelsfirmen, weiterhin nach Deutschland zu liefern. Im Herbst 1934 wurde offensichtlich, dass für die Rückstände aus diesen Geschäften wie auch für alle vor dem Verrechnungsabkommen entstandenen Rückstände keine Aussicht auf Tilgung bestand. Das heißt, die Transithandelsfirmen lieferten zwar nach wie vor Waren. Aber sie erhielten dafür kein Geld mehr.

Schwierige Verhandlungen

Der Wirtschaftshistoriker Douglass North hat argumentiert, formelle Institutionen könnten ohne große Probleme geändert werden, eine Veränderung informeller Institutionen – also ungeschriebener Konventionen und Verhaltensnormen – sei allerdings nur schwer herbeizuführen.[14] Ändert man formelle Institutionen, kann das allerdings durchaus Auswirkungen auf die informellen Institutionen haben. Der gebundene Zahlungsverkehr, den die Schweiz mit den europäischen Ländern einführte, hatte direkte Auswirkungen auf die bisher gepflegte Diskretion, Verschwiegenheit und Nichtöffentlichkeit der Schweizer Transithandelsfirmen. Wollten sie nach dem Verrechnungsabkommen mit Deutschland finanziell überleben, mussten sie sich organisieren und die Entscheidungsträger in Bern auf ihre Situation aufmerksam machen. Erstmals in ihrer Geschichte war ihre Unsichtbarkeit zum Problem geworden.

Es ging alles sehr schnell. Innerhalb kürzester Zeit schlossen sich die Transithandelsfirmen, die sich bis dato geweigert hatten, sich in irgendeiner Form zu organisieren, in einem Verband zusammen. Die Gründungsversammlung fand am 16. Oktober 1934 in Basel statt, es waren Vertreter von 65 Firmen anwesend.[15] Zwei Monate später wurden die Statuten verabschiedet, in denen unter »Mitgliedschaft« festgehalten war, dass alle Firmen Mitglied werden konnten, die »Transithandel auf eigene Rechnung betreiben, sofern sie im Handelsregister eingetragen, in der Schweiz niedergelassen und ihrer Struktur nach unabhängige schweizerische Firmen sind«.[16]

Der Verband hieß zunächst Verband Schweizerischer Transithandelsfirmen und wurde später wegen potenzieller Verwechslungsgefahr mit dem Transitverkehr oder der Durchfuhr ergänzt zu Verband Schweizerischer Transit- und Welthandelsfirmen (VSTW). 1935 gehörten ihm 71 Firmen an, die nach Schätzungen etwa neunzig Prozent aller in der Schweiz niedergelassenen Transithandelsfirmen umfassten. Neben zahlreichen mittleren und kleineren Unternehmen prägten vor allem fünf Großfirmen die Verbandspolitik: die Basler Handelsgesellschaft bzw. deren für das operative Geschäft zuständige Tochtergesellschaft UTC, die beiden Winterthurer Unternehmen Volkart Brothers und Paul Reinhart AG, der Lausanner Getreidehändler André & Cie. sowie die Firma Diethelm & Co. Vorstandsmitglieder stellten auch das Basler Wollhandelshaus Simonius, Vischer & Co., die beiden Zürcher Unternehmen Ed. A. Keller und Kuenzle & Streiff, das Basler Unternehmen Plüss-Staufer, die Leder-Import AG (die bedeutendste Lederhandelsfirma Europas[17]) sowie das Zürcher Seidenhandelshaus Charles Rudolph & Co. (die spätere Schulthess & Co., ab 1950 Desco von Schulthess).[18]

Sinn und Zweck des Verbands bestand darin, in den Clearingabkommen berücksichtigt zu werden, um Aussicht auf die Bezahlung für ins Ausland gelieferte Ware zu erhalten.[19] Der Clearingvertrag mit Deutschland traf die Transithändler umso schwerer, als sie bei den Währungsverhältnissen in Mittel- und Osteuropa bereits eines großen Absatzgebietes beraubt worden waren und Deutschland ihr wichtigster verbleibender Absatzmarkt war.[20] Der Verband verstand sich als »Notgemeinschaft« und sollte nur bestehen bleiben, »solange die Not seine Existenz unbedingt erforderlich macht«.[21]

Von Anfang an wurde die eigene Selbstabschaffung ins Auge gefasst. Sobald die Welt »nach dem gegenwärtigen Fieberzustand« wieder in ein »organisches Gleichgewicht« komme, werde der internationale Zwischenhandel als wichtiges Glied des weltweiten Warenverkehrs wieder anerkannt werden, die Verbandsarbeit somit obsolet. »Bis zu jenem Zeitpunkte wird es die Aufgabe des Verbandes sein, dafür zu sorgen, dass der bedeutende Anteil, welchen die Schweiz am internationalen Zwischenhandel besaß, infolge der Zwangsmaßnahmen der Behörden nicht vollständig verloren geht.«[22]

Die Schwierigkeit der Lobbyarbeit bestand darin, dass die Transithändler als eigenständiger Wirtschaftszweig überhaupt in Erscheinung treten und sich dann neben der exportierenden Industrie positionieren mussten. »Bei der heutigen Rangordnung wird der Transithandel überhaupt *nie* zu irgend einer Auszahlung gelangen«, stellte man anlässlich der ersten Versammlung ernüchtert fest.[23] Ganz im Gegensatz zu den Exportfirmen, die vom Verrechnungsabkommen mit Deutschland profitierten. Der Export von Industrieprodukten erlebte seit Inkrafttreten des Abkommens einen enormen Aufschwung. Das sicherte im Inland Arbeitsplätze. Wie sollte dagegen eine Vergütungsforderung für Warenlieferungen aus Indien, Afrika und Südostasien nach Deutschland gerechtfertigt werden? »Die Transithändler sind sich vollständig darüber klar, dass Schweizerware den Vorrang genießen muss, aber auch das nur in einem gewissen Umfang, denn es wäre absolut unrecht und vom Standpunkt der gesamtschweizerischen Volkswirtschaft aus falsch, wenn für gewisse schweizerische Produkte plötzlich eine eigentliche Konjunktur für den Export nach Deutschland geschaffen würde [...], während gleichzeitig bei der heutigen Regelung der Transithandel mit allen von ihm abhängigen Arbeitskräften ausgeschaltet würde.«[24]

Noch während sich der Verband die nötigen Strukturen gab, wurden erste Schritte politischer Intervention eingeleitet. Am 20. Oktober 1934 wandte sich der Vorstand an Bundesrat Edmund Schulthess, den Vorsteher des Volkswirtschaftsdepartements, und bat ihn um eine Audienz. Kurze Zeit später kontaktierte man auch Walter Stucki, den Direktor der Handelsabteilung des eidgenössischen Volkswirtschaftsdepartements, der zu dieser Zeit mit Deutschland über eine Anpassung des Verrechnungsabkommens verhandelte.[25] »Wir protestieren dagegen, dass unser Wirtschaftszweig bei den Verhandlungen in Berlin im Interesse von andern Wirtschaftszweigen geopfert wird«, hielt man in einem Expressbrief nach Berlin fest.[26] Stucki reagierte gereizt. Der Ton des Schreibens überrasche ihn, er lasse sich nur dadurch erklären, »dass Sie nicht die geringste Ahnung davon zu haben scheinen, unter welchen Verhältnissen wir hier zu kämpfen haben, vor welchen Schwierigkeiten wir stehen und unter welch außerordentlicher Anspannung wir arbeiten müssen«. Es gehe zuallererst darum, das Verrechnungsabkommen mit Deutschland »wenigstens in seiner Grundlage und in seinen Hauptlinien zu retten«. Erst danach könne allenfalls eine Delegation des Transithandelsverbands VSTW in Berlin empfangen werden.[27]

Das Clearingabkommen zwischen der Schweiz und Deutschland vom Juli war innerhalb kürzester Zeit in Schieflage geraten, weil der »Neue Plan« des deutschen Reichswirtschaftsministers Hjalmar Schacht – das Gesetz über den Verkehr mit industriellen Rohstoffen und Halbfabrikaten vom 22. März 1934 – eine strikte Regulierung der deutschen Warenausfuhr mit sich brachte. Die deutsche Ausfuhr diente nun allein dem Zufluss an Devisen, während die Einfuhr der Ankurbelung der Wirtschaft und der Aufrüstung diente. Die staatliche »Bewirtschaftung« der Rohstoffe ersetzte den freien Warenhandel. Marktpreise wurden durch staatlich festgelegte Preise ersetzt, gleichzeitig stieg die Nachfrage nach kriegsrelevanten Gütern auf staatliche Verordnung hin gigantisch an.[28] Der nach seinem Schöpfer benannte »Schachtplan« hatte zur Folge, dass die Schweiz zwar in großem Stil nach Deutschland exportieren konnte, aber kaum mehr etwas aus Deutschland importierte. Nach Auffassung der Schweizer Regierung lag damit ein Vertragsbruch des Clearingabkommens vor. Deutschland wollte allerdings keine Konzessionen machen, sondern beantragte, das ganze Abkommen neu zu verhandeln, ja, ging sogar so weit, das Clearingabkommen mit der Schweiz per 31. Dezember 1934 zu kündigen. Das Verhandlungsziel der Schweizer Delegation in Berlin war es, diese Kündigung rückgängig zu machen.[29]

Als Ende November noch immer keine Einladung an den Transithandelsverband eingegangen war, stellte dieser der Mitgliederversammlung den Antrag, »in einer Eingabe an den hohen Bundesrat auf die Notlage des Transithandels hinzuweisen und diese Eingabe durch Zahlen […] zu unterstützen«.[30] Man war verzweifelt. Und umso erleichterter, als kurz darauf doch noch eine Aussprache mit Minister Stucki und der Schweizer Delegation in Deutschland zustande kam. Am 3. Dezember 1934 traf man sich im Hotel Adlon in Berlin. Das Gespräch verlief allerdings harzig. Die Hoffnungen der Transithändler auf ein Entgegenkommen und eine Berücksichtigung ihrer Interessen wurden enttäuscht.

»Trostloser Stand der Verhandlungen!«, schrieb jemand mit Rotstift auf die betreffende Aktennotiz.[31] Für Sonderwünsche einer Branche und eine Verkomplizierung der Verhandlungen, die die Schweiz in Deutschland führte, war kein Spielraum vorhanden. Stucki teilte den fünf Delegierten des Transithandelsverbands gegen das Versprechen absoluter Verschwiegenheit die Strategie der neuen Verhandlungen mit Deutschland mit: Für die schweizerische Exportindustrie sollte ein Monatsumsatz in der Höhe von 14 Millionen Franken gesichert werden, für den Fremdenverkehr eine Quote von drei Millionen und für die Gläubiger deutscher Wertpapiere in der Schweiz eine Minimalzinsquote von viereinhalb Prozent.[32] Die Vorschläge der Transithändler gingen gerade in die entgegengesetzte Richtung: Der Export der schweizerischen Industrie nach Deutschland sollte beschränkt werden (indem man die Zahlungen an sie limitierte), die Leistungen an Minimalzinsquoten seien ebenfalls zu limitieren und der Fremdenverkehr sollte mit dem Kohlenexport Deutschlands aufgerechnet werden. Nur der deutschen Reichsbank sollte weiterhin eine feste Quote von drei Millionen an freien Devisen zugestanden werden. Damit beglich sie die Zinsen für ihre Auslandsschulden, nachdem sich die Gläubigerstaaten (darunter die Schweiz) im Stillhalteabkommen vom August 1931 einverstanden erklärt hatten, vorübergehend auf eine Schuldentilgung zu verzichten.[33]

Es war ein Seilziehen zwischen den Branchen. »Wer die schweizerischen Verhältnisse kennt, weiß, dass es ausgeschlossen ist, alle beteiligten Interessen bei solchen Abmachungen zu befriedigen, und dass die Behörden oft gezwungen sind, etwas selbstherrlich zu entscheiden«, meinte ein Bankenkenner.[34] Die Frage der Verteilung der verschiedenen Quoten an Exportindustrie, Finanzgläubiger, deutsche Reichsbank und Transithandel war bereits entschieden, bevor überhaupt verhandelt wurde. Zu Lasten der Exportindustrie sei jegliche Änderung ausgeschlossen, befand Heinrich Homberger, der die Interessen des Schweizerischen Handels- und Industrievereins (Vorort) vertrat. Dass die Bankenvertreter für ihre Zinsquote einen analogen Standpunkt einnehmen, sei »mehr als sicher«. Stucki ergänzte, dass vonseiten der Baumwollfabrikanten die »schärfsten Proteste gegen die Reduktion der ihnen zustehenden Quote« eingegangen seien. Sie seien der

Ansicht, »dass nur bei Erhöhung ihres Exportes nach Deutschland die Aufrechterhaltung der Betriebe möglich sei«.[35]

Der Transithandel kämpfte auf verlorenem Posten. Im Zusatzabkommen, das die Schweiz mit Deutschland abschloss, wurden ihre Forderungen nicht berücksichtigt. Sie stellten ernüchtert fest, dass sie in erster Linie über ihr Geschäft informieren mussten, das anscheinend weder in seiner Form noch in seinem Umfang bekannt war. Transithandel schien volkswirtschaftlich verzichtbar, nicht einmal der Begriff war geläufig.

Eine Branche tritt aus dem Schatten

Interessenvertretung und Informationspolitik gingen Mitte der dreißiger Jahre Hand in Hand. Erstmals bemühten sich die Transithändler, Behörden und Öffentlichkeit über das eigene Geschäft zu informieren. »Schon seit langen Jahren haben schweizerische Kaufleute den Transithandel betrieben, indem sie Produkte und Waren in einem fremden Lande einkauften und aus dem Einkaufsland nicht nach der Schweiz, sondern nach einem dritten Lande lieferten«, hielt der Verband im Januar 1935 in einem Exposé fest. Die große Bedeutung des Transithandels sei den Schweizer Behörden bis vor Kurzem offensichtlich nicht bekannt gewesen, nur damit lasse sich erklären, dass der Transithandel im deutsch-schweizerischen Verrechnungsabkommen »als vollständige quantité négligeable« behandelt worden sei. Die Vernachlässigung habe weitreichende Konsequenzen: Beinahe ein Drittel des gesamten Umsatzes des schweizerischen Transithandels werde mit Deutschland getätigt.[36]

Von der Exportindustrie war keine Unterstützung der eigenen Anliegen zu erwarten. Von den Banken erhofften sich die Transithändler hingegen als »langjährige gute Kunden« ein gewisses Entgegenkommen – »dass die Banken das erforderliche Verständnis aufbringen werden, damit dieser Erwerbszweig in der Schweiz erhalten bleiben kann und nicht gezwungen wird, sich vollständig zu expatriieren«. Eine kollektive Sitzverlegung ins Ausland würde »bei all den Wirtschaftszweigen, die mit den Transithändlern Geschäfte machen, Transporte, Banken, Versicherungen etc.«, deutlich fühlbar werden, gab man zu bedenken.[37] Beteuerungen und große Worte nützten allerdings wenig, dessen waren sich die Transithändler bewusst. Das größte Problem der Branche bestand darin, dass sie statistisch unsichtbar war. Um ihre eigene Existenz und den namhaften Beitrag an die Schweizer Zahlungsbilanz zu belegen, mussten die Transithändler Zahlen präsentieren.

Bereits an seiner ersten Mitgliederversammlung wurde zu diesem Zweck »eine sofort durchzuführende Enquête über die Bedeutung des schweizerischen Transithandels für die schweizerische Volkswirtschaft« beschlossen und die Geschäftsleitung mit dem Einholen eines entsprechenden Gutachtens beauftragt.[38] Ein Basler Wirtschaftsprofessor war prädestiniert für die Aufgabe: Professor Fritz Mangold, Vorsteher des Schweizerischen Wirtschaftsarchivs und Vorstandsmitglied der Schweizerischen Statistischen Gesellschaft, eine kompetente und allseits geschätzte Persönlichkeit. Mangold, der für andere Branchen bereits ähnliche Untersuchungen durchgeführt hatte, erklärte sich bereit, ein entsprechendes Gutachten zu verfassen. Sein 1935 erschienener Bericht ist die erste Publikation zum Transithandel in der Schweiz.[39]

Die Frage nach der Geheimhaltung von geschäftsrelevantem Wissen und sensiblen Daten war bei diesem Unterfangen zentral. Es musste ein Weg gefunden werden, sowohl die Anonymität einzelner Firmen zu garantieren als auch die Branche transparent darzustellen. »Herr Professor Mangold bietet Gewähr, dass alle Angaben, die ihm persönlich gemacht werden, streng vertraulich behandelt werden«, versicherte der Vorstand an der Mitgliederversammlung. »Er würde sich als Treuhänder der einzelnen Mitglieder des Verbandes betrachten.« Der Vorstand stellte einen Fragebogen in Aussicht, »nach welchem Umsätze, Steuern, Salärkonten, Zahl der beschäftigten Angestellten und Arbeiter, investierte Kapitalien usw. bei den einzelnen Firmen festgestellt würden, um die Gesamtzahlen für den schweizerischen Transithandel zu ermitteln und so der Behörde die Bedeutung desselben zu demonstrieren«. Nach der Zusammenfassung dieser Zahlen in einem synthetisierenden Bericht sollten die Unterlagen der einzelnen Firmen, die nur von Mangold eingesehen werden könnten, vernichtet werden, »so dass irgendwelche Bedenken, die Zahlen Herrn Professor Mangold anzuvertrauen, nicht bestehen«.[40] Ein Anreiz für die Teilnahme der Firmen war neben dem erstmaligen gemeinsamen Auftreten als Branche auch die Transparenz gegen innen. »Selbst die Beteiligten werden über die Bedeutung des schweizerischen Transithandels verwundert sein.«[41]

Dem Fragebogen, der im Herbst 1934 insgesamt 73 Transithandelsgesellschaften zugestellt wurde, lag eine notariell beglaubigte Erklärung bei, in der sich Mangold in aller Form verpflichtete, dass er die Angaben der einzelnen Firmen mit höchster Diskretion behandeln und sie weder dem Vorstand des Verbandes noch sonstigen Privatpersonen, Verwaltungen oder Behörden weitergeben werde; dass er nach Abschluss der Arbeiten die ausgefüllten Fragebogen in Gegenwart eines Notars vernichten werde; dass er schließlich von den Fragebogen keinerlei Abschriften oder Kopien anfertigen und die Zahlen nach bestem Wissen und Gewissen für die Enquête verwenden werde.[42] Die Evaluation betraf den Zeitraum von 1929 bis 1934, ältere Daten wurden nicht erhoben. Die Vertrauenswürdigkeit von Mangold war zentral, da die Ergebnisse von niemandem würden überprüft werden können. Dass dieses Vertrauen auch auf politischer Seite vorhanden war, daran zweifelte man beim Verband nicht. »Sofern das Gutachten von Herrn Professor Mangold ausgearbeitet wird, werden die Behörden in Bern dem Gutachten Glauben schenken, auch wenn die Einzelunterlagen nicht vorgelegt werden können.«[43]

Bereits am 27. November konnte Mangold dem Präsidenten des Transithandelsverbands erste Ergebnisse vorlegen. Von insgesamt 67 Firmen hatten 38 Firmen den Bogen über den Gesamtverkehr und 44 denjenigen über den Verkehr mit Deutschland zurückgesandt. Von 35 Firmen lagen vollständige Ergebnisse vor. »Mehr oder weniger in aller Stille vollzieht sich hier die Tätigkeit von Großkaufleuten in Firmen, von denen eine 1719, die andere 1761, eine dritte 1850 usw. gegründet worden ist, und eine Tätigkeit, die den Erdball umspannt und der schweizerischen Volkswirtschaft Erträgnisse einbringt, die bisher zum guten Teil in unserer Zahlungsbilanz nicht vollständig aufgeführt worden sind«, dokumentierte Mangold seinen ersten Eindruck.[44] Bezeichnend für diese stille Branche war ein relativ geringer Arbeitsaufwand bei umso größerer Kapitalintensität. Das investierte Kapital von 35 Firmen kam 1929 auf einen Gesamtbetrag von 133 Millionen (1930 waren es noch 128 Millionen, 1931 noch 118 Millionen und 1934 noch 97 Millionen Franken). Der Bruttoumsatz lag 1929 bei 874 Millionen, 1934 bei 254 Millionen Franken.[45]

Ein Ziel der Umfrage war es, glaubwürdig darzulegen, dass Transithandel nicht einfach ein überflüssiger Zwischenhandel war, der die Ware für den Abnehmer unnötig verteuerte, da dieser ja auch direkt einkaufen könnte. Mangold bemühte sich, den Dienstleistungscharakter herauszustreichen, den der Transithandel für die Industrie und allgemein für den Wirtschaftsplatz Schweiz hatte. Gerade bei den Textilrohstoffen, die den weitaus größten Teil des Schweizer Transithandels ausmachten, erfülle der Transithändler »eine absolut notwendige Aufgabe durch den Umstand, dass er durch seine oft jahrzehntealten Beziehungen und durch seine Kapitalkraft Mittler ist zwischen dem Warenerzeuger [...] und dem Weiterverarbeiter«. Dieser Weiterverarbeiter sei auf qualitativ hochwertige Ware bei gleichzeitig konkurrenzfähigem Preis angewiesen; Vorteile, die nur ein Transithändler mit langjährigen Geschäftsbeziehungen und gut ausgebildetem Personal vor Ort garantieren könne. »Als in einem neutralen, geschäftlich angesehenen Staate domizilierter Großkäufer und Kassazahler« genieße der Transithändler bei den Rohstofflieferanten oft Sonderkonditionen.[46]

Am 5. Januar 1935 legte Mangold bereits den nächsten Zwischenbericht vor, den er mit der Bemerkung schloss: »Ich habe stets aus innerer Neigung eine starke Sympathie für die schweizerische Industrie gehabt; heute sehe ich mich auf Grund der mir vertraulich überlassenen Enquêtebogen gezwungen, auch den schweizerischen Transithandel als einen besondern und für unsre gesamte Wirtschaft bedeutenden Erwerbszweig anzuerkennen.«[47] Kurz danach wurde sein abschließender Bericht publiziert. Mangold drückte darin wiederholt sein eigenes Erstaunen ob des umfangreichen schweizerischen Transithandels aus, der vor dem Börsencrash (also in den Jahren 1923-28) jährliche Bruttoumsätze von 1,3 bis 1,4 Milliarden Franken generiert und aus seinen Geschäften im Ausland Nettoerträge von mindestens vierzig Millionen an die Zahlungsbilanz geliefert habe – gleich viel wie der Bankensektor.[48]

Die Transithändler kauften Rohstoffe, Halbfabrikate und Fabrikate in aller Herren Länder und verkauften sie auf der ganzen Welt. »Einzelne Firmen weisen einen unglaublich großen Verkehr mit allen Erdteilen auf«, so Mangold. »Da kauft ein Unternehmer in der Schweiz, in England, Deutschland, Italien, Spanien, Portugal, Dänemark, Norwegen, Schweden, Holland, Belgien, Luxemburg, Jugoslawien, Tschechoslowakei, Polen, Ungarn, Österreich, U.S.S.R., Japan, Britisch-Indien, Goldküste, Nigerien, Togo, Argentinien, Brasilien, U.S.A., Kanada usw. und verkauft nach ca. 14 Ländern.«[49] In der Schweiz hatten die Transithändler ihren Sitz dagegen in einigen wenigen Zentren. Von den 68 Firmen, die Mangold evaluierte, waren 32 in Zürich oder Winterthur domiziliert, ebenfalls 32 in Basel und im Baselland, sechs im Aargau, eine in Genf und eine in Lausanne. Es sei kein Zufall, dass der Textiltransithandel in Zürich und Basel – beides Zentren der Textilindustrie – so stark vertreten sei.

Noch wichtiger allerdings mag der andere Grund gewesen sein, den Mangold nannte: »Die Finanzierung der meist große Kapitalien erheischenden Geschäfte – viele Waren sind teuer, werden in großen Mengen gekauft, und der Großhändler hat oft lange zu kreditieren – weisen dem internationalen Großhandel die Bankplätze als Standort zu.« Der Großhandel finde dort auch die Speditionshäuser und die Versicherungsgesellschaften. »So erklärt es sich auch, dass 62 Transithandelsfirmen in Zürich, Winterthur und Basel sitzen.«[50] Die engen Beziehungen zu lokalen Banken und zu Versicherungen, die den Transithändlern Policen für Seefracht verkauften, waren von zentraler Bedeutung. Der Transithandel übernahm die Finanzierung der Einkäufe, trat dem Abnehmer gegenüber also als Kreditgeber auf, und was den Eigenkapitalaufwand der Firmen überstieg, deckten die Banken mit Krediten.[51] Die Bankumsätze lagen 1929 für 53 Firmen bei über

1,9 Milliarden Franken.[52] Daraus lasse sich »die Bedeutung des internationalen Großhandels für den Bankenplatz Zürich ohne weiteres erschließen«, wie der Transithandelsverband im März 1935 an die Regierung des Kantons Zürich schrieb.[53]

Zur Kapitalintensität des Geschäfts kam das Wissens- und Beziehungsmonopol hinzu, das den Transithändler für den Abnehmer unverzichtbar machte.[54] Der Transithändler müsse nicht nur die Bedürfnisse der Industrie (also seiner Kunden) genau kennen, sondern auch enge Beziehungen zu den Produzenten pflegen und über die eingekaufte Ware bestens Bescheid wissen, so Mangold. »Der Einkäufer muss Fachmann sein. Seine Ausbildung ist teuer. Der Einkäufer muss auch sprachkundig und mit den Handelssitten und der Art der Produzenten vertraut sein.« Und Einkäufer gebe es für tausenderlei Waren: »Textilien aller Art, Textilabfälle, Kolonialwaren, Fourniere, Öl, Fett, Tabak, Leder, auch das alles in unzähligen Arten und Qualitäten usw.«[55] Eine weitere Dienstleistung für die Abnehmer war die »Typisierung« der Ware. Vertreter von Großhändlern kauften in großen Mengen und sortierten die Ware anschließend nach Qualität: »Die Ware wird, mit andern Worten, für den Rohstoffkonsumenten zurechtgemacht.« Der Transithändler garantierte dem Abnehmer Ware in einer definierten Qualität, was nur möglich war, weil er Lager betrieb, die Sortierung und Standardisierung übernahm und z. B. in der Schweiz oder anderen hochindustrialisierten Ländern nicht favorisierte mindere Ware an Firmen in Drittstaaten weiterverkaufen konnte. »Dazu treten alle übrigen Funktionen des Großhändlers: die Bezahlung der Ware, die Verfrachtung, die Versicherung, oft auch die Durchführung von Veredelungsarbeiten. Da es um große Umsätze geht, erzielt der Transithändler auch billigere Seefrachten und Versicherungsprämien.«[56]

Mangold schloss seinen Bericht mit den »höchst beachtenswerten Äußerungen« Traugott Geerings, des ehemaligen Sekretärs der Basler Handelskammer, der bereits 1898 in der *Neuen Zürcher Zeitung* über die Schweizer Welthandelsfirmen geschrieben habe: »Während in den uns sonst verschlossenen Grenzländern die schweizerische Industrie ihr Kolonisationswerk betreibt, gehen schweizerische Handelsunternehmungen weit darüber hinaus bis an die ersten Quellen überseeischer Produktion und überseeischen Absatzes. Schweizer Firmen handeln mit ostasiatischer Seide, mit indischen Edelsteinen, mit Brasilkaffee usw. nach aller Welt. Eine schweizerische Handelsstatistik über diese Outsiders gibt es nicht und kann es nicht geben, weil ja die so gehandelten Waren zu einem guten Teile den Boden der Schweiz gar nicht berühren. Und doch halten wir gerade dieses Element unserer internationalen Zahlungsbilanz für eines der allerwichtigsten und entwicklungsfähigsten.«[57]

Nationale Sichtbarkeit

Man muss sich die Radikalität der Verbandsgründung, des kollektiven Auftretens und der Selbstevaluation der Transithändler vor Augen führen, um zu verstehen, dass der Wandel, der in den dreißiger Jahren stattfand, nicht nur das Geschäft betraf, sondern auch das Selbstverständnis und die Struktur der Firmen. Bisher war spärliche und selektive Information gängige Geschäftspraktik gewesen. Trotz der Kapitalintensivität des Transithandels waren etwa die Hälfte der Firmen – darunter alle großen – keine Aktiengesellschaften, sondern Einzelfirmen, Kollektiv- oder Kommanditgesellschaften.[58] Die Rechtsform machte es den Unternehmen oft möglich, keine Geschäftsberichte zu publizieren, selbst wenn

Aktionäre vorhanden waren. Die firmeneigenen Regeln auferlegten den Mitarbeitern ein Berufsgeheimnis, das noch restriktiver war als das Bankgeheimnis, da die Händler weder ihren Lieferanten noch ihren Abnehmern Rechenschaft schuldig waren und auch ihren Gläubigern nur in beschränktem Ausmaß (die Banken hatten ab einem bestimmten Kreditvolumen Einsicht in die Bilanzen, ein eigentlicher Geschäftsbericht musste nicht vorgelegt werden).[59] Da die Produktion im Ausland stattfand, erhoben weder die Bundesverwaltung noch die einschlägigen Verbände irgendwelche Daten über die gehandelten Waren. Hinzu kamen die traditionelle Firmenstruktur des Familienbetriebs und eine enge Bindung der Mitarbeiter an das Unternehmen. Die Ausbildungen der Kaufleute, Handelsreisenden und Geschäftsleitungsmitglieder wurden vergleichsweise spät professionalisiert.[60] Meist absolvierten die Angestellten ihre ganze Laufbahn im Unternehmen, das – weit über die Besitzerfamilie hinaus – gern als »Familie« apostrophiert wurde.[61]

Die informationelle Großoffensive Mitte der dreißiger Jahre war keine Herzensangelegenheit der Transithändler, die lieber still Verluste einsteckten, als sich zu organisieren. Die Öffentlichkeitsarbeit wurde denn auch zu einem guten Teil von Mitgliedern vorangetrieben, die dem traditionellen Bild des Händlers nicht unbedingt entsprachen und innerhalb der Unternehmen Außenseiter waren. Beispielhaft dafür steht der Winterthurer Heinrich Wachter, der die Verbandspolitik maßgeblich prägte. Wachter stammte aus einer Bauernfamilie, lernte Metallarbeiter, absolvierte Ausbildungsgänge am Technikum Winterthur und an der Universität von Glasgow und arbeitete als Techniker und später als Ingenieur bei Brown-Boveri, bevor er 1925 in die Maschinenexport-Abteilung von Volkart eintrat. 1939 wurde er Direktionsmitglied und damit das erste Geschäftsleitungsmitglied, das nicht Teilhaber war und weder durch Geburt noch durch Heirat aus der bürgerlichen Elite der Handels- und Industriellenfamilien kam.[62] Man kann diesen Aufstieg als Würdigung eines Einzelnen werten und als Professionalisierung der Unternehmensleitung. Die Krise der dreißiger Jahre erforderte unkonventionelle Antworten – und wer diese zur Hand hatte, dem ermöglichte sie bisher unmögliche Karrieren.

Am 5. Oktober 1935 veröffentlichte Heinrich Wachter in der *Neuen Zürcher Zeitung* einen ausführlichen Artikel mit dem Titel »Die Handelsbeziehungen der Schweiz und der Schweizerische Transithandel« und richtete das Wort direkt an die Schweizer Wirtschaftselite. Der Zweck seiner Ausführungen, so schrieb er, gelte nicht einer weiteren allgemeinen Feststellung wirtschaftlicher Problemlagen, sondern »dem Hinweis auf den großen, in weiten Kreisen unterschätzten Wert der privaten internationalen Handelsbeziehungen für die Schweiz«.[63] Die langjährigen Bindungen zu Produzenten, Handelspartnern und Versicherungen seien prägend für den Transithandel, und eine einmal aufgegebene Handelsbeziehung, ob in Europa oder in Übersee, lasse sich nicht leicht und nur unter großen Opfern wiederherstellen. Beziehungen waren im Handel Kapital. Und das Aufrechterhalten dieser Beziehungen in aller Welt, das legten Wachters Überlegungen nahe, seien für die Schweiz nicht nur von unmittelbar ökonomischem Wert, sondern auch politisch relevant.

Private Handelsfirmen übernahmen seit je konsularische Aufgaben im Ausland. »Unser kleines Land kann sich nicht die diplomatischen und offiziellen Handelsvertretungen leisten, wie die uns konkurrenzierenden Großstaaten«, so Wachter. »Wir sind in viel höherem Masse auf unsere Privatunternehmen angewiesen, die der Schweiz offizielle und teure Handelsvertretungen zum Teil ersetzen und ferner an unzähligen Orten Konsulat und Berichterstattungen kostenlos und ehrenamtlich übernehmen.«[64] Auf diese außenpolitischen »Nebentätigkeiten« der Firmen sei die Schweiz umso mehr angewiesen, als sie nicht über einen eigenen großen Wirtschaftsraum verfüge, keine Kolonien habe und ihre Rohstoffe hauptsächlich aus dem Ausland beschaffen müsse. Selbst wenn die Transithändler auf dem Heimmarkt nicht präsent seien und somit zur Rohstoffbeschaffung der Schweiz nichts beitrügen, spielten sie für die Schweizer Exportindustrie eine wichtige Rolle. Im Ausland gehörten sie nämlich zu den Käufern von exportierenden Firmen, und sie ermöglichten ihnen dank ihren Beziehungen im Ausland oft lukrative Gegengeschäfte. »Um nur einen Fall zu nennen, sei die Schweizer Lieferung von Wasserturbinen und elektrischer Ausrüstung für ein Elektrizitätswerk gegen Zusage des Kaufs von Baumwolle und anderer Kolonialprodukte im gleichen Wert erwähnt. Die Behörden wurden nicht in Anspruch genommen, die Produkte wurden außerhalb der Schweiz verkauft.«[65]

Während des Ersten Weltkrieges waren sich die Schweizer Transithändler ihrer »Nationalität« bewusst geworden und hatten diese aus strategischen Gründen gegenüber ausländischen Behörden betont. In der Schweiz jedoch blieben sie damals unsichtbar. In den dreißiger Jahren musste dieses »Schweizerische« nun auch gegen innen demonstriert und gerechtfertigt werden. Erstmals traten die Transithändler als Branche auf. Ein bisheriges Nebengeschäft – die Dienstleistungen für die Schweizer Industrie – wurde dabei zum Hauptargument. So betonte der Basler Jurist und Sekretär des Transithandelsverbands Walter Schiess den indirekten Mehrwert, den die Transithändler für die Exportindustrie erbrachten: »Die schweizerische Ausfuhr nach einem ausländischen Absatzgebiet hat sich oft genug so entwickelt, dass der schweizerische Kaufmann den Markt vorbereitete, indem er auf dem Markte einkaufte oder ausländische Ware im Transithandel dorthin verkaufte. Dadurch entstand zwar zunächst noch keine Ausfuhr schweizerischer Erzeugnisse, aber eine Verbindung zwischen den ausländischen Abnehmern und den schweizerischen Kaufleuten. Diese Verbindung war in vielen Fällen, nicht erst seitdem der Import in den Dienst des Exportes gestellt wurde, die erste Grundlage für den Absatz schweizerischer Waren.«[66]

Auch Siber Hegner schrieb in einer Firmenchronik von 1947, das Unternehmen habe sich »neben dem international getätigten Geschäft in Rohseide und Seidenabfällen […] hauptsächlich in den Dienst der schweizerischen Industrien gestellt«, und zwar nicht nur durch den Export ihrer Produkte, sondern auch durch Vermittlungsdienstleistungen sowie als Käufer. Siber Hegner habe »komplette Fabriken wie Mühlen, Baumwollspinnereien und Kraftanlagen, teils mit schweizerischen, teils mit ausländischen Maschinen eingerichtet«. So habe die Firma bereits in den siebziger Jahren des 19. Jahrhunderts »sämtliche Einrichtungen des Gaswerkes in Yokohama, des ersten Gaswerkes in Japan«, geliefert.[67] Ein solch offensives Betonen der Binnen-Dienstleistungen wäre einer Transithandelsfirma vor 1934 nicht in den Sinn gekommen.

Die Informationsstrategie und die Veröffentlichung von Zahlen über die eigene Branche zeitigten im Frühjahr 1935 einen ersten kleinen Erfolg. Am 17. April 1935 schloss die Schweiz mit Deutschland ein neues Verrechnungsabkommen ab, das auch ein Konto für die Abtragung der Außenstände der Transithandelsfirmen vorsah. Die bei der Clearingstelle der Nationalbank zur Verfügung stehenden Guthaben sollten zuerst bis zu einem Betrag von 19,6 Millionen Franken zugunsten einer ersten Kategorie von – vorwiegend deutschen – Gläubigern verwendet werden. Vom darüber hinausgehenden Betrag waren zehn Prozent für die Abtragung der Rückstände aus dem Transithandel und zwanzig Prozent für die Abtragung von Rückständen der Exportindustrie vorgesehen; für den Transithandel wurden jedoch monatlich mindestens 500000 Franken zur Verfügung gestellt. Das waren kleine Fortschritte angesichts von Guthaben aus dem Transithandelsgeschäft mit Deutschland, die sich auf insgesamt 20,5 Millionen Franken beliefen.[68] Auch wenn eine Gleichstellung der Transithändler mit der Schweizer Industrie nicht in Sicht war und die Kompensationen nur zögerlich anliefen, hatte der kurzfristig gegründete Verband bewiesen, dass sich die Transithändler nicht nur in Übersee, sondern auch auf nationaler Ebene vernetzen und mit diplomatischem Geschick verhandeln konnten. Gegen außen eine dosierte Transparenz herzustellen wurde zur Daueraufgabe der folgenden Jahre.

Nirgendwo wurde der Wille zur nationalen Sichtbarkeit augenscheinlicher vorgeführt als an der Landesausstellung von 1939, die zur Konsolidierung des nationalen Zusammenhalts beitragen sollte und als Leistungsschau schweizerischer Wertschöpfung geplant war. Die Transithandelsfirmen organisierten einen gemeinsamen Auftritt. Die beiden Winterthurer Firmen Volkart und Paul Reinhart & Cie. erklärten sich bereit, »je einen oder mehrere Einheitsballen der von ihnen gehandelten Produkte« für die Ausstellung zur Verfügung zu stellen.[69] Auch andere Firmen versprachen Anschauungsmaterial; so wollte etwa die UTC Rohkakao, Palmkerne, Kolanüsse und Elfenbein liefern.[70]

Von Paul Reinhart kam die Idee, zudem »auf einer sehr großen Weltkarte durch verschiedene farbige Lichteffekte (eventl. elektr. Installation) die verschiedenen Produzentenländer der Transithandelswaren in verschiedenen Farben je nach Warenart oder die Stätten schweizerischer Niederlassungen in Übersee oder in europäischen Staaten anzuführen«.

Auch wenn dafür mit erheblichen Kosten gerechnet werden musste, empfahl die Firma dringend, von »bloßen langweiligen graphischen Darstellungen« abzusehen.[71] Der öffentliche Auftritt durfte auf keinen Fall billig wirken. Die Darstellung solle »möglichst eindrucksvoll und leicht verständlich sein«, hielt man auch bei der Salubra S. A. fest. »Wir dächten z. B. an imposante plastische Darstellungen des Gesamtpersonals, des Gesamtumsatzes, des Gesamtertrags etc.«, »ferner an eine große Weltkarte, auf welcher die Weltbeziehungen des Schweiz. Transithandels durch aufleuchtende Lämpchen eindrucksvoll veranschaulicht werden«, ergänzt durch »Schaustellung einiger Haupttransithandelswaren (Wolle, Leder etc.)«.[72] Nicht nur mit technischer Raffinesse wollte man die Zuschauer beeindrucken, sondern auch mit dem Volumen.

Ein in der Schweiz unsichtbares Geschäft sichtbar zu machen war eine Herausforderung. Wie veranschaulicht man den weltwirtschaftlichen Effekt von Büroarbeit, das Verschiffen von Tonnen von Fracht durch ein bisschen rechnen, telegrafieren und Briefe schreiben am Hauptsitz? Bei der Zürcher Seidenhandelsfirma Pongées, die Niederlassungen in Lyon, London, Yokohama, Schanghai und Paris hatte, dachte man an ein »Bild, das zwei Küsten zeigt, verbunden mit Kabeln zum schweizerischen modernen Geschäftsraum« – ein Bild, das »eindringlich zeigt, wie die Verbindung dieser Küsten über ein modernes Schweizerbüreau geleitet wird und die Wege der Ware auf den Schiffen diesem ›Gehirn‹ zu folgen haben«. Pongées schwebte für den Geschäftssitz ein realitätsgetreues Modell vor, wie sie im Metropolitan Museum of Natural History in New York zu sehen waren, allerdings kein Tierskelett, sondern ein Modell von einem »Geschäftsraum mit wirklich moderner Ausführung«. Eine Bleistiftskizze lag bei. Der intendierte Effekt war unmissverständlich: »Es würde sich dabei ganz natürlich ergeben, dass wir

mit unsern Nachteilen im kleinen kolonielosen und meeres-
uferlosen Lande durch Erziehung, rastlose genaue Arbeit,
Organisation und Weitblick unsere natürlichen Nachteile auf-
zuwiegen haben und es würde gezeigt, wie wir das tun, soweit dies sich zeigen lässt.«[73]

Allerseits bekundete man die Bereitschaft, die Werbung in
eigener Sache zurückzustellen zugunsten eines gemeinsamen
Auftritts der Branche. »Wir nehmen an, dass es sich um eine
kollektive Darstellung unserer volkswirtschaftlichen Arbeit
handeln würde«, hielt man bei Pongées fest; einer Arbeit,
»die ja weit in der Schweiz herum kaum verstanden« werde.
Allzu oft würden die Japan- und Chinatransithändler als
»Asiaten« bezeichnet und »fast als unnützliche Glieder unserer schweizerischen Volkswirtschaft« betrachtet.[74] Bei Volkart
machte man den Begriff »Transithandel« mitverantwortlich
für die verbreitete Ignoranz. Die Bezeichnung sei unglücklich, da jemand, der mit den Verhältnissen nicht vertraut
sei, sich darunter eine Art von Handel vorstelle, bei dem Waren »*durch die Schweiz hindurch* von einem Land ins andere« befördert werden, ohne sich bewusst zu sein, »dass der
weitaus größere Teil des von den schweizerischen Transithändlern getätigten Handels *nicht durch die Schweiz hindurch*, sondern von den Erzeugungsländern des gesamten
Erdballs zu den Verbrauchsländern wiederum des gesamten
Erdballs *direkt* geht«.[75] Volkart votierte schließlich für eine
Weltkarte mit den »außerschweizerischen Niederlassungen
und Vertretungen unserer Verbandsfirmen«. So könne die »welt-
umspannende Tätigkeit« des Welthandels, dieses »schweizerischen Aschenbrödels«, ins rechte Licht gerückt werden.
Von einem Auflisten der Firmennamen an den betreffenden
Handelsplätzen sei abzusehen; »wenigstens wären wir bereit,
für unsere Firma darauf zu verzichten, wenn dadurch diese
Weltkarte an Übersichtlichkeit und Großzügigkeit gewinnt«.[76]

Der Verband gab schließlich bei einem Zürcher Grafiker eine Weltkarte auf Glasplatte im Maßstab von zehn auf fünf Metern in Auftrag, auf der die Handelsrouten, die Einkaufs- und die Verkaufsorte Schweizer Handelsfirmen eingezeichnet wurden. Ein Netz von leuchtenden Linien legte sich über die Weltmeere. Modellschiffchen repräsentierten die im Jahr 1937 weltweit gehandelte Menge an Baumwolle, Seide und Rohwolle im Verhältnis zum Konsum derselben Ware in der Schweiz, um zu zeigen, wie marginal der Heimmarkt war im Vergleich zum Volumen, das die Transithändler in der Welt verschoben.[77] Die Transithändler waren zusammen mit dem Import-, dem Binnengroßhandel und dem Exporthandel in der Abteilung »Soll und Haben« präsent, die riesige Glasplatte trat gleich beim Betreten der Halle ins Blickfeld. Auch in der Abteilung »Volk und Heimat« war der Transithandel vertreten, dort in der Gruppe »Die schweizerische Außenwirtschaft«.

Dass sich nach der Landesausstellung auf dem Verbandssekretariat die Anfragen mehrten und verschiedene Zeitschriften über den Transithandel berichteten – die *Zürcher Illustrierte* gar mit einer Sondernummer –, wertete man beim Transithandelsverband als gutes Zeichen und als Verdienst der Investitionen in den öffentlichen Auftritt. »In der heutigen Zeit, in der dem Handel solche Schranken auferlegt werden, darf nichts unterlassen werden, was der Allgemeinheit die Bedeutung des Transithandels und die Notwendigkeit der Berücksichtigung seiner Interessen erkennen lässt«, hielt man im Jahresbericht 1939 fest.[78] Die Lobbyarbeit war noch lange nicht zu Ende. Am 1. September 1939 überfiel Hitlerdeutschland Polen. Der Krieg, der sich zu einem Zweiten Weltkrieg ausweiten sollte, brachte für den Schweizer Transithandel neues Ungemach – aber auch neue Geschäftsmöglichkeiten.

Sowohl die Bundesbehörden als auch die Transithändler waren auf die Kriegssituation 1939 besser vorbereitet als 1914. Nach dem Ersten Weltkrieg hatte der Bund die Pflichtlagerhaltung eingeführt, damit die Versorgung mit wichtigen Gütern für eine gewisse Zeit gesichert war.[79] Auch die Handelsfirmen hatten sich bereits im Vorfeld mit Fragen der Kriegswirtschaft befasst. Sie bemühten sich um Zuteilung von Schiffsraum und um Ein- und Ausfuhrbewilligungen im Kriegsfall – also um eine Stärkung ihres traditionell marginalen Inlandsgeschäfts. »Gerade den Transithandelsfirmen, die im Kriegsfalle teilweise zur Einstellung ihrer Tätigkeit gezwungen werden, müsste auch ein Anteil am Import nach der Schweiz und am Export zugebilligt werden«, hielt der Verband fest.[80]

Der Import in die Schweiz war bereits seit 1931 kontingentiert.[81] Mit der Einfuhrbeschränkung wollte man in der Wirtschaftskrise die inländische Produktion schützen und die Arbeitslosigkeit bekämpfen. Der Bund teilte den einzelnen Importeuren ein Einfuhrkontingent für bestimmte Waren zu – und von diesem Kuchen hofften sich auch die Transithändler ein Stück abzuschneiden. Sie machten sich dabei die verstärkten Nationalisierungstendenzen in der Wirtschaftspolitik und im Aktienrecht zunutze. Die Revision des Aktienrechts von 1936 erlaubte eine zunehmend protektionistische Unternehmenspolitik.[82] Dass ausländische Staatsangehörige Schweizer Unternehmen leiteten oder in deren Verwaltungsrat saßen, galt zunehmend als nicht mehr opportun. Die Geschäftsleitung der UTC, die dafür plädierte, dass die Transithandelsfirmen betreffend Kontingente konkrete Forderungen stellten, erinnerte »an die Saat-Kontingente, die in den Händen des englischen Unilever-Konzerns liegen, wenn schon die

Fabriken unter schweizerischer Rechtspersönlichkeit marschieren«.[83] Die Transithändler hatten die Nationalität als strategisches Vehikel entdeckt und brachten sich gegen Unternehmen in Position, die zwar – wie Unilever – einen Sitz in der Schweiz hatten, aber zu einem ausländischen Konsortium gehörten.[84]

Seit September 1939 stand die Ein- und Ausfuhr der Schweiz unter staatlicher Aufsicht. Verschiedene Transithändler stellten an die Handelsabteilung in Bern Gesuche um Einfuhrkontingente – für Kunstseide aus Österreich, Baumwollgarne aus Deutschland, Ölsaaten aus Westafrika oder Speisezwiebeln aus Ungarn. Auch für die Ausfuhr wurden einzelne Gesuche gestellt, vor allem von Firmen, die mit chemischen Rohstoffen handelten, sowie von Seidenhandelsfirmen, die Seide in der Schweiz veredelten.[85] Da das Gros der Waren der Transithändler aber weder importiert noch exportiert wurde, wurde ihr Geschäft erst durch die britischen und französischen Blockademaßnahmen gegen Deutschland wirklich getroffen. England und Frankreich verlangten von der Schweiz Verpflichtungserklärungen, dass die Waren, die Schweizer Firmen nach Europa verschifften, nicht an den Feind weiterverkauft wurden.

Im Oktober 1939 wurde bei Gibraltar der Dampfer Teseo der Reederei Navigazione Alta Italia festgehalten, auf dem auf Rechnung der Firma Reinhart 1350 Ballen amerikanische Baumwolle Richtung Genua schwammen. 650 Ballen hatte Reinhart an eine italienische Spinnerei verkauft, 700 Ballen waren noch unverkauft. Sobald Georg Reinhart benachrichtigt worden war, dass das Schiff von den »Kontrabande-Behörden« angehalten worden sei, kontaktierte er die Handelsabteilung in Bern, wo der zuständige Minister umgehend reagierte, »und uns beauftragte, den Fall sofort schriftlich per Express einzureichen, worauf er sofort das Nötige durch die Schweiz. Gesandtschaft in London veranlassen werde«.[86] Der Beamte hatte allerdings zu viel versprochen. Stunden später teilte er Reinhart mit, dass er in dieser Sache doch nicht intervenieren könne, da die Baumwolle nach Italien verkauft sei und der Rest noch einen unbestimmten Empfänger aufweise. Die Schweiz könne nur für Waren, die in die Schweiz gingen, den Alliierten die gewünschte Verpflichtung abgeben, »keinesfalls aber für Waren, welche einen anderen Bestimmungsort als die Schweiz haben«. Damit wollte sich Reinhart nicht zufriedengeben. »Auf unseren energischen Protest hin, dass diese Baumwolle Schweizereigentum sei, wurde ausweichend geantwortet«, hielt er fest.[87] Er wurde an das Kriegstransportamt in Bern verwiesen, das sich seinerseits als nicht zuständig erklärte. Also wurde Reinhart beim britischen Konsulat in Zürich vorstellig. Eine Intervention »oder auch nur eine Empfehlung bei den britischen Behörden, z. B. für Gibraltar wegen unseren 1650 Ballen Baumwolle auf s/s ›Teseo‹«, war jedoch nicht zu erreichen.[88] Nicht durch staatliche Hilfe, weder von der Schweiz noch von England, sondern durch Intervention des Reeders kam das Schiff bei Gibraltar schließlich frei.

Dass bei ganzen Schiffsladungen noch nicht klar war, an wen die Ware zuletzt geliefert würde, lag nicht im Interesse der Alliierten. England und Frankreich drängten auf eine Verschärfung der Blockadebestimmungen. Sie wollten Warenlieferungen an Schweizer Firmen nur noch bewilligen, wenn sie an den Endabnehmer (*ultimate destination*) erfolgten. Der Zwischenhandel sollte ausgeschaltet werden. Das wäre für die Transithändler desaströs geworden, weshalb der Transithandelsverband seine Mitglieder im Februar 1940 um eine Stellungnahme bat. Man wollte »möglichst viele konkrete Anhaltspunkte (facts)«, mit denen man bei der Handelsabteilung in Bern vorstellig werden konnte.[89]

Dem kamen die Firmen mit all ihrem rhetorischen Geschick nach. »Wir kaufen in überseeischen Märkten, z.B. Japan, rohe Baumwollgewebe, welche auf neutralen (italienischen und japanischen) Dampfern nach Triest oder Genua verschifft werden«, erklärte die Firma Schmid & Co. mit Sitz in Zürich. »Für diese Waren ist uns im Moment des Kaufes oder der Verschiffung, ja sogar zur Zeit der Ankunft der Ware im europäischen Hafen der Endabnehmer noch nicht bekannt, da die Ware unter den heutigen Verhältnissen für die mutmaßlichen Käufer erst dann von Interesse ist, wenn sie als effektiv greifbar, d.h. auch von den englisch/französischen Kontrollbehörden freigegeben, offeriert werden kann.« Erst zu diesem Zeitpunkt könne die auf eigene Rechnung gekaufte Ware der Kundschaft in der Schweiz, in Belgien, Holland, den Nordstaaten, in Ungarn oder Jugoslawien überhaupt angeboten werden.[90]

Eine Ausschaltung des Zwischenhandels hätte bedeutet, dass die Fabriken ihre Rohwaren selber in Übersee hätten einkaufen müssen, wozu ihnen Kapital und Know-how fehlten. »Wenn aus dem Auslande Südamerika, Nordamerika nur noch an den Endempfänger, in unserem Falle Schuhfabrik geliefert werden kann«, schrieb Europas größtes Lederhandelsunternehmen mit Sitz in Basel, »dann bedeutet das, dass mittlere und kleine Schuhfabrikanten, die mittleren und kleinen Lederwarenfabriken überhaupt nicht mehr in der Lage sind zu importieren und infolgedessen ihre Betriebe schließen müssen.« Eine derartige Bestimmung in den Abmachungen mit England und Frankreich sei gleichbedeutend »mit dem Ruin von unzähligen Fabrikanten und dem ganzen Großhandel«. »Denken Sie nur daran, dass heute alle Lieferanten Krediteröffnung vor Abgang der Ware verlangen. Wie soll nun eine Fabrik mittleren oder kleineren Umfanges das Geld aufbringen, um derartige Krediteröffnungen zu machen.«[91]

Der Großhandel finanzierte die Ware nicht nur vor, sondern garantierte durch seine Einkäufer vor Ort auch deren Qualität und erhielt durch die großen Frachtmengen niedrigere Frachtsätze.

Vom Vorschlag des Transithandelsverbands, die Destinationsverpflichtungen statt von der Hauptniederlassung in der Schweiz von den Firmenniederlassungen auf britischem und französischem Staatsgebiet (bzw. in deren Kolonien) ausstellen zu lassen, da diese gegenüber den Großmächten eine höhere Glaubwürdigkeit haben könnten, hielt die Leder-Import AG nichts. Sie glaube nicht, dass eine Welthandelsfirma ihre ausländischen Filialen »quasi als Bürge und Selbstzahler für ihre schweizerischen Geschäfte« verwenden wolle. »Meistens haben diese ausländischen Gesellschaften den Charakter selbstständiger französischer oder englischer Gesellschaften, die man aus allen möglichen Gründen nicht mit dem Mutterhause vermengt sehen möchte.«[92]

Am 25. April 1940 schloss die Schweiz mit Großbritannien und Frankreich ein Blockadeabkommen, das die Einfuhr von Waren in die Schweiz sicherstellte und gleichzeitig verhindern sollte, dass Waren an die verfeindete Kriegspartei gelangten. Der Bund stellte den registrierten Importeuren Garantiezeugnisse für Einfuhren aus – sie waren Voraussetzung dafür, dass die Waren die Blockadezone passieren konnten.[93] Für die Ausfuhr wurden von den Alliierten ebenfalls Warenpassierscheine, sogenannte »Navicerts«, ausgestellt. Bedingung dafür war, dass eine Verpflichtung der betreffenden Firmen vorlag, dass die Ware nicht nach Deutschland oder die annektieren Gebiete exportiert wurde, sondern ausschließlich in neutrale Länder. Auch die Transithandelsfirmen unterstanden dieser Regelung: Sie verpflichteten sich, nur in die Schweiz oder in neutrale Länder zu liefern. Die Kontrolle wurde durch die Schweizer Behörden sichergestellt. Für

Waren, die nicht auf der Verbotsliste standen, blieb der direkte (ungebrochene) Transithandel also auch mit dem Blockadeabkommen der Allliierten möglich, allerdings nur, wenn die Papiere auf den endgültigen Abnehmer lauteten und dieser nicht unter die Blockademaßnahmen fiel. Im ersten Kriegsjahr waren so noch Warenlieferungen in wenige europäische Länder möglich – zum Beispiel in den Balkan –, bis auch diese erobert und feindliches Gebiet wurden. Der (gebrochene) Transithandel via Schweizer Zollfreilager wurde von Anfang an als Import definiert und unterlag den Blockadevorschriften. Auf diese Weise sollte verhindert werden, dass die Schweiz eine »Plattform von Spekulations- und Konterbandeschiebereien« wurde.[94]

Mit Hitlers Westfeldzug änderten sich die Vorzeichen erneut. Nun gaben nicht mehr die Alliierten den wirtschaftspolitischen Takt vor, sondern Deutschland. Ab Mai 1940 erhöhte das Reichswirtschaftsministerium den Druck auf die Schweiz. Die deutsche Delegation verlangte Einsicht in den Blockadevertrag mit den Alliierten und machte unmissverständlich klar, dass Deutschland keine Kohle mehr in die Schweiz liefern werde, die zur Herstellung von Kriegsmaterial für die Alliierten diente.[95] Heinrich Homberger, der auf Schweizer Seite an den Verhandlungen teilnahm, schilderte den deutschen Diplomaten Johannes Hemmen als »arroganten Menschen, dem die deutschen Kriegserfolge in den Kopf gestiegen waren«.[96] Das änderte nichts am deutschen Verhandlungsvorteil, der mit jedem militärischen Erfolg zunahm.

Nach dem Waffenstillstand von Compiègne vom 22. Juni 1940 – der De-facto-Kapitulation Frankreichs – war die Schweiz vollständig von den Achsenmächten eingeschlossen. Sechzig Prozent des französischen Territoriums waren von der deutschen Wehrmacht besetzt, der unbesetzte Teil wurde der deutschfreundlichen Vichy-Regierung unterstellt. Nun machte das deutsche Reichswirtschaftsministerium seine Drohungen wahr und verhängte ein Kohleembargo gegen die Schweiz. Damit verschärfte sich die handelspolitische Lage des Kleinstaats massiv. »In einem gewissen Sinne befinden wir uns zwischen Hammer und Amboss«, schrieb Jean Hotz, der Direktor der Handelsabteilung, am 25. Juni 1940. Die Schweiz müsse nun alles tun, um »nicht völlig von ihren überseeischen Zufuhren abgeschnitten zu werden«.[97] Mit dem Kriegseintritt von Italien und der Kapitulation Frankreichs waren die Importe in die Schweiz via Genua und Marseille unterbrochen worden. Die Alliierten, insbesondere England, hatten kein Interesse, weiterhin Kohle-, Futter- und Weizen-Sendungen in die Schweiz zuzulassen, die über ausreichende Lager verfügte. Im Sommer 1940 waren etwa zwanzig Schiffe mit für die Schweiz bestimmten Ladungen westlich von Gibraltar blockiert.[98] Im August 1940 rief die deutsche Reichsregierung die »totale Gegenblockade« aus und übte ihrerseits auf die neutralen Staaten Druck aus, um deren Handel mit den Alliierten möglichst einzuschränken.

Dass in Zukunft eine engere Kooperation mit dem mächtigen deutschen Nachbar nötig war, war in der Schweiz politischer Konsens. Bei Ausbruch des Krieges war die Schweiz für das nationalsozialistische Deutschland noch von höchst marginaler Bedeutung gewesen. Umgekehrt war Deutschland für die Schweiz immer ein wichtiger Handelspartner – der Großteil der Kohleimporte, von der in der Industrie viele Arbeitsplätze abhängig waren, kam aus Deutschland. Die Schweiz hatte aber auch Verhandlungstrümpfe: eine leistungsfähige Industrie, ein stabiler Finanzsektor und den Alpentransit.[99] Am 9. August 1940 verständigte man sich im Rahmen der Clearingverträge mit Deutschland über den Durchgangsverkehr durch deutschkontrolliertes Gebiet und leitete eine engere wirtschaftliche Zusammenarbeit in die Wege. Deutschland machte gewisse Zugeständnisse. Das De-jure-Verbot der Ausfuhr nach Frankreich und England wurde gelockert. Als Kontrollmittel für den Export diente der Geleitschein, dem in der Folge große Bedeutung zukam.[100] Gleichzeitig wurde der Warenverkehr zwischen Deutschland und der Schweiz neu geregelt. Deutschland willigte ein, bis Ende des Jahres 870000 Tonnen Kohle zu liefern und im Gegenzug zusätzlich Waren für mindestens 150 Millionen Franken (davon 100 Millionen Franken für Waffen und Munition) aus der Schweiz zu beziehen.[101]

Das Problem war, dass Deutschland keine Devisen hatte, um die Lieferungen von Kriegsmaterial, Aluminium, Maschinen und landwirtschaftlichen Erzeugnissen aus der Schweiz zu bezahlen. »Deutschland erwartet Lieferungen auf Kredit, darin liegt die Problematik«, so Homberger.[102] Der deutsche Gesandte Johannes Hemmen sprach Klartext: »Deutschland ist bereit, Ihre überschüssige Produktion zu übernehmen, doch haben Sie die Verschuldung in Kauf zu nehmen.«[103] Von nun an wurden die Kohleimporte aus Deutschland und die Bekämpfung der Arbeitslosigkeit in der Schweiz mit der Gewährung von Krediten erkauft.

Die »Clearingmilliarde«, die sich im Lauf des Krieges anhäufte,[104] war nicht nur eine wirtschaftliche Überlebensmaßnahme. Der immense Kredit sollte für die Schweiz bei der deutschen Regierung insbesondere auch »die Wertschätzung als souveräner Staat« erhöhen. Dass ein kriegführender Staat seinen größten Gläubiger und Financier überfallen würde, erachtete man als unwahrscheinlich. »Hier berühren sich Wirtschaft und Politik«, hielt Homberger fest.[105]

Das Kontingentsystem und die Ausrichtung des Exports auf die kriegführenden Achsenmächte waren für bestimmte Schweizer Industriezweige – insbesondere die private Waffenindustrie und deren Zulieferfirmen – höchst lukrativ. Die Transithändler hingegen sahen sich überall benachteiligt. Navicerts für ihre Waren zu erhalten war schwierig, »da es unseren Behörden widerstrebt, Ausfuhr von Transitwaren auf Kosten der Ausfuhr von Schweizerwaren zu gestatten«.[106] Auch »Schweizerware« auszuführen war problematisch. Ein Export nach Deutschland war relativ leicht, ein Export durch deutschkontrolliertes Gebiet nach Übersee, wo die Transithändler ihre langjährige Kundschaft hatten, war jedoch abhängig von der Unterstützung der Alliierten. Im Sommer 1941 erteilte die britische Gesandtschaft in Bern Volkart Neutralitätszertifikate für den Export von Maschinen nach Indien im Gesamtwert von 470 000 Franken, obwohl deren Transit durch das besetzte Frankreich nötig war.[107]

Bei den Einfuhrkontingenten wurden die Importeure, die bereits vor dem Krieg Einfuhren in die Schweiz verzollt hatten, vom Bund bevorzugt. Dass diese Importeure die aus Übersee stammenden Waren ab einem Zollfreilager in der Schweiz oder ab europäischen Lagerplätzen kauften, die unter anderem von Schweizer Transithändlern alimentiert wurden, interessierte die Behörden nicht. »Das hatte zur Folge«, so der Transithandelsverband, »dass die Handelsfirmen, die die größte Leistung für den Import ausführen, d. h. die Ware vom Ursprungsland bis zum schweizerischen Transitlager oder zum mindesten bis zum europäischen Handelsplatz bringen, bei der Zuteilung von Kontingenten leer ausgingen oder nur ganz geringe Kontingente zugewiesen erhielten.«[108]

Bei einer Audienz bei Bundesrat Stampfli legte Rechtsanwalt Walter Schiess 1941 für die Sache der Transithändler sein ganzes rhetorisches Geschick in die Waagschale. Als Handelsfirmen seien die Transithändler zwar grundsätzlich gegen staatliche Interventionen. Wenn solche aber schon vorgenommen würden, dann sollten die Eingriffe nicht einen

Wirtschaftszweig privilegieren und einen anderen benachteiligen. Die »natürlich gewordene Volkswirtschaft« sei »in vollem Umfange in die Zwangswirtschaft« einzubauen, der Handel müsse »in seinen sämtlichen Stufen« erhalten werden. »Beim Aufbau der schweizerischen Kriegswirtschaft und der Besetzung der Kriegswirtschaftsämter durch Herren der Industrie, denen gegenüber die Vertreter des Handels schon zahlenmäßig gar nicht aufkommen können«, sei klar, dass die Sicherung des Handels nur durchgesetzt werden könne, wenn diese »nach Überprüfung sämtlicher Zusammenhänge und auf Grund der grundsätzlichen volkswirtschaftlichen Erkenntnisse [...] durch das Volkswirtschaftsdepartement angeordnet wird«.[109]

Bei der freiheitlichsten Wirtschaftsbranche lag auf einmal alle Hoffnung auf dem Staat. Schiess bat den Bundesrat, dafür zu sorgen, dass die staatlichen und halbstaatlichen Stellen nicht dazu übergehen, selbst Einkäufe im Ausland zu tätigen. »Wir sind der festen Überzeugung, dass die Handelsfirmen dank ihrer im Auslande aufgebauten Organisationen, dank ihrer internationalen Verbindungen, ihrer Fachkenntnisse, Personenkenntnisse und auf Grund ihrer persönlichen Beziehungen für die Belieferung des Landes in der Regel bedeutend bessere Resultate zu erreichen in der Lage sind als improvisierte Amtsstellen. Es ist uns bekannt, dass schon verschiedentlich den Kriegssyndikaten bei der Nationalbank Kredite eingeräumt worden sind zum Einkauf von Produkten. Wir würden es begrüßen, wenn diese Kredite sämtliche gestrichen würden.«[110]

Falls die Kriegswirtschaftsämter nicht davon abgebracht werden könnten, den Einkauf einheitlich zu organisieren, sollten sie wenigstens angewiesen werden, an den Einkaufsplätzen, an denen Schweizer Transithandelsfirmen Niederlassungen hatten – so zum Beispiel in New York –, bei diesen einzukaufen und nicht bei der ausländischen Konkurrenz.[111]

Zur staatlich gelenkten Kriegswirtschaft kamen Eingriffe in den Zahlungsverkehr erschwerend hinzu. Mit einer Executive Order des Präsidenten Franklin D. Roosevelt vom 14. Juni 1941 wurden die Guthaben einer Reihe europäischer Länder – darunter auch der Schweiz – in den USA blockiert.[112] Alle Schweizer Finanztransaktionen in den USA waren ab sofort von einer Bewilligung abhängig und mussten über die Schweizerische Nationalbank abgewickelt werden. Für Zahlungen von Schweizer Firmen musste ein Garantiezertifikat vorgelegt werden, das bescheinigte, dass die Ware, für die das Geld bestimmt war, auch tatsächlich in die Schweiz importiert wurde.[113] Die Regelung traf die Transithandelsfirmen hart. Sie konnten in den USA eingekaufte, aber für Drittländer bestimmte Waren nicht mehr bezahlen. Da sie in der Schweiz kein Importkontingent hatten, war eine Umleitung der Waren in die Schweiz ebenfalls ausgeschlossen.

Carl Bruggmann, der Schweizer Botschafter in Washington, schätzte die Lage im September 1942 ziemlich düster ein. Es sei schwierig, selbst in über alle Zweifel erhabenen Einzelfällen das bei den zuständigen amerikanischen Regierungsstellen bestehende Misstrauen zu überwinden. Das hatte wesentlich mit dem Schweizer Bankgeheimnis zu tun. »Das schweizerische Bankgeheimnis, welches früher vom Ausland, hauptsächlich von französischen Kapitalisten zur Umgehung der lokalen Fiskalgesetze, im großen Stil benutzt wurde, hat sich später als geeignetes Mittel zur Tarnung der Eigentümer der in schweizerischem Namen in New York deponierten Werte erwiesen«, schrieb er nach Bern. »Die in der Schweiz bestehende Möglichkeit der diskreten Eröffnung von Nummernkonti, die angebliche Bereitwilligkeit gewisser Banken zu allerhand, nur unter dem Schutze des Bankgeheimnisses denkbaren Kombinationen die Hand zu bieten, u. s. w., erregen in einem Lande, wo die Banken von den Behörden der einzelnen Staaten und von der Bundesregierung streng kontrolliert werden, Misstrauen.«[114]

Wie immer versuchten die Handelsfirmen aus der Not eine Tugend zu machen. Sie tätigten mit den blockierten Dollarguthaben in großem Umfang Vorratskäufe und legten in den USA Lager an.[115] Dahinter standen langfristige Überlegungen. Volkart fasste ins Auge, »die Waren bis zu gegebener Zeit und Rückkehr anderer Verhältnisse in Übersee zu belassen«, zwecks »Substanzerhaltung und Preisfixierung für später«.[116] Zudem verlagerten die Firmen ihre Schwerpunkte. Bereits vor dem Krieg hatten sie Tochtergesellschaften in den USA und England, in Süd- und Mittelamerika, in den umliegenden europäischen Ländern, in Ostasien und Hongkong gegründet.[117] Nun baute Volkart das Brasilien-Geschäft aus, dem »angesichts der Restriktionen, die das amerikanische Geschäft erschweren«, zunehmende Bedeutung zukam.[118] Peter Reinhart, der in New York stationiert war, gründete im Frühjahr 1942 die Volkart Brothers Limitada als Tochtergesellschaft in São Paulo. Auch Argentinien werde »für die Tätigkeit unseres hiesigen Betriebes mit einer gewissen Verdienstmöglichkeit immer wichtiger«, hielt die Volkart-Geschäftsleitung in der Schweiz fest.[119]

Mehr noch als in Friedenszeiten machten die Schweizer Transithändler in Kriegszeiten ihr Geld im Überseegeschäft. Dafür waren Anpassungen an den Firmenstrukturen nötig. Und in diesem Bereich, also im Rechtlichen, agierten die helvetischen Behörden und Diplomaten weitgehend zugunsten der im Welthandel tätigen Großunternehmen.

Was den Historiker und Intellektuellen Carl Jacob Burckhardt, der in Genf eine Professur am Hochschulinstitut für
internationale Studien und Entwicklung innehatte, im Februar 1937 bewog, den Posten des Völkerbund-Kommissars
in Danzig anzunehmen, ist heute schwer nachvollziehbar.
Was wollte er mit diesem »abgebrauchten, jeder wahren Au-
torität verlustig gegangenen Amt«?[120] Die Freie Stadt Danzig
war 1920 unter den Schutz des Völkerbundes gestellt worden.
Sie war nicht nur »wohl eines der kompliziertesten Gebilde
[…], das jemals dem theoretischen Denken improvisierender
Völkerrechtler entsprungen ist«, wie Burckhardt schrieb,[121]
sondern auch eine Hochburg der Nationalsozialisten, die
den Völkerbund so schnell wie möglich loswerden wollten.
Burckhardt muss fest daran geglaubt haben, dass man mit
kluger Diplomatie eine Eskalation verhindern und eine Verständigung zwischen den politischen Strippenziehern herbeiführen könne, so polternd diese auch auftreten mochten.
Seine Memoiren offenbaren, wie der *Spiegel* 1960 schrieb,
»die Tragödie jener Gutmeinenden, die Hitler im Interesse
des Friedens beschwichtigen wollten und dabei den Dikta-
tor doch nur in seinen außenpolitischen Wahnvorstellungen
bestärkten«.[122]

Die Gratwanderung zwischen Neutralität, Friedensmis-
sion und Parteinahme ist bekanntlich schmal. Nicht nur hart-
gesottene NS-Exponenten, auch die Vertreter der schwedi-
schen Völkerbund-Delegation forderten Burckhardt zum
Rücktritt auf. Eine Kooperation mit Hitler, den man mit
Samthandschuhen anfassen musste, wenn man verhindern
wollte, dass er sich provoziert fühlte und in unberechenbarer
Weise durchgriff, war in ihren Augen sinnlos. Nahum Gold-
mann, Präsident des 1936 in Genf gegründeten Jüdischen

Weltkongresses, sprach gegenüber Burckhardt Klartext: »Ihre Beschwichtigungsmanöver sind schädlich.«[123] Burckhardt jedoch ließ sich nicht beirren. Er hoffte, die gemäßigten NS-Führer gegen die radikalen ausspielen, einen Ausgleich mit Polen herbeiführen und eine Gleichschaltung Danzigs mit dem Deutschen Reich verhindern zu können.[124]

Während Burckhardt zwischen dem Danziger Senatspräsidenten, dem deutschen Gauleiter, dem polnischen Generalkommissar und ausländischen Diplomaten zu vermitteln suchte, ergab sich auch ein Treffen mit dem Führer persönlich. Am 11. August 1939 erhielt er eine Einladung von Hitler in dessen Landhaus am Obersalzberg. Die Privataudienz »in dem seltsamen Haus aus Granit, das Herr Hitler sich auf einem Felskegel auf 1900 m Höhe errichten ließ und das man durch das Innere des Felsens mittelst eines Fahrstuhles erreicht«, dauerte zwei Stunden.[125] Hitler dachte beim Gespräch mit Burckhardt schon mehr an die zukünftige Kriegssituation als an friedenssichernde Außenpolitik. »Wenn es zum Krieg kommen sollte«, fragte er Burckhardt, »wird die Schweiz ihre Neutralität nach jeder Seite verteidigen?« Burckhardt antwortete, er sei nicht in offizieller Eigenschaft hier, »aber als Schweizer Staatsbürger darf ich Ihnen sagen, mein Vaterland wird seine Neutralität in allen Fällen mit allen ihm zu Gebote stehenden Mitteln verteidigen«. Worauf ihm Hitler versichert haben soll: »Die Schweiz kann darauf rechnen, dass sie von meiner Seite nicht das Geringste zu fürchten hat.« Die schweizerische Neutralität sei für ihn unverletzlich – nicht etwa aus völkerrechtlichen Gründen, sondern aus taktischen: Die Schweiz »deckt meine Flanke«.[126]

Dass solche Beteuerungen das Papier nicht wert waren, auf dem sie festgehalten wurden, wurde spätestens beim Überfall auf die Niederlande und Belgien im Mai 1940 klar – Länder, deren Neutralität zu respektieren Hitler ebenfalls beteuert hatte, die militärisch besser gerüstet waren als die Schweiz, die mit Deutschland wirtschaftlich ebenso eng verbunden waren, und die von der Wehrmacht in wenigen Wochen überrannt wurden. Noch im April 1939 hatte Hitler in einer Reichstagsrede die Integrität des belgischen Territoriums garantiert. Am 23. November 1939 hielt er dann nur noch lakonisch fest: »Verletzung der Neutralität Belgiens und Hollands ist bedeutungslos. Kein Mensch fragt danach, wenn wir gesiegt haben.«[127]

Wenige Tage nach dem Treffen zwischen Hitler und Burckhardt setzte der Danziger Senat den Gauleiter der NSDAP, Albert Forster, als »Staatsoberhaupt« der Freien Stadt Danzig ein – ein Amt, das verfassungsrechtlich gar nicht existierte –, und nochmals ein paar Tage später überfiel Hitler Polen. Dass mit Hitlers herablassender Sympathie nicht zu rechnen war, sollten sich seine Interessen kurzfristig ändern, war in der Schweiz zumindest der Wirtschaftselite bereits zu diesem Zeitpunkt klar. Am 30. Oktober 1939 erließ der Bundesrat einen Beschluss über die Sitzverlegung juristischer Personen und Handelsgesellschaften im Kriegsfall, mit dem er einem »dringenden Wunsch der Finanz-, Handels- und Industriekreise unseres Landes« nachkam.[128] Banken, Großkonzernen und international tätigen Handelsfirmen wurde damit die Möglichkeit gegeben, falls die Schweiz in den Krieg einbezogen würde, ihren Sitz ohne formelle Hürden an den Ort verlegen zu können, an den dann auch der Sitz der Regierung verlegt werden würde. Nicht alle Betriebe sollten davon profitieren können, »namentlich nicht solche mit nur lokalem Wirkungskreis«.[129] Es ging explizit um eine Maßnahme zugunsten der finanzstarken, außenhandelsorientierten Großunternehmen.

Auch im ordentlichen Verfahren wurde die Sitzverlegung von Firmen erleichtert. Während im Normalfall ein Beschluss der Generalversammlung notwendig war, änderte der Bundesrat das Recht kurzerhand so ab, dass der Firmensitz durch einfachen Beschluss des obersten Verwaltungsorgans verlegt werden konnte. Dafür musste er weder das Parlament konsultieren noch ein Referendum in Kauf nehmen, nicht einmal an die Verfassung war er gebunden. Die Bundesversammlung hatte dem Bundesrat am 30. August 1939 unbegrenzte Kompetenzen zur Rechtssetzung erteilt. Die Schweiz wurde von nun an (wie in ähnlicher Form bereits während des Ersten Weltkriegs) von sieben Diktatoren regiert, die ihrerseits direkt der Interessenpolitik der Verbände ausgesetzt waren.[130] Dieses »Vollmachtenregime« wurde erst 1949 mit einer knapp angenommenen Volksinitiative wieder beendet.[131]

Je ungemütlicher die Situation in der Schweiz wurde, desto akuter wurde für die Handelsfirmen die Frage nach einer Sitzverlegung, sei es ins Ausland, sei es an einen sichereren Ort in der Schweiz. Winterthur lag jenseits der Limmatlinie, die bei einem Überfall Deutschlands von der Schweizer Armee verteidigt worden wäre. Im Februar 1940 verlegte Volkart den Hauptsitz deshalb nach Vevey an den Genfersee.[132] Von dort hätten, wenigstens vorübergehend, der Kontakt zu den Auslandsniederlassungen noch aufrechterhalten und die Flucht in die USA organisiert werden können. Nach dem Westfeldzug und dem Einmarsch der Wehrmacht in Paris, mit dem die Situation in der Schweiz höchst labil wurde, wandelte Volkart das Büro in London in eine Firma unter britischem Recht um, erhöhte das Kapital der US-Niederlassungen und erteilte Peter Reinhart in New York und Robert Scherer in Bombay weitreichende Vollmachten für den Kriegsfall. Noch weigerten sich die Partner, die Schweiz zu verlassen, und zwar vor allem aus steuertechnischen Gründen. Wären sie mit dem Firmenkapital in die USA gegangen, wären sie dort steuerpflichtig geworden. Ein Doppelbesteuerungsabkommen existierte nicht.[133]

Von den ausländischen Zweigniederlassungen der Schweizer Handelsfirmen wurden allerdings zunehmend Bedenken am Schweizer Firmensitz laut. Die Kommunikation zwischen der Schweiz und London war wegen der britischen Zensurbehörde so gut wie verunmöglicht. Die Londoner Volkart-Niederlassung kommunizierte nun direkt mit den anderen Filialen, die aus britischer Sicht nicht in Feindesgebiet lagen, allen voran mit der Niederlassung in New York, die ihrerseits das Büro in der Schweiz über das Wichtigste informierte.[134] Während man die Kommunikation auf ein Minimum reduzieren konnte, blieben die Besitzverhältnisse risikoreich. Aus Bombay schrieb Robert Scherer am 12. November 1940 in die Schweiz, dass eine Sitzverlegung, zum Beispiel zur Schweizer Botschaft in Washington, von der indischen Regierung anerkannt würde, und Volkart so der Gefahr entgehen könnte, im Kriegsfall technisch als *enemy firm* zu gelten. Die holländischen Firmen hätten ihren Sitz unter einem ähnlichen Gesetz, wie es der Schweizer Bundesrat erlassen habe, nach Niederländisch-Indien verlegt. »Leider hat die Schweiz keine Kolonien, in die der Sitz unserer Generaldirektion zwischenzeitlich verlegt werden könnte«, so Scherer. Aber Botschaftsterritorium kam seines Erachtens als Ersatz auch in Frage: »Ein Transfer des juristischen Sitzes einer Firma wie der unsrigen zu einer Exterritorialität genießenden Schweizer Gesandtschaft in einem befreundeten Land könnte im Bedarfsfall in Betracht gezogen werden; man müsste mit so einem Land eine spezielle Vereinbarung abschließen.«[135]

Gerade die Transithändler, die ihre Handelsinteressen nie in der Schweiz hatten, waren betreffend Domizil grundsätzlich flexibel. Auf dem Spiel standen lediglich die familiären und persönlichen Bindungen an die Schweiz, die starke Währung, die Beziehungen zu Schweizer Banken, die Verhinderung einer Doppelbesteuerung und die Kontinuität des langjährigen Geschäftssitzes. Uneinigkeit in der Frage der besten Kriegsvorbereitung herrschte bei Volkart nicht nur zwischen den ausländischen Niederlassungen und dem »Head Office« in der Schweiz, sondern auch zwischen den Generationen. »Ich komme immer wieder auf das gleiche alte Thema zurück«, schrieb Peter Reinhart am 14. August 1940 aus New York an seinen Vater in Winterthur. »Nämlich dass es einfach nicht so weitergeht, dass wir unsere gesamten Geschäfte unter ein und derselben Firma betreiben.« Peter fürchtete sich vor Sanktionen der US-Behörden, sollte die Schweiz der Kollaboration mit dem Feind angeklagt werden. Wenn die ganze Welt miteinander Krieg führe und die Länder mit Wirtschaftssanktionen gegeneinander vorgingen, sei es schon schwierig genug, internationale Geschäfte zu machen. »Die Sache wird aber unerträglich kompliziert, wenn die Länder nicht nur gegen die Firmen in einem ›feindlichen‹ Land ökonomische Maßnahmen ergreifen, sondern auch noch gegen die Firmen im eigenen Land, die von Bürgern des feindlichen Landes geführt oder kontrolliert sind. Und wenn dann für die Feindlichkeit noch in starkem Maß der mehr oder weniger zufällige Wohnort des Besitzers ausschlaggebend wird, dann kommen wir überhaupt nicht mehr zu gang, denn während jedes andere Geschäft sich den Umständen entsprechend einrichten kann, und wenigstens auf einer Seite weiterfahren kann, ist dies für uns nicht möglich, weil wir ja nicht nur in Indien, sondern auch in Amerika weitermachen wollen, und der Continent und vor allem die Schweiz nun nicht plötzlich weggezaubert werden können.«[136]

Die Lehre aus dem Ersten Weltkrieg war bei der jungen Generation angekommen: Entscheidend waren nicht die Niederlassung oder der Einflussbereich einer Firma, sondern die Nationalität ihrer Inhaber. Diese Nationalität könne man zwar »persönlich mit dem besten Willen nicht verleugnen«, wohl aber »unter Umständen geschäftlich, das heißt, die Nationalität der Firma kann unter Umständen den Bedürfnissen des betr. Landes angepasst werden«.[137] Würden vonseiten der USA Blockademaßnahmen gegen die Schweiz ergriffen, dann würden in der aktuellen Situation nicht nur die Zahlungen von den USA in die Schweiz verunmöglicht, sondern voraussichtlich auch die Zahlungen nach Bombay und nach London. »Natürlich wäre ich auch dafür, dass wir eine Schweizerfirma mit der effektiven Leitung in der Schweiz bleiben«, so Peter Reinhart. Er sei allerdings der Meinung, dass »die Geschäftsleitung dem Geschäft folgen muss«.[138] Mit zynischem Unterton stellte er die Grundsatzfrage: »Wollen wir uns gegen die Natur der Dinge sträuben und die Geschäfte nach allen Weltteilen unbedingt auch weiterhin via Winterthur betreiben, oder wollen wir zugeben, dass das Zentrum unserer Indischen Geschäfte in Indien liegt, und uns darnach einrichten? […] Sind wir bereit unserem Geschäft zu folgen? Wenn nicht, dann bauen wir besser ab, und suchen uns eine Beschäftigung in der Gegend wo es uns am besten gefällt. Aber eines ist mir völlig klar: Man kann heute unmöglich sein Geschäft, sein Kapital und seine Interessen in einem Land haben, und gleichzeitig persönlich in einem andern Land oder gar Erdteil leben – außer man ist bereit, einem Verwalter, sei es ein Sohn oder ein Manager, praktisch plain pouvoir zu geben.«[139]

Während Vater Georg Reinhart gerade in der neutralen Schweiz die besten Überlebenschancen für die Firma sah und sich zusammen mit anderen Schweizer Transithändlern um eine verstärkte »Nationalisierung« des Geschäfts bemühte, war der Krieg für den Sohn Anlass, die Strukturen grundsätzlich in Frage zu stellen. Wieso der komplizierte Weg über Winterthur, wenn die Niederlassung in Indien die Baumwollgeschäfte ohnehin direkt mit Liverpool tätigte? Wozu brauchte es noch die alten Strategen in der Schweiz, so weit entfernt von den Hotspots des Warenhandels, während man von der Schweiz aus wegen der Clearingverträge so gut wie keine Geschäfte mehr tätigen konnte?

Von einer vermehrten Ausrichtung auf das Inlandsgeschäft hielt Peter Reinhart nichts. »Ich verspreche mir nicht sehr viel von Einfuhr und Ausfuhrgeschäften Schweiz-Balkan etc. und würde wirklich viel eher darauf tendieren, die überflüssigen guten Leute hinaus zu schicken, teils in den Balkan etc. zur Wahrung unserer Interessen, zum Studium dieser Länder und teils in die unentwickelten Märkte, Südafrika, Australien etc.« Die »Unbrauchbaren« sollten am besten frühzeitig pensioniert werden. Auf keinen Fall solle man sich ihnen zuliebe »eine Organisation aufzwingen lassen, die den heutigen Verhältnissen nicht mehr entspricht, und die auch in Zukunft diesen Verhältnissen nie mehr entsprechen wird«. Radikale Dezentralisierung sah er als Gebot der Stunde, das Transithandelsgeschäft via neutralen Kleinstaat hatte für ihn definitiv ausgedient, die Unternehmensleitung müsse sich der Tatsache anpassen, »dass sozusagen unsere ganzen Interessen außerhalb Europa liegen«. Der Vater solle von seinem Kapital doch »einen wesentlichen Teil« an die Kinder abtreten, »wodurch dann Balz und ich in die Lage kämen, einen größeren Teil der nichteuropäischen Aktien zu übernehmen«.[140]

Damit war Georg Reinhart nicht einverstanden. Er plädierte für graduelle Anpassungen. In England und Indien könnten wohl teilautonome Gesellschaften entstehen, analog zu den Tochtergesellschaften in Bremen, Japan und den USA. »Ich möchte einzig empfehlen, dass deren Kapital so klein gehalten werde, als es nach Außen noch erträglich erscheint.« Volkart würde den Gesellschaften von der Schweiz aus Blankokredite gewähren. »Werden solche geliehenen Gelder von fremden Regierungen blockiert, so wird nur der Rücktransfer nach der Schweiz betroffen, nicht aber die Verwendung in Indien, USA etc.« Das Aktienkapital sollte also mehrheitlich in der Schweiz bleiben, die Tochtergesellschaften sollten nur mit kleinen Kapitalien ausgestattet werden. »V. B. Vevey wären also in Zukunft eine Art Holding-Concern (wie bei Sulzer und Schwarzenbach).«[141]

Unter den Bedingungen des Zweiten Weltkrieges wurden so die Grundlagen gelegt für eine zunehmende – und nicht wie von Peter Reinhart empfohlen abnehmende – Trennung von Firmenkapital und Geschäft. Der Steuersitz und die Kapitalmehrheit blieben in der Schweiz, während die operative Tätigkeit ins Ausland verlagert wurde. »Schon in normalen Zeiten müssen Kompetenzen im größten Ausmaß delegiert und Verantwortlichkeiten überbunden werden«, schrieb der Volkart-Mitarbeiter Heinrich Wachter 1964 über die Auslandsniederlassungen der Transithändler. Die ausländischen Filialen seien für die Handelshäuser so wichtig, dass nur eine gute Personalkontinuität zum Erfolg führen könne. »Diese Feststellung findet in eindringlicher Weise ihre Bestätigung in der hinter uns liegenden Kriegszeit«, so Wachter.[142]

Die Transithandelsfirmen delegierten Verantwortung an ihre ausländischen Niederlassungen und wandelten diese, wo möglich, in Tochtergesellschaften um. Ähnlich wie die Inhaber von Volkart reagierte auch Fritz von Schulthess, der Hauptanteilseigner der Zürcher Seidenhandelsfirma Charles Rudolph & Co. Als der Krieg ausbrach, reiste er nach New York, löste die dortige Filiale auf und gründete an ihrer Stelle eine selbständige Firma unter dem Namen Charles Rudolph Corporation of New York.[143] Desgleichen die Zürcher Firma Siber Hegner: »Aus Angst vor einer Blockierung der Gelder durch die USA wurde die Tochter in New York über einen juristischen Trick (Voting Trust) amerikanisiert.«[144]

An den ausländischen Standorten litt man nicht überall

gleich stark unter den Kriegsverhältnissen, ja man profitierte vielerorts davon. Für viele Rohstoffe war die Nachfrage kriegsbedingt groß und die Preise stiegen. Volkart sandte Leute nach Australien, Südamerika und Südafrika, um die dortigen Verkaufsorganisationen leistungsfähiger zu machen. Wesentliche Funktionen wurden aus der Schweiz nach Indien verlegt, darunter die Preisbestimmung, »sodass Winterthur/Vevey künftighin mehr die Rolle eines Verkaufsagenten spielt«.[145] Siber Hegner wich in neue Märkte aus – nach Spanien, Portugal und in deren Kolonien –, wobei die Firma von der Ausschaltung der deutschen Konkurrenz profitierte. Sie konnte trotz eines Umsatzeinbruchs von 66 Prozent während des Krieges den Gewinn mehr als verdoppeln. Das erhöhte Geschäftsrisiko ließ höhere Margen zu, und früher gemachte stille Reserven flossen infolge des günstigen Verkaufs von Lagerware in das Gewinn-Konto zurück.[146]

Auch die UTC korrigierte die Formulierung des Transithandelsverbands, der Schweizer Transithandel sei im Jahr 1941 »unbedeutend« gewesen. Das treffe, wenigstens für die UTC, »glücklicherweise nur bedingt zu«, hielt man fest. Es liege zwar nicht mehr ausschließlich im Ermessen der Leitung in Basel, welche Waren eingekauft und verkauft werden, was abgesehen von den kriegswirtschaftlichen Maßnahmen und den Devisenbeschränkungen auch mit der eingeschränkten Nachrichtenübermittlung zu tun habe. Dieser Kontrollverlust sei zwar bedauerlich. Das Geschäft werde im Ausland aber ungebrochen weitergeführt. Es seien die »Tochtergesellschaften und die ins Ausland delegierten Direktoren und Angestellten […], die das Nötige leisten, damit die überseeischen Organisationen intakt bleiben und zum Teil noch recht erhebliche Erträge abwerfen«.[147]

Von der Schweiz aus konnten zwar kaum mehr Geschäfte getätigt werden. Durch den Aufbau von Holdingstrukturen, bei denen die Kapitalmehrheit in der Schweiz blieb (Kontrollgesellschaft), Managementkompetenzen aber an im Ausland registrierte Tochterfirmen delegiert wurden, setzten die Transithandelsfirmen auf eine Portfoliostrategie. Risiken in einem Geschäft oder in einer Weltregion konnten so mit Chancen einer anderen Tochterfirma kompensiert werden. Gleichzeitig verhinderte man, dass nationalistische Tendenzen das ganze multinationale Unternehmen tangierten. Hauptzweck des in der Schweiz domizilierten Unternehmens lag nun in den Beteiligungen an den – rechtlich selbständigen – Tochterfirmen, bei sinkender operativer Tätigkeit am Unternehmensstandort Schweiz. Es war ein subtiler Übergang von zentralistisch geführten Unternehmen zu verzweigten Konzernstrukturen. Die Holding ist – als übergeordnete Beteiligungsorganisation – an keine Rechtsform gebunden. Sowohl Volkart als auch Charles Rudolph & Co. blieben Kollektivgesellschaften. Die Unternehmen wurden gemischte Holdings, sie verwalteten also nicht nur ihre Beteiligungen, sondern blieben auch im operativen Geschäft tätig. Der Wandel zeigte sich vor allem im Kontokorrent, wo die Kosten für Handelstransaktionen zurückgingen und die Vorschüsse an bzw. Gutschriften von Tochterunternehmen zunahmen.

Die größte Auswirkung der Währungskrise und des Zweiten Weltkrieges war somit nicht die Ausschaltung des Transithandels in der Schweiz, sondern die Umstrukturierung der Unternehmen: von zentralistisch geführten Firmen zu multinationalen Konzernen mit juristisch unabhängigen ausländischen Tochterfirmen, die finanziell von der Schweiz aus kontrolliert wurden. Die Konzentration des Kapitals im neutralen Kleinstaat bei gleichzeitiger Delegation von Managementkompetenzen an ausländische Tochterfirmen war nicht mehr einfach ein geografisch bedingtes Geschäftsmodell, sondern Resultat strategischer Überlegungen. Der große Vorteil der Holding sei, wie ein Ökonom 1926 schrieb, dass sie eine weitgehende Kontinuität der Kapitalkonzentration sichere, gleichzeitig aber beweglich bleibe, und in Hochkonjunktur- und Krisenzeiten weniger leicht als andere Formen des Zusammenschlusses Gefahr laufe, aufgelöst zu werden.[148]

Ein weiterer Vorteil lag in der Steueroptimierung. In den dreißiger Jahren wurde das Holdingprivileg in der Schweiz mit einer Totalbefreiung von der Gewinnsteuer und minimalen Pauschalabgaben auf das Aktienkapital ausgebaut. Durch die Umstrukturierung der Firmen in Holdings, diese »privatwirtschaftlich organisierte Kapitalkonzentration«,[149] konnten Gewinne, die bei den ausländischen Tochterfirmen anfielen, in das steuergünstige Hartwährungsland transferiert werden, ohne dort noch einmal besteuert zu werden.

8. Der Umbau der Weltmärkte

Nach dem Zweiten Weltkrieg sah die Welt anders aus. Die Schweiz hatte den Krieg zwar heil überstanden, aber die Beziehungen zu den Alliierten waren an einem Tiefpunkt angelangt. Man hatte nicht nur wirtschaftlich eng mit den Achsenmächten zusammengearbeitet, deutsche Vermögen entgegengenommen, Nazideutschland einen exorbitanten Clearingkredit gewährt und Kriegsmaterial nach Deutschland exportiert, sondern im Tausch gegen Schweizerfranken und andere Valuta auch Gold in der Höhe von 1,7 Milliarden Schweizer Franken von der deutschen Reichsbank übernommen – Gold, dessen Herkunft mehr als zweifelhaft war.[1]

Der Schweizer Franken war seit 1941 die einzige frei konvertible Währung in Europa und die Schweiz das einzige Land mit einem freien Goldmarkt. Die intakten Finanzverbindungen des neutralen Staates waren den Nationalsozialisten höchst nützlich: Die Reichsbank wickelte während des Krieges 77 Prozent aller Goldlieferungen ans Ausland über die Schweiz ab.[2] Die Schweiz setzte ihrerseits mit den Goldgeschäften ihre Währungspolitik der Vorkriegszeit fort. Nach einer Phase moderater Goldkäufe bei Kriegsbeginn führten die Blockade der schweizerischen Guthaben in den USA, der Angriff der Wehrmacht auf die Sowjetunion und das wachsende Handelsdefizit der Schweiz gegenüber Südosteuropa ab Herbst 1941 zu umfangreichen Goldkäufen bei der Reichsbank, mit dem Ziel, die Konvertibilität des Frankens zu erhalten und eine Inflation zu verhindern.[3] Während des Jahres 1942 erreichten die schweizerisch-deutschen Goldgeschäfte ihren Höhepunkt, wobei die Goldkäufe nun zunehmend eine Folge der hohen Nachfrage des »Dritten Reiches« waren.[4]

Deutschland erhielt von der Schweiz gegen Gold international akzeptierte Währungen, die es dringend benötigte, um für die Kriegsindustrie wichtige Rohstoffe zu beschaffen: Wolfram, Chrom, Mangan und andere Metalle aus Portugal, Spanien und Südamerika, Bauxit aus Jugoslawien und Erdöl aus Rumänien.

Nun hat Gold eine hervorragende Eigenschaft: Es lässt sich umschmelzen. Ein großer Teil des Goldes, das Schweizer Geschäftsbanken und dann vor allem die Schweizerische Nationalbank von der deutschen Reichsbank übernahmen, war Gold, das Deutschland aus den besetzten Gebieten geraubt hatte – vor allem belgisches Gold. Auch »Opfergold« war dabei, also Gold, das von Juden stammte, die in Vernichtungslagern ermordet worden waren. Ab August 1942 schickte SS-Hauptsturmführer Bruno Melmer insgesamt 76 Lieferungen von Wertsachen aus Konzentrations- und Vernichtungslagern an die Reichsbank, darunter Gold im Wert von 7,2 Millionen Reichsmark, wovon nachweislich 120 Kilogramm mit einem Wert von 582 000 Franken nach Bern gelangten.[5]

Die Alliierten hatten lange Zeit Verständnis für die schwierige Situation der Schweiz, für die das Aufrechterhalten von Handelsbeziehungen mit den Achsenmächten eine Überlebensnotwendigkeit war. Nach der Befreiung Frankreichs im Sommer 1944 änderte sich die Situation allerdings. Mit den deutschen Niederlagen und der Öffnung eines Korridors in Richtung Westen verlangten die Alliierten von der Schweiz einen dezidierten Handels- und Durchfuhrstopp gegenüber ihren Feinden. Vom 12. Februar bis 8. März 1945 fanden unter der Leitung von Lauchlin Currie, Präsident Roosevelts Wirtschaftsberater, entsprechende Verhandlungen in Bern statt. Sie waren der Teil der Operation Safehaven, mit der die Alliierten verhindern wollten, dass sich die Nationalsozialisten mit Hilfe neutraler Staaten eine wirtschaftliche Machtbasis aufbauen konnten, die über die deutsche Kapitulation hinaus wirksam bliebe.[6]

»Den ersten freundlichen Tönen, die wir von den Alliierten zu hören bekommen hatten, folgte sehr bald eine Ernüchterung«, berichtete Minister Walter Stucki, seit Januar 1945 Chef der Abteilung für Auswärtiges im Politischen Departement, von den Verhandlungen hinter verschlossener Tür. »Der Inhalt des Briefes des amerikanischen Präsidenten und eines sehr langen Exposés, das Herr Currie mitbrachte, befreite uns bald von jeglichen Illusionen.« Was die Alliierten von der Schweiz verlangten, lasse sich in folgenden kurzen Formeln zusammenfassen: »Ihr Schweizer seid ja ganz nette Leute. Wir haben Sympathie für Euch. Ihr seid alte Freiheitskämpfer. Ihr habt auf humanitärem Gebiete viel geleistet. Wir wollen Eure militärische Neutralität voll respektieren, obschon es für uns von Vorteil wäre, dies nicht zu tun. Wir verlangen keinen Durchmarsch durch Euer Land. Wir machen Euch aber nachdrücklich darauf aufmerksam, dass für die Schweiz die Stunde geschlagen hat zu zeigen, wo sie moralisch und wirtschaftlich steht. Hier gibt es jetzt keine Neutralität mehr.«[7] Die alliierte Delegation drohte mit internationaler Isolation, falls ihre Forderungen nicht umgesetzt würden. Der Export an die Achsenmächte sei einzustellen, die Transitroute zu sperren und es seien Maßnahmen zu treffen, damit keinerlei Feindesgut in der Schweiz versteckt werden könne, dass insbesondere in der Schweiz keine Mittel angesammelt werden können, um einen neuen Krieg zu organisieren, »um eine 5., oder sagen wir, 6. Kolonne zu finanzieren«.[8]

In der Schweiz wehrte man sich unter Verweis auf die Neutralität zuerst gegen derart dezidierte Maßnahmen, machte schließlich aber weitgehende Zugeständnisse, um sich »in London, Washington, Paris oder gar Moskau eine gute Note zu verdienen«, wie Stucki festhielt.[9] Das fiel umso leichter, da Deutschland als Handelspartner für die Schweiz mit jedem Tag an Bedeutung verlor. Deutschland war außerstande, große Gegenleistungen zu offerieren für ein neues Wirtschaftsabkommen, an dem von Schweizer Seite gar kein ernsthaftes Interesse mehr bestand. Das schweizerisch-deutsche Wirtschaftsabkommen lief am 15. Februar 1945 aus und wurde nicht erneuert. Die Exporte nach Deutschland wurden zwar nicht sistiert, aber eingeschränkt, ebenso der Transit von Kohle nach Italien. Deutsche Guthaben in der Schweiz wurden gesperrt. Die Alliierten bestanden insbesondere darauf, dass die Schweiz unter keinen Umständen weitere Goldzahlungen von Deutschland entgegennahm. Bereits im Februar 1944 hatten sie eine Note an die Schweizer Regierung geschickt und unmissverständlich klargemacht, dass das Gold, das Deutschland ans Ausland zahle, gestohlen sei. Stucki hatte allerdings trotz der strategischen Zugeständnisse, mit denen ein Jahr später das »Tor zum Westen« geöffnet werden sollte, noch immer Mühe, den moralischen Standpunkt zu begreifen. Der Verzicht auf deutsche Zahlungen in Gold sei für den Bundesrat »außerordentlich hart«, schrieb er. »Man vergegenwärtige sich nur die Situation: Es ist ein schweizerischer Gläubiger [...] da. Der Schuldner will ihn bezahlen. Und nun muss der Bundesrat dies verhindern. Es handelt sich um monatlich ca. 10-15 Millionen.«[10]

Auch bei der Schweizerischen Nationalbank wollte man nicht begreifen, dass es sich hier längst nicht mehr um ein Routine-Finanzgeschäft handelte, sondern um das Entgegennehmen von Kriegsbeute. Noch im April 1945 kaufte sie von der Reichsbank Raubgold und setzte sich damit über das mit den Alliierten abgeschlossene Currie-Abkommen hinweg.[11] Insgesamt hatte die Nationalbank mit Goldgeschäften mit der deutschen Reichsbank und einer dezidierten Politik des Wegsehens während des Zweiten Weltkrieges rund 18,4 Millionen Franken verdient.[12] In der amerikanischen Presse warf man der Schweiz im Januar 1945 vor, sie unterstütze den Todfeind der USA, die Schweizer seien Hehler für Großdeutschland. Auch in England gab es heftige Presseangriffe. »Wir erhielten stürmische Anfragen von unseren Vertretungen im Ausland«, notierte Stucki später. »Die Situation war sehr unerfreulich. Eine Isolierung unseres Landes, wie wir sie vielleicht noch nie zuvor erlebt haben, drohte.«[13]

In den Nachkriegsverhandlungen mit Washington hatte man deshalb einen denkbar schlechten Stand. »Es steht fest, dass die Schweiz nicht nur einmal davor gewarnt wurde, gestohlenes Gold zu übernehmen«, räumte Stucki ein. »Nicht erst in der Note vom 22. Februar [1944], sondern schon 1942 ist die Schweiz durch Vermittlung der nach London geschickten Delegation gewarnt worden vor der Übernahme von deutschem Gold. Am 5. Januar 1943 ist in der gesamten Presse und im gesamten Radio öffentlich erklärt worden, die Deutschen haben große Goldbestände gestohlen und es werden alle gewarnt, solches Gold anzunehmen, weil man es später zurückverlangen werde. Am 22. Februar 1944 ist dann die alliierte Note an den Bundesrat gerichtet worden. Die Schweiz hat darauf nie geantwortet.«[14] Selbst der von den Alliierten einvernommene Emil Puhl, unter Hitler Vizepräsident der Reichsbank, sagte aus, er habe die Schweizerische Nationalbank mehrfach darauf aufmerksam gemacht, dass mit diesem Golde nicht alles in bester Ordnung sei. Die Schweizerische Nationalbank hatte ihrerseits jedoch immer behauptet, dass dieser von den Alliierten einvernommene Deutsche ein Ehrenmann sei. »Was Herr Nationalbankdirektor Hirt [Alfred Hirs] gegenüber diesen Vorhalten vorgebracht hat, war sehr mager«, so Stucki.[15]

Bisher hatte sich die Schweizerische Nationalbank immer auf den Standpunkt gestellt, dass die deutschen Goldbestände bei Kriegsbeginn mehr als eine Milliarde betragen hätten, dass man also in der Schweiz, wenn man anderthalb Milliarden übernommen habe, nicht habe wissen müssen, dass es sich um gestohlenes Gold gehandelt habe. Die Zahlen, die die Nationalbank nach Kriegsende vorlegte, räumten dann aber alle Zweifel aus. Die Schweiz habe insgesamt 1,8 Milliarden Franken in Gold übernommen, so Stucki. »Heute kann auch die Nationalbank den Standpunkt nicht mehr vertreten, dass Deutschland selber soviel Gold gehabt habe.« Die Alliierten hätten gar erklärt, dass nach den offiziellen Erhebungen Deutschland bei Kriegsbeginn nicht mehr als 160 Millionen Dollar (700 Millionen Franken) in Gold besessen habe. Es lasse sich nicht leugnen, dass Deutschland sehr große Goldmengen gestohlen habe, und dass die Schweiz in einem Umfang Gold übernommen habe, der um hunderte Millionen von Franken größer war als die deutschen Reserven. »Wenn man auch alles berücksichtigt, was zu unsern Gunsten spricht, kann man das Loch etwas verkleinern, beseitigen kann man es aber nicht.«[16]

Auch Bundesrat Ernst Nobs, der dem eidgenössischen Finanz- und Zolldepartement vorstand, meinte – in einer eigenartigen Verkehrung des Opferbegriffs –: »Wenn es dazu kommen sollte, dass es in der Goldfrage bei einem Opfer von 100 Millionen Fr. oder bei einer Viertel Milliarde sein Bewenden haben könnte, dann ist es uns noch gut gegangen.«[17]

Außenpolitisch bemühte man sich nach dem Krieg um Schadensbegrenzung. Die Westmächte kamen auch ohne die Schweiz aus, ein Einbezug des Kleinstaates in die Nachkriegsordnung musste als Goodwill gewertet werden. Angesichts eher dilettantisch anmutender diplomatischer Bemühungen der offiziellen Stellen schickten verschiedene Wirtschaftsvertreter kritische Stellungnahmen ins Bundeshaus. Daraufhin lud Stucki eine illustre Herrenrunde zu einer Besprechung »betreffend die kulturelle Annäherung der Schweiz zu den Vereinigten Staaten« nach Bern ein.[18] Die Sitzung fand am 14. August 1945 statt, anwesend waren unter anderen Carl Bruggmann, Schweizer Botschafter in Washington, Legationsrat Clemente Rezzonico, der den Pressedienst im Politischen Departement leitete, Eduard Fueter, Direktor des Schweizerischen Institutes für Auslandforschung, Emil Brunner, Präsident der 1940 gegründeten Gesellschaft für Schweizerisch-Amerikanische Kulturbeziehungen, der Journalist Walter Bosshard, Korrespondent der *Neuen Zürcher Zeitung*, Rudolf von Reding, Generalsekretär der Schweizerischen Rundspruchgesellschaft, ETH-Präsident Arthur Rohn sowie Vertreter aus Industrie und Handel, darunter Wilhelm Keller, Präsident der Zürcher Handelskammer (und Verwaltungsratspräsident der Handelsfirma Ed. A. Keller & Co.), Hans Sulzer, Präsident des Schweizerischen Handels- und Industrievereins, und der Jurist Walter Schiess, Sekretär des Verbands Schweizerischer Transit- und Welthandelsfirmen.

Bruggmann, der Botschafter, ergriff als Erster das Wort. Die Amerikaner seien schlecht informiert über die Schweiz, meinte er. Er habe mit einer ganzen Reihe wichtiger Persönlichkeiten gesprochen und das Resultat dieser Unterredungen sei nicht ermutigend. Um zu einer »gerechten Beurtei lung« seitens der Amerikaner zu kommen, müsse man diese »von Grund auf neu erziehen«.[19] Da in Kriegszeiten jeder den Kürzeren ziehe, der nicht wie die Amerikaner denke und handle, und ein neutrales Land als willkommener Sündenbock betrachtet werde, sei der einzige Weg angesichts der Angriffe damals gewesen, »sich still zu halten«.[20] Jetzt, wo der Krieg vorbei sei, seien die Voraussetzungen für eine Verständigung aber besser geworden. Bruggmann schlug vor, in New York den Posten eines Presseagenten zu schaffen. Das Büro würde damit betraut werden, »die Schweiz über gewisse Ereignisse in Amerika zu unterrichten und die amerikanische Presse über die Schweiz zu informieren«. Von großer Wichtigkeit seien auch die Korrespondenten ausländischer Zeitungen in der Schweiz. Ein besseres Verständnis für unsere Lage könne vorwiegend »durch die Vermittlung dieser Berichterstatter in den Vereinigten Staaten geweckt werden«.[21]

Auf die geistige Landesverteidigung der Kriegszeit folgte die geistige Landespropaganda der Nachkriegszeit. Oder wie Minister Stucki zusammenfasste: »Die Kredite, die für die Werbung für das Ansehen unseres Landes bestimmt sind, müssen nicht allein Handel und Tourismus zufließen: es gilt, unsere Kultur zu propagieren.«[22] Es ging also, wie Wilhelm Keller anmerkte, »im Grunde genommen um eine psychologische Frage«. Das Problem solle nicht lediglich von seinem politischen, ökonomischen und touristischen Aspekt aus betrachtet werden, es liege tiefer begründet. Es handle sich »um die Förderung der persönlichen Beziehungen auf allen Gebieten im geistigen Bereich«.[23]

Über die allgemeine Stoßrichtung war man sich einig: Weniger Zurückhaltung in der Kommunikation, eine Bündelung der Kräfte und eine politische Unterstützung privater Initiative, um die Freundschaft zwischen den Vereinigten Staaten und der Schweiz, die »historisch und idealistisch begründet« sei, wiederherzustellen.[24] Man setzte einige Hoffnung auf die im selben Jahr von Rechtsanwalt Edward Goodwin in New York gegründete Gesellschaft der American Friends of Switzerland Incorporated (heute American Swiss Foundation). Goodwin war in den USA als Rechtsberater für verschiedene Schweizer Firmen tätig, und Hans Sulzer war der Ansicht, dass »die Gesellschaft unserem Lande außerordentlich nützliche Dienste leisten wird«.[25] Als dringend notwendig erachtete man auch die Schaffung einer »Zentralstelle für den Auslandspressedienst« in Bern, deren Aufgabe es wäre, »einerseits Material für unsere Konsulate und Gesandtschaften zu sammeln, andererseits die ausländischen Journalisten in unserem Lande regelmäßig und weitgehend unterrichtet zu halten«. Der Austausch von Journalisten, Akademikern, Kunstschaffenden und überhaupt »bedeutenden Persönlichkeiten beider Länder« sollte gefördert werden. Was den 16-Millimeter-Film anbelange, »müsse getrachtet werden, einen eigenen Stil zu bringen«, bis jetzt seien die Streifen zu langweilig gewesen.[26] Auch der Landessender Radio Beromünster plante eine verstärkte Emission für die Vereinigten Staaten. Man sei zwar nicht in der Lage, für Emissionen auf der US-Kurzwelle 20 000 Dollar pro halbe Stunde zu zahlen. Etwas Fantasie und »Sensation« sei aber notwendig, so Rudolf von Reding, um die Sendungen anregender zu gestalten.[27]

An der Sitzung im August 1945 wurde skizziert, was die Haltung der Schweizer Wirtschaft und Politik in den nächsten Jahren, ja Jahrzehnten prägen sollte: eine auf die USA zugeschnittene Außenpolitik, eine enge Zusammenarbeit zwischen wirtschaftlichen Spitzenverbänden und Politik und die Verweigerung einer substanziellen Auseinandersetzung mit der eigenen Rolle zur Zeit des Zweiten Weltkriegs. Ziel war ein möglichst friktionsloser Übergang von der auf die Achsenmächte ausgerichteten Kriegswirtschaft in das transatlantische Gefüge der Nachkriegszeit. Für diesen Zweck wurde erstmals in großem Stil in eine aktive Imagepflege investiert.

Zu den wichtigsten Architekten der schweizerischen Außenhandelspolitik während und nach dem zweiten Weltkrieg gehörten Heinrich Homberger und Jean Hotz. Homberger war seit 1939 Direktor des Schweizerischen Handels- und Industrievereins (Vorort) und der zentrale Ansprechpartner, wenn der Bundesrat und die Verwaltung in Bern die Meinung der Privatwirtschaft einholen wollte. In einem Referat von 1848 verglich er die Bedeutung der internationalen Wirtschaft für die Schweiz mit »Wasser […], ohne das der Fisch nicht leben kann«.[28] Hotz war von 1935 bis 1954 Direktor der Handelsabteilung. Beide, Homberger und Hotz, dominierten während Jahren die »Ständige Delegation für Wirtschaftsverhandlungen mit dem Ausland«, die im Kontext der Clearingverhandlungen mit Deutschland gegründet worden war und nach dem Krieg zu einem wichtigen Beratungs- und Entscheidungsorgan umfunktioniert wurde. Homberger und Hotz nahmen zwischen 1938 und 1954 an zwanzig vom Bundesrat ernannten Verhandlungsdelegationen zur Regelung der schweizerischen Wirtschaftsbeziehungen mit dem Ausland teil.[29] Eine wichtige Rolle spielten auch Walter Stucki, der als Chef der Abteilung für Auswärtiges im Politischen Departement viele Fäden zog, und Robert Kohli, der Chef des Rechtsbüros im Politischen Departement. Kohli war eine Koryphäe auf dem Gebiet des internationalen Finanzwesens und ab November 1941 zuständig für die neu geschaffene »Sektion für Rechtswesen und private Vermögensinteressen im Ausland«. Auch er war – wie Hotz und Homberger – Mitglied der »Ständigen Wirtschaftsdelegation«.

Die Büros des Politischen Departements (des heutigen Eidgenössischen Departements für auswärtige Angelegenheiten) befanden sich im ersten Stock des Westflügels des Bundeshauses. Es habe dort eine verschlossene Atmosphäre geherrscht, die Türen seien auch beim Gang auf die Toilette verriegelt worden, wie sich ein ehemaliger Mitarbeiter erinnert. Die Büros seien so angelegt gewesen, »dass die Schwerarbeiter Herrn Kohlis auf der Nordseite gegen die Bundesgasse froren, während die Leute der sogenannten politischen Dienste auf der Südseite Sonne und Bergsicht genossen, dort oft mit Füssen auf dem Fenstersims sich bräunten und Romane lasen, sofern sie nicht aus aller Welt stammende politische Berichte der Gesandten studierten«.[30] Auch wenn die Cocktailatmosphäre im Südflügel stark überzeichnet sein mag, entsteht ein Eindruck davon, wie im Eidgenössischen Politischen Departement Politik gemacht wurde. Die Strategen im Südflügel entwarfen mit Blick auf Eiger, Mönch und Jungfrau mit großen Pinselstrichen die propagandistischen Selbstbilder, die von den Juristen im Nordflügel dann substanziell unterfüttert werden mussten.

Stucki (Südflügel) hatte Kohli (Nordflügel) wenige Tage nach seiner Ernennung zum Chef der Abteilung für Auswärtiges gebeten, im Hinblick auf die Verhandlungen mit den USA und England ein Exposé zu erarbeiten, »welches das schweizerische ›Plädoyer‹ darstellt« und das die Rolle der Schweiz im Zweiten Weltkrieg umfassend abhandeln sollte.[31] Bereits als er noch Gesandter in Vichy-Frankreich war, hatte Stucki unter dem Titel »Der Standpunkt der Schweiz« die argumentative Struktur dieses Plädoyers vorgegeben.[32] Das Narrativ, das 1946 gefestigt wurde, enthielt Angaben zur Mobilmachung, zu den Armeeausgaben, zu den diplomatischen Beziehungen der Schweiz, zur Spionageabwehr, zur Aufnahme von Flüchtlingen sowie Zahlen zum Außenhandel, zum Volkseinkommen und zur Steuerbelastung. Die wirtschaftlichen Aspekte standen im Vordergrund.[33] Wo die Fakten der intendierten Aussage nicht entsprachen, galt das propagandistische Argument vor den Fakten. So hatte Stucki zwar einen Abschnitt zu den Schweizer Kriegsmaterialexporten eingeplant – eine umfassende Rechtfertigung unter dem Vorzeichen vollständig erfüllter Neutralitätspflichten. Das Militärdepartement hatte aber auch nach einem Jahr die entsprechenden Zahlen, die stark vom Selbstbild abwichen, nicht an Kohli geliefert, so dass Stucki den geplanten Abschnitt am Ende kurzerhand strich.[34] Dieses »jeu de l'ignorance« war als Mittel gegen politischen Druck von außen, wie Kohli an einer Sitzung festhielt, äußerst nützlich.[35]

In Krisenzeiten den Standpunkt der Schweiz zu definieren hatte Tradition. Bereits 1914 hatte der Schriftsteller Carl Spitteler in Zürich unter dem Titel »Unser Schweizer Standpunkt« ein Referat gehalten. Spitteler beschwor damals die nationale Einheit über kulturelle, sprachliche und ethnische Grenzen hinweg. Die Landesgrenzen müssten auch »für die politischen Gefühle Merklinien bedeuten«.[36] Wer jenseits der Landesgrenze wohne, sei ein Nachbar, alle, die diesseits wohnen, aber mehr als Nachbarn, nämlich Brüder. Ungeachtet der engen kulturellen und persönlichen Verflechtung der Deutschschweizer mit Deutschland und der Westschweizer mit Frankreich gehe es darum, »konzentrisch zu fühlen statt exzentrisch«.[37]

1946 ging es zwar nach wie vor darum, konzentrisch zu fühlen, aber auch, exzentrisch zu handeln. In diesem Sinn war Stucki durchaus ein progressiver Geist: Er wollte die Außensicht auf die Schweiz und das Narrativ über die Schweiz im Zweiten Weltkrieg aktiv mitgestalten, um den Kleinstaat anschlussfähig zu machen an die Märkte der Zukunft. Die Schweiz habe es verpasst, die globale intellektuelle Bewegung mitzumachen und sei stattdessen in den Ideen der Vorkriegszeit verhaftet geblieben, befand er. Das habe ihr den

Hass der ganzen Welt eingetragen, die Schweiz gelte als letzter Rückzugsort der Plutokratie. Als Großmacht könne man sich eine solche Zuschreibung vielleicht leisten, als kleines Land, das vom Ausland abhängig sei, aber nicht. Man müsse die rückwärtsgewandte Mentalität hinter sich lassen und sich endlich von einer Politik verabschieden, die darin bestehe, sich immer in letzter Minute noch irgendwelche Konzessionen abringen zu lassen, ohne einen Vorteil daraus zu ziehen.[38]

Herausragende Arbeit lieferte diesbezüglich die Zentrale für Handelsförderung, die 1927 als privatrechtlicher Verein gegründet worden war und nach dem Zweiten Weltkrieg eine rege Tätigkeit im Standortmarketing entfaltete.[39] Bereits im Frühling 1944 ging die Broschüre *Switzerland: Land of Peace and Liberty* in den Druck. Auf 73 Seiten wurde das Bild eines Landes gezeichnet, das sich von allen anderen abhebe, einer einzigartigen und ewig dauernden Demokratie inmitten des kriegszerstörten Europa. »Die Schweiz hat aus ihren Schwächen Kraft geschöpft, aus ihrer Vielfalt geistige Bereicherung und aus ihren Gegensätzen Harmonie.«[40] Die Publikation informierte über das Land und seine Bewohner, über die wirtschaftlichen Ressourcen, das Milizsystem der Armee, die staatlichen Strukturen, den Zivilisations- und Kulturbeitrag der Schweiz und ihr Verhältnis zu den angelsächsischen Nationen. Das Büchlein war reich bebildert mit Aufnahmen von verschneiten Berggipfeln und moderner Industrie, Frauen in Tracht und Männern mit Krawatte, Defensiv-Kriegstechnologie und bildender Kunst. Auch der Verband Schweizerischer Transit- und Welthandelsfirmen nahm von seinen Mitgliedern Bestellungen entgegen, damit sie die Broschüre an Geschäftsfreunde, Kunden und Vertreter in Ländern englischer Sprache verteilen konnten.[41]

Nach dem Zweiten Weltkrieg waren die Transithändler definitiv in der Schweiz angekommen. Sie verfügten über eine funktionierende Lobbyorganisation, waren untereinander vernetzt, konnten in Bern ihre Interessen vertreten und wurden an den wichtigen Entscheidungsprozessen beteiligt. Sie finanzierten gemeinsam mit Unternehmen aus der Industrie-, Banken- und Versicherungsbranche die 1942 gegründete Gesellschaft zur Förderung der schweizerischen Wirtschaft, die sich für eine liberale Wirtschaftspolitik einsetzte – ein Kampf, der »mit allen zur Verfügung stehenden Mitteln« geführt werden müsse, wie der Getreidehändler Georges André 1947 festhielt.[42] Auch wenn man weit entfernt war vom freien Waren- und Kapitalverkehr, den sich die Transithändler wünschten, wurden ihre Interessen nun bei allen wichtigen Wirtschaftsverhandlungen berücksichtigt.

Im Gegensatz zu Hunderten von Unternehmen der Werkzeugmaschinen- und Uhrenindustrie, die Kriegsmaterial oder Komponenten für Kriegstechnik und Zeitzünder exportiert hatten, waren die Handelsfirmen nicht von den schwarzen Listen der Alliierten betroffen und konnten ihre Geschäfte nahtlos wieder aufnehmen. Auch die Charmeoffensive der offiziellen Schweiz bei gleichzeitig selektiver Information zeitigte Wirkung. Die Verhandlungen von Washington im Frühling 1946 waren für die Schweiz ein unerwarteter diplomatischer Erfolg. Die Delegation unter der Leitung von Stucki nutzte das Unwissen der Amerikaner über die tatsächlichen Goldtransaktionen aus und konnte die Zahlungsforderungen niedrig halten. Sie schaffte es sogar, dass die 250 Millionen Franken, die die Schweiz schließlich zahlte (und die einem Fünftel der gesamten Goldkäufe entsprachen), nicht als Restitution angesehen wurden, sondern als freiwilliger Beitrag zum Wiederaufbau Europas.[43]

Die Transithändler profitierten nach dem Krieg von einer schnell wachsenden Nachfrage nach Rohstoffen und Industrieprodukten. »Meine Reise nach West-Afrika war in mancher Beziehung außerordentlich interessant und aufschlussreich«, berichtete UTC-Direktor Werner Burkhard im November 1946 dem Delegierten für Außenhandelsverträge der Handelsabteilung in Bern. »Vorab fand ich sehr aufnahmebereite Märkte für große Mengen industrieller Erzeugnisse verschiedenster Art [...]. Es besteht ein sehr großer Bedarf für die bekannten Glarner Prints, für welche, dank ihrer besonderen Art und Eignung, bei den Eingeborenen eine recht große Nachfrage feststellbar ist. Aber auch für Schreibmaschinen, Uhren, Nähmaschinen und ähnliche Gebrauchsgegenstände ist großer Bedarf vorhanden.«[44] Im Gegenzug solle die Schweiz gegenüber Großbritannien auf möglichst hohe Ausfuhrquoten von Rohstoffen aus Britisch-Westafrika hinarbeiten. »Es sind nicht mehr versorgungstechnische Probleme zu lösen«, so Burkhard, »die handelspolitischen Bedürfnisse scheinen mir viel wichtiger zu sein.«[45]

Diese ideal anmutenden Bedingungen führten zu einer schnellen Konsolidierung des Schweizer Transithandels, aber auch zu längerfristigen Umwälzungen. Die Firmen mussten sich einer Neuordnung der binneneuropäischen Beziehungen und neuen globalen Kräfteverhältnissen anpassen. Das von der Schweiz aus getätigte Geschäft blieb wegen fortwährender Kapitalverkehrskontrollen schwierig; ein großer Teil des Handels wurde von außereuropäischen Tochterfirmen getätigt. Man könne sich fragen, so Georges André 1946, ob es in der künftigen wirtschaftlichen Ära überhaupt noch möglich sei, »die Welt wie eine Kolonie auszubeuten, das heißt von der Schweiz aus mit Profit Geschäfte zu tätigen, die sich größtenteils im Ausland abspielen«. Bereits vor dem Krieg und noch viel mehr danach seien die Schweizer Transithändler gezwungen gewesen, das Gewicht ihrer Organisationen nach und nach immer mehr nach Übersee zu verlegen. »Werden sie schließlich auch selbst emigrieren müssen?«[46]

Abseitsstehen im Multilateralismus

Nach dem Ende des Zweiten Weltkrieges bestanden weiterhin zahlreiche Handelshemmnisse. Im Gegensatz zur Zwischenkriegszeit, als die USA mit der Verabschiedung des Smoot-Hawley Tariff Act 1930 die höchsten Zölle seit hundert Jahren eingeführt und eine weltweite protektionistische Welle ausgelöst hatten, wurden die Märkte nach 1946 aber schrittweise geöffnet. Die Siegermächte wollten die früheren Fehler auf keinen Fall wiederholen. Die neue wirtschaftliche Ordnungspolitik sollte auf kooperativer Basis entworfen und in multilateralen Abkommen, zwischen möglichst vielen beteiligten Ländern, festgehalten werden. Ziel waren der Abbau von Handelshemmnissen und die Liberalisierung des Handels- und Zahlungsverkehrs durch das Schaffen egalitärer Bedingungen.

In den Jahren nach Kriegsende wurde zu diesem Zweck eine Reihe neuer Institutionen ins Leben gerufen: die Vereinten Nationen, der Internationale Währungsfonds, die Weltbank und – im Entwurfsstadium – eine Internationale Handelsorganisation.[47] Die USA konnten ihren handels- und finanzpolitischen Einfluss ausbauen. An der Bretton-Woods-Konferenz vom Juli 1944, als Delegierte von 44 Nationen zusammenkamen, um die Währungs- und Finanzordnung der Nachkriegszeit zu entwerfen, wurde die Konvertibilität der Währungen in Dollar festgelegt und der Dollar an das Gold gebunden.[48] Gleichzeitig wurden der Internationale Währungsfonds und die Weltbank gegründet. Die Internationale Handelsorganisation blieb damals ein Desiderat. Es wurde lediglich eine vorbereitende Kommission einberufen, die in den folgenden Jahren Richtlinien ausarbeitete. Das Resultat – die Havanna-Charta – wurde im März 1948 auf der Welthandelskonferenz von Havanna von 53 Ländern unterzeichnet. Sie sah die Gründung der International Trade Organization (ITO) vor und legte Grundregeln des internationalen Handels, der internationalen Kooperation und antikompetitiver Wirtschaftspraktiken fest. Es sollte eine Internationale Clearing Union installiert werden und eine internationale Währung: der Bancor.[49]

Es kam allerdings anders. Der US-Kongress, der seit 1947 von der isolationistischen Republikanischen Partei dominiert war, ratifizierte den Vertrag nicht, worauf alle anderen Staaten ihn ebenfalls nicht ratifizierten. Die ITO scheiterte.[50] Ihre Funktion übernahm in der Folge das General Agreement on Tariffs and Trade (GATT), ein Zoll- und Handelsabkommen, das 1947 im Rahmen der Vorbereitungen für das Welthandelsabkommen in Genf erarbeitet und von 23 Staaten unterzeichnet worden war.[51] Das GATT enthielt zahlreiche Bestimmungen, die auch Teil der Havanna-Charta waren. Andere Punkte jedoch fehlten, so die Bestimmungen über zwischenstaatliche Rohstoffabkommen.[52]

Alle Rohstoffabkommen, hatte es in der Havanna-Charta geheißen, müssten für alle Mitglieder offen sein, zu gleichen Bedingungen (»on equal terms«). Eine adäquate Beteiligung von rohstoffexportierenden und rohstoffimportierenden Ländern bei ihrer Ausarbeitung sei zu gewährleisten, und über alle Schritte, die zu einem Abkommen führten, müsse offen informiert werden. Preisabsprachen waren nur im Ausnahmefall erlaubt, zum Beispiel wenn vor allem Kleinproduzenten vom Absatz abhängig seien und ein Überangebot herrsche, das sich nicht von selbst reguliere, oder wenn umgekehrt die Preise so hoch seien, dass in den verarbeitenden Ländern wegen fehlender Elastizität des Angebots langfristig Arbeitslosigkeit herrsche. Für das Festsetzen von Preisen galten strenge Bedingungen. Die allgemeinen Handelsprinzipien der Havanna-Charta seien zu erfüllen und eine Absprache müsse garantieren, dass das Angebot bei vernünftigem Preis der Weltnachfrage genüge, wobei rohstoffimportierende und rohstoffexportierende Länder egalitäres Mitspracherecht haben sollten: »Bei Entscheidungen über wesentliche Fragen muss sie importierenden Ländern dasselbe Mitspracherecht einräumen wie exportierenden Ländern.«[53]

Diese Bestimmungen fielen mit dem Scheitern der ITO dahin. Das GATT, das in erster Linie die Meistbegünstigung festlegte (also dass Privilegien, die einem Vertragsland erteilt werden, auch für alle anderen Vertragsländer gelten müssen), allgemeine Zollsenkungen, den Transit von Waren durch alle Vertragsländer und das Verhindern von Dumpingpreisen, wurde in den folgenden Jahren als »rich men's club« wahrgenommen.[54] Bereits die erste Fassung enthielt auch einen Paragrafen, der den Multilateralismus unterminierte: Mit dem Artikel XXIV wurde die Möglichkeit für bilaterale Zollunionen und Freihandelszonen eingeräumt, womit die USA ihr im Geheimen mit Kanada abgeschlossenes Handelsabkommen legitimierten und der wirtschaftlichen Blockbildung im Kalten Krieg Vorschub leisteten.[55]

Die Schweiz festigte in der Nachkriegszeit ihre Position des außenstehenden Dritten. Sie übte sich in »außenpolitischer Enthaltsamkeit«[56] und blieb den wichtigen internationalen Institutionen fern. Zentralbank-Direktor Paul Rossy war im Vorfeld der Konferenz von Bretton Woods der Auffassung, »dass unser Land kein großes Interesse daran besitzt, den künftigen Abmachungen über eine Währungsstabilisation und über eine Weltbank beizutreten«.[57] Es bestehe zwar kein Zweifel, dass die Schweiz letztlich zum Beitritt gezwungen werde. Rossy sah einen von allen Mitgliedern alimentierten Stabilisierungsfonds und eine Weltbank allerdings vor allem als Instrumente an, mit denen die USA ihre wirtschaftliche Vormachtstellung sichern wollten. »Es handelt sich also einfach um eine antizipierte Finanzierung [...] der amerikanischen Ausfuhr. Daraus ergibt sich aber das geringe Interesse der Schweiz an der Verwirklichung jener Pläne.«[58]

Auch mit den Vereinten Nationen tat man sich schwer. Im Januar 1946 hielt das Eidgenössische Volkswirtschaftsdepartement in einem Schreiben an den Bundesrat zwar fest, dass ein Beitritt zur UNO als Option unbedingt offengehalten werden müsse, jedoch nicht um den Preis der Neutralität: »Die wirtschaftlichen Interessen unseres Landes verlangen gebieterisch, dass alle Anstrengungen gemacht werden, um den Beitritt der Schweiz zu den Vereinigten Nationen zu ermöglichen, jedoch nur unter Wahrung unserer Neutralität.«[59] Es begann eine Politik des Sowohl-als-auch, des Auslotens von Grenzen der Beteiligung bei gleichzeitiger Minimierung des Schadensrisikos durch Selbstausschluss. Bei einem vollständigen Abseitsstehen befürchtete man einen Abbau der außenwirtschaftlichen Beziehungen und damit eine Verschlechterung der wirtschaftlichen Lage, bei einem Beitritt wiederum einen Verlust an außenwirtschaftlicher Autonomie. Gegenüber der UNO wäre das Volkswirtschaftsdepartement bereit gewesen, auf wirtschaftlichem Gebiet einzelne Konzessionen zu machen, zum Beispiel betreffend den Export von Kriegsmaterial. »Wichtig ist in erster Linie, dass wir ins Gespräch kommen; im Laufe der Verhandlungen können dann immer noch die Bedingungen einer vermittelnden Lösung abgetastet werden.«[60]

Der Verhandlungsspielraum war allerdings gering, Sonderkonditionen waren nicht vorgesehen. Noch im selben Jahr entschied sich der Bundesrat – ohne Plebiszit – gegen einen

UNO-Beitritt (die Schweiz sollte erst 2002 Mitglied werden). 1947 lehnte er auch den Beitritt zu den Institutionen von Bretton Woods ab, womit insbesondere die Informationspflichten, die der Internationale Währungsfonds seinen Mitgliedern auferlegte, für die Schweiz nicht wirksam wurden.[61]

Auch die Havanna-Charta unterzeichnete die Schweiz nicht. Mit dem grundsätzlichen Anliegen war man zwar einverstanden. »Unser Land ist bekanntlich außerordentlich stark mit der Weltwirtschaft verflochten. Es ist so stark auf Import und namentlich auch auf den Export angewiesen, dass eine autarke Politik nie in Frage kam und auch in Zukunft nicht wird in Frage kommen können. Sowohl mit der Zielsetzung im allgemeinen – Sicherung des Friedens und des Wohlergehens Aller –, wie auch im engeren Sinne – Abbau der Handelshindernisse aller Art – können und müssen wir uns deshalb ohne weiteres einverstanden erklären.«[62] Als einziges Land neben den USA hatte die Schweiz aber eine ausgeglichene Zahlungsbilanz und keinen Dollarbedarf und hätte daher die in der Charta vorgesehenen Zolltarifsenkungen ausnahmslos durchsetzen müssen, während alle Länder mit gefährdeter Zahlungsbilanz von Ausnahmeregeln profitiert hätten. Die wirtschaftlichen Spitzenverbände, insbesondere der Bauernverband und der Industrie- und Handelsverein, lehnten die Charta deshalb ab.[63] »Als die Charta der Vereinigten Nationen geschaffen worden ist, da suchte man alle Gutgesinnten zu vereinigen in der Abwehr gegen den Weltfeind Nr. 1, gegen Deutschland«, meinte Minister Stucki. »Für Laue, für Neutrale wurde kein Platz offengelassen.« Dass die Schweiz gut daran getan habe, nicht beizutreten, ergebe sich schon daraus, dass sich das politische Weltbild nach kurzer Zeit bereits geändert habe, so dass führende Kreise »nicht nur den Weltfeind Nr. 1 ganz anderswo erblicken, sondern sogar um die Gunst der frühern Feinde bemüht sind«.[64]

Nach der Nichtratifizierung der Havanna-Charta im US-Kongress stellte sich die Frage nach einer Teilnahme am GATT. Aber auch dieser Vertrag wurde von der Schweiz nicht unterzeichnet bzw. konnte nicht unterzeichnet werden, da das Erfüllen der Grundsätze des Internationalen Währungsfonds eine Voraussetzung gewesen wäre.[65] Integrationswillig zeigte sich die Schweiz einzig gegenüber der Organisation für europäische wirtschaftliche Zusammenarbeit (Organisation for European Economic Cooperation, OEEC), dem ausführenden Organ für die Verwertung der Marshall-Plan-Gelder zum Wiederaufbau Europas (ab 1961 Organisation for Economic Cooperation and Development, OECD). Erst als eine handelspolitische Isolation drohte, trat die Schweiz 1958 provisorisch und 1966 definitiv dem GATT doch noch bei.

Die Sphäre, in der sich die Schweiz kooperationswillig zeigte, war die der Sonderorganisationen (der *specialized agencies*) der UNO. Sie wurde Mitglied der Ernährungs- und Landwirtschaftsorganisation, der Weltgesundheitsorganisation, der Organisation für Bildung, Wissenschaft und Kultur und der Internationalen Flüchtlingsorganisation. Darunter seien Gebilde, denen die Schweiz bereits lange vor der Gründung der UNO angehört habe und die von dieser später »gewissermaßen adoptiert« worden seien, wie der Delegierte für Handelsverträge, ab 1954 Direktor der Handelsabteilung und spätere Bundesrat Hans Schaffner schrieb – zum Beispiel der Weltpostverein oder die Internationale Arbeitsorganisation.[66] Bereits die Namen dieser spezialisierten Unterorganisationen ließen erkennen, dass die Schweiz an »unpolitischen, technischen, wirtschaftlichen, sanitären und vorab humanitären internationalen Organisationen teilnimmt«. Diese Selektivität war wirtschaftspolitisch motiviert, wie Schaffner klarstellte: Es gehe um die »Verteidigung der Interessen unserer nationalen Wirtschaft«. Das schließe Überlegungen der

Solidarität zwar nicht aus – im Sinne eines aufgeklärten Selbstinteresses, das sich von einer Rücksicht auf das wirtschaftliche Wohlergehen der Partner nicht allzu weit entfernen dürfe –, allerdings gehe es zu weit, aus dieser Solidarität »ein eigenes, leitendes Prinzip zu machen«.[67] Man wollte zwar durchaus präsent sein auf der Weltbühne, ohne sich allerdings gemeinsam formulierten ethischen Grundsätzen unterwerfen zu müssen, die mit wirtschaftlichen Restriktionen verbunden gewesen wären. Gerade der »technische Aspekt« der internationalen Kooperation erlaubte eine außenpolitische Präsenz, die diesem Vorrang der Außenwirtschaftspolitik gerecht wurde.[68]

Die Transithändler, die ihre Gewinne im Ausland erwirtschafteten, waren unmittelbare Nutznießer der handelsfördernden Maßnahmen der internationalen Organisationen, ohne sich jedoch an von ihnen erlassene Embargos (zum Beispiel gegenüber Apartheid-Südafrika[69]) halten zu müssen. Sie profitierten nach dem Krieg vom Abbau der Zölle in den Ländern, die dem GATT beigetreten waren, und von einem weltweiten Wirtschaftsaufschwung. In Ländern wie Belgien, Holland, Schweden und der Tschechoslowakei setzte eine starke Nachfrage nach ausländischen Rohstoffen ein.[70] Die Schweizer Handelsfirmen, die funktionierende Geschäftsorganisationen und große Lagerbestände hatten, waren in der Lage, diese Nachfrage umgehend zu bedienen.

Dass die Schweiz trotz erheblich gestiegenem Handelsbilanzdefizit auch in den Jahren unmittelbar nach dem Krieg eine ausgeglichene Zahlungsbilanz hatte, war den »übrigen Dienstleistungen« geschuldet, unter die der Transithandel fiel. »Diesem Posten muss offenbar gegenwärtig und wohl auch in der Zukunft ein sehr viel größeres Gewicht zukommen, nachdem die Einnahmen aus den ausländischen Kapitalanlagen erheblich zurückgegangen sind, und der Fremdenverkehr diesen Ausfall wahrscheinlich nicht wettmachen konnte«, hielten die Transithändler 1947 fest.[71] Früher habe sich der Posten der »übrigen Dienstleistungen« relativ bescheiden ausgenommen: Man habe die Nettoeinnahmen aus dem Dienstleistungsexport auf etwa 150 Millionen Franken geschätzt, wovon etwa vierzig Millionen auf den Transithandel entfielen. »Es steht außer Zweifel, dass diese seit Kriegsende ganz beträchtlich gestiegen sind. Nachdem diese Einnahmen in den dreißiger Jahren stark zurückgingen, brachte die Nachkriegszeit, trotz der mannigfachen Behinderung des internationalen Wirtschaftsverkehrs, neue Möglichkeiten und eine beträchtliche Steigerung der kommerziellen Vermittlungstätigkeit der Schweiz auf den verschiedensten Gebieten.«[72]

Schwierigkeiten bereitete den Transithändlern also nicht der Handel; wohl aber der Zahlungsverkehr. Die zwischenstaatlichen Zahlungsabkommen und Kapitalverkehrskontrollen waren nach wie vor in Kraft und es kamen laufend neue Regulierungen hinzu. Ungeachtet des vordergründigen Multilateralismus und der Bestrebungen, Handelshemmnisse abzubauen, betrieben die einzelnen Staaten eine protektionistische Währungs- und Finanzpolitik.

»Kaum je ist wohl mehr von *Multilateralität* im internationalen Wirtschaftsverkehr die Rede gewesen als im vergangenen Jahre«, hieß es im Jahresbericht des Transithandelsverbands von 1948. »Kaum je standen andererseits zu Friedenszeiten einem freien Handels- und Zahlungsverkehr zahlreichere Hindernisse entgegen.« Was nütze es, wenn der Transithändler eine Ware aus einem Land A zum günstigsten Preis anbieten könne, die Planungsbehörde jedoch den Einkauf dieser Ware, allerdings zu einem höheren Preise, im Land B als wünschbar bezeichne, weil dort in »weicher« Währung bezahlt werden könne, oder weil aus dem Land B eine zusätzliche Einfuhr zwecks Ausgleich der bilateralen Handels- und Zahlungsbi-

lanz unter allen Umständen herbeigeführt werden müsse?
»Wie soll der Transithändler seine Tätigkeit ausüben, wenn im
Ursprungs- oder Abnehmerlande die Vermittlung von Waren
durch einen im Drittstaate domizilierten Kaufmann mit Rücksicht auf die Notwendigkeit, die Handelsmarge in fremder
Währung oder ›härterer‹ Devise bezahlen zu müssen, verpönt
ist?«[73] Je mehr Kontrollmaßnahmen angeordnet würden, desto
häufiger würden die Umgehungen. Sogenannte »internationale Kaufleute«, heute die »gefährlichsten Konkurrenten« des
schweizerischen Transithandels, würden durch diese Verhältnisse veranlasst, Geschäfte durchzuführen, die nicht auf eigentlichen Handelsleistungen basierten, sondern bloß auf
der »Geschicklichkeit bei der Umgehung der behördlichen
Vorschriften«, so der Verband.[74] Dass auch die Schweizer Transithändler den Umgehungsspielraum ausnützten und beispielsweise bei Waren, die sich in Schweizer Zollfreilagern befanden
(wohin sie während des Krieges Stapelware aus ihren Lagern
in den großen Hafenstädten verschoben hatten), auch einmal
die Ursprungsdeklaration veränderten, war ein offenes Geheimnis.[75]

Die zahlreichen finanzpolitischen Bestimmungen erhöhten
den juristischen Aufwand der Firmen. »Es ist der *monetäre*
Bereich, in dem die Reglementierung heute die größte Bedeutung erlangt hat«, schrieb Georges André 1950.[76] Es gehe nicht
mehr darum, die Arbeit einfach einer Bank anzuvertrauen.
Bei der Vielzahl finanzieller und währungspolitischer Probleme, die ein Geschäft mit sich bringe, müsse jeder Händler
selbst in den häufig widersprüchlichen Rechtsvorschriften der
einzelnen Länder den rechtmäßigen Weg finden, der ihn ans
Ziel führe.[77]

Während des Krieges waren Handelsgeschäfte vornehmlich FOB (*free on board*) abgewickelt worden, die Handelsfirma trug also die Verantwortung für alle Formalitäten und Risiken bis zur Verladung aufs Schiff, während der Käufer die Transport- und Importkosten übernahm. Nach dem Krieg wurde zunehmend wieder CIF (*cost insurance freight*) vereinbart, das heißt, die Handelsfirma übernahm auch die Kosten für den Transport, einschließlich Versicherungsprämien bis zum Bestimmungshafen oder zur Grenze des Destinationslandes.[78] Das erhöhte für die Transithandelsfirmen die Währungs- und Zahlungsrisiken, da sie für die Bezahlung der Waren bereits Devisen aufgenommen hatten, lange bevor sie wissen konnten, wie hoch genau am Ende die Zahlung durch ihre Kunden – zum Beispiel in Dollar – ausfiel, und ob sie diese bei der Schweizerischen Nationalbank wieder in Franken tauschen konnten.

Wegen der Devisenknappheit in den Abnehmerländern schlossen die Schweizer Transithändler Geschäfte, die nicht unter den gebundenen Zahlungsverkehr fielen, meist nicht in freien Schweizer Franken ab, sondern in Pfund oder Dollar. Um solche Devisen für ihre Geschäfte zu erhalten, waren sie auf die Banken angewiesen. Eine Transithandelsfirma kaufte zum Beispiel im Norden Chinas Wolfram gegen Barzahlung bei Eintreffen der Ware in Schanghai. Vom Kaufabschluss bis zum Eintreffen der Sendung vergingen etwa vier Wochen. Der Händler deckte sich nun bereits bei Kaufabschluss mit den erforderlichen Schanghai-Dollars ein, weil er nicht wissen konnte, welche Kursnotierung diese Valuta am Tag der Bezahlung haben würde. Da es sich um ein relativ kurzfristiges Geschäft handelte, konnte er die Schanghai-Dollars bei seiner Bank *comptant*, also bar, kaufen. Er ließ sie bei einer

Bank in Schanghai auf den Namen der Schweizer Bank für seine Rechnung gutschreiben; der Gegenwert wurde ihm von der Bank auf dem Frankenkonto belastet. Sobald die Ware in Schanghai eingetroffen, dort kontrolliert und zertifiziert worden war, gab die Transithandelsfirma ihrer Bank den Auftrag, der chinesischen Lieferfirma den Rechnungsbetrag auszuzahlen – durch Verwendung der von ihr bereits im Voraus gekauften chinesischen Dollars. Das Wolframgeschäft konnte also ohne Kursrisiko für die Transithandelsfirma abgewickelt werden.[79]

Wenn zwischen Kaufabschluss und Bezahlung eine größere Zeitspanne lag, war die Kursrisikoabsicherung allerdings schwieriger. Dann konnte Fremdwährung in der Regel nicht mehr *comptant* gekauft werden, sondern nur auf Termin. Eine Transithandelsfirma kaufte zum Beispiel in Ägypten Baumwolle, zahlbar nach drei Monaten in englischen Pfund. Wenn die Firma Spekulation, sei es mit Valuten oder Waren, prinzipiell ausschließen wollte, verkaufte sie die Baumwolle sofort weiter, zum Beispiel an eine französische Spinnerei. Diese hatte ihr den Warenwert ebenfalls nach drei Monaten zu zahlen, und zwar in französischen Francs. Die Transithandelsfirma wurde also bei ihrer Bank vorstellig und verlangte eine Verkaufsofferte für Pfund Sterling, lieferbar in drei Monaten, und gleichzeitig eine Ankaufsofferte für französische Francs, ebenfalls lieferbar in drei Monaten. Der Devisenspezialist der Bank musste darauf die auf den verschiedenen Bankenplätzen vorhandenen Kaufs- und Verkaufsmöglichkeiten von englischen Pfunden und französischen Francs gegeneinander abwägen und der Transithandelsfirma eine Offerte unterbreiten. Er konnte die gekauften Francs in New York auch »über Dollars in englische Pfunde ›drehen‹«, wie man es im Fachjargon nannte. Das Devisengeschäft war also nicht nur ein Instrument der Kursrisikoabsicherung für die Handelsfirmen, es verschaffte den Handelsbanken auch namhafte Verdienstmöglichkeiten.[80]

Im gebundenen Zahlungsverkehr, wie er seit den dreißiger Jahren mit vielen Ländern bestand, war diese relativ einfache Art der Devisenbeschaffung mit Kursrisikoabsicherung allerdings nicht möglich. Die Schweizerische Nationalbank, bei der fremde Valuta gekauft werden mussten, tätigte statutengemäß keine Termingeschäfte und übernahm auch keine Kursgarantie. Um die Dollargeschäfte zu vereinfachen, erklärte sich die Nationalbank 1946 aber bereit, Dollars, die zum Erwerb von Transithandelswaren bei einer Schweizer Bank gekauft worden waren, bei der Liquidation dieser Waren zum Tageskurs wieder zurückzukaufen. Bedingung war, dass sich die Handelsfirma zum Zeitpunkt des Dollarerwerbs von ihrer Bank einen Rekonversionsschein ausstellen ließ.[81] Auch Gewinne aus Transithandelsgeschäften sollten in Schweizer Franken transferiert werden können, wobei die Nationalbank nur eine vage Vorstellung hatte, um was für hohe Beträge es sich hier handelte. Sie betrachte als normalen Transithandelsgewinn »in schematischer Weise und ohne den wirtschaftlichen Verhältnissen Rechnung zu tragen« lediglich eine Marge von zehn Prozent des Bruttorechnungsbetrags, beschwerte sich der Transithandelsverband.[82]

Viele Transaktionen waren in der Praxis allerdings komplexer als reine Dollargeschäfte, weil zum Beispiel Waren, die mit Dollars gekauft worden waren, gegen Pfund Sterling wieder verkauft wurden, oder Waren, die im Rahmen eines bilateralen Verrechnungsabkommens gekauft wurden, während Gewinne in Pfund oder Dollar anfielen. Die Schweizerische Nationalbank führte deshalb die multilaterale Rekonversion ein. Dollar-, Argentinien- und Pfundrekonversionsscheine wurden als gleichwertig anerkannt und Kredite in der einen Währung konnten bei Rückzahlung in der anderen vergütet werden. Die multilaterale Rekonversion stelle »sowohl theoretisch als auch praktisch einen nennenswerten Fortschritt« dar, lobten die Transithändler das währungstechnische Instrument.[83] Sie erleichterte nicht nur Transithandelsgeschäfte mit dem Sterling- und dem Dollargebiet sowie mit Argentinien, sondern auch mit allen anderen Ländern, die nicht über genügend Frankenbeträge verfügten. Allerdings war sie nur von kurzer Dauer. Voraussetzung wäre gewesen, dass sich die verschiedenen Währungen etwa die Waage hielten. In der Praxis liefen die Transferbegehren aber vor allem in eine Richtung: Die Firmen verlangten Rekonversion von Pfund aus Erlösen von Waren, die sie mit bei der Nationalbank gekauften Dollars erworben hatten. Das wiederum belastete den schweizerisch-britischen Zahlungsverkehr und damit den Export aus der Schweiz in die *Sterling area*, weshalb die Rekonversion ab dem 22. April 1947 bewilligungspflichtig gemacht und die multilaterale Rekonversion nur noch in Ausnahmefällen erlaubt wurde.[84]

Der Dollar wurde nach dem Krieg zur begehrtesten Hartwährung. Innerhalb der *Sterling area* des Commonwealth (das das britische Empire ablöste) blieb das Pfund Sterling das relevante Zahlungsmittel, auch wenn es nie mehr die Bedeutung erlangte, die es vor dem Krieg gehabt hatte, und zunehmend an Wert verlor.[85] Da ein Großteil der Schweizer Handelsfirmen im Sterlinggebiet tätig war, waren sie von dieser Entwicklung unmittelbar betroffen. Die Wollhandelsfirmen kauften in Australien, Neuseeland und Südafrika Wolle ein, die sie in der ganzen Welt absetzten. Andere Unternehmen hatten in Westafrika Einkaufsorganisationen für agrarische Rohstoffe und setzten dort in eigenen Warenhäusern und Verkaufsläden europäische und amerikanische Konsumgüter ab, wieder andere kauften Rohstoffe in Indien und exportierten Produktionsgüter und Industrieware dorthin.[86]

Während des Krieges waren Geldtransaktionen innerhalb des Sterlinggebiets unbeschränkt möglich gewesen. Devisenvorschriften gab es nur für Länder, die nicht dem Sterlingblock angehörten, wobei es keine zentrale Verrechnungsstelle für den gesamten Sterlingraum gab. Der Zahlungsverkehr wurde über ein System von Bankkonten abgewickelt, die von der jeweiligen Bank geführt und von der Bank of England lediglich überwacht wurden. Es existierten zwei Sorten von Konten: die *resident accounts* von Firmen mit Domizil im Sterlinggebiet und die *non-resident accounts* ausländischer Firmen. Auch im Sterlinggebiet domizilierte, rechtlich selbständige Niederlassungen von Firmen, deren Hauptsitz sich außerhalb des Sterlinggebiets befand, konnten einen *resident account* führen (so z. B. die Firma Volkart, die in London eine Zweigniederlassung hatte).[87] Innerhalb der *Resident-account*-Gruppe konnten Überweisungen frei getätigt werden. Der Zahlungsverkehr mit Ländern außerhalb des Sterlinggebiets, der über die *non-resident accounts* lief, unterstand hingegen einer strengen Kontrolle der Bank of England: Hier setzte ihre Devisenüberwachung an. Bei diesen *non-resident accounts* gab es wiederum verschiedene Untergruppen, weil die Pfundguthaben je nach Nationalität der Inhaber anders behandelt wurden. Ab 1940 gestattete die Bank of England amerikanischen und Schweizer Banken, sogenannte *registered accounts* zu führen (auch *American* bzw. *Swiss accounts* genannt). Die Pfundguthaben solcher Konten durften nicht nur für Importe aus dem Sterlinggebiet verwendet, sondern auch in Dollars bzw. in Schweizer Franken konvertiert werden.[88]

1947 wurde das System der Ausländerkonten grundsätzlich überarbeitet. England verpflichtete sich gegenüber den USA, ab Mitte Juli 1947 die im laufenden Geschäft erworbenen Pfunde von Devisenausländern in jede beliebige Währung frei konvertierbar zu machen. Bei der Umsetzung beschränkte es den Geltungsbereich allerdings auf Länder, mit denen es spezielle Abkommen abgeschlossen hatte, mit dem Ziel, den anderen den Abschluss solcher Abkommen ebenfalls schmackhaft zu machen und damit das Pfund als internationale Währung zu stärken. Bedingung für das Führen solcher *transferable accounts* war, dass ein Land sich verpflichtete, von allen anderen Ländern, die auch ein entsprechendes Abkommen hatten, unbeschränkt Pfunde als Zahlungsmittel anzunehmen (kollektive Transferierbarkeit).[89]

Die Schweiz weigerte sich wiederholt, ein solches Abkommen abzuschließen.[90] Es hätte zwar den Export gefördert, da nicht nur die Sterlingzone, sondern auch alle anderen Vertragsländer Waren aus der Schweiz mit ihren Pfundreserven hätten bezahlen können. Auch für die Schweizer Transithändler wäre eine Beteiligung der Schweiz an den *transferable accounts* wünschenswert gewesen.[91] Das Abkommen hätte allerdings die Abhängigkeit vom Pfund erhöht, einer Währung, die (gemessen am stetigen Abfluss von Pfunden aus konvertierfähigen Konten in den Dollar) überbewertet war, und zu einem wachsenden britischen Defizit in der britisch-schweizerischen Bilanz geführt.[92] »Die Situation in England ist katastrophal«, hatte Außenminister Max Petitpierre nach einer Unterredung mit Felix Somary bereits im Juni 1947 festgehalten. »Ein Bankrott ist unvermeidlich.«[93]

Tatsächlich sanken in Großbritannien die Devisenreserven drastisch. Am 20. August 1947 machte England die freie Konversion wieder rückgängig und legte auch für die *transferable accounts* Kreditlimiten fest, ab denen Zahlungsbilanzdefizite in Gold abzudecken waren.[94] Das Scheitern des Experiments trug nicht dazu bei, das Vertrauen in die britische Währung zu stärken. Am 19. September 1949 wertete England das Pfund angesichts seiner schwindenden Währungsreserven um 30,5 Prozent ab.[95] Man erhoffte sich davon eine Belebung der englischen Exporte in den Dollarraum und damit einen Zufluss an Dollars. Die britische Abwertung zog zahlreiche Währungen mit sich: Innerhalb weniger Tage werteten sämtliche europäische Staaten mit Ausnahme der Schweiz, Spaniens und der Türkei sowie zahlreiche außereuropäische Länder ihre Währungen ebenfalls ab. Der Schweiz entstand durch die Pfundabwertung ein Verlust von über 76 Millionen Franken, als die bundeseigenen, nicht kursrisikoabgesicherten Pfundguthaben im Wert von 260 Millionen Franken über Nacht auf 184 Millionen Franken sanken.[96]

Auch nach der Abwertung führte England seine restriktive Wirtschaftspolitik fort, ja, der englische Bürokratismus habe »seinen Machtbereich eher erweitert«, stellten die Schweizer Transithändler konsterniert fest.[97] Einfuhrlizenzen für nicht lebenswichtige Güter wurden vom britischen Board of Trade äußerst zurückhaltend erteilt, um die eigenen Devisenreserven zu schonen. Als eine Schweizer Firma Schwierigkeiten hatte, ihre im Sterlinggebiet gekaufte Wolle nach England einzuführen, intervenierte die schweizerische Gesandtschaft in London. Aus Sicht der Schweiz waren Transithandelsgeschäfte nach wie vor zulässig; die Lizenz wurde in diesem Fall schließlich auch erteilt.[98] Umgekehrt erließ die Bank of England Bestimmungen, die ausländischen Transithandelsfirmen den Verkauf von Nickel, Kakao, Jute und Baumwolle gegen Pfund nur noch nach Hartwährungsländern erlaubten. Allen anderen Abnehmern musste die Rechnung in Dollar ausgestellt werden. Einzahlungen von Kunden auf einen *Swiss account* mussten außerdem von der Bank of England genehmigt werden, was Verzögerungen mit sich brachte. Die Transithändler trugen bis zur Genehmigung das Kursrisiko.[99]

Wesentlich erfreulicher gestaltete sich zunächst der Transithandelsverkehr mit Westdeutschland. Dort hatten sich durch umfangreiche Importe deutscher Ware in die Schweiz schnell große Frankenguthaben angesammelt. Wegen der Diskriminierung von nicht lebenswichtigen Gütern konnten diese Guthaben kaum für Importe aus der Schweiz verwendet werden – dafür umso mehr zum Ankauf nichtschweizerischer Rohstoffe. »Dadurch war es möglich, in den Jahren 1947/1949 Transithandelsgeschäfte unter Begleichung im gebundenen Zahlungsverkehr zwischen der Schweiz und Westdeutschland im Umfange von rund 200 Millionen Franken abzuwickeln.«[100]

Diese rosigen Geschäftsmöglichkeiten fielen nach Kündigung des Abkommens nach dem 30. April 1949 dahin. Der Transithandel mit der Bundesrepublik Deutschland wurde eingeschränkt und von der Schweiz nur noch zugelassen, wenn die Ware im Ursprungsland im gebundenen Zahlungsverkehr bezahlt wurde, wenn dadurch der Schweizer Exportindustrie also zusätzliche Absatzmöglichkeiten erschlossen wurden. Waren, die in Dollarländern oder in Ländern mit freiem Zahlungsverkehr eingekauft wurden, blieben so für den Import nach Deutschland ausgeschlossen. Mit dem Abkommen vom 27. August 1949 wurde gegenüber Deutschland schließlich das Ziel einer ausgeglichenen Handelsbilanz festgelegt, womit Transithandelsgeschäfte überhaupt nicht mehr bewilligt wurden.[101] Eine ähnliche Entwicklung fand in der DDR statt. Im gebundenen Zahlungsverkehr standen zunächst siebzig Prozent der verfügbaren Frankenguthaben der Garantie- und Kreditbank Berlin für Warenlieferungen drittländischen Ursprungs zur Verfügung, also für Transithandelsgeschäfte.[102] 1949 wurde diese Regel suspendiert mit dem Ziel, die Importe aus der DDR durch Exporte aus der Schweiz zu kompensieren. »Damit ist die Vermittlung von Waren nichtschweizerischen Ursprunges nach dem russischen Einflussbereich in Deutschland weiter erschwert worden, soweit nicht bereits die verschärften Kontrollmaßnahmen in den Ländern der westlichen Hemisphäre eine Wiederausfuhr der von Russland besonders gesuchten Rohstoffe verhindert haben.«[103]

Die Schwierigkeiten mit dem Geldverschieben führten zu einem rasant zunehmenden Papierverkehr mit den Behörden. Im laufenden Betrieb wurden neue handels- und finanztechnische Instrumente erfunden, Bewilligungen erteilt und wieder entzogen, Überbrückungskredite gewährt und Möglichkeiten gesucht, im Ausland gemachte Gewinne in Schweizer Franken zu transferieren. Bei der Handelsabteilung des Volkswirtschaftsdepartements lief das Telefon heiß. Die UTC beantragte im Herbst 1948, 500 Tonnen Rohleinöl aus Kanada, die sie in Exportdollars bezahlt hatte, im Transit in die angloamerikanische Besatzungszone Deutschlands liefern zu dürfen und dafür im Rahmen des gebundenen Zahlungsverkehrs vom deutschen Abnehmer in Schweizer Franken bezahlt zu werden.[104] Für die Lieferung von 2650 Kilogramm Kakao aus der britischen Kolonie Trinidad via New York in die Schweiz verlangte die Bank of England den Nachweis, dass die Bezahlung zwischen New York und Trinidad auf dem normalen Zahlungsweg erfolgt war. Die UTC regelte die Angelegenheit in diesem Fall ohne Lizenz der Bank of England, mit Hilfe einer holländischen Firma, die »eine entsprechende Lizenz von der holländischen Nationalbank erhalten [hat], auf Grund welcher sie uns diese Ware in Pfund, zahlbar über Swiss Account, verkaufen können«.[105] Kohlelieferungen für die USA, Grafit aus Madagaskar, Bienenwachs aus dem französischen Kongo – für jeden Rohstoff und jede Destination musste die Lücke im Zahlungsverkehr gefunden werden.

Nun könnte man denken, dass angesichts all dieser Probleme der Transithandel des Kleinstaats, der ja an allen Enden mit Geldtransferrestriktionen zu tun hatte, zurückgegangen sei. Das Gegenteil war allerdings der Fall. Die schnelle wirtschaftliche Erholung in Europa, die guten Erntejahre 1948 und 1949 und damit sinkende Rohstoffpreise, und schließlich der Ausbruch des Koreakrieges 1950, mit dem sich der Ost- und Westblock in einen gigantischen Rüstungswettlauf stürzten und die Nachfrage nach Rohstoffen und Fertigprodukten überall zunahm, brachten zahlreiche Geschäftsmöglichkeiten mit sich. Vor allem die USA beschlossen unverzüglich ein großes Rüstungsprogramm und begannen, strategisch wichtige Rohstoffe aufzukaufen.[106] »Von dem Warenhunger, der die Welt ergriff, wurde naturgemäß auch der *internationale Handel* beeinflusst«, hieß es im Jahresbericht des Transithandelsverbands von 1951. »Die Umsätze waren, im ganzen genommen, hoch. Sowohl die Vermittlung von Rohstoffen wie auch der Absatz von Halb- und Fertigfabrikaten zog, wenn ein derartiges allgemeines Urteil überhaupt gestattet ist, aus den außerordentlichen Umständen Nutzen.«[107]

Dreiecksgeschäfte

Um die Komplikationen des Handels- und Zahlungsverkehrs zu umgehen, wickelten die Transithandelsfirmen Geschäfte zunehmend als sogenannte Dreiecksgeschäfte ab. Nun ist der Transithandel ja bereits per se ein Dreiecksgeschäft: Ware wird von A nach B verschifft, während die Zahlungen über einen Drittstaat abgewickelt werden. Transithandelsfirmen ermöglichten auf diese Art auch den Export von Industrieprodukten in ein Land A, das diese weder in freien Devisen noch im gebundenen Zahlungsverkehr bezahlen konnte, sondern nur durch Kompensation mit Waren, die von einem Transithändler übernommen und in einem Land B abgesetzt werden konnten. Wenn der Käufer in diesem Abnehmerland B über freie Devisen (Franken- oder Dollarguthaben) verfügte, entstand ein klassisches Transithandelsgeschäft. Häufig war das allerdings nicht der Fall. Kaum ein Land war bereit, Waren gegen Hartwährung zu kaufen, die vom Transithändler gegen Weichwährung übernommen worden waren. Ein Ausweg bot die Möglichkeit, auch den letzten Schritt der Transaktion nicht mit Devisen, sondern mit Waren abzuwickeln: Die Transithandelsfirma erwarb wiederum Waren aus dem Land B, das den Abnehmer der ersten Warenladung dafür von der Zahlungspflicht ins Land A entband. Ein Dreiecksgeschäft entstand, sobald die Transithandelsfirma mit entsprechender »Handelsakrobatik« (wie es ein Vertreter der Schweizer Maschinenindustrie einmal nannte)[108] die Warenbezüge über eine beliebige Anzahl Länder zu einer Kette zusammensetzen konnte und es ihr gelang, mit einer bestimmten Ware oder Zahlung am Ende den Kreis zu schließen.[109]

Solche Geschäfte konnten nur mit Zustimmung der jeweiligen Regierungs- und Verwaltungsbehörden eines Landes eingefädelt werden und erforderten von den Kaufleuten großes diplomatisches Geschick. Ein ehemaliger Mitarbeiter des Lausanner Handelshauses André spricht von triangulären Transaktionen, bei denen er Medikamente aus der Sowjetunion nach Indien verkaufte, in Indien im Gegenzug Baumwolle oder Getreide übernahm, die er in einem Hartwährungsland absetzte und von diesem wiederum ein Geschäft in die Sowjetunion vermittelte, wobei die größte Schwierigkeit darin bestand, dass im kommunistischen Staat die verantwortlichen Funktionäre der Import- und der Exportabteilung miteinander kommunizieren und das über eine Schweizer Firma abgewickelte Gegengeschäft absegnen mussten.[110]

Das Interesse der Sowjetunion an solchen Liefer- und Zahlungsketten bestand darin, dass sie Waren im bilateralen Clearing mit Indien in ein anderes Land mit schwacher Währung exportieren konnte, dafür aber nicht Rupienguthaben erhielt, sondern aus einem Drittland in harter Währung (Dollar oder Schweizer Franken) bezahlt wurde oder von dort hochwertige Industrieprodukte geliefert bekam, die sie mit Rubel nie hätte kaufen können. Es versteht sich von selbst, dass eine Firma, der es gelang, solche Transaktionen einzufädeln, im betreffenden Schwachwährungsland schnell eine Monopolstellung erlangte. Dreiecksgeschäfte boten eine Möglichkeit, die Kapitalverkehrskontrolle auf der Warenseite multilateral zu umgehen. Um solche Geschäfte zu vereinfachen, suchten die Transithändler, die sonst bei jeder Gelegenheit die Freiheit des Handels von jeglicher politischer Steuerung und Einmischung reklamierten, wiederum ganz selbstverständlich die Unterstützung der Schweizer Behörden. »Sofern die Bedeutung der schweizerischen Transit- und Welthandelsfirmen einerseits für die Landesversorgung und andererseits für die gesamte schweizerische Wirtschaft nicht in Frage gestellt werden soll, ist es unbedingt notwendig, dass mit Hilfe der Handelsabteilung und mit aktiver Förderung der aufgebauten bilateralen Überwachungsorganisation derartige mehrseitige Geschäfte abgewickelt werden können.«[111] Der Delegierte für Arbeitsbeschaffung hatte für das Anliegen ein offenes Ohr. Er erkannte die Möglichkeit, der Exportindustrie mit Hilfe des Transithandels Absatzgebiete zu eröffnen, die ihnen sonst verwehrt geblieben wären. Wie in Russland galt auch hier: »Je mehr Partner an einer Transaktion beteiligt sind, desto mehr Behörden müssen sich damit befassen.«[112] Im korporatistisch organisierten Milizsystem der Schweiz konnte diese Zusammenarbeit relativ unbürokratisch gewährleistet werden. Wenn eine Schweizer Transithandelsfirma im Ausland Rohstoffe übernahm, um damit einer Schweizer Industriefirma den Export in dieses Land zu ermöglichen, obwohl dort keine Devisen für deren Bezahlung zur Verfügung standen, war es üblich, dass sie zusätzlich zu ihrem Warengeschäft von dieser Firma eine Prämie kassierte.

Im Sommer 1950 brachte die Gründung der Europäischen Zahlungsunion dann maßgebliche Erleichterungen im westeuropäischen Zahlungsverkehr. Sie ersetzte die komplizierten zweiseitigen Ziehungsrechte des Marshall-Plan-Zahlungsabkommens, mit denen grundsätzlich nur Waren hatten importiert werden können, wenn dafür genügend Devisen in der entsprechenden Währung zur Verfügung standen. Im neuen System sollte nicht mehr von Land zu Land bezahlt werden, sondern an die Zahlungsunion. Ziel war die allgemeine Konvertibilität der Währungen durch ein multilaterales Clearing, unter Umgehung der Dollarbindung. Ob die Handelsbilanz zwischen zwei Ländern ausgeglichen war, war damit nicht mehr maßgebend; ein Kreditüberschuss gegenüber einem Land konnte mit einem Defizit gegenüber einem anderen Land ausgeglichen werden. Die Verantwortung für das Clearing wurde der bereits bestehenden Bank für Internationalen Zahlungsausgleich (BIZ) in Basel übertragen. Die Schulden gegenüber der BIZ wurden gestaffelt. Für jedes Land wurde auf der Grundlage seines bisherigen Zahlungsverkehrs eine Quote festgelegt. Für ein Fünftel dieser Quote konnte ein Schuldnerland bei der BIZ problemlos Kredit bekommen. Beim zweiten Fünftel musste ein Teil des Kredits in Gold bezahlt werden, beim dritten Fünftel ein größerer Teil und so weiter.[113]

Die Schweiz erkannte die Chance dieser Vereinfachung des Zahlungsverkehrs. Die liberalen Bundesräte Max Petitpierre und Rodolphe Rubattel sowie der sozialdemokratische Bundesrat Ernst Nobs empfahlen einen Beitritt zur Europäischen Zahlungsunion. Nur der katholisch-konservative Philipp Etter war von der Komplexität der Materie offensichtlich überfordert. »Ich habe von der Angelegenheit zum ersten Mal Kenntnis genommen und versucht, mich durch das Gestrüpp der Details hindurchzuarbeiten«, sagte er an der Bundesrat-Sitzung vom 28. Juli 1950. Jegliche Form von Multilateralismus war ihm suspekt. Nach Rücksprache mit namhaften Leuten im Politischen und im Finanzdepartement kam aber auch er zum Schluss, »dass wir nicht mehr wegbleiben können. Es handelt sich um ein Übel, aber um ein kleineres Übel.«[114] Die Schweiz nahm mit ihrem Beitritt insofern eine Sonderstellung in der Europäischen Zahlungsunion ein, als sie über eine konvertible Währung verfügte. Der Schweizer Franken konnte weiterhin frei in den Dollar und in alle anderen Währungen konvertiert werden. Es gab auch keine Devisenrestriktionen; erst wenn der Kapitalexport zehn Millionen überstieg, unterlag er einem Genehmigungsverfahren.[115]

Mit der Europäischen Zahlungsunion wurde der innereuropäische Handel systematisch liberalisiert. Die quantitativen Einfuhrbeschränkungen fielen weg. Die Transithändler wickelten zwar nur in geringem Umfang Geschäfte über die Europäische Zahlungsunion ab (hauptsächlich solche mit Westdeutschland). Die Zahlungsunion wurde für sie aber indirekt für die Rückführung von Transithandelsgewinnen relevant. Ein solcher Transfer war – abgesehen von steuertechnischen Überlegungen – vor allem wünschenswert, wenn sich die Spanne zwischen den offiziellen Kursen und den freien Devisenkursen vergrößerte und eine Gefahr der Abwertung der Fremdwährung bestand.

Bisher war es für die Firmen äußerst schwierig gewesen, im Ausland gemachte Erträge aus Transithandelsgeschäften in die Schweiz zu überweisen. Viele Länder machten diesbezüglich Einschränkungen. Frankreich beispielsweise ließ den

Transfer von Gewinnen aus dem Verkauf französischer Waren nach einem Drittland nicht zu. In Italien war es gerade umgekehrt: Nur Transithandelsgewinne aus dem Verkauf italienischer Ware in Drittstaaten konnten in die Schweiz transferiert werden.[116] Die Transithändler mussten also möglichst so operieren, dass die Gewinne dort anfielen, wo sie sich am ehesten weiterleiten ließen. Die Schweiz wiederum bewilligte einen Transfer nur, wenn eine Leistung schweizerischen Ursprungs nachgewiesen werden konnte. Entscheidend war dabei nicht der Sitz der Firma, sondern der Ort der eigentlichen Geschäftsführung. Maßgeblich dafür war die zentrale Dokumentation, also dass Buchhaltung, wichtige Vertragsabschlüsse und Geschäftskorrespondenz in der Schweiz anfielen, und dass hier die Entscheidungskompetenz über große Geschäfte, die Einkaufs- und Verkaufspolitik und die Finanzierung lag.[117]

Mit der Gründung der Europäischen Zahlungsunion intensivierte die Organisation für europäische wirtschaftliche Zusammenarbeit (OEEC) auch ihre Bemühungen um eine Liberalisierung des »unsichtbaren« Verkehrs, also der Dienstleistungen. Mit Beschluss vom 3. Mai 1950 stellte der OEEC-Rat einen umfassenden Katalog von »unsichtbaren Transaktionen« auf, die innerhalb der Mitgliedstaaten frei abgeschlossen werden konnten. Darunter fielen auch Transitfrachten und Vertreterprovisionen, wobei die Erträge aus Transithandelsgeschäften zunächst nicht ausdrücklich erwähnt waren. Die Schweiz setzte sich bei der Revision dieses »Liberalisierungskodex« allerdings dafür ein, dass eine Rubrik »Bénéfices découlant des opérations de transit« geschaffen wurde.[118] Als am 20. Juli 1951 die überarbeiteten Liberalisierungsvorschriften genehmigt wurden, waren die Erträge aus dem Transithandel als Zahlungen im Dienstleistungsverkehr erstmals explizit in einem Vertragswerk anerkannt.[119]

Die Handelsfirmen machten von den Erleichterungen umgehend Gebrauch. Im Jahr 1951 wurden durch den Transfer von Transithandelsgewinnen aus dem Sterlinggebiet 28 Millionen Franken in die Schweiz überwiesen.[120] Diese Gewinn-Repatriierung allein aus dem Sterlinggebiet lässt erahnen, was der Transithandel zum Ausgleich der schweizerischen Zahlungsbilanz beitrug – einer Zahlungsbilanz, von der die OEEC in ihrem ersten *General Report* 1947 noch festgehalten hatte: »Die Schweizer Regierung war außerstande, über ihre Zahlungen oder Einnahmen auf Konten für den unsichtbaren Verkehr irgendeine Zahl vorzulegen, aber sie meldete, dass ihre Nettogewinne aus diesen Quellen ihre Defizite beim sichtbaren Handel etwa ausglichen.«[121] Man war in der Schweiz über die Erträge aus dem unsichtbaren Dienstleistungsexport also nach wie vor schlecht unterrichtet. Aber man wusste immerhin, dass er die negative Handelsbilanz spielend kompensierte.

Als Mitglied der Europäischen Zahlungsunion partizipierte die Schweiz am europäischen Projekt eines Zollabbaus und förderte damit den eigenen Export. Aber auch die Erträge aus *invisibles* – also aus dem Dienstleistungsexport – stiegen massiv.[122] Unter Druck kamen dagegen die protektionistische Politik zugunsten der Bauern (ein Konflikt, der sich mit dem Beitritt der Schweiz zum GATT noch verschärfte) und die handelspolitische Unabhängigkeit, die von der wirtschaftlichen Elite allerdings vehement verteidigt wurde. Gerade die Transithandelsfirmen, deren globale Geschäfte zur Zeit des Kalten Krieges vom Status der Neutralität profitierten (die Firma André beispielsweise machte ihren Hauptumsatz mit Russland und dem Ostblock und hatte das Zucker-Exportmonopol in Kuba), waren aber nicht bereit, in multilateralen Abkommen irgendwelche Konzessionen zu machen, die ihren globalen Interessen zuwiderliefen. Die Schweiz schaffte es, sowohl innerhalb der OEEC als auch mit ihrem Beitritt zum GATT 1966 durch »selektive Partizipation« eine Sonderstellung größtmöglicher Unabhängigkeit zu erlangen. Nach dem Vorbild von Neuseeland konnte sie GATT-Mitglied werden, ohne ein Währungsabkommen abzuschließen.[123]

Diese selektive Partizipation an internationalen Abkommen und die Diskretion von Banken, Notaren, Buchprüfern und Steuerbeamten spiegelten sich in der Kommunikationskultur der Transithandelsfirmen wider. Als die Geschäftsleitung von Volkart diskutierte, wie man 1951 das hundertjährige Firmenjubiläum begehen sollte – das Jubiläum eines multinationalen Großunternehmens wohlgemerkt, das weltweit mehrere tausend Personen beschäftigte, als Agentur zahlreiche Schifffahrts-, Flug- und Versicherungsgesellschaften vertrat und für einen namhaften Teil des Baumwolle- und Kaffeehandels der Welt verantwortlich war –, entschloss sie sich, auf eine Jubiläumsschrift zu verzichten. Ein Buch sei nicht nur unerwünscht, weil es schlicht unmöglich sei, »allen Interessen, die die Firma vertritt, darin einigermaßen gerecht zu werden«, sondern auch »weil wir hinsichtlich der Darstellung der Beziehungen der Tochtergesellschaften aus fiskalischen Gründen bei den heutigen Verhältnissen Hemmungen haben«.[124]

Stattdessen publizierte Volkart einen Kalender mit zwölf Bildern aus den verschiedenen Weltregionen, in denen die Firma aktiv war. Eine Broschüre wurde erst nach dem Festakt gedruckt – zur Erinnerung an die Hundertjahrfeier. Darin findet sich die Festrede von Peter Reinhart, der den geladenen Gästen im Casino der Stadt Winterthur erklärte, wieso man sich entschlossen habe, kein Buch zu publizieren. Von Steueroptimierung war diesmal nicht mehr die Rede, allerdings vom Geschäftsgeheimnis. Die Details der Firmenentwicklung seit dem 75-jährigen Jubiläum vor 25 Jahren eigneten sich denkbar schlecht für eine an ein weiteres Publikum gerichtete Schrift, liege es doch »nicht in unserem Interesse, allen möglichen uneingeladenen Zuhörern zu erzählen, in welcher Richtung unsere Gedankengänge gehen«.[125]

Die größte Veränderung der Nachkriegszeit bestand darin, dass ausländische Firmen die Vorteile, die sich mit einem Sitz im kleinen, unabhängigen Hartwährungsland ergaben, ebenfalls entdeckten. Wenn schon globale Geschäfte getätigt wurden, die mit dem Domizilland nur insofern zu tun hatten, als man von seiner Neutralität profitierte (die, wie ein Vertrauter Charles de Gaulles lakonisch sagte, ja einfach »zu jeder Sauce hinzugefügt werde«[126]), von einer funktionierenden Infrastruktur, einer wirtschaftsfreundlichen Politik, einem Holdingprivileg, niedrigen Unternehmenssteuern und der Möglichkeit, Gewinne dorthin zu verschieben, wieso sollten dann nicht auch ausländische Firmen ihren Sitz an diesen profitablen Ort verlegen?

Die Firmen werden mobil

In noch größerem Ausmaß als nach dem Ersten Weltkrieg wurde nach dem Zweiten Krieg die Sitzverlegung ausländischer Unternehmen in die Schweiz ein Thema. Hatte es sich in den zwanziger Jahren vor allem um europäische Konsortien gehandelt, die Kapital in die Schweiz verschoben, wurde die Schweiz nach dem Zweiten Weltkrieg ein attraktiver Unternehmensstandort für global tätige Rohstoffhandelsfirmen. Die Zahl der Unternehmen, die Transithandelsgeschäfte tätigen, habe sich seit Kriegsende »ganz beträchtlich vermehrt«, schrieb der Transithandelsverband in seinem Jahresbericht von 1947. »Diese Firmen sind dem Verbande nicht angeschlossen und zum Teil überhaupt nicht bekannt.« Viele seien »nicht ausschließlich schweizerischer Struktur«. Wenn sie als juristische Personen mit Sitz in der Schweiz organisiert seien, könnten sie aber ohne Weiteres am gebundenen Zahlungsverkehr teilnehmen, »denn sie gelten in dieser Beziehung als schweizerische Personen, unabhängig davon, ob ausländische Interessen daran beteiligt sind«.[127]

Die ersten Unternehmen, die hier auf einmal eine Geschäftstätigkeit entwickelten, kamen aus Frankreich. Sie hatten erkannt, dass Deutschland gegenüber der Schweiz ein Clearingdefizit hatte, dass Geschäfte mit Deutschland also, wenn man sie aus der Schweiz heraus tätigte, über die Verrechnungsstelle in Zürich abgewickelt werden konnten. Vor allem die alteingesessenen Handelsfirmen in Basel standen dieser Entwicklung reserviert gegenüber. Frankreich erschwere den Schweizer Transithändlern das Geschäft auf ihrem Territorium durch zahlreiche Verordnungen, wieso sollte dann ausgerechnet die französische Konkurrenz von den Bedingungen in der Schweiz profitieren? Die Franzosen hätten mit der Eröffnung einer Filiale in der Schweiz »nicht in erster Linie das Wohl der schweizerischen Wollindustrie im Auge«, sondern wollten einfach »Einrichtungen zu ihrem eigenen Nutzen schaffen«, hieß es bei der UTC. Diese Erscheinung habe man bereits nach dem Ersten Weltkrieg beobachten können, »als deutsche Fabrikations- und Handelshäuser in der Schweiz Organisationen ins Leben gerufen haben, um Gewinne im Ausland zu akkumulieren und sie dem deutschen Fiskus zu entziehen«.[128] Es sei nun durchaus nicht nötig, »dass wir ein zweites Mal gewissen Herrschaften im Ausland die Möglichkeit geben, unser Territorium [...] als Verschiebebahnhof für vagabundierendes internationales Kapital auszunützen«.[129]

Das waren klare Worte. Nun konnten die Schweizer Transithändler, die selber an allen Ecken der Welt Zweigniederlassungen und Tochterfirmen hatten, allerdings kaum ernsthaft protektionistische Maßnahmen befürworten. Das hielt ihnen auch der Verband der Industriellen vor: »Wie gerade anhand des Sterlingtransfer-Problems festgestellt wurde, hat die Tätigkeit ausländischer Transithandelsfirmen in der Schweiz in der letzten Zeit stark zugenommen«, stellte er 1948 fest. »Soweit es sich dabei um Ausländer handelt, die sich in der Schweiz in aller Form etabliert haben, wird man gegen die Tätigkeit solcher Firmen nicht viel einwenden können; und zwar schon im Hinblick auf die großen Interessen, die der schweizerische Transithandel im Ausland besitzt.« Erst wenn es darum gehe, »dass ausländische Firmen durch die Vorschiebung von Strohmännern darauf bedacht sind, Transithandelskommissionen in der Schweiz in Schweizerfranken einzukassieren, ohne dass im übrigen eine nennenswerte wirtschaftliche Tätigkeit ausgeübt wird«, werde man solchen »Machenschaften« auch im Interesse des gebundenen Zahlungsverkehrs »sehr kritisch« gegenüberstehen müssen.[130]

Auch Walter Schiess, seit 1934 Sekretär des Transithandelsverbands, bemühte sich um eine moralische Differenzierung. »Wir werden uns in nächster Zeit neuerdings der schwierigen Frage der Transithändler widmen, die ohne strikte Berücksichtigung der in der Schweiz geltenden gesetzlichen Bestimmungen über den Waren- und Zahlungsverkehr und ohne sich allzu sehr an die bei uns anerkannten Handelsusanzen zu halten, von der Schweiz aus Transithandelsgeschäfte abwickeln«, schrieb er im Februar 1949 an Werner Burkhard. »Neben den Firmen, die formell in der Schweiz domiziliert sind, betrachten wir als zu dieser Gruppe gehörig auch die Ausländer, die vom Hotelzimmer aus Transaktionen durchführen und nachher, ohne natürlich in der Schweiz hierfür Steuern bezahlt zu haben, sich wieder ins Ausland verziehen.«[131] Schiess bezichtigte also vor allem eine kleine Gruppe von Wildwestunternehmern der unlauteren Geschäftstätigkeit. Zusammen mit anderen Wirtschaftsanwälten setzte er sich in den folgenden Jahren dezidiert dafür ein, dass Firmen, die sich formell in der Schweiz niederließen, hier nicht nur geduldet, sondern mit offenen Armen willkommen geheißen wurden. Trotz Bedenken gewissen Unternehmen gegenüber, die in der Schweiz einfach »Finanztransaktionen unter dem Deckmantel von Warengeschäften« abwickeln wollten, überwog auch bei den Transithändlern bald die Überzeugung, dass man gegenüber der Konkurrenz eine liberale Haltung vertreten sollte.[132]

In den fünfziger Jahren erkannte die bürgerliche Elite – vor alldem die juristisch gebildete –, dass sich durch den Zuzug ausländischer Firmen nicht nur auf Bundes- und Kantonsebene Steuereinnahmen generieren ließen, sondern dass sich auch neue Geschäftsmöglichkeiten ergaben in den Bereichen Notariat, Private Banking, Wirtschaftsprüfung, Consulting und Steuerberatung. Der Zuzug ausländischer Konkurrenten hatte nicht nur Nachteile. Ein wachsender Rohstoffsektor konnte sich mit seinen Bedürfnissen politisch auch eher Gehör verschaffen. Schiess setzte sich zunehmend offensiv für die Ansiedelung ausländischer Unternehmen ein. 1959 veröffentlichte er zusammen mit Peter Gloor, dem Sohn des ersten Präsidenten des Transithandelsverbands, eine Publikation mit dem Titel *Advantage of Swiss Double Taxation Conventions for Holding Companies Organized under Swiss Law* – nota bene auf Englisch.[133] Zielpublikum waren nun nicht mehr französische Wollhandelsfirmen, sondern mächtige amerikanische Unternehmen.

Schiess und Gloor machten potenziell Niederlassungswillige auf die exzellenten Bedingungen in der Schweiz aufmerksam: »Im Herzen des heutigen Europa gelegen, bietet die Schweiz festen Boden für seriöse Geschäftstätigkeiten. […]

Sie wartet mit der Kultur und den Kompetenzen eines der hochentwickeltsten Zentren des internationalen Handels auf. Einschränkungen des Devisenverkehrs gab es in der Schweiz nie. Die monetäre Situation des Landes ist in dieser Hinsicht einzigartig in Europa.«[134] Zu diesen Vorzügen kam das Holdingprivileg dazu. Der Bundesstaat und die Kantone böten, so die Autoren, spezielle Steuervorteile für Holdinggesellschaften an, also für Gesellschaften, die sich durch eine namhafte und dauerhafte Beteiligung an anderen Unternehmen auszeichneten.

Der Gedanke hinter dem Holdingprivileg war, dass Einkünfte nicht doppelt besteuert werden sollten, dass sie also, wenn bereits die Firma A Steuern auf den Gewinnen aus ihrer Geschäftstätigkeit bezahlt hatte, die Holdinggesellschaft B – deren hauptsächliche Tätigkeit darin bestand, dass sie Anteile an der Firma A besaß – die daraus resultierenden Gewinne nicht nochmals versteuern müsse. Durch den Transfer von Gewinnen der Tochterfirmen an die unter Schweizer Recht registrierte Beteiligungsgesellschaft unter dem Deckmantel von Konzernverrechnungspreisen (*transfer pricing*) ließen sich im großen Stil Steuern sparen. Die Schweizer Gesetzgebung schrieb grundsätzlich vor, dass der Verwaltungsrat von Holdinggesellschaften einen Schweizer Geschäftsführer ernennen müsse. Davon ausgenommen waren Firmen, deren Haupttätigkeit im Ausland stattfand. In diesem Fall – und darunter fielen alle Transithandelsfirmen – reichte es, wenn der Geschäftsführer einen Wohnsitz in der Schweiz vorweisen konnte.[135]

Der Kanton Glarus hatte 1903 als Erster ein Holdingprivileg nach englischem Vorbild eingeführt. Als in den zwanziger Jahren zahlreiche Länder bei der Besteuerung von Kapitaleinkommen zum Standortprinzip übergingen, folgten weitere Kantone dem Beispiel.[136] Zwischen 1921 und 1938 nahmen die Holdinggesellschaften in der Schweiz von 128 auf fast 2000 zu.[137] Im Kanton Zürich waren allzu weit gehende Privilegien aufgrund der linken Regierungsbeteiligung damals nicht durchzusetzen. Gewiefte Zürcher Wirtschaftsanwälte erkannten im ländlichen Nachbarkanton Zug hingegen ideale Bedingungen. Der Zürcher Wirtschaftsanwalt Eugen Keller-Huguenin ergriff 1924 die Initiative für ein neues Zuger Steuergesetzt: »Was der Fremdenverkehr nur unter Investierung gewaltiger […] Kapitalien möglich macht, wird hier durch ein paar einfache Sätze in der Steuergesetzgebung erreicht«, schrieb er an den Zuger Regierungsrat Otto Hengeler.[138]

Der Effekt blieb nicht aus. Die Möglichkeit der Pauschalbesteuerung bzw. der individuell ausgehandelten Steuerdeals für Unternehmen taten das ihre dazu. Ab den fünfziger Jahren ließen sich zahlreiche multinationale Unternehmen im Kanton Zug nieder, der von einem armen Bauernstaat zum heute finanzstärksten Kanton mutierte. Wenn die Konzerne groß genug sind, lässt sich sogar bei gegen null tendierenden Steuern noch ein namhaftes Steuersubstrat generieren. Auch Zürich und vor allem Genf, wo die Vereinten Nationen einen Sitz hatten und sich zahlreiche Diplomaten und Juristen tummelten, wurden nach einer Anpassung der Steuergesetzgebung zu einem Magnet für amerikanische Unternehmen. Im Januar 1961 berichtete der *Beobachter* unter dem Titel »Kansas City am Genfersee« von einer »amerikanischen Invasion« in die Schweiz.[139] Seit 1959 hatten sich rund 400 amerikanische multinationale Unternehmen in der Schweiz niedergelassen, davon fast die Hälfte am Genfersee.[140]

Waren nach dem Krieg im Rahmen des Marshall-Plans zunächst staatliche Gelder aus den USA nach Europa geflossen, setzte Mitte der fünfziger Jahre eine Welle privater Investitionen ein. Die amerikanischen Auslandsdirektinvestitionen wuchsen so rasant, dass sie 1966 die zusammengezählten Auslandsdirektinvestitionen aller anderen »entwickelten« Länder übertrafen.[141] Europa war, vor allem durch die sukzessive Integration seines Marktes und den Abbau von Handelshemmnissen, für Amerika der Wachstumsmarkt par excellence (die europäischen Kolonien, die gerade selbständig wurden, waren noch kaum eine Option, und Asien wurde erst in den neunziger Jahren attraktiv).[142] Als Belgien, Frankreich, Italien, Luxemburg, Holland und die Bundesrepublik Deutschland 1957 die Verträge von Rom unterzeichneten und damit die Rahmenbedingungen für eine Europäische Wirtschaftsgemeinschaft (EWG) mit einem gemeinsamen Außenzolltarif schufen, und als vierzehn westeuropäische Staaten – darunter die Schweiz – ein Jahr darauf die Konvertibilität ihrer Währungen festlegten, war das ein zusätzlicher Anreiz für amerikanische Firmen, Zweigniederlassungen in Europa zu eröffnen, um nicht diskriminiert zu werden.[143] Die US-Behörden unterstützten die privatwirtschaftliche Expansion. Die wirtschaftliche Verflechtung erlaubte es, die europäischen Staaten im Kontext des Kalten Krieges als Partner an sich zu binden.

1960 unterzeichneten Dänemark, Norwegen, Österreich, Portugal, Schweden, die Schweiz und das Vereinigte Königreich, die nicht Teil der EWG waren, in Stockholm die Europäische Freihandelsassoziation (EFTA). Im Gegensatz zur EWG wollten die EFTA-Mitglieder den Freihandel untereinander fördern, gleichzeitig aber volle außenpolitische Souveränität bewahren. Mit der Konsolidierung der Europäischen Gemeinschaft verlor die EFTA später an Bedeutung; seit 1995 gehören ihr nur noch Island, Liechtenstein, Norwegen und die Schweiz an. 1960 sah man die beiden Wege trotz idealer Differenzen aber noch als Teil des gleichen Projekts an. Auf einer Sitzung der Schweizer Delegation des Handels zitierte deren Präsident Werner Burkhard seinen Kollegen vom Vorort, Heinrich Homberger, mit den enthusiastischen Worten: »Der Abschluss des Vertrages von Stockholm über eine Europäische Freihandels-Assoziation, gleich wie drei Jahre früher das Zustandekommen der Europäischen Wirtschaftsgemeinschaft, stellt ohne Zweifel ein Ereignis von historischer Bedeutung dar, auf das mutatis mutandis der Ausspruch zutreffen könnte, den Goethe am Abend nach der Schlacht von Valmy zur Zeit der französischen Revolution getan haben soll: ›Von hier geht eine neue Epoche der Weltgeschichte aus, und Ihr könnt sagen, Ihr seid dabei gewesen.‹«[144]

Die Beziehungen zwischen der Schweiz und Amerika, die unmittelbar nach dem Krieg noch ziemlich frostig gewesen waren, verbesserten sich mit der Ankunft amerikanischer Unternehmen und der selektiven, auf wirtschaftliche Belange zugeschnittenen Partizipation der Schweiz am europäischen Integrationsprojekt rasant. Ab Mitte der fünfziger Jahre wurde Deutschland, das sich im Zuge des europäischen Wiederaufbaus wirtschaftlich schnell erholt hatte, für die Schweiz zwar wieder Handelspartner Nummer eins. Während der gesamten Zeit des Kalten Krieges war der Außenhandel der Schweiz mit den USA aber bedeutend und die Schweizer Handelsbilanz, die generell stark defizitär war, war gegenüber dem mächtigen Land auf der anderen Seite des Atlantiks positiv.[145]

Wo Unternehmen mobil werden, wächst auch der Beratungsbedarf. In den USA spezialisierten sich neu gegründete Firmen darauf, Informationen über einzelne Wirtschaftsstandorte in Europa zu publizieren und expandierende Unternehmen beratend zu unterstützen. Eine rege Tätigkeit entwickelte vor allem die 1953 in New York gegründete Beratungsfirma Business International, die schnell zur ersten Adresse für Informationen über globale Geschäftsmöglichkeiten wurde und nicht nur multinationale Firmen beriet, sondern an ihrem Hauptsitz unweit des UNO-Gebäudes auch Konferenzen für Privatunternehmer und Regierungsmitglieder organisierte. Business International unterhielt ein Korrespondentennetzwerk rund um den Globus und eröffnete Geschäftsstellen in Genf, London, Wien, Hongkong und Tokio. 1960 lancierte die Firma den Newsletter *Business Europe*. In einer Artikelserie wurden dort die Vor- und Nachteile der verschiedenen Schweizer Kantone als Standort für einen Firmensitz abgehandelt. Genfs größte Attraktivität, hieß es, liege in seinem Steuersystem, das den Bedürfnissen wachsender international tätiger Firmen wie kaum ein anderer Ort auf der Welt entspreche.[146]

Je nach Sektor, in dem sie tätig waren, favorisierten amerikanische Unternehmen andere europäische Standorte. Industrieunternehmen gingen vor allem nach Belgien und Holland. Für Unternehmen, die in der Ölverarbeitung und der Petrochemie tätig waren, war Holland, wo über den Hafen von Rotterdam ganz Europa beliefert werden konnte, die erste Adresse. In die Schweiz kamen vor allem Unternehmen aus dem Dienstleistungssektor: globale Handelsfirmen sowie Holdings und Finanzgesellschaften, die in der Schweiz eine Basis eröffneten, über die sie die Lizenzen, Profite und andere *invisibles* ihrer europäischen Tochtergesellschaften verwalteten.[147]

Die Gründung einer großen Zahl solcher »Basisgesellschaften« (Domizilgesellschaften) in der Schweiz hänge zum Teil mit »steuerrechtlichen Erwägungen« zusammen, erklärte die *Neue Zürcher Zeitung* im November 1960. Amerikanische Untersuchungen über die ökonomischen und steuerrechtlichen Voraussetzungen für amerikanische Unternehmen hätten ergeben, dass die Schweiz zu den »steuergünstigen« Ländern gehöre. Fiskalische Überlegungen seien allerdings nicht der einzige Grund. Die Neutralität, die politische und wirtschaftliche Stabilität und die »gesicherte, gesunde Währung« spielten ebenso eine Rolle wie »das Bankgeheimnis, das Berufsgeheimnis der Rechtsanwälte, Notare und Revisoren« und »die Schweigepflicht der Steuerbehörden, die nicht befugt sind, anderen Personen oder Behörden über Tatsachen, die ihnen bei der Veranlagung eines Steuerpflichtigen bekannt werden, Auskunft zu geben«. Diesen »wichtigen rechtsstaatlichen Grundsatz« setze die Schweiz auch gegenüber denjenigen Ländern durch, mit denen sie Doppelbesteuerungsabkommen abgeschlossen habe.[148]

Von wesentlicher Bedeutung für die ausländischen Gesellschaften sei ferner die Möglichkeit einer treuhänderischen Geschäftsführung. »Ähnlich wie in den meisten ausländischen Staaten wird in der Schweiz das Treugut steuerrechtlich nicht dem Treuhänder, sondern dem Treugeber zugerechnet. Infolgedessen wird der Ausländer für den Ertrag seines dem Eigentum eines schweizerischen Treuhänders anvertrauten Vermögens […] nicht steuerpflichtig.« Hinzu komme das Holdingprivileg, mit dem die einzelnen Kantone auf Holdingerträgnisse »weitgehende steuerliche Erleichterungen gewähren«, und nicht zuletzt das »Außensteuerrecht«, denn auch wo gegenüber ausländischen Staaten kein Doppelbesteuerungsabkommen bestehe, wende das schweizerische Steuerrecht dieselben »steuerrechtlichen Kollisionsregeln« an, die auch zur innerkantonalen Doppelbesteuerung unter den Kantonen gälten.[149] Mit der vom Volk 1958 angenommenen neuen Finanzordnung wurde zudem die Vermögenssteuer für natürliche Personen abgeschafft – ein zusätzlicher Anreiz für ausländische Unternehmer, sich in der Schweiz niederzulassen.[150]

Das Agieren aus dem finanzstarken, politisch neutralen, serviceorientierten und steuergünstigen Kleinstaat war nun nicht mehr ein Alleinstellungsmerkmal Schweizer Transithandelsfirmen, sondern eine Option, die allen multinationalen Unternehmen offenstand.[151] Die alteingesessenen Schweizer Handelsfirmen, die mit ihren juristischen Beratern seit Jahrzehnten darauf hingearbeitet hatten, dass die Schweiz gegenüber dem Ausland nicht nur eine aktive Handelspolitik, sondern auch eine profitable Finanz-, Währungs- und Steuerpolitik betrieb, wurden damit zum Steigbügelhalter für ausländische Unternehmen. Federführend bei der Ausarbeitung zwischenstaatlicher Doppelbesteuerungsabkommen waren die International Fiscal Association und das Fiscal Committee der OEEC (die ab 1961 zu einem transatlantischen Forum wurde: der Organisation für wirtschaftliche Zusammenarbeit und Entwicklung, OECD). In beiden Körperschaften hatten Schweizer Steuerexperten einflussreiche Funktionen.[152] Durch das Beharren der Schweiz auf ihrer Souveränität in Steuerfragen wurden die Doppelbesteuerungsabkommen in der Praxis tendenziell zu Doppelnichtbesteuerungsabkommen.[153]

Die wichtigste Rolle bei der Vermarktung des Standorts Schweiz spielte nun nicht mehr die Zentrale für Handelsförderung (die 1944 das *Land of Peace and Liberty* beworben hatte und 1959 das Magazin *Switzerland-USA* lancierte, in dem sie den amerikanischen Konsumenten die Schweiz als Reise-, Industrie- und Uhrenparadies anpries), sondern ein Kreis von Juristen, Beratungsfirmen und Wirtschaftsanwälten, die ihre Darstellungen in exakt auf die Klientel zugeschnittenen Publikationen verbreiteten.[154] Entsprechend unsichtbar blieben die zugewanderten Firmen in der öffentlichen Wahrnehmung der Schweiz. Die Schweizerisch-Amerikanische Handelskammer bezeichnete sie noch 2005 als »Forgotten Sector«.[155]

Mit den neuen multinationalen Unternehmen, die sich in der Schweiz niederließen, setzte die Konsolidierungsphase des Schweizer Transithandels ein. Besonders Genf, wo man mit wenig Aufwand ausländische Botschafter in einer Hotel-lobby zu einem Drink treffen konnte, wurde zu einem Magne-ten. 1956 verstaatlichte Gamal Abdel Nasser in Ägypten den Sueskanal und zahlreiche ausländische Firmen, was zu einem Exodus von – oft jüdischen – Händlern aus Alexandria in die Genferseeregion führte. Hier war ihnen vor allem Nessim Gaon, ein sephardischer Rohwarenhändler und Financier, der sich bereits 1952 in Genf niedergelassen hatte, mit der Be-schaffung von Niederlassungs- und Arbeitsbewilligungen be-hilflich. Auch die in Genf ansässigen französischen Banken pflegten seit Langem gute Geschäftsbeziehungen zum ägyp-tischen Baumwollhandel. Sie hatten hohe Kapitalreserven und waren mit der Rohstofffinanzierung vertraut. Selbst der exilier-te ägyptische König Farouk lebte in Lausanne am Genfersee.[156]

1956 kam mit Philipp Brothers die damals weltgrößte Han-delsfirma für Erze und Metalle in den steuergünstigen Kan-ton Zug und legte in der Schweiz den Grundstein für den Handel mit *hard commodities* (bisher war der Schweizer Tran-sithandel ein Handel mit *soft commodities*, also mit agrarischen Rohstoffen, gewesen). Die Zuger Niederlassung war zunächst als europäisches Hauptquartier geplant, schon bald lief aber ein großer Teil des globalen Geschäfts von Philipp Brothers über die Schweiz.[157] Ebenfalls 1956 eröffnete der mächtige amerikanische Getreidehändler Cargill nach einem individuell ausgehandelten Steuerdeal in Genf unter dem Namen Tra-dax eine Tochterfirma.[158] Zahlreiche Rohstofffirmen folgten dem Beispiel.

»Für uns wäre jede europäische Stadt in Frage gekommen, aber Genf hatte mehrere Vorteile«, erklärte Walter B. Saun-ders, Vizepräsident von Cargill, 1976 vor einer Untersuchungs-kommission des US-Senats.[159] Genf sei zentral gelegen, es ha-be hervorragende Reise- und Kommunikationsbedingungen (die Schweiz hatte bereits in den fünfziger Jahren ein funktionierendes Telefonnetz), man habe problemlos die nötigen Arbeitsbewilligungen erhalten, die Stadt habe eine mehrsprachige Tradition, eine Geschichte ökonomischer und politischer Stabilität, die Schweiz kenne keine Kapitalverkehrskontrollen, und die Behörden hätten nur geringe Unternehmenssteuern erhoben. Tradax Genf kümmerte sich zunächst vor allem um den Import von Getreide und Saaten aus den USA nach Europa, wurde aber schnell zur zentralen Drehscheibe der Waren-, Kapital- und Informationsflüsse der Firma. Die 1953 in Panama registrierte Tradax International (in Panama werden Einkünfte, die außerhalb des Landes gemacht werden, nicht besteuert) wurde unter das Management von Tradax Genf gestellt. Die Tradax International wiederum besaß Anteile an den ebenfalls in Panama etablierten Briefkastenfirmen Tradax Overseas und Tradax Exports, an denen ab 1976 auch die Schweizerische Kreditanstalt (heute Credit Suisse) beteiligt war.[160]

Cargill, dessen Topmanagement am Hauptsitz in Minnesota in der Replik eines französischen Schlosses mit 63 Räumen residierte, bezeichnete Tradax Genf als unabhängige Tochtergesellschaft, der Konzern hielt aber 70 Prozent der Aktien. Die anderen 30 Prozent gehörten der Salevia Foundation, einer Treuhandgesellschaft, die ihren Sitz ebenfalls in Genf hatte und deren Begünstigte alle Mitglieder der Familien Cargill und MacMillan waren, der Eigner von Cargill. 1979 wurden Cargills Profite auf 150 Millionen Dollar geschätzt. Die Firma besaß 350 Getreide-Elevatoren, 500 Binnenschiffe, 5000 Bahnwaggons und vierzehn Hochseeschiffe. Transaktionen, die über Tradax Genf abgewickelt wurden, musste die Firma weder dem Landwirtschaftsministerium noch der Bundessteuerbehörde der USA offenlegen. »Dieses Geheimnis ist sowohl ein Steuervorteil als auch ein Handelsvorteil«, hielt das Soyinfo Center, eine private Informationsstelle über Handel und Verwertung von Soja, 2016 fest.[161]

Durch die Konzernstrukturen mit einer Tochterfirma in einem neutralen Kleinstaat waren auch Transaktionen möglich, die sonst aus geopolitischen Gründen nicht hätten getätigt werden können, zum Beispiel Rohstofflieferungen aus den USA an den Ostblock. Im Oktober 1975 hatten die USA mit Russland ein Getreideabkommen abgeschlossen, in dem sich die Sowjetunion verpflichtete, sechs Millionen Tonnen amerikanisches Getreide pro Jahr zu kaufen, die die USA umgekehrt zu liefern versprach. Bis zu acht Millionen Tonnen pro Jahr waren unter dem Abkommen noch erlaubt, für weitere Lieferungen mussten Regierungsgespräche aufgenommen werden. Nichts hinderte allerdings die in der Schweiz domizilierte Tradax daran, vom Mutterkonzern Cargill in den USA Getreide zu kaufen, das sie bei Erwerb umgehend an Russland weiterverkaufte (*back-to-back*). Tradax war gegenüber den US-Behörden nicht rechenschaftspflichtig, der Deal somit völlig legal.[162]

Die Cargill-Geschäftsleitung argumentierte 1976 vor dem US-Senat selbstredend nicht mit solchen Geschäften, sondern damit, dass Steuern im Rohstoffhandel ein relevanter Kostenfaktor seien. Im Gegensatz zu Industrieunternehmen besäßen Rohstoffhändler keinen Wettbewerbsvorteil aufgrund von Patenten, Warenzeichen, Markenlizenzen oder Produktqualität, die höhere Steuern an einem Produktionsstandort wettmachen würden. Die steueroptimierenden Konzernstrukturen seien also völlig legitim, um in diesem Markt überhaupt konkurrenzfähig zu sein. »Wir kaufen und verkaufen alle dieselben Rohstoffe, wir handeln mit denselben Verkäufern und Käufern.«[163]

Von diesem Konkurrenzkampf innerhalb der Branche war im Tagesgeschäft allerdings wenig zu spüren. Die USA waren der weltweit größte Getreideexporteur und der amerikanische Getreidehandel wurde von sechs großen Firmen dominiert: Bunge, Cargill, Continental, Dreyfus, Cook und Garnac, eine vom Lausanner Getreidegiganten André 1937 in New York gegründeten Tochtergesellschaft. Die Preise im Getreidehandel basierten auf einem Zusammenspiel zwischen der größten Getreideterminbörse – dem Chicago Board of Trade – und dem Verkaufspreis in Rotterdam (»Rotterdam CIF«), an dem sich wiederum die Preise an allen anderen großen Handelsplätzen orientierten.

Die großen sechs Firmen legten täglich den Minimalpreis fest, der als »Rotterdam CIF« veröffentlicht wurde. Dabei handelte es sich nicht um einen realen Verkaufspreis basierend auf einer realen Transaktion, sondern um ein Statement der einzelnen Firmen zuhanden des CIF Subcommittee der Royal Dutch Grain Trade Association, dass das der niedrigste Preis sei, zu dem sie verkaufen würden. Auf diesem Preis basierte die Agrar- und Zollpolitik der Europäischen Wirtschaftsgemeinschaft.[164] Da die tatsächlichen Marktpreise, also jene Preise, zu denen die Firmen verkauften, Geschäftsgeheimnis waren und nicht offengelegt werden mussten, gab es keine Möglichkeit zu überprüfen, ob der als »Rotterdam CIF« kommunizierte Preis auch wirklich der niedrigste Marktpreis war. Insider wussten, dass die Firmen oft einen falschen – zum Beispiel einen zu niedrigen Preis – kommunizierten. War der Richtpreis für Weizen niedrig, erhöhten die offiziellen Stellen in Brüssel die Importabgaben, das Getreide wurde für die Europäische Wirtschaftsgemeinschaft also teurer.[165]

Der Chicago Board of Trade erhielt den Rotterdam-CIF-Preis mit sieben Stunden Zeitdifferenz direkt vor der Eröffnung der Börse um 9:30 Uhr. Wenn es nicht gerade eine Dürre oder ein ähnlich einschneidendes Ereignis gab, war er der relevante Marktindikator für die Terminbörse. Ein sinkender Futures-Preis in Chicago wiederum war ein Zeichen für die amerikanischen Bauern, zu verkaufen, da alle glaubten, die Nachfrage in Europa gehe zurück, so dass man seinen Weizen schnell noch loswerden wollte, worauf infolge von Überangebot der Marktpreis sank und dieselben Firmen, die den Preis auf der anderen Seite des Atlantiks festgelegt hatten, in Amerika zu niedrigem Preis einkaufen konnten. Ihr Preisangebot auf dem Kassamarkt (*spot market*), also der Preis, den sie den Bauern und Silobetreibern an den lokalen Handelsplätzen in Kansas City und Minneapolis zu zahlen bereit waren, orientierte sich an der Notierung von Chicago. Ein Komitee, das vom Präsidenten der jeweiligen lokalen Handelsbörse bestimmt wurde und in dem wiederum Mitglieder der sechs Getreidegiganten vertreten waren, legte an den lokalen Börsen jeweils die Schlussnotierung fest. Unterdessen wurde es in Europa wieder Morgen und das CIF Committee rief die Trader an, um nach ihrem niedrigsten Verkaufspreis zu fragen.[166] Richard Gilmore, der diese Abläufe für die Untersuchungskommission recherchiert hatte, sprach von einem »circular arrangement«, das betreffend Preispolitik komplett an die großen privaten Getreidehandelsfirmen gekoppelt und von ihnen abhängig war.[167]

Finanzkapitalismus

Auf die Multinationalisierung der Unternehmen, die ihren Sitz und ihr Geschäft nun strategisch trennten, folgte ein zunehmend aggressiver Verteilungskampf.[168] Hatte früher eine bürgerliche Elite unter sich geheiratet, heirateten sich die Firmen nun gegenseitig. Viele der Unternehmen, die heute den Markt dominieren, gehörten zwar bereits vor 100 Jahren zu den Großen auf der globalen Bühne, aber es wurden immer weniger. Wer im Verdrängungskampf um Steueroptimierung, Marktanteile, Bankkredite und Kursrisikoabsicherungen nicht mithalten konnte, blieb auf der Strecke. Nachdem Cargill 1998 seinen größten Konkurrenten Continental Grain aufgekauft hatte, und die Schweizer Getreidehandelsfirma André 2001 nach 123 Jahren im globalen Handel liquidiert werden musste, weil die Banken ihr das Vertrauen entzogen, blieb im globalen Getreidegeschäft das ABCD-Quartett übrig: Archer Daniels Midland (ADM), Bunge, Cargill und Louis Dreyfus.[169]

»Weit seltener als industrielle Firmen erreichen rein kommerzielle Unternehmungen ein hohes Alter«, schrieb der Basler Historiker Gustav Wanner bereits 1969 in seiner Geschichte des Wollhandelshauses Simonius, Vischer & Co. »Nur allzu oft schneiden die andauernden Wandlungen und großen Risiken, unter denen sich das kaufmännische Wirken vollzieht, einem Handelshaus schon nach wenigen Dezennien den Lebensfaden wieder ab. Hunderte einst bedeutende Handelsfirmen in unserm Lande wie jenseits der Grenzen sind im Laufe der Zeit wieder eingegangen, ohne dauernde Spuren zu hinterlassen.«[170] Auch Georg Reinhart, Partner von Volkart, machte sich 1931 keine Illusionen betreffend Langlebigkeit. In seiner Rede zur Fünfundsiebzigjahrfeier verglich er die Firma mit einem großen Organismus: »Als solcher unterliegt sie den Gesetzen des Wachstums, des Alterns und schließlich des Sterbens, wie jedes Lebewesen, und es wäre töricht, sich darüber Illusionen zu machen und ihr ein ewiges Bestehen zu wünschen.«[171]

Es waren allerdings nicht Naturgesetze, die in der Schweiz um die Jahrtausendwende zu einem erneuten Zustrom ausländischer Rohstofffirmen und gleichzeitig zum Niedergang vieler alteingesessener Transithandelsfirmen führten, sondern von Menschen gemachte, wirtschaftspolitische Gesetze und Instrumente. Zur »Multinationalisierung« der Unternehmen, die Ängste um den Verlust der nationalen Souveränität und der Arbeitsrechte nach sich zogen, kam nach der Unabhängigkeit ehemaliger Kolonien die Umgestaltung der Nord-Süd-

Beziehungen hinzu. Im Juni 1964 wurde in Genf die Welthandelskonferenz (UNCTAD) gegründet, an deren erstem Treffen sich die Vertreter von 77 Ländern des globalen Südens zur »Gruppe der 77« (G 77) formierten, um mit gemeinsamer Stimme ihre Position auf dem Weltmarkt zu stärken.[172] Auch die Schweiz nahm, obwohl nicht UNO-Mitglied, an der UN-CTAD-Gründungsversammlung teil. Sie trat dezidiert für eine Liberalisierung der Exportmärkte in den globalen Süden ein, während sie es gleichzeitig tunlichst vermied, als Sprecherin der Gruppe der Industrieländer aufzutreten – angeblich aus neutralitätspolitischen Gründen.[173] Die Initiativen und Reformen, die nach 1964 folgten, entsprachen dann mehr oder weniger der Architektur der früheren Entwicklungspolitik, zementierten also den Status quo. Viele Länder sahen in der Verstaatlichung den einzigen »Hebel« für wirtschaftspolitische Einflussnahme (den Auftakt hatte der ägyptische Präsident Nasser 1956 gemacht), was die Investitionssicherheit für Handelsfirmen massiv verringerte. Dazu kam der Entscheid von 1973, die festen Wechselkurse, die das globale Finanzsystem seit 1945 gestützt hatten, aufzugeben.

Das Bretton-Woods-System hatte auf einem starken Dollar als Ankerwährung basiert. Die amerikanische Notenbank hatte sich 1945 verpflichtet, die Dollarreserven jedes Mitgliedslandes in Gold zu tauschen, was damals unproblematisch schien, da die USA über zwei Drittel der weltweiten Goldbestände verfügten.[174] Als sich die USA während des Vietnamkrieges immer mehr verschuldeten, hatte das direkte Auswirkungen auf die Währungsverhältnisse. Im April und Anfang Mai 1971 musste die Deutsche Bundesbank sechs Milliarden Dollar kaufen, um den Kurs zur D-Mark zu stützen. Da wegen den 22 Millionen D-Mark, die dafür auf den Markt kamen, eine Inflation drohte, gab sie den Wechselkurs vorübergehend frei. Nur zwei Monate später hob US-Präsident Richard Nixon die Golddeckung des Dollars auf. Neu ausgehandelte Wechselkurse, eine erhöhte Bandbreite für Kursschwankungen und eine Abwertung des US-Dollar im Dezember 1971 hielten das System nur noch wenige Monate am Leben. Auf den Devisenmärkten wurde nun auf die Hartwährungen spekuliert, womit deren Inflationsrisiko stieg. Ende Januar 1973 stellte die Schweiz ihre Stützkäufe zugunsten des Dollars ein und gab als erstes Land den Wechselkurs frei. Im März stellte auch die Deutsche Bundesbank ihre Interventionen ein und besiegelte damit das Ende von Bretton Woods.[175]

Nun setzte sich eine neoliberale Wirtschaftspolitik durch, wie sie von Leuten wie Milton Friedman und Friedrich von Hayek seit den fünfziger Jahren gefordert worden war.[176] Hayek sprach von einer »Entnationalisierung« des Geldes.[177] Mit ihr verbunden war eine Renationalisierung der Interessen. Der Übergang zu einer Politik des Laisser-faire basierte weder auf dem Implementieren einer klar definierten monetaristischen Theorie, noch war er ein spontaner Prozess, der sich durch einen Rückzug staatlicher Intervention quasi von selbst ergeben hätte. Es handelte sich um eine Entwicklung, die von den jeweiligen Entscheidungsträgern nach opportunistischen Kriterien aktiv geplant und fortlaufend umgestaltet wurde.[178] Im Rohstoffhandel ergaben sich in Zeiten der Rezession, der steigenden Arbeitslosigkeit und der steigenden Steuern, mit denen man in den westlichen Staaten die Friktionen des globalisierten Kapitalismus sozial abzufedern versuchte, neue Geschäftsmöglichkeiten. Die Volatilität der Währungen und der Preise war zwar risikoreich. Wer ein gutes Händchen und eine gute Bank hatte, konnte mit exklusiven Deals, einem Umgehen von Embargos und einem Verschieben von Gewinnen in Steueroasen aber auf einmal eine Menge Geld verdienen.

Seit den siebziger Jahren werden Profite im globalen Handel nicht mehr in erster Linie mit Margen und mit einer Wette auf die zukünftige Preisentwicklung gemacht, sondern mit Kapitalanlagen, Währungsspekulationen und Finanzierungsinstrumenten, also mit dem Zugang zu maßgeschneiderten Krediten.[179] Man lasse nicht mehr Geld »herumliegen«, als für die laufenden Bedürfnisse und das Finanzierungssaldo nötig sei, so ein Volkart-Mitarbeiter in einem Referat im Dezember 1970. »Wenn z. B. in einer Währung, wo wir nicht viel Spielraum und Umsatz haben – wie Hfl. [Niederländische Gulden] – die Verschiffung früher erfolgt als im Kurskontrakt vorgesehen und der Käufer dann erst noch prompt zahlt, stellt sich die Frage, ob wir in der Zwischenzeit das Geld anlegen können oder sollen oder die Hfl. komptant gegen $ verkaufen und auf einen späteren Zeitpunkt zurückkaufen.«[180] Wichtiger noch war der Zugang zu Bankkrediten. Je weniger Akteure im Feld waren und je voluminöser und risikoreicher die Geschäfte wurden, desto weniger konnten Transaktionen noch mit Inter-Firmen-Krediten abgesichert werden, also mit einer Vorfinanzierung der Ware durch den Zwischenhändler oder mit einer Zahlung vor der Lieferung durch den Abnehmer. Die Genfer Niederlassung der französischen Bank Paribas (heute BNP Paribas) war führend bei der Erfindung neuer Finanzierungsinstrumente für den Rohstoffhandel.

Direktor der Genfer Paribas war damals der französische Bankier Christian Weyer. Er hatte in der Marine gedient und verstand etwas von der Schifffahrt, bevor er zuerst in die Chase Manhattan Bank eintrat und anschließend bei Tradax das Handwerk des Traders lernte. Dann wechselte er in die Handelsfinanzierung. Weyer wusste, dass Banken in der Regel konservativ waren. Bevor sie Kredite vergaben, prüften sie die Bonität des Kreditnehmers. Kredite zu bekommen war eine relativ bürokratische Angelegenheit, wobei die Beweislast beim Kreditnehmer lag und eine Finanzierung nur zu bekommen war, wenn es der Firma gut ging. Das heißt, die Banken hielten der Handelsfirma bei Sonnenschein einen Regenschirm auf und klappten ihn zu, sobald ein Gewitter kam. Kurzfristige, kapitalintensive Geschäfte waren damit nicht zu finanzieren.

Genau solche Geschäftsmöglichkeiten ergaben sich aber, als die erdölexportierenden Länder die Erdölproduktion zu verstaatlichen begannen. Sie hatten sich bereits 1960 zur Organisation Erdöl exportierender Länder (OPEC) zusammengetan, um den großen westlichen Ölhandelsfirmen – der Handel wurde vom Oligopol der »sieben Schwestern« dominiert[181] – entgegenzutreten. Die Erdölpreise waren im Vergleich zur Kaufkraft seit dem Zweiten Weltkrieg trotz rasanter Zunahme des Verbrauchs kontinuierlich gesunken. Als Nixon 1971 die Golddeckung des Dollars aufhob und der Dollar massiv an Wert einbüßte, sanken auch die Einnahmen der OPEC-Länder, da Erdöl weltweit in Dollar gehandelt wurde. 1971 verstaatlichte Algerien als erstes Land die westlichen Konzessionen seiner Erdölförderung. Es folgten der Irak, Kuwait, Qatar, Abu Dhabi, Saudi-Arabien und schließlich, im Frühling 1973, Persien.[182] Die Verstaatlichungswelle, das Ausschalten des Erdölkartells und die Multiplikation des Erdölpreises führten zu dem, was im globalen Süden als »Ölrevolution« in die Geschichtsbücher einging – und im industrialisierten Westen als »Ölpreisschock«.[183]

Nun konnten die Ölländer zwar Erdöl fördern, aber sie konnten es nicht verkaufen. Dafür brauchte man entsprechendes Know-how, eine logistische Infrastruktur, Vertriebskanäle, spezielle Tanker und Pipelines, Finanzierungsmöglichkeiten, Versicherungen und Kontakte zu den Raffinerien – also die gesamte globale Struktur des Zwischenhandels. Alan Flacks, ein Händler von Philipp Brothers, gehörte zu den Ersten, die in der neu entstandenen Situation auf die Idee kamen, Öl zu kaufen wie jeden anderen Rohstoff auch, und zwar *on the spot*, ohne langfristige Lieferverträge, wie sie im Erdöloligopol Usus gewesen waren. Die Gunst der Stunde erkannte aber vor allem Marc Rich, der damals von der Philipp-Brothers-Niederlassung in Madrid aus die »schwierigen Gegenden« betreute: die aufstrebenden Märkte in Südamerika, inklusive Kuba, das unter amerikanischem Embargo stand, die afrikanischen Länder, die seit Ende der fünfziger Jahre sukzessive unabhängig wurden, und den Nahen Osten. Rich war der Mann für Konfliktgebiete, für Staaten ohne gefestigte Strukturen und Regierungen ohne Außenhandelserfahrung.[184] In Pincus Green, der beim europäischen Hauptquartier von Philipp Brothers in Zug arbeitete, fand er einen auf Logistik spezialisierten Mitstreiter. Und in Christian Weyer von der Paribas in Genf einen Financier.

Für einen Deal mit iranischem Öl brauchte Rich hundert Millionen Dollar. Das war mit einem gängigen Kredit nicht zu finanzieren, wohl aber mit einem Akkreditiv – einem alten Finanzinstrument, das Weyer für den Rohstoffhandel neu interpretierte und wieder salonfähig machte. Das Akkreditiv (*letter of credit*) ist eine Zahlungsbedingung, die die Handelsfirma dem Importeur stellt und mit dem die gegenseitigen Erfüllungsrisiken geregelt werden. Das Problem im Handel ist, dass der Zwischenhändler sein Eigentumsrecht an der Ware erst zum Zeitpunkt der Zahlung verliert, der Abnehmer sein Verfügungsrecht über den Kaufpreis aber ebenfalls erst bekommt, wenn die Ware in seinen Besitz gegangen ist. Die Akkreditivbank kann nun mit Hilfe von Warendokumenten, die die Ware repräsentieren (Konnossemente), einen Risikoausgleich herbeiführen. Das System funktioniert ähnlich wie die Pfandleihe. Der Zwischenhändler weist die Akkreditivbank an, dem Importeur die Konnossemente nur dann Zug um Zug weiterzugeben, wenn dieser die Zahlung an die Bank geleistet hat, gleichzeitig verpflichtet sich die Bank, die Zahlung nur Zug um Zug gegen Übergabe der Dokumente an den Zwischenhändler zu überweisen. Die Warendokumente sind das Pfand.[185]

Die Akkreditivbank leiht dem Zwischenhändler das Geld nun nicht mehr aufgrund seiner Bilanz und Kreditwürdigkeit, sondern gegen den Wert der Fracht, also der Rohstoffe, deren Besitz an sie übergeht, solange die Bank über das Konnossement verfügt. Eine zentrale Rolle spielen dabei Zertifikationsfirmen wie die in Genf niedergelassene Société Générale de Surveillance (heute SGS), die in den Frachthäfen der Welt den Warenverlad überwachen und die Existenz, die Qualität und den Wert der Ware zertifizieren.[186]

Transaktionen, bei denen der Käufer im Moment des Kaufs der Ware bereits feststand und die Zahlung mittels Dokumentenakkreditiv abgewickelt wurde, minimierten durch die schnelle Abwicklung nicht nur das Risiko einer mittelfristigen Marktpreisänderung, sondern erlaubten es auch, Rohstoffgeschäfte mit viel höheren Summen zu tätigen, als dies bisher möglich gewesen war. Alles hing davon ab, dass der Zwischenhändler für eine bestimmte Ware einen Verkäufer und einen Käufer fand (die oft aus politischen Gründen nie direkt miteinander verhandelt hätten), dass eine Bank bereit war, ein Akkreditiv auszustellen, und dass diese Bank mit den Risiken, die mit dem Geschäft verbunden waren, vertraut war. In der Schweiz etablierte sich in den siebziger Jahren eine Generation von Tradern, die mit solchen Techniken eine Menge Geld verdienten. 1974 verließ Marc Rich zusammen mit Pincus Green und anderen Weggefährten Philipp Brothers und gründete in Zug ein eigenes Rohstoffunternehmen: die Marc Rich & Co. (heute Glencore).

Die Umbrüche im Rohstoffgeschäft brachten aber nicht nur Profiteure hervor, sondern auch Verlierer. Zu ihnen gehörten viele der alteingesessenen Schweizer Transithandelsfirmen. Während im Ölgeschäft und im monopolisierten Ost-West-Handel hohe Gewinne möglich waren, kam der Handel mit agrarischen Rohstoffen aus Asien, Afrika und Südamerika zunehmend unter Druck. Mit der Unabhängigkeit hatten viele ehemalige Kolonien ihre Plantagen verstaatlicht. Die erhöhten Erdölpreise wurden auf die Frachtkosten abgewälzt. Und mit der Digitalisierung wurden Informationen schließlich derart schnell global verfügbar, dass jeder Informationsvorsprung gegenüber der Konkurrenz eliminiert wurde. Gleichzeitig weiteten sich die Geschäfte an den Terminbörsen aus – der Handel mit Derivaten versprach schnelle Renditen.[187]

Damit verloren die Handelsfirmen ihr Geschäftsprivileg. Wissen über Rohstoffqualitäten, Ernteaussichten, Trockenperioden, Lagerbestände und lokale Preisentwicklungen waren auf einmal nicht mehr entscheidend im Handel, sondern das Halten von profitablen Assets bei dünner Kapitaldecke, die richtige Wette auf die Entwicklung von Börsenkursen und der exklusive Zugang zu Förder- und Exportrechten in oft korruptionsanfälligen Ländern.[188] Das Internet ersetzte das Telex-Gerät, dieses seit einem halben Jahrhundert unverzichtbarste Instrument der Händler, und der Analyst, der vor dem Bildschirm sitzt, Daten auswertet und daraus ein Narrativ über die Zukunft fabriziert,[189] den reisenden Kaufmann alten Zuschnitts (wobei die Trader auch heute noch auf der Welt herumreisen und die Rohstoffe vor Ort besichtigen, bevor sie per Handschlag ein großes Geschäft abschließen).[190] Junge Trader, die in risikoreichen Geschäften, Spekulationen an der Terminbörse oder im Immobiliensektor eine glorreiche Zukunft witterten, traten an die Stelle einer älteren Generation konservativ agierender Kaufleute. Die achtziger und neunziger Jahre waren geprägt von »großen Hoffnungen und Visionen«, wie Andreas Reinhart festhielt, aber auch von »Gier, Angst, Enttäuschungen«.[191]

Erweiterungen des angestammten Geschäfts durch Beteiligungen an Industrie-, Bank- und Dienstleistungsunternehmen wechselten sich dabei in schnellem Takt mit Verkäufen, Verlusten und Insolvenz. Nach einer gezielten Diversifikation in den Finanzsektor verkaufte Volkart 1989 den Kaffeehandel an die Erb-Gruppe, verspekulierte sich mit Investitionen in überbewertete Liegenschaften und stieg 1999 aus dem Baumwollgeschäft aus. Die Firma hat heute, abgesehen von Beteiligungen, keine eigene Geschäftstätigkeit mehr. 2006 veräußerte Andreas Reinhart auch die Anteile am Suhrkamp Verlag, für dessen Gründung um 1950 Volkart 50000 D-Mark Startkapital zur Verfügung gestellt hatte.[192] Die Basler Handelsgesellschaft wurde 1977 Mehrheitsaktionärin der Warenhauskette Jelmoli. Die UTC-Gruppe, in eine Matrixstruktur nach Weltregionen und Sparten gegliedert, umfasste 1989 Geschäftsbereiche von Autozubehör über Bekleidung und Textilien, Bürokommunikation, Gastronomie, Haushaltgeräte, Kosmetik, Industrie-Elektronik, Uhren und Schmuck bis hin zum angestammten Rohstoffgeschäft.[193] Sie hatte 1990 noch 5700 Angestellte weltweit und war in 46 Ländern tätig.[194] 1998 wurde sie in eine Finanzholding ohne operative Tätigkeit umgewandelt. Die Wollhandelsfirma Simonius, Vischer & Co. schloss 2003 ihre Tore. Auch der Lausanner Getreidegigant André & Cie., der in über siebzig Ländern vertreten war, ging 2001 in Konkurs. Das verschwiegene Familienunternehmen musste seine Geschäfte im Ausland verkaufen; es blieb ihr einzig die Reederei Suisse-Atlantique mit Sitz in Renens. Das Firmenarchiv wurde nach dem Insolvenzverfahren zerstört, die eigene Handelsgeschichte ausgelöscht.[195] Nach wie vor im Transithandel tätig ist die Firma Reinhart, die bei ihrem angestammten Geschäft, dem Baumwollhandel, geblieben ist. Ebenfalls noch aktiv ist DKSH, die 2002 aus einer Fusion von Diethelm, Keller und Siber Hegner hervorgegangen ist. Sie hat sich auf Beratungsdienstleistungen für in Asien tätige Unternehmen spezialisiert.

Trotz eines radikal anmutenden Umbruchs gibt es aber auch Kontinuitäten. Händler wie Paul Meier und Willi Isenring, die in den siebziger Jahren für Volkart gearbeitet hatten (Meier hatte ab 1975 für Volkart den Kaffee-Terminhandel aufgebaut), waren stark involviert beim Aufbau neuer Märkte für Finanzderivate.[196] Sie wurden Mitglieder – Meier gar Vorsitzender – des 1980 gegründeten Derivateverbands Swiss Futures and Options Association (SFOA), einer bis heute weltweit führenden Plattform für Know-how in komplexen Finanzinstrumenten.[197]

Mitte der achtziger Jahre waren neunzig Prozent der in der Schweiz niedergelassenen Rohstoffhandelsfirmen Mitglied in der SFOA, die Kontakte zwischen Börsenkennern, Derivatehändlern und Finanzspezialisten vermittelte. Als Spezialisten im *hedging* konnten die Rohstoffhändler an den traditionellen SFOA-Treffen auf dem Bürgenstock in den Urner Alpen den internationalen Finanzspezialisten und Investoren Insiderwissen aus dem Futures-Markt mit Rohstoffen weitergeben. »In der frühen Phase dieses Bürgerstock-Treffens hatten Rohstoff-Futures wie Agrarerzeugnisse und Metalle interessanterweise ein großes Gewicht«, so William Brodsky, ab 1985 Chairman der London International Financial Futures and Options Exchange. Mit der Zeit habe sich das Gewicht bei den Treffen dann auf Finanztermingeschäfte verlagert.[198] 1982 wurde auf dem Bürgenstock der Aufbau eines Schweizer Börsenterminhandels beschlossen und 1988 nahm die Swiss Options and Financial Futures Exchange (SOFFEX) als weltweit erste vollelektronische Terminbörse ihre Geschäftstätigkeit auf.[199]

Parallel zum Finanzderivatehandel wuchs in der Schweiz der physische Handel. 1997 wurde die Unternehmenssteuerreform I angenommen, die ein Jahr später in Kraft trat. Sie schuf neue Privilegien für ausländische Holdings, unter anderem die Abschaffung der Kapitalsteuer beim Bund. Damit wurde eine Praxis bundesrechtlich legalisiert, die auf kantonaler Ebene längst wirksam war. Nach der Jahrtausendwende setzte das große Wachstum im Rohstoffsektor ein: Händler aus London, Rotterdam und Russland kamen in die Schweiz, Firmen wie Vitol, Gunvor, Trafigura, Mercuria und Transocean ließen sich in den Regionen Zug, Lugano und vor allem im Rohstoffmekka Genf nieder, wo eine Armada von Beratern, Anwälten, Revisionsfirmen, Financiers und Steuerexperten bereitstand, sie zu unterstützen.[200]

Diese letzte Expansion des Schweizer Transithandels war nicht mehr, wie noch im 19. Jahrhundert, eine geografische Expansion, sondern eine systemische. Wo Millionen von Menschen die Rohstoffe dieser Welt schürfen, anpflanzen und ernten, die dann von einigen Dutzend multinationalen Unternehmen auf der Welt verschoben werden, damit sie von Hunderten von Millionen Menschen wieder konsumiert werden können, ist Wachstum nur noch durch eine vertikale Integration der Firmen, durch eine lukrative Standortpolitik und durch die Exklusivität von Konzessionen und Konzernstrukturen möglich. In Ländern, in denen sich Ressourcenreichtum mit einer autokratischen Regierung, also einem »politischen Fluch« verbindet, gilt: Wer zahlt, gewinnt. In steuergünstigen Ländern wie der Schweiz gilt: Wer nicht zahlt, gewinnt auch. Die Divergenz von Waren- und Kapitalströmen sind im Zuge dieses Wandels von einem standortbedingten Signum kleinstaatlicher Handelsfirmen zu einem strategischen Prinzip global agierender Unternehmen geworden.

9. Eine Branche wächst inkognito

Wieso weiß man bis heute so wenig über den globalen Zwischenhandel? Aus der Unternehmensgeschichte und der Wirtschaftsgeschichte bestimmter Weltregionen gibt es zwar herausragende Forschung: So hat die Wirtschaftshistorikerin Keetie E. Sluyterman in *Dutch Enterprise in the Twentieth Century* die Business-Strategien großer multinationaler Unternehmen wie Philips, Shell und Unilever beleuchtet,[1] und Takeshi Hamashita, ein auf die Wirtschaftsgeschichte Asiens spezialisierter Historiker, hat in seinen Studien über die Handelsnetzwerke zwischen China, Japan, Indien und Europa unter anderem gezeigt, wie Hongkong im 19. Jahrhundert zu einem Transitort für Kapital, Waren, Migranten und Finanztransaktionen wurde.[2] Abgesehen von solchen Einzelstudien ist die Geschichte des globalen Zwischenhandels über Drittstaaten aber schlecht dokumentiert. Selbst in Ländern wie der Schweiz, die seit über 150 Jahren einen großen Transithandelssektor hat, entstand kaum ein Wissen über dieses Geschäft.

Ein Grund dafür liegt in der Geschichte der Statistik. Gerade die föderalistische Schweiz hinkte den anderen europäischen Ländern in Sachen Datenerhebung lange Zeit hinterher. Man brauchte ein halbes Jahrhundert, um eine zentrale Administration aufzubauen und erstmals rudimentäre Zahlen zum Außenhandel zu erheben. Nach der Gründung des Nationalstaats 1848 enthielten die Zolltabellen nur die Ergebnisse der Zollabfertigungen nach Gewicht oder Stückzahl, ohne nach Ländern zu unterscheiden, und ohne Wertangaben.[3] Im Oktober 1884 trat die Verordnung über eine neue Handelsstatistik in Kraft. Nun wurden die Ein- und Ausfuhr beziffert, wobei die Importwerte von einer Schätzungskommission bestimmt und die Exportwerte von den Exporteuren selbst deklariert wurden. Bis 1891 wurde der Lagerverkehr vom Spezialhandel (also vom Handel mit Waren, die zum Verbrauch oder zur Weiterverarbeitung importiert wurden) nicht getrennt. Überseegebiete wurden nicht einzeln, sondern in Gruppen aufgeführt, ganze Gebiete und Kontinente somit nur summarisch ausgewiesen.[4] Grenzüberschreitende Dienstleistungen und Kapitalströme wurden überhaupt nicht erfasst.

Trotz dieser lückenhaften Datenlage gab es früh Bemühungen, die Außenwirtschaft zu erforschen. Erste Schätzungen zur schweizerischen Zahlungsbilanz wurden von Traugott Geering und Walter Zollinger zu Beginn des 20. Jahrhunderts angestellt.[5] Sie stützten sich vor allem auf die Handelsbilanz, also die Einfuhr und Ausfuhr von Waren. Der Transithandel fiel nicht darunter, sondern wurde – zusammen mit den Einnahmen aus Kommissionsgeschäften, Lizenzen, dem »Fremdenverkehr« und dem Versicherungsgeschäft – in der Kategorie »aktive oder passive Arbeitsleistung« bzw. »Dienstleistungen an das Ausland« erfasst. Allerdings auch hier nur in der Form physischer Durchfuhr, als Lagergeschäft oder als Veredelungsverkehr, also wenn es sich um Re-Export handelte.[6] Der Kauf und Verkauf von Waren außerhalb des Territorialstaates war statistisch irrelevant.

Handel meinte also immer: Import und Export. In seiner *Wirtschaftskunde der Schweiz* betonte Traugott Geering 1902 die große Bedeutung des Handels für die Schweiz: »Zur Zeit bezieht die Schweiz für anderthalb Milliarden jährlich oder 430 Fr. per Kopf der Bevölkerung ausländische Waren und gibt für über eine Milliarde Erzeugnisse an das Ausland ab.«[7] Dieser hohe Außenhandel sei einzigartig, kein Land der Erde komme der Schweiz darin gleich. Die Niederlande und

Belgien hatten im Stichjahr 1906 zwar die größeren Außenhandelsziffern (1758 bzw. 863 Franken im Vergleich zu 729 Franken der Schweiz), die scheinbar höheren Handelsziffern der Niederlande enthielten aber »nicht nur die Einfuhr zum Konsum des eigenen Landes, sondern auch einen großen Teil des stark entwickelten holländischen Transits und Zwischenhandels, sowie die gemünzten Edelmetalle, lauter Elemente, die aus den offiziellen schweizerischen Spezialhandelsziffern ausgeschieden sind«, wie Geering erklärte.[8] Dasselbe gelte für Belgien, das mit Antwerpen ebenfalls einen großen Seehafen habe, über den der Transithandel nach anderen europäischen Ländern abgewickelt werde. Eliminiere man den holländischen und belgischen Re-Export aus der Zahlungsbilanz, sei die Schweiz das Land, das pro Kopf der Bevölkerung am meisten Waren importiere und exportiere. »Es gibt überhaupt kein Land, dessen Volkswirtschaft so innig mit dem Weltmarkt verbunden, so sehr von ihm abhängig ist, wie unser kleines Binnenland. Wohl die Hälfte ihres Gesamtbedarfs an Subsistenzmitteln aller Art bezieht die Schweiz vom Auslande, während sie anderseits etwa einen Drittel ihrer gesamten Güterproduktion nach dem Auslande abgibt.«[9]

Geering konnte nicht wissen, dass auch die Schweiz – wie Holland und Belgien – einen regen Transithandel aufwies, und dass aus dem Differenzgeschäft von Käufen und Verkäufen im globalen Handel namhafte Gewinne ins Land flossen. Im Gegensatz zu Holland und Belgien, deren Re-Export von Überseeware nach Europa über Rotterdam und Antwerpen abgewickelt wurde, tauchten die Warenströme in der Schweiz allerdings in keiner Statistik auf. Sie waren ein blinder Fleck. Statistisch gesehen war die Situation entsprechend paradox: Die Schweiz wies ein deutliches Handelsbilanzdefizit auf – also einen Importüberschuss –, bei gleichzeitig aktiver Zahlungsbilanz.[10] Es stellte sich die Frage, wie das Land die negative Handelsbilanz ausglich, woher also das Geld stammte, mit dem es seine Importe bezahlte. Bei einem Importüberschuss von 300 bis 500 Millionen Franken über den Export, mussten aus anderen Wirtschaftsbereichen namhafte Kapitalien in die Schweiz fließen.

In normalen Zeiten werde die Differenz zwischen Ein- und Ausfuhr »durch die Erträgnisse des Fremdenverkehrs, durch Zinseingänge aus fremden Werten und den Gewinn aus schweizerischen Unternehmungen im Ausland, aus Transaktionen im Valorenverkehr und zahllose kleinere mehr oder weniger verborgene Aktiva der schweizerischen Volkswirtschaft gedeckt«, so Geering. Für die zunehmende Differenz seit Mitte der achtziger Jahre des 19. Jahrhunderts wies er zudem »auf den außerordentlichen Krafteinsatz der Schweiz zur Ausnützung günstiger Konjunkturen des Weltmarktes und außerdem speziell zur Nutzbarmachung ihrer Wasserkräfte« hin.[11] Aber selbst wenn man die Einnahmen aus dem Tourismus, die Zinsen für im Ausland angelegtes Kapital, die Gewinne ausländischer Tochterunternehmen, das Ausnützen von Konjunkturschwankungen, den Wertpapierverkehr, die Selbstversorgung im Energiebereich und die Einnahmen aus Lizenzen für Schweizer Patente einberechnete, blieb der Ausgleich der Zahlungsbilanz rechnerisch spekulativ. Es drängt sich die Annahme auf, dass der Transithandel zu einem großen Teil für den Ausgleich in der Zahlungsbilanz verantwortlich war.

Die Wirtschaftshistorikerin Margrit Müller hielt 2012 fest, dass die Dienstleistungsexporte der Schweiz stets bedeutend höher gewesen seien als die Dienstleistungsimporte – im Gegensatz zum Warenhandel, wo die Importe überwogen. Sie unterschlägt bei diesen Dienstleistungsexporten allerdings den Transithandel und schreibt: »Die Dienstleistungsexporte bestanden hauptsächlich aus Leistungen des

Tourismus- und des Finanzsektors (Banken und Versicherungen).«[12]

Auch Jakob Tanner übernahm in seiner 2015 erschienenen *Geschichte der Schweiz im 20. Jahrhundert* die Außenhandelszahlen und die Argumentation von Geering. Die Schweiz habe sich die über ihre Exportkraft hinausgehenden Importe leisten können, »weil sie mit den (Dienstleistungs-) Überschüssen aus dem Tourismus, den Kapitalerträgen und anderen ›unsichtbaren‹ Einnahmen (aus Patenten, Lizenzen, Markenrechten etc.) ausreichend Aktivposten in der Leistungsbilanz« aufgewiesen habe.[13]

Das spiegelt eine lange Tradition statistischer Blindheit. Die Datenlage, mit der Wirtschaftswissenschaftler wie Traugott Geering und Walter Zollinger Anfang des 20. Jahrhunderts auskommen mussten, und die noch heute die Geschichtsschreibung bestimmt, ist dürftig. Die schweizerische Statistik leiste »auf dem Gebiete der wirtschaftlichen Tätigkeit« noch sehr wenig, schrieb Zollinger 1914. Er begründete das Defizit damit, dass sie »dem Grundsatze treu bleibt, nur weniges, aber zuverlässiges Material, zu liefern«.[14] Die fehlenden Kennziffern waren allerdings nicht nur einer übersteigerten Sorgfaltspflicht geschuldet, sondern eine direkte Folge des schwachen Staates. Der Wille, eine »Nationalstatistik« aufzubauen, war bei einzelnen Bundesräten nach der Nationalstaatenbildung zwar durchaus vorhanden. Es fehlten aber koordinierte Bemühungen.

Die statistische Herstellung der Nation war kein zentralistisch gesteuertes Unterfangen, sondern wurde weitgehend den Kantonen und der privaten Initiative überlassen. Die Schwierigkeit, in einem dezentral organisierten Staat überhaupt vergleichbare Daten zu sammeln, fiel bereits dem britischen Politiker und liberalen Publizisten John Bowring auf, der 1836 eine kleine Abhandlung über das Land verfasste.

Die Schweizer Konföderation bestehe in Tat und Wahrheit aus vierundzwanzig einzelnen Nationen, schrieb er, und sie seien nur durch das leichteste Band verbunden – »verbunden eher durch den unbeständigen Wandel eines gemeinsamen Vermögens über mehr als fünf Jahrhunderte hinweg, als durch irgend eine andere generelle oder nationale Verbindung«.[15]

Daran änderte sich auch mit der Gründung des Nationalstaats 1848 nicht viel, obwohl man sich bemühte, den geografischen Raum der Schweiz nun als Einheit darzustellen. Führend war in dieser Hinsicht vor allem die Kartografie. Zwischen 1845 und 1864 publizierte das 1838 in Genf gegründete Topographische Bureau (das spätere Bundesamt für Landestopografie) auf der Basis kantonaler Vermessungen die erste amtliche Gesamtkarte der Schweiz. Sie stellte das Gelände mittels Schraffur und Schattenplastik als dreidimensionalen Raum dar. An den Landesgrenzen brach das Relief ab. So entstand das Bild eines klar abgegrenzten nationalen Raumes mit diskreten, lokalisierbaren Orten; ein sich vom »Ausland« abhebender Behälter, den man aus der Vogelperspektive betrachten und somit auch – das implizierte der neue Blick aus der Distanz – als Einheit organisieren konnte.[16]

Für die Wirtschaftswissenschaftler war die Lage schwieriger. Was Geografen aus Linien und Flächen fabrizierten, ließ sich mit Statistiken und Kennziffern nicht so leicht herstellen: ein kohärentes Ganzes, das sich klar vom umliegenden Ausland abhob. Die Warenströme eines eng mit der Weltwirtschaft verflochtenen Landes waren schwer zu beziffern, vom Kapitalverkehr ganz zu schweigen. 1860 legte Bundesrat Giovanni Battista Pioda eine zwanzigseitige Botschaft vor, in der er umständlich die statistischen Instrumente zur »Auffassung und Darstellung der scheinbar regellos an uns vorüberziehenden Erscheinungen« vorstellte, aus denen dann entsprechendes Regierungswissen abgeleitet werden könnte.[17] Er beschrieb die statistischen Büros des Auslandes, verwies auf die internationalen statistischen Kongresse und hielt fest, dass die Schweiz leider mit der Entwicklung der amtlichen Statistik nicht habe Schritt halten können.[18]

1860 wurde schließlich das Eidgenössische Statistische Büro geschaffen. Es hatte eine Handvoll Mitarbeiter, war im internationalen Vergleich aber nur mit bescheidenen finanziellen Mitteln ausgestattet. Vor allem blieb es von der Bereitschaft der Kantone zur Zusammenarbeit abhängig, die ihrerseits häufig »kein besonderes Verständnis für die Bedürfnisse der Statistik an den Tag legten«, und weder über die personellen noch finanziellen Ressourcen verfügten, um statistische Erhebungen durchzuführen.[19] Zur Einfuhr wurde bis 1884 nur ein sogenanntes »Generaltableau« publiziert, ohne präzise Spezifikation der Waren. Von 1885 bis 1891 wurde das Land des letzten bzw. nächsten Umsatzes ausgewiesen. Ab 1891 verzeichnete die Handelsstatistik die tatsächliche Herkunft bzw. Destination der Waren, wobei zahlreiche Länder vor allem der südlichen Hemisphäre zu großen Ländergruppen zusammengefasst waren. Erst 1906 machte man die »Tropenzone« durch eine individuellere Erfassung der Einzelländer kenntlich.[20] Detaillierte Statistiken nach Art des Handels waren nicht greifbar, vom Dienstleistungsexport ganz zu schweigen.

Die Wirtschaftswissenschaftler, die sich Anfang des 20. Jahrhunderts bemühten, Zahlungsbilanzen zu erstellen, mussten deshalb in vielen Bereichen auf Schätzungen zurückgreifen. Zollinger unterschied – in Übereinstimmung mit den einschlägigen Publikationen zum Handel – zwischen Spezial-, Effektiv- und Generalhandel. Der Spezialhandel umfasste die direkte Ein- und Ausfuhr; die Durchfuhr, der Lagerverkehr und der internationale Zwischenhandel fielen nicht darunter.

Unter Effektivhandel verstand man den Gesamthandel mit dem Ausland, das heißt die direkte Einfuhr inklusive der Einfuhr auf Lager und den verzollten Zwischenhandel sowie die direkte Ausfuhr inklusive der Ausfuhr ab Lager (indirekter Transit) und den verzollten Zwischenhandel. Der Generalhandel war noch breiter gefasst. Er umfasste sowohl den Effektivhandel als auch den direkten Transit. Die Berechnungsmethoden waren nun so angelegt, dass man möglichst die »reinen« Spezialhandelsdaten erhielt, den Zwischenhandel also aus der Statistik eliminierte.[21]

Julius Landmann, der 1925 das Überblickswerk *Die schweizerische Volkswirtschaft* publizierte, führte den Trend fort, wirtschaftliche Zusammenhänge unter dem Aspekt der »Nationalökonomie« zu untersuchen, einen Staat also wie einen Betrieb zu modellieren, mit Einnahmen, Ausgaben, Investitionen und Gewinn, die in einer Bilanz zusammengefasst werden können. Auch Landmann wies im Abschnitt zur Handels- und Zahlungsbilanz auf die hohen Außenhandelsziffern von Holland und Belgien hin, die er einerseits mit ihrer für den Seeverkehr Europas zentralen Lage an den Mündungen des Rheins und der Schelde begründete, andererseits mit ihren (zumindest bis 1913) äußerst niedrigen Zolltarifen, die dazu führten, dass Transitware in Belgien und Holland leicht »naturalisiert« werden könne, womit ein nicht unerheblicher Teil des dortigen Transitverkehrs in den Handelsstatistiken der Vorkriegszeit nicht als Durchfuhr-, sondern als Spezialhandel ausgewiesen worden sei.[22]

»Dagegen ist die schweizerische Handelsstatistik seit Jahrzehnten mit peinlichster Genauigkeit darauf bedacht, den Transitverkehr auszuscheiden«, so Landmann. Was in der schweizerischen Statistik als Spezialhandel erscheine, setze sich auf der Einfuhrseite ausschließlich aus Waren zusammen, die zum Gebrauch oder zur industriellen Verarbeitung in der Schweiz bestimmt seien, und auf der Ausfuhrseite ausschließlich aus Waren, die in der Schweiz produziert wurden. Daraus wiederum leitete Landmann die Schlussfolgerung ab, die während des ganzen 20. Jahrhunderts prägend sein sollte für das Selbstbild der Schweiz: »Bei gebührender Berücksichtigung dieses Tatbestandes erscheinen die hohen Beträge des schweizerischen Außenhandels [...] nicht als Symptom eines hochentwickelten internationalen Handels- und Transitverkehrs, sondern als Symptom einer außerordentlich starken Industrialisierung, die in erster Linie die Ausfuhr, indirekt aber entsprechend auch die Einfuhr hoch ansteigen lässt.«[23] Kurz: die Schweiz als hochindustrialisiertes Land, nicht als Handelsnation.

Bei den Dienstleistungen, die Schweizer Firmen ans Ausland erbrachten, beschränkte sich Landmann auf den physischen Transitverkehr (vor allem via Gotthard), den zollfreien Veredelungsverkehr und die Versicherungen. Unter »sonstige Dienstleistungen« handelte er schließlich das Bankengeschäft und die Spediteure ab, wobei er immerhin auf die hohen Einnahmen in diesem Sektor hinwies: Aus der »kommissionsweisen Besorgung von Geschäften für Rechnung des Auslandes« habe sich in der Vorkriegszeit zugunsten der schweizerischen Zahlungsbilanz »ein Aktivum von einigen Millionen Franken ergeben«, zusammengesetzt in erster Linie aus dem internationalen Bankengeschäft (Vermögensverwaltung und andere Dienstleistungen für ausländische Kunden) sowie »zum Teil aus den Gewinnen schweizerischer Speditionsfirmen im internationalen Speditionsgeschäft«.[24]

Bis in die zwanziger Jahre wurde der Transithandel in den Wirtschaftsdaten für die Schweiz also entweder gar nicht erfasst, unter »übrigen Dienstleistungen an das Ausland« als Randphänomen abgehandelt oder sogar explizit aus den Handelsdaten eliminiert, damit man die reinen Ein- und Ausfuhrziffern erhielt. Resultat war eine paradoxe Situation: Während zahlreiche Schweizer Handelshäuser mit globalen Geschäften hohe Umsätze erzielten und im Geschäft mit Baumwolle, Wolle, Seide, Kakao, Palmöl und anderen agrarischen Rohstoffen zu den Großen der Welt gehörten, entstand in der Schweiz das Bild einer Nation, dessen enge wirtschaftliche Verflechtung mit dem Ausland allein auf die leistungsstarke, exportorientierte heimische Industrie zurückgehe. »Während man im Auslande und vornehmlich in Übersee diese schweizerischen Handelshäuser in ihrer großen Bedeutung kennt und zu schätzen weiß, hat in der Schweiz leider nur ein kleiner Kreis Interesse für sie und ihre Tätigkeit«, schrieb ein Transithändler 1937. Da diese Firmen vor allem im Ausland – und vorwiegend in Übersee – tätig seien, »kennt man naturgemäß wenig von der bedeutenden, sozusagen alle Wirtschaftsgüter vermittelnden Tätigkeit dieser Branche, die sich sowohl auf den Märkten der Erzeugungsländer, als auch auf denen des Rohstoffverbrauches geltend macht«.[25]

Ein ambivalentes Transparenzbedürfnis

Vorstöße, die Einkünfte aus Transithandelsgeschäften in der Zahlungsbilanz zu berücksichtigen, kamen nicht etwa von der Nationalbank oder einer Bundesbehörde, sondern von den Transithändlern selbst. Bereits die vom Transithandelsverband 1934 in Auftrag gegebene Enquête Mangold hatte zum Ziel, auf die volkswirtschaftliche Bedeutung des Transithandels hinzuweisen. »Zahlungsbilanzen sind, wie die Erfahrungen der letzten Jahre zeigen, viel unzuverlässiger, als man geahnt hatte«, schrieb Fritz Mangold in seinem Bericht. »Verhältnismäßig richtig sind die Angaben über den kontrollierten Warenverkehr und den Veredelungsverkehr. Alles übrige beruht auf Schätzung, und manches fehlt überhaupt.«[26] So finde man bei der letzten Schätzung zur Zahlungsbilanz des Vororts von 1928 folgenden Hinweis: »Internationales Handelsgeschäft, Soll = 0, Haben = 15 Millionen Franken.« Was darin genau einbezogen sei und ob mit diesem internationalen Handelsgeschäft der Transithandel gemeint sei, »entzieht sich unserer Kenntnis«.[27]

Nachdem Mangold konkrete Zahlen zum Transithandel vorgelegt hatte, wurde in der Schweiz erstmals über die Notwendigkeit einer amtlichen Zahlungsbilanz diskutiert. 1935 führte die Schweizerische Statistische Gesellschaft eine Zahlungsbilanz-Tagung durch, an der Vertreter aus Wissenschaft, Banken und Finanzpolitik teilnahmen. »Über die Auslandanlagen und Auslandverpflichtungen der Banken ist die Nationalbank seit einiger Zeit orientiert«, so Ernst Ackermann, der Chef des Statistischen Büros, in seinem Beitrag. »Aber all das, was sich außerhalb der schweizerischen Banken abspielt – und es ist ein nicht geringer Teil des Verkehrs –, entzieht sich der Kenntnis der Notenbank.«[28] Zu den ausländischen Kapitalanlagen gehörten Guthaben in ausländischen Währungen, Wechsel, Schecks, Bankguthaben und kommerzielle Forderungen, Wertpapiere, Hypotheken, Immobilien und Grundstücke sowie Beteiligungen an im Ausland domizilierten Unternehmungen, und damit alles, was die Schweizer Transithändler im Ausland an Werten besaßen.

Die Nationalbank, die seit Jahren bemüht war, den Kapitalverkehr zu erfassen, fokussierte ihrerseits ausschließlich auf die Banken. Eine erste Besprechung mit Vertretern der Bankenwelt in Sachen Kapitalexport war 1929 ergebnislos geblieben. Die Banken fürchteten um ihr Bankgeheimnis und gaben bekannt, dass sie niemals ausführlich Auskunft über ihren Kapitalverkehr mit dem Ausland geben könnten. Bis 1935 hatte sich allerdings einiges getan: Die Banken erstellten nun Zwischenbilanzen und füllten jährlich einen Fragebogen der Nationalbank aus. »Die Nationalbank ist sich bewusst, dass das Ausfüllen der vielen Formulare für die Banken keinen geringen Arbeitsaufwand darstellt«, so Ackermann. »Allein die Ereignisse der letzten Jahre und Monate haben den Beweis erbracht, dass der Kenntnis der Zahlungsbilanz und des Kapitalverkehrs im besondern nicht nur theoretische, sondern auch praktische währungs- und bankpolitische Bedeutung zukommt.«[29]

Der Bankverkehr allein gebe aber nicht genügend Aufschluss über den Kapitalverkehr, denn ein erheblicher Teil dieses Verkehrs gehe gar nicht über die schweizerischen Banken. Dass es wirtschaftspolitisch von Interesse sein müsste, auch den Kapitalexport und -import der Unternehmen zu erfassen, darüber herrschte nach der Konferenz von 1935 Konsens. Mit Beschluss vom 10. März 1936 beauftragte der Bundesrat das Eidgenössische Statistische Amt erstmals mit der Erstellung einer Zahlungsbilanzstatistik.[30] An der statistischen Praxis änderte sich allerdings nichts, die transnationalen Geldflüsse blieben weiterhin im Dunkeln. Der Bundesratsbeschluss wurde nicht umgesetzt, die Banken hatten ihre Mitwirkung verweigert.

Das Fehlen einer Zahlungsbilanz war für die Transithändler immer dann problematisch, wenn sie sich wirtschaftspolitisch benachteiligt fühlten. Als die Schweiz nach dem Zweiten Weltkrieg mit Argentinien ein Handelsabkommen abschloss, das für argentinische Waren eine Verwendungspflicht in der Schweiz vorsah (was den Transithandel diskriminierte); als indirekte Exportgeschäfte ab Schweizer Transitlager, wo die Handelsfirmen während des Krieges Waren eingelagert hatten, unter die Vorschriften über Höchstpreise und Höchstmargen gestellt wurden; und als der Bund schließlich die multilaterale Rekonversion einschränkte, wurde das Desiderat einer Zahlungsbilanz, die das Gewicht des Schweizer Transithandels auswies, wieder aktuell.[31]

Adolf Fischer-Simonius, Inhaber der Basler Wollhandelsfirma Simonius, Vischer & Co. und damals Präsident des Transithandelsverbands, stellte 1946 nach langen Diskussionen mit dem Präsidenten der Schweizerischen Nationalbank frustriert fest, dass »die maßgebenden Herren mit den Bedürfnissen und Anforderungen des internationalen Handels nicht vertraut sind«.[32] Dem galt es, Abhilfe zu schaffen. Im März 1948 fragte der Transithandelsverband Professor Valentin Wagner, der 1937 von Mangold die Leitung des Schweizerischen Wirtschaftsarchivs übernommen hatte, ob er bereit wäre, für ihren Jahresbericht einen Beitrag über aktuelle Fragen der schweizerischen Zahlungsbilanz zu verfassen. »Wir würden es sehr begrüßen, wenn Sie bei dieser Gelegenheit auf das bedauerliche Fehlen einer zuverlässigen Zahlungsbilanz aufmerksam machen würden.«[33]

Wagner stellte sich zur Verfügung, und so begann der Jahresbericht über das Jahr 1947 mit einer längeren Einführung zur Bedeutung des Transithandels für die schweizerische Wirtschaft der Nachkriegszeit. Dass die negative Handelsbilanz in den vergangenen Jahren habe ausgeglichen werden können, sei möglicherweise der »Repatriierung schweizerischer Auslandsanlagen« und dem »Zustrom ausländischen Kapitals« geschuldet gewesen und habe mit der laufenden Waren- und Dienstleistungsbilanz nichts zu tun.[34] Die glänzende währungstechnische Lage der Nationalbank solle also nicht darüber hinwegtäuschen, dass die Deckung des Einfuhrüberschusses nicht selbstverständlich sei. Heute müsse ein »mehrfach größeres Einfuhrdefizit« als früher gedeckt werden, gleichzeitig seien die Einnahmen aus den ausländischen Kapitalanlagen erheblich zurückgegangen. Der Ausgleich sei nur möglich, wenn der Posten der »übrigen Dienstleistungen«

im Vergleich zur Vorkriegszeit »sehr viel höher« sei.[35] Namentlich die Einnahmen aus dem Transithandel seien seit der Erhebung von Mangold beträchtlich gestiegen.

Die Transithändler machten sich für eine detaillierte Statistik stark. Sie solle »nicht nur einige globale Ziffern über die Saldi der Warenbilanz, der Kapitalerträge, des Fremdenverkehrs und der ›Übrigen Dienstleistungen‹« enthalten, sondern es müsse alles darangesetzt werden, »den letzten Posten in seine Komponenten aufzugliedern, um die Anteile des Transithandels, des Bankgeschäftes und der Versicherungen zu kennen«. Eine derart genaue Untersuchung der einzelnen Faktoren werde »die große Bedeutung des Transithandels« klar zutage treten lassen.[36] In einer Aktennotiz von 1948 schätzten die Firmen den Beitrag des Transithandels an die Zahlungsbilanz auf »ca. 100 Millionen« Franken.[37]

Aufseiten der Industrie gab es allerdings Widerstand. Der Vorort des Schweizerischen Handels- und Industrievereins teilte den Transithändlern in einer kritischen Stellungnahme mit, dass die Schweiz überhaupt kein Interesse daran habe, eine »allzu genaue Zahlungsbilanz« zu veröffentlichen. Das ziemlich schwache Argument, dass die von anderen Staaten veröffentlichten Zahlungsbilanzen nicht immer vertrauenswürdig erscheinen, fanden die Transithändler wiederum kein hinreichendes Kriterium, um auf eine solche Bilanz zu verzichten.[38] Dem pflichtete Valentin Wagner bei. Es stehe außer Frage, dass eine Zahlungsbilanz nicht nur für die Wissenschaft, sondern vor allem auch für die Praxis außerordentlich wertvoll und nützlich sei. Die Behauptung des Vororts, dass der Bundesratsbeschluss von 1936 an der »Komplexität des Problems« gescheitert sei, stimme nicht; er sei an der fehlenden Mitwirkung der Banken gescheitert. Wagner war überzeugt, dass die Banken die Gefahren, die ihnen von einer Zahlungsbilanz drohten, gewaltig überschätzten.[39] Die »Geheimniskrämerei« der Schweiz sei kontraproduktiv. Zahlungsbilanz-schätzungen würden ohnehin vorgenommen, die Amerikaner beispielsweise verfügten über »eine sehr große Zahl außerordentlich versierter Fachleute auf diesem Gebiete«, und es sei klar, dass dort Schätzungen vorgenommen würden. Fehle eine offizielle amtliche Statistik, so glaube man im Ausland bloß, dass die Schweiz etwas verbergen wolle.[40]

Nicht haltbar sei auch die Behauptung des Vororts, dass die Voraussetzungen für das Erstellen einer Zahlungsbilanz-statistik in der Schweiz anders seien als in den meisten ausländischen Staaten. »Es ist heute große Mode und gilt als der Gipfel diplomatischer Geschicklichkeit, in allen außenpolitischen und außenwirtschaftlichen Fragen mit dem Argument der ›Sonderstellung der Schweiz‹ zu operieren.« Wenn man auch in bestimmter Hinsicht mit Recht auf die Sonderstellung der Schweiz hinweisen könne, so gelte das nicht auf der ganzen Linie, und tatsächlich beginne die Wirksamkeit dieses Arguments »mehr als zweifelhaft« zu werden.[41] Die These des Vororts, die internationalen Zahlungsbilanzen seien ein »Steckenpferd der Planwirtschafter aller Schattierungen«, sei, freundlich ausgedrückt, eine leichtfertige Behauptung. Weder der Schweizerische Bankverein noch der Vorort, die in den zwanziger Jahren Zahlungsbilanzschätzungen vorgelegt hatten, weder der liberale Ökonom Gottfried Haberler, der in seinem Handbuch zum internationalen Handel detaillierte Ausführungen zur Zahlungsbilanz mache, noch die von den Republikanern regierten USA stünden unter Planwirtschaftsverdacht. Die amerikanischen Wirtschaftskreise zeichneten sich im Gegenteil durch eine »Unbefangenheit und Großzügigkeit« in der Bereitstellung von statistischem Zahlenmaterial aus, die gemessen an den Schweizer Verhältnissen »ganz unglaublich wirkt«.[42]

Ab 1947 veröffentlichte die Schweizerische Nationalbank

in ihrem Jahresbericht erstmals Schätzungen zur Zahlungsbilanz. Dass der Transithandelsverband 1953 erneut eine große Enquête über die eigene Branche in Auftrag gab – diesmal bei Emil Gsell, Professor an der Handelshochschule St. Gallen und Vorsteher des Instituts für Außenwirtschafts- und Marktforschung –, spricht nicht dafür, dass sich die Transithändler in diesen Zahlen adäquat repräsentiert sahen. Gsell bereitete einen Fragebogen vor, den 48 Firmen schließlich ausfüllten. Der Enthusiasmus und die Kooperationsbereitschaft der Transithändler waren diesmal deutlich geringer als bei der Enquête Mangold, obwohl Diskretion im Umgang mit den erhobenen Daten auch 1953 oberstes Gebot war.[43]

An einer Veröffentlichung des erhobenen Zahlenmaterials waren die Transithändler auf einmal nicht mehr interessiert. Im Zuge der zunehmenden Liberalisierung der Märkte und des erleichterten Kapitaltransfers für Dienstleistungsexporte im Rahmen der Europäischen Zahlungsunion hatten ihre Transparenzbedürfnisse rasant abgenommen. Zahlreiche Länder hatten 1953 ihre Einfuhren liberalisiert. Eine hundertprozentige Liberalisierung war zwar nicht durchzusetzen, aber seit Mai 1953 mussten die Mitgliederstaaten der Zahlungsunion die Aufrechterhaltung mengenmäßiger Einfuhrbeschränkungen periodisch vor einem Forum der OEEC rechtfertigen, was einen zusätzlichen Abbau von Handelsschranken nach sich zog.[44] Das Geschäft der Transithandelsfirmen lief gut, weitere staatliche Interventionen schienen unnötig, und damit war für sie auch ein Publikmachen ihrer Einnahmen obsolet geworden, oder eher: gar nicht mehr erwünscht.

Die Umfrage von Professor Gsell sollte denn auch »weniger statistische Zwecke verfolgen, sondern vor allem die lebendige Entwicklung des schweizerischen Welthandels zeigen«, wie der Verband im März 1954 festhielt.[45] An keiner

Stelle seines fünfzigseitigen Manuskripts machte Gsell konkrete Angaben zu den Einkünften aus Transithandelsgeschäften. Lediglich die Umsätze erwähnte er: Sie lagen für die 48 Firmen 1953 bei knapp zwei Milliarden Franken. Für den gesamten Transithandel schätzte Gsell sie aufgrund »aller zur Verfügung stehenden Erkenntnisquellen« auf fünf Milliarden Franken – und damit etwa gleichauf mit der gesamten Exportindustrie.[46] Der Bericht erschien in Auszügen schließlich im Jahresbericht von 1955. Von einer eigenständigen Publikation sah man ab.

Statt konkretes Zahlenmaterial vorzulegen, pries Gsell die Großkaufleute als Individualisten, »die nach Unabhängigkeit und Selbständigkeit trachten und auf ihre eigene Kraft und Intelligenz vertrauen«, weshalb dem Welthandel noch heute etwas vom Pioniergeist der alten Kaufleute und Seefahrer anhafte.[47] Der Kaufmann verkörpere die unternehmerischen Merkmale der liberalen Verkehrswirtschaft im höchsten Grad. »Die primitive Rechenhaftigkeit des mittelalterlichen Krämers ist hier gesteigert zu höchster wirtschaftlichen Rationalität, einem steten Abwägen von Risiken und Chancen der verschiedensten Alternative.«[48] Eine hohe geistige Beweglichkeit und eine »gewisse Intuition für die Realität« gehörten zu einem erfolgreichen Kaufmann.[49] Worin genau diese geistige Beweglichkeit und die Intuition für die Realität bestanden, führte Gsell nicht aus.

Die Lücke in der Welthandelsmatrix

Mitte des 20. Jahrhunderts kam der Wille zum Wissen nicht aus der nationalstaatlichen Statistik und auch nicht mehr von der Branche selbst, sondern aus einer internationalen Wirtschaftswissenschaft, die sich zunehmend mathematisierte.

In der Nachkriegszeit wurde das Bruttoinlandsprodukt (BIP) zu einem potenten Instrument, mit dem man – unter Vernachlässigung der äußerst heterogenen Berechnungsgrundlagen – performative Unterschiede zwischen einzelnen Ländern evident machen konnte, was es ermöglichte, die Welt aufgrund dieser Unterschiede nach Wohlstandskategorien zu ordnen.[50] Innerhalb der OECD wurde das BIP zur Referenz, um die Wirtschaftsleistung eines Landes im zeitlichen Verlauf zu analysieren. Die Weltwirtschaft wurde also geografisch neu geordnet, auf der Basis politischer Gebilde nach dem Zuschnitt der Nation. Und sie wurde zeitlich neu geordnet, nach Wachstumsverläufen, die zunehmend normativen Charakter erhielten. Die aus diesem neuen Zahlenmaterial abgeleiteten Wachstumskurven und Wachstumsprognosen scheinen uns heute so selbstverständlich, dass sie nicht mehr als Effekt, sondern als Grundlage des damit aufgekommenen Wachstumsparadigmas gelesen werden.

Parallel zur Nationalbuchhaltung, mit der man die Wirtschaftsleistung einzelner Länder international vergleichbar machte, entstand die Vision einer Darstellung des globalen Handels in einer Art Matrix, die sämtliche Waren- und Kapitalexporte aller Länder miteinander verrechnen würde. Eine solche groß angelegte Welthandelsbuchhaltung würde darüber Auskunft geben, wer wem was exportierte, wer wo was einkaufte und wer wem wie viel wofür bezahlte.[51] Erst wenn man über sämtliche Transaktionen Bescheid wüsste, wäre es möglich, für den internationalen Handel fundiertes Regierungswissen zur Verfügung zu stellen.

Insbesondere in den USA, die nach dem Zweiten Weltkrieg zur wirtschaftlichen Weltmacht aufgestiegen waren, hatte sich die Erkenntnis durchgesetzt, dass eine Änderung der nationalen Wirtschaftspolitik nicht nur Binneneffekte zeitigte, sondern unmittelbare Auswirkungen auf den Warenverkehr zahlreicher anderer Länder hatte. Die internationale Wirtschaft sei ein komplexes Netzwerk aus wechselseitigen Warenströmen, Kapitalverschiebungen und Zahlungsausgleichen, wie ein Mitarbeiter des Internationalen Währungsfonds 1967 schrieb. »Sie ist ein System, in dem binneninduzierte Änderungen des Einkommens, der Preise und anderer ökonomischer Kräfte in einem Land die Wirtschaftstätigkeit in anderen Ländern beeinflussen, die diese Änderungen dann wiederum auf alle anderen und auf das Ursprungsland übertragen.«[52] Diese Weltwirtschaft, die man sich nun nicht mehr als simples arbeitsteiliges Verfahren, sondern als eine Art kybernetisches System mit Rückkoppelungseffekten imaginierte, stellte die Wirtschaftspolitik vor völlig neue Herausforderungen. Statistische Welthandelsmodelle, die den gesamten Kapital- und Warenverkehr erfassten, sollten es möglich machen, die Auswirkungen der Wirtschaftspolitik einzelner Länder im globalen Maßstab zu analysieren und unter Berücksichtigung ihrer Wirkungen und Rückwirkungen politisch zu justieren.

Bedingung für solche Welthandelsmodelle war, dass man statistische Daten aller Länder aggregierte und standardisierte. Den Auftakt für vergleichende Studien des Welthandels machte der Völkerbund. In einer Studie, die 1942 unter dem Titel *The Network of World Trade* publiziert wurde, versuchte man damals herauszufinden, ob der Welthandel in der Zwischenkriegszeit vor allem durch die ungleiche Verteilung natürlicher Ressourcen bestimmt wurde oder ob er von anderen Faktoren abhing.[53] Dafür teilten die involvierten Ökonomen die Welt in siebzehn große geografische Einheiten ein (wobei sie die Sowjetunion wegließen) und verglichen deren Handelsdaten von 1928, 1935 und 1938. Die Erkenntnisse waren beschränkt, stützten aber ein paar Vermutungen. Die Studie kam zum Schluss, dass die Wirtschaftsaktivität der industrialisierten Länder den Handel der nicht industrialisierten Länder determiniere, dass also ein einseitiges Abhängigkeitsverhältnis bestehe. Und sie stellte fest, dass das reibungslose Funktionieren der internationalen Handelsnetzwerke eng an das Funktionieren der Finanzmärkte gekoppelt war.[54]

Ab 1950 wurde das 1920 gegründete National Bureau of Economic Research, eine private Forschungsorganisation in New York, zum tonangebenden Akteur beim Erheben von internationalen Handelsdaten. Zwischen 1950 und 1954 arbeitete man dort unter der Leitung von Herbert Woolley an einer Zusammenstellung der Transaktionsmatrizen von 75 Ländern, die ins Ausland Zahlungen für Waren, Dienstleistungen und Kapital getätigt hatten. Es war ein enormes Unterfangen, eine Art Simulation im Maßstab 1:1, mit dem Ziel, »Hypothesen über das Verhalten der Weltwirtschaft zu testen«.[55] 1954 erhielt das Büro zusätzliches Geld von der Ford Foundation, um die gesammelten Daten in einer Studie zum Welthandel und zum internationalen Zahlungsverkehr zu verarbeiten. Bereits das Erfassen von Daten hatte allerdings zu mathematischen Problemen geführt, oder wie Woolley es ausdrückte: »Unsere Bemühungen, einen Datensatz der Warengeschäfte zwischen fünf Weltregionen für die vier Jahre 1950 bis 1953 zu konstruieren, offenbarte ein beständiges Muster der Divergenz zwischen den Daten der Käufer- und denen der Verkäuferländer.«[56]

Die USA und Kanada (die zu einer Region zusammengefasst worden waren) kauften permanent mehr aus der Sterlingzone (also von jenen Ländern, die nach dem Zusammenbruch des Goldstandards 1931 ihre Währungen an das britische Pfund gebunden hatten), Lateinamerika und den osteuropäischen Ländern, als diese umgekehrt in die USA und Kanada exportierten. Jede Region vermeldete, mehr in die »Nonsterling«-Länder der Europäischen Zahlungsunion verkauft zu haben, als jene gekauft zu haben angaben. Umgekehrt vermeldeten »Nonsterling«-Länder der Europäischen Zahlungsunion mehr verkaufte Waren in die Sterlingzone, in die USA und nach Lateinamerika, als die jeweiligen Partner auf der Importseite importiert zu haben angaben.[57] Kurz: Die Arithmetik ging nicht auf. Da die Analyse sich auf einen Zeitraum über vier Jahre erstreckte, konnten Schwankungen aufgrund divergierender Datenerfassung und -übermittlung ausgeschlossen werden. Die Differenzen wiesen eher darauf hin, so der Schluss der Arbeitsgruppe, dass ein statistisch relevanter Anteil des Welthandels nicht direkt zwischen Exportländern und Importländern abgewickelt wurde, sondern indirekt – über Drittstaaten.[58]

Um diesen indirekten Handel, der im statistischen Niemandsland verloren ging, sichtbar zu machen, wurde der Ökonom Robert Lichtenberg mit einer zusätzlichen Studie beauftragt. Er publizierte die Ergebnisse 1959 unter dem Titel *The Role of Middleman Transactions in World Trade*. Die Datenlage war schwierig, da das Manual zur Zahlungsbilanz, das der Internationale Währungsfonds 1950 herausgegeben hatte, davon ausging, dass Handelsgeschäfte immer von lokal ansässigen Akteuren getätigt werden, auch wenn sie Tochterfirmen ausländischer Unternehmen waren. Diese Annahme sei eine Fiktion, so Lichtenberg, die Fiktion nämlich, dass Geschäfte im internationalen Handel *at arm's length* abgewickelt würden – zwischen unabhängigen Partnern.[59] Die Zwischenhändler aufzuspüren, wenn bereits die Empfehlungen zur Zahlungsbilanz des IWF davon ausgingen, dass es sie gar nicht gab, war kein leichtes Unterfangen. Im Gegensatz zur bisherigen Lehrmeinung ging Lichtenberg nicht mehr davon aus, dass ein Großteil des Zwischenhandels Wiederausfuhr betraf. Er wollte die Möglichkeit einbeziehen, dass dieser Handel über Intermediäre lief, die die Ware zwischenzeitlich besaßen, ohne dass sie in das Land kamen, in dem diese Firmen ihren Sitz hatten: das sogenannte *offshore merchanting*.

Da dieser Transithandel statistisch nicht erfasst wurde, musste Lichtenberg einen Trick anwenden. Er suchte nach Ländern, die in ihren Handelsstatistiken beim Import sowohl das Ursprungsland erfassten (zum Beispiel Indonesien) als auch das Land, in dem die Firma ihren Sitz hatte, von der die Ware gekauft wurde (zum Beispiel Holland). Überall dort, wo die beiden Angaben nicht übereinstimmten, hatte man es mit einem Zwischenhändler zu tun. Lichtenberg fand insgesamt sieben Länder, die ihre Statistiken mit dem nötigen Doppeleintrag führten: Dänemark, Deutschland, Norwegen, Schweden, Finnland, Jugoslawien und Kolumbien. Das war ein zufälliges, bunt zusammengewürfeltes Grüppchen, dessen statistische Daten nicht repräsentativ für den ganzen Welthandel waren, das es aber erlaubte, gewisse Rückschlüsse über den Anteil des indirekten Handels am Welthandel zu ziehen.

Die Analyse der Importdaten dieser Länder führte dazu, dass man das Bild, das man sich vom Welthandel bisher gemacht hatte, revidieren musste. Lichtenberg rechnete aus, dass in seinem Datensatz etwa 15 Prozent des gesamten Handels nicht direkt, sondern indirekt über Drittstaaten abgewickelt wurden, und das in einer Zeit ausgeprägter Kapitalverkehrskontrollen. Im globalen Handel schien es also zahlreiche Beteiligte zu geben, die Waren nicht importierten oder exportierten, sondern zwischen Anbietern und Abnehmern außerhalb ihres Domizils vermittelten – ein Geschäft, für das der Nationalstaat, diese zentrale Referenzgröße der Wirtschaftsstatistik, irrelevant war. Die zweite Überraschung betraf die Zwischenhändlerstaaten. Es war eine überschaubare Gruppe, der indirekte Handel konzentrierte sich auf einige wenige Staaten, in denen dieses Geschäft dominierte. Zu ihnen gehörten – wenig erstaunlich – die imperialen Mächte. Sie hatten den nominal größten Anteil am erhobenen Transithandel, wobei vor allem Rohstoffe aus den Kolonien via europäische Metropolen weiterverschifft wurden.[60] Gleich hinter ihnen folgte allerdings in knappem Abstand eine Handvoll Kleinstaaten.

Großbritannien war mit Abstand das wichtigste Zwischenhandelsland in Lichtenbergs Studie. Von hier bezogen die untersuchten Länder 46,8 Prozent ihrer gesamten Importe, die sie über einen Drittstaat und nicht direkt aus dem Ursprungsland kauften.[61] Sieben weitere Länder waren signifikant am Zwischenhandel beteiligt: die USA, Frankreich, die Niederlande, Belgien, die Schweiz, Dänemark und Schweden.[62] Die USA stellten 15,5 Prozent, Frankreich 9,4, die Niederlande 7,8, Belgien 5,4 und die Schweiz an sechster Stelle 3,6 Prozent des erhobenen Transithandels in Lichtenbergs Datensatz. Betrachtet man die nominellen Werte der transitierten Waren im Verhältnis zur Bevölkerungszahl, führt Großbritannien die Tabelle immer noch an (mit einem Anteil von 13,4 Dollar pro Kopf der Bevölkerung), dicht gefolgt von der Schweiz (11,3 Dollar), den Niederlanden (11,2 Dollar) und Belgien (9,1 Dollar).[63]

Die von Lichtenberg erhobenen Daten sind natürlich nicht repräsentativ. Da mit Dänemark, Norwegen, Schweden, Finnland und Deutschland vor allem nordeuropäische Länder eine doppelte Statistik führten, sind deren Transitlieferanten überrepräsentiert, während die USA als Haupttransitland für lateinamerikanische Länder unterrepräsentiert ist, da dort bloß von Kolumbien verwertbare Daten vorlagen. Ebenfalls nicht berücksichtigt wurden der beträchtliche Transithandel via Schweiz in die USA und die Sowjetunion oder die Rolle asiatischer Transitländer – insbesondere der britischen Kolonie Singapur im asiatischen Zwischenhandel. Die Studie zeigte jedoch, dass die globale Warenwirtschaft nicht einer nationalstaatlichen Logik folgte, sondern dass der Warentransfer von zahlreichen Firmen als globales Geschäft betrieben wurde. Den tatsächlichen Umfang und die Wege dieses Transithandels konnte man mit den vorhandenen Daten nicht ermitteln.

Erst 2009, in der sechsten Auflage seines Manuals zur Zahlungsbilanz, empfahl der IWF, die Profite aus Transithandelsgeschäften als Nettoausfuhr von Gütern *under merchanting* separat aufzuführen.[64] Die Schweizerische Nationalbank passte ihre Zahlungsbilanz 2014 entsprechend an. Einnahmen aus dem Transithandel werden seither nicht mehr bei den Dienstleistungen ausgewiesen, sondern beim Warenverkehr.[65]

Der mathematische Blick

Die Unsichtbarkeit des Transithandels hatte nicht nur strukturelle Gründe, sie war nicht nur ein statistischer blinder Fleck. Sie hatte auch etwas mit den Vorstellungen zu tun, die man sich vom Wirtschaftsgeschehen machte. Mit dem Aufkommen der neoklassischen Theorie im ausgehenden 19. Jahrhundert untersuchte man das Wirtschaftsgeschehen immer weniger da, wo es real stattfand – in konkreten Transaktionen und gesellschaftlichen Beziehungen –, und begann es stattdessen in Modellen darzustellen, es also zu mathematisieren. Die Modelle basierten auf bestimmten Grundannahmen und Abstraktionen, unter anderem auf der Annahme eines Homo oeconomicus, also eines fiktiven Wirtschaftssubjekts, das rational handelt und angesichts von Alternativen immer diejenige wählt, die der eigenen Nutzenmaximierung dient.[66] Man ging von der Substituierbarkeit von Produktionsfaktoren und von einer Selbstregulierung des Wirtschaftssystems durch die »unsichtbare Hand« aus.[67]

Der Vorteil dieser »Verwissenschaftlichung des Sozialen« lag darin, dass man nun mit standardisierten wirschaftlichen Prozessen rechnen und somit gewisse Voraussagen machen konnte. Wirtschaftliches Handeln wurde verallgemeinerbar. Der Nachteil der Abstraktionsleistung lag in der Elimination der real existierenden Wirtschaftsbedingungen. In einem Modell, das von allem Politischen, Strategischen und Irrationalen – von persönlichen Neigungen, von Kooperation, Absprachen, Schicksalsschlägen, von ungleich verteilter oder fehlender Information etc. – befreit ist, ist der Handel nur noch ein *missing link* zwischen Angebot und Nachfrage.

Es entstand die Vorstellung eines sich selbst regulierenden Wirtschaftsgeschehens – eines Marktautomatismus. Der im Modell simulierte Markt entsteht aufgrund vorhandener Angebots- und Nachfragelagen scheinbar spontan. Er wird durch den Preismechanismus gesteuert: Im Idealfall, das heißt bei freiem Warenverkehr, homogenen Gütern und gleichermaßen informierten und rational handelnden Akteuren, ergeben sich die adäquaten Preise für Güter im Schnittpunkt von Angebots- und Nachfragekurven von selbst. Die Produktion eines Gutes erzeugt ab einem bestimmten Angebot eine Marktsättigung, die zu einem sinkenden Grenznutzen des Gutes führt und damit zu sinkenden Preisen, die wiederum einen Produktionsrückgang einleiten. Es entsteht, so die Theorie, ein selbstreguliertes Gleichgewicht.[68] »Das normale Wirtschaftssystem arbeitet für sich selbst«, schrieb der britische Politiker und Journalist Sir Arthur Salter 1921. »Für seinen aktuellen Betrieb steht es unter keiner zentralen Kontrolle, es braucht keine zentrale Überwachung. Über das ganze Spektrum menschlicher Tätigkeit und menschlicher Bedürfnisse hinweg wird das Angebot der Nachfrage angepasst, und die

Produktion der Konsumption, durch einen Prozess, der automatisch, elastisch und reaktiv abläuft.«[69]

Der Handel als Tätigkeit ist in diesem Modell zwar notwendig, er ist wegen seiner vom Markt vorgegebenen zwingenden Notwendigkeit wirtschaftstheoretisch aber vernachlässigbar. Kaufleute und Handelsfirmen erwerben Waren, versichern, lagern und transportieren sie, um sie dann dort wieder zu verkaufen, »wo sie gebraucht werden«. Der Handel ist aus dieser Sicht – im Gegensatz zur Industrie – nicht innovativ. Er bringt nichts hervor. Er ist ein bloßes Gleitmittel im großen Betrieb namens Wirtschaft.

Paradoxerweise scheinen gerade die technische Hochrüstung des Handels und die globale Ausdehnung des Warenverkehrs im 19. Jahrhundert sein Verschwinden in der ökonomischen Theorie gefördert zu haben. Mit den neuen Eisenbahnlinien, mit dampfbetriebenen Hochseeschiffen, Telegrafenverbindungen und schnell kommunizierten Börsenkursen schien ein gleichmäßiger Warenstrom über geografische und soziale Grenzen hinweg in einem Ausmaß gewährleistet, das es erlaubte, die entsprechende Infrastruktur und die konkrete kaufmännische Tätigkeit als gegebene Voraussetzungen aus der Gleichung zu eliminieren. Denselben Effekt hatten Freihandelsabkommen, auch wenn sie aufgrund nationaler Interessenpolitik abgeschlossen wurden und keine Verwirklichung des Ideals einer ungehinderten Zirkulation von Gütern waren. In der neoklassischen Theorie übernahm der Preismechanismus die Koordination der Warenströme. Händler, Unternehmer und Manager wurden zu ausführenden Beamten degradiert. Damit verschwand die transformative, schöpferische Kraft des Warenhandels aus dem Blickfeld der Wirtschaftswissenschaften.[70] Sie musste später mit einem Neologismus aufwändig wieder in die Theorie integriert werden: 1991 erhielt der US-amerikanische Ökonom

Ronald Coase für seinen »Transaktionskostenansatz«, den er bereits 1937 in seinem Aufsatz »The Nature of the Firm« entwickelt hatte, den Nobelpreis für Wirtschaftswissenschaften.

Coase wies als Erster dezidiert darauf hin, dass die Benutzung des Marktes nicht gratis ist, sondern bei den Marktteilnehmern Kosten erzeugt. Einkaufs- und Verkaufspreise müssen ermittelt, Verhandlungen geführt, Verträge abgeschlossen, Zahlungsmodalitäten festgelegt und bei Streitfällen juristische Verfahren angestrengt werden. Diese »Marktbenutzungskosten« führte Coase als Anreiz an, überhaupt eine Firma zu gründen, da die Marktbenutzungskosten innerhalb einer Organisation zwar auch nie ganz eliminiert, aber immerhin reduziert werden könnten. In Unternehmen tätigen konkrete Akteure konkrete Transaktionen. Was von außen als Effekt eines abstrakten Preismechanismus erscheinen mag, ist aus der Innensicht einer Firma ein kreativer Akt, der nicht etwa Gleichförmigkeit erzeugt, sondern Vielfalt. »Bisher ist man davon ausgegangen«, so Coase, »dass die Handelstransaktionen, die durch den Preismechanismus gesteuert werden, homogen seien. Nichts könnte allerdings vielfältiger sein als die tatsächlichen Transaktionen, die in unserer modernen Welt stattfinden.«[71]

Die Neue Institutionenökonomik machte die Transaktionskosten zu einem zentralen Untersuchungsgegenstand. Sie verstand Märkte nicht mehr als homogen, sondern ging von Preisdifferenzen, unterschiedlichen Marktzugängen, anhaltenden Ungleichgewichten, unvollständigen Verträgen, asymmetrischer Information, beschränkter Rationalität und Opportunismus aus – und damit von jenen realwirtschaftlichen Unwägbarkeiten, die mit der neoklassischen Theorie aus dem Blickfeld verschwunden waren. Handelsfirmen müssen Beziehungen herstellen, sie müssen Lieferanten finden und Käufer. Die Transaktionskosten, die anfallen, um diese Beziehungen herzustellen, hat der Ökonom Douglass North ein halbes Jahrhundert nach Coases berühmtem Aufsatz nicht mehr nur als »Marktbenutzungskosten« bezeichnet, sondern als »Marktschaffungskosten«.[72] Der Begriff macht die innovative Kraft des Handels deutlich: Der Handel bringt etwas hervor, was vorher nicht da war, nämlich den Markt selbst.

Wirtschaftliches Handeln ist immer soziales Handeln. Es ist eingebettet in kulturelle Praktiken und in rechtliche Rahmenbedingungen. Es besteht aus Interaktionen, Lernprozessen und Dysfunktionalitäten, und es kann nicht losgelöst von den Institutionen – den Verträgen, Zahlungsmodalitäten, Qualitätsstandards etc. – untersucht werden, die konstitutiv sind für jede Transaktion. Das war den Wirtschaftswissenschaften vor allem zu Beginn des 20. Jahrhunderts durchaus bewusst. »Die Nationalökonomie findet in der Praxis nicht immer die vermeintliche exakte Grundlage«, schrieb Walter Zollinger 1914. »Namentlich im Warenverkehr vermutet die Theorie gar oft eine Subtilität in den Kalkulationen, die nur bei Artikeln von großem Wert oder bei stark ausgeprägter Konkurrenz vorkommt.« Man mute dem Homo oeconomicus »allerlei theoretische Komplikationen zu, die ihm fremd sind und um die er sich nicht kümmert, weil er im Drange der Geschäfte nicht die dazu notwendige Muße findet und weil die Konkurrenz nicht zur Beobachtung aller dieser Feinheiten zwingt«.[73] Auch Staatswissenschaftler und Statistiker wiesen immer wieder auf das nicht verallgemeinerbare wirtschaftliche Handeln hin. »In jeder Phase der wirtschaftlichen Dynamik sind Art, Verhältnis und Einfluss der mitwirkenden Kräfte anders«, schrieb der Schweizer Statistiker Walter Bäggli um 1940. »Diese Überlegungen und Auffassung führen uns zur Ablehnung jener Konjunktur- und Krisentheorien, welche den Zustand einer Volkswirtschaft, ja der ganzen Weltwirtschaft allein auf eine primäre, immer geltende Ursache zurückführen wollen.«[74]

Die moderne außen- und innenpolitische Aktivität ziehe so weite Kreise, dass auch die Wirtschaft liberaler Volkswirtschaften ständig mehr oder weniger in ihrem Schatten stehe, so Bäggli. Staatliche Privilegien für Unternehmen, die Fiskalpolitik, das Erbrecht und die Beeinflussung der Sparquote, das Aufbrechen und Neuschaffen von Standortmonopolen, außenpolitische Verwicklungen und Kriege, die Kontrolle über Transportmittel, die Verlagerung der Produktion, veränderte Handelsmethoden, die Einführung von Ersatzstoffen, technische Neuerungen, bilaterale Vertragswerke, Arbeitsrecht, Organisationsrecht, Steuer- und Währungspolitik, Devisenvorschriften, Kontingentierungssysteme, Kompensationsverträge und Kartellgesetzgebung bis hin »zur Art der Einstellung zu den Angehörigen anderer Völker und Länder« – das alles spiele im internationalen Güter- und Leistungsaustausch eine gewichtige Rolle. Die konjunkturhistorische Literatur billige diesen Einflüssen auf die Wirtschaft jedoch nur exogenen Charakter zu. »Die meisten Autoren, die sich etwas ernsthafter mit diesen Elementen auseinandersetzen, ordnen sie in der Regel bei den Zufallsschwankungen ein. Ihrem wirklichen Gewicht und ihrer Nachhaltigkeit, die unserer Generation mit so unerbittlicher Kraft vor Augen geführt wird, ist in der klassischen nationalökonomischen Theorie nie genügend gewürdigt worden.«[75]

Die ökonomische Theorie vereinfacht und schematisiert ihre Gegenstände, um Entwicklungen kalkulierbar, modellierbar und steuerbar zu machen. Das ist ihr gutes Recht. Die Mathematisierung der Wirtschaftswissenschaften erlaubte es, eine wachsende Nachfrage der Politik nach Steuerungswissen zu bedienen; sie machte die Ökonomen zu mächtigen

Experten. Die Geschichtswissenschaft muss aber das gegenteilige Anliegen verfolgen. Sie hat es mit singulären Ereignissen zu tun, nicht mit mathematischen Verhältnissen. Sie untersucht ihre Objekte als Teil einer sich permanent verändernden gesellschaftlichen Realität, nicht als Funktion universeller Gesetze.

Schaut man sich die historischen Quellen an, wird evident, dass selbst beim Transithandel, dieser Extremform einer globalisierten kapitalistischen Wirtschaft, alles mit Politik, Beziehungen, währungs- und finanztechnologischen Instrumenten, internationalen Verträgen und nationalen Gesetzen zu tun hat, dass die Bedingungen des globalen Handels also immer menschengemacht sind. Dass die Kapitalströme nicht parallel zu den Warenströmen dieser Welt verlaufen, ergibt sich nicht aus einem universellen Gesetz, sondern aus konkreten Regeln und Verfahren. Staatliche und private Akteure gestalten diese Regeln und Verfahren, die wiederum die wirtschaftliche Position der einzelnen Nationen und Unternehmen definieren. Ein Land wie die Schweiz ist also nicht nur eine Triebfeder transnationaler Wirtschaftspolitik. Es ist auch deren Produkt.

10. Inventur und Bilanz

Die Vorstellung, dass Wohlstand auf einer Kongruenz von wirtschaftlicher und politischer Macht basiere, hielt sich lange hartnäckig. Der britische Historiker Paul Kennedy schrieb noch 1987 in seinem Buch *Aufstieg und Fall der großen Mächte*: »Es mag krude merkantilistisch klingen, es so auszudrücken, aber Wohlstand ist in der Regel notwendig, um militärische Macht abzustützen, und militärische Macht ist in der Regel notwendig, um Wohlstand zu erwerben und zu schützen.«[1] Der Blick auf einen Kleinstaat wie die Schweiz belegt das Gegenteil. Während sich ein Empire immer durch eine Imagination von Macht auszeichnet, basierte die wirtschaftliche Expansion der Schweiz auf einem wirtschaftspolitischen Pragmatismus, der den ökonomischen und den politischen Raum nie in Übereinstimmung bringen wollte. Man verfolgte die eigenen geschäftlichen Interessen, indem man die Interessen der anderen bediente, sie gegebenenfalls gegeneinander ausspielte oder sich ihnen entzog.

Das bedeutet nicht, dass Wirtschaft und Politik zwei völlig getrennte Sphären gewesen wären, im Gegenteil. Wer vermutet, dass beim Transithandel ein Minimum an »Staat« und »Steuerung« anzutreffen sei, liegt falsch. Selbst am äußersten Rand, beim reinen Profit, der sich in einem globalen Geschäft aus den Differenzen dieser Welt schlagen lässt, ist jede Transaktion das Resultat eines technopolitischen Rahmens, der von Menschen geschaffen und verändert wird. Schweizer Firmen agierten global, aber immer wieder mit Rückgriff auf den wirtschaftspolitischen Rahmen des Kleinstaats, in dem sie ihren Sitz hatten. Die Nation funktionierte als Schnittstelle zwischen den multinationalen Unternehmen und einem weltweiten Wirtschaftssystem. Für sie gilt, was der Anthropologe Arjun Appadurai allgemein über den Transfer von Gütern festgehalten hat: »Auf allen Ebenen, bei denen ein kleineres mit einem größeren System interagiert, dient das Wechselspiel von Wissen und Nichtwissen als Drehkreuz, das den Fluss bestimmter Dinge fördert und die Bewegung anderer Dinge behindert.«[2]

Das Selbstbild des unabhängigen Kleinstaats und die Realität der globalen Verflechtung der Schweiz drifteten zwar immer wieder stark auseinander. Der Wirtschaftselite war aber immer klar, wo ihre ausländischen Interessen lagen. Im Juni 1941 forderten sieben Nationalräte – angeführt von Gottlieb Bachmann, dem ehemaligen Chef der Schweizerischen Nationalbank und damals Präsident des Bankrats – in einer Eingabe an den Bundesrat, dass Maßnahmen ergriffen werden zum besseren Schutz der Schweizer Auslandsvermögen. Es ging um mindestens acht Milliarden Schweizer Franken, die einen jährlichen Ertrag von 320 bis 400 Millionen Franken generierten.[3] »Es gilt vor allem zu erkennen, dass unsere Vermögenswerte im Ausland ›Daueranlagen‹ sind«, hieß es in der beratenden Sitzung. »Aus dieser Erkenntnis ergibt sich, dass unsere Vermögensanlagen im Ausland zunächst als zu wahrende Vermögenswerte, als unseren Kolonialbesitz, und erst in zweiter Linie unter dem Gesichtspunkt der Kapitalrückzahlung [...] zu betrachten sind.«[4] Der schweizerische »Kolonialbesitz« war, wenn man die Terminologie der damaligen Akteure verwenden möchte, also ein langfristiges Investitionsgeschäft. Zu diesen Daueranlagen gehörte auch das im Ausland gebundene Kapital der Transithändler.

Dass der Schutz des ausländischen Privatvermögens während des Zweiten Weltkrieges ein Politikum erster Priorität war, zeigt, dass die Wirtschaft in der »eigenartig abgestuften Skala der Lebenswerte und Kulturgüter des Schweizervolkes« an einer »charakteristisch hohen Stelle« steht, wie ein Historiker bereits 1924 schrieb.[5] Entsprechend eng war die personelle Verflechtung zwischen Wirtschaft und Politik. Die bürgerliche Elite, die die großen Unternehmen führte und deren Kinder sich gegenseitig heirateten, saß sich auch gegenseitig in den Verwaltungsräten und hatte im Milizsystem politische Ämter inne oder zumindest gute Beziehungen zu den politischen Entscheidungsträgern.[6] Man kann die Frage, wie die Nation ihre spezifische Unternehmenslandschaft hervorgebracht habe, also auch umkehren: Welche Nation hat die bürgerliche Elite geschaffen?

Entgegen den Vorstellungen, die den meisten Weltwirtschaftsmodellen zugrunde liegen, war die Nation nicht nur eine Voraussetzung, sondern vielmehr selbst ein Produkt der transnationalen Austausch- und Anpassungsprozesse. Es gibt keinen »Ur-Moment«, in dem die Einzelstaaten entsprechend einer immer bereits vorhandenen »Konkurrenzfähigkeit« in die Weltwirtschaft eintreten und sich dort dann behaupten würden, sondern sie entwickeln diese Konkurrenzfähigkeit, und die Institutionen, auf denen sie beruht, immer bereits in einer ungleichen Welt. Der Fehlschluss einer ursprünglich vorhandenen staatlichen Entität ist auch im Bereich der internationalen Beziehungen verbreitet, wo ein territorial verstandener politischer Körper gern als Quintessenz der erst nachträglich daran anschließenden außenpolitischen Verhandlungen imaginiert wird. Es gibt aber keine irgendwo vorgängig verfestigte Identität und Souveränität. All die rechtlichen, kulturellen und wirtschaftlichen Verhältnisse, die das, was man »Nation« nennt, ausmachen, werden innerhalb globaler Machtverhältnisse überhaupt erst geschaffen.[7] Und so gibt es auch nicht den im Staatswesen irgendwo verankerten Grund – den *single most important factor* – für den Reichtum, den die Schweiz aus Transithandelsgeschäften zog. Verschiedene innere und äußere Faktoren haben das immense Wachstum des Sektors begünstigt, und zwar nicht in einem kumulativen Sinn, so dass der Transithandel reduktionistisch auf ihre Aufzählung zurückgeführt werden könnte, sondern im Sinne einer emergenten Entwicklung.[8]

Schweizer Kaufleute stellten außerhalb ihres Domizillandes Verbindungen zwischen Produzenten und Abnehmern her, die vorher nicht existierten. Sie lernten Fremdsprachen, investierten Kapital, verhandelten mit Menschen auf allen Kontinenten, profitierten von Sachkenntnissen und Finanzdienstleistungen in den betreffenden Regionen und banden weltweit Kunden an sich. Sie trugen wesentlich dazu bei, im Sinne der von europäischen Ökonomen imaginierten »internationalen Arbeitsteilung« Rohstoffe aus dem globalen Süden zu exportieren, und sie verdrängten im Gegenzug die (vor allem in den Kolonien) handelsrechtlich nicht geschützte heimische Manufaktur durch den Verkauf von Industriegütern aus dem globalen Norden. In der Schweiz bemühte man sich früh um vorteilhafte zwischenstaatliche Verträge. Hier wurden Institutionen wie die »differenzielle Neutralität«, ein großzügiges Holdingprivileg, das bilaterale Clearing, das Akkreditiv zur Rohstofffinanzierung und die erste vollelektronische Terminbörse erfunden. Die imperialen Staaten, die als Dienstleistungsempfänger ebenfalls vom Schweizer Transithandel profitierten, ließen die Schweizer Händler gewähren, ja schufen ihnen von der Aufhebung der britischen Navigation Acts 1849 bis zum überarbeiteten Liberalisierungskodex der Europäischen Zahlungsunion von 1951, der alle Mitgliedstaaten verpflichtete, die Kapitalverkehrskontrollen für Gewinne aus dem Transithandel aufzuheben, immer wieder vorteilhafte Bedingungen.

Der auf Überseemärkte ausgerichtete Schweizer Transithandel entstand Mitte des 19. Jahrhunderts als autonomer

Wirtschaftszweig und nicht als Fortsetzung des Exports. Es wurden damals zwar Exportgesellschaften einzelner Branchen gegründet, die allerdings meist in Kürze wieder eingingen, da sie, wie Isaak Iselin, Herbert Lüthy und Walter Schiess schrieben, eine Entwicklung organisieren wollten, »deren Stärke gerade in der unorganisierbaren Eigenart jedes einzelnen derartigen Unternehmens« liege.[9] Wichtiger als die auf entfernte Märkte abgestützte Industrie waren vorhandenes Kapital (das oft bereits auf den Fernhandel zurückging), ein Erbrecht, das der bürgerlichen Elite die Kapitalkumulation durch Heirat erlaubte, zwischenstaatliche Freundschafts- und Handelsverträge, die imperialistische Expansion der anderen, die technische Minimierung geografischer Distanzen durch Dampfschiffe und Telegrafie sowie die kaufmännischen Regeln und Verfahren, die sich aus der Praxis heraus entwickelten – vom Frachtbrief über die Preisabsicherung an den Terminbörsen bis zu privaten Schiedsgerichten. Später kamen die politische Neutralität, die Institutionen des transnationalen Zahlungsverkehrs, die Steuervorteile für Holdings und ein Beraternetzwerk juristischer Experten hinzu.

Die Handelsfirmen, die in der Schweiz Mitte des 19. Jahrhunderts gegründet wurden oder ihr angestammtes Geschäft global ausrichteten, handelten vor allem mit *soft commodities*, das heißt mit Textilrohstoffen wie Wolle, Baumwolle, Seide, mit Leder, Häuten und Fellen, mit Getreide, Kakao, Kaffee, Kreide, Palmkernen und Palmöl, Kautschuk, Elfenbein und anderen »kolonialen Rohstoffen«.[10] Ihre Gründer lernten das Geschäft in der Regel in einem in- oder ausländischen Großhandelshaus, bevor sie sich selbständig machten. Auch wenn die Firmen mit Rohwaren ihr Hauptgeschäft machten, handelten die meisten auch mit europäischen Industriegütern. Durch ihre Beziehungen konnten sie – quasi nebenbei – auch der Schweizer Industrie im Ausland immer wieder lukrative Geschäfte vermitteln, indem sie sich bereit-erklärten, für deren Lieferungen einem Land Primärgüter abzunehmen, die sie nicht in der Schweiz, wohl aber in Dritt-ländern wieder verkaufen konnten. Traditionsgemäß über-nahmen die Kaufleute in Übersee ehrenamtlich auch konsu-larische Aufgaben für die Schweiz.

Die Männer, die diese Handelsfirmen gründeten, waren Unternehmer. Sie unterschieden sich allerdings vom Typus des industriellen Unternehmers, wie ihn Joseph Schumpeter vor Augen hatte – vom kreativen Investor, der durch Re-kombination der Produktionsfaktoren Innovation hervor-bringt und durch permanente Erneuerung und Verdrängung (*creative destruction*) das Wirtschaftsgeschehen vorantreibt.[11] Der globale Handel basierte, einmal etabliert, mehr auf Tra-dition denn auf Innovation. Kaufleute waren weltoffen, ver-schwiegen und wertkonservativ. Sie verhandelten mit Produ-zenten, Käufern, Reedern und Regierungsvertretern in aller Welt, pflegten ihren Ruf und ihre langjährigen Beziehungen. Der kaufmännische Unternehmer war eine Mischung aus risikofreudigem Hasardeur und tugendhaftem Bürger, ein Freund des Abenteuers wie des nüchternen Kalküls. Er war im Staat verwurzelt, aus dem heraus er operierte, und gleich-zeitig ein wahrer Kosmopolit.

Trotz ihres hohen Kapitalbedarfs waren die Handelshäu-ser in der Regel nicht börsennotiert. Vorherrschende Unter-nehmenstypen waren die Einzelfirma, die Kollektivgesell-schaft oder die Kommanditgesellschaft.[12] Die Unternehmen wurden als Familienfirmen geführt und an die jeweils nächs-te Generation vererbt. Wenn familienfremde Gesellschafter beteiligt waren, musste das gemäß Obligationenrecht im Fir-mennamen abgebildet werden. So wurde das 1889 von Eduard Sulzer-Frizzoni unter seinem Namen gegründete Seidenhan-delsunternehmen wiederholt umbenannt: Es hieß ab 1897

Sulzer, Rudolph & Co., ab 1928 Charles Rudolph & Co., 1933 wurde es liquidiert und unter selbem Namen neu im Handelsregister eingetragen, ab 1943 hieß es infolge veränderter Mehrheitsbeteiligung Schulthess & Co. und erst ab 1950 mit vorangestelltem Akronym: Desco von Schulthess. Als Einzel- oder Kommanditgesellschaften mussten die Firmen weder einen Jahresbericht veröffentlichen noch über ihre Geschäfte Rechenschaft ablegen. Die Teilhaber konnten schnell auf veränderte Geschäftssituationen und geopolitische Umbrüche reagieren, ohne auf irgendwelche Aktionäre Rücksicht nehmen zu müssen, was für diesen Wirtschaftszweig elementar war. »Rasche Dispositionen und rasche Entschlüsse sind oft notwendig«, wie ein Teilhaber von Volkart 1944 schrieb.[13]

Die Transithändler handelten mit Waren, aber Informationen waren ihr Geschäft. Die traditionelle Verschwiegenheit und öffentliche Unsichtbarkeit der Handelshäuser diente der Sicherung ihres einzigen Wettbewerbsvorteils: dem waren- und länderspezifischen Wissen. Sie rechneten mit unterschiedlichen Währungen, mit Fracht-, Zoll- und Lagertarifen, mit Dürren, Überschwemmungen und Ernteausfällen, mit politischen Krisen, Lieferterminen, Qualitätsstandards und Preisschwankungen, um – als Gegenleistung für diese Arbeit – zwischen Ankauf und Verkauf der Ware einen Gewinn herauszuschlagen. Im Gegensatz zu Handelshäusern imperialer Staaten verließen sich die Schweizer Kaufleute nicht in erster Linie auf von den Regierungen bereitgestellte Information, sondern betrieben ihren eigenen Informationsdienst. »Die Orientierung der Zentrale erfolgt durch laufende Berichte der Niederlassungen, die Auskunft geben über die laufenden Geschäfte, die Marktsituation, Ernteaussichten, aber auch über die soziale und politische Lage im zugehörigen Rayon«, so der Staatswissenschaftler Emil Bammatter. Ein solcher Überblick sei notwendig, »um die gesamten Warenmengen erfolgreich disponieren zu können«.[14]

Der internationale Großhandel war und ist ein kapitalintensives Geschäft. Das Kapital steckte nicht wie bei Industriebetrieben hauptsächlich in Gebäudeanlagen und Maschinen, sondern in den Waren und den gewährten Krediten.[15] Nach Einführung des Telegrafen tätigten die Handelsfirmen Käufe nicht mehr im Auftrag ihrer Abnehmer auf Kommissionsbasis, sondern kauften auf eigenes Risiko ein, um dann ihre Preislisten in die Abnehmerstaaten zu telegrafieren. Folglich mussten sie die Waren mit Eigen- und Fremdkapital vorfinanzieren. Gegenüber ihren Abnehmern traten sie also als Bank auf. Um Verluste, Fehlinvestitionen oder das Ausscheiden eines Partners zu verkraften, wurden entsprechende Rückstellungen gemacht.

Rohstoffe wurden von den firmeneigenen Filialen in entlegenen Gebieten gegen Barzahlung gekauft, in den Herkunftsländern zwischengelagert, sortiert und klassifiziert und schließlich als Massengut (Bulkware) in Richtung der Abnehmerländer verschifft. Die Lager in den großen Häfen dienten den kreditgebenden Banken als Sicherheit. Die Filialen betrieben Zwischenlager, sogenannte *working stocks*, aus denen die Firma jederzeit liefern konnte. Ölsaaten mussten gesiebt und gesackt werden, Baumwolle musste entkörnt, nach Art und Fasern klassiert und in »Exportballen« gepresst werden.[16] Die Firmen charterten Frachtraum (falls sie keine eigenen Schiffe betrieben) und organisierten die Zertifizierung der Ware beim Ein- und Ausladen. Da die Rohstoffpreise enormen Schwankungen unterliegen, sind Rohstoffe nur schwer versicherbar. Die Händler sicherten ihre Geschäfte deshalb auf den Sekundärmärkten ab, das heißt, sie verkauften an der Börse einen an das Kassageschäft gekoppelten Terminkontrakt, den sie zum Zeitpunkt des Verkaufs wieder zurückkauften (*hedging*).[17]

Vor dem Ersten Weltkrieg erreichte der Transithandel in der Schweiz einen vorläufigen Höhepunkt.[18] Die wirtschaftliche Verflechtung des Landes basierte auf einem schwachen Staat bzw. auf einer Engführung staatlicher und privater Interessen.[19] Bereits am Personal der politischen und wirtschaftlichen Elite wird deutlich, dass es bis weit ins 20. Jahrhundert zwischen Staat und Wirtschaft überhaupt keine Trennlinie gab, sondern dass jene Leute, die die Wirtschaft dominierten, den Staat immer als Summe partikulärer bürgerlicher Interessen verstanden. Die Wirtschaftspolitik wurde von einer liberal gesinnten Elite gestaltet, die gleichzeitig die Wirtschaftselite bildete, oder wie ein Historiker 1964 schrieb: »Die Eigenart der schweizerischen Wirtschaftspolitik in der ersten Hälfte des 20. Jahrhunderts liegt wesentlich in der Tatsache begründet, dass ihre Linie von einer regierenden Partei, ja zeitweise von einer herrschenden Staatspartei bestimmt wurde« – dem liberalen Freisinn.[20]

Nach dem Ersten Weltkrieg emanzipierte sich der Schweizer Finanzplatz sowohl von Frankreich als auch von Deutschland, und die Schweiz wurde zu einer Drehscheibe für internationales Kapital. Nun spielten finanz- und wirtschaftspolitische Interessen eine zunehmend wichtige Rolle in der Außenpolitik – innerhalb des transatlantischen Gefüges, aber auch gegenüber den Ländern des globalen Südens. Die allgemein verbreitete Idee war damals, den auf dem Goldstandard basierenden freien Kapital- und Warenverkehr der Vorkriegszeit wieder zu institutionalisieren, also möglichst alle Handelsschranken und Kapitalverkehrskontrollen abzubauen und das Wirtschaftsleben seinen selbsttätigen Ausgleichsmechanismen zu überlassen. In der Schweiz führte das zu einer enormen Kapitalkonzentration. Das Land, das keinen Wiederaufbau finanzieren und keine Reparationen bezahlen musste, wurde zu einem Magnet für internationales Kapital.

Die Gründungen von Holdinggesellschaften, deren einzige Geschäftstätigkeit die Beteiligung an anderen Unternehmen ist, nahmen rasant zu.

Im Weltmaßstab endete das Experiment in einer Hyperinflation und dem Börsencrash von 1929, worauf es, nachdem »alle Automatismen und Ausgleichsmechanismen des freien Handels und der Goldwährung ihre Dienste versagten« (Herbert Lüthy), zu staatlichen Interventionen kam, die nun nicht mehr den freien Warenverkehr, sondern das Überleben der Menschen und die Normalisierung der Konjunktur zum Ziel hatten.[21] Auch in der Schweiz übernahm der Staat nach der weltweiten Finanzkrise von 1931 eine zunehmend auktoriale Rolle bei der Gestaltung der wirtschaftlichen Rahmenbedingungen. Da diese Wirtschaftspolitik auf die heimische Industrie zugeschnitten war, hatte sie für die Transithändler zunächst desaströse Folgen. Ihre Auslandsguthaben wurden im gebundenen Zahlungsverkehr, den die Schweiz mit dem nationalsozialistischen Deutschland und mit zahlreichen weiteren Ländern einführte, nicht kompensiert.

Dafür wirkte die seit dem Ersten Weltkrieg offensiv vertretene Neutralität umsatzfördernd, obwohl sie im Einzelfall heikel war und Schweizer Transithandelsfirmen während der beiden Weltkriege Gefahr liefen, wegen Handels mit dem Feind auf die schwarze Liste zu kommen. Bereits der Erste Weltkrieg war für alle Schweizer Transithändler profitabel gewesen. Firmen wie Volkart waren damals zu wirklich global agierenden Unternehmen geworden. Im Zweiten Weltkrieg wurden die von der Schweiz aus getätigten Geschäfte zwar erschwert, der Kapitalverkehr wurde staatlich kontrolliert. Dennoch machten die Transithändler namhafte Profite – sie tauchten in den Geschäftsbüchern einfach in einer anderen Rubrik auf: nicht mehr als Gewinn aus Handelsgeschäften, sondern als Gutschrift von ausländischen Tochterfirmen. Die Firmen verlagerten Managementkompetenz an ihre Tochterfirmen im Ausland, während das Aktienkapital mehrheitlich in der Schweiz blieb. Sie schufen also Holdingstrukturen.

Nach dem Zweiten Weltkrieg nahm der globale Rohstoffhandel stetig zu. Angesichts relativ stabiler Rohstoffpreise waren die Margen im Transithandel zwar gering, gleichzeitig stiegen im Nachkriegsboom aber die Umsätze. Die Schweizer Unternehmen, die während des Krieges ihre Lager gefüllt hatten, konnten die Nachfrage im Nachkriegsboom umgehend bedienen. Die internationalen Kapitalverkehrskontrollen versuchten die Firmen mit sogenannten Dreiecksgeschäften zu umgehen, Geschäfte also mit Gegengeschäften über zwei oder mehr Ecken abzuwickeln, ohne dass Devisen überwiesen wurden; so konnten auch Warengeschäfte in und aus Ländern mit schwacher Währung getätigt werden. Politisch fand ein Übergang von bilateralen Verträgen zwischen einzelnen Staaten zum Multilateralismus statt, dessen Rahmenbedingungen in internationalen Gremien und Organisationen ausgehandelt wurden – ein Multilateralismus, an dem sich die Schweiz nur sehr zögerlich oder gar nicht beteiligte. War sie nach dem Ersten Weltkrieg noch Mitglied im Völkerbund geworden, blieb sie nach dem Zweiten Weltkrieg den Vereinten Nationen und ihren Institutionen fern. Die Schweizer Transithändler profitierten also unmittelbar von den Rahmenbedingungen für den globalen Handel, die in den internationalen Organisationen und Gremien geschaffen wurden, ohne dass allfällige Restriktionen oder Embargos allerdings für sie wirksam wurden.

Ab den sechziger Jahren veränderte sich der Handelssektor grundlegend. Die Transithändler sahen sich mit den Folgen der Dekolonisation konfrontiert, im globalen Süden wurden Plantagen verstaatlicht und Unternehmen enteignet. Sie reagierten darauf mit Diversifikationsstrategien, mit dem Erschließen neuer Märkte und mit Firmenbeteiligungen oder -übernahmen. Gleichzeitig veränderte sich der Sektor durch den Zuzug ausländischer Unternehmen. Nachdem im Rahmen des Marshall-Plans vorwiegend staatliche Hilfsgelder und Darlehen nach Europa geflossen waren, setzte Mitte der fünfziger Jahre eine Phase privater Investitionen ein: US-amerikanische Firmen expandierten in die westeuropäischen Märkte und installierten hier Tochtergesellschaften.

Die Schweiz war, zusammen mit Holland und Belgien, ein Magnet für amerikanische Auslandsdirektinvestitionen, wobei die verschiedenen Sektoren unterschiedliche Zielländer favorisierten. Firmen aus dem Erdölsektor und der Petrochemie gingen vorwiegend nach Holland. Industriefirmen eröffneten Tochterunternehmen in Belgien. Die meisten Firmen, die in die Schweiz kamen (darunter große Rohstoffhändler), eröffneten hier eine Holdinggesellschaft und nutzten die Schweiz in erster Linie als Offshore-Handelsplatz.[22] Es lockten Steuerprivilegien, eine vom Krieg unversehrte Verwaltung, Banken, die mit der Handelsfinanzierung vertraut waren, die politische Neutralität und eine von Gewerbeverbänden, Juristen, Kantonen und Bund aktiv betriebene Standortpolitik. Die amerikanische Rohstoffhandelsfirma Cargill, die 1956 unter dem Namen Tradax eine Filiale in Genf gründete, und die Firma Philipp Brothers (heute Phibro), die 1957 nach Zug kam, legten den Grundstein für einen Zustrom US-amerikanischer – später auch russischer – Rohstoffunternehmen in die Schweiz.[23] Vor allem das Genferseebecken wurde zum Global Hub.[24]

Ab 1973, nach dem Ende des Bretton-Woods-Systems, das auf dem Dollar basierende Wechselkursbandbreiten definiert hatte, sorgten die flottierenden Währungen zusammen mit dem Aufbrechen von Kartellstrukturen im Erdölhandel für eine neue Volatilität der Rohstoffpreise.[25] Die Einführung des Containers in der Frachtschifffahrt und die Billigflaggen führten zu einem Verteilwettkampf um Tonnage. Hinzu kamen ein verstärkter Steuerwettbewerb, neue Informationstechnologien und eine Umstrukturierung der Finanzmärkte. Je volatiler die Preise wurden, desto risikoreicher wurde das Rohstoffgeschäft. Hohe Verluste waren ebenso möglich wie exorbitante Gewinne. Viele der alten Schweizer Transithandelsfirmen gingen um die Jahrtausendwende Konkurs, wurden in eine Beteiligungsgesellschaft ohne operative Tätigkeit umgewandelt oder diversifizierten in völlig neue Geschäftsfelder. Den Transithandel dominieren seither zugezogene Firmen, die sich vor allem am Genfersee, in Zug und Lugano niedergelassen hatten – Firmen wie Glencore Xstrata, Vitol, Cargill, Trafigura, Mercuria, Gunvor und Louis-Dreyfus.

Gewinn im Welthandel basiert auf der Preisdifferenz zwischen verschiedenen Märkten oder verschiedenen Zeitpunkten. Infolge der weltweiten Preistransparenz und der schnellen Verfügbarkeit von Informationen auch aus abgelegenen Weltregionen hat die geografische Arbitrage an Bedeutung verloren. Auch heute wird aber aus der Differenz von Kauf- und Verkaufspreis Gewinn gezogen; die Kunst liegt darin, für einen bestimmten Preis einen Verkäufer und für einen etwas höheren Preis einen Käufer zu finden. Da die Margen gegen Null tendieren, wird das Geschäft mit dem Volumen gemacht. Es gilt, die »richtige« Ware im richtigen Moment zu kaufen und zu verkaufen, und brachliegendes Kapital gewinnträchtig anzulegen.

Der Handel auf den Sekundärmärkten, zuvor in erster Linie eine Risikoabsicherung für das physische Warengeschäft, wurde zum integralen Bestandteil des Rohstoffgeschäfts und zum Tummelfeld neuer Akteure.[26] Der Kaufmann älteren Zuschnitts wurde durch den Analysten abgelöst, und die Ver-

bindung durch Heirat innerhalb der Schweizer Wirtschaftselite wich komplexen Beteiligungen der Firmen untereinander. 1980 wurde die Swiss Commodities Industry Association
gegründet, sie nannte sich ab 1997 Swiss Futures and Options Association und 2016 schließlich International Commodities and Derivatives Association.[27] Das Gewicht verschob
sich, wie am Verbandsnamen unschwer zu erkennen ist, vom
physischen Rohstoffhandel zum Handel mit Derivaten. Der
1934 gegründete Verband schweizerischer Transit- und Welthandelsfirmen wurde 2003 stillschweigend aufgelöst.

Die Geschichte des Schweizer Welthandels verlief diskon-
tinuierlich. Seine lange Tradition darf nicht darüber hinwegtäuschen, dass die Rohstoffhändler von heute nicht mehr die
gleichen sind wie jene, die im 19. Jahrhundert damit begannen, ein globales Geschäft zu betreiben. Nicht nur die gehandelten Rohstoffe haben sich verändert (von den *soft commodities* der alten Transithändler zu einem breiten Sortiment
von Weizen über Erdöl und Eisenerze bis Kaffee der heutigen Trader), sondern auch die geopolitischen Verhältnisse,
die lokalen Rahmenbedingungen, die Kommunikations- und
Finanzierungsinstrumente, die Curricula der Händler und
nicht zuletzt die Firmen selbst. Die Kontinuitäten sind subtiler Art: Bundesbeamte, Finanzberater, Bankiers und Juristen haben immer wieder dafür gesorgt, dass die Schweiz ein
Relais für die Waren- und Kapitalströme dieser Welt blieb.

Die Mechanismen des Waren- und Kapitalverkehrs wurden von einem kleinen Kreis von Leuten gestaltet, die man
mit Quinn Slobodian »Globalisten« nennen könnte, und zwar
lange vor der neoliberalen Ära, die er in seinem Buch *Globalists: The End of Empire and the Birth of Neoliberalism* be-
schreibt.[28] Auch wenn sie sich gern als »Anti-Planer« sahen,
entwarfen sie auf nationaler und internationaler Ebene die
Regeln und Institutionen, das Spiel aus Sichtbarkeit und Un-

sichtbarkeit, auf dem die transnationalen Geld- und Warenströme basierten. Die stimmberechtigten Bürger, die in der Schweiz per Volksabstimmung selbst die Verfassung ändern können, waren an der Ausgestaltung der zahlreichen Handels- und Zahlungsabkommen, der Sonderklauseln in multilateralen Verträgen und der Währungs- und Finanzinstrumente weitgehend unbeteiligt. Gestaltungsmacht erlangte in dieser Hinsicht vor allem die Internationale Handelskammer in Paris, ein privater Verein, der sich als »businessmen's league of nations« bezeichnete[29] und sich bereits in den zwanziger Jahren das Ziel gesetzt hatte, »alle ökonomischen Aspekte der internationalen Wirtschaft, einschließlich Finanzwesen, Industrie, Transporte und Handel zu repräsentieren«.[30]

Gerade weil sich die »Topologien der Macht« (John Allen) nicht ausgehend von Territorialstaaten entwickelten,[31] sondern in transnationalen Prozessen der Kontrolle und des Kontrollentzugs, konnten in einem Kleinstaat wie der Schweiz immer wieder ideale Bedingungen für den Dienstleistungsexport entstehen. Staatliche Akteure, Diplomaten, Kaufleute, Bankiers und Industrielle zogen zwar nicht immer am selben Strick. Aber in ihren Auseinandersetzungen in Zeiten wirtschaftlicher und politischer Krisen reagierten sie fortlaufend mit Anpassungen an neue Verhältnisse und schufen damit den nationalen Rahmen für Unternehmen, die über ihre weitverzweigten Ein- und Verkaufsorganisationen Waren durch die Welt verschifften. In der neomerkantilistischen Ära, in der wir heute leben, wachen einzelne Staatschefs wieder wie Erbsenzähler über ihre Handelsbilanz. In der Schweiz, für die Autarkie nie eine Option war, hat man hingegen früh verstanden, dass eine negative Handelsbilanz kein Problem ist, solange die Zahlungsbilanz stimmt – unter anderem weil Transithandelsfirmen aus ihrem Geschäft mit den Differenzen dieser Welt namhafte Profite generieren.

Als kleiner europäischer Binnenstaat habe die Schweiz zwei Ziele verfolgt, schrieb der Historiker Leo Schelbert in den siebziger Jahren: »Einerseits wachte sie eifersüchtig über eine größtmögliche staatliche Unabhängigkeit im Netzwerk der europäischen Rivalitäten; andererseits musste sie versuchen, an allen Sektoren europäischer Entwicklung nicht als Staat, sondern mittels Privatunternehmen in größtmöglichem Maß teilzunehmen.«[32] Diese Doppelstrategie von »Verflechtung und Abgrenzung« ist seit der Frühen Neuzeit das herausragende wirtschaftspolitische Merkmal der Schweiz.[33] Historisch lässt sich feststellen, dass das Land, sobald es wirtschaftlich in Zugzwang kam, der Verflechtung immer den Vorzug gegeben hat. Das ist der Vorteil eines Pragmatismus der Macht, der sich keiner Großreich- und Autarkiefantasie hingibt: Man passt die Strukturen flexibel den veränderten Bedingungen an.[34]

Dazu gehörte als letzte Option gar die völlige Loslösung der »Schweiz« von einem geografisch verstandenen Ort. Im April 1957, mitten im Kalten Krieg, beschloss der Bundesrat, mit geeigneten Ländern Gespräche aufzunehmen betreffend einer potenziellen Evakuierung sämtlicher großen Schweizer Firmen.[35] Man wollte die im Land domizilierten Unternehmen im Fall einer Okkupation dem Zugriff der Besatzungsmacht entziehen und gleichzeitig sicherstellen, dass Schweizer Vermögenswerte von der Gegenpartei nicht als Feindesgut behandelt würden. Dazu sollten die Unternehmen ihren Sitz in designierte Vertragsländer verlegen können, dort aber »grundsätzlich überall den im Zeitpunkt der Sitzverlegung geltenden Bestimmungen des schweizerischen Rechts« unterworfen bleiben.[36] Sie wären also nicht liquidiert und reorganisiert, sondern unter Erhaltung der schweizerischen Rechtspersönlichkeit ins Ausland verschoben worden. Die Schweiz wäre dann, wirtschaftlich gesehen, in erster Linie noch ein über den Globus verteilter formal-juristischer Ort gewesen.

Ende 1957 nahm das Politische Departement mit den kanadischen Behörden Kontakt auf und knapp zwei Jahre später fanden in Ottawa ernsthafte Gespräche statt, wobei von kanadischer Seite größter Wert auf Vertraulichkeit gelegt wurde. Das entsprach völlig dem Wunsch der Schweiz, »jeder Publizität in dieser Sache, die unter Umständen als Parteinahme der Schweiz zugunsten der einen Seite in einem möglichen künftigen Konflikt missdeutet werden könnte, aus dem Wege zu gehen«.[37] Nachdem sich die Schweiz in Steuerfragen kompromissbereit zeigte, erklärten sich die kanadischen Behörden einverstanden, ausgewählten schweizerischen Persönlichkeiten und ihren nächsten Familienangehörigen, die sich im Ernstfall zur Leitung sitzverlegter schweizerischer Firmen in Kanada begeben sollten, periodisch erneuerbare Dauervisa auszustellen.[38] Auch mit Neuseeland und Australien führte die Schweiz vertrauliche Gespräche und 1968 konnte mit Australien ebenfalls ein Abkommen über die »Transplantation« der Schweizer Wirtschaft im Kriegsfall unterzeichnet werden.[39] Da der Kalte Krieg zu dieser Zeit seine heißeste Phase bereits überschritten hatte, bestand dann allerdings kein akuter Bedarf mehr und die Sache wurde stillschweigend ad acta gelegt.

Die Transithändler, die Tochter- und Zweitniederlassungen auf der ganzen Welt hatten, verteilten Managementkompetenzen und Kapital seit je geschickt zwischen ihren verschiedenen Standorten und hielten sich eine Sitzverlegung ins Ausland immer offen. Der Anteil »Schweiz« an ihren transnationalen Firmenstrukturen war selektiv. Man kann den Schweizer Transithandel also nicht einfach als Effekt des helvetischen Korporatismus oder der unternehmerischen Weltläufigkeit verstehen, genauso wenig, wie er eine logische Konsequenz des europäischen Kolonialismus und der klugen Investition in kulturelles Kapital war oder die Folge eines immer wundersam bereits vorhandenen »nationalen Wettbewerbsvorteils«.[40] Der Kaufmann war – um mit Georg Simmel zu sprechen – in erster Linie ein Fremder, und die Netzwerke der Händler waren polyzentrische Gebilde, die von einem situativen Austarieren zwischen Fremdsein und Kooperation, zwischen Nähe und Distanz, zwischen Sichtbarkeit und Verschwinden geprägt waren.[41] Der Handel könne immer noch mehr Menschen aufnehmen als die primäre Produktion, so Simmel, er sei darum das indizierte Gebiet für den Fremden, »der gewissermassen als Supernumerarius in einen Kreis dringt, in dem eigentlich die wirtschaftlichen Positionen schon besetzt sind«.[42]

Niemand ist besser prädestiniert zum Fremden als der Kaufmann, der aus einem Kleinstaat heraus operiert. Als Transithändler ist er doppelt fremd – fremd gegenüber der wirtschaftspolitischen Ordnung des Exportlandes und fremd gegenüber dem Importland, zwischen deren unterschiedlichen Staats-, Rechts- und Währungsräumen der Transithändler als außenstehender Dritter vermittelt.[43] Was zunächst wie ein Nachteil aussieht, eröffnete gerade durch die Trennung der Waren- und Kapitalströme, die beim Transithandel nicht parallel verlaufen, immer wieder lukrative Geschäftsmöglichkeiten. Die Schweiz entwickelte sich nicht einfach im Windschatten der Großmächte zur Globalisierungsgewinnerin; sie war ein treibender Globalisierungsakteur. Das Land etablierte sich als Drehscheibe für Handels-, Finanz- und Beratungsdienstleistungen für Kunden auf der ganzen Welt – zunächst aus geografischen und wirtschaftlichen, im Lauf des 20. Jahrhunderts dann immer mehr aus juristischen und technopolitischen Gründen.

Bis gegen Ende des 20. Jahrhunderts waren die Interessen des Kleinstaats und die der Großmächte weitgehend kongruent: Beim Dienstleistungsexport fallen Wohlstandsgewinne sowohl beim Anbieter der Dienstleistung als auch bei deren Empfänger an.[44] Erst als die Trennung von Firmensitz und Geschäft allgemeine Praxis wurde, geriet das Modell zunehmend unter Beschuss. Die unbürokratische Abschaffung des Schweizer Bankgeheimnisses gegenüber dem Ausland im Jahr 2015 und die Partizipation am automatischen Informationsaustausch, mit dem die grenzüberschreitende Steuerhinterziehung (in erster Linie zwischen reichen Ländern) bekämpft werden soll, zeugen ebenso davon wie das mediale Rampenlicht, in dem Rohstoffhändler wie Glencore heute stehen. Die notorische Korruptionsanfälligkeit der Branche wird als Zeichen eines unlauteren Wettbewerbs wahrgenommen, die enorme Konzentration auf wenige Großunternehmen als Kartellbildung, und infolge der vertikalen Integration der Firmen, die längst nicht mehr nur den Zwischenhandel kontrollieren, werden diese direkt für Menschenrechtsverletzungen in den Abbaugebieten verantwortlich gemacht (auch wenn Menschenrechtsverträge nur für Staaten bindend sind, nicht für private Unternehmen).[45]

Gerade die jüngste Entwicklung zeigt: Der »freie« Handel von allen mit jedem, den man ab 1973 mit verschiedenen Maßnahmen aktiv förderte und institutionalisierte, führt nicht automatisch zu einem ausgeglichenen Spiel der Kräfte, sondern bringt seinerseits Ungleichgewichte hervor. Die »Konzentrationstendenz der Konkurrenzwirtschaft«, wie Herbert Lüthy sie nannte, schaltet die schwächeren Unternehmen aus oder macht sie von den größeren abhängig, verringert damit den Ideen-Pool, beraubt die entstehenden Elefantenunternehmen ihrer schnellen Anpassungsfähigkeit und führt dazu, dass sie gezwungen und auch imstande sind, aktiv »in den Mechanismus des Marktes« einzugreifen.[46]

Die Globalisierung – ihrerseits ein Effekt höchst widersprüchlicher Entwicklungen – hat gemäß den Statistiken der

OECD weltweit zwar zu einem Wohlstandswachstum geführt. Das Gefälle im Reichtum zwischen den einzelnen Staaten hat sich verringert. Innerhalb der einzelnen Länder hat die ungleiche Wohlstandsverteilung allerdings massiv zugenommen: Armut in Detroit unterscheidet sich kaum mehr von Armut in Ouagadougou und die Distanz zu den Reichen wird überall größer. Grund dafür ist, dass sich ähnliche Interessen nicht in einer Nation bündeln, sondern über staatliche Grenzen hinweg, in den gesellschaftlichen Schichten, und dass davon vor allem jene profitieren, die von mobilem Kapital leben. Norman Angell schrieb bereits vor dem Ersten Weltkrieg: »Der englische Kaufmann reist für Geschäfte nach Warschau, Hamburg oder Livorno; er findet bei den Händlern von Italien, Deutschland und Russland die Ideale, den Lebensstandard, die Sympathien und Aversionen, die er von zuhause kennt.«[47]

Heute sucht sich eine globalisierte Elite ihre Staatsangehörigkeit und die Verschiebebahnhöfe für ihr Kapital weitgehend frei aus (eine immer wichtigere Rolle spielt dabei das Horten von Sachwerten in Zollfreilagern), während die gesellschaftlichen Umverteilungsmechanismen noch immer an den Nationalstaat gebunden sind. Nicht nur in der Schweiz, auch in allen anderen Ländern stimmen der politische und der ökonomische Raum heute nicht mehr überein. Die Schweiz hat aus dieser Nichtübereinstimmung in einer Welt, die mehrheitlich eine andere Agenda verfolgte, über die Jahrhunderte Gewinn gezogen. Das Modell ließ sich zwar weltweit kopieren. Dass bei freien Kapitalströmen alle immer nur gewinnen und niemand verliert, hat sich aber als Fiktion erwiesen. Die Verzerrungen treten heute deutlich zutage, gleichzeitig haben die Staaten an Möglichkeiten eingebüßt, ihnen zu begegnen. Zygmunt Bauman hat es so formuliert: »Die Macht ist aus der Politik ausgewandert.«[48] Wie man Politik und Macht wieder zusammenbringe könne, sei die große Herausforderung dieses Jahrhunderts. »Der Nationalstaat, der auf den Westfälischen Frieden von 1648 zurückgeht, war ein Instrument, um Unabhängigkeit zu gewinnen. Unser Problem heute ist aber, dass wir alle voneinander abhängig sind und der souveräne Territorialstaat nicht in der Lage ist, interdependente Probleme anzugehen.«[49]

Nimmt man das liberale Argument von Norman Angell ernst (siehe Kapitel 5), dann muss es unser allergrößtes Anliegen sein, dass es denjenigen, mit denen wir wirtschaftlichen Umgang pflegen, gut geht. Die Plünderung, die im Mittelalter und in der Frühen Neuzeit zu Reichtum geführt haben mag, ist in einer globalisierten Welt gegenseitiger Abhängigkeiten kein zukunftsträchtiges Wirtschaftsmodell. Gerade die westlichen Finanz- und Handelszentren müssten ein Interesse daran haben, dass ihren Unternehmen durch wirtschaftliche Fehlanreize und ethische Selbstdisqualifikation langfristig nicht die Wirtschaftsgrundlage entzogen wird. Ein Effekt großer Ungleichheit auf der Welt bei gleichzeitiger technologischer und medialer Vernetzung sind Flüchtlingsströme: Wenn der Mensch an dem Ort, an dem er geboren worden ist, keine Überlebens- und Entwicklungschance mehr sieht, packt er seine Sachen und geht dorthin, wo ihm Fernsehen und Internet ein besseres Leben versprechen, worauf dann wiederum an diesen Destinationsorten fremdenfeindliche und von Abstiegsängsten gespeiste Abwehrmechanismen aktiviert werden, aus denen populistische Parteien das Wählersubstrat destillieren, mit dem sie jene Mischung aus politischer Abschottung und wirtschaftlichen Sonderbedingungen für Reiche durchsetzen, die das globale Problem nicht lösen, sondern verschärfen.

Die Geschichte des Schweizer Transithandels zeigt, dass der Handlungsspielraum größer ist, als wir gemeinhin annehmen. Die »internationale Arbeitsteilung« ist kein Automatismus, sondern wird in Aushandlungsprozessen immer wieder neu gestaltet. Der Historiker Werner Näf hielt in seinem Buch *Das Überstaatliche in der Geschichte* bereits 1954 fest, dass kein Einzelstaat isoliert und selbstgenügsam in einem Kreis von Einzelstaaten bestehen könne, »dass er in Austausch mit seinesgleichen treten *muss*, wirtschaftlich, kulturell und politisch, unwillkürlich und notwendigerweise, weil das menschliche Leben niemals in die Grenzen eines einzigen Staates eingefangen, seine Zirkulation niemals durch Staatsgrenzen unterbunden werden kann«. Der Einzelstaat werde deshalb dazu gelangen, diese zwischenstaatlichen Beziehungen vertraglich, in »zwischenstaatlichem Recht«, zu regeln.[50]

Es war eines der größten Missverständnisse der ökonomischen und politischen Theorie, dass man sich vorgestellt hat, man müsste nur alle politischen Restriktionen und Hemmnisse aushebeln, damit ein reiner Raum des Wirtschaftens zum Vorschein komme – ein System, das sich selbst erzeugt und sich selbst reguliert. Ein solches, von allem menschlichen Tun und allen institutionellen Voraussetzungen losgelöstes Wirtschaften, also das, was man seit Mitte des 20. Jahrhunderts kurzerhand »die Wirtschaft« nennt, gibt es nicht.[51] Auch in einer Zeit größtmöglichen Freihandels sind die wirtschaftlichen Bedingungen menschengemacht. Der Interventionismus ist also nicht einfach als »Korrektur des freien Wettbewerbs« zu verstehen, er ist, wie der Historiker Erich Gruner in den sechziger Jahren schrieb, ein »dynamisches Prinzip«.[52] Auch Herbert Lüthy, der sich mit der Geschichte der Schweizer Kaufleute auskannte wie kein Zweiter, hielt bereits 1945 fest: »Die Wirtschaft ist von der Politik nicht mehr zu trennen – in Wirklichkeit war sie es nie.« Es gebe natürlich den »tragischen Konflikt« zwischen sozialen Reformbestrebungen und der Internationalität, aber es sei ein Konflikt, »der gelöst werden muss, nicht eine Alternative, zwischen deren beiden Möglichkeiten wir wählen können«.[53]

Die Frage ist also nicht *ob*, sondern *wie*, von welchem Standpunkt aus und zugunsten von wem der politische Interventionismus betrieben wird, wer also die Modalitäten und Rechtsgrundlagen des Handels und des Zahlungsverkehrs festlegt, durch die wir aufs Engste mit den anderen Menschen dieser Welt verbunden sind. Im Zeitalter des Hochkapitalismus allein auf eine Global Governance zu vertrauen, also auf eine hierarchiefreie Weltinnenpolitik internationaler Kooperation, die diese rechtlichen Grundlagen festlegen würde, hat sich als wenig zukunftsweisend herausgestellt.[54] Es braucht beides: eine internationale Verständigung über ethische Richtlinien und Staaten (oder Staatengemeinschaften), die verbindliche Regeln festlegen.

Von den Schweizer Kaufleuten, diesen kosmopolitischen Fremden, die ihr wirtschaftliches Handeln nie am Nationalstaat ausrichteten und trotzdem immer auf ihn zurückgriffen und von ihm profitierten, kann man lernen, wie sich eine Elite über einen langen Zeitraum hinweg transnational organisierte. In einer globalisierten Welt müssen auch die Rahmenbedingungen für den Waren- und Kapitalverkehr und die Verteilungsprobleme, die sich mit der Wertabschöpfung aus Rohstoffgeschäften ergeben, in transnationaler Perspektive angegangen werden. Was der liberale Denker John Stuart Mill kurz vor seinem Tod 1873 schrieb, gilt bis heute: »Das soziale Problem der Zukunft schien uns darin zu bestehen, wie die größte individuelle Freiheit des Handelns mit einem gemeinschaftlichen Eigentumsrecht an den Rohstoffen der Erde und der gleichen Teilnahme aller an den Wohltaten der vereinigten Arbeitsleistung in Verbindung zu bringen sei.«[55] Dieses Problem zu lösen ist weder ein altruistisches noch ein sozialistisches Anliegen. Es ist ein schlichtes Gebot der Vernunft und eine Investition in die Zukunft dieses schöpferischen Warenhandels, der die Welt hervorgebracht hat, in der wir heute leben.

Epilog

Geschichtsschreibung ist eine objektivierende Kunst: Historiker stellen ihren Gegenstand selbst her. Das Material, das in Archivschachteln überdauert hat, spricht nicht für sich, man muss es befragen. Historikerinnen ordnen es unter Begriffe, sie zeigen Zusammenhänge über geografische und zeitliche Distanzen hinweg, betten alles in ein Narrativ ein und eröffnen damit neue Perspektiven auf Vergangenheit und Gegenwart. Der Erfahrung des Einzelnen läuft die Geschichtsschreibung deshalb fast zwingend zuwider. Die Geschichte der Historiker kann nicht erlebt werden. Sie ist keine Zeitmaschine, sondern eine Entselbstverständlichungskunst. Die große Frage lautet denn auch nicht, ob man über die Geschichte schon genügend gut informiert ist oder dem allgemeinen Wissen noch das eine oder andere Detail hinzufügen könnte, sondern: Was ist überhaupt eine interessante Frage?

Nun ist in völliger Isolation noch selten jemand auf eine interessante Frage gestoßen. Und ohne Finanzierung wäre es kaum möglich, daraus auch noch ein Buch zu machen. Ich hatte das große Privileg, dass meine Arbeit an diesem Projekt über fünf Jahre, von 2012 bis 2017, mit einer Branco Weiss Fellowship finanziert wurde, einer der weltweit kompromisslosesten und großzügigsten Förderungen im Bereich individueller Forschung. Verwaltet wird die Fellowship an der ETH Zürich. Gestiftet hat sie der Unternehmer und Mäzen Branco Weiss (1929-2010), Abkömmling einer jüdischen Familie aus dem österreichischen Burgenland, die sich in Kroatien niedergelassen hatte, und die, nachdem Weiss' Vater von Faschisten ermordet worden war, während des Zweiten Weltkrieges über Italien in die Schweiz emigrierte. Weiss kam in

Steckborn zu einer Pflegemutter, die am Gymnasium Deutsch und Französisch unterrichtete und ihn förderte. Er interessierte sich für Literatur, Kunst und Geschichte, studierte schließlich an der ETH Zürich Chemie, schloss mit einem Doktorat ab, und gründete als innovativer Geist mehrere erfolgreiche Unternehmen in den Bereichen Bioelektronik und Computertechnik.

Das war kein selbstverständlicher Weg für ein vaterloses Flüchtlingskind, die Behörden standen mittellosen jüdischen Immigranten aus dem Balkan nicht gerade wohlwollend gegenüber. Nach der Pflegemutter war es Peter Reinhart aus Winterthur, seit 1934 Partner des Handelshauses Volkart, der dem jungen Branco Weiss mit einem Stipendium von 3600 Franken pro Jahr das Studium ermöglichte. Den Rest verdiente er sich als Laborant in einer Kunstseidenfabrik am Bodensee. Weiss, der mit seinen Patenten und Unternehmen schließlich ein großes Vermögen machte, investierte zeit seines Lebens in die Forschung und gründete mehrere Stiftungen im Bildungsbereich. An der Universität Basel finanzierte er einen Lehrstuhl für jüdische Geschichte und Kultur in der Moderne, und an der ETH Zürich entstand das Fellowship-Programm. Ihm vermachte er nach seinem Tod den Großteil seines Vermögens.

Branco Weiss war der Überzeugung, dass privater Wohlstand gesellschaftliche Verantwortung mit sich bringe. Das Fellowship-Programm allein auf pflichtschuldiges Mäzenatentum und auf einen optimistischen Glauben an die Verbesserung der Lebensverhältnisse durch wissenschaftliche Innovation zurückzuführen wäre aber falsch. Es steckte vielmehr eine subversive Idee dahinter: Weiss wollte die universitäre Forschungskultur von innen heraus verändern. Er wollte die selbstreferenziellen Mechanismen akademischer Curricula und akademischer Wissensproduktion aufbrechen und einen

Raum schaffen, in dem Forschung ein wirklich ergebnisoffener Prozess werden kann. Das beste Mittel dafür schien ihm, Wissenschaftler über mehrere Jahre hinweg substanziell zu fördern, und zwar zu einem Zeitpunkt, wo sich sonst kaum jemand zu fördern getraut: direkt nach dem Doktorat. Also aufgrund eines Dossiers, das mehr oder weniger aus einer Idee besteht. Für eine Branco Weiss Fellowship können sich junge Forschende aus allen Disziplinen bewerben, von allen Universitäten weltweit. Ihre Projekte müssen nicht in einen etablierten Kanon passen, sie dürfen groß angelegt sein und Fachgrenzen überschreiten, nur eines dürfen sie nicht sein: langweilig. Branco Weiss soll einmal gesagt haben: »Wird das Ungewisse als sportliche Herausforderung betrachtet, können neue Ideen entstehen.«

Die Branco Weiss Fellowship hat mich weit über die Finanzierung hinaus geprägt. Ich musste innerhalb kürzester Zeit lernen, mich nicht nur Fachkollegen und -kolleginnen verständlich zu machen, sondern einer interdisziplinären Community, die brillant genug war, hinter dem Jargon die Schwachstellen des Arguments zu entdecken. Das jährlich stattfindende große Symposium, zu dem jeweils alle Fellows eingeflogen werden – Astro- und Quantenphysiker, Philosophinnen, Neurowissenschaftlerinnen, Geologen, Biologen, Medizinhistorikerinnen, Ethnologen und Nanoingenieure –, war immer ein geschützter Raum explosiver Anregung und ernüchternder Erdung. Ich danke all den anderen Fellows, vor allem Vanessa Rampton, Karim Bschir, Michael Fabinyi, Chinyere Okoro, Rain Liivoja, Lara Keuck und Yue Wan für ihren kritischen Geist und ihre Freundschaft. Großen Einfluss auf die intellektuelle Atmosphäre haben die Mitglieder des Directorate, die das Fellowship-Programm mit einem enormen persönlichen Engagement verwalten – was der falsche Begriff ist, da hier nicht verwaltet, sondern ermöglicht wird: Peter Chen (bis 2014), Heidi Wunderli-Allenspach, Angelika Steger und Josef Zeyer, unterstützt von einem herausragenden Back Office.

Vor allem Heidi Wunderli, ehemals Professorin für Biopharmakologie und später Rektorin an der ETH Zürich, war für mich ein großes Vorbild und eine Mut machende Förderin. Dass sie auch in Krisenzeiten an mein Projekt glaubte, war entscheidend. Eine nie versiegende Quelle an kritischem Scharfsinn war Peter Chen, Professor für Chemie an der ETH Zürich, der vielleicht wie niemand sonst den Geist von Branco Weiss weiterträgt: Entscheidend ist nicht die schön klingende Idee, sondern das, was daraus entsteht. Entscheidend ist auch nicht, was etwas kostet, Geld kann man notfalls auftreiben (dass den Fellows, die kürzlich Mutter geworden waren, während den Symposien eine individuelle Kinderbetreuung zur Verfügung gestellt wurde, damit sie ungestört an den Referaten und Diskussionen teilnehmen konnten, war hier eine Selbstverständlichkeit). Wichtig ist, was einem Geld ermöglicht: den klugen Gedanken und die Zeit, ihn weiterzuverfolgen.

Mich zu einer Bewerbung für eine Branco Weiss Fellowship ermutigt hat David Gugerli, Professor für Technikgeschichte an der ETH und mein Doktorvater. Bei ihm habe ich gelernt, eine undogmatische Haltung mit einer gesteigerten intellektuellen Ernsthaftigkeit zu verbinden. Er hat dann auch die Gelder für mich verwaltet, mir den Lohn bezahlt und mir bei Bedarf in Zürich immer ein Büro zur Verfügung gestellt.

Da eine Branco Weiss Fellowship nicht an den Ort gebunden ist, wurde ich sofort mobil. Das erste Jahr verbrachte ich auf Einladung von Jakob Vogel an der Sciences Po in Paris, von wo aus ich zu Archivrecherchen aufbrach und wo ich ein rudimentäres Konzept für mein Projekt formulierte. Das zweite Jahr war ich Visiting Scholar am Center for European Studies der Harvard University, einem interdisziplinären Ort, der die Kultur der Branco Weiss Fellowship sozusagen in den Alltag verlängerte. Ich profitierte vom wöchentlichen Kolloquium unter der Leitung von Arthur Goldhammer (der damals gerade Thomas Pikettys *Le Capital au XXIe siècle* ins Englische übersetzte) und von wertvollen Kommentaren von Carina Schmitt, Konstantin Vössing, Michael Koß, Sebastian Botzem, Charles Maier und Sven Beckert, der mein Projekt über die Jahre mit freundschaftlichem Interesse begleitete.

Die letzten drei Jahre war ich Gastwissenschaftlerin am Paul Bairoch Institute of Economic History an der Universität Genf, wo mir Mary O'Sullivan in einem auf Wirtschaftsgeschichte spezialisierten Milieu einen Arbeitsplatz zur Verfügung stellte. Hier in Genf, später öfters auch wieder in Zürich mit seinen herausragenden Bibliotheken, und zwischendurch in den Cafés von Biel (im Farel Bistro, im Expresso, im Atomic, vor allem aber im schönen Odeon) verfasste ich einen Großteil des Manuskripts. An Konferenzen und Kolloquien und noch häufiger informell, beim Kaffee oder irgendwo unterwegs, haben mir verschiedene Menschen Anregungen zugetragen, unter anderen Espen Storli und sein Team an der NTNU in Trondheim, Gabrielle Hecht, Sabine Höhler, Mario Wimmer, Thomas David, Matthieu Leimgruber, Luca Froelicher, Daniela Zetti, Jakob Tanner, Christof Dejung, Daniel Speich und Alexis Schwarzenbach. Ich unterrichtete Studierende in Zürich, Basel, Bern und an der Humboldt-Universität zu Berlin und lernte von und mit ihnen mindestens so viel wie sie von mir.

Die Idee zum Projekt geht auf ein Kapitel meiner Dissertation zurück, in dem ich beschreibe, wie amerikanische und europäische Pharmaunternehmen in den vierziger Jahren im globalen Süden nach natürlichen Rohstoffen für eine Cortison-Teilsynthese suchten, was wohl anschaulich herausgekommen ist, theoretisch-methodisch aber etwas unterkomplex blieb, worauf ein Kollege meinte: »Ich finde schon lange, man sollte das Konzept ›natürliche Ressourcen‹ mal historisieren.« Ich begann zu recherchieren – in einer Zeit, als dank der Pionierarbeit der NGO Erklärung von Bern (heute Public Eye) gerade erste Zahlen zum gigantischen Rohstoffhandel in der Schweiz verfügbar waren. Es drängte sich die Frage auf, wieso ausgerechnet die Schweiz zu einer Drehscheibe des globalen Rohstoffhandels geworden ist, wie über den globalen Warenhandel politische Realität hergestellt wird, wie viel Natur also in einer »natürlichen Ressource« steckt – und wie viel Juristerei, Technologie und Geopolitik.

Ich habe für dieses Buch in verschiedenen Archiven umfangreiche Quellenrecherchen durchgeführt, nicht nur in öffentlichen, sondern auch in privaten Firmenarchiven, und ich bin allen, die mir hier Zugang gewährten und mich beratend unterstützten, sehr zu Dank verpflichtet. Zwei ehemalige Handelsunternehmer teilten in langen Gesprächen ihr Wissen und ihre Erfahrungen mit mir: Yves Cuendet, ehemaliges Geschäftsleitungsmitglied der liquidierten Firma André & Cie., und Andreas Reinhart, der die Geschicke von Volkart lenkte, bis die Firma 1999 aus dem globalen Handel ausstieg. Ihre Offenheit und ihr Weltwissen haben mich beeindruckt und mir vieles verständlich gemacht, und ich hoffe, dass dieses Buch trotz des sehr rudimentären handelstechnischen Knowhows einer Schreibtischtäterin für sie mit Gewinn lesbar ist.

Schließlich danke ich meinen Freunden, diesen paar Menschen, deren Existenz mich glücklich macht und ohne die das Leben fad und ohne Wärme wäre: Jeanne Haffner, Beat Bächi, Magaly Tornay, Erich Keller, Ariane Tanner, Omar Lemke und Monique Brem, Alison Pouliot, Hari Köchli,

Carol Bühler, Gaudenz Badrutt und Tamara Iskra mit Greta, Luzia Studer, Peter Začek, Hans Koch und Gabi Wäckerle, Regina Marti, Ruedi Weidmann und alle, die ich, um die Aufzählung nicht zu überdehnen, hier unerwähnt lasse. Ich bin froh, dass meine Eltern und meine zwischen Lausanne und Otaio (Neuseeland) verstreuten fünf Geschwister mit all meinen Nichten und Neffen noch da sind. Meinen Kollegen von der Zürichsee Schifffahrtsgesellschaft und dem MS Etzel danke ich für ihren Lebensmut, ihren Humor und ihre Freundschaft. Bei ihnen habe ich vor gut zwanzig Jahren gelernt, wie man ein Schiff bei jedem Wetter mit Propylen- und Stahlseilen festmacht, die Streifhölzer korrekt montiert, auf dem Radar die Uferzone von Schwankolonien unterscheidet und ein Dampfschiff mit reduzierter Fahrt durch den Kanal steuert – als Matrosin auf dem Zürichsee habe ich jahrelang das Geld für mein Studium verdient.

Ariane Tanner hat eine sehr frühe Fassung der ersten Kapitel gelesen und kritisch kommentiert. Peer Teuwsen, der mich als Redaktorin in das tolle kleine Team von *NZZ Geschichte* geholt hat, hat das ganze Manuskript gelesen, mich ermutigt, hier und da noch etwas Ballast zu entsorgen und am Ende die entscheidenden Gedanken nochmals auf den Punkt zu bringen. Mit Suhrkamp habe ich meinen Wunschverlag gefunden und den besten Lektor, den ich mir denken kann: Christian Heilbronn. Ein Buch in einem Verlag publizieren zu können, der sich kompromisslos in den Dienst der Autorin und des Inhalts stellt, ist ein großes Privileg und Vergnügen.

Aber alles wäre nichts ohne die tiefe emotionale und intellektuelle Verbundenheit mit M. Vänçi Stirnemann, dem wichtigsten und liebsten Menschen in meinem Leben. Er ist der glücklichste Leser, den ich kenne, der unbestechlichste Geist, der undogmatischste Skeptiker, die schönste Seele. Mit ihm teile ich die Städte und das Land, die Nacht und den Tag, die Pyrrhonisten, Montaigne, Bayle, Spinoza, Sterne, Jean Paul etc., und mit ihm habe ich, während ich dieses Buch fertig schrieb, das schönste und verrückteste Projekt realisiert, das uns je in den Kopf gekommen ist.

Sonvilier, im März 2019

Anmerkungen

1. Wohin die Reise führt

1 »Trade in bulk commodities remains today an extremely important part of world trade and the world economic system, and this large-scale commodity trade remains perhaps the central arena where the contradictions of international capitalism can be observed.« Appadurai, »Commodities and the Politics of Value«, S. 49.

2 Erklärung von Bern *Rohstoff. Das gefährlichste Geschäft der Schweiz*, S. 40; Jungbluth/Meili, *Pilot-Study for the Analysis of the Environmental Impacts of Commodities Traded in Switzerland*, S. 21. Jungbluth und Meili untersuchten Rohöl, Diesel, Benzin, Erdgas, Kohle, Eisenerz, Kupfer, Bauxit, Aluminium, Gold, Kaffee, Kakao, Weizen, Zucker, Palmöl und Baumwolle. Doppelzählungen sind möglich: Die ausgewiesenen Prozent können mehrmals über verschiedene Länder oder dieselbe Ware kann mehrmals von verschiedenen Schweizer Händlern gehandelt worden sein.

3 Bereits einen Handelsvertrag mit Japan unterzeichnet hatten die USA, England, Russland, Frankreich, Holland und Portugal.

4 dodis.ch/41431. Le Chef du Département du Commerce et des Péages, F. Frey-Hérosé, aux Cantons, 22.5.1861, S. 849f. Es handelt sich um damalige Franken. Rechnet man sie mit dem Konsumentenpreisindex um, so entsprachen sie im Jahr 2009 520000 respektive 1300000 Franken; vgl. den Swiss Historical Monetary Value Converter unter: {www.swistoval.ch} (Stand Januar 2019).

5 DKSH, Siber Hegner, C 1.55. Tagebuch von Caspar Brennwald, Originaltyposkripte 1862-1878, S. 1f. Siehe auch Siber Hegner, *Hundert Jahre im Dienste des Handels*, S. 10; Immoos/Mottini, *Wie die Eidgenossen Japan entdeckten*.

6 dodis.ch/41414. Protokoll über eine in Bern abgehaltene Versammlung, behufs Berathung der schweizerischen Handelsinteressen im Orient und in Ostasien, 15.12.1860, S. 812. Siehe auch Ziltener (Hg.), *Handbuch Schweiz-Japan*, S. 89.

7 dodis.ch/41414. Protokoll über eine in Bern abgehaltene Versammlung, behufs Berathung der schweizerischen Handelsinteressen im Orient und in Ostasien, 15.12.1860, S. 811.

8 Verein für Socialpolitik, »Debatte über den deutsch-österreichischen Handelsvertrag vom 9. Oktober 1877«, S. 147. Der Verein

für Socialpolitik wurde maßgeblich von Ökonomen der Historischen Schule geprägt, die zwischen den Manchesterliberalen und den neuen sozialistischen Ideen zu vermitteln versuchten.

9 Gruntzel, *Der internationale Wirtschaftsverkehr und seine Bilanz*, S. 188. Gruntzel war Sekretär des Zentralverbandes der Industriellen Österreichs.

10 List, *Das nationale System der politischen Ökonomie*, S. 22.

11 Smith, *Der Wohlstand der Nationen*, S. 402.

12 Ebd., S. 529.

13 List, *Das nationale System der politischen Ökonomie*, S. 4f.

14 Ebd., S. 217.

15 Ebd., S. 280.

16 Ebd., S. 24.

17 Roßbach, *Vom Geiste der Geschichte der Menschheit*, Bd. 1, S. 328.

18 Pakenham, *The Scramble for Africa*.

19 Paine, *The Japanese Empire*.

20 List, *Das nationale System der politischen Ökonomie*, S. 499.

21 Reichard, *Deutsch-Ostafrika*, S. 1f.

22 Osterhammel, *Die Verwandlung der Welt*, S. 109-114, Zitate S. 111.

23 Dusinberre/Wenzlhuemer, »Editorial: Being in Transit«.

24 »In an imperial setting, it is almost impossible to separate territorial and economic interests, administrative and financial purposes.« Wenzlhuemer, *Connecting the Nineteenth-Century World*, S. 84. Grundlegend dazu Maier, »Consigning the Twentieth Century to History« sowie »Transformations of Territoriality 1600-2000«.

25 Sombart, *Der moderne Kapitalismus*, Bd. 3, S. 69.

26 »After all, capitalism relies not only on institutions and rules, and on power relations, but also on capitalists.« Fridenson, »Is There a Return of Capitalism in Business History?«, S. 118. Ähnlich Arjun Appadurai: »From the social point of view, and over the span of human history, the critical agents for the articulation of the supply and demand of commodities have been not only rulers, but, of course, *traders.*« Appadurai, *The Future as Cultural Fact*, S. 39.

27 Philosophen und Kulturwissenschaftler, unter anderen prominent Byung-Chul Han, haben den Begriff »Hyperkapitalismus« benutzt, um die Kommerzialisierung aller Lebensbereiche zu beschreiben. Besonders das digitale Zeitalter habe zu einer totalen Durchdringung und ökonomischen Ausbeutung sämtlicher Bereiche der Gesellschaft und des individuellen Lebens geführt. Anders als Han verstehe ich unter der »Steigerungsform des Kapitalismus« hier nicht das In-Beschlag-Nehmen sämtlicher Bereiche des Lebens, sondern im

Gegenteil eine Entkoppelung des wirtschaftlichen Handelns von nationalen oder regionalen Interessen, also eine Abstraktionsleistung beim Kauf und Verkauf von Waren, mit dem Ziel des reinen Profits.

28 Rohweder, *Der Transithandelsbetrieb als spezieller Aussenhandelsbetrieb*, S. 54.

29 Kaderli/Zimmermann, *Handbuch des Bank-, Geld- und Börsenwesens der Schweiz*, S. 512.

30 SWA, HS 421 B3. Schreiben des Vereins Schweizerischer Transit- und Welthandelsfirmen (VSTW) an das Eidgenössische Amt für das Handelsregister, 20. Juli 1938, S. 3.

31 Mangold, *Der schweizerische Transithandel*, S. 1.

32 Bammatter, *Der schweizerische Transithandel*, S. 101.

33 Ritzmann-Blickenstorfer (Hg.), *Historische Statistik der Schweiz*, Zahlen zum Transithandel auf S. 879.

34 Mangold, *Der schweizerische Transithandel*, S. 1.

35 Ebd., S. 23.

36 Ebd., S. 24.

37 Ebd., S. 16.

38 Ebd., S. 17.

39 Ebd., S. 14. Zum Vergleich: Die im Verband schweizerischer Konsumvereine zusammengeschlossenen Großeinkaufsgenossenschaften machten 1929 einen Gesamtumsatz von 158 Millionen und 1930 von 164 Millionen Franken (ebd.).

40 SWA, HS 421 F6. Emil Gsell, *Wandlungen und Bedeutung des schweizerischen Transit- und Welthandels.* Entwurf vom 2. Juni 1956, S. 14.

41 Ritzmann-Blickenstorfer (Hg.), *Historische Statistik der Schweiz*, S. 879.

42 Schweizerische Nationalbank, *Zahlungsbilanz der Schweiz 2011*, S. 36. Zu den Auswirkungen der globalen Finanzkrise von 2008 siehe Tooze, *Crashed*.

43 SWA, HS 421, A 3. Protokolle der GV 1934-1948. Kurzreferat von G. André, 19.6.1946, S. 1.

44 Jungbluth/Meili, *Pilot-Study for the Analysis of the Environmental Impacts of Commodities Traded in Switzerland*, S. 21. Die Swiss Trading & Shipping Association (STSA), der Branchenverband der Schweizer Rohstoffhandelsfirmen, gibt auf ihrer Website folgende Zahlen an: 35 Prozent Weltmarktanteil beim Kakao, 60 Prozent bei den Metallen, 35 Prozent beim Öl, 60 Prozent beim Getreide, 50 Prozent beim Zucker und ebenfalls 50 Prozent beim Kaffee; {http://stsa.swiss/} (Stand Januar 2019).

45 Ebd., S. 1.

46 Heismann/Reimer, »Giganten in Öl«.

47 Erklärung von Bern, *Rohstoff. Das gefährlichste Geschäft der Schweiz.*

48 Schweizerische Eidgenossenschaft, *Grundlagenbericht Rohstoffe*, S. 1. Im November 2018 veröffentlichte der Schweizer Bundesrat erneut einen Rohstoffbericht: Schweizerische Eidgenossenschaft, *The Swiss Commodities Sector*. Der Bericht macht deutlich, dass die Bemühungen um mehr Transparenz im Rohstoffsektor in erster Linie die rohstofffördernde Industrie betreffen, nicht aber den Handel. Die fördernde Industrie (an der auch viele Rohstoffhandelsfirmen beteiligt sind) wiederum profitiert von Ausnahmeregelungen nach Unternehmensgröße. Zur engen Verbindung von fördernder Industrie und Handel siehe Kesselring et al., »Valueworks«.

49 Jürgen Kocka hat argumentiert, dass eine Unternehmensgeschichte, die sich als Teil der Geschichte des Kapitalismus verstehe, neue Akzente setzen müsse: »Sie würde die herkömmliche, vom Industrialisierungsparadigma geprägte Konzentration der Unternehmergeschichte auf den gewerblichen industriellen Unternehmer durchbrechen und beispielsweise verstärkt Kaufleute, Bankunternehmer und Dienstleister einbeziehen.« Kocka, »Braucht der Kapitalismus erfolgreiche Unternehmer, und wenn ja, gibt es sie?«, S. 87. Dazu auch Fridenson, »Is There a Return of Capitalism in Business History?«, S. 116f. Zur Geschichte des Dienstleistungssektors in der Schweiz: Gilomen et al. (Hg.), *Dienstleistungen*.

50 »Paradoxical as it might seem, British labour is better known than British capital, the working class than the ruling class, trade unions than businesses. The reason is clear – histories reflect visibility in the public sphere.« Edgerton, *The Rise and Fall of the British Nation*, S. xxix.

51 Müller, »Internationale Verflechtung«, S. 345.

52 Der Transithandel spielt weder in der von Patrick Halbeisen, Margrit Müller und Béatrice Veyrassat herausgegebenen über tausendseitigen *Wirtschaftsgeschichte der Schweiz im 20. Jahrhundert* noch in Jakob Tanners *Geschichte der Schweiz im 20. Jahrhundert* eine nennenswerte Rolle (siehe dazu auch das Kapitel 9).

53 Iselin et al., *Der schweizerische Grosshandel*. Der Mitverfasser Herbert Lüthy, das wohl größte Ausnahmetalent eines Historikers, das die Schweiz je hervorgebracht hat, publizierte im selben Jahr seine Dissertation über die Schweizer Kaufleute in Frankreich zur Zeit des Ancien Régime. 1958 erschien eine kürzere Überblicksdarstel-

lung, verfasst von Emil Bammatter, der an die von den Transithändlern bei Fritz Mangold in Auftrag gegebene Studie von 1935 an-
knüpfte und die Kriegs- und Nachkriegszeit abdeckte (Bammatter,
Der schweizerische Transithandel). Vierzig Jahre später (1998) publizierte der Lausanner Historiker Sébastien Guex einen Buchbei-
trag zur Geschichte der Schweizer Welthandelsfirmen im 20. Jahrhundert, in dem er Unternehmensstrukturen beschrieb, Umsätze
schätzte und nach Antworten auf die Frage suchte, weshalb Schweizer Handelsfirmen in der globalen Wirtschaft derart erfolgreich
waren (Guex, »The Development of Swiss Trading Companies«).
Er porträtierte die Firmen André, Diethelm-Keller, die Basler
Handelsgesellschaft, Volkart und Marc Rich & Co. (heute Glencore). Christof Dejung nahm das Thema zehn Jahre später wieder
auf (»Unbekannte Intermediäre«), und 2013 erschien seine Habili-
tationsschrift über das Handelshaus Volkart (Dejung, *Die Fäden
des globalen Marktes*). Dejung versteht Marktstrukturen aus hand-
lungstheoretischer Perspektive als »Resultat von sich verdichtenden
regelmäßigen ökonomischen Tauschakten«, wobei das Herstellen
von gegenseitigem Vertrauen eine fundamentale Voraussetzung dafür sei, dass sich ökonomische Akteure überhaupt auf eine Geschäftsbeziehung einlassen (ebd., S. 19). Auch zu anderen Unternehmen
existieren einzelne Untersuchungen, wobei die Autorinnen und Autoren ganz unterschiedliche Forschungsinteressen verfolgten. Andrea Franc publizierte 2008 ihre Dissertation zum Kakaogeschäft
der Basler Handelsgesellschaft (Franc, *Wie die Schweiz zur Schokolade kam*). Sie untersuchte nicht den Transithandel, sondern den
Kakaoimport in die Schweiz. Das Buch ist ein Lob auf den Freihandel, von dem sich die Basler Handelsgesellschaft erst durch ihre Beteiligung an einem Pool in den dreißiger Jahren verabschiedet habe.
Laut Franc habe die vormalige »Entwicklungszusammenarbeit«,
die frei von jeglicher Protektion durch die britische Kolonialmacht
gewesen sei, damit in einen »Imperialismus« umgeschlagen (S. 251).
Diese imperialistische Unterdrückung der ghanaischen Konkurrenz im Kaffeehandel sei durch die Industrienationen in der zweiten Hälfte des 20. Jahrhunderts mittels Handelsschranken fortge-
führt worden. »Hätten die Schweiz und die anderen europäischen
Länder eine wahre Entwicklungszusammenarbeit, einen wahrhaft
freien Handel und eine wirkliche Liberalität gepflegt […], hätte
Ghana eine Chance erhalten, die Schweiz als Land der Schokolade
abzulösen«, so die Autorin optimistisch (S. 253). Franc vertritt damit – ähnlich wie die Theoretiker des frühen 19. Jahrhunderts –

eine Haltung, die im konkurrenzbasierten Freihandel einen Motor zur wirtschaftlichen Entwicklung aller Beteiligten sieht. Die globalen Kapitalströme untersuchte sie nicht. Zur UTC und dem Kakaogeschäft siehe auch: Guex, »Le négoce suisse en Afrique noire«. Mit Akten der Asienhandelsfirmen arbeitete Andreas Zangger (Zangger, *Koloniale Schweiz. Ein Stück Globalgeschichte zwischen Europa und Südostasien*). Er argumentiert ähnlich wie Dejung: Wirtschaftliches Handeln setze nicht unbedingt persönliche Affinität voraus, auch nicht in erster Linie ein tragfähiges Rechtssystem, »sondern vor allem eine gemeinsame Sprache und eine aus der Geschäftsbeziehung entstehende Vertrautheit« (S. 167; siehe auch Zangger, *The Swiss in Singapore*). Zum Kaffeehandel in der Schweiz: Tokovic, *Die Schweiz als grösster Kaffeehandelsplatz der Welt*. Matthieu Leimgruber zeichnete 2015 in einem Artikel schließlich den Aufstieg Genfs zu einem Global Hub des Rohstoffhandels nach (Leimgruber, »Kansas City on Lake Geneva«).

54 Dazu Fatah-Black, »A Swiss Village in the Dutch Tropics«, S. 33.

55 Die Dependenztheorie stützte sich maßgeblich auf Forschungsarbeiten der Ökonomen Hans Singer und Raúl Prebisch. Sie hatten nachgewiesen, dass die Rohstoffpreise im Vergleich zu den Preisen für Industriegüter langfristig sinken (konkret: dass Industriegüter eine höhere Einkommenselastizität haben als Rohstoffe, ihr Preis bei steigenden Einkommen also schneller steigt, während Rohstoffpreise nur langsam oder gar nicht steigen oder gar sinken), was eine kontinuierliche Verschlechterung der *terms of trade* der rohstoffexportierenden Länder bedeute. Singer, »Economic Progress in Underdeveloped Countries«; Prebisch, *The Economic Development of Latin America*.

56 Wallerstein, *The Modern World-System*; Hopkins/Wallerstein, »Patterns of Development in the Modern World System«; Gereffi et al., »The Governance of Global Value Chains«.

57 Bair, »Global Commodity Chains«, S. 15; Gereffi et al., »Introduction: Global Commodity Chains«, S. 4. Methodisch besteht eine enge Verwandtschaft zum »nationalen Wettbewerbsvorteil« (*competitive advantage of nations*), mit dem der Ökonom Michael E. Porter in den neunziger Jahren die Idee eines »komparativen Kostenvorteils« (*comparative advantage of nations*) der klassischen ökonomischen Theorie von Adam Smith und David Ricardo aufnahm und dynamisch interpretierte. Porter hat 1985 als Erster den Begriff *value chain* benutzt; er bezeichnet damit Verbindungen zwischen einzelnen Firmen, die sich zu Wertschöpfungssystemen von der Produk-

tion bis zur Konsumption zusammenfügen: Porter, *Wettbewerbs-vorteile*. Siehe auch ders., *Nationale Wettbewerbsvorteile*.

58 Hopkins/Wallerstein, »Commodity Chains«, S. 17.

59 Hack, »Auf der Suche nach der verlorenen Totalität«, S. 127. Siehe Polanyi, *The Great Transformation*; sehr explizit auch ders., »The Economy as Instituted Process«.

60 »[The interstate system] has been constructed of many pieces, including diplomacy and the rules governing extraterritoriality, the protocols governing interstate treaties, and the various trans-state institutions. But above all, the interstate system is a matrix of reciprocal recognitions of the (limited) sovereignty of each of the states, a framework that has been (more or less) enforced by the stronger on the weaker and by the strong on each other.« Hopkins/Wallerstein, »The World-System: Is There a Crisis?«, S. 2f.

61 »Services represent the missing link in global commodity chain research.« Rabach/Kim, »Where Is the Chain in Commodity Chains?«, S. 123.

62 Tanner, *Geschichte der Schweiz im 20. Jahrhundert*, S. 27. Zu kleinen Staaten in der Weltwirtschaft siehe Katzenstein, *Small States in World Markets*; Schröter, *Aufstieg der Kleinen*; ders., »Losers in Power-Plays?«; Roberts, »Small Place, Big Money«; Sandvik/Storli, »Big Business and Small States«.

63 Behrendt, *Die Schweiz und der Imperialismus*, S. 48.

64 Bairoch, »L'économie suisse dans le contexte européen«, S. 408.

65 Fior, *Les banques suisses, le franc et l'Allemagne*, S. 20.

66 Veyrassat, *Négociants et fabricants dans l'industrie cotonnière suisse*, S. 36.

67 David/Etemad, »Gibt es einen schweizerischen Imperialismus?«, S. 20.

68 Humair, »Commerce extérieur et politique commerciale«, S. 186. Siehe auch Etemad, »Le commerce extérieur de la Suisse avec le Tiers-Monde«; David et al. (Hg.), *Suisse – Tiers Monde*; Veyrassat, »La Suisse sur les marchés du monde«.

69 dodis.ch/34111. Kapital-Export nach Entwicklungsländern 1945 bis Ende Dezember 1967, 21.5.1968. Zu den Schuldnern Schweizer Banken gehörten u.a. Ägypten, Argentinien, Brasilien, Chile, Ecuador, Guinea, Honduras, Indien, Israel, Jugoslawien, Kolumbien, Mexiko, Pakistan, Panama, Spanien, die Türkei und Venezuela.

70 Behrendt, *Die Schweiz und der Imperialismus*.

71 »S'il y a eu un colonialisme oblique, c'est donc à la seule initiative des investisseurs et des financiers qu'il est du; l'Etat ne s'en mêlera

qu'après la Première Guerre mondiale.« Ruffieux, »La Suisse des radicaux«, S. 74. Siehe auch Perrenoud, *Banquiers et diplomates suisses*, S. 13 f.; Veyrassat, *Réseaux d'affaires internationaux*, S. 30.

72 Witschi, *Schweizer auf imperialistischen Pfaden*; Veyrassat, *Réseaux d'affaires internationaux*; David/Etemad, »Gibt es einen schweizerischen Imperialismus?«, S. 21.

73 Zu den Grenzen des postkolonialen Ansatzes Etemad/Humbert, »La Suisse est-elle soluble dans sa ›postcolonialité‹?«

74 Transnationale Geschichte ist eher eine Perspektive denn ein Paradigma oder gar eine Methode. Während globalgeschichtliche Ansätze vor allem bemüht sind, sich von einer eurozentrischen Sichtweise zu lösen, ist die Nation beim transnationalen Zugang nach wie vor ein relevanter Faktor – wenn auch nur einer unter vielen. Dazu Conrad, *Globalgeschichte*, S. 9; Saunier, »Globalization«, insbes. S. 457. Eine paradigmatische transnationale Geschichte ist Tyrrell, *Transnational Nation*. Siehe auch Jakob Tanner, »Thesen und Überlegungen zu einer transnationalen Geschichte der Schweiz«; Dietze/Naumann, »Revisiting Transnational Actors from a Spatial Perspective«; Boon, »Business Enterprise and Globalization«; Conrad, *What is Global History?*; Spiliotis, »Transnationale Gesellschaftsgeschichte«.

75 Revel, »Micro-analyse et construction du social«.

76 Saunier, *Transnational History*, S. 120. Siehe auch Collinge, »The Différance between Society and Space«.

77 Clavin, »Time, Manner, Place«, S. 629.

78 »One of the key features of the role of the state *vis à vis* today's global economy (unlike earlier forms of the world economy) has been to negotiate the intersection of national law and foreign actors – whether firms, markets, or supranational organizations. We generally use the term ›deregulation‹ to describe the outcome of this negotiation. The problem with this term is that it only captures the withdrawal of the state from regulating its economy.« Sassen, »Cracked Casings«, S. 79.

79 Siehe dazu Slobodian, *Globalists*.

80 Hayek, *Die Verfassung der Freiheit*. Siehe auch Slobodian, *Globalists*, S. 7.

81 »Markets depend on nonmarket institutions because they are not self-creating, self-regulating, self-stabilizing, or self-legitimating. Anything that goes beyond a simple exchange among neighbors requires investments in transportation, communications, and logistics; enforcement of contracts, provision of information, and pre-

vention of cheating; a stable and reliable medium of exchange; arrangements to bring distributional outcomes into conformity with social norms; and so on. [...] These institutional functions have so far been provided largely by the nation state.« Rodrik, *Straight Talk on Trade*.

82 Timothy Mitchell hat gezeigt, dass das Konzept einer abgeschlossenen Sphäre, die man »die Wirtschaft« nennt, erst in den Jahren zwischen 1930 und 1950 aufgekommen ist, insbesondere im Zusammenhang mit der volkswirtschaftlichen Gesamtrechnung (Mitchell, »Fixing the Economy«). Möglich war das durch die radikale Umstellung vom Energieträger Kohle – einem begrenzten Rohstoff, dessen Abbau und Transport arbeitsintensiv waren und der deshalb die Entstehung nationaler Demokratien begünstigt hatte – auf den Energieträger Öl. Erdöl ist flüssig und scheinbar unbegrenzt vorhanden, weshalb »die Wirtschaft« auf einmal als etwas Abstraktes vorstellbar wurde, das losgelöst von der politischen Sphäre existiert (ders., *Carbon Democracy*). Dieser Prozess ging Hand in Hand mit dem Aufstieg der Wirtschaftswissenschaften zur relevanten Instanz steuerungspolitischer Expertise. Dazu Bernstein, *A Perilous Progess*; Schabas, *The Natural Origins of Economics*; Speich Chassé, *Die Erfindung des Bruttosozialprodukts*.

83 Bourdieu, *Über den Staat*, S. 24.

84 »History, according to Aristotle, is an account of what individual human beings have done and suffered. More widely still, history is what historians do.« Berlin, »History and Theory«, S. 1.

85 Veyne, *Geschichtsschreibung – Und was sie nicht ist*. Siehe auch Bloch, *Aus der Werkstatt des Historikers*.

86 Interview mit Yves Cuendet, ehemaliges Geschäftsleitungsmitglied von André & Cie, Lausanne, Hotel Palace, 11. November 2014. Zur Liquidation: Canton de Vaud, Registre du commerce. André & Cie S. A. en liquidation concordataire. Report date: 7. Juni 2000, No. réf.: H987/00366.

87 O'Sullivan, *Dividends of Development*, S. 10; dazu auch Cooper, *Africa in the World*, S. 11.

88 Butterfield, *The Whig Interpretation of History*. Siehe auch Lamoreaux et al., »Against Whig History«.

89 »The primary assumption of all attempts to understand the men of the past must be the belief that we can in some degree enter into minds that are unlike our own.« Butterfield, *The Whig Interpretation of History*, S. 16.

90 »It is nothing less than the whole of the past, with its complexity of

movement, its entanglement of issues, and its intricate interactions, which produced the whole of the complex present.« Ebd., S. 22.

91 Siegenthaler, »Die Bedeutung des Aussenhandels für die Ausbildung einer schweizerischen Wachstumsgesellschaft«, S. 327. Siehe auch ders., *Regelvertrauen, Prosperität und Krisen*.

92 Veyne, *Geschichtsschreibung*, S. 36.

2. Kaufleute und Investoren

1 Bundesamt für Statistik, *Die Bodennutzung in der Schweiz*.

2 Holenstein, *Mitten in Europa*, S. 79.

3 Steffen, *Die Kompanien Kaspar Jodok von Stockalpers*. Schweizer Truppen durften offiziell keine Verbündete der Kantone angreifen – eine Devise, der im Kriegsfall wiederholt entgegengehandelt wurde (Huch, *Die Neutralität der Eidgenossenschaft*, S. 40). Neutralität bedeutete damals in erster Linie Unparteilichkeit, ein Betragen also, das beiden Kriegführenden das Gleiche gewährte und das Gleiche abschlug (ebd., S. 16). Diese Neutralität, eine Art Meistbegünstigungsklausel *avant la lettre*, und die Durchmarschrechte, die die Schweiz einzelnen Staaten gewährte, sorgten immer wieder für Unmut. In Frankreich warfen die Revolutionäre der Schweiz vor, »ihr Wohlstand hänge von ihrer Neutralität inmitten kriegführender Nationen ab« (*Mercure de France*, Bd. 3, Jahr IX des republikanischen Kalenders [1800-1801], Monat Ventôse, S. 468).

4 Schweizer, »Ludwig XIV. und die schweizerischen Kaufleute«, S. 142.

5 Iselin et al., *Der schweizerische Grosshandel*, S. 55.

6 Ebd., S. 392.

7 Braudel, *Sozialgeschichte des 15.-18. Jahrhunderts*, Bd. 2, S. 442. Giovanni Arrighi sagte über Braudel einmal, er sei eine unglaublich reiche Quelle an Informationen über Märkte und Kapitalismus, aber er habe keinen theoretischen Rahmen. »Oder genauer gesagt ist er, wie Charles Tilly es formulierte, so eklektisch, dass er unzählige Teiltheorien hat, deren Summe keine Theorie ist.« Man müsse also, wenn man Braudel lese, eine klare Vorstellung davon haben, was man suche. Arrighi fand bei ihm – im Gegensatz zu Wallerstein und anderen Weltsystemforschern – vor allem die Idee, »dass dem System von Nationalstaaten, wie es im 16. und 17. Jahrhundert entstand, ein System von Stadtstaaten vorausging, und dass der Ursprung des Kapitalismus hier, in den Stadtstaaten gesucht werden muss«. Arrighi, *Die verschlungenen Pfade des Kapitals*, S. 21.

8   David et al., *Schwarze Geschäfte*; Bott et al. (Hg.), *Suisse – Afrique (18e-20e siècles)*.

9   Stettler et al., *Baumwolle, Sklaven und Kredite*, S. 79-86.

10   Fässler, *Reise in Schwarz-Weiss*, S. 24. Siehe auch Beckert, *King Cotton*, S. 49 f.

11   Williams, *Capitalism and Slavery*. Die »Williams-These« wurde seither vielfach diskutiert, modifiziert und bekämpft, aber nie eigentlich widerlegt, und sie erhält gerade in letzter Zeit wieder Support. Siehe Fässler, *Reise in Schwarz-Weiss*, S. 23; Beckert, *King Cotton*, S. 63-65, sowie die Beiträge in Beckert/Rockman (Hg.), *Slavery's Capitalism*.

12   Fässler, *Reise in Schwarz-Weiss*, S. 24-27.

13   Stucki, *Das heimliche Imperium*, S. 105.

14   Ebd., S. 103.

15   Iselin et al., *Der schweizerische Grosshandel*, S. 71.

16   Fässler, *Reise in Schwarz-Weiss*, S. 192.

17   Ebd., S. 8.

18   Braudel, *Sozialgeschichte des 15.-18. Jahrhunderts*, Bd. 2, S. 415.

19   David et al., *Schwarze Geschäfte*, S. 56.

20   Stettler et al., *Baumwolle, Sklaven und Kredite*, S. 183 f.

21   Veyrassat, *Négociants et fabricants dans l'industrie cotonnière suisse*.

22   Braudel, *Sozialgeschichte des 15.-18. Jahrhunderts*, Bd. 2, S. 416.

23   Ebd., S. 418.

24   »[Il] hausse quand il y a plus d'emprunteurs et moins de prêteurs; il baisse au contraire quand il y a plus d'argent offert à prêter qu'il n'en est demandé à emprunter.« Turgot, »Mémoire sur les prêts d'argent«, in: ders., *Œuvres*, Bd. 1, S. 119.

25   Braudel, *Sozialgeschichte des 15.-18. Jahrhunderts*, Bd. 2, S. 419.

26   Veyrassat, *Négociants et fabricants dans l'industrie cotonnière suisse*, S. 19-23.

27   Iselin et al., *Der schweizerische Grosshandel*, S. 71.

28   Ebd., S. 72.

29   Bernegger, »Die Schweiz und die Weltwirtschaft«, S. 434.

30   Beckert, *King Cotton*, S. 158.

31   Iselin et al., *Der schweizerische Grosshandel*, S. 91.

32   »The commercial relations of Switzerland are principally with distant and not with adjacent countries.« Bowring, *Report on the Commerce and Manufactures of Switzerland*, S. 9. Bowring gab ab 1825 die von Jeremy Bentham finanzierte und von James Mill (dem Vater von John Stuart Mill) wesentlich mitgeprägte radikalliberale Zeitschrift *Westminster Review* heraus.

33 Ebd., S. 3.

34 Iselin et al., *Der schweizerische Grosshandel*, S. 89.

35 Tanner, *Arbeitsame Patrioten – wohlanständige Damen*, S. 92.

36 Iselin et al., *Der schweizerische Grosshandel*, S. 90.

37 Ebd., S. 104.

38 Ebd., S. 110f.

39 Stucki, *Das heimliche Imperium*, S. 160f.

40 Iselin et al., *Der schweizerische Grosshandel*, S. 125.

41 Jequier, »Les relations économiques et commerciales entre la Suisse et le Japon«, S. 475 (Fußnote 41).

42 Iselin et al., *Der schweizerische Grosshandel*, S. 125.

43 Ebd., S. 126.

44 Ebd., S. 134.

45 Ebd., S. 135.

46 Ebd., S. 134f.

47 Hauser-Dora, *Die wirtschaftlichen und handelspolitischen Beziehungen der Schweiz zu überseeischen Gebieten*, S. 218.

48 Ebd., S. 218f.

49 Ebd., S. 219. Betreffend »Ergänzungsfunktion« bezieht sie sich auf Iselin et al., *Der schweizerische Grosshandel*, S. 117.

50 Veyrassat, »Notes pour une histoire sociale de la bourgeoisie marchande en Suisse«, S. 16.

51 Hauser-Dora, *Die wirtschaftlichen und handelspolitischen Beziehungen der Schweiz zu überseeischen Gebieten*, S. 93.

52 Veyrassat, »Notes pour une histoire sociale de la bourgeoisie marchande«, S. 18f.

53 Fritzsche, »Stadt und Land im 19. und 20. Jahrhundert«, S. 92.

54 Peyer, »Aus den Anfängen des schweizerischen Indienhandels«, S. 108. Siehe auch Peter, »Salomon Volkart«.

55 Siehe die folgenden Firmengeschichten: Wanner, *Die Basler Handelsgesellschaft A. G.*; ders., *Zweieinhalb Jahrhunderte im internationalen Wollhandel*; Siber Hegner, *Hundert Jahre im Dienste des Handels*; Eggenberger, *Das Haus Diethelm im Wandel der Zeit*; André & Cie, *André & Cie SA*; dies., *André Group*; Rambousek et al., *Volkart*; Bartu, *The Fan Tree Company*; Wolle, *Expedition in fernöstliche Märkte*.

56 Mangold, *Der schweizerische Transithandel*, S. 3.

57 Ebd., S. 4f.

58 Wanner, *Die Basler Handelsgesellschaft*, S. 497.

59 Paul Reinhart AG, *200 Jahre Reinhart*.

60 Ebd., S. 110f.

61 Stadtarchiv Winterthur, Dep 42/1223. Gedenkschrift 1926, S. 15.

62 Dejung, *Die Fäden des globalen Marktes*, S. 54. Bis in die späten sechziger Jahre des 19. Jahrhunderts wurde der größte Teil indischer Rohstoffe via England nach Festlandeuropa transportiert. Auch die Ausfuhr kontinentaleuropäischer Konsumgüter ging größtenteils über England. Anderegg, *Volkart Brothers*, S. 47; Dejung, *Die Fäden des globalen Marktes*, S. 62.

63 Dejung, *Die Fäden des globalen Marktes*, S. 63. Die Agrippina versicherte in den Anfängen auch alle Rohstoffexporte von Volkart gegen Transportschäden.

64 Ebd., S. 64.

65 Hauser/Fehr, *Die Familie Reinhart in Winterthur*, S. 195; Anderegg, *Volkart Brothers*, S. 66; Dejung, *Die Fäden des globalen Marktes*, S. 60 und S. 93-98. Die erste Zweigniederlassung gründete Volkart mitten in der durch amerikanische Eisenbahnspekulationen und den russischen Krimkrieg ausgelösten weltweiten Wirtschaftskrise. Die Firma machte immer solide Gewinne.

66 Stadtarchiv Winterthur, Dep 42/1223. Gedenkschrift 1926, S. 17f.

67 Hauser/Fehr, *Die Familie Reinhart in Winterthur*, S. 195; Dejung, *Die Fäden des globalen Marktes*, S. 93-98.

68 Hauser/Fehr, *Die Familie Reinhart in Winterthur*, S. 197f.; Reinhart, *Volkart Brothers*, S. 29f.

69 Stadtarchiv Winterthur, Dep 42/951. Notiz zu den eingekauften und verkauften Artikeln in Indien [ohne Datum]; Mangold, *Der schweizerische Transithandel*, S. 4.

70 Eggenberger, *Das Haus Diethelm im Wandel der Zeit*; Bartu, *The Fan Tree Company*.

71 Sigerist, »Die ersten Schweizer Unternehmen in Japan und China«, S. 93. Fritz Abegg war mit großer Wahrscheinlichkeit verwandt mit Hans Caspar Abegg (1803-1850), Tuchhändler und Gemeindeammann in Küsnacht, der 1850 in den Seidenverlag einstieg. Schmid, *Die Familie Abegg von Zürich und ihre Unternehmungen*, S. 16 und 52. Zu den Schweizern in Schanghai siehe auch Steinmann, *Seldwyla im Wunderland*.

72 Das Unternehmen importierte Uhren und technische Instrumente aus der Schweiz nach Japan und exportierte umgekehrt Reis, Baumwollstoffe und Rohseide. Bartu, *The Fan Tree Company*.

73 André & Cie, *André & Cie SA*.

74 Rossier, »2001: André ferme boutique«.

75 DKSH, Siber Hegner, C 1.55. Tagebuch Caspar Brennwald, Originaltyposkripte 1862-1878, S. 22.

76 Brief von Salomon Volkart an Johann Heinrich Fierz vom 19. Juli 1845, in: Peyer, »Aus den Anfängen des schweizerischen Indienhandels«, S. 116.

77 Ebd., S. 116, S. 115.

78 »Language is the key to history, to tradition, to religion and to manners, and to have a good knowledge of all these things should be the ambition of every European going East in the pursuit of his business career.« Volkart Brothers, »Eastern Languages«, in: *V. B. News* 2 (1921), S. 13-14, hier S. 13.

79 Ebd., S. 14.

80 Dejung, *Die Fäden des globalen Marktes*, S. 65.

81 Ebd., S. 67.

82 Anderegg, *Volkart Brothers*, S. 51 f.; Dejung, *Die Fäden des globalen Marktes*, S. 65.

83 Dejung, *Die Fäden des globalen Marktes*, S. 65. Zu den Shroffs und ihren Finanzdienstleistungen siehe auch Ray, »Asian Capital in the Age of European Domination«; Miller, *Europe and the Maritime World*, S. 146-148.

84 »The Broker in India«, in: *V. B. News* 4 (1922), S. 17-18, hier S. 18.

85 »Indeed, the success of the broker's work depends to a great extent on a shrewd business sense, a wide experience in the trade, good knowledge of the articles and the market conditions and last, but not least, sound judgement of character and ability to deal with all sorts and conditions of people« (ebd., S. 17).

86 Stadtarchiv Winterthur, Dep 42/91. Schreiben des Departements in Karachi an die Partner in Winterthur vom 17. September 1931.

87 ZB, Desco, HS AR 1b: Q 1.281. Charles Rudolph & Co., *50 Jahre Rohseideimport*, Jubiläumsschrift 1939, S. 39.

88 Ebd., S. 39f.

89 Ebd., S. 65.

90 Stadtarchiv Winterthur, Dep 42/91. Schreiben des Departements in Karachi an die Partner in Winterthur vom 17. September 1931.

91 Stadtarchiv Winterthur, Dep 42/73. Re-organization of the Lines of Command, Responsibilities, Statements and Reports. Rundschreiben an die Manager aller Zweigniederlassungen vom 4. September 1952, S. 4f. Firmeneigene Prognosen zukünftig zu erwartender Quantitäten und Qualitäten waren vor allem in Regionen wichtig, in denen solche Schätzungen nicht von offiziellen Stellen bereitgestellt wurden oder – wie in Indien, Pakistan und Brasilien – als nicht verlässlich gewertet wurden. Zu den Ende des 19. Jahrhunderts in großer Zahl aufgekommenen Prognose-Institutionen und

ihrer Rolle als Rationalisierungsinstrument angesichts persistierender Unsicherheit im agrarischen Rohstoffmarkt siehe Pietruska, »Cotton Guessers«.

3. Auswanderung ohne Kolonien

1 Dazu Maier, »Leviathan 2.0.«, insbes. S. 99-158.

2 Wehler, »Sozialimperialismus«, S. 86.

3 Wehler, *Bismarck und der Imperialismus*.

4 Siehe u. a. Perras, *Carl Peters and German Imperialism*; Fitzpatrick, *Liberal Imperialism in Germany*.

5 Osterhammel, *Die Verwandlung der Welt*, S. 618. Alison Frank unterscheidet »empires of territory« und »empires of commercial flows«, wobei es Letzteren nicht um Territorialbesitz gegangen sei, sondern um ein rein kommerzielles maritimes Projekt. Österreich-Ungarn habe so über den Hafen von Triest am europäischen Imperialismus partizipiert, ohne eigene Kolonien zu besitzen. Frank, »Continental and Maritime Empires«, S. 783.

6 Osterhammel, *Die Verwandlung der Welt*, S. 655.

7 Vgl. Davis/Huttenback, *Mammon and the Pursuit of Empire*.

8 Osterhammel, *Die Verwandlung der Welt*, S. 655.

9 Fässler, *Reise in Schwarz-Weiss*, S. 19. Die größeren Kontingente stellten Schweden, Italien und Dänemark.

10 Debrunner, *Schweizer im kolonialen Afrika*, S. 24. Zur kolonialen Schweiz: Purtschert/Fischer-Tiné (Hg.), *Colonial Switzerland*.

11 Gerke Teitler schätzte die Zahl Schweizer Soldaten in der KNIL zwischen 1861 und 1918 auf 5000. Teitler, »The Mixed Company«, S. 156. Der Höhepunkt der Söldnerdienste für Holland lag in den fünfziger Jahren des 19. Jahrhunderts, als die neapolitanischen Truppen aufgelöst wurden. Der Schweizer Konsul für Rotterdam sprach Ende 1959 von bisher 3000 eingeschifften Schweizer Soldaten. Siehe dodis.ch/41361. Le Consul de Suisse à Rotterdam, F. Koch, au Président de la Confédération, J. Stämpfli, 19.12.1859.

12 Ebd. Siehe auch Zangger, *Koloniale Schweiz*, S. 33.

13 Béatrice Veyrassat hat die enge Verflechtung der Schweiz mit der Welt anhand von Biografien nachgezeichnet: *Histoire de la Suisse et des Suisses dans la marché du monde*. Siehe auch Schelbert, *Von der Schweiz anderswo*.

14 *Schweizerisches Bundesblatt* Nr. 17 vom 12.4.1956, Bd. I, S. 301-308, Zitate S. 306 und S. 305.

15 Hauser-Dora, *Die wirtschaftlichen und handelspolitischen Beziehungen der Schweiz zu überseeischen Gebieten*, S. 197.

16 Bundesverfassung der Schweizerischen Eidgenossenschaft vom 29. Mai 1874, Art. 34; dodis.ch/42269. Der Vorsteher des Handels- und Landwirtschaftsdepartements, N. Droz, an den Bundesrat, 26.5.1885, S. 619.

17 Ebd.

18 Schinz, *Schweizerische Afrika-Reisende*.

19 Sörgel, *Atlantropa*. Zur Idee von Eurafrika als gemeinsamem Wirtschaftsraum siehe Beckert, »American Danger«; Hansen/Jonsson, *Eurafrica*; Whiteman, »The Rise and Fall of *Eurafrique*«; Bitsch/Bossuat (Hg.), *L'Europe unie et l'Afrique*; Moser, *Europäische Integration, Dekolonisation, Eurafrika*; Heske, »Der Traum vom Weltreich ›Eurafrika‹«.

20 dodis.ch/30147. Gedanken zu einem weiteren Ausbau der Entwicklungshilfe, 24.4.1962.

21 Bammatter, *Der schweizerische Transithandel*, S. 11.

22 Ebd.

23 Die Familienfirma ist schwer zu definieren. Geht man davon aus, dass bei einem Aktienanteil von mindestens 20 Prozent in der Hand einer Einzelperson oder einer Familie, diese das Unternehmen maßgeblich prägt, so können in der Schweiz noch zu Beginn des 21. Jahrhunderts über 88 Prozent aller Schweizer Firmen als Familienfirmen bezeichnet werden. Bei den Großfirmen mit mehr als 250 Angestellten machen Familienfirmen noch 70 Prozent aus. Das ist eine weltweit überdurchschnittliche Rate. Im Gegensatz zu den USA, wo die Kapitalbeteiligung großer Firmen in der Regel stark gestreut ist, zeichnen sich die Schweizer Unternehmer durch eine hohe Konzentration des Aktienbesitzes und eine Marginalisierung bzw. einen fehlenden Schutz von Minderheitsaktionären aus. Die Historikerin Stéphanie Ginalski hat gezeigt, dass in der Schweiz die Familienfirma selbst im Industriesektor bis in die achtziger Jahre das verbreitetste Firmenmodell ist, was der Annahme einer Dominanz des *managerial capitalism* und des Investor-Kapitalismus (der von institutionellen Anlegern geprägt ist) widerspricht. Ginalski, »Can Families Resist Managerial and Financial Revolutions?«, S. 983. Zur Definition der Familienfirma auch Colli, *The History of Family Business*, S. 8.

24 Bei der Betriebszählung von 1939 waren 6167 von 8118 Schweizer Großhandelsbetrieben als Einzelfirmen, Kollektiv- oder Kommanditgesellschaften organisiert. Nur 1440 waren Aktiengesellschaf-

ten (hinzu kam ein unbedeutender Rest Genossenschaften, Stiftungen und GmbH). Iselin et al., *Der schweizerische Grosshandel*, S. 152. Eine Kollektivgesellschaft wird zwischen natürlichen Personen gegründet; betreffend Gesellschaftsvertrag herrscht Formfreiheit, die Gesellschafter haften unbeschränkt und solidarisch für die Firma. In der Kommanditgesellschaft haftet mindestens ein Gesellschafter (der Komplementär) unbeschränkt, ein oder mehrere Kommanditäre hingegen nur bis zum Betrag einer bestimmten Vermögenseinlage (der Kommanditsumme). Sie gelten als »stille Teilhaber«. Im Gegensatz zur Familienfirma steht das Managementunternehmen. Dazu Chandler (Jr.), »Managerial Enterprise and Competitive Capabilities«.

25 Mangold, *Der schweizerische Transithandel*, S. 8.

26 »Par son principe même, le Partage forcé désorganise toutes les classes auxquelles il s'applique.« Le Play, *La réforme sociale en France*, Bd. 2, S. 127.

27 James, »Finance Capitalism«, S. 145.

28 Was Stéphanie Ginalski am Beispiel der Maschinen-, Elektro- und Metallindustrie gezeigt hat, gilt auch für den Transithandel: Ginalski, *Du capitalisme familial au capitalisme financier?* Zur Rolle der Frauen im Familienkapitalismus siehe auch Mach et al., *Les élites économiques suisses.*

29 Tanner, *Arbeitsame Patrioten – wohlanständige Damen*, S. 175.

30 Ebd., S. 175.

31 1881 bestand sie nur noch in den Kantonen Appenzell, Graubünden, St. Gallen, Uri und Wallis. Die Handlungsfähigkeit der Ehefrauen wurde auch nach 1881 weiterhin durch kantonales Recht bestimmt, das heißt, die Frauen blieben unter der Vormundschaft des Ehemannes. Die Verfügungsgewalt des Ehemannes über das Vermögen der Ehefrau wurde erst mit dem neuen Eherecht von 1988 aufgehoben. Ryter, »Die Geschlechtsvormundschaft in der Schweiz«, S. 494.

32 Ebd., S. 497.

33 Hauser/Fehr, *Die Familie Reinhart in Winterthur*, hier S. 160.

34 Sie erbt zusammen mit ihrem Mann die Liegenschaften »Heiligberg« (Blums Privatvilla, ein ehemaliges Chorherrenstift) und »unterer Steinberg« (in der die Firma untergebracht ist); ihr Mann wird alleiniger Inhaber von Geilinger & Blum. Hauser/Fehr, *Die Familie Reinhart in Winterthur*, S. 180-183.

35 Ebd., S. 168. Paul ist nicht nur Kaufmann, sondern auch Mitglied des Verwaltungsrates der Bank in Winterthur (später Schweizeri-

sche Bankgesellschaft, heute UBS), er gehört dem Verwaltungsrat der Nordostbahn sowie dem Zürcher Handelsgericht an. Für seinen zweiten Sohn aus erster Ehe, Ludwig, sieht Johann Caspar Reinhart eine Laufbahn in Le Havre vor, wo seit 1852 bereits sein jüngerer Bruder Abraham Reinhart IV (der Onkel von Louis) eine Niederlassung eröffnet hat. Le Havre ist das Zentrum des europäischen Baumwollhandels, hier werden an der Baumwollbörse die Preise für das nordwestliche Europa festgesetzt.

36 Ebd., S. 186-189. Ebenfalls Teilhaber von Geilinger & Blum wird August Hahnloser-Wirth, den die Familie Reinhart als Adoptivkind großgezogen hat.

37 Theodor und Lilly Volkart haben vier Söhne (Georg, Hans, Werner und Oskar) und eine Tochter (Emma). Georg, 1877 geboren, macht in der väterlichen Handelsfirma eine kaufmännische Ausbildung. Von 1904 bis 1952 ist er Teilhaber und führender Geschäftsleiter von Volkart. Er hat Sinn für Kunst, wird Kunstsammler und Mäzen – und er heiratete Olga Schwarzenbach, die Tochter von Robert Schwarzenbach, dessen Seidenweberei Ende des 19. Jahrhunderts das größte Schweizer Unternehmen war.

38 Dejung, *Die Fäden des globalen Marktes*, S. 17f. sowie 109-112. Siehe auch Osterhammel/Petersson, *Geschichte der Globalisierung*, S. 20f.

39 Dazu Stiglitz, »The Contributions of the Economics of Information to Twentieth Century Economics«.

40 BM Archives, Q 6.1, Missionshandlungsgesellschaft. W. Duisberg, *Industrie und Handel im Dienst der Basler Mission*. Zweite, umgearbeitete Auflage. Basel, Verlag der Basler Missionsbuchhandlung [ohne Datum, 1902], S. 22.

41 Brecht et al. (Hg.), *Geschichte des Pietismus*, Bd. 3, S. 4.

42 Gleixner, *Pietismus und Bürgertum*, S. 24.

43 Basierend auf Offenbarung 20,1-15. Der Chiliasmus wurde im Frühmittelalter von verschiedenen Kirchenvätern vertreten und später von tief religiösen und armutsradikalen Gruppierungen innerhalb des Franziskanerordens wiederbelebt (den sogenannten Spiritualen). Er war eine christliche Variante der jüdischen Erwartung eines rettend eingreifenden Gottes in der diesseitigen Welt. 1317 wurde der Chiliasmus von Papst Johannes XXII. als Häresie deklariert. Die Scholastiker des Hochmittelalters lehnten den Chiliasmus ab und auch innerhalb der katholischen – und später der reformierten – Theologie wurde er nicht mehr vertreten. Erst in radikal-reformatorischen Kreisen, Freikirchen und Sekten tauchte er wieder auf. Auch der württembergische Pietismus, der das pietisti-

sche Zentrum in Basel prägte, war millenaristisch geprägt. Siehe Vorgrimler (Hg.), *Neues Theologisches Wörterbuch*, Bd. 6.

44 Gleixner, *Pietismus und Bürgertum*, S. 395 und 402.

45 Rennstich, »Die Basler Mission und die Basler Handelsgesell-schaft«, S. 181, zitiert nach Franc, *Wie die Schweiz zur Schokolade kam*, S. 67.

46 Haas, *Erlitten und erstritten*, S. 195 f.

47 Miller, *The Social Control of Religious Zeal*, S. 38.

48 Konrad, *Missionsbräute*, S. 38.

49 Wanner, *Die Basler Handelsgesellschaft A. G.*, S. 30, zitiert nach Franc, *Wie die Schweiz zur Schokolade kam*, S. 68.

50 Den Vorsitz übernahmen der damalige Missionsinspektor Joseph Josenhans und der Basler Ratsherr und Fabrikant Karl Sarasin. Der Missionskaufmann Gottlob Pfleiderer leitete ab 1854 die Industrie in Indien und baute sie zu einem Großunternehmen aus. BM Archives, J 27b. *Mitteilungen über Handel und Industrie der Basler Mission*, Basel 1912, S. 6.

51 Ebd., S. 9.

52 BM Archives, UTC, 4105 Handlungsangelegenheiten. Beschluss des Komitees bezüglich der veränderten Behandlung der Angelegenheiten der Goldküste & Kamerun Handlungen zufolge ihrer Neuorganisation, 23. Juni 1909, S. 3.

53 Konrad, *Missionsbräute*.

54 BM Archives, J 27a. *Industrie und Handel der Basler Mission*, Basel 1884, S. 1.

55 Christ, *Zwischen Religion und Geschäft*, S. 21.

56 BM Archives, J 27a. *Industrie und Handel der Basler Mission*, Basel 1884, S. 2.

57 Ebd.

58 Das Referat ist abgedruckt im Jahresbericht der Basler Mission 1859, S. 67 ff. Zitiert nach Rennstich, »Die Basler Mission und die Basler Handelsgesellschaft«, S. 180.

59 BM Archives, J 27a. *Industrie und Handel der Basler Mission*, Basel 1884, S. 3.

60 Ebd.

61 Ebd., S. 4.

62 Schopf-Preiswerk, *Die Basler Familie Preiswerk*, S. 79 f.

63 SWA, H+I C 602. Basler Handelsgesellschaft. Jahresbericht 1865, S. 1.

64 Dazu Stoler/Cooper, »Between Metropole and Colony«.

65 SWA, H+I C 602. Basler Handelsgesellschaft. Jahresbericht 1865, S. 2.

66 Ebd., S. 3-5.

67 Ebd., S. 4.
68 BM Archives, J 27b. Missions-Handlungs-Gesellschaft Basel (Hg.), *Mitteilungen über Handel und Industrie in der Basler Mission*, S. 13.
69 Ebd.
70 BM Archives, Q 6.1. Missionshandlungsgesellschaft. H. Fincke an das Komitee der Evangelischen Missionsgesellschaft, 18.12.1907, S. 1.
71 Franc, *Wie die Schweiz zur Schokolade kam*, S. 13 f.
72 Iselin et al., *Der schweizerische Grosshandel*, S. 132. Siehe auch Reinhart, *Volkart Brothers*, S. 14; Rambousek et al., *Volkart*, S. 69.
73 Iselin et al., *Der schweizerische Grosshandel*, S. 132; Reinhart, *Volkart Brothers*, S. 14; Rambousek et al., *Volkart*, S. 69.
74 Anderegg, *Volkart Brothers*, S. 13.
75 Dejung, *Die Fäden des globalen Marktes*, S. 56.
76 Dazu Palmer, *Politics, Shipping, and the Repeal of the Navigation Laws*, S. 42 f. und 75 f.
77 Clapham, »The Last Years of the Navigation Acts«, S. 481.
78 Ebd. sowie McGovney, »The Navigation Acts as Applied to European Trade«, insbes. S. 732.
79 Clapham, »The Last Years of the Navigation Acts«, S. 482.
80 Ebd., S. 482.
81 Ebd., S. 483.
82 Dejung, *Die Fäden des globalen Marktes*, S. 74.
83 dodis.ch/41229. Le Conseil fédéral au Ministre de Grande-Bretagne en Suisse, G. Gordon, 21.11.1855, S. 468.
84 Beckert, *King Cotton*, S. 231-239.
85 »It is not, however, the question of demand with which we have to deal, but with that of *supply.*« Mann, »On the Cotton Trade of India«, S. 347.
86 »[T]he general impression appears to be that when the resources of India, as those of Africa, come to be developed, they will be able successfully to compete with the United States of America in our markets, and furnish us with such quantities of the article as will meet not only our immediate requirements, but any prospective increase for a long period to come.« Ebd.
87 Harnetty, *Imperialism and Free Trade*, S. 36-58.
88 Mann, »On the Cotton Trade of India«, S. 368.
89 »We, as a manufacturing, rather than as a producing nation in England, have come to recognize the benefit of exempting the raw material from taxation, on the ground that the employment of the peo-

ple in the trade to which it indirectly ministers, more than compensates for the loss.« Ebd., S. 368.

90 Beckert, *King Cotton*, S. 234 f.

91 »And probably on no point has the public opinion of England been so egregiously misled by false reports as on the supplies of cotton to be expected from that country.« Smith, *The Cotton Trade of India,* S. 1.

92 Ebd., S. 2.

93 Ebd., S. 3.

94 Ebd., S. 6.

95 Henderson, *The Lancashire Cotton Famine*, S. 12 f.

96 Ebd., S. 14 f.

97 »Those were great times, times of prosperity, when cotton brokers came down to business in their carriages or on horseback.« Hemelryk, *Forty Years Reminiscences of the Cotton Market*, zitiert nach Henderson, *The Lancashire Cotton Famine*, S. 14.

98 Zimmerman, *Alabama in Africa.*

99 Gutersohn, *Vorderindien*, S. 56.

100 Dejung, *Die Fäden des globalen Marktes*, S. 76.

101 Ebd., S. 93.

102 Hauser/Fehr, *Die Familie Reinhart in Winterthur*, S. 195; Dejung, *Die Fäden des globalen Marktes*, S. 93-98.

103 Stadtarchiv Winterthur, Dep 42/951. Erläuterung einer grafischen Darstellung der Organisation für den Ankauf und Verkauf indischer Produkte, Dezember 1921.

104 Reinhart, *Volkart Brothers*, S. 18.

4. Techniken der Globalisierung

1 Sieveking, *Grundzüge der neueren Wirtschaftsgeschichte*, S. 97 f.

2 Dommann, »Verbandelt im Welthandel«, S. 32. Für die Schweiz: Bundesgesetz über das Obligationenrecht vom 14. Brachmonat 1881. *Schweizerisches Bundesblatt* Nr. 26 vom 18. Juni 1881, Bd. III, S. 109-318.

3 Vec, *Recht und Normierung in der Industriellen Revolution.*

4 Verein gelehrter und praktischer Kaufleute, *Allgemeines Handels-Lexicon.*

5 Sonndorfer, *Die Technik des Welthandels.*

6 Behm, *Leitfaden der allgemeinen Handelslehre.*

7 Zitiert in: »Schweizerische Handelsflottillen des 19. Jahrhunderts«, in: *Neue Zürcher Zeitung*, 6. September 1942, S. 8.

8 Ebd. Siehe auch Weisz, *Studien zur Handels- und Industrie-Geschichte der Schweiz*, insbes. Bd. 1, S. 47-74.

9 Zürcher, *Schweizer Flagge zur See*.

10 »Schweizerische Handelsflottillen des 19. Jahrhunderts«, in: *Neue Zürcher Zeitung*, 6. September 1942, S. 8.

11 Anderegg, *Volkart Brothers*, S. 116; Dejung, *Die Fäden des globalen Marktes*, S. 82.

12 Ziegler, *Der Import ostindischer Baumwolle*, S. 13; Dejung, *Die Fäden des globalen Marktes*, S. 80.

13 Dejung, *Die Fäden des globalen Marktes*, S. 83.

14 BM Archives, J 27b. *Mitteilungen über Handel und Industrie der Basler Mission*, Basel 1912, S. 10.

15 Ebd., S. 11.

16 Behm, *Leitfaden der allgemeinen Handelslehre*, S. 24.

17 Sonndorfer, *Die Technik des Welthandels*, S. 163-165.

18 Behm, *Leitfaden der allgemeinen Handelslehre*, S. 31 f.

19 Dommann, »Verbandelt im Welthandel«, S. 31.

20 Archiv der Internationalen Handelskammer. *Internationale Wirtschaft* 1 (1929), S. 3-11, hier S. 7. Die Zeitschrift erschien auf Englisch als *World Trade*, auf Französisch als *L'Economie Internationale*.

21 Bericht des schweizerischen Konsuls in Japan (Yokohama) über das Jahr 1864 vom 1. Januar 1865, in: *Schweizerisches Bundesblatt* Nr. 52 vom 2. Dezember 1865, Bd. IV, S. 19-28, hier S. 20. 1864-1866 war Daniel de Graeff von Polskbroek Honorar-Generalkonsul in Yokohama, 1866 übernahm Caspar Brennwald das Amt und hatte es inne bis 1881.

22 »[N]ot too cruell in her frowns, nor too partiall in her favors.« De Malynes, *Consuetudo, vel lex mercatoria*, zitiert nach Wolaver, »The Historical Background of Commercial Arbitration«, S. 144.

23 Dezalay/Garth, *Dealing in Virtue*, S. 5 f.

24 Briner, »Schiedsgerichte als erste Instanz«.

25 Schiedsgerichts-Ordnung der Zürcher Handelskammer. Zürich, 1. Februar 1911.

26 Lemercier/Sgard, »Arbitrage privé international et globalisation(s).«, S. 5.

27 Ebd.

28 »Commercial men realize to the full the limitations of politicians and diplomatists, and that it is for the commercial world to take its destinies into its own hands […]. Indeed, it may be claimed that commercial arbitration constitutes the foremost plank in the plat-

form of world-wide peace and solidarity.« International Chamber of Commerce (Hg.), *Fifth International Congress of Chambers of Commerce and Commercial and Industrial Associations, Sept. and Oct. 1912*, Boston 1913, zitiert nach Lemercier/Sgard, »Arbitrage privé international et globalisation(s)«, S. 10.

29 Archiv der Internationalen Handelskammer. *Proceedings of the Second Congress*, Rome, March 18-24, 1923, Paris 1923, S. 74-78 und 95-98.

30 Dezalay/Garth, *Dealing in virtue*, S. 34.

31 Karrass, *Geschichte der Telegraphie*, S. 5.

32 Fari, *The Formative Years of the Telegraph Union*, S. 59-80.

33 Behm, *Leitfaden der allgemeinen Handelslehre*, S. 17.

34 Dejung, »An den Grenzen der Kaufmannskultur?«, S. 166.

35 Dejung, *Die Fäden des globalen Marktes*, S. 58 und 452. Der Handel auf Kommissionsbasis hatte sich in Europa gegen Ende des 16. Jahrhunderts etabliert. Kaufleute tätigten seither gegen eine mäßige Gebühr Geschäfte im Auftrag von Dritten. Braudel, *Sozialgeschichte des 15.-18. Jahrhunderts*, Bd. 2, S. 158.

36 Stadtarchiv Winterthur, Dep 42/1503. August F. Ammann, *Reminiscences of an old V. B. Partner*. Special Number of the *V. B. News*, Winterthur 1921, S. 9.

37 Ebd.

38 Dejung, »An den Grenzen der Kaufmannskultur?«, S. 166.

39 »[I]t was decided to give to the system a trial and from a trial it gradually became the rule.« Ammann, *Reminiscences of an old V. B. Partner*, S. 10.

40 Stadtarchiv Winterthur, Dep 42/115. Protokolle Dienstagskonferenzen, Konferenzprotokolle der Geschäftsleitung. Konferenz vom 17. August 1920.

41 Ebd.

42 »After a cable containing an order has been received, translated and checked at the office, the order is at once transmitted to the floor of the Exchange over our private wire and the employee in charge of the telephone writes out, f. i. ›buy 10 Oct. mkt‹, meaning ›buy 10 contracts, i. e. 1000 bales, October delivery at the market‹, hands the slip to a page who knows exactly in which part of the ›ring crowd‹ he will find the floor broker who is to execute the order. This broker buys the 1000 bales – may be from one, may be from several sellers – and puts down on the original slip the prices paid, hands the slip back to the page who runs to our telephone, and the execution is immediately reported to the office where it is coded,

cabled and sent off.« Max Greeven, »Downtown New York«, in: *V. B. News* 3 (1921), S. 2-6, hier S. 5.

43 Hochfelder, *The Telegraph in America*, S. 103.

44 Cohn, *Die Börse und die Spekulation*, S. 14.

45 Beckert, *King Cotton*, S. 239.

46 Wachter, *Schweizerischer Transit- und Welthandel*, S. 13 f.

47 Ebd., S. 14.

48 A. Jacobs, »Growing and marketing of American cotton«, in: *V. B. News* 5 (1922), S. 1-6, hier S. 3.

49 »[W]hen cotton futures will have shown the larger profit and spots the loss«. Ebd., S. 4.

50 Egli, *Theoretisches und praktisches Lehrbuch für Handelsbeflissene und Kaufleute*, S. 245.

51 Ebd., S. 246.

52 Cohn, *Die Börse und die Spekulation*, S. 18.

53 Ebd., S. 16.

54 Proudhon, *Handbuch des Börsenspekulanten*. Siehe dazu Engel, »Spiel«, S. 273.

55 Vgl. Engel, »Spiel«.

56 Perrin, »Der Handelsreisende«, S. 347.

57 Nach dem Zweiten Weltkrieg wurden die Kommunikationswege weiter verkürzt: Börsenangestellte (sogenannte *reporter*) notierten den Verkaufskurs auf einem kleinen Papierstück. Dieses wurde durch pneumatische Röhren in den »Ticker Traffic Room« im fünften Stock der New York Stock Exchange transportiert. Dort wurden die Berichte kontrolliert und auf ein Förderband gelegt, worauf ein Telegrafenoperator die neuen Kurse eintippte und der technische Übermittlungsvorgang einsetzte. Die Zeitverzögerung zwischen der Preisnotierung und dem Erhalt der Information betrug in den fünfziger Jahren noch zwischen 30 Sekunden und zwei Minuten. Stäheli, »Der Takt der Börse«, S. 250.

58 »Instead of markets that relied on information, they increasingly became markets *in* information.« Hochfelder, *The Telegraph in America*.

59 Stäheli, »Der Takt der Börse«, S. 251.

60 »Nothing could be more democratic in principle than the way the business is conducted nowadays.« Van Antwerp, *The Stock Exchange from Within*, S. 162, zitiert nach Stäheli, »Der Takt der Börse«, S. 253.

61 »Speculation was never so unscrupulous and wrongdoing, never so abundant as in the days before this instrument was invented.« Ebd.

62 Glaser, *Die Börse*, S. 59.

63 Ebd., S. 67.

64 Tanner, »Zwischen Spekulationsblase und Crash«, S. 117.

65 Glaser, *Die Börse*, S. 101 f.

66 Balzac, *Eugénie Grandet*, S. 15. Siehe auch Bauer, *Ökonomische Menschen*, S. 203; Buttke, *Balzac als Dichter des modernen Kapitalismus*. Die Spekulation mit animalischen Begriffen zu beschreiben hat bis heute Konjunktur. Dazu Tanner, »Zwischen Spekulationsblase und Crash«, S. 116.

67 Adorno, »Balzac-Lektüre«, S. 153, zitiert nach Tanner, »Zwischen Spekulationsblase und Crash«, S. 116 f.

68 Van Antwerp, *The Stock Exchange from Within*. »The truth seems to be that all investment is speculation, differing from it in degree but not in kind.« Ebd., S. 45. Und: »The practical effect of much speculation […] is not greatly different from that of gambling.« Ebd., S. 417.

69 Engel, »Spiel«, S. 269 f.

70 Smith/Walter, *International Bank Lending*, Kapitel 2; Petersson, *Anarchie und Weltrecht*.

71 »It is always very difficult to bring countries to change or give up their commercial customs, even in cases where they are a source of constant difficulty to their nationals when making or receiving payments from abroad.« Archiv der Internationalen Handelskammer. »On the International Circulation of Cheques«, in: *Journal of the International Chamber of Commerce* 8 (1926), S. 8-11, hier S. 9.

72 Behm, *Leitfaden der allgemeinen Handelslehre*, S. 62.

73 Ebd., S. 64.

74 Ebd., S. 69.

75 Nishimura, »British International Banks in Asia«, S. 67 f.

76 Ebd., S. 67.

77 Ebd., S. 63.

78 Volkart »had in fact succeeded in by-passing London Banks, to some extent, particularly in regard to financing of imports into India«. Stadtarchiv Winterthur, Dep 42/91. Notes on Finance [undatiertes und unpaginiertes Manuskript, ca. 1976].

79 Dejung, *Die Fäden des globalen Marktes*, S. 140.

80 Archiv der Internationalen Handelskammer. »On the International Circulation of Cheques«, in: *Journal of the International Chamber of Commerce* 8 (1926), S. 8-11, hier S. 9 f.

81 Ebd. Die Kongresse der nationalen Handelskammern fanden ab 1905 in unregelmäßigen Abständen statt.

82 Ministère des affaires étrangères (Hg.), *Deuxième conference de la Haye pour l'unification du droit en matière de lettre de change, de billet à ordre et de chèque 1912*.

83 Archiv der Internationalen Handelskammer. »On the International Circulation of Cheques«, in: *Journal of the International Chamber of Commerce* 8 (1926), S. 8-11, hier S. 9f.

84 Clark, *Die Schlafwandler*.

5. Die große Illusion

1   Angell, *The Great Illusion*. (Das Buch erschien in einer ersten Fassung 1909 unter dem Titel *Europe's Optical Illusion*. Erste Auflage unter dem neuen Titel *The Great Illusion* 1910.)

2   Angell, *After All*, S. 8.

3   Ebd., S. 16. Siehe Mill, *Über die Freiheit*, Kapitel 2.

4   Angell, *After All*, S. 1-134.

5   Zitate abgedruckt in: Angell, *The Great Illusion* [unpaginiert].

6   Ebd.

7   Levy, »Weltwirtschaft und territoriale Machtpolitik«, S. 249.

8   Angell, *The Great Illusion*, S. ix.

9   »Conquest in the modern world is a process of multiplying by x, and then obtaining the original figure by dividing by x.« Ebd., S. x-xi.

10 Ebd., S. xi.

11 Ebd., S. 32. Dazu auch Tanner, *Geschichte der Schweiz im 20. Jahrhundert*, S. 61f.

12 Angell, *The Great Illusion*, S. 35.

13 Ebd., S. 33 und 110.

14 Ebd., S. 54.

15 Ebd., S. 65.

16 Ebd., S. 35.

17 Ebd., S. 35.

18 Ebd., S. 36.

19 Ebd., S. 38.

20 Ebd., S. 39.

21 Ebd., S. 178. Siehe zur Umkehrung der Metapher von Clausewitz auch Michel Foucault, *In Verteidigung der Gesellschaft*, S. 26ff.

22 »There is no modern State which is completely Catholic or Protestant, or liberal or autocratic, or aristocratic or democratic, or socialist or individualist.« Angell, *The Great Illusion*, S. xii.

23 »[T]here is no such thing as British morality as opposed to French or German morality, or art or industry.« Ebd., S. 306.

24 Ebd., S. 318.

25 Ebd., S. xii.

26 Ebd., S. 300.

27 Ebd., S. 198, 204 und 268.

28 Ebd., S. 375 f.

29 Levy, »Weltwirtschaft und territoriale Machtpolitik«, S. 352.

30 Scheer, *Die Deutsche Friedensgesellschaft*, S. 13.

31 Angell, *The Great Illusion*, S. 7 f.

32 Ebd., S. 20.

33 Ebd., S. 373.

34 Ebd., S. 40 f.

35 »Those who confound the power of a nation with the size of its army and navy are mistaking the checkbook for the money.« Ebd., S. 240.

36 Ebd., S. 406.

37 Tooze, *The Deluge*.

38 Tanner, *Geschichte der Schweiz im 20. Jahrhundert*, S. 120.

39 Siehe die Beiträge in: Rossfeld et al. (Hg.), *Der Landesstreik*.

40 Cottier, *Liberalismus oder Staatsintervention*, S. 22 f.

41 Ebd., S. 26.

42 Ebd., S. 31.

43 Dommann, »Wertspeicher«, S. 42-45.

44 Wachter, *Schweizerischer Transit- und Welthandel*, S. 11.

45 Cottier, *Liberalismus oder Staatsintervention*, S. 48-55.

46 Weber, *Die amerikanische Verheissung*, S. 74.

47 Rossfeld/Straumann, »Zwischen allen Fronten oder an allen Fronten?«, S. 39.

48 Cottier, *Liberalismus oder Staatsintervention*, S. 57.

49 Weber, *Die amerikanische Verheissung*, S. 79 und 81.

50 dodis.ch/43615. Le Ministre de Suisse à Washington, H. Sulzer, à la Division des Affaires étrangères du Département politique, Telegramm vom 31. 8. 2017.

51 Reinhart, *Aus meinem Leben*, S. 153 f.

52 Ebd., S. 154.

53 Ebd., S. 155.

54 Ebd.

55 Stadtarchiv Winterthur, Dep 42/950. Statistische Angaben. In eternal memory of a critical episode in the life of the firm of Volkart Brothers. (Die Zahlen sind gerundet, es waren total 126 900 Ballen.)

56 SWA, H+I, C 602. Basler Handelsgesellschaft. Jahresbericht 1918, S. 5.

57 Stadtarchiv Winterthur, Dep 42/1223. Gedenkschrift 1926, S. 27.

58 Reinhart, *Aus meinem Leben*, S. 155.

59 Ebd., S. 156.

60 Dejung, *Die Fäden des globalen Marktes*, S. 153.

61 Reinhart, *Aus meinem Leben*, S. 156.

62 Schmidt, *Der Wirtschaftskrieg und die Neutralen*, S. 13.

63 Ebd., S. 14.

64 Huberich, *The Law Relating to Trading with the Enemy*, S. 20f.

65 Ebd., S. 62.

66 Tanner, *Geschichte der Schweiz im 20. Jahrhundert*, S. 139.

67 Huberich, *The Law Relating to Trading with the Enemy*, S. 69.

68 »It exists only in contemplation of law. It has neither body, parts, nor passions. It cannot wear weapons nor serve in the wars. It can be neither loyal nor disloyal. It cannot compass treason. It can be neither friend nor enemy.« Ebd., S. 71.

69 »My Lords, I think that the analogy is to be found in control, an idea which, if not very familiar in law, is of capital importance and is very well understood in commerce and finance.« Ebd., S. 73.

70 »There remains no single legal test of corporate nationality.« Jones, »The End of Nationality?«, S. 152.

71 »[A]nd in this proportion I beg to ask that the above property be released to me as part owner thereof and because I am Swiss Citizen.« DKSH, Keller, B 3.23. Korrespondenzen und div. Unterlagen, 1919-1928. Auszug aus einem Schreiben von Walter Edelmann an Francis P. Carvan, Alien Property Custodian, Washington, D. C. [ohne Datum].

72 Ebd., Brief von W. Edelmann an C. Ingenohl vom 9. Mai 1919.

73 Ebd., Brief von C. Ingenohl an W. Edelmann vom 1. September 1919.

74 Ebd., Brief vom Schweizer Komite Syndikat Oriente an C. Ingenohl vom 9. April 1920.

75 Ebd., Brief von C. Ingenohl an W. Edelmann vom 23. März 1920.

76 Ebd., Brief des Eidgenössischen Politischen Departements, Abteilung für Auswärtiges, an W. Edelmann vom 26. November 1920.

77 Ebd., Brief von C. Ingenohl an W. Edelmann vom 5. Juli 1921.

78 Ebd., Brief von C. Ingenohl an W. Edelmann vom 12. Mai 1922.

79 Dejung, *Die Fäden des globalen Marktes*, S. 158.

80 Hertog/Krizinga, »Introduction«, S. 5f. Siehe auch Frey, *The Neutrals and World War One*.

81 Jones, *International Business in the Nineteenth Century*, S. 2.

82 Jones, »The End of Nationality?«, S. 154 und 157.

83 Ebd., S. 164.

84 »A number of firms became ›migrating‹ multinationals, or firms which shifted their nationalities in terms of place of incorporation, seat, or nationality of shareholders.« Ebd., S. 157.

85 Schröter, »Swiss Multinational Enterprise in Historical Perspective«, S. 53.

86 Anderegg, *Volkart Brothers*, S. 251; Dejung, *Die Fäden des globalen Marktes*, S. 156.

87 Dejung, *Die Fäden des globalen Marktes*, S. 157.

88 Ebd., S. 21 und 170f.

89 ZB, Desco, HS AR 1b: Q 1.281. Charles Rudolph & Co., *50 Jahre Rohseidenimport*. Jubiläumsschrift 1939, S. 11.

90 Ebd., S. 73.

91 Ebd., S. 11f.

92 Dejung, *Die Fäden des globalen Marktes*, S. 156.

93 Ebd., S. 160.

94 BM Archives, Q 6.3. Missionshandlungsgesellschaft. Zusammenkunft bei Herrn Preiswerk-Imhoff am 28. November 1928, S. 1.

95 Ebd.

96 SWA, H+I, C 602. Basler Handelsgesellschaft. Jahresbericht 1914, S. 5.

97 Gorges, *The Great War in West Africa*; Schulte-Varendorff, *Krieg in Kamerun*.

98 SWA, H+I, C 602. Basler Handelsgesellschaft. Jahresbericht 1914, S. 6.

99 Franc, *Wie die Schweiz zur Schokolade kam*, S. 118f.

100 SWA, H+I, C 602. Basler Handelsgesellschaft. Jahresbericht 1914, S. 6.

101 Ebd. Jahresbericht 1915, S. 5.

102 BM Archives, Q 6.2. Missionshandlungsgesellschaft. Schreiben von W. Preiswerk-Imhoff an den Direktor der Basler Mission. Basel, 13. September 1928, S. 1.

103 SWA, H+I, C 602. Basler Handelsgesellschaft. Jahresbericht 1915, S. 6.

104 Ebd., Jahresbericht 1916, S. 5.

105 BM Archives, Q 6.3. Missionshandlungsgesellschaft. Zusammenkunft bei Herrn Preiswerk-Imhoff am 28. November 1928, S. 1.

106 SWA, H+I, C 602. Basler Handelsgesellschaft. Jahresbericht 1916, S. 6.

107 Ebd., Jahresbericht 1917, S. 5.
108 BM Archives, Q 6.3. Missionshandlungsgesellschaft. Zusammen-
     kunft bei Herrn Preiswerk-Imhoff am 28. November 1928, S. 1 f.
109 Ebd., S. 2.
110 SWA, H+I, C 602. Basler Handelsgesellschaft. Jahresbericht 1918,
     S. 5.
111 BM Archives, Q 6.2. Missionshandlungsgesellschaft. Société Com-
     merciale des Missions, gezeichnet: W. Preiswerk-Imhoff, 3. No-
     vember 1924, S. 3.
112 BM Archives, Q 6.3. Missionshandlungsgesellschaft. Zusammen-
     kunft bei Herrn Preiswerk-Imhoff am 28. November 1928, S. 4.
113 Humbert, »La séquestration des avoirs de la Basler Handelsgesell-
     schaft en Côte-de-l'Or«, S. 281.
114 Wanner, *Die Basler Handelsgesellschaft A. G.*, S. 377 f.
115 Bonjour, *Geschichte der schweizerischen Neutralität*, Bd. 2, S. 249.
116 BM Archives, Q 6.6. Basler Handelsgesellschaft. Brief von Ema-
     nuel Kellerhals an Max Preiswerk vom 28. Mai 1970, S. 3 und 6.
117 Ebd., S. 5.
118 »Ein gutes Samenkorn geht auf. 100 Jahre Basler Handels-Gesell-
     schaft«, in: *National-Zeitung Basel*, 26. Juni 1959.

6. Profite in einer instabilen Zeit

1   Studer, *The Great Divergence Reconsidered*, insbes. S. 79 und 90.
2   Hynes et al., »Commodity Market Disintegration in the Interwar
    Period«, S. 120; Federico/Persson, »Market Integration and Con-
    vergence in the World Wheat Market«.
3   Dejung/Zangger, »British Wartime Protectionism«, S. 209.
4   DKSH, Keller, B 3.23. Korrespondenzen und div. Unterlagen,
    1919-1928. Brief von C. Ingenohl an W. Edelmann, 5. Februar 1920.
5   Jones, *Merchants to Multinationals*, S. 87.
6   Somary, *Wandlungen der Weltwirtschaft seit dem Kriege*, S. 8 f.
7   Tooze, *The Deluge*, S. 353-373; siehe auch die Beiträge in Fischer
    (Hg.), *German Hyperinflation 1922/1923*.
8   Dommann, »Bühnen des Kapitalismus«, S. 115; Food Research In-
    stitute (Hg.), *Wheat Studies of the Food Research Institute*.
9   Meyer, *Wesen und Lehren der Geldkrisis*, S. 8.
10 Ebd., S. 7.
11 Levy, »Die Enteuropäisierung der Weltwirtschaft«, S. 579.
12 Ebd., S. 576.

13 Ebd., S. 577.

14 Eulenburg, *Probleme der deutschen Handelspolitik*, S. 30.

15 Dejung, »Deglobalisierung? Oder Enteuropäisierung des Globalen?«, S. 39.

16 Jonker/Sluyterman, *At Home on the World Markets*, S. 242.

17 Schlote, »Zur Frage der sogenannten ›Enteuropäisierung des Welthandels‹«, S. 381 und 386. Siehe auch Dejung, »Deglobalisierung? Oder Enteuropäisierung des Globalen?«, S. 41f.

18 Schlote, »Zur Frage der sogenannten ›Enteuropäisierung des Welthandels‹«, S. 386.

19 »Africa became a new ›frontier‹ for British merchants, where high information costs and uncertainty provided a new range of opportunities for intermediaries.« Jones, *Merchants to Multinationals*, S. 75.

20 Ellinger/Ellinger, »Japanese Competition in the Cotton Trade«, S. 198, zitiert nach Dejung, »Deglobalisierung? Oder Enteuropäisierung des Globalen?«, S. 45.

21 Ebd.

22 Dejung, »Deglobalisierung? Oder Enteuropäisierung des Globalen?«, S. 44.

23 Dejung, *Die Fäden des globalen Marktes*, S. 191.

24 »[L]'importation de produits de tous genres en Chine, l'exportation de produits indigènes (coton) et autres de la Chine, avec toutes les affaires qui peuvent s'y rattacher.« Stadtarchiv Winterthur, Dep 42/48. Schanghai. Extrait du registre du commerce, 26 février 1924.

25 Max Greeven, »Downtown New York«, in: *V. B. News* 3 (1921), S. 2-6, hier S. 3.

26 Ebd., S. 4.

27 Zangger, *The Swiss in Singapore*, S. 106. Zur Globalgeschichte des Zinnhandels: Ingulstad et al., *Tin and Global Capitalism*.

28 Zangger, *The Swiss in Singapore*, S. 107.

29 DKSH, Diethelm, A 3.4. Briefkopierbuch DC Zürich von Walter R. Diethelm, 1931-1935. Brief von Walter R. Diethelm vom 18. September 1931, S. 5.

30 Siber Hegner, *Hundert Jahre im Dienste des Handels (1865-1965)*, Zürich 1965, S. 24.

31 Ebd., S. 25.

32 Ebd., S. 26.

33 Ebd., S. 27.

34 Sigerist, »Julius Müller (1886-1970) und das Japan-Geschäft der UHAG«, S. 295f.

35 Ebd., S. 296.

36 T. Takashima, »The Transformation of Japan's Situation in the Spinning Industry before and after the War«, in: *V. B. News* 10 (1924), S. 21-25, hier S. 21 f.

37 Dejung, *Die Fäden des globalen Marktes*, S. 263.

38 Eichengreen, *Golden Fetters*, S. 229.

39 Mangold, *Der schweizerische Transithandel*, S. 15.

40 Dejung, *Die Fäden des globalen Marktes*, S. 263.

41 Eichengreen, *Golden Fetters*, S. 228.

42 SWA, H+I, C 602. Basler Handelsgesellschaft. Jahresbericht für das Geschäftsjahr 1930, S. 1.

43 Ebd. Jahresbericht für das Geschäftsjahr 1931, S. 1.

44 Stadtarchiv Winterthur, Dep 42/953. Zur Frage der Gewinnbeteiligung von Managers und Angestellten. Exposé von Georg Reinhart vom 8. November 1923, S. 1.

45 Ebd., S. 3.

46 Ebd., S. 2. Falls eine Filiale schlechte Jahresergebnisse erzielte, plädierten die betreffenden Manager bei der Erneuerung ihrer Verträge auf ein höheres fixes Salär. »Im umgekehrten Falle, wo durch glückliche Umstände unerwartet große Bilanzen erzielt werden und dadurch die Tantièmen gewaltige Ziffern erreichen, werden alle Angestellten, die auf Bonus gestellt sind, mit Neid auf den Manager blicken und erwarten, dass ihre Bonusse freiwillig entsprechend erhöht werden. Entsprechen wir diesem Verlangen in einer Filiale, so kommen diejenigen der anderen Filialen und erklären, sie hätten ebenso fleißig gearbeitet und verdienten nicht schlechter gestellt zu werden. So erhalten wir für einen Zufriedenen (der es vielleicht nicht einmal besonders verdient) ein Heer von Unzufriedenen.« Ebd., S. 5 f.

47 Ebd., S. 8.

48 Reinhart, *Aus meinem Leben*, S. 300.

49 Ebd., S. 299.

50 Ebd., S. 300 f.

51 »A spell of apparent prosperity during the boom years did not fail to give confidence to all those apostles who preached ›less work and more pay‹ and similar wisdom. The disillusionment was bound to come and it has come with a vengeance.«. G. Z. Meli, »An Appeal«, in: *V. B. News* 15 (1927), S. 1-3, hier S. 1.

52 Stadtarchiv Winterthur, Dep 42/91. Schreiben der Niederlassung in Karachi an Volkart Brothers Winterthur vom 17. September 1931, S. 1.

53 Ebd.

54 Stadtarchiv Winterthur, Dep 42/91. Schreiben der Niederlassung in Karachi an Volkart Brothers Winterthur vom 23. August 1928, S. 1.

55 DKSH, Diethelm, A 3.4. Briefkopierbuch DC Zürich von Walter R. Diethelm, 1931-1935. Brief von Walter R. Diethelm vom 18. September 1931, S. 1.

56 Ebd., S. 7f.

57 Zu den ökonomischen Aspekten des Überfremdungsdiskurses siehe Arlettaz/Arlettaz, »La Première Guerre mondiale et l'émergence d'une politique migratoire interventionniste«, S. 329; Arlettaz/Arlettaz, *La Suisse et les étrangers*, S. 89-92. Siehe auch Thomas David et al., *De la »Forteresse des Alpes« à la valeur actionnariale*, S. 61f.

58 Siehe z.B. »Ausländerfirmen in der Stadt Zürich«, in: *Neue Zürcher Zeitung*, 14. Februar 1919; Gygax, »Die wirtschaftliche Überfremdung der Schweiz«; Iklé, »Wirtschaftliche Überfremdung und Massnahmen zu ihrer Abhilfe«.

59 Ziegler, »Einleitung«, S. 27.

60 Bundesgesetz über Aufenthalt und Niederlassung der Ausländer (ANAG) vom 26. März 1931.

61 Ziegler, »Einleitung«, S. 28.

62 Leonhard, *Die Büchse der Pandora*, S. 250.

63 Somary, *Wandlungen der Weltwirtschaft*, S. 79. Felix Somary hatte als Berater und geheimer Vermittler beträchtlichen politischen Einfluss. Während des Ersten Weltkrieges beriet er die Mittelmächte, nach Kriegsende übernahm er vertrauliche Aufgaben wie den Transfer von Wertpapieren des Wiener Finanzhauses Rothschild in die neutrale Schweiz, in die er selbst übersiedelte, und von 1941 bis 1943 war er Berater des US-Kriegsministeriums für internationale Finanzfragen (dazu Somary, *Erinnerungen aus meinem Leben*, insbes. S. 146-289). Somary gehöre »zu dem Typus, der die Krisen voraussieht«, schrieb der Schweizer Diplomat Carl Jacob Burckhardt im Oktober 1922 (Burckhardt, *Briefwechsel*, S. 101f.). Das war lange bevor Somary die Krisen von 1929 und 1931 voraussagte, und bevor er im Sommer 1931 in einem in London gehaltenen Vortrag die Machtergreifung Hitlers, den Zweiten Weltkrieg und den deutsch-japanischen Schulterschluss prognostizierte.

64 Weber, »Die Konzentration der kapitalistischen Wirtschaftsmacht«. Zur Herausbildung eines Interfirmennetzes gegenseitiger Beteiligung zwischen 1910 und 1937 siehe David et al., *De la »Forteresse des Alpes« à la valeur actionnariale*, S. 128-136.

65 Lederer, *Wege aus der Krise*, S. 28.

66 Gygax, »Schweizerische Wirtschaftsfragen«, S. 48.

67 Ebd. Die Zahl der Holdings verzehnfachte sich in der Schweiz in den zwanziger Jahren, von 158 im Jahr 1921 auf 1458 im Jahr 1931. Der entscheidende Faktor waren die Steuern: Es ließen sich mit einer Holding in der Schweiz nicht nur die Steuern im Ausland umgehen, indem Einkommen in die Schweiz transferiert wurden, sondern die Gesellschaften profitierten in den Kantonen auch von weitgehenden Steuerbefreiungen. Dazu Farquet, *Histoire du paradis fiscal suisse*, S. 25. Siehe auch Oesch, *Die Holdingbesteuerung in der Schweiz*.

68 Mach et al., *Les élites économiques suisses au XXe siècle*, S. 63.

69 Somary, *Die Ursachen der Krise*, S. 88.

70 Ebd., S. 86f.

71 Ebd., S. 87.

72 Ebd., S. 88.

73 Gygax, »Schweizerische Wirtschaftsfragen«, S. 49. Paul Gygax war (wie Ernst Laur) ein Schüler des österreichischen Ökonomen Julius Wolf.

74 David et al., *De la »Forteresse des Alpes« à la valeur actionnariale*, S. 40.

75 Ebd., S. 41 und 153-175; zur Vinkulierung: Kläy, *Die Vinkulierung*.

76 Siegenthaler, »Switzerland 1920-1970«, S. 544; Guex, »Banque nationale et milieux bancaires entre 1922 et 1924«, S. 70. Siehe auch Tanner, *Geschichte der Schweiz im 20. Jahrhundert*, S. 61.

77 Mazbouri, »Der Aufstieg des Finanzplatzes im Ersten Weltkrieg«, S. 440. Siehe auch Guex, »Banque nationale et milieux bancaires entre 1922 et 1924«.

78 Tanner, *Geschichte der Schweiz im 20. Jahrhundert*, S. 185. Zur Steuerflucht in die Schweiz siehe Guex, »The Origins of the Swiss Banking Secrecy Law«; Farquet, *Histoire du paradis fiscal suisse*.

79 Kaderli/Zimmermann, *Handbuch des Bank-, Geld- und Börsenwesens der Schweiz*, S. 70. Siehe auch Tanner, *Geschichte der Schweiz im 20. Jahrhundert*, S. 187.

80 Zum Bankengesetz: Halbeisen, »Bankenkrise und Bankengesetzgebung in den 30er Jahren«.

81 Kaderli/Zimmermann, *Handbuch des Bank-, Geld- und Börsenwesens der Schweiz*, S. 67.

82 Tanner, *Geschichte der Schweiz im 20. Jahrhundert*, S. 186.

83 Nobs, »Drei Jahre schweizerische Politik«, S. 34.

84 Zur Geschichte internationaler Finanzzentren: Cassis, *Capitals of Capital.*

85 Somary, *Wandlungen der Weltwirtschaft*, S. 100; siehe auch Mazbouri, »Der Aufstieg des Finanzplatzes im Ersten Weltkrieg«, S. 439.

86 Somary, *Wandlungen der Weltwirtschaft*, S. 100.

87 Ziegler, »Einleitung«, S. 28.

88 »Sa politique de paix est l'application d'un principe érigé, dès le début du XVIme siècle, en maxime d'Etat.« dodis.ch/43922. Le Conseil fédéral aux Puissances représentées à la Conférence de la Paix, 8.2.1919, S. 325. In der Schlacht von Marignano in der Lombardei kämpften Eidgenossen gegen Frankreich um die Vorherrschaft im Herzogtum Mailand. Die Schlacht endete für die Schweizer im Fiasko, worauf sich die Schweiz von jeder Großmachtpolitik verabschiedete. Die schweizerische Neutralität, so argumentierte der Bundesrat 1919, unterscheide sich von der Neutralität aller anderen Staaten insofern, als sie nicht einfach eine Anwendung bestimmter Rechtsregeln bedeute, sondern einer tiefen Überzeugung des Volkes entspreche und das Fundament auch des inneren Zusammenhalts bilde. Das Aufrechterhalten dieser Neutralität sei nicht nur im Interesse der Schweiz, sondern im Interesse Europas. Ebd., S. 326f.

89 Botschaft des Bundesrates an die Bundesversammlung betreffen die Frage des Beitrittes der Schweiz zum Völkerbund vom 4. August 1919, in: *Schweizerisches Bundesblatt* Nr. 35 vom 3. September 1919, Bd. 4, S. 545-680, hier S. 565. Siehe auch Tanner, *Geschichte der Schweiz im 20. Jahrhundert*, S. 157.

90 Gygax, *Völkerbund und wirtschaftliche Zukunft*, S. 8f.

91 *Schweizerisches Bundesblatt* Nr. 35 vom 3. September 1919, Bd. 4, S. 545-680, hier S. 568.

92 Ebd., S. 579.

93 Ebd., S. 579.

94 Ebd., S. 579f.

95 Dazu Moos, *Ja zum Völkerbund – Nein zur UNO.*

96 Fleury, »L'enjeu du choix de Genève comme siège de la Société des Nations«.

97 Berner Tagwacht vom 18.9.1935, zitiert nach Stettler, *Die Stellung der Schweiz zum Sanktionssystem des Völkerbundes*, S. 225.

98 dodis.ch/46075. Conseil Fédéral, Procès-verbal de la séance du 8 octobre 1935. Le conflit italo-éthiopien et les sanctions, S. 472.

99 dodis.ch/46090. Le Directeur de la Fabrique de Machines-outils à

Oerlikon, E. Bührle, au Chef du Département de l'Economie publique, H. Obrecht, 26.10.1935, S. 519.

100 Ebd., S. 520.

101 dodis.ch/46107. Le Président du Conseil d'administration de la Fabrique de Machines-outils d'Oerlikon, G. Hürlimann, au Chef du Département militaire, R. Minger, 8.11.1935, S. 567.

102 Ebd.

103 dodis.ch/46429. Le Président de la Confédération, G. Motta, au Conseil national, 22.12.1937, S. 360.

104 Bonjour, »Die Befreiung der Schweiz von den Sanktionspflichten des Völkerbundes 1938«, S. 51.

105 Ebd., S. 59.

106 Ebd., S. 61.

107 Société Générale de Surveillance, *Leadership and Innovation since 1878*, S. 3.

108 Baker, *The Bank for International Settlements*, S. 3f. Siehe auch: Bank for International Settlements, *Guide to the BIS Archives*, S. 2-5.

109 Bank für internationalen Zahlungsausgleich, *Erster Jahresbericht*, S. 7.

110 Lüpold, *Der Ausbau der »Festung Schweiz«*, S. 388.

111 dodis.ch/45605. Le Ministre de Suisse à Londres, C. Paravicini, au Ministre britannique des Affaires étrangères, A. Henderson, 2.3.1931, S. 152.

112 Somary, *Wandlungen der Weltwirtschaft*, S. 77.

113 Tanner, »Epilog: Die Schweiz liegt in Europa«, S. 295, zitiert nach Brückner, »Europa organisieren«, S. 175.

114 Coudenhove-Kalergi, *Pan-Europa*, S. 23.

115 Coudenhove-Kalergi, »Afrika«, S. 1 und 19.

116 Bauer/Ritzel, *Kampf um Europa*, S. 40.

117 Waibel, *Die Rohstoffgebiete des tropischen Afrika*, S. 4.

118 Obst, »Die afrikanischen Wirtschaftsräume«, S. 88, 94, 99 und 76.

119 Somary, *Wandlungen der Weltwirtschaft*, S. 82.

120 Dejung, *Die Fäden des globalen Marktes*, S. 265-270.

121 Somary, *Wandlungen der Weltwirtschaft*, S. 77f.

122 Archiv der Internationalen Handelskammer. Sitzungsberichte des Washington-Kongresses, Mai 1931. Begrüßungsansprache des Präsidenten Hoover. Eröffnungssitzung, Montag 4. Mai 1931, S. 10.

123 Archiv der Internationalen Handelskammer. Rede von Sir Alan G. Anderson, Ehrenpräsident der Internationalen Handelskammer, 5. Mai 1931, S. 99-102, hier S. 100.

124 Ebd., S. 99.

125 Ebd., S. 101.

126 Erst unter den Vorzeichen des Bretton-Woods-Abkommens von 1944 und dem General Agreement on Tariffs and Trade von 1948 begann der internationale Handel langsam wieder zu steigen. Siehe Dirlewanger et al., *La politique commerciale de la Suisse.*

127 Iselin et al., *Der schweizerische Grosshandel*, S. 163.

128 Friedman/Jacobson Schwartz, *The Great Contraction 1929-1933.*

129 Eichengreen, *Vom Goldstandard zum Euro*, Kapitel 3. Heinrich Homberger nannte die Konvertibilität der Währungen unter dem Goldstandard einmal »eine Art wirtschaftliches kopernikanisches Weltsystem«. Homberger, *Die Schweiz in der internationalen Wirtschaft*, S. 13.

130 Bammatter, *Der schweizerische Transithandel*, S. 22.

131 Straumann, *Fixed Ideas of Money*, S. 95.

132 Ebd., S. 97.

133 Bosshardt, »Die Frankenabwertung vom 26. September 1936«, S. 97.

134 Ebd., S. 98.

135 Staatsarchiv Winterthur, Dep 42/983. Frankenabwertung 1938. Protokoll über die Besprechung von Herrn Peter Reinhart und R. Hess mit den Herren Bösch (Steuerkommissär) und Ammann (Bücherexperte). Kantonales Steueramt in Zürich, 19. Oktober 1938.

136 Tanner, »Goldparität im Gotthardstaat«, S. 46.

137 »The machinery by virtue of which it is possible to get goods moved from all quarters of the globe where they are made to all quarters of the globe where they are wanted, is in imminent danger of coming to a standstill.« Archiv der Internationalen Handelskammer. »Bringing Business To a Full Stop«, in: *World Trade* 4/1 (1931), S. 1.

138 dodis.ch/45645. Le Secrétaire de la Légation de Suisse à Londres, C. Rezzonico, au Chef de la Division du Commerce du Département de l'Economie publique, W. Stucki, 1.10.1931, S. 228 f.

139 Lederer, *Wege aus der Krise*, S. 17.

140 Frech, *Clearing*, S. 25.

141 Iselin et al., *Der schweizerische Grosshandel*, S. 163 f.

1   Bank für internationalen Zahlungsausgleich, *Dritter Jahresbericht*, S. 48, zitiert nach Bammatter, *Der schweizerische Transithandel*, S. 23.

2   dodis.ch/45823. Délégation suisse à la Conférence monétaire et économique de Londres. Procès-verbal de la première séance tenue au Palais fédéral, 3.6.1933, S. 695 f.

3   »[T]he most hopeless enterprise of this kind in which any British Government had been involved since the War.« Samuel, »The World Economic Conference«, S. 458.

4   Vannini, *Der zwischenstaatliche Clearingverkehr der Schweiz*, S. 3 f.

5   dodis.ch/45680. Le Vorort de l'Union suisse du commerce et de l'industrie au Chef du Département de l'Economie publique, E. Schulthess, 13.1.1932, S. 309.

6   Sie basierten auf einem Bundesbeschluss vom 23. Dezember 1931, der den Bundesrat ermächtigt hatte, »gegenüber Staaten, die den freien Zahlungsverkehr einschränken, die schweizerischen Interessen durch den Abschluss kurzfristiger Abkommen zu wahren«. Vannini, *Der zwischenstaatliche Clearingverkehr der Schweiz*, S. 7.

7   Bundesbeschluss über die wirtschaftlichen Maßnahmen gegenüber dem Ausland vom 14. Oktober 1933. Dazu Bammatter, *Der schweizerische Transithandel*, S. 27.

8   Ebd., S. 26.

9   Schneider, *Der Welthandel im Clearingverkehr*, S. 212, zitiert nach Frech, *Clearing*, S. 26.

10 Frech, *Clearing*, S. 26.

11 Bammatter, *Der schweizerische Transithandel*, S. 25.

12 Ebd., S. 25.

13 SWA, HS 421 A3. Protokolle der GV 1934-1948. Protokoll der Versammlung vom 16.10.1934, S. 2.

14 North, *Institutionen, institutioneller Wandel und Wirtschaftsleistung*, S. 7.

15 SWA, HS 421 Z1. Jahresbericht 1935, S. 5.

16 SWA, HS 421 A3. Protokolle der GV 1934-1948. Gründungsakte und Statuten vom 18.12.1934, S. 1 f.

17 SWA, HS 421 B3. Korrespondenz mit den Mitgliedern, 1936-1938. Schreiben des VSTW an das Eidgenössische Amt für das Handelsregister, 20. Juli 1938, S. 2.

18 SWA, HS 421 A3. Protokolle der GV 1934-1948. Siehe auch Willemin, *Négoce et Négociations*, S. 13 f.

19   SWA, HS 421 Z1. Jahresbericht 1936, S. 7.

20   SWA, HS 421 B3. Korrespondenz mit den Mitgliedern. H. Guggenheim A.G. Basel, Exposé vom 28. September 1934.

21   SWA, HS 421 Z1. Jahresbericht 1935, S. 6.

22   Ebd., S. 7.

23   SWA, HS 421 A1. Protokoll der GV vom 16. Oktober 1934, Traktandum 3.

24   Ebd.

25   SWA, HS 421 A9. Briefe an Minister Stucki vom 2. und vom 16. November 1934.

26   SWA, HS 421 B5. Korrespondenz mit dem EVD. Brief an R. Stucki vom 16. November 1934, S. 3.

27   Ebd. Brief von R. Stucki an den VSTW vom 17. November 1934.

28   Buchheim/Scherrer, »Anmerkungen zum Wirtschaftssystem des ›Dritten Reichs‹«, S. 96.

29   SWA, HS 421 A6. Aktennotiz der Besprechungen mit Herrn Minister Stucki und Mitgliedern der Delegation für die Verhandlungen über die Umgestaltung des deutsch-schweizerischen Verrechnungsabkommens, 3. Dezember 1934, S. 2.

30   SWA, HS 421 A1. Protokoll der GV vom 29. November 1934, Traktandum 1 (siehe auch Traktandum 4). Der Antrag wurde von der Versammlung gutgeheißen.

31   SWA, HS 421 A6. Aktennotiz der Besprechungen mit Herrn Minister Stucki und Mitgliedern der Delegation für die Verhandlungen über die Umgestaltung des deutsch-schweizerischen Verrechnungsabkommens, 3. Dezember 1934, S. 1.

32   Ebd.

33   Ebd., S. 3.

34   Schweizer, »Schweizerische Handelsbankpolitik heute und morgen«, S. 415.

35   SWA, HS 421 A6. Aktennotiz der Besprechungen mit Herrn Minister Stucki und Mitgliedern der Delegation für die Verhandlungen über die Umgestaltung des deutsch-schweizerischen Verrechnungsabkommens, 3. Dezember 1934, S. 5.

36   SWA, HS 421 A6. Aktennotizen: Exposé, 1935, S. 1.

37   Ebd., S. 3.

38   SWA, HS 421 A1. Protokoll der GV vom 16. Oktober 1934, Traktandum 4.

39   Mangold, *Der schweizerische Transithandel.*

40   SWA, HS 421 A1. Protokoll der GV vom 16. Oktober 1934, Traktandum 4.

41 Ebd.

42 SWA, HS 421 A16. Protokoll und Korrespondenz der Enquêten über den Transithandel. Protokoll vom 3. November 1934.

43 SWA, HS 421 A1. Protokoll der GV vom 16. Oktober 1934, Traktandum 4.

44 SWA, HS 421 A16. Protokoll und Korrespondenz der Enquêten über den Transithandel. F. Mangold an F. Gloor, 27. November 1934, S. 3.

45 Ebd., S. 3f.

46 Ebd. Brief des Vorstandes zu den retournierten Fragebogen, 15. November 1934.

47 Ebd. Vorläufige Zusammenstellung über die Enquête des Verbandes Schweizerischer Transithandelsfirmen, 5. Januar 1935, S. 7.

48 Mangold, *Der schweizerische Transithandel*, S. 14 und 23f.

49 Ebd., S. 7.

50 Ebd., S. 8.

51 Ebd., S. 16.

52 Ebd., S. 17.

53 SWA, HS 421, B4. Korrespondenz mit diversen Behörden 1934-1949. Schreiben an die Regierung des Kantons Zürich vom 4. März 1935, S. 8.

54 Siehe dazu Jones, »Multinational Trading Companies in History and Theory«, insbes. S. 1-4.

55 Mangold, *Der schweizerische Transithandel*, S. 18.

56 Ebd., S. 18. Zum Warenlager siehe Dommann, »Wertspeicher«.

57 Mangold, *Der schweizerische Transithandel*, S. 51. (Das Originalzitat ist im Online-Archiv der *NZZ* nicht auffindbar.)

58 Ebd., S. 8.

59 Willemin, *Négoce et Négociations*, S. 37.

60 Zur Ausbildung von Handelsreisenden siehe Meister, *Das Regime der Handelsreisenden und Vertreter in der Schweiz und im Ausland*. Meister war Zentralsekretär des Verbandes reisender Kaufleute der Schweiz und Präsident des Schweizerischen Komitees für Weltwirtschaft. An der Universität Bern arbeitet Roman Rossfeld aktuell an einer Habilitation zur Geschichte der Handelsreisenden (Arbeitstitel: *Handelsreisende. Diskurse, Praktiken und die Genese moderner Märkte im 19. und 20. Jahrhundert*).

61 Wachter, »Nachruf im Namen der Arbeitsgemeinschaft der Firma Gebrüder Volkart«, S. 13. Siehe auch Dejung, *Die Fäden des globalen Marktes*, S. 218.

62 Willemin, *Négoce et Négociations*, S. 18 f.

63 Wachter, *Die Handelsbeziehungen der Schweiz und der Schweizerische Transithandel*, S. 3.

64 Ebd., S. 5.

65 Ebd., S. 6.

66 SWA, HS 421 A 10. Referat von Dr. Schiess anlässlich der Audienz bei Bundesrat Stampfli, Bern 1941, S. 4 f.

67 SWA, H+I, C 697. Chronik: Siber Hegner & Co., Aktiengesellschaft Zürich, 1865-1947, S. 3.

68 Im Mai blieben nach Begleichung der Guthaben aus der ersten Kategorie 6,352 Millionen Franken übrig, von denen 10 Prozent, also 635 000 Franken, für die Tilgung von Guthaben Schweizer Transithandelsgesellschaften entfielen. Im Juni erhielten die Transithändler nur das Minimum von 500000 Franken an ihre Rückstände. SWA, HS 421 A1. Protokoll der GV vom 5. Juli 1935, Traktandum 1.

69 SWA, HS 421 A17. Korrespondenz betr. Landesausstellung in Zürich 1938-1941. Paul Reinhart & Cie. an den VSTW, 7. Mai 1938, S. 1 und 2.

70 Ebd. Union Handels-Gesellschaft an den VSTW, 2. Juni 1938. Die UTC schlug vor, auch schweizerische Industriegüter auszustellen, die sie nach Afrika exportierte: Baumwolldrucke, Textilien, Uhren, Konserven, Medikamente, Schokolade, Wein, Bürstenwaren, Chemikalien und Milch. »Alles unter dem Motto: Der schweizerische Transithandel im Dienste des schweizerischen Exportes.«

71 Ebd. Paul Reinhart & Cie. an den VSTW, 7. Mai 1938, S. 1 und 2.

72 Ebd. Salubra S. A. an den VSTW, 3. Juni 1938.

73 Ebd. Pongées AG an den VSTW, 31. Mai 1938.

74 Ebd.

75 Ebd. Volkart an den VSTW, 1. Juni 1938, S. 1.

76 Ebd., S. 2.

77 SWA, HS 421 Z1. Jahresbericht 1939, S. 5 f. Siehe auch Schweizerische Landesausstellung (Hg.), *Die Aussteller der LA 1939*, Zürich 1941, S. 284.

78 SWA, HS 421 Z1. Jahresbericht 1939, S. 6 f.

79 Kurt Paul Weber, *Die Pflichtlagerhaltung und ihre Finanzierung in der Schweiz*, Winterthur 1956.

80 SWA, HS 421 Z1. Jahresbericht 1939, S. 7.

81 Iselin et al., *Der schweizerische Grosshandel*, S. 164.

82 David et al., *De la »Forteresse des Alpes« à la valeur actionnariale*; Halbeisen et al. (Hg.), *Wirtschaftsgeschichte der Schweiz im 20. Jahrhundert*, Kapitel 4.1.3.2.

83 SWA, HS 421 B3. Korrespondenz mit den Mitgliedern, 1939-1940. Schreiben der Union Handels-Gesellschaft an Dr. W. Schiess vom 17. Januar 1939.

84 1929/30 hatte die holländische Firma Margarine Unie mit der englischen Seifenfabrik Lever Brothers zum Nahrungsmittelkonzern Unilever fusioniert, 1932 gehörten bereits 100 Unternehmen zum Konzern. Die Unilever Schweiz agierte als Dachgesellschaft dreier Schweizer Nahrungsmittelfirmen; allzu viel »Schweiz« war in so einem Konglomerat nicht mehr vorhanden.

85 SWA, HS 421 A9. Eingaben 1934-1939. Kontingentsgesuche, 10.11. 1939.

86 SWA, HS 421 B2. Korrespondenz mit Vorstandsmitgliedern. Paul Reinhart & Cie. an den VSTW, 12. Oktober 1939, S. 1.

87 Ebd.

88 Ebd. Paul Reinhart & Cie. an den VSTW, 18. Oktober 1939, S. 1. (Abweichende Angaben in den Quellen betr. Anzahl der Baumwollballen.)

89 SWA, HS 421 B3. Korrespondenz mit den Mitgliedern 1939-1940. Schreiben an die Mitglieder des VSTW, 24. Februar 1940.

90 Ebd. Schmid & Co. an den VSTW, 27. Februar 1940.

91 Ebd. Leder-Import AG an den VSTW, 26. Februar 1940.

92 Ebd.

93 Bammatter, *Der schweizerische Transithandel*, S. 40.

94 Vaudaux, *Blockade und Gegenblockade*, S. 95.

95 dodis.ch/47049. Le Ministre de Suisse à Berlin, H. Frölicher, au Chef du Département politique, M. Pilet-Golaz, 28.5.1940.

96 Homberger, *Die schweizerische Handelspolitik im Zweiten Weltkrieg*, S. 45, zitiert nach Rauh, *Schweizer Aluminium für Hitlers Krieg?*, S. 207.

97 dodis.ch/47076. Le Directeur de la Division du Commerce du Département de l'Economie publique, J. Hotz, au Chef du Département politique, M. Pilet-Golaz, 25.6.1940, S. 269.

98 dodis.ch/47129. Conseil Fédéral, Procès-verbal de la séance du 27 août 1940, S. 905.

99 Tanner, *Geschichte der Schweiz im 20. Jahrhundert*, S. 272f.

100 Bammatter, *Der schweizerische Transithandel*, S. 41; Bergier et al., *Die Schweiz, der Nationalsozialismus und der Zweite Weltkrieg*, S. 93.

101 dodis.ch/47120. Conseil Fédéral, Procès-verbal de la séance du 13 août 1940, S. 886 und 888.

102 dodis.ch/17899. Besprechung mit Finanzdelegation des Bundesrates, 7.1.1941.

103 dodis.ch/17897. Protokoll über die Sitzung der schweizerischen und deutschen Verhandlungsdelegation vom Samstag, 29.6. 1940.

104 Von den bis Kriegsende aufgelaufenen deutschen Schulden im Umfang von 1119 Millionen Franken anerkannte die BRD 1952 650 Millionen Franken. Siehe Historisches Lexikon der Schweiz (HLS), *Clearing*.

105 dodis.ch/17899. Besprechung mit Finanzdelegation des Bundesrates, 7.1.1941.

106 SWA, HS 421 B3. Korrespondenz mit den Mitgliedern 1941-1942. Bubeck & Dolder an den VSTW, 14. Februar 1941, S. 1.

107 Stadtarchiv Winterthur, Dep 42/121. Konferenzprotokolle der Geschäftsleitung. Konferenz vom 28. August 1941, S. 1.

108 SWA, HS 421 A 11. Manuskripte für Publikationen, 1934-1949. Transit- und Welthandel [ohne Autor], 20.7.1942, S. 3.

109 SWA, HS 421 A10. Referate 1941-1945. Referat, gehalten von Dr. Schiess anlässlich der Audienz bei Bundesrat Stampfli, 1941, S. 2.

110 Ebd., S. 16.

111 Ebd., S. 17.

112 Executive Order No. 8785, June 14, 1941; dodis.ch/47975. Rapport sur les relations financières avec les Etats-Unis d'Amérique, 20.2.1945.

113 SWA, HS 421 B3. Korrespondenz mit den Mitgliedern 1941-1942. Orientierungsschreiben an die Mitglieder des VSTW vom 1. August 1941.

114 dodis.ch/47421. Le Ministre de Suisse à Washington, K. Bruggmann, à la Division des Affaires étrangères du Département politique, 15.9.1942, S. 766, Zitat S. 768.

115 Stadtarchiv Winterthur, Dep 42/121. Konferenzprotokolle der Geschäftsleitung. Akten-Notiz über den Besuch von Mr. Clinton D. Winant und Herrn Dr. Beerli, 20. Januar 1942.

116 Ebd. Protokoll-Notiz vom 5. März 1942, S. 2.

117 SWA, HS 421 F6. Emil Gsell, *Wandlungen und Bedeutung des schweizerischen Transit- und Welthandels*. Entwurf vom 2. Juni 1956, S. 20. Der Vorteil dieser betrieblichen Dezentralisation liege »in einer besseren geographischen Risikoverteilung und der intensiveren Marktfühlung« (ebd., S. 21).

118 Stadtarchiv Winterthur, Dep 42/121. Konferenzprotokolle der Geschäftsleitung. Konferenz vom 26. Februar 1942, S. 1.

119 Ebd. Protokoll-Notiz vom 5. März 1942, S. 3.

120 Burckhardt, *Meine Danziger Mission*, S. 50.

121 Ebd., S. 23 f.

122 »Mission in Danzig«, in: *Der Spiegel*, Nr. 16, 13. April 1960, S. 39-43, hier S. 39.

123 Ebd.

124 Zu Burckhardts Rolle in Danzig siehe Stauffer, *Zwischen Hofmannsthal und Hitler*. Stauffer zweifelt an der Zuverlässigkeit einiger Angaben in Burckhardts Schrift *Meine Danziger Mission*.

125 dodis.ch/46884. Le Haut-Commissaire de la Société des Nations à Danzig, C.J. Burckhardt, au Chef du Département politique, G. Motta, 12.8.1939, S. 301.

126 Ebd., S. 304.

127 Domarus, *Hitler: Reden und Proklamationen 1921-1945*, Bd. 2, S. 1426, zitiert nach Lademacher, »Belgien – Die Freiheit, den Partner zu wählen«, S. 235.

128 Erster Bericht des Bundesrates an die Bundesversammlung über die auf Grund der außerordentlichen Vollmachten ergriffenen Maßnahmen vom 21. November 1939. *Schweizerisches Bundesblatt* Nr. 47 vom 22.11.1939, Bd. 2, S. 600-661, hier S. 608.

129 Ebd.

130 Kreis, *Die Schweiz im Zweiten Weltkrieg*, S. 31.

131 Tanner, *Geschichte der Schweiz im 20. Jahrhundert*, S. 300f.

132 Dejung, *Die Fäden des globalen Marktes*, S. 273.

133 Stadtarchiv Winterthur, Dep 42/985. Vorsorgemaßnahmen. Brief von Peter Reinhart an R. Scherer, 25. November 1940.

134 Stadtarchiv Winterthur, Dep 42/121. Konferenzprotokolle der Geschäftsleitung. Konferenz vom 30. September 1941, S. 2.

135 »Unfortunately Switzerland does not have any Colonies to which the Seat of our Head Office could temporarily be transferred. A transfer of the legal Domicile of Firms like ours to the Swiss Legation enjoying exterritoriality in a friendly Country, might be considered, in case of need, by coming to a special arrangement with such Country.« Stadtarchiv Winterthur, Dep 42/985. Vorsorgemaßnahmen. Brief von R. Scherer, Volkart Bombay, 12. November 1940, S. 1f.

136 Stadtarchiv Winterthur, Dep 42/969. Korrespondenz zwischen Georg Reinhart und seinem Sohn Peter Reinhart. Brief von Peter Reinhart vom 14. August 1940, S. 1.

137 Ebd., S. 1f.

138 Ebd. Brief von Peter Reinhart vom 26. Oktober 1940, S. 1.

139 Ebd., S. 2.

140 Ebd., S. 3.
141 Ebd. Brief von Georg Reinhart vom 28. August 1940. Sulzer war eine große Schweizer Maschinenbaufirma, Schwarzenbach eine Seidenfabrikantendynastie (siehe Schwarzenbach, »Die Seidenfirma Schwarzenbach im Zeitalter der Extreme«).
142 Wachter, *Schweizerischer Transit- und Welthandel*, S. 6. Alexis Schwarzenbach arbeitet an der Hochschule Luzern mit seinem Team an einem Forschungsprojekt zur Geschichte der Seidenindustrie (Arbeitstitel: *Luxuriöse Verflechtungen. Eine transnationale Geschichte der Zürcher Seidenindustrie*).
143 ZB, HS AR 1 281. Charles Rudolph & Co., *50 Jahre Rohseidenimport*. Zürich 1939, S. 23. Die Basler Handelsgesellschaft war bereits 1928, nach der Rückgabe ihrer afrikanischen Besitztümer durch die Briten und mit ihrer Ablösung von der Basler Mission, in eine Holdinggesellschaft umgewandelt worden, mit der Union-Handelsgesellschaft als rechtlich unabhängiger Betriebsgesellschaft für die Goldküste. Wanner, *Die Basler Handelsgesellschaft A. G.*, S. 376-421.
144 DKSH, Siber Hegner, C 2.5. Gesammelte Unterlagen, 1942-1999. Unabhängige Expertenkommission Schweiz – Zweiter Weltkrieg, *Siber Hegner & Co.: Geschäftsentwicklung 1933-1945*, Zürich, 19.4.1999, S. 3f.
145 Stadtarchiv Winterthur, Dep 42/120. Konferenzprotokolle der Geschäftsleitung. Konferenz vom 20. Januar 1941, S. 1.
146 DKSH, Siber Hegner, C 2.5. Gesammelte Unterlagen, 1942-1999. Unabhängige Expertenkommission Schweiz – Zweiter Weltkrieg, *Siber Hegner & Co.: Geschäftsentwicklung 1933-1945*, Zürich, 19.4.1999, S. 4.
147 SWA, HS 421 B3. Korrespondenz mit den Mitgliedern 1941-1942. Union Handelsgesellschaft AG an den VSTW, 15. Juni 1942.
148 Toggweiler, *Die Holding Company in der Schweiz*, S. 28f.
149 Kaderli/Zimmermann, *Handbuch des Bank-, Geld- und Börsenwesens der Schweiz*, S. 266. Zum Holdingprivileg: Tanner, »Der totaldemokratische Minimalstaat«, S. 48f.; ders., *Geschichte der Schweiz im 20. Jahrhundert*, S. 190.

1   dodis.ch/2617. Sitzungsprotokoll des »Gold Committee«, 26.3. 1946, S. 3; Unabhängige Expertenkommission Schweiz – Zweiter Weltkrieg, *Die Schweiz und die Goldtransaktionen im Zweiten Weltkrieg*, S. 311. Von den 1,7 Milliarden übernahm die Schweizerische Nationalbank [SNB] 1,2 Milliarden auf eigene Rechnung, der Rest ging an Depots, die andere Zentralbanken sowie die Bank für Internationalen Zahlungsausgleich bei der SNB unterhielten. Erhebliche Mengen des von der SNB erworbenen Goldes wurden an Drittländer weiterverkauft, insbesondere an Portugal, Spanien und Rumänien.

2   Ebd. Siehe auch Tanner, *Geschichte der Schweiz im 20. Jahrhundert*, S. 275.

3   Unabhängige Expertenkommission Schweiz – Zweiter Weltkrieg, *Die Schweiz und die Goldtransaktionen*, S. 94.

4   Ebd., S. 99.

5   Ebd., S. 69. Beim »Opfergold« wurden von der Unabhängigen Expertenkommission Schweiz – Zweiter Weltkrieg ausschließlich die »Melmer-Lieferungen« berücksichtigt. Gold, das den Opfern durch zivile Instanzen geraubt wurde, wurde nicht mitgezählt. Siehe ebd., S. 45, Fußnote 44.

6   AfZ, NL Heinrich Homberger, 27. Currie-Abkommen vom 8.3.1945.

7   dodis.ch/47994. Compte-rendu de la séance du 7 mars 1945 de la Commission des Affaires étrangères du Conseil national. Exposé de W. Stucki sur les négociations avec les Alliés et avec l'Allemagne, 7.3.1945, S. 977.

8   Ebd.

9   Ebd., S. 978.

10 Ebd., S. 984.

11 Unabhängige Expertenkommission Schweiz – Zweiter Weltkrieg, *Die Schweiz und die Goldtransaktionen*, S. 296f.; Tanner, *Geschichte der Schweiz im 20. Jahrhundert*, S. 275.

12 Unabhängige Expertenkommission Schweiz – Zweiter Weltkrieg, *Die Schweiz und die Goldtransaktionen*, S. 330.

13 dodis.ch/47994. Compte-rendu de la séance du 7 mars 1945 de la Commission des Affaires étrangères du Conseil national. Exposé de W. Stucki sur les négociations avec les Alliés et avec l'Allemagne, 7.3.1945, S. 976.

14 dodis.ch/48220. Verhandlungsprotokoll des Bundesrats, 27. Sitzung vom 3.4.1946 [unpaginiert, S. 7 des Dokuments].

15 Ebd. Alfred Hirs war Vorsteher des III. Departements der SNB.

16 Ebd. Die Unabhängige Expertenkommission Schweiz – Zweiter Weltkrieg bezifferte die Vorkriegsbestände der Reichsbank auf total 636 Millionen Reichsmark. Unabhängige Expertenkommission Schweiz – Zweiter Weltkrieg, *Die Schweiz und die Goldtransaktionen*, S. 55. Die Goldsendungen der Reichsbank an die SNB beliefen sich laut Berechnungen der Unabhängigen Expertenkommission Schweiz – Zweiter Weltkrieg auf 1,6 bis 1,7 Milliarden Franken. Ebd., S. 379.

17 dodis.ch/48220. Verhandlungsprotokoll des Bundesrats, 27. Sitzung vom 3.4.1946 [unpaginiert, S. 11 des Dokuments]. Die Schweiz musste am Ende tatsächlich nur 225 Millionen zahlen. Siehe zu den Verhandlungen Unabhängige Expertenkommission Schweiz – Zweiter Weltkrieg, *Die Schweiz und die Goldtransaktionen*, S. 303-309.

18 dodis.ch/1763. Protokoll der Konferenz vom 14. August 1945 zur Besprechung der Fragen betreffend die kulturelle Annäherung der Schweiz zu den Vereinigten Staaten, 17.8.1945.

19 Ebd., S. 2.

20 Ebd., S. 3.

21 Ebd., S. 4.

22 Ebd., S. 11.

23 Ebd., S. 4f.

24 Ebd., S. 5.

25 Ebd., S. 6.

26 Ebd., S. 7.

27 Ebd., S. 8.

28 Homberger, *Die Schweiz in der internationalen Wirtschaft*, S. 3.

29 Gees, »Interessenclearing und innere Absicherung«, S. 141.

30 Schneeberger, *Wirtschaftskrieg und anderes, als Diplomat erlebt in Bern und Washington, D. C.*, S. 14.

31 Walter Stucki an Robert Kohli, 27.1.1945, zitiert nach: Hug, *Schweizer Rüstungsindustrie und Kriegsmaterialhandel*, Bd. 1, S. 44.

32 Légation de Suisse en France (Walter Stucki), *Der Standpunkt der Schweiz* [ca. November 1943], zitiert nach ebd., S. 45.

33 BAR, E2801#1968/84#106*. Standpunkt der Schweiz (Plädoyer Suisse), 1946.

34 Hug, *Schweizer Rüstungsindustrie und Kriegsmaterialhandel*, Bd. 1, S. 45. Die letzte, für die Washingtoner Verhandlungen relevante Fassung: BAR, E2801#1968/84#106*. Der Standpunkt der Schweiz (Plädoyer Suisse 1946).

35 dodis.ch/47964. Bundesratsprotokoll vom 9.2.1945, S. 895.

36   Spitteler, *Unser Schweizer Standpunkt*, S. 7.

37   Ebd., S. 8.

38   dodis.ch/47964. Bundesratsprotokoll vom 9.2.1945, S. 896.

39   Organisation Suisse d'Expansion Commerciale (OSEC), heute Switzerland Global Enterprise mit Sitz in Zürich.

40   Organisation Suisse d'Expansion Commerciale (Hg.), *Switzerland: Land of Peace and Liberty*, S. 3.

41   Die Zentrale für Handelsförderung wollte sich ihrerseits für eine ausgedehnte Verbreitung der Publikation bemühen, um »auf diesem Wege in angelsächsischen Ländern für die Schweiz zu werben«. SWA, HS 421 B3. Korrespondenz mit den Mitgliedern, 1945-1946. VSTW an André & Cie., 18. Januar 1945. Die Werbeoffensive war durchaus erfolgreich. Ab 1947 gaben verschiedene amerikanische Zeitungen ausführliche Sondernummern zur Schweiz heraus, siehe AfZ, IB Vorort-Archiv, 460.1.1 und 460.1.2. Korrespondenz zu Sondernummern ausländischer Zeitschriften.

42   SWA, HS 421 B3. André & Cie. an den VSTW, 24. Mai 1947.

43   Jost, »Quelques jalons historiques«, S. 11; Tanner, *Geschichte der Schweiz im 20. Jahrhundert*, S. 295.

44   BM Archives, UTC, 4105. Handelsangelegenheiten. Schreiben von W. Burkhard an P. Keller, Delegierter für Außenhandelsverträge, 5. November 1946, S. 1.

45   Ebd., S. 2.

46   »On peut cependant se demander s'il sera possible, dans l'ère économique qui s'ouvre, aux chargeurs suisses de continuer ›à exploiter le monde comme une colonie‹, c.à.d. depuis la Suisse de diriger, avec profit, des affaires qui se déroulent pour la plupart entre des pays étrangers. Déjà avant la guerre et plus encore par suite de celle-ci, les chargeurs suisses ont été amenés à transférer petit à petit toujours plus outre-mer le poids de leurs organisations. Devront-ils finir par y émigrer eux-mêmes?« SWA, HS 421 A 3. Protokolle der GV 1934-1948. Kurzreferat von Georges André, 19.6.1946. Ähnlich zukunftsskeptisch gab sich Heinrich Wachter von Volkart: »Ob der Transithandel in Stapelprodukten eine Organisation wie die unsrige in der Nachkriegswelt aufrecht zu erhalten vermag, kann nicht gesagt werden.« Wachter empfahl angesichts der Krisenempfindlichkeit der Rohstoffe (Stapelartikel) und der relativen Krisenbeständigkeit der Konsumgüter, »auf dem Sektor des Konsumgüterhandels wohlgerüstet und wohlvorbereitet in die Nachkriegszeit einzutreten«. Stadtarchiv Winterthur, Dep 42/970. Gedanken zum Exposé von Herrn Georg Reinhart vom 27./28. Ap-

ril 1944 betr. Geschäftspolitik auf lange Sicht, 19. Mai 1944, S. 4 und 5.

47 Trofimov, »The Failure of the International Trade Organization (ITO)«, S. 56.

48 Eichengreen, *Vom Goldstandard zum Euro*, Kapitel 4.

49 Steil, *The Battle of Bretton Woods*, S. 143 f. Der Bancor war zwischen 1940 und 1942 von John Maynard Keynes und Ernst Friedrich Schumacher als supranationale Währung entworfen und nach dem Zweiten Weltkrieg von England zur Einführung empfohlen worden. Siehe Schumacher, »Multilateral Clearing«; Keynes, *Collected Writings*, Bd. XXV: *Activities 1940-1944, Shaping the Post-War World: The Clearing Union.*

50 Toye, »Developing Multilateralism«.

51 Irwin et al., *The Genesis of the GATT.* Die Historikerin Francine McKenzie (Western University, Kanada) arbeitet zurzeit an einem Buch zur Geschichte des GATT (Arbeitstitel: *Accidental Organization. The GATT and Global Geopolitics, 1947-1994*). Das GATT bestimmte nach dem Scheitern der ITO den Welthandel, bis es 1995 durch die World Trade Organisation (WTO) abgelöst wurde.

52 Krappel, *Die Havanna Charta und die Entwicklung des Weltrohstoffhandels*, S. 49.

53 »It must allow importing countries the same voice as exporting countries in decisions upon substantive matters.« United Nations Conference on Trade and Employment, *Havana Charter for an International Trade Organization*, VI.

54 Toye, »Developing Multilateralism«, S. 282.

55 Chase, »Multilateralism Compromised«.

56 Lüthy, »Die Schweiz als Antithese«, S. 424.

57 dodis.ch/47748. Notice sur l'attitude de la Suisse vis-à-vis de la Conférence monétaire internationale de Bretton Woods, 31.5. 1944, S. 395.

58 Ebd., S. 396.

59 dodis.ch/140. Schreiben betr. mögliche Einschränkungen der Neutralität aus wirtschaftlichen Erwägungen, 11.1.1946.

60 Ebd.

61 Tanner, *Geschichte der Schweiz im 20. Jahrhundert*, S. 304.

62 dodis.ch/1624. Bundesratsprotokoll Nr. 2527: Weltkonferenz über Handel und Beschäftigung in Havanna. Instruktionen für die schweizerische Delegation, 7.11.1947, S. 9.

63 Ebd., S. 10.

64 Stucki, »Die Welthandels-Charta von Havanna«, S. 223.

65 Gees, »Die Schweiz und die Internationalen Organisationen«, S. 1144; Tanner, *Geschichte der Schweiz im 20. Jahrhundert*, S. 304.

66 Schaffner, »Die Stellung der Schweiz gegenüber den grossen zwischenstaatlichen Wirtschaftsorganisationen«, S. 155.

67 Ebd., S. 155. Die Schweiz hatte auch ein Interesse, dass diese »technischen« Unterorganisationen der UNO in der Schweiz Sitz nahmen, siehe dodis.ch/47950. Le Ministre de Suisse à Londres, P. Ruegger, au Chef du Département politique, M. Petitpierre, 24.1. 1945.

68 Speich Chassé, »Internationale Organisationen und die Schweiz«, S. 266. Siehe auch Perrenoud, »La coopération de la Confédération au développement«.

69 Kreis, *Die Schweiz und Südafrika 1948-1994*. Während des Kalten Krieges bemühten sich die USA auch, eine Teilnahme der Schweiz am westlichen Embargo über strategische Güter gegen die Oststaaten zu erreichen, was erst durch wirtschaftlichen Druck möglich wurde: Im Juli 1951 kam es zu einem Gentlemen's Agreement (nach den jeweiligen Delegationschefs Hotz-Linder-Agreement genannt), in dem sich die Schweiz bereit erklärte, die Ostexporte von strategischen Gütern auf einen *courant essentiel* zu beschränken. Schaller, *Schweizer Neutralität im West-Ost-Handel*.

70 SWA, HS 421 Z1. Jahresbericht 1946, S. 5.

71 Ebd., Jahresbericht 1947, S. 8.

72 Ebd., S. 9.

73 Ebd., Jahresbericht 1948, S. 5 und 6f.

74 Ebd., S. 7.

75 Der Sekretär des VSTW hielt 1949 fest: »Nicht weniger schädlich für den angestammten Handel sind sodann gewisse Machenschaften, die auch von einzelnen schweizerischen Firmen praktiziert werden. Wir denken z. B. an die Beschaffung unrichtiger Ursprungszeugnisse, welche bekanntlich die Ausdehnung der Dollarzahlungsverpflichtungen auf verschiedene Länder seit 1. Januar 1949 zur Folge gehabt haben.« SWA, HS 421 B2. Korrespondenz mit Vorstandsmitgliedern. VSTW an W. Burkhard, 26. Februar 1949. Auch bei Volkart stellte man fest: »Man war immer stolz auf die Institution der Zollfreilager und wie es schon der Name sagt, waren diese von den Inlandvorschriften befreit. Missbräuche hat es immer gegeben, nur haben diese in einer spannunggeladenen, politischen Atmosphäre unter Umständen verhängnisvollere Folgen.« SWA, HS 421 B3. Korrespondenz mit den Mitgliedern 1949. Heinrich Wachter an den VSTW, 2. Mai 1951.

76 »C'est dans le domaine *monétaire* que la règlementation a acquis le plus d'importance aujourd'hui.« André, »Le commerce d'outre mer«, S. 155.

77 Ebd., S. 156.

78 Siehe z. B. SWA, HS 421 B3. Korrespondenz mit den Mitgliedern, 1947-1948. Schreiben von André & Cie. an den VSTW vom 5. November 1947, S. 2.

79 Kaderli/Zimmermann, *Handbuch des Bank-, Geld- und Börsenwesens der Schweiz*, S. 512.

80 Ebd., S. 512.

81 SWA, HS 421 Z1. Jahresbericht 1946, S. 7. Siehe auch HS 421, A3. Protokolle der GV 1934-1948, GV 1946, Beilage 1: Kurzreferat von A. Vischer vom 19. Juni 1946.

82 Ebd., S. 12.

83 Ebd., S. 9.

84 Ebd., S. 10.

85 Helleiner, *States and the Reemergence of Global Finance*; ders., *Forgotten Foundations of Bretton Woods*; Schenk, *The Decline of Sterling*.

86 Bammatter, *Der schweizerische Transithandel*, S. 71.

87 Ebd., S. 72; Bachmann/Lütolf, *Die britische Sterling- und Devisenkontrolle*, S. 20.

88 Bammatter, *Der schweizerische Transithandel*, S. 73.

89 Ebd., S. 74.

90 dodis.ch/7863. Notiz an Herrn Direktor Iklé: Zur Frage eines Anschlusses der Schweiz an die Transferable Account Group, 7.10. 1950.

91 Sie mussten stattdessen sogenannte *bilateral accounts* führen, deren Guthaben nicht frei in andere Währungen übertragen werden konnten; auch ein Anspruch auf Konvertibilität in Dollar bestand nicht. Bammatter, *Der schweizerische Transithandel*, S. 75.

92 dodis.ch/7863. Notiz an Herrn Direktor Iklé: Zur Frage eines Anschlusses der Schweiz an die Transferable Account Group, 7.10. 1950, S. 2f.

93 »La situation de l'Angleterre est catastrophique. Une banqueroute est inévitable.« dodis.ch/2332. Entretien avec le professeur Somary, 18.6.1947, S. 1.

94 Burke Knapp/Tamagna, »Sterling in Multilateral Trade«; Bammatter, *Der schweizerische Transithandel*, S. 76.

95 Schweizerische Nationalbank, *42. Geschäftsbericht*, 1949, S. 6; Blancpain, *Vom Bilateralismus zur Konvertibilität*, S. 109.

96 dodis.ch/7891. Bundesratsprotokoll Nr. 2426, Wirtschaftsbeziehungen mit dem Sterlinggebiet, 19.12.1949, S. 3.

97 SWA, HS 421 Z1. Jahresbericht 1949, S. 18.

98 SWA, HS 421 F1. Protokoll der Vorstandssitzung des VSTW vom 29. August 1950, S. 3.

99 Ebd., S. 18f.; Bammatter, *Der schweizerische Transithandel*, S. 77.

100 SWA, HS 421 Z1. Jahresbericht 1949, S. 20.

101 Ebd., S. 21f.

102 SWA, HS 421 A5. Zirkulare. Schreiben an die Mitglieder des VSTW betr. Waren- und Zahlungsverkehr mit der sowjetischen Besatzungszone Deutschlands vom 23. Dezember 1948.

103 SWA, HS 421 Z1. Jahresbericht 1949, S. 24.

104 BM Archives, UTC, 4725. Schreiben an das Eidgenössische Volksdepartement vom 17. November 1948.

105 Ebd., Schreiben an das Eidgenössische Volksdepartement vom 7. Oktober 1948.

106 Iklé, »Probleme der Bundesfinanzpolitik«, S. 397.

107 SWA, HS 421 Z1. Jahresbericht 1951, S. 7f.

108 Ebd., Jahresbericht 1949, S. 14. Siehe auch »Dreiecksgeschäfte im Transithandel«, in: *Basler Nachrichten*, 21. Juni 1950.

109 Bammatter, *Der schweizerische Transithandel*, S. 47-51.

110 Interview mit Yves Cuendet, Lausanne, 11. November 2014.

111 SWA, HS 421 F23. Dreiecksgeschäfte. Schreiben des VSTW an O. Zipfel, Delegierter für Arbeitsbeschaffung des Bundesrats, 19. Januar 2015.

112 Ebd., Exposé Dreiecksgeschäfte vom 10.2.1950.

113 Bundesgesetzblatt Nr. 5, 1951. Gesetz betreffend das Abkommen über die Gründung einer Europäischen Zahlungsunion. Bonn, 5. April 1951, Art. 11.

114 dodis.ch/8164. 56. Sitzung des Bundesrates vom 28.7.1950, S. 4.

115 AfZ, NL Max Iklé, 4.12. Notizen an BR Hans Streuli, 1954. Die Schweiz und die Zahlungsunion [undatiertes Manuskript], S. 1.

116 SWA, HS 421 Z1. Jahresbericht 1950, S. 21f.

117 Bammatter, *Der schweizerische Transithandel*, S. 93.

118 SWA, HS 421 Z1. Jahresbericht 1950, S. 22.

119 Ebd. Jahresbericht 1951, S. 11.

120 Ebd., S. 21. Die Zahl war, ungeachtet der gestiegenen Rohstoffpreise, außerordentlich hoch; die Firmen haben nach der Liberalisierung durch die OEEC vermutlich auch Erträge aus den Vorjahren repatriiert.

121 »The Swiss Government was unable to provide any figure for its

payments or receipts on invisible account, but reported that its net income from these sources approximately offset its deficits on visible trade.« Committee of European Economic Cooperation, *General Report*, Vol. I. Paris, September 21, 1947, S. 125. Siehe auch SWA, HS 421 A11. Manuskripte für Publikationen 1934-1949. Die Bedeutung des Transithandels für die schweiz. Wirtschaft der Nachkriegszeit, 1948, S. 4.

122 Bammatter, *Der schweizerische Transithandel*, S. 87f.

123 Humair, »Commerce extérieur et politique commerciale«, S. 190.

124 Stadtarchiv Winterthur, Dep 42/129. Konferenzprotokolle der Geschäftsleitung. Protokoll Nr. 822 vom 25. November 1949, S. 1.

125 SWA, H+I, C 642. Volkart, Broschüren und Zeitungsartikel. Broschüre: Zur Erinnerung an die Hundertjahrfeier der Firma Gebrüder Volkart Winterthur, 1. Februar 1951, Rede von Herrn Peter Reinhart, S. 11.

126 »En fait, cette neutralité ne vaut plus chère, l'on a trop parlé, on la met à toutes les sauces.« dodis.ch/8254. Rapport politique no. 17, 25.11.1948.

127 SWA, HS 421 Z1. Jahresbericht 1947, S. 30.

128 SWA, HS 421 B3. Korrespondenz mit den Mitgliedern, 1947-1948. Schreiben der UTC an den VSTW vom 20. Januar 1947, S. 1.

129 Ebd., S. 1f.

130 Ebd. Schreiben des Vororts an den VSTW vom 3. April 1948.

131 SWA, HS 421 B2. Korrespondenz mit Vorstandsmitgliedern, 1945-1949. Schreiben des VSTW an W. Burkhard vom 26. Februar 1949.

132 SWA, HS 421 A3. Protokolle der GV 1934-1948. Protokoll der 13. GV vom 25. Juni 1948, S. 4.

133 Schiess et al., *Advantages of Swiss Double Taxation Conventions*.

134 »In the very midst of present day Europe, Switzerland is solid ground for serious business activities. [...] It offers also the tradition and skill of one of the most developed centers of international trade. Restrictions in respect of foreign exchanges have never existed in Switzerland. The monetary situation of Switzerland is in this respect unique in Europe.« Ebd., S. 9.

135 Ebd., S. 12.

136 Paquier, »Swiss Holding Companies«.

137 Henggeler, »Holdinggesellschaften«, S. 581, zitiert nach Tanner, »Der totaldemokratische Minimalstaat«, S. 48.

138 Zitiert nach Van Orsouw, »Mit Steuern steuern? Zur Steuerpolitik des Kantons Zug«, S. 266. Siehe auch Tanner, *Geschichte der Schweiz im 20. Jahrhundert*, S. 190.

139 »Kansas-City am Genfersee«, in: *Der Schweizerische Beobachter*, Nr. 2, 1961. Weitere Zeitungsartikel findet man in der Dokumentensammlung im Schweizerischen Wirtschaftsarchiv (SWA): Außenwirtschaft und internationale Wirtschaftsbeziehungen, Allgemein, Standortwettbewerb. SWA OS Ausländische Unternehmen in der Schweiz.

140 Leimgruber, »Kansas City on Lake Geneva«, S. 438.

141 Bonin/de Goey, »American Companies in Europe«, S. 19. Nun erschienen Bücher wie: Servan-Schreiber, *Die amerikanische Herausforderung*, oder Vernon, *Sovereignty at Bay.*

142 Bonin/de Goey, »American Companies in Europe«, S. 20.

143 Nolan, *The Transatlantic Century*, S. 193-206. Das Europäische Währungsabkommen löste 1959 die Europäische Zahlungsunion ab, siehe Blancpain, *Vom Bilateralismus zur Konvertibilität*, Kapitel 4.

144 SWA, HS 421, E 1b. Delegation des Handels, Protokoll der 38. Sitzung vom 20. Januar 1960, S. 2.

145 Schaufelbuehl, »Les relations entre la Suisse et les Etats-Unis pendant la guerre froide«, S. 16. Anita Dobler eruierte in ihrer Lizentiatsarbeit zur Schweiz als Standort ausländischer Unternehmen als wichtigste Herkunftsländer ausländischer Tochtergesellschaften sämtlicher Branchen für die Jahre 1983, 1989 und 2001 in dieser Reihenfolge: Deutschland, die USA und Frankreich, gefolgt von Großbritannien und den Niederlanden (1983 und 1989 stand Großbritannien an vierter und Holland an fünfter Stelle, 2001 umgekehrt). Dobler, *Die Schweiz als Standort für Tochtergesellschaften ausländischer Unternehmen*, S. 76. Die wichtigsten Standortkantone waren Zürich, Genf und Zug (ebd., S. 95). Im Bereich »Wholesale trade and commission trade« zählte Dobler im Jahr 1983 24, 1989 58 und 2000 122 Tochtergesellschaften. Ebd., S. 98.

146 »Geneva's principal attraction is its tax system, which fits the needs and requirements of growing international firms as few other places on earth.« »Why 200 international companies find Geneva most attractive base site?«, in: *Business Europe*, 5.4.1961, zitiert nach Leimgruber, »Kansas City on Lake Geneva«, S. 125.

147 Ebd., S. 126f. Die Statistik stammt aus Peyer, *Ausmass und Bedeutung des Auslandkapitals in der Schweiz*. Für Holland: de Goey/Wubs, »US Multinationals in the Netherlands in the 20th Century«.

148 »Die ›Basisgesellschaften‹ in der Schweiz«, in: *Neue Zürcher Zeitung*, 30. November 1960, S. C3.

149 Ebd. Die NZZ stützte sich maßgeblich auf Flüge, *Internationale Steuerplanung mit schweizerischen Basisgesellschaften.*

150 Longchamp, *La politique financière fédérale*, S. 560; siehe auch Hürlimann, »Swiss Worlds of Taxation«, S. 83-104.

151 Siehe dazu z. B. dodis.ch/38554. Détermination du caractère suisse d'une entreprise. Bern, 21. August 1975.

152 Leimgruber, »Kansas City on Lake Geneva«, S. 132f.

153 Nachdem sich die Zahl der Holdings in der Schweiz in den zwanziger Jahren bereits verzehnfacht hatte, setzte Ende der fünfziger Jahre eine neue Welle der Steuerflucht aus dem Ausland ein: Zwischen 1960 und 1976 stieg die Zahl der Holdings von gut 2800 auf über 16 800. Farquet, *Histoire du paradis fiscal suisse*, S. 27.

154 Leimgruber, »Kansas City on Lake Geneva«, S. 129.

155 Swiss-American Chamber of Commerce/Boston Consulting Group, *The Forgotten Sector*. Siehe auch Müller, »Internationale Verflechtung«, S. 435.

156 Erklärung von Bern, *Rohstoff. Das gefährlichste Geschäft der Schweiz*, S. 67.

157 Ebd., S. 70f. Zur Geschichte von Philipp Brothers siehe Waszkis, *Philipp Brothers*; Jones/Storli, *Marc Rich and Global Commodity Trading*; Storli, »The Birth of the World's Largest Tin Merchant«.

158 Zur Geschichte von Cargill: Broehl, *Cargill: Trading the World's Grain*; ders., *Cargill: Going Global*; ders., *Cargill: From Commodities to Customers*. In den siebziger Jahren stammte das Wenige, das man über den Getreidehandel wusste, von Dan Morgan, einem Journalisten der *Washington Post*: Morgan, *Merchants of Grain*.

159 »Any principal city in Europe would have filled our needs, but Geneva offered several advantages.« United States Senate, *Hearings before the Subcommittee on Multinational Corporations of the Committee on Foreign Relations*, S. 101. Die damaligen Hearings unter der Leitung des demokratischen Senators Frank Church sollten Licht in die Beziehungen zwischen Regierungsstellen und dem Geheimdienst bringen. Auch die Rolle von multinationalen Unternehmen wurde untersucht, darunter prominent jene von Cargill, dem wichtigsten Exporteur von amerikanischem Getreide für den Weltmarkt. Siehe Broehl, *Cargill: Going Global*, S. 299-338.

160 United States Senate, *Hearings before the Subcommittee on Multinational Corporations*, S. 119, 138 und 141.

161 »This secrecy is both a tax advantage and a trading advantage.« Shurtleff/Aoyagi, *History of Soybean Crushing*, S. 2633. Die Angaben zur Firma ebd.

162 United States Senate, *Hearings before the Subcommittee on Multinational Corporations*, S. 149; Broehl, *Cargill: Going Global*, S. 331-333.

163 »We all buy and sell the same commodities, dealing with the same sellers and the same buyers.« United States Senate, *Hearings before the Subcommittee on Multinational Corporations*, S. 101.

164 Ebd., S. 4-8.

165 Ebd., S. 13 f.

166 Ebd., S. 17-23.

167 »So, we have here a circular arrangement that is all tied in, dependent upon the companies as far as price determination is concerned.« Ebd., S. 10.

168 Michalet, *Multinationale Unternehmen und die Wirtschaftskrise.*

169 Die Übernahmegespräche zwischen ADM und Bunge wurden im März 2018 aus kartellrechtlichen Gründen eingestellt. Jacob Bunge/Dana Mattioli, »ADM, Bunge Takeover Talks Have Stalled«, in: *Wall Street Journal*, 9. März 2018.

170 Wanner, *Zweieinhalb Jahrhunderte im internationalen Wollhandel*, S. 7.

171 Reinhart, *Aus meinem Leben*, S. 307.

172 Bereits an der Bandung-Konferenz von 1955 waren die Hoffnungen groß, dass sich die Länder des Südens in Zukunft kooperativ organisieren und mit eigener Stimme auf der globalen Bühne auftreten würden – ohne sich auf den Nationalstaat als einzig richtige Staatsform festlegen zu müssen, und ohne sich einem der beiden Blöcke im Kalten Krieg anzuschließen. Lee (Hg.), *Making a World after Empire.*

173 Brodbeck, »Bewahren und beharren – die Schweiz an der UNCTAD«, S. 325.

174 Bordo, »The Bretton Woods International Monetary System«, S. 38.

175 Helleiner, *States and the Reemergence of Global Finance.* Zur Geschichte internationaler Währungspolitik siehe die Beiträge in Reis (Hg.), *International Monetary Systems in Historical Perspective.*

176 Friedman, »The Case for Flexible Exchange Rates«. Siehe dazu Stedman Jones, *Masters of the Universe*; Janssen, *Milton Friedman und die »monetaristische Revolution« in Deutschland.*

177 Hayek, *Entnationalisierung des Geldes.*

178 Peck, »Remaking Laissez-Faire«.

179 Interview mit Andreas Reinhart, Zürich, 16. Januar 2014.

180 Stadtarchiv Winterthur, Dep 42/91. Referat über »Finanzhaushalt

und Kurssicherungen«, gehalten von Herrn H. Mock anlässlich der Mitarbeiterkonferenz vom 19. Dezember 1970 (Druckversion vom 22. Januar 1971), S. 7.

181 Es handelte sich um: Standard Oil of New Jersey (Esso), Royal Dutch Shell, Anglo-Persian Oil Company (APOC), Standard Oil of New York (Socony), Standard Oil of California (Socal), Gulf Oil und Texaco. Der Begriff »Seven Sisters« soll auf Enrico Mattei zurückgehen, den Chef des italienischen Erdölkonzerns ENI. Sampson, *The Seven Sisters.*

182 Ammann, *King of Oil,* S. 71 f.; Yergin, *The Prize.*

183 Dietrich, *Oil Revolution.* Siehe auch die Beiträge in Bini et al. (Hg.), *Oil Shock.*

184 Ammann, *King of Oil,* S. 64 f. Zu Marc Rich siehe auch Jones/Storli, *Marc Rich and Global Commodity Trading.*

185 Adodo, *Letters of Credit.*

186 Gilliéron/Roth, »Le pape du négoce«; Dubas/Besson, »Matières premières«.

187 Gorham/Singh, *Electronic Exchanges.*

188 Dass ein Teil der Bezahlung für eine Konzession oder ein Rohstoffgeschäft oft nicht ins betroffene Land fliesst, sondern zum Beispiel direkt auf ein Konto der hochrangigen ausländischen Verhandlungspartner bei einer Schweizer Bank oder an ein intransparentes Konsortium überwiesen wird, ist allgemein bekannt. Nichtregierungsorganisationen fordern deshalb seit Langem Zahlungstransparenz. Public Eye/Swissaid, »Fragen und Antworten zur Zahlungstransparenz im Rohstoffsektor«.

189 Leins, *Stories of Capitalism*; Appadurai, *Banking on Words.*

190 Siehe Boris, *Traders, vrais maîtres du monde,* sowie den Dokumentarfilm von Jean-Pierre Boris/Jean Crépu, *Traders – Le marché secret des matières premières,* 2014.

191 Andreas Reinhart, *Fünf Generationen Volkart – kurzer Rückblick auf meine Generation.* Jahresendbrief vom 12. Dezember 2013 [unpubliziert].

192 Hermann Hesse hatte damals den Kontakt zwischen Peter Suhrkamp und Georg Reinhart, dem Inhaber von Volkart, hergestellt. Bis 1998 gehörte Suhrkamp zu 50 Prozent den Reinharts. Obwohl einzelne Familienmitglieder an gewissen linken Autoren, die im Verlag publiziert wurden, keine Freude hatten, zahlte sich die Beteiligung – nicht zuletzt gerade wegen dieser Autoren – aus. 1999 trat Georg Reinhart einen 21-prozentigen Anteil an Suhrkamps Nachfolger Siegfried Unseld ab. Unseld wurde mit 51 Prozent

Mehrheitsgesellschafter, 29 Prozent blieben bei der Volkart Holding. 2002 starb Unseld und seine Witwe Ulla Berkéwicz übernahm die Verlagsleitung. 2006 veräußerte Andreas Reinhart die verbleibende Volkart-Beteiligung an zwei Hamburger Investoren.

193 SWA, H+I, C 602. Basler Handels-Gesellschaft AG. Jahresbericht für das Jahr 1989, S. 13-17.

194 Ebd., Jahresbericht für das Jahr 1990, S. 10.

195 Im Gegensatz zu anderen Firmen war André nicht stark diversifiziert, sondern immer im Getreidehandel tätig. Wichtig war für sie die Einführung der Schweizer Flagge zur See 1941: André, die bereits 1939 die St-Cergue erworben hatte, gründete die Reederei Suisse-Atlantique und kaufte bis 1962 18 weitere Hochseeschiffe. Sie betreibt noch heute die größte Flotte unter Schweizer Flagge. Im Getreidehandel von André waren Russland und der Ostblock zentral. Nach dem Ende des Kalten Krieges folgten in den neunziger Jahren Fehlinvestitionen in China und Argentinien, anschließend verspekulierte sich die Firma (unter anderem mit Immobilien in Spanien). Die Banken, mit denen die Beziehungen nie eng gewesen waren, kündigten der Firma schließlich das Vertrauen und forderten ihre Garantien. Das Unternehmen, das damals weltweit rund 5000 Mitarbeiter beschäftigte, musste abgewickelt werden, alle Gläubiger wurden ausbezahlt. Interview mit Yves Cuendet, Lausanne, 11. November 2014.

196 Meier, »Die SFOA und das Derivatgeschäft in der Schweiz«, S. 63.

197 Märchy, *The Role of the Swiss Commodity & Futures Association for the Swiss Financial Center*, S. 7 und 56.

198 »In the early days of this Bürgenstock meeting, interestingly, there was a great emphasis on commodity futures such as agriculture and metals. Over time, with the increasing importance of financial futures and options, these products were integrated into the meeting programs. One of the most important functions of the conference was to explain the new markets to an international audience.« Brodsky, »Options and Bürgenstock«, S. 143. Zu den Bürgenstock-Treffen auch: Straumann, »Der kleine Gigant«.

199 Walter, *Derivatisierung, Computerisierung und Wettbewerb*, S. 111. Ein Algorithmus führte die per Standleitung ins System eingegebenen Aufträge nach einer Preis-Zeit-Priorität automatisch zusammen und leitete sie zum Clearing weiter. Eilenberger (Hg.), *Lexikon der Finanzinnovationen*, S. 368.

200 Lüscher, »Ölmekka Schweiz«. Zu Wachstum und Zusammenset-

zung der Branche: SwissBanking, »Die Schweiz als Rohstoffhandelsplatz«.

9. Eine Branche wächst inkognito

1   Sluyterman, *Dutch Enterprise in the Twentieth Century.*

2   Siehe die Aufsatzsammlung: Takeshi Hamashita, *China, East Asia and the Global Economy.*

3   Zollinger, *Die Bilanz der internationalen Wertübertragungen*, S. 40. Zur Geschichte der schweizerischen Statistik siehe Jost, *Von Zahlen, Politik und Macht.*

4   Hauser-Dora, *Die wirtschaftlichen und handelspolitischen Beziehungen der Schweiz zu überseeischen Gebieten*, S. 82-85; Veyrassat, »La Suisse sur les marchés du monde«, S. 288.

5   Geering, »Die Zahlungsbilanz der Schweiz vor und seit dem Kriege«; Zollinger, *Die Bilanz der internationalen Wertübertragungen.*

6   So bei Zollinger, *Die Bilanz der internationalen Wertübertragungen.*

7   Geering/Hotz, *Wirtschaftskunde der Schweiz*, S. 8.

8   Ebd., S. 8.

9   Ebd., S. 89.

10   Hauser-Dora, *Die wirtschaftlichen und handelspolitischen Beziehungen der Schweiz zu überseeischen Gebieten*, S. 146.

11   Geering/Hotz, *Wirtschaftskunde der Schweiz*, S. 90.

12   Müller, »Internationale Verflechtung«, S. 346.

13   Tanner, *Geschichte der Schweiz im 20. Jahrhundert*, Zitat S. 49. An anderer Stelle betont Tanner zwar, dass auch der Export von Dienstleistungen, »insbesondere der Tourismus«, Devisen ins Land gebracht habe, »und auch mit dem globalen Rohstoffhandel und der Vermögensverwaltung konnte in zunehmendem Masse weltweit Geld verdient werden« (ebd., S. 201, siehe auch S. 56f.). Er verweist auf die Firmen André & Cie., die Basler Handelsgesellschaft, die Gebrüder Volkart, »und zunehmend auch in Zug angesiedelte Unternehmen«, die »auf unsichtbare Weise« zur Wirtschaftsleistung des neutralen Landes beigetragen haben (ebd., S. 202). Bei seinen Überlegungen zur stark negativen Handelsbilanz der Schweiz taucht der Transithandel aber nicht auf.

14   Zollinger, *Die Bilanz der internationalen Wertübertragungen*, S. III.

15   »The Swiss Confederation consists, really of twenty-four separate

nations, linked together by the lightest tie – linked, indeed, rather by the vicissitudes of a common fortune, through more than five centuries, than by any general or national alliance.« Bowring, *Report on the Commerce and Manufactures of Switzerland*, S. 5.

16 Dazu Gugerli/Speich, *Topografien der Nation*.

17 Botschaft des Bundesrates vom 9. Januar 1860, S. 265 f., zitiert nach Jost, *Von Zahlen, Politik und Macht*, S. 23.

18 Ebd.

19 Reichesberg, *Die amtliche Statistik in der Schweiz*, S. 17, zitiert nach ebd., S. 24.

20 Wick, *Der schweizerische Aussenhandel mit den Tropen*, S. 194 f.

21 Zollinger, *Die Bilanz der internationalen Wertübertragungen*, S. 40 f.

22 Landmann, *Die schweizerische Volkswirtschaft*, S. 374 f.

23 Ebd., S. 375.

24 Ebd., S. 391 f.

25 Burkhard-Wuhrmann, »Der Schweizerische Transithandel«, S. 141.

26 Mangold, *Der schweizerische Transithandel*, S. 22.

27 Ebd., S. 22.

28 Ackermann, »Kapitalverkehr«, S. 192. Siehe auch Mangold, »Die schweizerische Zahlungsbilanz«.

29 Ackermann, »Kapitalverkehr«, S. 189.

30 Siehe BAR, E3320B#1000/773#167*. Eingabe der Statistischen Gesellschaft an den Bundesrat, Bundesratsbericht vom 10.3.1936.

31 SWA, HS 421 B1. Korrespondenz mit dem Präsidenten. Schreiben des VSTW an A. Vischer vom 16. Mai 1947.

32 Ebd. Schreiben von Adolf Vischer-Simonius (Simonius, Vischer & Co.) an Hans Sulzer, den Präsidenten des Vororts des Schweizerischen Handels- und Industrievereins vom 9. Juli 1946. Der Präsident des VSTW schlug vor, zu versuchen, »im Interesse der Wirtschaft für die Schweizerische Nationalbank einen aufgeschlossenen Leiter zu finden, der auch das internationale Geschäft wesentlich besser kennt«. Er wies den Vorort vertraulich auf zwei mögliche Kandidaten hin und gab seiner Hoffnung Ausdruck, »dass in der Leitung der Schweiz. Nationalbank ein neuer Geist einzieht«.

33 SWA, HS 421 B3. Korrespondenz mit den Mitgliedern. Schreiben des VSTW an Prof. V. Wagner vom 16. März 1948, S. 2.

34 SWA, HS 421 Z1. Jahresbericht 1947, S. 7.

35 Ebd., S. 8.

36 Ebd., S. 10.

37   SWA, HS 421, B1. Korrespondenz mit dem Präsidenten. Aktenno-
      tiz vom 19.11.1948.
38   SWA, HS 421 B3. Korrespondenz mit den Mitgliedern. Schreiben
      des VSTW an Prof. V. Wagner vom 14. September 1948.
39   Ebd. Schreiben von V. Wagner an den VSTW, [ohne Tag] September
      1948, S. 2.
40   Ebd., S. 3.
41   Ebd., S. 4.
42   Ebd. Wagner bezieht sich auf Haberler, *Der internationale Handel.*
43   Georges André schrieb: »Une discrétion absolue doit être assurée
      aux Maisons qui répondent au questionnaire, de façon à ce que ni
      présentement, ni plus tard, on ne puisse utiliser contre elles les ren-
      seignements qu'elles donneraient, au cas où ceux-ci tomberaient en
      des mains indues, et il y en a beaucoup!« SWA, HS 421 F6. Korres-
      pondenz und Entwurf Enquête Gsell. Schreiben von André & Cie.
      an den VSTW vom 27.4.1953. Im Gegensatz zu den Unterlagen von
      Fritz Mangold, die nach der Enquête vernichtet wurden, wurden
      die Fragebogen von Emil Gsell bei der Schweizerischen National-
      bank in Zürich versiegelt deponiert (siehe ebd. Schreiben von Gsell
      an alle beteiligten Firmen vom 20. Mai 1957).
44   Bundesblatt Nr. 23 vom 10. Juni 1954, Bd. 1. Botschaft des Bundes-
      rates an die Bundesversammlung betreffend die Verlängerung der
      Mitgliedschaft der Schweiz in der europäischen Zahlungsunion,
      S. 963.
45   SWA, HS 421 F6. Korrespondenz und Entwurf Enquête Gsell.
      Schreiben des VSTW an die Mitglieder des Verbands vom 11. März
      1954.
46   SWA, HS 421 F6. Emil Gsell, *Wandlungen und Bedeutung des
      schweizerischen Transit- und Welthandels.* Entwurf vom 2. Juni
      1956, S. 13 und 14.
47   Ebd., S. 8.
48   Ebd., S. 7.
49   Ebd., S. 8.
50   Lepenies, *Die Macht der einen Zahl;* Speich Chassé, *Die Erfindung
      des Bruttosozialprodukts.*
51   »[T]he need emerges for an extension of social accounting to en-
      compass the world economy.« Woolley, »Foreword«, S. v.
52   »The international economy, however, is a complex network of in-
      terrelated trade flows, capital movements, and payments settle-
      ments. It is a system in which domestically induced changes in
      one country's income, prices, and other economic forces affect eco-

nomic activity in other countries, which in turn transmit the changes on to each other and to the country of origin.« Taplin, »Models of World Trade«, S. 433.

53 League of Nations, *The Network of World Trade*, S. 7.

54 Taplin, »Models of World Trade«, S. 436.

55 »...to test hypotheses about the behavior of the world economy.« Woolley, *Measuring Transactions Between World Areas*.

56 »Our efforts to construct a record of merchandise transactions between five world areas for the four years 1950-1953 revealed a persistent pattern of divergence between the records kept by buying and selling countries.« Woolley, »Foreword«, S. vi.

57 Ebd. Siehe auch Woolley, »On the Elaboration of a System of International Transaction Accounts«.

58 »We thought that if we could learn more of the extent and nature of the indirect trade between countries we might gain a fuller understanding of observed divergences in the reporting of merchandise transactions, and perhaps develop a quantitative basis for adjusting existing payments accounts consistently to the purchase-sales basis.« Woolley, »Foreword«, S. vii.

59 Lichtenberg, *The Role of Middleman Transactions*, S. 1.

60 Woolley, »Foreword«, S. viii.

61 Lichtenberg, *The Role of Middleman Transactions*, S. 15.

62 Ebd., Tabelle S. 16.

63 Bevölkerungszahlen um 1950 in Millionen: Großbritannien 50,6; USA 157,8; Frankreich 41,8; Niederlande 10,0; Belgien 8,6; Schweiz 4,6; Dänemark 4,3; Schweden 7,0. Quelle: United Nations, Department of Economic and Social Affairs, Population Division: {http://esa.un.org/unpd/wpp/DVD} (Stand Januar 2019).

64 Internationaler Währungsfonds, *Sixth Edition of the IMF's Balance of Payments and International Investment Position Manual (BPM6)*, S. 159.

65 Schweizerische Nationalbank, *Zahlungsbilanz und Auslandvermögen der Schweiz 2014*, S. 4.

66 Plumpe, »Die Geburt des ›Homo oeconomicus‹«.

67 Die Metapher stammt von Adam Smith, der sie in seinem Werk allerdings nur dreimal verwendet hat, siehe Rothschild, »Adam Smith and the Invisible Hand«.

68 Siehe z. B. Walras, »Théorie du libre échange«.

69 »Like the freight market which forms part of it, the normal economic system works itself. For its current operation it is under no central control, it needs no central survey. Over the whole range

of human activity and human need, supply is adjusted to demand, and production to consumption, by a process that is automatic, elastic and responsive.« Salter, *Allied Shipping Control*, S. 15.

70 Dazu Dejung, *Die Fäden des globalen Marktes*, S. 23 f.; Engel, *Farben der Globalisierung*, S. 22-25.

71 »Up to now it has been assumed that the exchange transactions which take place through the price mechanism are homogeneous. In fact, nothing could be more diverse than the actual transactions which take place in our modern world.« Coase, »The Nature of the Firm«, in: *Economica* 4 (1937), S. 396.

72 North, *Institutionen, institutioneller Wandel und Wirtschaftsleistung.*

73 Zollinger, *Die Bilanz der internationalen Wertübertragungen*, S. 128.

74 Bäggli, »Der politische Faktor in der Wirtschaft«, S. 310.

75 Ebd., S. 313 und 311.

10. Inventur und Bilanz

1 Kennedy, *Aufstieg und Fall der großen Mächte*, S. 12.

2 »At every level where a smaller system interacts with a larger one, the interplay of knowledge and ignorance serves as a turnstile, facilitating the flow of some things and hindering the movement of others. In this sense, even the largest commodity ecumenes are the product of complex interactions between local, politically mediated, systems of demand.« Appadurai, »Commodities and the Politics of Value«, S. 56. Siehe auch Lefebvre, *La production de l'espace*, insbes. S. 104.

3 Perrenoud, *Banquiers et diplomates suisses*, S. 164.

4 dodis.ch/47306. Conseil Fédéral, Procès-verbal de la séance du 4 novembre 1941, S. 353 f.

5 Bächtold, »Die geschichtlichen Entwicklungsbedingungen der schweizerischen Volkswirtschaft«, S. 7.

6 Zu den Interessengruppen und ihrem politischen Einfluss: Mach, *Groupes d'intérêt et pouvoir politique*; Mach et al., *Les élites économiques suisses*; Bühlmann et al., »Political and Economic Elites in Switzerland«; Weber, *Die amerikanische Verheissung*, insbes. S. 84-86. Bis 1872 war der Einfluss von Wirtschaftsverbänden auf die Politik gering. Die Außenpolitik wurde von den Vertretern der Bundesversammlung (dem Parlament, das sich in der Schweiz

aus National- und Ständerat zusammensetzt) gestaltet, den »Bundesbaronen«, wie man sie laut dem katholisch-konservativen Nationalrat Philipp Anton von Segesser scherzhaft genannt habe (Segesser, *Sammlung kleiner Schriften*, Bd. 3, S. VIII). Die Bundesbarone seien »moderne Feudalherren« aus Hochfinanz und Industrie gewesen und die Bundesversammlung in allen großen Fragen ihr »willenloses Werkzeug«. Ebd., S. VIII und XXV, zitiert nach Aufdermauer, *Die Bundesbarone und die Neutralität*, S. 10.

7   Dazu Agnew, »Still Trapped in Territory?«, sowie Coleman/Agnew (Hg.), *Handbook on the Geographies of Power*, insbesondere die Einleitung und das Kapitel 3.

8   Dazu Heintz, »Emergenz und Reduktion«, sowie die Einleitung in Haller, *Cortison*.

9   Iselin et al., *Der schweizerische Grosshandel*, S. 126.

10 Friedrich, »Transit und Welthandel«, S. 446.

11 Schumpeter, *Kapitalismus, Sozialismus und Demokratie*.

12 Während bei Kollektivgesellschaften alle Gesellschafter unbeschränkt haften, haften bei Kommanditgesellschaften nur die Komplementäre unbeschränkt. Mindestens eine beteiligte Person ist ein Kommanditär mit begrenzter Haftung (Kommanditsumme).

13 Stadtarchiv Winterthur, Dep 42/970. Gedanken zum Exposé von Herrn Georg Reinhart vom 27./28. April 1944 betr. Geschäftspolitik auf lange Sicht (Heinrich Wachter), 19. Mai 1944, S. 3.

14 Bammatter, *Der schweizerische Transithandel*, S. 11. Bei Volkart hielt man 1952 betreffend »Crop Estimates« fest: »For some territories where we are well established and where the Government Crop Estimates are relatively poor, in particular India, Pakistan and Brazil, the Co-ordinator Cotton will ask the respective houses (Karachi, Bombay, Sao Paulo) to prepare their crop estimates and also the estimates of the distribution on specific dates, and these will be published through the Bulletin.« Stadtarchiv Winterthur, Dep 42/73. Schreiben an die Mangers vom 4. September 1952, S. 6.

15 Mangold, *Der schweizerische Transithandel*, S. 16.

16 Bammatter, *Der schweizerische Transithandel*, S. 13.

17 Dejung, »Spielhöllen des Kapitalismus?«, S. 56.

18 Bammatter, *Der schweizerische Transithandel*, S. 1.

19 Richard Behrendt hat bereits 1932 auf die paradoxe Kombination eines raschen wirtschaftlichen Wachstums bei gleichzeitig schwach ausgebildetem Staatsapparat hingewiesen. Behrendt, *Die Schweiz und der Imperialismus*, S. 47f.

20 Gruner, »100 Jahre Wirtschaftspolitik«, S. 52. Siehe auch Tanner, *Geschichte der Schweiz im 20. Jahrhundert*, S. 36.

21 Lüthy, »Wilhelm Röpkes ›Internationale Ordnung‹«, S. 37.

22 Leimgruber, »Kansas City on Lake Geneva«, S. 126.

23 Waszkis, *Philipp Brothers*, S. 154.

24 Leimgruber, »Kansas City on Lake Geneva«.

25 Sie manifestierte sich bei den verschiedenen Rohstoffen unterschiedlich; siehe Yamada/Yoon, »When Grilli and Yang Meet Prebisch and Singer«, S. 28-30.

26 Investitionen in Rohstoffe haben vor allem in den letzten zehn Jahren massiv zugenommen. Rohstoffe haben sich als eigenständige Anlageklasse im Asset Management etabliert und dienen Pensionskassen und anderen institutionellen Anlegern als willkommene Möglichkeit, ihre Anlagen zu diversifizieren. SwissBanking, »Die Schweiz als Rohstoffhandelsplatz«, S. 17.

27 Märchy, *The Role of the Swiss Commodity & Futures Association for the Swiss Financial Center.*

28 Slobodian, *Globalists.* Zur Wirtschaftselite der Schweiz siehe Perrenoud, »L'économie suisse et la neutralité à géométrie variable«, insbes. S. 78; Bühlmann et al., »Political and Economic Elites in Switzerland«; Bühlmann et al., »Cosmopolitan Capital and the Internationalization of the Field of Business Elites«; André Mach et al., *Les élites économiques suisses au XXe siècle.*

29 Ridgeway, *Merchants of Peace*, S. 22.

30 »The International Chamber is organized to represent all the economic factors of international business, including finance, industry, transportation and commerce«. Archiv der Internationalen Handelskammer. Minutes of the XVIIIth Session of the Council, Brussels June 1925. Amendments to the Constitution § 2, Article I, S. 23 f., zitiert nach Spiliotis, »Business Statesmanship«, S. 41.

31 Allen, *Topologies of Power.* Siehe auch ders., »The Circulation of Financial Elites«.

32 Schelbert, *Einführung in die schweizerische Auswanderungsgeschichte der Neuzeit*, S. 27.

33 Holenstein, *Mitten in Europa.*

34 Sollte es vom wirtschaftlichen Standpunkt aus zwingend werden, wird die Schweiz vermutlich auch ohne großes Aufhebens ihr Beitrittsgesuch zur EU wieder einreichen. Die Kräfteverhältnisse sind klar: Die Schweiz tätigt fast zwei Drittel ihres Außenhandels mit EU-Ländern. Für die EU fällt die Schweiz mit acht Prozent Han-

delsanteil umgekehrt nicht ins Gewicht. Grünenfelder/Schellenbauer (Hg.), *Weissbuch Schweiz*, S. 47.

35 dodis.ch/14499. Sitzverlegung schweizerischer Gesellschaften im Kriegsfall; Expertenbesprechungen mit Kanada. Schreiben des Politischen Departements an den Bundesrat vom 10.9.1959, S. 1. Der Bundesrat stützte sich dabei auf Artikel 16 des Bundesgesetzes vom 30. September 1955 über die wirtschaftliche Kriegsvorsorge.

36 Ebd., S. 2. Als »Asylstaaten« kamen Länder auf mehreren Kontinenten in Frage, wobei es negative Aspekte zu berücksichtigen galt, »so in Lateinamerika die unstabilen politischen Verhältnisse, in den Vereinigten Staaten von Amerika das komplizierte Rechtssystem […], in Südafrika die aus dem Rassenproblem erwachsenden potentiellen Gefahren, im belgischen Kongo die Ungewissheit über den künftigen Status dieses Gebietes und bei Australien die allzu exzentrische geographische Lage« (ebd., S. 2f.). Ideale Bedingungen sah man vor allem in Kanada gegeben. Hier sei nicht nur das Risiko eines Arktiskrieges vernachlässigbar, von Vorteil war auch das hohe internationale Ansehen Kanadas, denn damit die Sitzverlegung ihren vollen Effekt entfalten könne, müsse sie nicht nur vom Heimat- und vom Asylstaat, »sondern auch von Drittstaaten in ihren rechtlichen Auswirkungen anerkannt werden« (ebd., S. 3).

37 dodis.ch/15560. Sitzverlegung schweizerischer Gesellschaften im Kriegsfall; Expertenbesprechungen mit Kanada. Schreiben des Politischen Departements an den Bundesrat vom 7.11.1959, S. 4.

38 Ebd., S. 11.

39 dodis.ch/32152. Transfert de siège d'entreprises suisses en temps de guerre; projet d'échange de notes avec l'Australie. Le Département Politique au Conseil fédéral, 28.8.1968, S. 2.

40 Zum Korporatismus in der Schweiz siehe Farago, *Verbände als Träger öffentlicher Politik*; David et al., »Networks of Coordination«. Zur Geschichte einer Handelsfirma unter kulturellem Aspekt (»Netzwerke des Vertrauens«): Dejung, *Die Fäden des globalen Marktes*. Zum nationalen Wettbewerbsvorteil: Porter, *Nationale Wettbewerbsvorteile*.

41 In der ganzen Geschichte der Wirtschaft erscheint der Fremde als Händler bzw. der Händler als Fremder, schrieb Simmel 1908. Geografische Distanz ziehe in der Geschäftssituation zwingend soziale Distanz nach sich: »Insofern nicht etwa Personen in die Fremde wandern […], in welchem Falle sie dann in diesem andern Gebiete eben die ›fremden‹ Kaufleute sind – *muss* der Händler ein Frem-

der sein, für einen andern ist keine Existenzgelegenheit.« Simmel, *Untersuchungen über die Formen der Vergesellschaftung*, S. 509f.

42 Ebd., S. 510. Simmel verwendet den Begriff des Fremden nicht emphatisch. Kulturen decken sich nicht mit klar voneinander abgegrenzten Bezirken, sie sind – wie der Sozialanthropologe Ulf Hannerz schreibt – als kollektive Phänomene *»per definitionem* zuallererst mit Interaktionen und sozialen Beziehungen verbunden und nur indirekt und ohne zwingende Notwendigkeit mit bestimmten Gebieten im physischen Raum« (Hannerz, »Kosmopoliten und Sesshafte in der Weltkultur«, S. 142). Der Händler ist also nicht fremd, weil er einer anderen Nation angehört, sondern weil er eine Geschäftsbeziehung herstellt mit jemandem, der einem anderen sozialen Umfeld angehört. Fremdsein hat einen relationalen Charakter. Bernhard Waldenfels nannte das Fremde ein »Grenzphänomen par excellence«: »Es kommt von anderswoher, selbst wenn es im eigenen Haus und in der eigenen Welt auftritt.« Waldenfels, *Grundmotive einer Phänomenologie des Fremden*, S. 15; siehe auch S. 117.

43 Zur Figur des Dritten siehe Esslinger et al. (Hg.), *Die Figur des Dritten*; Priddat, »Das Dritte in der Ökonomie«. Dieser Dritte scheint zunächst ein störendes Element zu sein, und doch ist gerade auf ihn in der Weltwirtschaft nicht zu verzichten: »Sowenig Gesellschaften sich aus individualistischen Atomen zusammensetzen, die dann in paarförmige Interaktion miteinander eintreten, sowenig gesellt sich der Dritte nachträglich zur Dyade hinzu« (Koschorke, »Ein neues Paradigma der Kulturwissenschaften«, S. 17). Der Kaufmann tritt nicht erst in Aktion, wenn Angebot und Nachfrage sich bereits gefunden haben, oder wie es Michel Serres etwas kryptisch ausdrückte: »Es gibt ein Drittes vor dem Zweiten; es gibt einen Dritten vor dem anderen.« (Serres, *Der Parasit*, S. 97.)

44 Paul Bairoch teilte die Kleinstaaten Europas in zwei Gruppen ein: Die erste Gruppe stehe in einem Verhältnis der *Komplementarität* gegenüber einer dominierenden Wirtschaftsmacht, der sie Rohstoffe oder Nahrungsmittel liefere. Die zweite Gruppe stehe, gestützt auf den Export von Industrieprodukten, in einem Verhältnis der *Konkurrenz* zu den Großmächten, und die Schweiz gehöre – zusammen mit Belgien und Schweden – zu dieser zweiten Gruppe (Bairoch, »La Suisse dans le contexte international«, S. 103). Diese Einteilung ergibt Sinn, solange man Wirtschaftsgeschichte vor allem als Industriegeschichte versteht. Untersucht man jedoch den

Export von Dienstleistungen, muss man dem dualen Schema eine dritte Variante hinzufügen: die *Konvergenz* oder *Synergie*.

45 Dass Menschenrechte nur für Staaten bindend sind und nicht für Unternehmen, ist nicht das einzige Problem. Bei rechtlich getrennten Tochterfirmen kann das nationale Recht des Landes, in dem die Firma ihren Hauptsitz hat, außerdem nicht angewendet werden. Es stellt sich also die grundsätzliche Frage, wie man in einer globalisierten Welt mit kollektiver Verantwortung umgeht und dafür einen verbindlichen Rechtsrahmen schafft. Konkret geht es heute vor allem darum, die 2011 vom UN-Sonderbeauftragten John Ruggie formulierten UNO-Leitprinzipien für Wirtschaft und Menschenrechte (»Ruggie Principles«) in nationales Recht zu überführen und dieses auch für Tochterfirmen geltend zu machen. Siehe Spiliotis, »Corporate Responsibility and Historical Injustice«; Peters, *Jenseits der Menschenrechte*; Kaufmann et al., *Extraterritorialität im Bereich Wirtschaft und Menschenrechte*.

46 Lüthy, »Wilhelm Röpkes ›Internationale Ordnung‹«, S. 35.

47 Angell, *The Great Illusion*, S. 323.

48 Bauman, *Das Vertraute unvertraut machen*, S. 104.

49 Ebd., S. 111.

50 Näf, *Das Überstaatliche in der Geschichte*, S. 15. Da internationale Vereinbarungen schwer durchzusetzen sind (es gibt kein globales Menschenrechtsgericht), müsste man sich über eine Angleichung der nationalen Standards verständigen und diese in den einzelnen Ländern dann auch durchsetzen. Zur Geschichte der *global commons* siehe Löhr/Rehling, »Governing the Commons«.

51 Mitchell, *Carbon Democracy*.

52 Gruner, »100 Jahre Wirtschaftspolitik«, S. 36f.

53 Lüthy, »Wilhelm Röpkes ›Internationale Ordnung‹«, S. 41.

54 Siehe dazu Rodrik, *Straight Talk on Trade*.

55 Mill, *Autobiographie*, S. 188f.

Quellen- und Literaturverzeichnis

Archive

Archiv für Zeitgeschichte der ETH Zürich (AfZ)
– NL Heinrich Homberger
– NL Max Iklé

Archiv der Basler Mission / Mission 21, Basel (BM Archives)
– Bestand J
– Bestand Q
– Bestand UTC

DKSH, Zürich
– A. Diethelm
– B. Keller
– C. Siber Hegner

Internationale Handelskammer, Paris (ICC)
– Proceedings of the Organization Meetings
– Journal of the ICC
– Zeitschrift *Internationale Wirtschaft* (*World Trade*)

Schweizerisches Bundesarchiv, Bern (BAR)
– Diverse Bestände

Schweizerisches Wirtschaftsarchiv, Basel (SWA)
– HS 421: Verband Schweizerischer Transit- und Welthandelsgesell-
  schaften (VSTW)
– H+I C 602: Basler Handelsgesellschaft
– H+I: Dokumentationen

Stadtarchiv Winterthur
– Dep 42: Volkart

Zentralbibliothek Zürich (ZB)
– HS AR 1: Desco Handels AG

Edierte Quellen
– Diplomatische Dokumente der Schweiz (www.dodis.ch)

Bibliografie

Ackermann, Ernst, »Kapitalverkehr. Vortrag an der Jahresversammlung der Schweizerischen Statistischen Gesellschaft in Zürich, 31. Mai 1935«, in: *Schweizerische Zeitschrift für Volkswirtschaft und Statistik* 2 (1935), S. 187-211.

Adodo, Ebenezer, *Letters of Credit. The Law and Practice of Compliance*, Oxford: Oxford University Press 2014.

Adorno, Theodor W., »Balzac-Lektüre«, in: ders., *Gesammelte Schriften*, Bd. 11: *Noten zur Literatur I*, Frankfurt am Main: Suhrkamp 1974, S. 139-157.

Agnew, John, »Still Trapped in Territory?«, in: *Geopolitics* 15 (2010), S. 779-784.

Allen, John, *Topologies of Power. Beyond Territory and Networks*, London: Routledge, Taylor & Francis 2016.

Allen, John, »The Circulation of Financial Elites«, in: Mat Coleman/ John Agnew (Hg.), *Handbook on the Geographies of Power*, Cheltenham: Edward Elgar 2018, S. 178-193.

Ammann, August F., *Reminiscences of an Old V. B. Partner.* Sonderausgabe der *V. B. News*, Winterthur 1921.

Ammann, Daniel, *King of Oil. Marc Rich – Vom mächtigsten Rohstoffhändler der Welt zum Gejagten der USA*, Zürich: Orell Füssli 2010.

Anderegg, Jakob, *Volkart Brothers 1851-1976. A Chronicle*, Winterthur: Volkart Brothers 1976.

André & Cie, *André & Cie SA 1877-1977*, Lausanne: André & Cie 1977.

André & Cie, *André Group*, Lausanne: André & Cie 1997.

André, Georges, »Le commerce d'outre mer«, in: *Schweizerische Zeitschrift für Kaufmännisches Bildungswesen* 44/9 (1950), S. 153-159.

Angell, Norman, *The Great Illusion. A Study of the Relation of Military Power to National Advantage. Fourth Revised and Enlarged Edition*, New York and London: G. P. Putnam's Sons 1913.

Angell, Norman, *After All. The Autobiography of Norman Angell*, London: Hamilton 1952.

Appadurai, Arjun, »Commodities and the Politics of Value«, in: ders. (Hg.), *The Social Life of Things. Commodities in Cultural Perspective*, Cambridge: Cambridge University Press 1986, S. 3-63.

Appadurai, Arjun, *The Future as Cultural Fact. Essays on the Global Condition*, London, New York: Verso 2013.

Appadurai, Arjun, *Banking on Words. The Failure of Language in the Age of Derivative Finance*, Chicago: Chicago University Press 2015.

Arlettaz, Gérald/Silvia Arlettaz, »La Première Guerre mondiale et l'émergence d'une politique migratoire interventionniste«, in: Paul Bairoch/Martin Körner (Hg.), *La Suisse dans l'économie mondiale (15e-20e s.). Die Schweiz in der Weltwirtschaft (15.-20. Jh.)*, Zürich: Chronos 1990, S. 319-337.

Arlettaz, Gérald/Silvia Arlettaz, *La Suisse et les étrangers. Immigration et formation nationale (1848-1933)*, Lausanne: Éditions Antipodes 2004.

Arrighi, Giovanni, *Die verschlungenen Pfade des Kapitals*, Hamburg: VSA Verlag 2009.

Aufdermauer, Claudia, *Die Bundesbarone und die Neutralität. Der Einfluss der Wirtschaftsvertreter auf die schweizerische Aussenpolitik und Aussenhandelspolitik (1848-1872)*. Dissertation, Université de Fribourg 2016.

Bachmann, Hans/Franz Lütolf, *Die britische Sterling- und Devisenkontrolle. Entwicklung und Technik*, Zürich: Polygraphischer Verlag 1954.

Bächtold, Hermann, »Die geschichtlichen Entwicklungsbedingungen der schweizerischen Volkswirtschaft«, in: *Schweizerische Monatshefte für Politik und Kultur* 4/1 (1924), S. 7-17.

Bäggli, Walter, »Der politische Faktor in der Wirtschaft«, in: *Schweizerische Zeitschrift für Volkswirtschaft und Statistik* 3/4 (1940), S. 309-317.

Bair, Jennifer, »Global Commodity Chains. Genealogy and Review«, in: dies. (Hg.), *Frontiers of Commodity Chain Research*, Stanford: Stanford University Press 2009, S. 1-34.

Bairoch, Paul, »L'économie suisse dans le contexte européen, 1913-1939«, in: *Schweizerische Zeitschrift für Geschichte* 34 (1984), S. 468-497.

Bairoch, Paul, »La Suisse dans le contexte international aux XIXe et XXe siècles«, in: ders./Martin Körner (Hg.), *Die Schweiz in der Weltwirtschaft (15.-20. Jh.). La Suisse dans l'économie mondiale (15e-20e s.)*, Zürich: Chronos 1990, S. 103-140.

Baker, James C., *The Bank for International Settlements. Evolution and Evaluation*, Westport, Connecticut: Quorum Books 2002.

Balzac, Honoré de, *Eugénie Grandet*, Zürich: Diogenes 1977 [1834].

Bammatter, Emil M., *Der schweizerische Transithandel. Eine Darstellung seiner Struktur und ein Überblick seiner Entwicklung in den Jahren 1934-1954*, Lörrach: Karl Schahl 1958.

Bank for International Settlements, *Guide to the BIS Archives*, Basel 2017.

Bank für internationalen Zahlungsausgleich, *Erster Jahresbericht über das am 31. März 1931 abgelaufene Geschäftsjahr*, Basel 1931.

Bank für internationalen Zahlungsausgleich, *Dritter Jahresbericht, 1. April 1932-31. März 1933*, Basel 1933.

Bartu, Friedemann, *The Fan Tree Company. Three Swiss Merchants in Asia*, Zürich: Diethelm Keller Holding 2005.

Bauer, Hans/Heinrich G. Ritzel, *Kampf um Europa. Von der Schweiz aus gesehen*, Zürich: Europa Verlag 1945.

Bauer, Manuel, *Ökonomische Menschen. Literarische Wirtschaftsanthropologie des 19. Jahrhunderts*, Göttingen: Vandenhoeck & Ruprecht 2016.

Bauman, Zygmunt, *Das Vertraute unvertraut machen. Ein Gespräch mit Peter Haffner*, Hamburg: Hoffmann und Campe 2017.

Beckert, Sven, *King Cotton. Eine Globalgeschichte des Kapitalismus*, München: C.H. Beck 2014.

Beckert, Sven, »American Danger. United States Empire, Eurafrica, and the Territorialization of Industrial Capitalism, 1870-1950«, in: *The American Historical Review* 122/4 (2017), S. 1137-1170.

Beckert, Sven/Seth Rockman (Hg.), *Slavery's Capitalism. A New History of American Economic Development*, Philadelphia: University of Pennsylvania Press 2016.

Behm, Max, *Leitfaden der allgemeinen Handelslehre (Kontorpraxis). Zum Gebrauch in kaufmännischen und gewerblichen Fortbildungsschulen sowie für jeden jungen Kaufmann* (10. Aufl.), Berlin: Springer 1914 [1899].

Behrendt, Richard, *Die Schweiz und der Imperialismus. Die Volkswirtschaft des hochkapitalistischen Kleinstaates im Zeitalter des politischen und ökonomischen Nationalismus*, Zürich: Rascher 1932.

Bergier, Jean-François et al., *Die Schweiz, der Nationalsozialismus und der Zweite Weltkrieg. Schlussbericht*, Zürich: Pendo 2002.

Berlin, Isaiah, »History and Theory. The Concept of Scientific History«, in: *History and Theory* 1/1 (1960), S. 1-31.

Bernegger, Michael, »Die Schweiz und die Weltwirtschaft. Etappen der Integration im 19. und 20. Jahrhundert«, in: Paul Bairoch/Martin Körner (Hg.), *Die Schweiz in der Weltwirtschaft (15.-20. Jh.)*, Zürich: Chronos 1990, S. 429-464.

Bernstein, Michael A., *A Perilous Progess. Economists and Public Purpose in Twentieth-Century America*, Princeton: Princeton University Press 2001.

Bini, Elisabetta/Giuliano Garavini/Federico Romero (Hg.), *Oil Shock. The 1973 Crisis and its Economic Legacy*, London: I.B. Tauris 2016.

Bitsch, Marie-Thérèse/Gérard Bossuat (Hg.), *L'Europe unie et l'Afrique. De l'idée d'Eurafrique à la convention de Lomé I*, Brüssel: Bruylant 2005.

Blancpain, Jean-Pierre, *Vom Bilateralismus zur Konvertibilität. Die Entwicklung der europäischen Währungsordnung von 1946 bis 1960.* Dissertation, Universität Zürich 1962.

Bloch, Marc, *Aus der Werkstatt des Historikers. Zur Theorie und Praxis der Geschichtswissenschaft*, Frankfurt am Main: Campus 2000.

Bonin, Hubert/Ferry de Goey, »American Companies in Europe. Issues and Perspectives«, in: dies. (Hg.), *American Firms in Europe 1880-1980. Strategy, Identity, Perception and Performance*, Genf: Droz 2009, S. 9-33.

Bonjour, Edgar, *Geschichte der schweizerischen Neutralität. Vier Jahrhunderte eidgenössischer Aussenpolitik*, Bd. 2, Basel: Helbing & Lichtenhahn 1970.

Bonjour, Edgar, »Die Befreiung der Schweiz von den Sanktionspflichten des Völkerbundes 1938«, in: *Schweizerische Zeitschrift für Geschichte* 28/1/2 (1978), S. 51-61.

Boon, Marten, »Business Enterprise and Globalization. Towards a Transnational Business History«, in: *Business History Review* 91/3 (2017), S. 511-535.

Bordo, Michael D., »The Bretton Woods International Monetary System. A Historical Overview«, in: ders./Barry Eichengreen (Hg.), *A Retrospective on the Bretton Woods System. Lessons for International Monetary Reform*, Chicago: University of Chicago Press 1993, S. 3-108.

Boris, Jean-Pierre, *Traders, vrais maîtres du monde. Enquête sur le marché des matières premières*, Paris: Éditions Tallandier 2017.

Boris, Jean-Pierre/Jean Crépu, *Traders – Le marché secret des matières premières*. Dokumentarfilm 2014.

Bosshardt, Alfred, »Die Frankenabwertung vom 26. September 1936«, in: *Aussenwirtschaft* 1 (1946), S. 97-102.

Bott, Sandra et al. (Hg.), *Suisse – Afrique (18e-20e siècles). De la traite des Noirs à la fin du régime de l'apartheid. Schweiz – Afrika (18.-20. Jahrhundert). Vom Sklavenhandel zum Ende des Apartheid-Regimes*, Münster: LIT Verlag 2005.

Bourdieu, Pierre, *Über den Staat. Vorlesungen am Collège de France 1989-1992*, Berlin: Suhrkamp 2014.

Bowring, John, *Report on the Commerce and Manufactures of Switzerland*, London: Clowes and Sons 1836.

Braudel, Fernand, *Sozialgeschichte des 15.-18. Jahrhunderts*, Bd. 2: *Der Handel*, München: Kindler 1986.

Brecht, Martin et al. (Hg.), *Geschichte des Pietismus*, Bd. 3: *Geschichte des Pietismus im 19. und 20. Jahrhundert*, Göttingen: Vandenhoeck & Ruprecht 2000.

Briner, Lukas, »Schiedsgerichte als erste Instanz«, in: *seismOGraph* 17 (2012), S. 21-22.

Brodbeck, Thomas, »Bewahren und beharren – die Schweiz an der UNCTAD. Die erste UNCTAD-Konferenz 1964 in Genf, das allgemeine Präferenzensystem und die Schweiz«, in: Peter Hug/Beatrix Mesmer (Hg.), *Von der Entwicklungshilfe zur Entwicklungspolitik*, Bern: Schweizerisches Bundesarchiv 1993, S. 319-332.

Brodsky, William, »Options and Bürgenstock – 25 years of Growth and Innovation«, in: Patrick Young (Hg.), *An Intangible Commodity, Swiss Futures and Options Association*, Kent: Erivatives.com Publishing 2004, S. 143-149.

Broehl, Wayne G., *Cargill: Trading the World's Grain*, Hanover: University Press of New England 1992.

Broehl, Wayne G., *Cargill: Going Global*, Hanover: University Press of New England 1998.

Broehl, Wayne G., *Cargill: From Commodities to Customers*, Hanover: University Press of New England 2008.

Brückner, Thomas, »Europa organisieren. Zu den Anfängen der Schweizer Europabewegung«, in: *Schweizerische Zeitschrift für Geschichte* 57/2 (2007), S. 174-187.

Buchheim, Christoph/Jonas Scherner, »Anmerkungen zum Wirtschaftssystem des ›Dritten Reichs‹«, in: Werner Abelshauser/Jan-Otmar Hesse/Werner Plumpe (Hg.), *Wirtschaftsordnung, Staat und Unternehmen. Neue Forschungen zur Wirtschaftsgeschichte des Nationalsozialismus*, Essen: Klartext 2003, S. 81-97.

Bühlmann, Felix/Thomas David/André Mach, »Political and Economic Elites in Switzerland. Personal Interchange, Interactional Relations and Structural Homology«, in: *European Societies* 14/5 (2012), S. 727-754.

Bühlmann, Felix/Thomas David/André Mach, »Cosmopolitan Capital and the Internationalization of the Field of Business Elites. Evidence from the Swiss Case«, in: *Cultural Sociology* 7/2 (2013), S. 211-229.

Bundesamt für Statistik, *Die Bodennutzung in der Schweiz. Auswertungen und Analysen*, Neuchâtel 2015.

Burckhardt, Carl Jacob, *Briefwechsel. Hugo von Hofmannsthal und Carl J. Burckhardt*, Frankfurt am Main: Fischer 1956.

Burckhardt, Carl Jacob, *Meine Danziger Mission, 1937-1939*, Zürich: Fretz & Wasmuth 1960.

Burkhard-Wuhrmann, Werner, »Der Schweizerische Transithandel«, in: *Bulletin Commercial et Industriel Suisse* 44/9 (1937), S. 141-145.

Butterfield, Herbert, *The Whig Interpretation of History*, Harmondsworth: Penguin 1973 [1931].

Buttke, Erika, *Balzac als Dichter des modernen Kapitalismus*, Nendeln: Kraus 1967 [1932].

Caroni, Pio (Hg.), *Le droit commercial dans la société suisse du XIXe siècle*, Fribourg: Éditions universitaires 1997.

Cassis, Youssef, *Capitals of Capital. The Rise and Fall of International Financial Centres, 1780-2009*, Cambridge: Cambridge University Press 2010.

Chandler (Jr.), Alfred D., »Managerial Enterprise and Competitive Capabilities«, in: *Business History* 34 (1992), S. 11-41.

Chase, Kerry, »Multilateralism Compromised. The Mysterious Origins of GATT Article XXIV«, in: *World Trade Review* 5/1 (2006), S. 1-30.

Christ, Heinrich, *Zwischen Religion und Geschäft. Die Basler Missions-Handlungs-Gesellschaft und ihre Unternehmensethik, 1859-1917*, Stuttgart: Franz Steiner Verlag 2015.

Clapham, John H., »The Last Years of the Navigation Acts«, in: *The English Historical Review* 25/99 (1910), S. 480-501.

Clark, Christopher, *Die Schlafwandler. Wie Europa in den Ersten Weltkrieg zog*, München: Deutsche Verlags-Anstalt 2013 [2012].

Clavin, Patricia, »Time, Manner, Place. Writing Modern European History in Global, Transnational and International Contexts«, in: *European History Quarterly* 40/4 (2010), S. 624-640.

Coase, Ronald H., »The Nature of the Firm«, in: *Economica* 4 (1937), S. 386-405.

Cohn, Gustav, *Die Börse und die Spekulation*, Berlin: Lüderitz'sche Verlagsbuchhandlung 1868.

Coleman, Mat/John Agnew (Hg.), *Handbook on the Geographies of Power*, Cheltenham: Edward Elgar 2018.

Colli, Andrea, *The History of Family Business, 1850-2000*, Cambridge: Cambridge University Press 2003.

Collinge, Chris, »The Différance between Society and Space. Nested

Scales and the Returns of Spatial Fetishism«, in: *Environment and Planning D: Society and Space* 23/2 (2005), S. 189-206.

Conrad, Sebastian, *Globalgeschichte. Eine Einführung*, München: C. H Beck 2013.

Conrad, Sebastian, *What is Global History?*, Princeton: Princeton University Press 2016.

Cooper, Frederick, *Africa in the World. Capitalism, Empire, Nation-State*, Cambridge/MA: Harvard University Press 2014.

Cottier, Maurice, *Liberalismus oder Staatsintervention. Die Geschichte der Versorgungspolitik im Schweizer Bundesstaat*, Zürich: Verlag Neue Zürcher Zeitung 2014.

Coudenhove-Kalergi, Richard N., *Pan-Europa*, Wien: Paneuropa-Verlag 1926 [1923].

Coudenhove-Kalergi, Richard N., »Afrika«, in: *Paneuropa* 5/2 (1929), S. 1-19.

David, Thomas/Bouda Etemad, »Gibt es einen schweizerischen Imperialismus? Zur Einführung«, in: *Traverse* 5/2 (1998), S. 17-27.

David, Thomas et al. (Hg.), *Suisse – Tiers Monde. Des réseaux d'expansion aux formes de domination (= Traverse 5/2)*, Zürich: Chronos 1998.

David, Thomas/Bouda Etemad/Janick Marina Schaufelbuehl, *Schwarze Geschäfte. Die Beteiligung von Schweizern an Sklaverei und Sklavenhandel im 18. und 19. Jahrhundert*, Zürich: Limmat Verlag 2005.

David, Thomas et al., »Networks of Coordination. Swiss Business Associations as an Intermediary between Business, Politics and Administration during the 20th Century«, in: *Business and Politics* 11/4 (2010), S. 1-38.

David, Thomas et al., *De la »Forteresse des Alpes« à la valeur actionnariale. Histoire de la gouvernance d'entreprise suisse (1880-2010)*, Zürich: Seismo 2015.

Davis, Lance Edwin/Robert A. Huttenback, *Mammon and the Pursuit of Empire. The Political Economy of British Imperialism, 1860-1912*, Cambridge: Cambridge University Press 1988.

De Goey, Ferry/Ben Wubs, »US Multinationals in the Netherlands in the 20th Century: ›The Open Gate to Europe‹«, in: Hubert Bonin/Ferry de Goey (Hg.), *American Firms in Europe 1880-1980. Strategy, Identity, Perception and Performance*, Genf: Droz 2009, S. 149-184.

Debrunner, Hans Werner, *Schweizer im kolonialen Afrika*, Basel: Basler Afrika Bibliographien 1991.

Dejung, Christof, »Unbekannte Intermediäre. Schweizerische Handels-firmen im 19. und 20. Jahrhundert«, in: *Traverse* 17/1 (2010), S. 139-155.

Dejung, Christof, »Spielhöllen des Kapitalismus? Terminbörsen, Speku-lationsdiskurse und die Übersetzung von Rohstoffen im modernen Warenhandel«, in: *WerkstattGeschichte* 58 (2011), S. 49-69.

Dejung, Christof, »Deglobalisierung? Oder Enteuropäisierung des Glo-balen? Überlegungen zur Entwicklung der Weltwirtschaft in der Zwischenkriegszeit«, in: Sönke Kunkel/Christoph Meyer (Hg.), *Auf-bruch ins postkoloniale Zeitalter. Globalisierung und die außereuro-päische Welt in den 1920er und 1930er Jahren*, Frankfurt am Main: Campus 2012, S. 37-61.

Dejung, Christof, »An den Grenzen der Kaufmannskultur? Europä-ische Handelsfirmen in Asien während der Kolonialzeit«, in: Werner Abelshauser/David A. Gilgen/Andreas Leutzsch (Hg.), *Kulturen der Weltwirtschaft*, Göttingen: Vandenhoeck & Ruprecht 2012, S. 159-181.

Dejung, Christof, *Die Fäden des globalen Marktes. Eine Kultur- und So-zialgeschichte des Welthandels am Beispiel der Handelsfirma Gebrü-der Volkart 1851-1999*, Köln: Böhlau 2013.

Dejung, Christof/Andreas Zangger, »British Wartime Protectionism and Swiss Trading Firms in Asia during the First World War«, in: *Past & Present* 207/1 (2010), S. 181-213.

den Hertog, Johan/Samuël Krizinga, »Introduction«, in: dies. (Hg.), *Caught in the Middle. Neutrals, Neutrality and the First World War*, Amsterdam: aksant 2011, S. 1-14.

Dezalay, Yves/Bryant G. Garth, *Dealing in Virtue. International Com-mercial Arbitration and the Construction of a Transnational Legal Order*, Chicago: University of Chicago Press 1996.

Dietrich, Christopher, *Oil Revolution. Anti-Colonial Elites, Sovereign Rights, and the Economic Culture of Decolonization*, New York: Cambridge University Press 2017.

Dietze, Antje/Katja Naumann, »Revisiting Transnational Actors from a Spatial Perspective«, in: *European Review of History* 25 (2018), S. 415-430.

Dirlewanger, Dominique/Sébastien Guex/Gian-Franco Pordenone, *La politique commerciale de la Suisse de la Seconde Guerre mondiale à l'entrée au GATT (1945-1966)*, Zürich: Chronos 2004.

Dobler, Anita, *Die Schweiz als Standort für Tochtergesellschaften aus-ländischer Unternehmen 1980-2000*, Lizentiat, Universität Zürich 2008.

Domarus, Max, *Hitler: Reden und Proklamationen 1921-1945* (2 Bde.), Neustadt an der Aisch: Schmidt 1962-1963.

Dommann, Monika, »Verbandelt im Welthandel. Spediteure und ihre Papiere seit dem 18. Jahrhundert«, in: *WerkstattGeschichte* 58 (2012), S. 29-48.

Dommann, Monika, »Wertspeicher. Epistemologien des Warenlagers«, in: *Zeitschrift für Medien- und Kulturforschung* 2 (2012), S. 35-50.

Dommann, Monika, »Bühnen des Kapitalismus. Der Getreidehandel als Wissensobjekt zwischen den Weltkriegen«, in: *Berichte zur Wissenschaftsgeschichte* 37/2 (2014), S. 112-131.

Dubas, Sébastien/Sylvain Besson, »Matières premières: Weyer et Rich, le couple qui a fait de la Suisse une puissance pétrolière«, in: *Le Temps*, 24.1.2017.

Dusinberre, Martin/Roland Wenzlhuemer, »Editorial: Being in Transit. Ships and Global Incompatibilities«, in: *Journal of Global History* 11/2 (2016), S. 155-162.

Edgerton, David, *The Rise and Fall of the British Nation: A Twentieth-Century History*, London: Allen Lane 2018.

Eggenberger, Jakob, *Das Haus Diethelm im Wandel der Zeit 1887-1987*, Zürich: Diethelm und Co. AG 1987.

Egli, Heinrich, *Theoretisches und praktisches Lehrbuch für Handelsbeflissene und Kaufleute*, Winterthur: Bleuler-Hausheer & Cie. 1884.

Eichengreen, Barry, *Golden Fetters. The Gold Standard and the Great Depression, 1919-1929*, Oxford: Oxford University Press 1996.

Eichengreen, Barry, *Vom Goldstandard zum Euro. Die Geschichte des internationalen Währungssystems*, Berlin: Wagenbach 2000.

Eilenberger, Guido (Hg.), *Lexikon der Finanzinnovationen* (3. Aufl.), München: Oldenbourg 1996.

Ellinger, Barnard/High Ellinger, »Japanese Competition in the Cotton Trade«, in: *Journal of the Royal Statistical Society* 93/2 (1930), S. 185-232.

Engel, Alexander, *Farben der Globalisierung. Die Entstehung moderner Märkte für Farbstoffe 1500-1900*, Frankfurt am Main: Campus 2009.

Engel, Alexander, »Spiel«, in: Christof Dejung/Monika Dommann/Daniel Speich Chassé (Hg.), *Auf der Suche nach der Ökonomie. Historische Annäherungen*, Tübingen: Mohr Siebeck 2014, S. 263-285.

Erklärung von Bern, *Rohstoff. Das gefährlichste Geschäft der Schweiz*, Zürich: Salis Verlag 2011.

Esslinger, Eva et al. (Hg.), *Die Figur des Dritten. Ein kulturwissenschaftliches Paradigma*, Frankfurt am Main: Suhrkamp 2010.

Etemad, Bouda, »Le commerce extérieur de la Suisse avec le Tiers-Monde aux XIXe et XXe siècles. Une perspective comparative internationale«, in: ders./Thomas David (Hg.), *La Suisse sur la ligne bleue de l'Outre-mer*, Lausanne: Antipodes 1994, S. 19-41.

Etemad, Bouda/Mathieu Humbert, »La Suisse est-elle soluble dans sa ›postcolonialité‹?«, in: *Schweizerische Zeitschrift für Geschichte* 64/2 (2014), S. 279-290.

Eulenburg, Franz, *Probleme der deutschen Handelspolitik*, Jena: Fischer 1925.

Farago, Peter, *Verbände als Träger öffentlicher Politik. Aufbau und Bedeutung privater Regierungen in der Schweiz*, Grüsch: Rüegger 1987.

Fari, Simone, *The Formative Years of the Telegraph Union*, Newcastle upon Tyne: Cambridge Scholars Publishing 2015.

Farquet, Christophe, *Histoire du paradis fiscal suisse. Expansion et relations internationales du centre offshore suisse au XXe siècle*, Paris: Les Presses de Sciences Po 2018.

Fässler, Hans, *Reise in Schwarz-Weiss. Schweizer Ortstermine in Sachen Sklaverei*, Zürich: Rotpunktverlag 2005.

Fatah-Black, Karwan, »A Swiss Village in the Dutch Tropics. The Limitations of Empire-Centred Approaches to the Early Modern Atlantic World«, in: *MBMGN – Low Countries Historical Review* 128/1 (2013), S. 31-52.

Federico, Giovanni/Gunnar Persson, »Market Integration and Convergence in the World Wheat Market, 1800-2000«, in: Timothy J. Hatton/Kevin H. O'Rourke/Alan M. Taylor (Hg.), *The New Comparative Economic History. Essays in Honor of Jeffrey G. Williamson*, Cambridge: MIT Press 2007, S. 87-114.

Fior, Michel, *Les banques suisses, le franc et l'Allemagne. Contribution à une histoire de la place financière suisse (1924-1945)*, Genf: Droz 2002.

Fischer, Wolfgang C. (Hg.), *German Hyperinflation 1922/1923. A Law and Economics Approach*, Lohmar: Eul 2010.

Fitzpatrick, Matthew P., *Liberal Imperialism in Germany. Expansionism and Nationalism, 1848-1884*, New York: Berghahn Books 2008.

Fleury, Antoine, »L'enjeu du choix de Genève comme siège de la Société des Nations«, in: Saul Friedländer/Harish Kapur/André Reszler (Hg.), *L'historien et les relations internationales. Recueil d'études en hommage à Jacques Freymond*, Genf: Hochschulinstitut für internationale Studien und Entwicklung 1981, S. 251-278.

Flüge, Hanspeter, *Internationale Steuerplanung mit schweizerischen*

*Basisgesellschaften, unter besonderer Berücksichtigung des amerika-
nischen und des deutschen Aussensteuerrechts*, Genf und Zürich: Internationale Treuhand AG 1960.

Food Research Institute (Hg.), *Wheat Studies of the Food Research Institute* (20 Bde.), Stanford: Stanford University 1924-1944.

Foucault, Michel, *In Verteidigung der Gesellschaft. Vorlesungen am Collège de France (1975-1976)*, Frankfurt am Main: Suhrkamp 1999.

Franc, Andrea, *Wie die Schweiz zur Schokolade kam. Der Kakaohandel
der Basler Handelsgesellschaft mit der Kolonie Goldküste (1893-1960)*,
Basel: Schwabe 2008.

Frank, Alison, »Continental and Maritime Empires in an Age of Global
Commerce«, in: *East European Politics and Societies* 25/4 (2011),
S. 779-784.

Frech, Stefan, *Clearing. Der Zahlungsverkehr der Schweiz mit den Achsenmächten*, Zürich: Chronos 2001.

Frey, Marc, *The Neutrals and World War One*, Oslo: Institutt for Fors-
varsstudier 2000.

Fridenson, Patrick, »Is There a Return of Capitalism in Business History?«, in: Jürgen Kocka/Marcel van der Linden (Hg.), *Capitalism.
The Reemergence of a Historical Concept*, London: Bloomsbury
2016, S. 107-131.

Friedman, Milton, »The Case for Flexible Exchange Rates«, in: ders., *Essays in Positive Economics*, Chicago: University of Chicago Press
1953, S. 157-203.

Friedman, Milton/Anna Jacobson Schwartz, *The Great Contraction
1929-1933*, Princeton: Princeton University Press 2008.

Friedrich, Hans Peter, »Transit und Welthandel«, in: Schweizerische Gesellschaft für Statistik und Volkswirtschaft (Hg.), *Handbuch der
Schweizerischen Volkswirtschaft*, Bern: Benteli 1955, S. 445-446.

Fritzsche, Bruno, »Stadt und Land im 19. und 20. Jahrhundert«, in: *Iti-
nera* 19 (1998), S. 89-109.

Furrer, Alfred J., *200 Jahre Rieter, 1795-1995*. Bd. 1: *Vom Handelsgeschäft zum internationalen Konzern*, Glarus: gsd Glarus 1995.

Geering, Traugott, »Die Zahlungsbilanz der Schweiz vor und seit dem
Kriege«, in: *Zeitschrift für schweizerische Statistik und Volkswirtschaft* 56 (1920), S. 98-136.

Geering, Traugott/Rudolf Hotz, *Wirtschaftskunde der Schweiz. Mit
einem geologischen Querprofil, einer Industriekarte und einer Eisen-
bahnkarte der Schweiz* (4. Aufl.), Zürich: Schulthess & Co. 1910
[1902].

Gees, Thomas, »Interessenclearing und innere Absicherung. Zur Zusammenarbeit zwischen Verwaltung und Privatverbänden in der schweizerischen Aussenwirtschaftspolitik 1930-1960«, in: Peter Hug/ Martin Kloter (Hg.), *Aufstieg und Niedergang des Bilateralismus. Schweizerische Aussen- und Aussenwirtschaftspolitik 1930-1960 – Rahmenbedingungen, Entscheidungsstrukturen, Fallstudien*, Zürich: Chronos 1999, S. 141-172.

Gees, Thomas, »Die Schweiz und die Internationalen Organisationen«, in: Patrick Halbeisen/Margrit Müller/Béatrice Veyrassat (Hg.), *Wirtschaftsgeschichte der Schweiz im 20. Jahrhundert*, Basel: Schwabe 2012, S. 1131-1158.

Gereffi, Gary/John Humphrey/Timothy Sturgeon, »The Governance of Global Value Chains. Implications for Industrial Upgrading«, in: *Review of International Political Economy* 12/1 (2005), S. 78-104.

Gereffi, Gary/Miguel Korzeniewicz/Roberto P. Korzeniewicz, »Introduction: Global Commodity Chains«, in: Gary Gereffi/Miguel Korzeniewicz (Hg.), *Commodity Chains and Global Capitalism*, Westport, Connecticut: Greenwood Press 1994.

Gerhard, Ute (Hg.), *Frauen in der Geschichte des Rechts: Von der Frühen Neuzeit bis zur Gegenwart*, München: C.H. Beck 1997.

Gilliéron, François/Jean-Jacques Roth, »Le pape du négoce«, in: *Le Temps*, 30.10.2008.

Gilomen, Hans Jörg/Margrit Müller/Laurent Tissot (Hg.), *Dienstleistungen. Expansion und Transformation des ›dritten Sektors‹ (15.-20. Jahrhundert)*, Zürich: Chronos 2007.

Ginalski, Stéphanie, »Can Families Resist Managerial and Financial Revolutions? Swiss Family Firms in the Twentieth Century Industry«, in: *Business History* 55/6 (2013), S. 981-1000.

Ginalski, Stéphanie, *Du capitalisme familial au capitalisme financier? Le cas de l'industrie suisse des machines, de l'électrotechnique et de la métallurgie au XXe siècle*, Neuchâtel: Éditions Alphil 2015.

Glaser, Friedrich, *Die Börse*, Frankfurt am Main: Rütten & Loening 1908.

Gleixner, Ulrike, *Pietismus und Bürgertum. Eine historische Anthropologie der Frömmigkeit*, Göttingen: Vandenhoeck & Ruprecht 2005.

Gorges, E. Howard, *The Great War in West Africa*, London: Hutchinson 1930.

Gorham, Michael/Nidhi Singh, *Electronic Exchanges. The Global Transformation from Pits to Bits*, Amsterdam: Elsevier 2009.

Grünenfelder, Peter/Patrik Schellenbauer (Hg.), *Weissbuch Schweiz. Sechs Skizzen der Zukunft*, Zürich: Avenir Suisse 2018.

Gruner, Erich, »100 Jahre Wirtschaftspolitik. Etappen des Interventionismus in der Schweiz«, in: *Schweizerische Zeitschrift für Volkswirtschaft und Statistik* 100 (1964), S. 35-70.

Gruntzel, Josef, *Der internationale Wirtschaftsverkehr und seine Bilanz*, Berlin: Duncker & Humblot 1895.

Guex, Sébastien, »The Origins of the Swiss Banking Secrecy Law and Its Repercussions for Swiss Federal Policy«, in: *The Business History Review* 74/2 (2000), S. 237-266.

Guex, Sébastien, »Banque nationale et milieux bancaires entre 1922 et 1924. Cris et chuchotements autour de la stabilisation de franc suisse«, in: Youssef Cassis/Jakob Tanner (Hg.), *Banken und Kredit in der Schweiz = Banques et crédit en Suisse (1850-1930)*, Zürich: Chronos 1993, S. 53-76.

Guex, Sébastien, »The Development of Swiss Trading Companies in the Twentieth Century«, in: Jones Geoffrey (Hg.), *The Multinational Traders*, London: Routledge 1998, S. 150-172.

Guex, Sébastien, »Le négoce suisse en Afrique noire. Le cas de l'U.T.C.«, in: Hubert Bonin/Michel Cahen (Hg.), *Négoce blanc en Afrique noire. L'évolution du commerce à longue distance en Afrique noire du 18e au 20e siècles*, Bordeaux: Société française d'histoire d'outre-mer 2001, S. 225-244.

Gugerli, David/Daniel Speich, *Topografien der Nation. Politik, kartografische Ordnung und Landschaft im 19. Jahrhundert*, Zürich: Chronos 2002.

Gutersohn, Heinrich, *Vorderindien. Indische Union, Pakistan, Ceylon*, Bern: Kümmerly & Frey 1953.

Gygax, Paul, *Völkerbund und wirtschaftliche Zukunft. Sonderdruck*, Zürich: Verlag Neue Zürcher Zeitung 1920.

Gygax, Paul, »Die wirtschaftliche Überfremdung der Schweiz«, in: *Politische Rundschau* 1/5 (1922), S. 129-134.

Gygax, Paul, »Schweizerische Wirtschaftsfragen«, in: *Die Schweiz. Schweizerische illustrierte Zeitschrift* 26 (1923), S. 42-50.

Haas, Waltraud Ch., *Erlitten und erstritten. Der Befreiungsweg von Frauen in der Basler Mission 1816-1966*, Basel: Basileia Verlag 1994.

Haberler, Gottfried, *Der internationale Handel. Theorie der weltwirtschaftlichen Zusammenhänge sowie Darstellung und Analyse der Aussenhandelspolitik*, Berlin: Springer 1933.

Hack, Lothar, »Auf der Suche nach der verlorenen Totalität. Von Marx' kapitalistischer Gesellschaftsformation zu Wallersteins Analyse der

›Weltsysteme‹?«, in: *Zeitschrift für Soziologie* (Sonderheft »Weltgesellschaft«) 34/2 (2005), S. 120-158.

Halbeisen, Patrick, »Bankenkrise und Bankengesetzgebung in den 30er Jahren«, in: Sébastien Guex et al. (Hg.), *Krisen und Stabilisierung. Die Schweiz in der Zwischenkriegszeit*, Zürich: Chronos 1998, S. 61-79.

Halbeisen, Patrick/Margrit Müller/Béatrice Veyrassat (Hg.), *Wirtschaftsgeschichte der Schweiz im 20. Jahrhundert*, Basel: Schwabe 2012.

Hall, Peter A./David Soskice (Hg.), *Varieties of Capitalism. The Institutional Foundations of Comparative Advantage*, Oxford: Oxford University Press 2004.

Haller, Lea, *Cortison. Geschichte eines Hormons*, Zürich: Chronos 2012.

Hamashita, Takeshi, *China, East Asia and the Global Economy. Regional and historical perspectives. Edited by Linda Grove and Mark Selden*, New York: Routledge 2008.

Hannerz, Ulf, »Kosmopoliten und Sesshafte in der Weltkultur«, in: Peter-Ulrich Merz-Benz/Gerhard Wagner (Hg.), *Der Fremde als sozialer Typus. Klassische soziologische Texte zu einem aktuellen Phänomen*, Konstanz: UVK Verlagsgesellschaft 2002, S. 139-161.

Hansen, Peo/Stefan Jonsson, *Eurafrica. The Untold History of European Integration and Colonialism*, London: Bloomsbury 2014.

Harnetty, Peter, *Imperialism and Free Trade. Lancashire and India in the Mid-Nineteenth Century*, Vancouver: University of British Columbia Press 1972.

Hauser, Kaspar/Max Fehr, *Die Familie Reinhart in Winterthur. Geschichtliches und Genealogisches*, Winterthur 1922.

Hauser-Dora, Angela Maria, *Die wirtschaftlichen und handelspolitischen Beziehungen der Schweiz zu überseeischen Gebieten 1873-1913, unter Berücksichtigung der konjunkturellen Entwicklung*, Bern: Lang 1986.

Hayek, Friedrich A., *Entnationalisierung des Geldes. Eine Analyse der Theorie und Praxis konkurrierender Umlaufsmittel*, Tübingen: Mohr Siebeck 1977 [1976].

Hayek, Friedrich A., *Die Verfassung der Freiheit*, Tübingen: Mohr Siebeck 2005 [1960].

Heintz, Bettina, »Emergenz und Reduktion. Neue Perspektiven auf das Mikro-Makro-Problem«, in: *Kölner Zeitschrift für Soziologie und Sozialpsychologie* 56/1 (2004), S. 1-31.

Heismann, Günter/Hauke Reimer, »Giganten in Öl«, in: *Wirtschafts-Woche*, 17.3.2011.

Helleiner, Eric, *States and the Reemergence of Global Finance: From Bretton Woods to the 1990s*, Ithaca, NY: Cornell University Press 1994.

Helleiner, Eric, *Forgotten Foundations of Bretton Woods. International Development and the Making of the Postwar Order*, Ithaca: Cornell University Press 2014.

Hemelryk, P. E. J., *Forty Years Reminiscences of the Cotton Market*, Liverpool: Rockliff Brothers 1916 [1899].

Henderson, William Otto, *The Lancashire Cotton Famine 1861-65*, Manchester: Manchester University Press 1934.

Henggeler, J., »Holdinggesellschaften«, in: Schweizerische Gesellschaft für Statistik und Volkswirtschaft (Hg.), *Handbuch der Schweizerischen Volkswirtschaft*, Bd. 1, Bern: Benteli 1939, S. 580-582.

Heske, Henning, »Der Traum vom Weltreich ›Eurafrika‹«, in: Werena Rosenke/Thomas Siepelmeyer (Hg.), *Afrika – der vergessene Kontinent? Zwischen selektiver Weltmarktintegration und ökologischen Katastrophen*, Münster: Unrast 1991, S. 19-27.

Hochfelder, David, *The Telegraph in America, 1832-1920*, Baltimore: Johns Hopkins University Press 2012.

Holenstein, André, *Mitten in Europa. Verflechtung und Abgrenzung in der Schweizer Geschichte*, Baden: Hier und Jetzt 2014.

Homberger, Heinrich, *Die Schweiz in der internationalen Wirtschaft. Referat, gehalten an der Tagung der Delegation des Handels vom 2. Dezember 1948 in Bern. Separatdruck aus den Basler Nachrichten vom 7. Dezember 1948*, Basel 1948.

Homberger, Heinrich, *Die schweizerische Handelspolitik im Zweiten Weltkrieg*, Erlenbach, Zürich: Rentsch 1970.

Hopkins, Terence K./Immanuel Wallerstein, »Patterns of Development in the Modern World System«, in: *Review: A Journal of the Fernand Braudel Center for the Study of Economies, Historical Systems and Civilizations* 1/2 (1977), S. 111-145.

Hopkins, Terence K./Immanuel Wallerstein, »Commodity Chains: Construct and Research«, in: Gary Gereffi/Miguel Korzeniewicz (Hg.), *Commodity Chains and Global Capitalism*, Westport, Connecticut: Greenwood Press 1994, S. 17-20.

Hopkins, Terence K./Immanuel Wallerstein, »The World-System: Is There a Crisis?«, in: dies. (Hg.), *The Age of Transition. Trajectory of the World-System, 1945-2025*, London: Zed Books 1996, S. 1-10.

Huberich, Charles Henry, *The Law Relating to Trading with the Enemy. Together with a Consideration of the Civil Rights and Disabilities of Alien Enemies and of the Effect of War on Contracts with Alien Enemies*, New York: Baker, Voorhis & Co. 1918.

Huch, Ricarda, *Die Neutralität der Eidgenossenschaft besonders der Orte Zürich und Bern während des spanischen Erbfolgekrieges*, Zürich: Zürcher & Furrer 1892.

Hug, Peter, *Schweizer Rüstungsindustrie und Kriegsmaterialhandel zur Zeit des Nationalsozialismus. Unternehmensstrategien – Marktentwicklung – politische Überwachung*, Bd. 1, Zürich: Chronos 2002.

Humair, Cédric, »Commerce extérieur et politique commerciale aux 19e et 20e siècles«, in: *Traverse* 17/1 (2010), S. 184-202.

Humbert, Mathieu, »La séquestration des avoirs de la Basler Handelsgesellschaft en Côte-de-l'Or, 1918-1928«, in: Jean Batou et al. (Hg.), *Deux mondes, une planète: mélanges offerts à Bouda Etemad*, Lausanne: Éditions d'en bas 2015, S. 275-291.

Hürlimann, Gisela, »Swiss Worlds of Taxation. The Political Economy of Fiscal Federalism and Tax Competition«, in: Marc Buggeln/Martin Daunton/Alexander Nützenadel (Hg.), *The Political Economy of Public Finance. Taxation, State Spending and Debt since the 1970s*, Cambridge: Cambridge University Press 2017, S. 83-104.

Hynes, William/David S. Jacks/Kevin H. O'Rourke, »Commodity Market Disintegration in the Interwar Period«, in: *European Review of Economic History* 16/2 (2012), S. 119-143.

Iklé, Max, »Probleme der Bundesfinanzpolitik«, in: *Schweizerische Zeitschrift für Volkswirtschaft und Statistik* 5/2 (1951), S. 393-412.

Iklé, Richard, »Wirtschaftliche Überfremdung und Massnahmen zu ihrer Abhilfe«, in: *Schweizerische Zeitschrift für Gemeinnützigkeit* 63/10 (1924), S. 355-383.

Immoos, Thomas/Roger Mottini, *Wie die Eidgenossen Japan entdeckten* (2. Aufl.), München: Indicium 2010.

Ingulstad, Mats/Espen Storli/Andrew Perchard (Hg.), *Tin and Global Capitalism, 1850-2000. A History of »the Devil's Metal«*, London: Routledge 2014.

International Chamber of Commerce, *Fifth International Congress of Chambers of Commerce and Commercial and Industrial Associations, Sept. and Oct. 1912*, Boston: The University Press 1913.

Internationaler Währungsfonds, *Sixth Edition of the IMF's Balance of Payments and International Investment Position Manual (BPM6)*, Washington, D.C.: International Monetary Fund 2009.

Irwin, Douglas A./Petros C. Mavroidis/Alan O. Sykes, *The Genesis of the GATT*, Cambridge: Cambridge University Press 2008.

Iselin, Isaak/Herbert Lüthy/Walter S. Schiess, *Der schweizerische*

Grosshandel in Geschichte und Gegenwart, Basel: Delegation des Handels 1943.

James, Harold, »Finance Capitalism«, in: Jürgen Kocka/Marcel van der Linden (Hg.), *Capitalism. The Reemergence of a Historical Concept*, London: Bloomsbury 2016, S. 133-163.

Janssen, Hauke, *Milton Friedman und die »monetaristische Revolution« in Deutschland*, Marburg: Metropolis 2006.

Jequier, François, »Les relations économiques et commerciales entre la Suisse et le Japon des origines à la Première Guerre mondiale«, in: Paul Bairoch/Martin Körner (Hg.), *Die Schweiz in der Weltwirtschaft (15.-20. Jh.). La Suisse dans l'économie mondiale (15e-20e s.)*, Zürich: Chronos 1990, S. 465-505.

Jones, Charles A., *International Business in the Nineteenth Century. The Rise and Fall of a Cosmopolitan Bourgeoisie*, Brighton: Wheatsheaf Books 1987.

Jones, Geoffrey, »Multinational Trading Companies in History and Theory«, in: Geoffrey Jones (Hg.), *The Multinational Traders*, London: Routledge 1998, S. 1-21.

Jones, Geoffrey, *Merchants to Multinationals. British Trading Companies in the Nineteenth and Twentieth Centuries*, Oxford: Oxford University Press 2000.

Jones, Geoffrey, »The End of Nationality? Global Firms and ›Borderless Worlds‹«, in: *Zeitschrift für Unternehmensgeschichte* 51/2 (2006), S. 149-165.

Jones, Geoffrey/Espen Storli, *Marc Rich and Global Commodity Trading (HBS case N2-813-020)*, Cambridge/MA: Harvard Business School 2012.

Jonker, Joost/Keetie Sluyterman, *At Home on the World Markets. Dutch International Trading Companies from the 16th Century until the Present*, Den Haag: Sdu Uitgevers 2000.

Jost, Hans-Ulrich, »Quelques jalons historiques pour l'analyse de la politique extérieure suisse«, in: Jean-Daniel Delley (Hg.), *Démocratie directe et politique étrangère en Suisse = Direkte Demokratie und schweizerische Aussenpolitik*, Basel: Helbing & Lichtenhahn 1999, S. 7-18.

Jost, Hans-Ulrich, *Von Zahlen, Politik und Macht. Geschichte der schweizerischen Statistik*, Zürich: Chronos 2016.

Jungbluth, Niels/Christoph Meili, *Pilot-Study for the Analysis of the Environmental Impacts of Commodities Traded in Switzerland*, Schaffhausen, ESO-Services, November 2018 {http://esu-services.ch/projects/trade} (Stand Januar 2019).

Kaderli, Rudolph J./Edwin Zimmermann, *Handbuch des Bank-, Geld- und Börsenwesens der Schweiz*, Thun: Verlags-Aktiengesellschaft 1947.

Karrass, Theodor, *Geschichte der Telegraphie*, Braunschweig: Friedrich Vieweg und Sohn 1909.

Katzenstein, Peter J., *Small States in World Markets. Industrial Policy in Europe*, Ithaca: Cornell University Press 1985.

Kaufmann, Christine et al., *Extraterritorialität im Bereich Wirtschaft und Menschenrechte. Extraterritoriale Rechtsanwendung und Gerichtsbarkeit in der Schweiz bei Menschenrechtsverletzungen durch transnationale Unternehmen*, Bern: Schweizerisches Kompetenzzentrum für Menschenrechte 2016.

Kennedy, Paul, *Aufstieg und Fall der großen Mächte. Ökonomischer Wandel und militärischer Konflikt von 1500 bis 2000*, Frankfurt am Main: Fischer 1989.

Kesselring, Rita/Stefan Leins/Yuan Schulz, »Valueworks: Effects of Financialization along the Copper Value Chain« (Working Paper), Genf, Swiss Network for International Studies 2019.

Keynes, John M., *Collected Writings*, Bd. XXV: *Activities 1940-1944, Shaping the Post-War World: The Clearing Union*, London: Macmillan 1980.

Kläy, Hanspeter, *Die Vinkulierung. Theorie und Praxis im neuen Aktienrecht*, Basel: Helbing & Lichtenhahn 1997.

Knapp, J. Burke/F. M. Tamagna, »Sterling in Multilateral Trade«, in: *Federal Reserve Bulletin* 33 (1947), S. 1083-1090.

Kocka, Jürgen, »Braucht der Kapitalismus erfolgreiche Unternehmer, und wenn ja, gibt es sie?«, in: Werner Plumpe (Hg.), *Unternehmer: Fakten und Fiktionen*, München: Oldenbourg 2014, S. 81-95.

Konrad, Dagmar, *Missionsbräute. Pietistinnen des 19. Jahrhunderts in der Basler Mission*, Münster: Waxmann 2013 [2001].

Koschorke, Albrecht, »Ein neues Paradigma der Kulturwissenschaften«, in: Eva Esslinger et al. (Hg.), *Die Figur des Dritten. Ein kulturwissenschaftliches Paradigma*, Frankfurt am Main: Suhrkamp 2010, S. 9-31.

Krappel, Franz, *Die Havanna Charta und die Entwicklung des Weltrohstoffhandels*, Berlin: Duncker und Humblot 1975.

Kreis, Georg, *Die Schweiz im Zweiten Weltkrieg. Ihre Antworten auf die Herausforderungen der Zeit*, St. Gallen: Typotron 1999.

Kreis, Georg, *Die Schweiz und Südafrika 1948-1994. Schlussbericht des im Auftrag des Bundesrats durchgeführten NFP 42+*, Bern: Haupt 2005.

Lademacher, Horst, »Belgien – Die Freiheit, den Partner zu wählen«, in: Erhard Forndran, Frank Golczewski/Dieter Riesenberger (Hg.), *Innen- und Außenpolitik unter nationalsozialistischer Bedrohung*, Opladen: Westdeutscher Verlag 1977, S. 216-238.

Lamoreaux, Naomi/Daniel Raff/Peter Temin, »Against Whig History«, in: *Enterprise & Society* 5/3 (2004), S. 376-387.

Landmann, Julius, »Der schweizerische Kapitalexport«, in: *Schweizerische Zeitschrift für Volkswirtschaft und Statistik* 52/4 (1916), S. 389-406.

Landmann, Julius, *Die schweizerische Volkswirtschaft*, Einsiedeln: Benziger 1925.

Le Play, Frédéric, *La réforme sociale en France déduite de l'observation comparée des peuples européens* (2 Bde.), Genf: Slatkine 1982 [1864].

League of Nations, *The Network of World Trade*, Genf: League of Nations 1942.

Lederer, Emil, *Wege aus der Krise. Ein Vortrag* (2. Aufl.), Tübingen: J.C.B. Mohr 1931.

Lee, Christopher J. (Hg.), *Making a World after Empire. The Bandung Moment and Its Political Afterlives*, Athens OH: Ohio University Press 2010.

Lefebvre, Henri, *La production de l'espace*, Paris: Anthropos 1974.

Leimgruber, Matthieu, »›Kansas City on Lake Geneva‹. Business Hubs, Tax Evasion, and International Connections Around 1960«, in: *Zeitschrift für Unternehmensgeschichte / Journal of Business History* 60/2 (2015), S. 123-140.

Leins, Stefan, *Stories of Capitalism. Inside the Role of Financial Analysts*, Chicago: University of Chicago Press 2018.

Lemercier, Claire/Jérôme Sgard, »Arbitrage privé international et globalisation(s).« Research Report, Mission de Recherche Droit et Justice, CNRS, Sciences Po 2015, online verfügbar unter: {https://halshs.archives-ouvertes.fr/halshs-01158980} (Stand Januar 2019).

Leonhard, Jörg, *Die Büchse der Pandora. Geschichte des Ersten Weltkriegs*, München: C.H. Beck 2014.

Lepenies, Philipp, *Die Macht der einen Zahl. Eine politische Geschichte des Bruttoinlandsprodukts*, Frankfurt am Main: Suhrkamp 2013.

Levy, Hermann, »Weltwirtschaft und territoriale Machtpolitik. Einige Bemerkungen kritischer Art über Norman Angell's Friedensargument«, in: *Weltwirtschaftliches Archiv* 1 (1913), S. 349-360.

Levy, Hermann, »Die Enteuropäisierung der Weltwirtschaft«, in: *Zeitschrift für Geopolitik* 8 (1925), S. 576-591.

Lichtenberg, Robert M., *The Role of Middleman Transactions in World Trade*, New York: National Bureau of Economic Research 1959.

List, Friedrich, *Das nationale System der politischen Ökonomie*, Stuttgart: Cotta 1841.

Löhr, Isabella/Andrea Rehling, »›Governing the Commons‹. Die *global commons* und das Erbe der Menschheit im 20. Jahrhundert«, in: dies. (Hg.), *Global Commons im 20. Jahrhundert*, Berlin: De Gruyter 2014, S. 3-32.

Longchamp, Olivier, *La politique financière fédérale (1945-1958)*, Lausanne: Éditions Antipodes 2014.

Lüpold, Martin, *Der Ausbau der »Festung Schweiz«. Aktienrecht und Corporate Governance in der Schweiz, 1891-1961*. Dissertation, Universität Zürich 2010.

Lüscher, Stefan, »Ölmekka Schweiz«, in: *Bilanz*, 28. Juni 2011.

Lüthy, Herbert, *Die Tätigkeit der Schweizer Kaufleute und Gewerbetreibenden in Frankreich unter Ludwig XIV. und der Regentschaft*, Aarau: Sauerländer 1943.

Lüthy, Herbert, »Wilhelm Röpkes ›Internationale Ordnung‹«, in: ders., *Werke III, Essays I, 1940-1963*, Zürich: Verlag Neue Zürcher Zeitung 2003 [1945], S. 29-44.

Lüthy, Herbert, »Die Schweiz als Antithese«, in: ders., *Werke III, Essays I, 1940-1963*, Zürich: Verlag Neue Zürcher Zeitung 2003 [1961], S. 410-532.

Mach, André, *Groupes d'intérêt et pouvoir politique*, Lausanne: Presses polytechniques et universitaires romandes 2015.

Mach, André et al., *Les élites économiques suisses au XXe siècle*, Neuchâtel: Éditions Alphil 2016.

Maier, Charles S., »Consigning the Twentieth Century to History. Alternative Narratives for the Modern Era«, in: *American Historical Review* 105/3 (2000), S. 807-831.

Maier, Charles S., »Transformations of Territoriality 1600-2000«, in: Gunilla Budde/Sebastian Conrad/Oliver Janz (Hg.), *Transnationale Geschichte. Themen, Tendenzen und Theorien*, Göttingen: Vandenhoeck & Ruprecht 2006, S. 32-45.

Maier, Charles S., »Leviathan 2.0. Die Erfindung moderner Staatlichkeit«, in: Akira Iriye/Jürgen Osterhammel (Hg.), *Geschichte der Welt 1870-1945. Weltmärkte und Weltkriege*, München: C.H. Beck 2012, S. 33-158.

Malynes, Gerard de, *Consuetudo, vel lex mercatoria*, Amsterdam: Theatrum orbis terrarum 1979 [1622].

Mangold, Fritz, *Der schweizerische Transithandel. Ergebnis einer Enquete*, Basel 1935.

Mangold, Fritz, »Die schweizerische Zahlungsbilanz. Vortrag von Prof. F. Mangold an der Jahresversammlung der Schweizerischen Statistischen Gesellschaft in Zürich, 31. Mai 1935«, in: *Schweizerische Zeitschrift für Volkswirtschaft und Statistik* 2 (1935), S. 153-158.

Mann, James A., »On the Cotton Trade of India«, in: *Journal of the Royal Asiatic Society of Great Britain and Ireland* 17 (1860), S. 346-387.

Märchy, Gabriel, *The Role of the Swiss Commodity & Futures Association for the Swiss Financial Center. The Transformation of a Business Idea, 1970-1990.* Masterarbeit, Universität Zürich 2016.

Mazbouri, Malik, »Der Aufstieg des Finanzplatzes im Ersten Weltkrieg. Das Beispiel des Schweizerischen Bankvereins«, in: Roman Rossfeld/Tobias Straumann (Hg.), *Der vergessene Wirtschaftskrieg. Schweizer Unternehmen im Ersten Weltkrieg*, Zürich: Chronos 2008, S. 439-464.

McGovney, Dudley Odell, »The Navigation Acts as Applied to European Trade«, in: *The American Historical Review* 9/4 (1904), S. 725-734.

Meier, Paul, »Die SFOA und das Derivatgeschäft in der Schweiz – Der US-Botschafter als Geburtshelfer – Ein Wachstumsmarkt mit einer Geschichte«, in: *Finanz und Wirtschaft* 71 (2004), S. 63.

Meister, Guido, *Das Regime der Handelsreisenden und Vertreter in der Schweiz und im Ausland. Gesetzgebung und Handelsverträge, Ausweis, Patentpflicht, Steuern, Reisenden-Organisationen. Vortrag gehalten am 1. Bildungskurs für Auslandreisende und -vertreter in Basel am 1. Mai 1930*, Bern: Verband reisender Kaufleute der Schweiz 1930.

Meyer, Hermann, *Wesen und Lehren der Geldkrisis*, Zürich: Arnold Bopp & Co. 1920.

Michalet, Charles-Albert, *Multinationale Unternehmen und die Wirtschaftskrise*, Frankfurt am Main: Campus 1986.

Mill, John Stuart, *Über die Freiheit*, Hamburg: Felix Meiner 2009 [1859].

Mill, John Stuart, *Autobiographie*, Hamburg: Felix Meiner 2011 [1873].

Miller, Jon, *The Social Control of Religious Zeal. A Study of Organizational Contradictions*, New Brunswick: Rutgers University Press 1994.

Miller, Michael B., *Europe and the Maritime World. A Twentieth Century History*, Cambridge: Cambridge University Press 2012.

Ministère des affaires étrangères (Hg.), *Deuxième conference de la Haye pour l'unification du droit en matière de lettre de change, de billet à ordre et de chèque 1912: actes*, Den Haag: Imprimerie Nationale 1912.

Missions-Handlungs-Gesellschaft Basel (Hg.), *Mitteilungen über Handel und Industrie in der Basler Mission*, Basel: Buchdruckerei Werner Riehm 1912.

Mitchell, Timothy, »Fixing the Economy«, in: *Critical Inquiry* 12/1 (1998), S. 82-101.

Mitchell, Timothy, *Carbon Democracy. Political Power in the Age of Oil*, New York: Verso 2011.

Moos, Carlo, *Ja zum Völkerbund – Nein zur UNO. Die Volksabstimmungen von 1920 und 1986 in der Schweiz*, Zürich: Chronos 2001.

Morgan, Dan, *Merchants of Grain*, London: Weidenfeld & Nicolson 1979.

Moser, Thomas, *Europäische Integration, Dekolonisation, Eurafrika. Eine historische Analyse über die Entstehungsbedingungen der eurafrikanischen Gemeinschaft von der Weltwirtschaftskrise bis zum Jaunde-Vertrag, 1929-1963*, Baden-Baden: Nomos Verlagsgesellschaft 2000.

Müller, Margrit, »Internationale Verflechtung«, in: Patrick Halbeisen/ Margrit Müller/Béatrice Veyrassat (Hg.), *Wirtschaftsgeschichte der Schweiz im 20. Jahrhundert*, Basel: Schwabe 2012, S. 339-466.

Näf, Werner, *Das Überstaatliche in der Geschichte*, Wiesbaden: Franz Steiner Verlag 1954.

Nishimura, Shizuya, »British International Banks in Asia, 1870-1914«, in: Shizuya Nishimura/Toshio Suzuki/Ranald Michie (Hg.), *The Origins of International Banking in Asia. The Nineteenth and Twentieth Centuries*, Oxford: Oxford University Press 2012, S. 55-85.

Nobs, Ernst, »Drei Jahre schweizerische Politik«, in: *Rote Revue. Sozialistische Monatsschrift* 2/1 (1922), S. 31-40.

Nolan, Mary, *The Transatlantic Century. Europe and America, 1890-2010*, Cambridge: Cambridge University Press 2012.

North, Douglass C., *Institutionen, institutioneller Wandel und Wirtschaftsleistung*, Tübingen: Mohr Siebeck 1992.

O'Sullivan, Mary, *Dividends of Development. Securities Markets in the History of U.S. Capitalism, 1866-1922*, Oxford: Oxford University Press 2016.

Obst, Erich, »Die afrikanischen Wirtschaftsräume«, in: *Zeitschrift der Gesellschaft für Erdkunde zu Berlin* 86 (1941), S. 74-101.

Oesch, Richard, *Die Holdingbesteuerung in der Schweiz*, Zürich: Schulthess 1976.

Organisation Suisse d'Expansion Commerciale (OSEC) (Hg.), *Switzer-*

land: Land of Peace and Liberty; Text von Robert de Traz, Geneva: Roto-Sadag 1944.

Osterhammel, Jürgen, *Die Verwandlung der Welt. Eine Geschichte des 19. Jahrhunderts*, München: C.H. Beck 2009.

Osterhammel, Jürgen/Niels Petersson, *Geschichte der Globalisierung. Dimensionen, Prozesse, Epochen*, München: C.H. Beck 2003.

Paine, S.C.M.,*The Japanese Empire. Grand Strategy from the Meiji Restoration to the Pacific War*, Cambridge: Cambridge University Press 2017.

Pakenham, Thomas, *The Scramble for Africa, 1876-1912*, London: Weidenfeld and Nicolson 1991.

Palmer, Sarah, *Politics, Shipping, and the Repeal of the Navigation Laws*, New York: Manchester University Press 1990.

Paquier, Serge, »Swiss Holding Companies from the Mid-Nineteenth Century to the Early 1930s. The Forerunners and Subsequent Waves of Creations«, in: *Financial History Review* 8/2 (2001), S. 163-182.

Paul Reinhart AG, *200 Jahre Reinhart*, Winterthur 1988.

Peck, Jamie, »Remaking Laissez-Faire«, in: *Progress in Human Geography* 32/1 (2008), S. 3-43.

Perras, Arne, *Carl Peters and German Imperialism 1856-1918. A Political Bibliography*, Oxford: Oxford University Press 2004.

Perrenoud, Marc, »L'économie suisse et la neutralité à géométrie variable«, in: *Matériaux pour l'histoire de notre temps* 93/1 (2009), S. 77-86.

Perrenoud, Marc, *Banquiers et diplomates suisses, 1938-1946*, Lausanne: Éditions Antipodes 2011.

Perrenoud, Marc, »La coopération de la Confédération au développement, un enjeu de la politique intérieure et des relations économiques extérieures de la Suisse (1960-1973)«, in: Jean Batou et al. (Hg.), *Deux mondes, une planète: mélanges offerts à Bouda Etemad*, Lausanne: Éditions d'en bas 2015, S. 293-306.

Perrin, Raoul, »Der Handelsreisende«, in: Paul Gavarni (Hg.), *Die Franzosen der neuesten Zeit*, Stuttgart: Artistischer Verlag von J. Scheible 1841, S. 345-354.

Peter, Hans, »Salomon Volkart (1816-1895)«, in: Verein für wirtschaftshistorische Studien (Hg.), *Schweizer Pioniere der Wirtschaft und Technik*, Bd. 6, Zürich: Buchdruckerei Wetzikon 1956, S. 45-64.

Peters, Anne, *Jenseits der Menschenrechte*, Tübingen: Mohr Siebeck 2014.

Petersson, Niels P., *Anarchie und Weltrecht. Das deutsche Reich und die*

Institutionen der Weltwirtschaftskrise 1890-1930, Göttingen: Vandenhoeck & Ruprecht 2009.

Peyer, Hans Conrad, »Aus den Anfängen des schweizerischen Indienhandels. Briefe Salomon Volkarts an Johann Heinrich Fierz, 1845-1946«, in: ders. (Hg.), *Zürcher Taschenbuch auf das Jahr 1961*, Zürich: Buchdruckerei a/d. Sihl 1961, S. 107-119.

Peyer, Kurt, *Ausmass und Bedeutung des Auslandkapitals in der Schweiz*, Zürich: Juris 1971.

Pietruska, Jamie L., »›Cotton Guessers‹. Crop Forecasters and the Rationalizing of Uncertainty in American Cotton Markets, 1890-1905«, in: Hartmut Berghoff/Philip Scranton/Uwe Spiekermann (Hg.), *The Rise of Marketing and Market Research*, Basingstoke: Palgrave Macmillan 2012, S. 49-72.

Plumpe, Werner, »Die Geburt des ›Homo oeconomicus‹. Historische Überlegungen zur Entstehung und Bedeutung des Handlungsmodells der modernen Wirtschaft«, in: Wolfgang Reinhard/Justine Stagl (Hg.), *Menschen und Märkte. Studien zur historischen Wirtschaftsanthropologie*, Wien: Böhlau 2007, S. 319-352.

Polanyi, Karl, *The Great Transformation. Politische und ökonomische Ursprünge von Gesellschaften und Wirtschaftssystemen*, Frankfurt am Main: Suhrkamp 1978 [1944].

Polanyi, Karl, »The Economy as Instituted Process«, in: ders./Conrad M. Arensberg/Harry W. Pearson (Hg.), *Trade and Market in the Early Empires. Economies in History and Theory*, Glencoe/IL: The Free Press 1957, S. 243-269.

Porter, Michael E., *Wettbewerbsvorteile. Spitzenleistungen erreichen und behaupten*, Frankfurt am Main und New York: Campus 1986.

Porter, Michael E., *Nationale Wettbewerbsvorteile. Erfolgreich konkurrieren auf dem Weltmarkt*, München: Droemer Knaur 1991.

Prebisch, Raúl, *The Economic Development of Latin America and its Principal Problems*, Lake Success: United Nations 1950.

Priddat, Birger P., »Das Dritte in der Ökonomie. Transaktion als multipler triadischer Kommunikativer Prozess«, in: Eva Esslinger et al. (Hg.), *Die Figur des Dritten. Ein kulturwissenschaftliches Paradigma*, Frankfurt am Main: Suhrkamp 2010, S. 110-124.

Proudhon, Pierre-Joseph, *Handbuch des Börsenspekulanten*, Münster: LIT Verlag 2009 [1857].

Public Eye/Swissaid, »Fragen und Antworten zur Zahlungstransparenz im Rohstoffsektor«, Positionspapier, Juni 2017, online verfügbar unter: {https://www.swissaid.ch/sites/default/files/FAQ-Rohstofftransparenz.pdf} (Stand Januar 2019).

Purtschert, Patricia/Harald Fischer-Tiné (Hg.), *Colonial Switzerland. Rethinking Colonialism from the Margins*, Basingstoke: Palgrave Macmillan 2015.

Rabach, Eileen/Eun Mee Kim, »Where Is the Chain in Commodity Chains? The Service Sector Nexus«, in: Gary Gereffi/Miguel Korzeniewicz (Hg.), *Commodity Chains and Global Capitalism*, Westport/CT: Greenwood Press 1994, S. 123-142.

Rambousek, Walter H./Armin Vogt/Hans R. Volkart, *Volkart. Die Geschichte einer Welthandelsfirma*, Frankfurt am Main: Insel 1990.

Rauh, Cornelia, *Schweizer Aluminium für Hitlers Krieg? Zur Geschichte der Alusuisse, 1918-1950*, München: C. H. Beck 2009.

Ray, Rajat Kanta, »Asian Capital in the Age of European Domination. The Rise of the Bazaar, 1800-1914«, in: *Modern Asian Studies* 29/3 (1995), S. 449-554.

Reichard, Paul, *Deutsch-Ostafrika. Das Land und seine Bewohner, seine politische und wirtschaftliche Entwicklung*, Leipzig: Spamer 1892.

Reichesberg, Naum, *Die amtliche Statistik in der Schweiz. Geschichte und Organisation*, Bern: Scheitlin, Spring & Cie. 1910.

Reinhart, Georg, *Aus meinem Leben*, Winterthur 1931.

Reinhart, George, *Volkart Brothers. In Commemoration of the Seventy-Fifth Anniversary of the Foundation*, Winterthur: Volkart 1926.

Reis, Jaime (Hg.), *International Monetary Systems in Historical Perspective*, Basingstoke: Macmillan 1995.

Rennstich, Karl Wilhelm, »Die Basler Mission und die Basler Handelsgesellschaft«, in: *PuN* 7 (1981), S. 180-217.

Revel, Jacques, »Micro-analyse et construction du social«, in: Jacques Revel (Hg.), *Jeux d'échelles. La micro-analyse de l'expérience*, Paris: Gallimard et Le Seuil 1996, S. 16-36.

Ridgeway, George L., *Merchants of Peace. The History of the International Chamber of Commerce*, New York: Little, Brown & Co. 1959.

Ritzmann-Blickenstorfer, Heiner (Hg.), *Historische Statistik der Schweiz*, Zürich: Chronos 1996.

Roberts, Susan M., »Small Place, Big Money. The Cayman Islands and the International Financial System«, in: *Economic Geography* 71/3 (1995), S. 217-256.

Rodrik, Dani, *Straight Talk on Trade. Ideas for a Sane World Economy*, Princeton: Princeton University Press 2018.

Rohweder, Gerd, *Der Transithandelsbetrieb als spezieller Aussenhandelsbetrieb. Eine Untersuchung seiner strukturpolitischen Handlungsmöglichkeiten*. Dissertation, Universität Hamburg 1971.

Roßbach, Johann Joseph, *Vom Geiste der Geschichte der Menschheit*, Bd. 1: *Geschichte der politischen Ökonomie*, Würzburg: Etlinger 1856.

Rossfeld, Roman/Christian Koller/Brigitte Studer (Hg.), *Der Landesstreik. Die Schweiz im November 1918*, Baden: Hier und Jetzt 2018.

Rossfeld, Roman/Tobias Straumann, »Zwischen allen Fronten oder an allen Fronten? Eine Einführung«, in: dies. (Hg.), *Der vergessene Wirtschaftskrieg. Schweizer Unternehmen im Ersten Weltkrieg*, Zürich: Chronos 2008, S. 11-59.

Rossier, Roland, »2001: André ferme boutique«, in: *24 heures*, 10.12. 2012.

Rothschild, Emma, »Adam Smith and the Invisible Hand«, in: *The American Economic Review* 84/2 (1994), S. 319-322.

Ruffieux, Roland, »La Suisse des radicaux, 1848-1914«, in: Beatrix Mesmer (Hg.), *Nouvelle histoire de la Suisse et des Suisses*, Bd. III, Lausanne: Payot 1983, S. 7-90.

Ryter, Annamarie, »Die Geschlechtsvormundschaft in der Schweiz. Das Beispiel der Kantone Basel-Landschaft und Basel-Stadt«, in: Ute Gerhard (Hg.), *Frauen in der Geschichte des Rechts: Von der Frühen Neuzeit bis zur Gegenwart*, München: C.H. Beck 1997, S. 494-506.

Salter, Sir Arthur, *Allied Shipping Control. An Experiment in International Administration*, Oxford: Clarendon Press 1921.

Sampson, Anthony, *The Seven Sisters. The Great Oil Companies and the World They Shaped*, New York: Bantam Books 1975.

Samuel, Herbert, »The World Economic Conference«, in: *International Affairs* 12/4 (1933), S. 439-459.

Sandvik, Pål Thonstad/Espen Storli, »Big Business and Small States. Unilever and Norway in the Interwar Years«, in: *Economic History Review* 66/1 (2013), S. 109-131.

Sassen, Saskia, »Cracked Casings. Notes Towards an Analytics for Studying Transnational Processes«, in: Janet L. Abu-Lughod (Hg.), *Sociology for the Twenty-First Century. Continuities and Cutting Edges*, Chicago: University of Chicago Press 1999, S. 77-87.

Saunier, Pierre-Yves, »Globalization«, in: Akira Iriye/Pierre-Yves Saunier (Hg.), *The Palgrave Dictionary of Transnational History. From the Mid-19th Century to the Present Day*, Basingstoke: Palgrave Macmillan 2009, S. 456-462.

Saunier, Pierre-Yves, *Transnational History*, Basingstoke: Palgrave Macmillan 2013.

Schabas, Margaret, *The Natural Origins of Economics*, Chicago: University of Chicago Press 2006.

Schaffner, Hans, »Die Stellung der Schweiz gegenüber den grossen zwischenstaatlichen Wirtschaftsorganisationen«, in: Schweizerisches Institut für Aussenwirtschafts- und Marktforschung (Hg.), *Die grossen zwischenstaatlichen Wirtschaftsorganisationen. Vorträge von Roger Auboin, Franz Etzel, Robert Marjolin, Paul Ramadier, Ivar Rooth, Hans Schaffner, Friedrich T. Wahlen, Eric W. White, gehalten an der Handels-Hochschule St. Gallen*, Zürich: Polygraphischer Verlag 1955, S. 153-174.

Schaller, André, *Schweizer Neutralität im West-Ost-Handel. Das Hotz-Linder-Agreement vom 23. Juli 1951*, Bern: Haupt 1987.

Schaufelbuehl, Janick Marina, »Les relations entre la Suisse et les Etats-Unis pendant la guerre froide«, in: *Traverse* 16/2 (2009), S. 15-22.

Scheer, Friedrich-Karl, *Die Deutsche Friedensgesellschaft (1892-1933). Organisation, Ideologie, politische Ziele. Ein Beitrag zur Geschichte des Pazifismus in Deutschland*, Frankfurt am Main: Haag + Herchen 1981.

Schelbert, Leo, *Einführung in die schweizerische Auswanderungsgeschichte der Neuzeit*, Zürich: Stäubli 1976.

Schelbert, Leo, *Von der Schweiz anderswo. Historische Skizze der globalen Präsenz einer Nation*, Zürich: Limmat Verlag 2019.

Schenk, Catherine R., *The Decline of Sterling. Managing the Retreat of an International Currency, 1945-1992*, Cambridge: Cambridge University Press 2010.

Schiess, Walter S. et al., *Advantages of Swiss Double Taxation Conventions for Holding Companies organized under Swiss Law*, Basel: Law Office Schiess & Schmid 1959.

Schinz, Hans, *Schweizerische Afrika-Reisende und der Anteil der Schweiz an der Erschliessung und Erforschung Afrikas überhaupt*, Zürich: Fäsi & Beer 1904.

Schlote, Werner, »Zur Frage der sogenannten ›Enteuropäisierung des Welthandels‹«, in: *Weltwirtschaftliches Archiv* 37 (1933), S. 381-411.

Schmid, Hans Rudolf, *Die Familie Abegg von Zürich und ihre Unternehmungen*, Zürich: Kommissionsverlag Berichthaus Zürich 1972.

Schmidt, Peter Heinrich, *Der Wirtschaftskrieg und die Neutralen*, Zürich: Schulthess 1918.

Schneeberger, Ernst, *Wirtschaftskrieg und anderes, als Diplomat erlebt in Bern und Washington, D. C., 1940-1948*, Wädenswil: Stutz+Co. 1984.

Schneider, Kurt, *Der Welthandel im Clearingverkehr. 170 Clearing-Abkommen*, Zürich: Scientia 1940.

Schopf-Preiswerk, Ernst, *Die Basler Familie Preiswerk*, Basel 1952.

Schröter, Harm G., *Aufstieg der Kleinen. Multinationale Unternehmen aus fünf kleinen Staaten vor 1914*, Berlin: Duncker & Humblot 1993.

Schröter, Harm G., »Swiss Multinational Enterprise in Historical Perspective«, in: ders./Geoffrey Jones (Hg.), *The Rise of Multinationals in Continental Europe*, Aldershot: Edward Elgar 1993, S. 49-64.

Schröter, Harm G., »Losers in Power-Plays? Small States and International Cartelization (1919-1939)«, in: *Journal of European Economic History* 39/3 (2010), S. 527-555.

Schulte-Varendorff, Uwe, *Krieg in Kamerun. Die deutsche Kolonie im Ersten Weltkrieg*, Berlin: Links 2011.

Schumacher, Ernst Friedrich, »Multilateral Clearing«, in: *Economica* 10/38 (1943), S. 150-165.

Schumpeter, Joseph A., *Kapitalismus, Sozialismus und Demokratie*, Bern: Francke 1946.

Schwarzenbach, Alexis, »Die Seidenfirma Schwarzenbach im Zeitalter der Extreme, 1910-1925«, in: Tobias Straumann/Roman Rossfeld (Hg.), *Schweizer Unternehmen im Ersten Weltkrieg*, Zürich: Chronos 2008, S. 63-87.

Schweizer, Arthur, »Schweizerische Handelsbankpolitik heute und morgen«, in: *Schweizerische Zeitschrift für Volkswirtschaft und Statistik* 3/9 (1940), S. 402-419.

Schweizer, Paul, »Ludwig XIV. und die schweizerischen Kaufleute«, in: *Jahrbuch für schweizerische Geschichte* 6 (1881), S. 130-173.

Schweizerische Eidgenossenschaft, *Grundlagenbericht Rohstoffe. Bericht der interdepartementalen Plattform Rohstoffe an den Bundesrat*, Bern, 27.03.2013.

Schweizerische Landesausstellung (Hg.), *Die Aussteller der LA 1939. Vollständiges Verzeichnis der Fachgruppenkomitees, der Aussteller und des Ausstellungsgutes*, Zürich 1941.

Schweizerische Nationalbank, *Zahlungsbilanz der Schweiz 2011*, Zürich: Neidhart+Schön 2012.

Schweizerische Nationalbank, *Zahlungsbilanz und Auslandvermögen der Schweiz 2014*, Zürich: Schweizerische Nationalbank 2015.

Segesser, Anton Philipp von, *Sammlung kleiner Schriften*, Bd. 3: *Reden im schweiz. Nationalrathe und staatsrechtliche Abhandlungen 1848-1878*, Bern: K.J.Wyss 1879.

Serres, Michel, *Der Parasit*, Frankfurt am Main: Suhrkamp 1987.

Servan-Schreiber, Jean-Jacques, *Die amerikanische Herausforderung*, Hamburg: Hoffmann und Campe 1968.

Shurtleff, William/Akiko Aoyagi, *History of Soybean Crushing – Soy Oil and Soybean Meal (1980-2016)*, Lafayette: Soyinfo Center 2016.

Siber Hegner, *Hundert Jahre im Dienste des Handels (1865-1965)*, Zürich 1965.

Siegenthaler, Hansjörg, »Switzerland 1920-1970«, in: Carlo M. Cipolla (Hg.), *The Fontana Economic History of Europe*, Bd. 6: *Contemporary Economies, Teil 2*, Hassocks: Harvester Press 1976, S. 530-576.

Siegenthaler, Hansjörg, »Die Bedeutung des Aussenhandels für die Ausbildung einer schweizerischen Wachstumsgesellschaft im 18. und 19. Jahrhundert«, in: Nicolai Bernard/Quirinus Reichen (Hg.), *Gesellschaft und Gesellschaften. Festschrift zum 65. Geburtstag von Professor Dr. Ulrich Im Hof*, Bern: Wyss 1982, S. 325-340.

Siegenthaler, Hansjörg, *Regelvertrauen, Prosperität und Krisen. Die Ungleichmässigkeit wirtschaftlicher und sozialer Entwicklung als Ergebnis individuellen Handelns und sozialen Lernens*, Tübingen: Mohr 1993.

Sieveking, Heinrich, *Grundzüge der neueren Wirtschaftsgeschichte. Vom 17. Jahrhundert bis zur Gegenwart* (5. Aufl.), Wiesbaden: Springer 1928.

Sigerist, Stefan, »Die ersten Schweizer Unternehmen in Japan und China«, in: *Ferrum* 82 (2010), S. 91-95.

Sigerist, Stefan, »Julius Müller (1886-1970) und das Japan-Geschäft der UHAG (1927-1988)«, in: Patrick Ziltener (Hg.), *Handbuch Schweiz-Japan. Diplomatie und Politik, Wirtschaft und Geschichte, Wissenschaft und Kultur*, Bd. 1: *Vom Beginn gegenseitiger Beobachtung bis 1945*, Zürich: Chronos 2010, S. 295-298.

Simmel, Georg, *Untersuchungen über die Formen der Vergesellschaftung*, Kapitel 9: *Der Raum und die räumlichen Ordnungen der Gesellschaft*, Berlin: Duncker & Humblot 1908.

Singer, Hans W., »Economic Progress in Underdeveloped Countries«, in: *Social Research* 16/1 (1949), S. 1-11.

Slobodian, Quinn, *Globalists. The End of Empire and the Birth of Neoliberalism*, Cambridge/MA: Harvard University Press 2018.

Sluyterman, Keetie E., *Dutch Enterprise in the Twentieth Century. Business Strategies in a Small Open Economy*, London und New York: Routledge 2005.

Smith, Adam, *Der Wohlstand der Nationen. Eine Untersuchung seiner Natur und seiner Ursachen*, München: dtv 2005 [1776].

Smith, Roy C./Ingo Walter, *International Bank Lending*, New York: Oxford University Press 2012.

Smith, Samuel, *The Cotton Trade of India, Being a Series of Letters Written From Bombay in the Spring of 1863*, London: Effingham Wilson, Royal Exchange 1863.

Somary, Felix, *Wandlungen der Weltwirtschaft seit dem Kriege*, Tübingen: Mohr Siebeck 1929.

Somary, Felix, *Die Ursachen der Krise*, Tübingen: J. C. B. Mohr 1932.

Somary, Felix, *Erinnerungen aus meinem Leben*, Zürich: Verlag Neue Zürcher Zeitung 2013 [1956].

Sombart, Werner, *Der moderne Kapitalismus*, Bd. 3: *Das Wirtschaftsleben im Zeitalter des Hochkapitalismus, Teil 1: Die Grundlagen – Der Aufbau*, München: dtv 1987 [1927].

Sonndorfer, Rudolf, *Die Technik des Welthandels. Ein Handbuch der internationalen Handelskunde für Kaufleute, Ex- und Importeure, Spediteure, Banquiers, Industrielle, Landwirte, für Consulate, für Eisenbahn- und Schiffahrts-Gesellschaften, für Studierende an Consular-, Export- und Handelsakademien u. a.*, Wien: Alfred Hölder 1900 [1889].

Sörgel, Herman, *Atlantropa*, Zürich: Fretz & Wasmuth 1932.

Speich Chassé, Daniel, *Die Erfindung des Bruttosozialprodukts. Globale Ungleichheit in der Wissensgeschichte der Ökonomie*, Göttingen: Vandenhoeck & Ruprecht 2013.

Speich Chassé, Daniel, »Internationale Organisationen und die Schweiz. Chancen eines globalgeschichtlichen Forschungsfeldes«, in: *Traverse* 20/1 (2013), S. 258-274.

Spiliotis, Susanne Sophia, »Transnationale Gesellschaftsgeschichte. Der Ansatz der Transterritorialität«, in: *Geschichte und Gesellschaft* 27 (2001), S. 480-488.

Spiliotis, Susanne Sophia, »Corporate Responsibility and Historical Injustice«, in: John Keane (Hg.), *Civil Society. Berlin Perspectives*, New York: Berghahn 2006, S. 51-69.

Spiliotis, Susanne Sophia, »Business Statesmanship. Zeit- und Verantwortungskonzepte der internationalen Privatwirtschaft im 20. Jahrhundert«, in: *Forschungsjournal Soziale Bewegungen* 3 (2016), S. 37-47.

Spitteler, Carl, *Unser Schweizer Standpunkt. Vortrag, gehalten in der Neuen Helvet. Gesellschaft, Gruppe Zürich, am 14. Dezember 1914*, Zürich: Rascher 1918.

Stäheli, Urs, »Der Takt der Börse. Inklusionseffekte von Verbreitungsmedien am Beispiel des Börsen-Tickers«, in: *Zeitschrift für Soziologie* 33/3 (2004), S. 245-263.

Stauffer, Paul, *Zwischen Hofmannsthal und Hitler. Carl J. Burckhardt:*

Facetten einer aussergewöhnlichen Existenz, Zürich: Verlag Neue Zürcher Zeitung 1991.

Stedman Jones, Daniel, *Masters of the Universe. Hayek, Friedman, and the Birth of Neoliberal Politics*, Princeton: Princeton University Press 2012.

Steffen, Hans, *Die Kompanien Kaspar Jodok von Stockalpers. Beispiel eines Soldunternehmens im 17. Jahrhundert*, Brig: Buchdruckerei Tscherrig 1975.

Steil, Benn, *The Battle of Bretton Woods. John Maynard Keynes, Harry Dexter White, and the Making of a New World Order*, Princeton: Princeton University Press 2013.

Steinmann, Stephan, *Seldwyla im Wunderland: Schweizer im alten Shanghai (1842-1941). Eine Untersuchung ausländischer Präsenz im China der Kapitularverträge.* Dissertation, Universität Zürich 1998.

Stettler, Bernhard, *Die Stellung der Schweiz zum Sanktionssystem des Völkerbundes – Von 1919 bis zur Anwendung gegen Italien 1935/36*, Bern: Peter Lang 1977.

Stettler, Niklaus/Peter Haenger/Robert Labhardt, *Baumwolle, Sklaven und Kredite. Die Basler Welthandelsfirma Christoph Burckhardt & Cie. in revolutionärer Zeit (1789-1815)*, Basel: Christoph Merian Verlag 2004.

Stiglitz, Joseph, »The Contributions of the Economics of Information to Twentieth Century Economics«, in: *The Quarterly Journal of Economics* 115/4 (2000), S. 1441-1478.

Stoler, Ann Laura/Frederick Cooper, »Between Metropole and Colony. Rethinking a Research Agenda«, in: Ann Laura Stoler/Frederick Cooper (Hg.), *Tensions of Empire. Colonial Cultures in a Bourgeois World*, Berkeley: University of California Press 1997, S. 1-56.

Storli, Espen, »The Birth of the World's Largest Tin Merchant. Philipp Brothers, Bolivian Tin and American Stockpiles«, in: Mats Ingulstad/Andrew Perchard/Espen Storli (Hg.), *Tin and Global Capitalism, 1850-2000. A History of »the Devil's Metal«*, London: Routledge 2014, S. 202-220.

Straumann, Tobias, »Der kleine Gigant. Der Aufstieg Zürichs zu einem internationalen Finanzplatz«, in: Institut für bankhistorische Forschung (Hg.), *Europäische Finanzplätze im Wettbewerb*, Stuttgart: Franz Steiner Verlag 2006, S. 139-169.

Straumann, Tobias, *Fixed Ideas of Money. Small States and Exchange Rate Regimes in Twentieth-Century Europe*, Cambridge: Cambridge University Press 2010.

Stucki, Lorenz, *Das heimliche Imperium. Wie die Schweiz reich wurde*, Bern: Scherz 1968.

Stucki, Walter, »Die Welthandels-Charta von Havanna«, in: *Schweizerische Zeitschrift für Volkswirtschaft und Statistik* 3/2 (1948), S. 223-229.

Studer, Roman, *The Great Divergence Reconsidered. Europe, India, and the Rise to Global Economic Power*, Cambridge: Cambridge University Press 2015.

Swiss-American Chamber of Commerce/Boston Consulting Group, *The Forgotten Sector*, Zürich: Swiss-American Chamber of Commerce 2005.

SwissBanking, »Die Schweiz als Rohstoffhandelsplatz«, Basel: Schweizerische Bankiervereinigung 2013.

Tanner, Albert, *Arbeitsame Patrioten – wohlanständige Damen. Bürgertum und Bürgerlichkeit in der Schweiz 1830-1914*, Zürich: Orell Füssli 1995.

Tanner, Jakob, »Epilog: Die Schweiz liegt in Europa«, in: Manfred Hettling/Mario König/Martin Schaffner (Hg.), *Eine kleine Geschichte der Schweiz. Der Bundesstaat und seine Traditionen*, Frankfurt am Main: Suhrkamp 1998, S. 291-313.

Tanner, Jakob, »Goldparität im Gotthardstaat. Nationale Mythen und die Stabilität des Schweizer Frankens in den 1930er und 40er Jahren«, in: *Schweizerisches Bundesarchiv: Studien und Quellen* 26 (2000), S. 45-81.

Tanner, Jakob, »Der totaldemokratische Minimalstaat. Zur Geschichte des Steuerstaates in der Schweiz«, in: Gisela Hürlimann/Jakob Tanner (Hg.), *Steuern und umverteilen. Effizienz versus Gerechtigkeit?*, Zürich: vdf Hochschulverlag AG 2012, S. 27-54.

Tanner, Jakob, »Zwischen Spekulationsblase und Crash. Die Börse als kultureller Ort«, in: Thomas Forrer/Angelika Linke (Hg.), *Wo ist Kultur? Perspektiven der Kulturanalyse*, Zürich: vdf Hochschulverlag AG 2014, S. 95-125.

Tanner, Jakob, *Geschichte der Schweiz im 20. Jahrhundert*, München: C. H. Beck 2015.

Tanner, Jakob, »Thesen und Überlegungen zu einer transnationalen Geschichte der Schweiz«, in: Thomas David et al. (Hg.), *Transnationale Geschichte der Schweiz = Histoire transnationale de la Suisse. Jahrbuch der SGWSG 34*, Zürich: Chronos, im Erscheinen.

Taplin, Grant B., »Models of World Trade«, in: *IMF Staff Papers* 14 (1967), S. 433-455.

Teitler, Gerke, »The Mixed Company: Fighting Power and Ethnic Relations in the Dutch Colonial Army, 1890-1920«, in: Karl Hack/Tobias Rettig (Hg.), *Colonial Armies in Southeast Asia*, London: Routledge 2006, S. 154-168.

Toggweiler, Jakob, *Die Holding Company in der Schweiz*, Zürich: Girsberger & Co. 1926.

Tokovic, Vladimir, *Die Schweiz als grösster Kaffeehandelsplatz der Welt – Geschichte, Hintergründe und Funktionsweise.* Masterarbeit, Universität Zürich 2017.

Tooze, Adam, *The Deluge. The Great War and the Remaking of Global Order, 1916-1931*, London: Penguin Books 2014.

Tooze, Adam, *Crashed. Wie zehn Jahre Finanzkrise die Welt verändert haben*, München: Siedler 2018.

Toye, Richard, »Developing Multilateralism. The Havana Charter and the Fight for the International Trade Organization, 1947-1948«, in: *The International History Review* 25/2 (2003), S. 282-305.

Trofimov, Ivan D., »The Failure of the International Trade Organization (ITO). A Policy Entrepreneurship Perspective«, in: *Journal of Politics and Law* 5/1 (2012), S. 56-68.

Turgot, Anne Robert Jacques, »Mémoire sur les prêts d'argent«, in: ders., *Œuvres*, Bd. 1, Paris: Guillaumin 1844 [1770], S. 106-151.

Tyrrell, Ian, *Transnational Nation. United States History in Global Perspective since 1789*, Basingstoke: Palgrave Macmillan 2007.

Unabhängige Expertenkommission Schweiz – Zweiter Weltkrieg, *Die Schweiz und die Goldtransaktionen im Zweiten Weltkrieg*, Zürich: Chronos 2002.

United Nations Conference on Trade and Employment, *Havana Charter for an International Trade Organization, March 24, 1948*, Washington, D.C.: U.S. Government Printing Office 1948.

United States Senate, *Hearings before the Subcommittee on Multinational Corporations of the Committee on Foreign Relations. United States Senate, Ninety-Fourth Congress, Second Session. International Grain Corporations, June 18, 23 and 24, 1976, Part 16*, Washington: U.S. Government Printing Office 1977.

Van Antwerp, William C., *The Stock Exchange from Within*, New York: Doubleday 1913.

Van Orsouw, Michael, »Mit Steuern steuern? Zur Steuerpolitik des Kantons Zug«, in: Sébastien Guex/Martin Körner/Jakob Tanner (Hg.), *Staatsfinanzierung und Sozialkonflikte (14.-20. Jh.)*, Zürich: Chronos 1994, S. 263-269.

Vannini, Curt, *Der zwischenstaatliche Clearingverkehr der Schweiz in den Jahren 1931-1939*. Dissertation, Universität Bern 1943.

Vaudaux, Adolphe, *Blockade und Gegenblockade. Handelspolitische Sicherung der schweizerischen Ein- und Ausfuhr im Zweiten Weltkrieg*, Zürich: Polygraphischer Verlag 1948.

Vec, Miloš, *Recht und Normierung in der Industriellen Revolution. Neue Strukturen der Normsetzung in Völkerrecht, staatlicher Gesetzgebung und gesellschaftlicher Selbstnormierung*, Frankfurt am Main: Klostermann 2006.

Verein für Socialpolitik, »Debatte über den deutsch-österreichischen Handelsvertrag vom 9. Oktober 1877«, in: *Schriften des Vereins für Socialpolitik* 14 (1878), S. 133-168.

Verein gelehrter und praktischer Kaufleute, *Allgemeines Handels-Lexicon oder Encyclopädie der gesammten Handelswissenschaften für Kaufleute und Fabrikanten* (2 Bde.), Leipzig: Ernst Schäfer 1849.

Vernon, Raymond, *Sovereignty at Bay. The Multinational Spread of U. S. Enterprises*, New York: Basic Books 1971.

Veyne, Paul, *Geschichtsschreibung – Und was sie nicht ist*, Frankfurt am Main: Suhrkamp 1990.

Veyrassat, Béatrice, *Négociants et fabricants dans l'industrie cotonnière suisse, 1760-1840. Aux origines financières de l'industrialisation*, Lausanne: Payot 1982.

Veyrassat, Béatrice, »La Suisse sur les marchés du monde. Exportations globales et répartition géographique au XIXe siècle. Essai de reconstitution«, in: Paul Bairoch/Martin Körner (Hg.), *Die Schweiz in der Weltwirtschaft (15.-20. Jh.). La Suisse dans l'économie mondiale (15e-20e s.)*, Zürich: Chronos 1990, S. 287-316.

Veyrassat, Béatrice, *Réseaux d'affaires internationaux, émigrations et exportations en Amérique latine au XIXe siècle. Le commerce suisse aux Amériques*, Genf: Droz 1993.

Veyrassat, Béatrice, »Notes pour une histoire sociale de la bourgeoisie marchande en Suisse (XIXe siècle)«, in: Pio Caroni (Hg.), *Le droit commercial dans la société suisse du XIXe siècle*, Fribourg: Éditions universitaires 1997, S. 15-26.

Veyrassat, Béatrice, *Histoire de la Suisse et des Suisses dans la marche du monde (XVIIe siècle – Première Guerre mondiale)*, Neuchâtel: Éditions Alphil 2018.

Vorgrimler, Herbert (Hg.), *Neues Theologisches Wörterbuch*, Bd. 6 (neubearb. Aufl.), Freiburg im Breisgau: Herder 2008.

Wachter, Heinrich, *Die Handelsbeziehungen der Schweiz und der Schwei-zerische Transithandel*, Zürich: Separatdruck aus der *Neuen Zürcher Zeitung* vom 5. Oktober 1935.

Wachter, Heinrich, *Schweizerischer Transit- und Welthandel. Übersicht über seine Struktur und seine Probleme. Vortrag von Heinrich Wach-ter, Mitglied der obersten Geschäftsleitung der Firma Gebr. Volkart*, Winterthur: Buchdruckerei Winterthur 1946.

Wachter, Heinrich, »Nachruf im Namen der Arbeitsgemeinschaft der Firma Gebrüder Volkart in Winterthur, gehalten in der Stadtkirche Winterthur am 1. September 1951«, in: Volkart Brothers (Hg.), *Zur Erinnerung an Werner Reinhart, 1884-1951*, Winterthur 1951, S. 13-15.

Waibel, Leo, *Die Rohstoffgebiete des tropischen Afrika*, Leipzig: Biblio-graphisches Institut 1937.

Waldenfels, Bernhard, *Grundmotive einer Phänomenologie des Frem-den*, Frankfurt am Main: Suhrkamp 2006.

Wallerstein, Immanuel, *The Modern World-System*, Bd. 1: *Capitalist Ag-riculture and the Origins of the European World-Economy in the Six-teenth Century*, New York: Academic Press 1974.

Walras, Léon, »Théorie du libre échange« [1897], in: *Études d'économie politique appliquée* 10 (1992), S. 263-279.

Walter, Lars O., *Derivatisierung, Computerisierung und Wettbewerb. Die Entwicklung der Deutschen Terminbörse DTB/Eurex zwischen 1990 und 2001 im Kontext der europäischen Terminbörsen*, Wiesba-den: Gabler 2009.

Wanner, Gustav Adolf, *Die Basler Handelsgesellschaft A. G., 1859-1959*, Basel 1959.

Wanner, Gustaf Adolf, *Zweieinhalb Jahrhunderte im internationalen Wollhandel. Simonius, Vischer & Co. 1719-1969*, Basel: Basler Be-richtshaus 1969.

Waszkis, Helmut, *Philipp Brothers. The Rise and Fall of a Trading Giant*, Worcester Park: Metal Bulletin Books 1987.

Weber, Florian, *Die amerikanische Verheissung. Schweizer Aussenpoli-tik im Wirtschaftskrieg 1917/18*, Zürich: Chronos 2016.

Weber, Kurt Paul, *Die Pflichtlagerhaltung und ihre Finanzierung in der Schweiz*, Winterthur: Keller 1956.

Weber, Max, »Die Konzentration der kapitalistischen Wirtschaftsmacht und ihre Formen«, in: *Gewerkschaftliche Rundschau für die Schweiz* 23/8-9 (1931), S. 241-267.

Wehler, Hans-Ulrich, *Bismarck und der Imperialismus*, Köln: Kiepen-heuer & Witsch 1969.

Wehler, Hans-Ulrich, »Sozialimperialismus«, in: ders. (Hg.), *Imperialismus*, Köln: Kiepenheuer & Witsch 1970, S. 83-96.

Weisz, Leo, *Studien zur Handels- und Industrie-Geschichte der Schweiz* (2 Bde.), Zürich: Verlag Neue Zürcher Zeitung 1938-1940.

Wenzlhuemer, Roland, *Connecting the Nineteenth-Century World. The Telegraph and Globalization*, Cambridge: Cambridge University Press 2013.

Whiteman, Kaye, »The Rise and Fall of *Eurafrique*. From the Berlin Conference of 1884-1885 to the Tripoli EU-Africa Summit of 2010«, in: Adekeye Abebajo/Kaye Whiteman (Hg.), *The EU and Africa. From Eurafrique to Afro-Europa*, New York: Columbia University Press 2012, S. 23-43.

Wick, Fritz, *Der schweizerische Aussenhandel mit den Tropen 1906 bis 1945*, Zürich: Conzett & Huber 1948.

Willemin, Rémi, *Négoce et Négociations. Le Verband Schweizerischer Transit- und Welthandelsfirmen, une association de branche au service des négociants suisses, 1934-1964*. Masterarbeit, Université de Genève 2012.

Williams, Eric, *Capitalism and Slavery*, Chapel Hill: The University of North Carolina Press 1944.

Witschi, Beat, *Schweizer auf imperialistischen Pfaden. Die schweizerischen Handelsbeziehungen mit der Levante 1848-1945*, Stuttgart: Franz Steiner Verlag 1987.

Wolaver, Earl S., »The Historical Background of Commercial Arbitration«, in: *University of Pennsylvania Law Review* 83/2 (1934), S. 132-146.

Wolle, Jürg, *Expedition in fernöstliche Märkte. Die Erfolgsstory des Schweizer Handelspioniers DKSH*, Zürich: Orell Füssli 2009.

Woolley, Herbert B., »On the Elaboration of a System of International Transaction Accounts«, in: The Conference on Research in Income and Wealth (Hg.), *Problems in the International Comparison of Economic Accounts*, Princeton: Princeton University Press 1957, S. 217-300.

Woolley, Herbert B., »Foreword«, in: Robert M. Lichtenberg (Hg.), *The Role of Middleman Transactions in World Trade*, New York: National Bureau of Economic Research 1959, S. v-x.

Woolley, Herbert B., *Measuring Transactions Between World Areas*, New York: National Bureau of Economic Research 1965.

Yamada, Hiroshi/Gawon Yoon, »When Grilli and Yang Meet Prebisch and Singer. Piecewise Linear Trends in Primary Commodity Prices«, in: *Journal of International Money and Finance* 42 (2014), S. 193-207.

Yergin, Daniel, *The Prize. The Epic Quest for Oil, Money, and Power*, New York: Simon and Schuster 1991.

Zangger, Andreas, *Koloniale Schweiz. Ein Stück Globalgeschichte zwischen Europa und Südostasien (1860-1930)*, Bielefeld: Transcript 2011.

Zangger, Andreas, *The Swiss in Singapore*, Singapore: Éditions Didier Millet 2013.

Ziegler, Béatrice, »Einleitung«, in: Sébastien Guex et al. (Hg.), *Krisen und Stabilisierung. Die Schweiz in der Zwischenkriegszeit*, Zürich: Chronos 1998, S. 9-29.

Ziegler, Max, *Der Import ostindischer Baumwolle, insbesondere die Entwicklung der Geschäftsformen*, Zürich: Schulthess 1922.

Ziltener, Patrick (Hg.), *Handbuch Schweiz-Japan. Diplomatie und Politik, Wirtschaft und Geschichte, Wissenschaft und Kultur*, Bd. 1: *Vom Beginn gegenseitiger Beobachtung bis 1945*, Zürich: Chronos 2010.

Zimmerman, Andrew, *Alabama in Africa. Booker T. Washington, the German Empire, and the Globalization of the New South*, Princeton: Princeton University Press 2010.

Zollinger, Walter, *Die Bilanz der internationalen Wertübertragungen. Eine Studie über die Zahlungsbilanz und die ausländische Kapitalanlage der Schweiz*, Jena: G. Fischer 1914.

Zürcher, Walter, *Schweizer Flagge zur See. Die Geschichte der schweizerischen Hochseeschiffahrt*, Bern: Benteli 1986.